SCIENCE
AND TECHNOLOGY

科技
对货币国际化的影响

THE INFLUENCE OF SCIENCE AND
TECHNOLOGY ON MONETARY GLOBALIZATION

张光平　周小全　谭梓杨 ◎ 著

中国金融出版社

责任编辑：王雪珂
责任校对：孙　蕊
责任印制：程　颖

图书在版编目（CIP）数据

科技对货币国际化的影响/张光平，周小全，谭梓杨著. —北京：中国金融出版社，2023. 2

ISBN 978 -7 -5220 -1847 -8

Ⅰ. ①科…　Ⅱ. ①张…②周…③谭…　Ⅲ. ①科学技术—影响—货币—全球化—研究—世界　Ⅳ. ①F821

中国版本图书馆 CIP 数据核字（2022）第 243868 号

科技对货币国际化的影响
KEJI DUI HUOBI GUOJIHUA DE YINGXIANG

出版
发行　中国金融出版社

社址　北京市丰台区益泽路 2 号
市场开发部　(010)66024766，63805472，63439533（传真）
网 上 书 店　www. cfph. cn
　　　　　　(010)66024766，63372837（传真）
读者服务部　(010)66070833，62568380
邮编　100071
经销　新华书店
印刷　保利达印务有限公司
尺寸　169 毫米 ×239 毫米
印张　38. 75
字数　559 千
版次　2023 年 2 月第 1 版
印次　2023 年 2 月第 1 次印刷
定价　96. 00 元
ISBN 978 -7 -5220 -1847 -8

前　言

本书是笔者2022年境外世界科技出版社出版的*Impacts of Science and Technology on Currency Internationalization*的汉语版。自2009年人民币跨境贸易结算试点开始，笔者在拙作《人民币衍生产品》的基础上，重点关注人民币国际化和国内人民币产品的创新，于2010年首次出版了《人民币国际化和产品创新》。在诸多朋友和读者的关心、支持和鼓励下，特别是由于十多年来人民币国际化取得了可喜的成绩，人民币产品涉及的领域和市场逐步丰富和完善，《人民币国际化和产品创新》也随之从首版的几十万字扩展到了2021年第十版的125万字、1066页。该书紧密跟踪更新十多年来人民币国际化进程中的主要内容和进展及存在的问题。每版都有更新内容，但在前八版中鲜有根本性理论创新或突破。

笔者从《人民币国际化和产品创新》第九版开始关注科技对金融和货币的作用，2021年出版的第十版首次利用全球五大专利局（欧洲、美国、日本、韩国和中国专利局）与世界专利组织（WIPO）合作公布的全球同族专利数据、世贸组织和世界银行公布的各经济体知识产权进出口使用费数据等，对各经济体科技自主度和科技国际化程度进行了度量，进而得到了各经济体科技国际化和货币国际化之间相互影响的实证结果，从而将科技这一影响全球经贸和金融市场的原动力与货币国际化连接起来。这些独创性的探讨得到了金融业界和学术界的重视，在诸多业界朋友和专业人士的支持和鼓励之下，2022 年笔者将第十版的主要内容进行提炼，在科技自主度和科技国际化的基础上增加了科技充足度[①]的新概念及度量，写成了 *Impacts of Science and Technology on Currency Internationalization* 英文版并由世界科技出版社于 2022 年 11 月在海外出版。由于科技国际化与货币国际化之间相互影响的结果不仅适用于人民币国际化，且对其他货币国际化同样适用，故英文版书名没有专门强调人民币国际化，意图进一步揭示隐藏于各经济体货币国际化中的科技潜能。

《人民币国际化和产品创新》第十版已经超过百万字，拥有上千页的篇幅，英文版也煌煌然达七百余页，读者看起来不方便，故本书在很大程度上压缩了篇幅，重点介绍科技自主度、货币自主度、科技国际化、货币国际化四个核心概念的研究成果，在一定程度上也达到了笔者近年来出版简化版《人民币国际化和产品创新》的目的。

本书前四章主要介绍货币国际化和科技国际化的背景知识。第 1 章介绍影响货币国际化的诸多因素；第 2 章介绍研发投入、专利和科技的基本内容；第 3 章介绍货物贸易和跨境结算等影响货币国际化的重要内容；第 4 章介绍货币国际化的主要国际度量方法和数据，从而使得读者对货币国际化度量有必要的了解。

第 5 章介绍科技国际化的重要基础——国际专利，特别是同族专利在全球的分布，以对后续科技国际化度量打下必要的基础。第 6 章介绍服务贸易，特别是服务贸易中知识产权进出口使用费在全球的分布，进而介绍各经济体知识产权进出口使用费对其国际专利市场价格的重要反映情况。第 7 章在利用知识产权进出口使用费定义和度量各经济体

① 科技充足度即各经济体知识产权进出口使用费与国内产值的比例，反映科技在各经济体中的重要性及对经贸的潜力和潜能。

科技自主度的基础上，比较主要经济体科技自主度的变化及启示，即各经济体知识产权出口使用费占其知识产权进出口使用费的比重，实际上反映出各经济体科技自主度、自主能力或原创能力。第 8 章利用科技自主度度量结果简析科技对经贸和经常账户影响，从而使读者了解科技对外汇定价的重要影响力。

第 9 章到第 12 章重点介绍人民币国际化相关内容。第 9 章介绍离岸人民币中心的发展情况、存在的问题及今后的发展潜能，第 10 章介绍境外离岸人民币市场近年来的发展情况。第 11 章介绍和比较主要货币发行体境外资产、负债、净资产和这些资产的货币分布情况，以使读者了解跨境资产的货币分布对货币国际化的重要性。第 12 章介绍十多年来主要货币国际化程度的变化。

本书最后四章是全书的主要创新内容。第 13 章分析了传统的货币国际化度量方式局限性[①]。同时利用货币国际化和科技国际化间合理的相关性发现了外汇交易的合理度量方法，该度量方法实际上是剔除了外汇衍生产品过多的非实际转手交易名义金额的货币国际化度量，因此比传统货币国际化度量方式有明显优化，这是本书的重要创新点之一。

第 14 章利用科技国际化以及传统与优化后货币国际化度量结果，得出了科技国际化和货币国际化相互影响程度的实证结果。这是本书最主要的创新成果，揭示了科技国际化对货币国际化的重要引领作用，为我们理解科技对货币的重要性提供了新的视角和新的分析方法。第 15 章利用第 7 章定义和度量科技自主度的方法，介绍和定义了货币自主度，进而利用第 14 章的分析方法分析了科技自主度、货币自主度、

① 传统方式为用包括外汇衍生产品名义金额在内的外汇市场日均成交金额对货币国际化程度进行度量。由于外汇掉期、远期和期权这些外汇衍生产品名义金额中仅有较小比重是真正转手的实际交易，因此该方法夸大了外汇交易真实金额。

科技国际化和货币国际化两对“自主度”和两对“国际化”间的相互影响，揭示了科技与货币之间深层次的相互依赖和影响关系。

第16章是本书最后一章，也是最重要的一章。之前所有对于货币国际化的预判理论及结果都是基于各货币前十年以至二十年的交易数据对应的年均复合增长率，并假设今后十年或更长时间内各种货币日均成交金额年均复合增长率保持之前幅度或之前幅度的合理调整，进而预测今后货币国际化的走势。这种方法的明显不足在于过于简化了今后一定时间段内各货币在全球外汇市场交易金额年均变化率的假设。比如，全球外汇市场日均成交金额年均复合增长率从2004—2013年的11.98%，下降到了2013—2022年的3.82%，与此同时，人民币全球外汇交易日均成交金额年均复合增长率却从58.86%下降到了17.90%。后者虽然仍比全球年均增速3.82%高出3.68倍，但却不到人民币之前九年外汇日均成交金额年均增幅58.86%的三分之一，原因在于2004年人民币在全球外汇市场成交金额基数较低，导致前九年人民币外汇交易增幅显著超过其他主要成熟货币增幅。这样一来，今后九年或两个九年人民币全球外汇日均成交金额增速由于2022年基数的增大也会相应地进一步减速，那么今后人民币全球外汇市场交易金额年均增幅与2013—2022年增幅减缓幅度的判断及比较就成了一个难题，其他主要货币今后的年均增幅判断存在同样难题。

相对于各主要国际货币外汇市场交易年均变化，各主要货币发行体今后十年到二十年国内产值的全球占比的变化却相对稳定且容易达成共识。与此同时，各货币发行体科技自主度，特别是主要货币发行体科技自主度十多年来变化也相对稳定，故我们可以根据历史数据对包括中国在内的主要货币发行体今后十年到二十年国内产值全球占比和科技自主度变化有较为合理的预判。另外，全球外汇交易的主要内容是货物贸易和服务贸易相对应的交易。由于一国的出口主要由科技自主度确定，自主科技含量高的出口产品用本币结算的概率较高，进口主要由购买力即国内产值来决定，这样各货币发行体每年科技自主度与国内产值全球占比乘积即可当作货币在全球外汇市场成交金额的“替代品”或替代物（实证结果显示两者间的相关性超过98%）。利用该“替代物”我们对主要货币国际化今后的变化趋势有了比传统方法更合理可靠的预判结果，这也是本书的另外一个重要创新点。

在本书有了科技国际化和货币国际化相互影响实证结果后，笔者观察到二十多年来美国知识产权净出口使用费与美元升贬值和美元国际化有着密切的关系。特别值得关注的是，1987—1994年和2001—2008年的两个七年间，美元国际化随美元贬值而略有弱化期间，美国知识产权净出口使用费随美元资金流向全球而大幅度增长，两个七年间美国知识产权净出口使用费年均复合增长率分别高达14.04%和13.96%，分别比美国知识产权净出口使用费之前七年年均复合增长率的3.93%和2.50%高出3倍多。这些结果有力地佐证了美国知识产权净出口使用费的快速增长一方面依赖于美国科技自主能力独步全球，另一方面也与美元在全球市场近乎垄断的特权密不可分。基于此，本书在结束前探讨了主要货币发行体知识产权净出口使用费中货币国际化的贡献问题，这也是科技与货币之间关系的更深层次的问题。知识产权出口使用费诚然是知识产权国际竞争力的反映，但该使用费与货币发行体货币国际化程度也密不可分，笔者的初步探索也热切期待广大读者的批评指正，以使我们今后对这些问题有更深刻的理解。

2022年10月国际清算银行公布的2022年4月全球外汇市场交易的初步结果显示，2022年人民币外汇交易全球占比从2019年的2.16%提高到了3.51%，人民币国际化排名由第八位首次提升至第五位，仅次于美元、欧元、日元和英镑，成绩可喜，也是对拙作《人民币国际化和产品创新》前几版持续关注的2013年到2019年国际数据真实性的明显问题导致人民币国际化排名从2013年到2019年保持全球第八的过低问题的确认。由于将2022年数据更新到全书花费的时间较长，相关结果只能在2023年即将出版的《人民币国际化和产品创新》第十一版中详细介绍。敬请各位读者关注和批评指正。

2022年11月16日于上海

目　录

第 1 章　影响货币国际化的主要因素

影响货币估值和货币国际化的因素很多，学术研究和专业文章已经深入研究了其中的大部分因素，本书不在此重复。诚然，其中许多因素对货币国际化至关重要，在不了解主要货币近期规模和未来波动的情况下我们无法判断这些主要货币未来的国际地位。本章的目的是介绍影响货币国际化的重要因素，为本书接下来的分析提供必要的背景信息。

1.1　国内生产总值

任何经济体的国内生产总值（GDP）是影响其货币估值和国际地位的最关键因素。世界范围内广泛使用两种主流的方法来衡量 GDP：一种是使用外汇汇率将 GDP 转换为统一货币；另一种则是使用购买力平价（PPP）理论来衡量 GDP。我们将使用这两种方法简要介绍国际货币基金组织（IMF）每半年发布一次的 GDP 数据。

1.1.1　按外汇汇率换算的国民生产总值

全球最主流的 GDP 数据是通过汇率换算计算得到的国内生产总值（GDP）。表 1－1 给出了根据 IMF 2022 年 4 月发布的数据计算而得的 2021 年五个主要货币发行国的 GDP 世界份额。表 1－1 显示，美国占 GDP 的世界份额为 23.85%，是全球最大的经济体。回顾历史数据，1985 年美国占世界 GDP 的比重为 34.70%，为过去 40 年最高，但由于 2008 年国际金融危机等原因，其占比在 2011 年降至 21.14% 的低点，2016 年至今小幅上升至 24.61%

左右。第16章将利用历史数据预测未来20年美国GDP的全球份额，并预测主要货币的国际化地位。

表1-1　2021年主要货币发行国/地区GDP、贸易等因素占世界比重

单位：%

货币发行国/地区	美国	欧元区	日本	英国	中国	其他
GDP	23.85	15.04	5.12	3.31	18.11	34.57
PPP GDP	15.86	14.88	3.90	2.27	18.72	44.39
货物贸易总额	10.83	24.51	3.60	2.93	13.11	45.01
货物出口总额	8.13	25.51	3.64	2.30	14.70	45.73
货物进口总额	13.50	23.53	3.56	3.56	11.54	44.30
国际支付	39.92	36.56	2.79	6.30	3.20	11.23
总债务	25.86	18.12	9.36	4.56	16.42	25.68
政府债务	30.21	17.45	12.88	4.05	10.74	24.67
国际债务	46.71	38.80	1.48	7.84	0.43	4.74
股票市值	41.96	10.82	5.26	3.05	11.54	27.37
证券化比例	227.75	92.81	128.24	122.23	85.24	106.28
股票成交量	47.63	4.91	3.36	0.54	18.80	24.76
世界银行投票权	15.88	19.01	7.46	3.79	5.06	48.80
IMF投票权	16.50	21.43	6.14	4.03	6.08	45.82
IMF特别提款权（SDRs）	41.73	30.93	8.33	8.09	10.92	0.00
全球外汇日均交易量	44.25	16.07	8.34	6.34	2.15	22.84
当地外汇日均交易量	16.51	6.52	4.53	43.08	1.64	27.72

数据来源：GDP数据基于国际货币基金组织2022年4月发布的2021年世界GDP数据；贸易量数据基于经合组织（WTO）公布的2021年主要国家贸易统计数据。股票市值的数据来自世界交易所联合会（WFE），股票成交量的数据来自国际清算银行（BIS）。债务数据采用国际金融学会（IIF，2021）2020年相关估计债务比率计算；国际债务比率是使用国际清算银行（BIS）发布的2021年第三季度数据计算得出的；外汇交易量份额是根据2019年12月更新的BIS三年期数据中的2019年4月日均交易数据计算的；世界银行投票权、IMF投票权和SDRs数据来自世界银行和IMF官网；跨境货币贸易来自环球银行间金融电信协会（SWIFT）于2022年1月更新的数据。

表1-1显示，中国GDP占全球经济的比重为18.11%，比欧元区的15.04%高出3.07个百分点。IMF数据显示，2018年中国经济首次超越欧元区，成为全球第二大经济体；欧元区、日本和英国分别是世界上第三、第四和第五大经济体。2019年印度超越英国成为全球第五大经济体；然而，受新冠肺炎疫情影响，印度的GDP在2020年再次落后于英国。

1.1.2　按购买力平价计算的国内生产总值

第二种主流的 GDP 估算方法是购买力平价（PPP）理论。表 1－1 给出了根据 IMF 在 2022 年 4 月发布的数据计算而得的购买力平价 GDP 世界份额。表 1－1 显示，中国 PPP GDP 份额为 18.72%，比第二大美国 GDP 份额 15.86% 高 2.86%，其次是欧元区，日本、英国，份额分别为 14.88%、3.90% 和 2.27%，位列世界第三、第五和第十一大经济体的印度、俄罗斯和巴西，GDP 份额分别为 7.04%、3.08% 和 2.38%，2021 年全球排名分别为第 4、第 7、第 9 位。如果欧元区不作为一个整体经济体排名，那么英国将被列为第 10 个经济体，因为英国购买力平价 GDP 份额低于德国和法国 3.35% 和 2.30% 的份额。

1.1.3　一些实用的相关比较

根据 IMF 公布的 2014—2019 年数据，2014 年中国购买力平价 GDP 首次超过美国，高出 4.36%，2020 年和 2024 年则分别比美国高 33.39% 和 56.04%；然而，根据 IMF 在 2020 年 10 月和 2021 年 4 月最新公布的数据，2014 年、2020 年和 2024 年，中美购买力平价 GDP 差距分别下降至 4.28%、32.03% 和 54.38%，但据 IMF 于 2022 年 4 月更新的数据，上述购买力平价 GDP 差距分别在 2014 年、2017 年、2020 年和 2024 年大幅下降至 －1.86%、1.39%、15.34% 和 9.32%。这些发现改变了中国在 2014 年超过美国成为最大经济体的结论，前两大经济体之间的差距急剧缩小。更显著的信号是，利用 IMF 对两国经济的预测数据，两国经济体量的差额将从 2023 年的 5.76% 逐渐下降至 2026 年的 4.28%。这些大幅修改的结果使我们意识到 IMF 购买力平价 GDP 数据存在的问题。

1.2　对外贸易

对外贸易是世界经济和国际金融中最重要的组成部分。传统上，对外贸易的主要代表是货物贸易，而服务贸易在过去几十年的世界贸易中发挥了越来越重要的作用。我们将在本节中简要介绍这两种贸易。

1.2.1 货物贸易

货物贸易一直是影响外汇交易最重要的因素，也是影响货币估值和货币国际化最重要的因素。根据世界贸易组织（WTO）的数据，1948 年至 1983 年，世界货物贸易以年均 10.3% 的速度增长，是同期世界 GDP 的两倍多；世界货物贸易年均增长6.6%，高于1983 年至2019 年世界名义 GDP 的年度增长率5.8%。世界货物贸易与 GDP 之比从 1983 年的 32.15% 上升至 2008 年的 46.86%，在 2020 年下降到 40% 左右。表 1 -1 给出了 2021 年五个主要经济体的世界货物贸易份额。

表 1 -1 显示，2021 年中国货物贸易出口份额为 14.70%（不包括欧盟内部出口），较美国 8.13% 的份额高 6.57 个百分点。中国货物贸易进口份额为 11.54%（不包括欧盟内部进口），较美国 13.50% 的份额低 1.96 个百分点，中国货物贸易总额的份额为 13.11%，较美国 10.83% 的份额高 2.28 个百分点。中国货物贸易于 2014 年首次超过美国，并从 2016 年至今始终是全球最大的货物贸易国。欧元区是 2021 年全球第二大货物贸易区（计算欧元区与欧元区外其他国家的贸易额）；如果我们将欧元区作为整个地区来看，自 2004 年以来日本仍然是世界第四大贸易国，英国仍然是第五大货物贸易国。我们将在第 3 章继续讨论主要经济体的货物贸易。

1.2.2 服务贸易

与全球货物贸易相比，服务贸易的规模相对较小，但其在全球贸易中的份额在过去几十年中一直在增加。表 1 -2 给出了 2001—2021 年主要经济体的服务贸易进出口情况。表 1 -2 显示，世界服务贸易占世界货物贸易的比重由 2001 年的 26.3% 小幅下降至 2012 年的 24.1%，2021 年稳步上升至 26.7%，年均增长 1.1 个百分点，表明 2012 年以来服务贸易增速快于货物贸易。

表 1-2　2001—2021 年部分主要经济体服务贸易进出口情况

单位：亿美元、%

国家或地区	2001 年	2007 年	2010 年	2011 年	2012 年	2013 年	2014 年	2016 年	2019 年	2020 年	2021 年	2001—2011 年年均变化率	2011—2021 年年均变化率
美国	2743	4884	5628	6271	6557	7005	7411	7589	8452	7056	7712	8.6	2.1
英国	1281	3221	2784	3156	3244	3488	3740	3481	4162	3805	4173	9.4	2.8
德国	854	2118	2276	2521	2525	2733	2994	2857	3466	3106	3867	11.4	4.4
中国	901	1254	1175	2010	2016	2070	2191	2084	2444	2352	3384	8.4	5.3
日本	647	1216	1346	1407	1370	1354	1638	1757	2074	1618	1700	8.1	1.9
印度	173	866	1171	1385	1455	1492	1572	1618	2144	2031	2407	23.1	5.7
欧元区	5200	11602	11968	13517	13363	14463	15646	14929	18527	16652	19806	10.0	3.9
经合组织	12615	26612	27912	31273	31736	33870	36350	35137	42127	36683	42521	9.5	3.1
全球	16864	30331	39206	44754	46022	48962	52111	50455	60937	51522	60427	10.3	3.0
占货物出口比重	27.0	25.7	25.5	24.2	24.7	25.7	27.3	30.1	32.5	29.7	27.6		
美国	2135	3726	4093	4358	4520	4611	4808	5098	5954	4603	5413	7.4	2.2
英国	1045	2148	1848	1939	1963	2081	2221	2108	2834	2106	2428	6.4	2.3
德国	1417	2594	2630	2964	2943	3281	3321	3079	3694	3066	3860	7.7	2.7
中国	395	1291	1409	2478	2813	3306	4329	4415	5055	3805	4384	20.2	5.9
日本	1111	1587	1649	1758	1847	1709	1926	1864	2063	1969	2084	4.7	1.7
印度	201	702	789	778	799	787	811	959	1306	1160	1380	14.5	5.9
欧元区	5289	11035	11359	12530	12245	13292	14378	13933	17384	15977	17939	9.0	3.7
经合组织	12087	23936	25042	27427	27631	29039	30935	30088	36573	31844	36167	8.5	2.8
全球	16405	29160	37391	42303	43787	46490	50147	47746	57675	48350	55626	9.9	2.8
占货物进口比重	25.6	24.0	24.1	22.9	23.4	24.5	26.3	29.3	31.4	28.4	25.9		
服务贸易占货物贸易比重	26.3	24.8	24.8	23.6	24.1	25.1	26.8	30.3	32.0	29.0	26.7		

续表

国家或地区	2001 年	2007 年	2010 年	2011 年	2012 年	2013 年	2014 年	2016 年	2019 年	2020 年	2021 年	2001—2011 年年均变化率	2011—2021 年年均变化率
美国	609	1158	1534	1913	2037	2394	2603	2491	2498	2453	2300		
英国	237	1073	936	1216	1282	1407	1519	1373	1328	1699	1745		
德国	-562	-476	-354	-443	-418	-548	-326	-222	-228	40	7		
中国	507	-37	-234	-468	-797	-1236	-2137	-2331	-2611	-1453	-999		
日本	-464	-371	-303	-351	-477	-355	-288	-107	11	-350	-384		
印度	-28	164	382	608	656	704	761	659	837	871	1027		
欧元区	-89	567	609	987	1118	1171	1268	997	1142	675	1867		
经合组织	529	2676	2870	3845	4104	4831	5415	5049	5554	4839	6354		
全球	459	1170	1815	2451	2235	2473	1964	2708	3261	3172	4801		
国家或地区服务贸易顺差占全球比重												2011—2021 年平均占比	
美国	132.5	99.0	84.5	78.1	91.2	96.8	132.5	92.0	76.6	77.3	47.9	86.6	
英国	51.5	91.6	51.6	49.6	57.4	56.9	77.3	50.7	40.7	53.6	36.4	52.8	
德国	-122.4	-40.7	-19.5	-18.1	-18.7	-22.2	-16.6	-8.2	-7.0	1.3	0.1	-11.2	
中国	110.3	-3.1	-12.9	-19.1	-35.7	-50	-108.8	-86.1	-80.1	-45.8	-20.8	-55.8	
日本	-101.0	-31.7	-16.7	-14.3	-21.4	-14.3	-14.7	-4.0	0.3	-11.0	-8.0	-10.9	
印度	-6.0	14.0	21.0	24.8	29.4	28.5	38.7	24.3	25.7	27.5	21.4	27.5	
欧元区	-19.4	48.4	33.5	40.3	50.0	47.4	64.5	36.8	35.0	21.3	38.9	41.8	
经合组织	115.2	228.6	158.1	156.9	183.7	195.4	275.6	186.4	170.3	152.5	132.4	181.7	
全球	100	100	100	100	100	100	100	100	100	100	100	100	

数据来源：世界银行 2022 年公布的世界发展指标；美国、中国和日本的数据来自三个国家的官方网站。

表1－2还显示，美国多年来一直是世界上最重要的服务贸易进口国、服务贸易出口国和服务贸易净出口国，其服务贸易的世界份额超过11%；继美国之后，英国的服务贸易总出口和净出口居第2位；欧元区虽然在服务贸易总额中排名第1位，但服务贸易净出口额常年不及英国，仅在2021年首次超越英国；日本的服务贸易进出口大多排在第5或第6位，2019年日本服务贸易多年来首次录得顺差，但2020年、2021年又再次陷入逆差；2021年中国服务贸易总出口位列欧元区、美国、英国之后第4位；中国服务贸易进口额继欧元区和美国之后排名第3位，中国服务贸易总额在欧元区、美国之后排名第3位。2012年以来中国服务贸易逆差位居主要经济体之首，但逆差占比在2020年、2021年大幅减少。

1.2.3　货物贸易和服务贸易

前面我们分别介绍了货物贸易和服务贸易，这里将从世界贸易的角度把它们放在一起考量。中国在2014年的货物贸易额超过美国，但美国直到2021年仍是世界第一大贸易国，其服务贸易额为1.312万亿美元，较同年中国的0.777万亿美元多出5350亿美元。同年，中国货物贸易额6.051万亿美元，较美国货物贸易额4.692万亿美元多1.359万亿美元。此外，2021年中国贸易总额为6.828万亿美元，美国为6.004万亿美元，中国贸易总额自2020年起连续两年超越美国。

1.3　主要货币国际支付份额

GDP和贸易是影响货币估值的两个主要因素，它们对货币估值的影响反映在国际支付中，重要货币的全球价格在某种程度上反映了货币的国际地位。表1－1显示，2021年美元和欧元是国际支付的前两大货币，合计占全球份额的76.48%，表明这两种货币是国际支付的主导货币。2021年，英镑、人民币和日元在世界支付中所占份额分别为6.30%、3.20%和2.79%。同时，前五名货币的总占比高达88.77%，所有其他货币仅占11.23%，表明国际支付由几个重要的世界货币主导。

如果比较表 1 - 1 中五种主要货币的国际支付份额和商品贸易份额，可以发现表 1 - 1 中美元的国际支付份额与美国商品贸易份额的比例为 368.6%，欧元和英镑分别为 149.16% 和 215.0%，表明这三种货币不仅用于其贸易结算，也用于其他货币发行国的贸易结算；日元对应比率为 77.50%，说明日本商品贸易以日元结算为主；而人民币相应的比例则低至 24.41%，这意味着人民币仅用于结算中国商品贸易的一小部分，大部分中国商品贸易以美元、欧元等主要货币支付。

1.4 债务市场

债务市场包括政府部门、非金融企业部门、金融部门和家庭部门的债务。根据国际金融研究所最近的一份报告（IIF，2021），到 2020 年，全球债务总额达到 281 万亿美元的最高水平，是世界 GDP 的 3.32 倍，到 2020 年底是世界股票市值的 2.55 倍。我们将在本节中简要介绍全球债务市场的重要部分。

1.4.1 政府债务

政府债务是所有四个债务部门中最大的部门。表 1 - 1 显示，2020 年美国政府债务占全球的比重达到 30.21%，即 26.92 万亿美元，其次是欧元区和日本，分别为 17.45% 和 12.88%；同期，中国和英国的占比分别为 10.74% 和 4.05%；这前三大货币发行国的总份额为 60.54%，表明世界前三大货币发行国负债累累。2020 年美国、欧元区、日本等国政府债务占 GDP 的比重分别达到 128.6%、120.4% 和 227.3%，世界主要货币发行国的高负债情形让人不禁开始担忧这些货币的价值。

1.4.2 国际债务

国际债务仅占世界债务的一小部分。表 1 - 1 中，26.24 万亿美元的全球总债务仅占 IIF 估计的全球 272 万亿美元债务的 9.65%。表 1 - 1 给出了截至 2020 年第三季度末主要货币发行国在国际债务中的世界份额。表 1 - 1 显示，欧元区的全球债务规模最大，为9.365万亿美元，占世界国际债务总额26.242万亿美元的35.69%。英国的国际债务总额为3.237万亿美元，占全球国际债务总额的12.34%，居第2位；其次是美国，占9.13%；日本在全球债务中的份额仅为1.96%，低于加拿大和澳大利亚的份额（3.81%和2.16%）；中国的份额为0.86%，低于挪威和瑞典的份额（0.97%和1.76%）。值得注意的是，离岸中心，尤其是开曼群岛和中国香港特别行政区，其国际债券的世界份额分别为8.36%和1.35%，体现了在国际金融市场中的独特地位。

1.5 股票市场

股票市场是世界金融市场的重要部门。股票市值反映了金融财富的积累，同时股票市场对研发具有必不可少的支撑作用。我们将简要介绍世界主要股票市场的股票市值和成交量。

1.5.1 股票市值

尽管新冠肺炎疫情对世界贸易和GDP产生了严重影响，但2020年世界股票市值增长了18.5%至110.35万亿美元，占世界GDP的130.5%（全球证券化比率），较2019年的106.6%高出23.9%。表1-1显示，2021年美国股票市值占比为41.96%，不仅是所有国家中最高的，而且比欧元区、日本、英国和中国的总份额30.67%高出11.29%；美国证券化比率（市值/GDP）为227.75%，也是所有货币发行国中最高的；中国、欧元区和日本的市值份额分别为11.54%、10.82%和5.26%，分别居第2、第3和第4位。

1.5.2 股市成交量

市场成交额代表市场在一定时期内（通常在一年内）的总交易价值。表1-1给出了2021年五家货币发行国的股市成交额占比。表1-1显示，美国股市成交额的占比为47.63%，不仅是所有国家中最高的，也比欧元区、日本、英国和中国的总份额27.61%高出20.02%。

1.6 在主要国际组织中的投票权

主要货币发行国的投票权是反映该货币在主要国际组织中相对权重的重要因素。表1－1列出了主要货币在几个主要国际组织的投票权和特别提款权。

1.6.1 世界银行

表1－1显示，美国在世界银行的投票权最高为15.88%，但比欧元区19个国家19.01%的总投票权低3.13%；日本、中国和英国在世界银行分别拥有7.46%、5.06%和3.79%的投票权。

1.6.2 国际货币基金组织

表1－1显示，美国在国际货币基金组织（IMF）的投票权最高为16.50%，但其投票权比欧元区19个国家21.43%的总投票权低4.93%；日本、中国和英国在IMF的投票权分别为6.14%、6.08%和4.03%。

1.6.3 IMF特别提款权

特别提款权反映了主要货币在国际货币基金组织中的相对“重要性”。表1－1还给出了IMF中五种主要国际货币的特别提款权（SDR）权重。表1－1显示，美元SDR41.73%的权重最高，仅略低于2019年全球外汇市场美元外汇日均成交量的相应权重。欧元30.93%的IMF SDR权重几乎是其在2021年全球外汇市场日均成交量的对应权重16.07%的2倍。人民币排名第3位，对应权重为10.92%。日元的SDR权重为8.33%，与2021年全球外汇市场日元外汇日均成交量8.34%的相关权重几乎持平。英镑SDR权重排名第5位，为8.09%，明显高于对应的2021年全球外汇市场英镑外汇日均成交量的6.34%的权重。

1.7　外汇市场

货币在国际市场中的用途有很多种，例如贸易结算、外国直接投资、国际援助等。然而，任何一种货币的用途都反映在该货币的外汇交易中。因此，任何货币在全球外汇市场的交易量都是衡量其国际化程度的最佳方式。我们将在本节中简要介绍外汇交易的主要组成部分及其比重。

1.7.1　境内外汇交易

境内外汇交易简单地代表一个国家或地区内的外汇交易总额，即本币与外币的交易和外币之间的外汇交易。表 1－1 显示，2021 年英国在当地日均外汇交易量中的份额为 43.08%，为全球最高，体现了伦敦作为全球最大外汇交易中心的独特地位；美国的份额为 16.51%，仅次于英国；虽然欧元区有 19 个成员国，但 2021 年欧元区日均外汇交易量的总份额仅为 6.52%，远低于英国和美国的份额；日本的份额为 4.53%，低于欧元区；中国 1.64% 的份额低于上述所有货币。

1.7.2　全球外汇交易

由于任何货币的所有国际用途都反映在其外汇交易中，因此该货币在全球外汇日均交易量中的份额是该货币国际化的最佳衡量标准之一。表 1－1 给出了五种主要国际货币在全球外汇交易量中的占比。表 1－1 显示，美元是迄今为止世界上最大的国际货币，其在全球外汇市场的交易份额为 44.25%，不仅高于任何其他货币，而且比所有其他四种货币的总交易份额 32.91% 高出 11.34 个百分点，表明美元在全球外汇市场上具有相对垄断地位；欧元在全球外汇市场的交易份额为 16.07%，仅次于美元，高于日元和英镑的份额总和 14.68%；日元和英镑分别以 8.34% 和 6.34% 的份额列第 3 位和第 4 位；人民币 2.15% 的占比不仅低于上述四大世界主要货币，也低于澳元 3.38%、加元 2.52%、瑞士法郎 2.48% 的占比，说明人民币的国际化地位依旧与中国的经贸地位相去甚远。

1.8 多因子及其直观解释

任何一种货币的日均交易额占全球日均交易额的份额是衡量该货币国际化程度的最佳方式，因此，日均外汇交易量份额是任何货币国际化的最终结果。然而，从第1.1节到第1.7节的所有因素都是货币国际化的贡献因素或潜在贡献因素。这些因素对每种货币的排名的算术平均值也可以为我们提供每种货币国际化潜力的准确信息。表1-3给出了表1-1中各影响因子的排列顺序、算术平均排名，以及与表1-1日均成交量份额的比较。

表1-3 世界主要五国货币发行国多因素排名及其算术平均排名

货币发行国/地区	美国	欧元区	日本	英国	中国
GDP（汇率换算）	1	3	4	5	2
GDP（购买力平价）	2	3	5	11	1
货物贸易总额	3	2	5	4	1
货物出口总额	3	1	4	6	2
货物进口总额	2	1	4	5	3
国际支付	1	2	5	3	4
总债务	1	2	4	5	3
政府债务	1	2	3	5	4
国际债务	1	3	5	4	10
股市市值	1	3	4	5	2
证券化比例	1	4	2	3	5
股市成交量	1	3	4	7	2
世界银行投票权	2	1	3	5	4
IMF投票权	2	1	3	5	4
IMF特别提款权（SDRs）	1	2	4	5	3
算术平均排名	1.53	2.20	3.93	5.20	3.33
全球日均外汇交易量	1	2	3	4	8
算术平均排名-全球日均外汇交易量排名	0.53	0.20	0.93	1.20	-4.67

数据来源：同表1-1。

表1-3显示，美元、欧元、日元和英镑的算术排名分别为1.53、2.20、3.93和5.20，比它们按日均交易额份额计算的排名高0.53、0.20、0.93和1.20，或者说世界前四大货币都被不同程度地高估，尤其是英镑高出了超过一个阶梯位。然而，人民币3.33的算术排名低于世界排名第3位的货币日元的3.93，这意味着如果从GDP、贸易、国际支付、债务市场、股票市场等因素出发，人民币有潜力成为外汇交易中第三大货币。

2021年，上述4个主要货币的算术平均排名超过日均外汇交易量排名的部分（超排名参数）为0.53、0.20、0.93和1.20，总和为2.86，可以解释为世界四大货币的总超排名，或者说是世界四大货币的超排名总和。这四个世界货币合计高出两个阶梯位置是以人民币排名过低为代价的。澳大利亚、加拿大和瑞士法郎在2021年排名中分别列第5、第6和第7位，均比其应有排名高出一位。因此，人民币在2021年的排名被压低了5个位置左右。正如前面国际支付部分所解释的那样，人民币的重要性主要是由于中国的大部分贸易以美元和其他主要世界货币结算，而不是人民币。更深层次的原因是，中国出口的大部分商品都来自在华外国企业。这些外国出口商更愿意以本国货币而非人民币结算其出口，以避免外汇风险。我们将在本书的第二部分和第四部分讨论并分析相关问题。

1.9 科技对货币国际化的影响

除了以上影响货币估值和货币国际化的因素外，还有一个极其重要的因素——科技能力，在上述所有货币价值和货币国际化影响因素中几乎是最重要的一个。科技影响同时决定着一个国家的出口（产品不被认可就不能形成出口），出口又进一步决定国际结算，因为出口商更愿意用本国的货币结算他们的产品以避免外汇汇率风险。反过来，出口会影响经常账户和货币估值，并最终影响货币国际化。上述所有效果都是直观的，但现有文献中缺少经验证据。本书的主要目的是通过量化科技自立能力和科技国际化，寻找科技如何影响货币价值和货币国际化的实证证据。

1.10 小结

影响货币国际化的因素有很多，是一个需要深入研究和预测的复杂问题。本章介绍了影响货币国际化的重要传统经济学意义上的因素，如国内生产总值（GDP）、主要涉及全球结算和支付的国际商品贸易和服务贸易、债务市场、股票市场、外汇交易，以及影响货币国际化的其他因素在决定货币国际化中都占有不同的“权重”或重要性。然而货币的国际用途虽然有很多种，但所有货币的国际用途都会最终反映在外汇交易中。因此，一种货币在全球每日外汇交易量中的占比是一个很好的衡量其货币国际化的标准，因为它避免了对表1－1中的各种因素赋予权重的复杂性。

虽然表1－1中各因素的权重不同且难以求得，但将所有因素的权重视为相同的简单方法，或者外汇交易以外的重要因素的简单算术平均排名，可能会给我们一些直观的结果。表1－3中的结果表明，所有前四种世界货币的排名都有些过高，并且人民币的排名明显偏低，这主要是因为大多数中国贸易以美元和其他主要货币结算，而非人民币。随着科技的进步，更多的中国商业份额将由人民币结算，人民币的地位将逐渐提高，其国际地位将更加接近表1－3所示的合理水平。

参考文献

[1] 李增新．人民币国际化之路任重而道远——专访国际货币基金组织副总裁朱敏[J]．世纪周刊，2011－02－14：52－55.

[2] 张光平．人民币衍生产品（第四版）[M]．北京：中国金融出版社，2016.

[3] 张光平、谭梓杨：人民币国际化和产品创新（第十版）[M]．北京：中国金融出版社，2021.

[4] Nicolas Winning and William Horobin, “IMF's Strauss – Kahn Wants The Yuan In SDR”, DOW JONES NEWS WIRES, February 19, 2011.

[5] Chang Shu, Dong He and Xiaoqiang Cheng, 2014, “One currency, two markets: The

renminbi's growing influence in Asia – Pacific," BIS Working Papers No 446, Monetary and Economic Department, Bank for International Settlements, April, http://www.bis.org.

[6] Henning, C (2012): "Choice and coercion in East Asian exchange rate regimes", Peterson Institute for International Economics, Working Paper, 12 – 15.

[7] Fratzscher, M and A Mehl (2011): "China's dominance hypothesis and the emergence of a tri – polar global currency system", CEPR Discussion Paper, No. 8671, November.

[8] Rafiq, Sohrab: "When China Sneezes Does ASEAN Catch a Cold," IMF Working Paper No. 16/214, November 10, 2016.

[9] Arslanalp, Serkan, Wei Liao, Shi Piao, and Dulani Seneviratne: "China's Growing Influence on Asian Financial Markets," IMF Working Paper, Asia and Pacific Department, WP/16/173, August 2016.

[10] Shu, C, N Chow and J – Y Chan (2007): "Impact of the Renminbi exchange rate on Asian currencies", China Economic Issues, No. 3/07, Hong Kong Monetary Authority, January.

[11] Subramanian, A and M Kessler (2012): "The renminbi bloc is here: Asia down, rest of the world to go?", Peterson Institute for International Economics, Working Paper, No. 12 – 19.

[12] International Institute of Finance (IIF), 2021, "COVID Drives Debt Surge—Stabilization Ahead?", February 17, Global Debt Monitor.

第2章 科技创新是货币国际化的坚实基础

经济贸易是货币的基础，而科技是经济贸易的基础。在全球经贸几十年来的发展中，科技进步无疑发挥了重要的引领作用，且科技在今后全球经贸发展中的作用会更大。几十年来，发达国家和地区通过投资广大发展中国家以扩大其出口市场进而带动经贸发展的同时，也加大了自身科研投资力度以维护其在全球科技的领先地位，从而保持在贸易中的主动权。科技创新必定需要投入，但仅有投资而后续管理不善的项目，效率同样可能不佳。近两年的中美贸易摩擦，特别是2019年上半年以来贸易摩擦的升级使我国更加认识到了科技的必要性和重要性。鉴于此，本版增加讨论科技创新对货币国际化的推动作用。

创新永远是人类进步的主要动力，而科技创新是整个人类文明创新的重中之重，近几百年来，人类生活巨变的各个领域无不与科技创新密切相关。科技创新越来越多地影响着我们生活的方方面面，而且这一趋势还将不断加速。科技创新发展直接影响实体经济，而金融的本质就是服务实体经济，因此，科技创新发展是金融服务的基础。本章将简单介绍十多年来全球科研投资的规模和主要领域、科研对专利的影响、科研与出口产品的技术含量、出口产品的技术含量与出口产品本币结算的关系以及我国科研投入的可喜发展和存在的问题，最后讨论我国科技创新对人民币国际化的重要推动作用。

2.1 十多年来全球主要国家和地区科研投资介绍

有投入才会有产出，科技投入是任何一个国家或机构科技创新动力的重要标志，也应该是这些国家或机构竞争力的重要标志。表 2－1 给出了 2004—2019 年全球科研投入最多的前二十大国家的科技投入金额及同期投资金额占 GDP 的比重。

表 2－1 全球科研投入最多的前二十大国家的科技投入金额及同期投资金额占 GDP 的比重（2004—2019 年）

单位：亿美元、%

国家/地区	2004 年	2008 年	2012 年	2014 年	2016 年	2018 年	2019 年	2004—2019 年年均复合增长率*
美国	3056.4	4072.4	4343.5	4764.6	5165.9	5840.0	6786.0	5.5
中国	237.6	664.3	1631.5	2126.2	2379.6	3037.0	3205.3	18.9
日本	1458.8	1681.2	1990.7	1649.2	1553.2	1617.5	1647.1	0.8
德国	681.6	969.6	1011.7	1113.5	1011.3	1222.0	1231.7	4.0
韩国	200.9	327.1	514.6	636.6	634.2	827.6	764.1	9.3
法国	443.2	601.5	597.7	649.1	549.2	613.3	598.1	2.0
英国	372.8	474.4	431.1	508.3	453.2	493.2	491.7	1.9
澳大利亚	113.6	253.3	341.4	300.7	229.3	260.0	254.6	5.5
加拿大	205.1	288.2	324.9	309.9	264.4	268.8	277.3	2.0
意大利	189.9	279.1	265.2	290.0	257.2	291.8	294.0	3.0
瑞士	105.3	150.5	212.9	234.7	226.4	240.6	230.3	5.4
巴西	64.5	191.5	277.8	312.2	227.0	243.7	226.8	8.7
瑞典	130.5	180.7	181.1	182.9	168.6	185.5	180.9	2.2
荷兰	117.6	153.8	160.8	176.0	156.5	197.8	198.8	3.6
印度	53.7	103.0	136.0	143.1	154.0	176.4	195.8	9.0
西班牙	110.8	214.1	170.6	169.2	146.0	175.6	174.3	3.1
俄罗斯	68.0	173.5	226.7	220.8	140.1	165.3	175.3	6.5
以色列	52.5	93.9	106.9	129.0	143.7	183.5	204.5	9.5
奥地利	65.2	110.6	119.3	136.3	123.5	144.5	139.3	5.2
比利时	66.7	99.1	112.8	127.6	121.6	153.1	169.2	6.4
欧元区	1806.9	2661.6	2647.9	2879.5	2545.9	3019.1	3032.3	3.5
欧盟	2043.3	3037.5	3039.5	3293.2	2923.0	3479.8	3489.7	3.6
合计	7794.5	11081.9	13157.2	14180.0	14104.9	16337.2	17445.0	5.5
全球	8709.4	12714.0	15308.8	16478.9	16234.6	19649.7	20420.1	5.8
合计占全球比重	89.5	87.2	85.9	86.0	86.9	83.1	85.4	

续表

国家/ 占 GDP 比重	2004 年	2008 年	2012 年	2014 年	2016 年	2018 年	2019 年	2004—2019 年 年均变化
美国	2.50	2.77	2.68	2.72	2.76	2.84	3.17	0.044
中国	1.21	1.45	1.91	2.03	2.12	2.19	2.24	0.069
日本	3.03	3.34	3.21	3.40	3.16	3.26	3.20	0.011
德国	2.43	2.60	2.87	2.87	2.92	3.09	3.17	0.049
韩国	2.53	3.12	4.03	4.29	4.23	4.81	4.63	0.140
法国	2.09	2.06	2.23	2.28	2.22	2.20	2.19	0.006
英国	1.54	1.62	1.59	1.66	1.68	1.72	1.71	0.011
澳大利亚	1.85	2.40	2.21	2.05	1.90	1.81	1.83	-0.002
加拿大	2.00	1.86	1.78	1.72	1.73	1.57	1.59	-0.028
意大利	1.05	1.16	1.27	1.34	1.37	1.40	1.46	0.027
瑞士	2.67	2.71	3.19	3.31	3.37	3.41	3.15	0.032
巴西	0.96	1.13	1.13	1.27	1.26	1.29	1.21	0.016
瑞典	3.39	3.49	3.28	3.14	3.27	3.34	3.39	0.000
荷兰	1.79	1.62	1.92	1.98	2.00	2.16	2.18	0.026
印度	0.76	0.86	0.74	0.70	0.67	0.65	0.68	-0.005
西班牙	1.04	1.32	1.29	1.24	1.19	1.24	1.25	0.014
俄罗斯	1.15	1.04	1.03	1.07	1.10	0.99	1.04	-0.008
以色列	3.88	4.35	4.16	4.17	4.51	4.95	5.14	0.084
奥地利	2.17	2.57	2.91	3.08	3.13	3.17	3.13	0.064
比利时	1.81	1.92	2.27	2.39	2.56	2.82	3.16	0.090
欧元区	1.78	1.89	2.10	2.13	2.13	2.21	2.26	0.032
欧盟	1.79	1.87	2.08	2.11	2.11	2.18	2.22	0.029
全球	1.99	2.00	2.04	2.07	2.13	2.27	2.33	0.023

数据来源：2004—2019 年数据根据世界银行发展指标。

2.1.1 总投入与产值比例

表 2-1 显示，美国、中国、日本、德国，这世界前四大经济体的科研投入同样排名全球前四；其他主要经济体科研投入排名总体与其经济产值排名相当。值得关注的是，2018 年全球经济排名第十的韩国在同年的科研投入超

过了英法等国成为全球第五大科研投资国，2004—2018 年韩国科研投资年均复合增长率 10.6%，几乎比同期韩国名义国内产值年均复合增长率 5.7% 高出 1 倍，为表中 16 个发达经济体中增幅最高的国家，这可以显示出韩国十多年来对科研的重视。然而，韩国 2004—2018 年的国内产值占世界比重仅从 1.36% 提高到了 1.81%，2019 年又下降到了 1.64%（根据 2020 年国际货币基金组织更新的之前年份数据计算得出），排名从全球第 10 位略降到了第 11 位，2019 年进而下降到了第 12 位；韩国 2004—2019 年（科技投入对经贸的推动作用通常要数年以至更长的时间才能显现）名义国内产值年均复合增长率 3.85% 不仅没有显著提高，反而略低于同期世界产值年均复合增长率 4.08%，显示了韩国大量科技投入对经济增长的贡献度不够理想，表明科技投资需要相应的管理，否则效果不会直接显现。

2.1.2　总投入在发达国家和发展中国家的分布

值得关注的是，2018 年全球前十大经济体中有三个是发展中国家，而表 2-1中科研投资前十大国家中仅有中国为发展中国家。同时，2018 年进入全球前二十大经济名单的其他几个发展中国家（墨西哥、印度尼西亚、土耳其和沙特阿拉伯）均未进入表 2-1 的名单，而瑞典、以色列、奥地利和比利时这四个中小经济体却名列前二十大科研投资国，显示了这些国家对科研的重视程度。如上数据显示发展中国家在全球科研投入方面的国际地位显著低于其在全球经济中的地位，也显示大多数发展中国家在科研投入方面仍有巨大的提升空间。

2.1.3　科技投资与国内产值的比例

各国科技投资总额与该国产值的比例可以更好地反映一个国家对科研的重视程度，表 2-1 给出了 2004—2018 年主要科技投资国年度科研投资与国内产值的比重。表 2-1 显示，2018 年以色列和韩国科研投资与国内产值比例最高，均超过 4.5%；其次为瑞士、瑞典、日本、奥地利和德国，占比均为 3%~4%；占比排名第 8 位的美国，投资占比接近 3%；占比排名最后两位的分别为印度和俄罗斯，占比不到 1%。

2.2 科研投资主体分布

2.2.1 主要国家和地区进入世界投研 2500 强的公司数量

根据欧盟委员会 2020—2021 年《欧盟工业研发投资排名》报告公布的全球科技投资最多的 2500 家企业科技投资数据（这两年进入名单的门槛为 30 亿欧元）给出的不同国家和地区的科研投资数据，2020 年该排名因英国退欧问题悬而未决将英国排在欧盟之外，如果我们将英国并入欧盟统一考虑，美国企业总数从 769 家上升到了 779 家，欧盟企业数从 551 家下降到了 506 家，日本企业数从 365 家下降到了 293 家，中国企业数从 507 家上升到了 597 家。以上四个国家和地区外的企业总数从 308 家上升到了 325 家，显示出这四个主要国家和地区近几年在科研投入上的变化。

2.2.2 科研投资在主要国家和地区的分布

美国公司 2018—2019 年增长 11. 26%，高于同期 2500 家公司研发总投入的年增长率 9. 81%。2500 家企业中美国的份额从 37. 95% 增长到 38. 45%，表明美国企业在全球研发中的主导地位。同期欧盟公司（包括英国公司）的份额从 28. 86% 下降到 24. 43%。同期中国企业占比从 11. 71% 上升至 13. 14%，原因是中国主要企业研发总投入占比高达 23. 26%（是 2500 家企业研发总投入占比 9. 81% 的两倍多），2019 年首次超过日本 12. 70% 的份额（日本企业占比从 13. 29% 下降至 12. 70%）。而到了 2020 年，美国公司 2019—2020 年研发总投入略降了 1. 19%，同期 2500 家公司研发总投入则略升了 0. 52%，整体变动幅度较小，科研投资的世界格局基本没有发生变化。

值得注意的是，2018 年到 2019 年，除中国这个世界上最大的发展中国家外，其他发展中国家进入 2500 强企业的数量从 39 家下降到 31 家，2020 年则上升至 424 家。2018—2020 年，研发投入从 0. 91% 下降到 0. 70%，即使加上中国的份额，同期进入 2500 强企业的研发投入占比从 12.62% 上升到 16.21%，表明研发投入仍然主要集中在发达经济体。

2.3　全球科研投资的行业分布

2.3.1　全球科研投资增速的行业分布

欧盟委员会公布的近两年《欧盟工业研发投资排名》相关结果显示，2019—2020 年前 2500 家企业的研发总投资额由 9047 亿 EER 增长至 9090 亿 EER，如表 2－2 所示。同期，工业和 ICT 服务业的研发投入总额分别增长 21.05% 和 10.47%。欧盟对 ICT 行业的投资反映了 ICT 服务是全球研发增长的重要来源，并且这种增长还将继续。

2.3.2　全球科研投资总量的行业分布

上文显示了主要行业的研发投资增长情况。表 2－2 显示了 2020 年全球各行业 R&D 投入情况。从表 2－2 可以看出，R&D 支出排名前两位的行业是 ICT 生产企业和健康产业，分别占当年的 22.9% 和 20.8%。ICT 服务紧随其后，占总数的 19.2%；汽车和其他交通工具排在第 4 位，占比 13.8%；工业、化工、航空航天和国防分别仅占 6.6%、2.4% 和 1.8%。ICT 生产者和服务业合计占比 42.1%，体现了信息技术在招商引资中的主导地位。

表 2－2　8 个行业类别细分（2020 年）

行业/地区	行业分类	公司数量（家）	研发总量（亿欧元）	总研发占比（%）	R&D per Firm（百万欧元）
航空航天和国防	航空航天和国防	43	163	1.8	379.1
ICT 生产	电脑硬件；电气元件和设备；电子设备；电动办公设备；半导体；电信设备	458	2078	22.9	453.7

续表

行业/地区	行业分类	公司数量（家）	研发总量（亿欧元）	总研发占比（%）	R&D per Firm（百万欧元）
ICT 服务	计算机服务；互联网；软件；移动通信服务；支持服务	387	1747	19.2	451.4
ICT	ICT 生产与服务总和	845	3825	42.1	452.7
制药生物科技和健康	生物技术；健康提供者；医用器材；医疗用品；制药	525	1887	20.8	359.4
工业	铝业；容器和包装；多元化产业；交货；工业机械；钢铁；有色金属；运输服务	307	598	6.6	194.8
汽车和其他交通	汽车零件；汽车；商用车和卡车；轮胎	151	1250	13.8	827.8
化工	商品化学品；特种化学品	125	221	2.4	176.8
其他	新能源；银行及其他	504	1146	12.6	227.4
总计		2500	9090	100.0	363.6

数据来源：表 2－1 “The 2021 EU Industrial R&D Investment Scoreboard”，https：//iri. jrc. ec. europa. eu。

根据联合国贸易和发展会议（UNCTAD）发布的《2019 年世界投资报告》，我们还可以将研发相关项目计算为 2010—2018 年按行业划分的已宣布项目总数的份额。制药、软件和 IT 服务、化工、电气和电子以及汽车和航空航天领域的投资分别占总额的 17%、15%、14%、11% 和 9%。机械设备、食品饮料烟草、橡胶塑料、其他制造业、采掘业和非技术服务的研发投入分别仅占 6%、5%、5%、4%、3% 和 2%，均低于 6% 的平均值。该数据显示了过去十年全球研发投入的分布情况。

2.3.3 研发投资类型分布

上文描述了全球研发投资按行业的分布。同样，按投资类型分析全球 R&D 的分布也很有意义。表 2－3 展示了欧盟各种规模企业的 R&D 投资类型。虽然只涉及欧盟企业，但仍能对其他国家和地区的情况有所了解。如表 2－3

所示，R&D 投入因公司规模而异。较小的公司专注于基础研究和软件开发，为将新概念转化为新产品做好准备。相比之下，大公司大量投资于应用研究和市场适应性，因为它们通常更加国际化，因此必须适应当地市场。2021 年欧盟工业研发投资趋势调查报告显示，根据对 2020 年欧盟 720 家公司的调查，发现平均研发投资为 2.7 亿欧元，平均研发强度为 3.7%，最大的公司（员工超过 50000 人）预计在 2021 年将减少 4.0% 的研发投资，而平均预期增长率为 2.0%，相比之下，其他规模的公司预计 2021 年研发增长 17.4%（少于 2500 名员工）、5.4%（2501～10000 名员工）和 5.0%（10001～50000 名员工）。

表 2-3　欧盟 R&D 投资类型按企业规模分布（2018 年）

研发类型/企业规模（员工数）	占比（%）	接近 2500 名	2501～10000 名	10001～50000 名	50000 名及以上
应用研究/技术开发	36	34	26	31	41
开发上市	16	23	21	13	17
当地市场适应性开发	15	10	7	14	17
基础研究	9	15	9	9	10
软件/数据开发	8	15	7	14	4
机械、设备、软件和场地购置	6	2	25	7	2
其他	10	2	5	13	9

数据来源：2019 年欧盟工业研发投资趋势调查 2019 EU Survey on Industrial R&D Investment Trends, https://iri.jrc.ec.europa.eu。

表 2-4 显示，不同行业的研发重点不同。健康产业、化学品、工业和 ICT 生产商的大部分研发投资都致力于应用研究/技术开发，分别占 59%、51%、32% 和 27%。特别是健康产业和化学品将一半以上的研发投资用于应用研究或技术开发；航空航天与国防和 ICT 服务分别将其研发投资的 40% 和 37% 用于开发市场投放。ICT 服务、ICT 生产商和工业分别为软件或数据的开发分配了 31%、10% 和 9%。化学品、工业和 ICT 生产商分别在基础研究上花费了 17%、10% 和 9%。从以上数据可以看出，不同行业的研发投入集中度不同。

表 2-4 欧盟主要行业 R&D 投资按投资方向分布（2018 年）

行业	航空航天和国防	汽车和其他交通	化学品	制药生物科技和健康	ICT 生产商	ICT 服务	工业	其他
应用研究/技术开发	15	9	51	59	27	15	32	31
开发上市	40	12	7	9	17	37	17	11
当地市场适应性开发	39	2	20	6	25	9	24	19
基础研究	6	2	17	7	9	5	10	14
软件/数据开发	0	2	2	1	10	31	9	5
机械、设备、软件和场地购置	0	2	4	2	11	2	6	15
其他	0	71	0	15	2	0	1	4

数据来源：同表 2-3。

2.4 全球研发投入企业排名

发达国家的研发投资主要是公司出资，因此按研发投资排名的公司排名也可以反映不同国家和地区的公司对技术的重视程度。表 2-5 列出了 2020 年研发投入前 20 名的企业，并从国别、行业、研发投入金额、研发强度，对 2013—2020 年排名变化进行了介绍。

表 2-5 研发投入前 20 强及 2013—2020 年排名变化

单位：亿欧元

排名	公司	国家	行业	研发投入金额	研发强度（%）	2013—2020 年排名变化
1	字母表	美国	软件和电脑	224.7	15.1	13
2	华为	中国	技术与硬件	174.6	15.7	24
3	微软	美国	软件和电脑	168.8	12.3	0
4	三星	韩国	电子电气设备	158.9	9.0	-2
5	苹果	美国	技术与硬件	152.8	6.8	30
6	脸书	美国	软件和电脑	150.3	21.5	95
7	大众	德国	汽车及零部件	138.9	6.2	-6
8	罗氏	瑞士	制药和生物技术	112.5	20.8	-2

续表

排名	公司	国家	行业	研发投入金额	研发强度（%）	2013—2020 年排名变化
9	英特尔	美国	技术与硬件	110.5	17.4	-5
10	强生	美国	制药和生物技术	99.1	14.7	-2
11	丰田	日本	汽车及零部件	86.2	4.0	-4
12	戴姆勒	德国	汽车及零部件	84.4	5.5	-2
13	百时美施贵宝	美国	制药和生物技术	84.1	24.3	27
14	默克	美国	制药和生物技术	83.3	21.3	-2
15	辉瑞	美国	制药和生物技术	78.4	22.9	0
16	拜耳	德国	制药和生物技术	77.0	18.1	18
17	阿里巴巴	中国	软件和计算机	71.4	8.0	2014 年 9 月上市
18	诺华	瑞士	制药和生物技术	71.1	17.5	-13
19	宝马	德国	汽车及零部件	62.8	6.3	-6
20	本田	日本	汽车及零部件	62.3	6.0	0

数据来源：The 2021 EU Industrial R&D Investment Scoreboard，www. ijr. jrc. europa. eu。

2.4.1　前 20 名研发投入国别和行业分布

如表 2 -5 所示，在研发方面处于领先地位的前 20 家公司中，美国有 9 家公司，德国有 4 家，瑞士、日本和中国各 2 家。从这 20 家公司的行业分布来看，5 家公司来自汽车及零部件，显示了这一传统行业在研发创新方面的领先地位。然而，这些公司的总体排名下降（表 2 -5 中 5 家汽车及零部件经销商中有 4 家排名下降；只有本田汽车的排名保持不变，但也未实现增长）。这 5 家公司的研发总投入约为 435 亿欧元，明显低于表 2 -5 中前 3 家公司的 568 亿欧元的研发总投入。这表明上述汽车行业在研发投资中的整体贡献正在下降。7 家制药和生物技术公司的总研发投资为 606 亿欧元；3 家技术与硬件的研发总投资为 438 亿欧元；4 家软件和计算机公司的研发总投资 615 亿欧元，1 家电子电气设备研发总投资 159 亿欧元。软件、计算机、电气设备企业一般属于高新技术企业，8 家高新技术企业的研发总投入为 1212 亿欧元，已经高于 12 家汽车及零部件和医药的研发总投入 1040 亿欧元，显示出高科技公司在研发总投资中的重要贡献。

2.4.2 前20名研发企业的研发强度

表2-5还提供了前20名研发公司的研发强度（研发投资额/销售额）。从表2-5可以看出，高新技术企业和医药企业的研发强度普遍高于汽车及零部件企业，均在5%左右。值得注意的是，美国的脸书排名增长最显著，上升了95名，研发投入强度高达21.5%。

2.4.3 20强研发企业排名变化

表2-5显示，2013—2020年研发投资排名前20位的企业中有10家排名下降，其中汽车及零部件企业4家，制药和生物技术企业4家，技术与硬件企业1家，电气设备企业1家。脸书、苹果、百时美施贵宝和华为在2013年至2020年的排名分别上升了95位、30位、27位和24位，显示了它们在研发支出方面的快速增长。

2.5 全球专利分布及变化

专利是企业科研投资的主要成果及反映，也是企业竞争力的重要基石。在介绍了主要国家和地区及主要企业科研投资后，本节将简单介绍十多年来全球专利申请量和授权量的分布。表2-6给出了2001—2020年全球主要国家和地区专利申请数、申请数占比分布和单位专利创造的国内产值及其变化。

表2-6 全球主要国家和地区专利申请数、申请数占比分布和单位专利创造的国内产值及其变化（2001—2020年）

单位：万件，%，百万美元

国家/地区专利数（万）	2001年	2005年	2008年	2011年	2014年	2017年	2018年	2019年	2020年	2001—2008年年均复合增长率（%）	2008—2020年年均复合增长率（%）
中国	6.3	17.3	29.0	52.6	92.8	138.2	154.2	140.1	149.7	24.2	14.7
美国	32.6	39.1	45.6	50.4	57.9	60.7	59.7	62.2	59.7	4.9	2.3
日本	44.0	42.7	39.1	34.3	32.6	31.8	31.4	30.8	28.8	-1.7	-2.5

续表

国家/地区专利数（万）	2001 年	2005 年	2008 年	2011 年	2014 年	2017 年	2018 年	2019 年	2020 年	2001—2008 年年均复合增长率（%）	2008—2020 年年均复合增长率（%）
欧盟	27.2	27.3	28.3	27.7	29.2	30.6	31.2	31.6	11.0	0.6	-7.5
其他国家和地区	35.5	43.9	51.0	50.8	54.7	54.9	56.2	57.8	78.3	5.3	3.6
全球	145.7	170.3	193.0	215.8	267.2	316.2	332.6	322.4	327.7	4.1	4.5

专利数全球占比（%）	2001 年	2005 年	2008 年	2011 年	2014 年	2017 年	2018 年	2019 年	2020 年	2001—2008 年变化率（%）	2008—2020 年变化率（%）
中国	4.4	10.2	15.0	24.4	34.7	43.7	46.4	43.4	45.7	10.7	9.7
美国	22.4	22.9	23.6	23.3	21.7	19.2	18.0	19.3	18.2	1.2	-2.1
日本	30.2	25.1	20.3	15.9	12.2	10.1	9.4	9.6	8.8	-10.0	-6.7
欧盟	18.7	16.0	14.7	12.8	10.9	9.7	9.4	9.8	3.4	-4.0	-11.5
其他国家和地区	24.4	25.8	26.4	23.6	20.5	17.4	16.9	17.9	23.9	2.1	-0.8
全球	100	100	100	100	100	100	100	100	100		

单位专利产值（百万美元）	2001 年	2005 年	2008 年	2011 年	2014 年	2017 年	2018 年	2019 年	2020 年	2001—2008 年年变化率（%）	2008—2020 年年变化率（%）
中国	21.2	13.3	15.9	14.3	11.3	8.7	8.7	10.2	9.9	-4.0	-3.8
美国	32.4	33.4	32.2	30.9	30.3	32.2	34.5	34.5	35.0	-0.1	0.7
日本	9.8	11.1	12.9	18.0	14.9	15.3	15.9	16.7	17.5	4.0	2.6
欧盟	33.1	52.9	67.9	66.3	64.0	56.7	60.1	58.5	138.2	10.8	6.1
其他国家和地区	23.6	29.7	39.6	50.6	50.0	48.2	48.5	48.3	36.9	7.7	-0.6
全球	23.1	27.9	33.0	34.0	29.5	25.4	25.5	27.1	25.9	5.3	-2.0

数据来源：根据世界知识产权组织（World Intellectual Property Organization，WIPO）网站（www.wipo.int），2021 年底更新的各国专利数据和国际货币基金组织 2021 年 10 月更新的各国 GDP 数据计算整理得出。2020 年欧盟的数据未计入英国。

2.5.1 专利总数分布

表2-6显示，2001—2008年，中国专利申请数从6.3万增长到了29万，全球占比从4.4%提高到了15.0%，年均复合增长率高达24.2%，比全球同期年均复合增长率4.1%高出5倍多，为全球增速最快。同期欧盟和日本的相应占比有所下降。同期美国专利年均复合增长率4.9%，略高于全球增幅4.1%，占比累计增长了1.2%。中国、美国、日本、欧盟外全球其他地区专利年均复合增长率也高达5.3%，占比累计提高了2.1%。2008—2020年，中国专利年均复合增长14.7%，虽略低于之前的24.2%，但仍遥遥领先其他地区，比同期全球年均复合增长率4.5%高出3倍多，同期占比较2008年累计提高30.7个百分点达到45.7%，成为全球专利最大的申请国，比占比排名第2位的美国占比高出1倍多，显示出十多年来中国在专利方面的巨大成绩。

2.5.2 行业分布

表2-6给出的是不同国家和地区专利总数的分布，表2-7给出了2009—2020年全球主要国家或地区主要专利数占其总专利数的比重，我们可以据此看出各国或地区专利在主要科技领域的分布结果。

表2-7 全球主要国家或地区主要专利数占其总专利数比重（2009—2020年）

单位：万件，%

中国	2009年	2011年	2013年	2015年	2017年	2018年	2019年	2020年	2009—2020年占比变化
ICT及相关领域	24.90	23.24	19.61	17.49	19.12	17.88	22.44	24.80	-0.10
芯片	3.23	3.35	2.58	1.93	1.60	1.62	1.93	2.06	-1.17
制药生物科技	7.41	6.82	5.91	6.41	4.87	3.97	3.66	3.42	-3.99
汽车及相关领域	8.13	8.07	8.26	8.00	7.59	7.43	7.37	6.80	-1.33
其他行业	59.56	61.87	66.22	68.10	68.42	70.71	66.53	64.99	5.43

续表

日本	2009 年	2011 年	2013 年	2015 年	2017 年	2018 年	2019 年	2020 年	2009—2020 年占比变化
ICT 及相关领域	26.70	26.42	24.74	22.91	21.52	20.64	20.27	20.73	-5.97
芯片	5.64	5.98	5.79	4.72	4.03	3.81	3.66	3.69	-1.95
制药生物科技	3.29	3.10	3.40	3.41	3.77	4.07	4.03	4.29	1.00
汽车其相关领域	6.66	6.64	7.04	6.90	7.14	7.13	6.99	7.02	0.36
其他行业	63.36	63.84	64.82	66.78	67.57	68.17	68.71	67.97	4.61
美国	2009 年	2011 年	2013 年	2015 年	2017 年	2018 年	2019 年	2020 年	2009—2020 年占比变化
ICT 及相关领域	37.78	37.06	39.75	39.73	38.65	37.47	37.90	39.18	1.40
芯片	4.97	5.35	5.28	5.48	5.34	5.16	5.15	5.40	0.43
制药生物科技	6.05	5.94	5.19	5.04	5.21	5.33	5.53	5.46	-0.59
汽车及相关领域	4.89	4.89	5.19	5.32	5.54	5.82	5.63	5.43	0.54
其他行业	51.29	52.12	49.87	49.91	50.61	51.38	50.94	49.93	-1.36
欧盟	2009 年	2011 年	2013 年	2015 年	2017 年	2018 年	2019 年	2020 年	2009—2020 年占比变化
ICT 及相关领域	16.55	16.47	17.90	18.44	19.97	19.52	19.29	20.07	3.52
芯片	1.96	2.20	2.20	1.96	2.09	1.98	1.95	1.97	0.01
制药生物科技	5.05	5.90	4.59	4.38	5.23	5.32	5.70	5.86	0.81
汽车及相关领域	7.31	7.32	8.23	8.41	8.96	8.43	7.93	7.43	0.12
其他行业	71.09	70.31	70.34	69.49	68.90	69.78	67.08	66.65	-4.44
世界	2009 年	2011 年	2013 年	2015 年	2017 年	2018 年	2019 年	2020 年	2009—2020 年占比变化
ICT 及相关领域	26.43	25.53	24.56	23.15	22.68	21.62	24.30	26.26	-0.17
芯片	4.40	4.43	4.00	3.29	2.85	2.69	2.94	3.07	-1.33
制药生物科技	6.37	6.39	5.79	6.21	5.77	5.11	5.21	5.08	-1.29
汽车及相关领域	6.4	6.51	7.00	7.04	6.95	6.96	6.87	6.46	0.06
其他行业	60.80	61.58	62.65	63.60	64.60	66.31	63.62	62.20	1.40

数据来源：同表2-6；表2-6中ICT（信息、计算机和通信）包括世界知识产权组织公布的35个科技领域中的视听技术、电讯、数字通信技术、基础通信处理技术、计算机技术、信息技术管理方法和半导体技术七类密切相关的技术；制药生物科技类包括制药和生物科技2类；汽车相关类包括控制技术、材料和冶金技术及引擎、输送和汽轮机3类技术；由于半导体技术的特殊性，我们将该技术专利专门列出。

表2-7显示，中国作为全球专利数最多的国家，其在全球增长最快且最具潜力的ICT领域的专利比例不仅显著低于美国的占比，而且低于日本和全球平均比例，其中，2009—2020年我国在该领域专利占比不增反降了0.1%，制药生物科技和汽车相关领域占比同样累计不增反降。而这三大关键领域外的其他领域专利占比却明显提高，同期累计提高了5.43%，显示出我国专利虽多，但大量专利并非属于国际市场有潜力的三大重点领域的技术。

与全球科技力量最强的美国相比，2009—2020年美国在ICT相关领域专利占比累计上升了1.4%，保持着39.18%的高水平比例，显示出美国重点投资于全球最具潜力的科技领域；同时美国在汽车相关领域专利占比不降反增，三大领域累计占比上升了1.40%，近10年来三大领域占比稳中有升，显示出美国在全球三大科技重点领域中领先地位。

2.6 产业链微笑曲线趋瘦的含义和启示

几十年前国际衍生产品市场上出现了波动率曲线的概念，指同一到期时间不同行权价期权的隐含波动率高低分布曲线。通常情况下，期权行权价与期权基础资产价格接近的期权（平价期权）的隐含波动率较低，而两边的期权隐含波动率却相对较高，因此波动率曲线通常呈现出微笑的形式。

2.6.1 产业链曲线微笑的概念和含义

产业链曲线与波动率曲线相似，横坐标从左向右代表产业链上游到下游，纵坐标代表不同价值链上附加价值从低到高的曲线。具体来说，横坐标上具有科技含量的新产品开发、零部件生产、模块零部件生产、组装、销售、品牌和相关限售服务等代表从高向低的产业价值链。通常，组装等相关生产利润空间最低，而新产品开发和品牌营销两端的利润空间最高，曲线呈现微笑的特征（简兆权、伍卓深，2011）。

产业链微笑曲线变瘦意味着微笑曲线两端更陡更高，表明产业链上产品开发和品牌销售两端的利润率更高，而组装等生产相关领域的利润更低，显示出科研和品牌在产业链中的重要性在增大。

2.6.2　隐形冠军是制造业的基石

产业链两端利润空间在扩大的同时，产业链上仅次于产品开发的是基础零部件（元器件）、基础材料、工业软件等领域，在制造业内被称为“隐形冠军”。之所以称为隐形是因为主要产品“隐形”于终端产品内部，不易被人发现，也不易引起消费者关注（朱文浩，2019）。然而离开这些隐形产品，整个产品就难以生产成功。隐形冠军或基础零部件和基础材料实际上是基础产业的重要组成部分，也是制造业的基础，同时也是制造业强大的重要标志。我国工业生产种类齐全，而且在绝大多数领域都走在了世界前列，但我国基础产业产值占 GDP 比重却不高，而且 2013—2017 年我国基础产业（主要包括基础零部件、数控机床、仪器仪表）增加值占全球比重从 11.54% 跌至 6.92%，与美国、日本的差距拉大，核心基础部件（元器件）、基础材料、基础工艺的制约性日益凸显，已经成为制约我国建设制造业强国的最大“瓶颈”（朱文浩，2019）。因此，在提高科研投资效率以加大市场导向和企业导向科研的同时，加强我国基础产业的研究和基础产业的发展也相当重要。

2.7　全球单位专利产值及变化

专利是科研的主要结果，也是企业竞争力的重要体现，这可以体现在企业对经济增长的贡献上。表 2-6 给出了单位专利对国内生产总值的贡献。

表 2-6 的数据显示，2001—2020 年，全球单位专利产值平均在 0.26 亿美元上下，变化不大，显示出专利对经济增长贡献显著。2001—2008 年，欧盟单位专利产值增长了 105.0% 到 0.68 亿美元，2020 年进一步增长了 6.1% 到 1.38 亿美元，欧盟虽然专利数量较少，但是欧盟单位专利对国内产值贡献却为全球最高，显示欧盟专利的质量较好。2001—2020 年，美国单位专利产值基本稳定在 0.32 亿美元上下，虽与欧盟相比较低，但仍高于世界平均产

值，表明美国专利对经济贡献稳定。中国、美国、日本、欧盟外其他国家和地区单位专利产值虽持续下降，但也保持在0.42亿美元的高位。表2-6也显示，虽然日本单位专利对国内产值平均贡献最低，然而2001—2020年，其单位专利对产值的贡献总体仍呈现上升的态势，累计提高了78.5%。而我国单位专利对产值的贡献持续显著下降，2001—2020年单位专利对国内产值的贡献累计下降了53.2%到0.10亿美元，表明我国专利数量大幅增长的同时，专利平均对国内产值的贡献率却在持续下降，我国专利的质量有大幅度提高的空间。

2.8 十多年来我国科研投资的可喜成绩

表2-1相应的数据显示，早在2013年开始我国科研总投入首次超过日本，成为全球第二大科研投入国，虽比2010年我国产值超过日本的时间晚了3年，但2013年以来我国保持了全球第二大科研投入国的地位。表2-1显示，2004—2019年我国科研投资年均复合增长率高达19.0%，为同期全球最高，也比同期我国名义国内产值和贸易年均复合增长率13.2%和8.6%分别高出6.8%和11.4%，显示出国家对科技创新的高度重视。2021年我国科研投资占国内产值比重持续提升，提高到了2.44%，显示出国家对科研创新的持续重视和推动力度。

表2-7显示，我国科技投入也产生了明显的效果，2011年我国专利总数超过了美国，成为全球专利申请最大国，且我国专利数年均复合增长率大幅超过全球相应的年均复合增长率，显示出我国科研能力显著提升的良好态势。持续的科研投入带动了专利的持续显著增长，为经济转型和高质量增长打下了必要的坚实基础。

2017年，我国全社会科技创新研发经费支出达到了1.76万亿元人民币，其中近80%都是企业投入。要特别提出的是，2017年我国13.6万家高新技术企业的研发投入达到了9000亿元人民币，占全国企业研发经费投入的68%（经济日报，2019）。2021年，我国全社会研发投入达到2.79万亿元人民币，同比增长 14.2%；企业研发经费增长 15.5%，占全社会研发投入比例达到 76%以上。其中，2021 年 33 万家高新技术企业研发投入占全国企业投入的 70%。企业科研投入比例的显著提高使我国科研投入更显活力，科研对经济高质量增长的贡献将更大。

2.9　我国科研投资的主要问题

在看到我国科研领域取得良好成绩的同时，我们也应该清楚地认识到与领先国家的差距，必须通过不断改进和完善自身以取得更大的成就。

2.9.1　科研投资集中度过低

据《2021 年欧盟工业研发投资排名》数据显示，2020 年度我国位列全球科研投资最大的前 50 位企业中有华为、阿里巴巴、腾讯和中国核建这 4 家中资企业；2019—2020 年，我国进入全球前 2500 家科研投资最多的企业数从 536 家增长到了 597 家，增加的企业数最多，但是平均每家企业科研投入仅从 1.90 亿元人民币增长到了 2.07 亿元人民币，相当于同期全球进入前 2500 家大型企业平均投入的 57%，为主要国家和地区中的最低水平。投资规模过低难以形成规模效应，也难以在重大科技领域发挥引领作用。

根据科技部领导在 2019 年 5 月 24 日国务院例行吹风会上公布的数据（“2017 年我国 13.6 万家高新技术企业的研发投入达到了 9000 亿元人民币，占全国企业研发经费投入的 68%”，经济日报，2019）和表 3－6 的数据推算，2017 年我国 13.56 万家中型企业（从 13.6 万家减去表 3－6 中 438 家大型企业并从 9000 亿元人民币中减去 438 家大型企业 885.2 亿美元）平均每家企业科技投入近 240 万元人民币，还有 4235.3 亿元人民币可以推算出是 30 万元人民币左右的小型企业的总科研投资（假设每家小型企业平均投资 140 万元人民币）。这样 2017 年我国大中小企业研发投入分别占总投入 9000 亿元人民币的 43.5%、24.5%和 32.0%。截至 2021 年末，各类科技认定企业中，科技型中小企业与高新企业数量最多，均达到 30 万家以上；其中，高新技术企业研发投入占全国企业投入的70%。支持中小企业科技创新非常必要，对就业有直接意义，但是对科研攻关和提升国际竞争力难以直接发挥有效作用。

2.9.2 科研和专利对关键技术重视不够

表2-7显示，我国专利数量虽多，但是在全球增长潜能最大的ICT相关领域和制药生物科技领域占比过低，2009—2020年我国在该两大关键领域申请专利数占我国专利总数比例分别累计下降了0.10%和3.99%，而全球最具增长潜力的三大主要科技领域外的其他专利，我国占比不仅高于全球和日本的比例，而且显著高于美国相应的比例，表明我国对关键技术的科研创新仍有提高空间。

2.9.3 核心技术短板必须补上

根据上文给出的结果显示，近年来全球科研投资增长最快的领域是信息、计算机和通信（ICT）生产和服务。ICT之所以最具发展潜力而吸引全球最多的科研投入是因为该产业与机器人和人工智能等最具潜力的科技领域息息相关，这些科技领域也将对全球经贸、社会、生活等各个方面产生广泛的影响。ICT相关技术中的核心科技是芯片，即集成电路和半导体相关技术。表2-7显示，全球除欧盟半导体技术专利占其总专利比重增长外，中国、美国和日本相应占比皆下降，而且2018年我国芯片研发占比在所有国家和地区中最低，显示2010年以来我国专利申请大幅度增长的情况下，我国对芯片这样的核心领域重视度有待大幅度提高。

根据海关总署公布的数据，2005—2018年我国集成电路进口金额从815.5亿美元增长了3.8倍到3120.6亿美元，年均复合增长率高达10.9%，显示出我国对国外芯片的高度依赖和市场的强势需求。同期我国集成电路进口逆差从671.6亿美元持续增长到了2909.6亿美元，年均复合增长率高达11.9%。2016年到2018年集成电路贸易逆差与同年我国货物贸易顺差比例从32.6%猛增到了82.71%，进而回落到了2019年的65.9%。2016年到2019年平均比例高达48.6%，表明近年来如果美国集成电路出口逆差，我国货物贸易顺差会扩大近一半，显示集成电路对我国贸易的巨大影响。2016—2018 年我国集成电路进口增长率达 13. 2%。数据显示，2019 年我国集成电路进口金额下降到3055. 5 亿美元，同比下降了 2. 1%，相应的逆差同比下降了 10. 3%，显示出贸易摩擦已经对该领域产生了显著的影响。2021 年，我国集成电路进口数量达到6355 亿个，同比增长 16. 9%；金额为 27934. 8 亿元人民币，同比增长 15. 4%。希望借此契机，我国集成电路核心技术的短板能够得到高度重视并相应补上。

2. 9. 4　专利对国内产值贡献度有待提高

表2 –6 显示，我国专利申请数据位居全球榜首，但单位专利产生的产值却较低，且从 2001—2020 年呈下降态势，累计降低了 53. 3%，而同期欧盟、日本和美国的单位专利产值分别累计增长了 317. 5%、78. 6% 和 8. 0%，全球同期累计提高了 12. 1%，欧盟、日本、美国、中国外的全球其他国家和地区同期累计提升56. 4%。2021 年数据显示，我国国际专利申请达6. 95 万件，发明专利产业化率为 35. 4%。这些结果表明我国专利总体技术含量不高、市场化程度不够，仍有较大提升空间。

2. 9. 5　科研投资和专利对知识产权贡献有待提高

根据联合国贸易和发展会议（UNCTAD）《2021 年世界投资报告》（*World Investment Report* 2021）的数据，2010—2020 年，全球专利和专利使用费指数累计增长了 60% 以上，超过同期服务贸易和货物贸易指标累计增幅分别约 50% 和 20%，显示出知识产权比贸易更快的增长趋势。2020 年美国知识产权相关净收入高达 708 亿美元左右，占同年美国服务贸易顺差比重接近 1/4，并成为 2020 年美国服务贸易第二大的顺差分项。如此高的知识产权收入实际上可以理解为美国高额科研投入的回报，同时也是美国科技领先全球的良性循环的表现。2015—2020 年中国科研投入全球排名第 2 位，然而我国知识产权逆差仍从 209 亿美元持续上升到了 292 亿美元，年均复合增长率高达 6. 9%，表明我国的科研投入产出了大量的科研文章发表和专利申请数量，但这些科研文章和专利仍未对改变我国知识产权逆差的现状产生较大帮助。科研投入需要以市场为导向，为产品和市场服务才能形成良性循环和持续发展。

2.9.6 高校科研实用性和市场化程度有待调高

大学等高等教育学府拥有各专业领域的教授、研究人员和研究生，是科研的一支重要力量。根据 OECD 等机构在 2021 年公布的数据，从各国具体研发支出来看，美国持续居全球第 1 位，2019 年研发支出为 6127 亿美元；中国自 2015 年超越欧盟 27 国后，稳居第 2 位，2019 年研发支出 5148 亿美元。根据联合国教科文组织的报告（UNESCO，2019），2017 年，美国、日本、加拿大、法国和韩国科研经费中源于高校的比例分别在 4%、5%、10%、2% 和 1% 左右，而中国的高校几乎不提供科研经费的来源；同时，美国、日本、加拿大、法国和韩国高校参与使用的科研经费分别在 13%、12%、40%、20% 和 8% 左右，德国和中国相应的比例分别在 17% 和 7% 上下，显示出高校在大多数主要科研国家不是科研资金的重要提供者，但却是科研活动的重要参与者及科研资金的使用者，而且不同国家高校参与科研的程度有较大不同。

根据国家统计局网站公布的年度国家统计年鉴，2020 年中国 R&D 经费支出达到 24393.1 亿元人民币，R&D/GDP 自 2016 年的 2.10% 提升至 2020 年的 2.40%。2010—2017 年，我国高校使用的政府科研经费占国家总科研经费的比例从 34.6% 提高到了 39.7%，同时高校科研经费支出占政府科研经费支出比例从 47.0% 提高到 52.0%，可以看出，我国高校参与国家主导科研活动的程度显著高于大多数主要发达国家。大量科研经费的投入使我国高校在论文和专利方面取得了显著的成果，我国的知识创造能力在全球的排名从 2000 年的第 37 位提升到 2016 年的第 7 位，成为国家创新成就最高的领域（国家创新指数报告，2018）。尽管如此，2007—2016 年，我国产业集群发展状况和企业与大学研究与发展协作程度排名分别徘徊在第 18 位和第 22 位且变动不大，显示出我国高校在发表论文和专利申请之外，并未进一步接近市场或与企业达成深度合作。2020 年国家创新指数报告显示，中国国家创新指数综合排名世界第14位，较上年提升1位，是唯一进入前15位的发展中国家。从具体得分来看，中国国家创新指数得分为72.5分，较上年提高2.6分，与英国、芬兰、法国、爱尔兰等排名第10位至第13位国家间的差距为0.2~1.8分，差距进一步缩小。

2.9.7 创新绩效稳中有降

上文引用了中国科学技术发展战略研究院编制的《国家创新指数报告2020》，该报告中创新绩效评估相关结果十分引人注目。2020年，中国“创新绩效”排名第15位，与上年持平。根据该报告，2000—2020年，我国科研创新对劳动生产率和单位能耗的经济产出几乎没有提高作用（排名分别从第39位和第37位提高到了第38位和第36位）；高科技产品出口占制造业出口比重排名从第16位显著提高到了第3位。然而根据上文显示，2005—2018年，仅集成电路一个领域的出口逆差就与我国货物贸易顺差平均比例接近六成，集成电路外的其他高新技术对出口的贡献应该有限；2001—2016年，我国知识密集型服务业增加值占GDP比重世界排名从第35位提高到了第12位，同时2001—2020年，我国知识密集型产业增加值占世界比重的排名从第8位提高到了第2位，两项排名皆取得了突飞猛进的进展。如上文介绍的我国单位专利产生的GDP不增反降一样，单位论文对我国GDP的贡献同样不增反降。论文和专利数的大幅增加固然可喜，但质量问题值得我们反思。

2.10 从主要国家主要上市公司的科研投入判断其对科技的重视程度

股市是一个现代化国家金融财富的重要表现形式，股市财富的积累对消费的拉动已成为西方主要发达国家经济的重要支撑。股市财富在不同领域的分布及转移在一定程度上是一个国家价值取向的反映，不同国家或地区上市公司的市值及行业分布在很大程度上反映该国或地区投资者对不同行业未来发展的判断。本节将简要分析2020年《财富》杂志世界500强中美国、欧盟、日本和中国四大国家和地区的前三十大企业的科技投入，从而研究这些国家和地区对科研投入的重视程度。由于进入《财富》世界500强的企业绝大多数为上市公司，像华为这样的非上市公司很少，因此，依据《财富》世界500强筛选出的各个国家和地区的最大公司基本与其最大的上市公司重合。

2.10.1 美国大企业的研发投入

2020年《财富》世界500强中，美国前三十大企业在全球500强中排名最低的为第69位，显示美国企业的营收规模较大。这30家企业中，能源、金融、电信、汽车相关、商业和零售、健康和IT分别有3家、5家、3家、3家、6家、7家和3家，其中亚马逊、苹果、Alphabet和微软4家高科技企业分别排名全球第9、第12、第29和第47位，同时排名美资企业第2、第4、第11和第21位。在以上企业中，Alphabet、微软和苹果在2019年度的科技投入均排名全球前10位，美国福特和通用两大汽车公司也进入了表3-5全球科研投入的前二十大企业名单，这显示美国的高科技企业和传统企业科技投资均很可观。值得关注的是，美国前三十大企业名单中金融企业仅有5家，伯克希尔-哈撒韦排在第6位，随后摩根大通、美国银行和富国银行3家银行分别仅排第17、第25和第30位，房利美排在第24位，显示出金融企业的规模在美国大企业中的排名较为靠后。

2.10.2 欧盟大企业的研发投入

进入2020年《财富》世界500强中的欧盟前三十大企业在世界500强中排名最低的为第175位，显示欧盟大企业的总体营收比美国略低。欧盟前三十大企业中金融、能源、汽车、高科技和其他类型企业分别有9家、5家、6家、1家和9家，其中9家金融公司中有5家保险公司（德国安联、法国安盛、意大利忠利保险和荷兰全球保险和慕尼黑再保险）、3家银行（分别为西班牙国家银行、法农信贷、法巴银行）和1家多元化金融提供者Exor集团。6家汽车公司分别为德国大众、德国戴姆勒、德国宝马、德国博世、法国标致和法国雷诺；德国西门子可以算作欧盟唯一的高科技公司。以上公司中，德国大众、德国戴姆勒、德国宝马、德国博世、法国雷诺和法国标致5家汽车公司皆进入了2018/2019年全球科研投入前50位。以上结果显示，欧盟的科技投入仍集中在传统汽车产业上，而在高科技企业上投入较少，且2004—2019年这些企业科研投入排名总体还略有下降。

2.10.3　日本大企业的研发投入

进入2020年《财富》世界500强中的日本前三十大企业在世界500强中排名最低的为第300位，表明日本大企业的总体营收比欧盟要低很多。其中，金融、汽车相关、电子电气设备、能源、零售和贸易、高科技和其他企业分别有7家、4家、4家、2家、8家、1家和4家，其中，7家金融企业包括日本生命保险等5家保险企业以及三菱日联和三井住友2家银行类金融企业，4家汽车企业为丰田、本田、日产和电装，1家高科技企业为软银，电子电气设备企业包括日立、松下、索尼和三菱。这30家日本大企业中，4家日本汽车公司皆进入2019/2020年全球科研的前50位，另外日本松下和索尼两大传统电子公司也进入全球科研前50之列，日立和日本电报电话公司的科研投入分别排名全球第65位和第23位。日本软银实际上是一家投资公司，而不是真正的高科技公司，2019/2020年软银科研投资全球排名仅为第115位，投资强度仅为3.2%，显著低于汽车类企业的强度。以上数据显示，日本科研投入与欧盟相似，以传统汽车和电子业为主，高科技企业较少。

2.10.4　中国大企业的研发投入

进入2020年《财富》世界500强中的中国前三十大企业在世界500强中排名最低的为第109位，远高于欧盟排名最低的第175位，表明中国大型企业的营收虽然低于美国，但却略高于欧盟的大型企业。其中，金融、能源和电力、汽车、高科技和其他企业分别有6家、7家、3家、3家和12家，其中6家金融公司中有2家保险公司（平安保险、中国人寿）和4家银行（中国工商银行、建设银行、中国银行和农业银行），7家能源和电力公司中的中石化和中石油分别位列全球第2位和第4位，3家科技企业为华为、京东和鸿海，3 家汽车公司为上汽、东风和一汽，其他 10 家企业以建设、化工等大型国有企业为主。中国 3 家汽车企业中的上汽和东风的科研投入分别在全球排第 71 位和第 241 位，投资强度分别为 1.9% 和 4.5%，与欧盟和日本的大型汽车企业仍有较大的差距。可喜的是，华为填补了我国前三十大企业中高科技企业和全球前五十大科研投入企业中的中国企业的两项空缺。其他大型中国企业中石油、中石化、国家铁路总公司、中铁建、中国交建、电力建设集团和中建总公司 7 家企业，在 2018/2019 年度的科研投入分别在全球排名第 81、第 156、第 100、第 84、第 113、第 131 和第 72 位，这 7 家公司的总科技投资仅为 104.9 亿欧元，仅相当于华为同期投资金额的四分之三，即使加上以上两家大型汽车企业的科研投资，总共这 9 家企业的科研投资为 131.3 亿欧元，才约为华为同年度研发支出，总投资强度仅为 1.1%，不到华为的十分之一。以上数据显示，我国大型企业在科研投入方面不仅与美国有巨大的差距，与欧盟和日本也有相当的距离，说明核心技术和竞争力不能仅停留在理念和语言的层面上，还需要体现在研究资金的大幅投入上。

2.10.5 本节小结

2020 年《财富》世界 500 强中有 133 家中国企业，超过了美国的 121 家，可见我国大型企业近年来发展快速，但我国 133 家企业的总营收和总利润却分别比 121 家美国企业低 10.9% 和 45.3%，表明我国大型企业在效益方面与美国企业仍有明显差距。美国三大高科技企业（苹果、亚马逊和 Alphabet）的营收早已超过了美国市值最大的摩根大通银行，其中亚马逊和苹果已经成为美国第二和第四大企业，显示出美国高科技企业已经成为美国股市的重要组成部分。不仅如此，美国的汽车等传统行业对科技投入也足够重视。尽管美国金融业仍在其大型企业中扮演重要角色，但地位已经明显落后于传统的能源和高科技企业。与美国形成差别的是，欧盟和日本的金融业仍相应地处于更为重要的地位，且欧盟和日本的科研投入仍以传统的汽车等行业为主，高科技企业未成气候。我国能源公司的地位与美国相当，但我国金融企业的国内地位不仅比美国高出很多，而且比欧盟和日本还要高。传统汽车行业的科研投入仍与美国、欧盟、日本有着巨大的差距，显示该领域在今后多年仍将受制于人。大型国有企业科研有一定的投入，但其强度较低，难以进行科技攻关。尽管绝大多数企业都已明白科技竞争力的重要性，但我国大部分企业仍停留在论述的程度，科技投入与世界发达国家和地区差距明显。

2.11　华为的启示

笔者三年前因工作安排曾到华为上海研发中心工作调研，对华为有了直观的感受和认识。作为中国的民营企业，华为能够做到营销收入大多来自海外市场是非常难得的。2018 年，美国开始制裁中兴等中国科技公司，2019 年 5 月，美国把华为及 68 家关联企业列入“实体清单”，限制华为向美国企业购买元器件，笔者因此对华为有了更深刻的认识。

2.11.1　科研投资显矢志

根据欧盟委员会 2021 年公布的 2019/2020 年全球前 2500 家研发投入最多企业的数据，2020 年华为研发投入 174.6 亿欧元，超过了进入该名单中排名第 2 位到第 4 位的 3 家中国企业（该 4 家企业排名从第 17 位到第 46 位）总科研投资 156.6 亿欧元，且 3 家公司的总研发强度仅为 4.5%，不到华为的三分之一。排名第 59 位到第 100 位的 9 家中国企业绝大多数为国有企业（除百度以外），其总研发投入为 191.3 亿欧元，投资强度仅为 2.6%，仅相当于华为投资强度的 1/6。

投资不一定会有产出，但不投资就不会有回报。华为不仅有大量的科研投入，同时也有严密的管理思路和执行力，所以科研投入才能有效地转换为产出。自 1987 年在深圳以两万元初创以来，经过了三十多年的发展，华为已成为全球营销收入超过千亿美元的全球主要科技企业，成为 2019 年度全球营收排名的第 61 位，同时成为中国第 16 大企业和最大的民营企业，而且已经成了第五代移动通信技术的全球引领者。如果没有排除“快钱”利润的干扰，没有坚持不懈地进行高强度的科研投入，华为是无法取得这些成就的。

2.11.2 为华而为，为人类而为

2019 年 5 月 15 日，美国商务部工业与安全局将华为列入“实体清单”。为了应对美国限制，5 月 21 日，华为创始人兼 CEO 任正非先生一改几十年来的低调，在深圳接受了众多媒体的采访。在采访中，任先生“但最终，我们还是要在山顶上拥抱，一起为人类社会作贡献的”一句话，把华为修为几十年的功夫展现在世人面前：为华有为，为人类而为。

2.11.3 华为国际化对人民币国际化的意义

华为在重视科研投入、科技创新的同时，也不断补管理的短板，逐步达到引领全球科技发展的地位，它的相关经验值得我国各类企业学习和借鉴。特别是，华为在扎根立足国内市场不久，就开始努力开拓国际市场并在全球主要国家和地区取得了成功的经验也值得国内企业借鉴。华为走向国际的过程，尤其是华为 5G 技术在全球推广的过程将对人民币国际化的进程有一定的参考作用。

2.12 金融科技

随着科技的快速发展，科技对传统金融业将产生巨大的影响和冲击。伴随科技在金融业应用的增加，银行网点和员工数量将不可逆转地下降，金融业的经营模式也将发生巨变。本节将简单介绍金融科技的发展和存在的主要问题。

2.12.1 金融科技的定义

顾名思义，金融科技即是金融与科技的结合，然而不同机构有不同的定义。金融科技是新科技与金融业的融合使金融产品、服务、渠道、管理朝着更加便捷化、定制化和智能化的方向发展（李麟，2017）；金融和科技产生新的产品和服务以“革”占统治地位的传统金融业的“命”（H2 Ventures and KPMG，2018）。显然前者的定义更为宽泛，而后者则相对狭窄，但后者却是金融科技的动力之源。实际上，金融科技本质是由技术驱动的金融创新，这些金融创新既可以是新型企业的创新，也可以是传统金融业接受和采纳科技以提高其经营效率的相关创新，前者是革命性的，后者处于相对接纳的状态。

2.12.2 金融科技的主要领域

根据 H2 Ventures 和 KPMG（2019）（H2 和毕马威，2019）的阐述，金融科技主要包括科技在支付和交易、贷款和信用、资管和经纪、保险、新型银行、多元业务领域的应用。2019 年，全球 50 强和新兴 50 强金融科技企业中以上六类新型企业占比分别为27%、15%、19%、17%、9%和13%，显示科技在不同传统领域应用的程度有较大的差异。按照花旗银行的研究数据（2016），全球投入零售和中小企业、资产管理、保险、投资银行和大型公司领域的资金分别占 73%、10%、10%和 4%。银行业在传统领域上对技术的投资明显超过其他产业（2016 年银行业对信息科技的开销占收入的比重达 8.7%，明显超过其他产业，花旗银行，2018）。

2.12.3 金融科技主要企业及全球分布

在《全球金融科技 100 强》（H2 和毕马威，2019）以企业融资总量和融资增速等主要指标评选出的榜单中，美国、英国和中国分别有 15 家、11 家和 10 家企业；其次，印度、澳大利亚和德国分别有 8 家、7 家和 5 家；日本、新加坡、法国和巴西各有 4 家企业；西班牙和以色列各有 3 家；加拿大、比利时、印度尼西亚、越南和韩国各有 2 家；最后，阿根廷、卢森堡、瑞典、立陶宛、土耳其、马耳他、芬兰、尼日利亚、阿联酋、柬埔寨、泰国、新西兰各有 1 家。这些数据显示，发达国家仍然是金融科技的主要引领力量，并且我国也处在引领金融科技的第一梯队。同时，新兴市场也在不断诞生处在创新前沿的金融科技公司。

2.12.4 金融科技的问题

金融科技在为金融机构带来效益并赋予巨大动能的同时，金融科技的快速发展也“促使金融业务边界逐渐模糊，金融风险传导突破时空限制，给货币政策、金融市场稳定、金融监管等方面带来新挑战”［人民银行《金融科技（Fin－Tech）发展规划（2019—2021年）》，中国人民银行网站，2019年8月22日］。由于金融创新边界逐渐模糊，有些进入毕马威100名单的所谓创新企业实际上存在违反现有监管法规的问题，有些甚至还没有牌照，其是否可持续发展或将存疑。只有严格遵守货币当局和监管当局相关法律法规，金融科技的发展才能真正步入健康持续的轨道。

2.13 传统金融业的科技转型和金融科技的前景

毕马威连续5年发布的金融科技企业报告，对我们了解全球金融科技行业的发展有很好的参考价值，然而这些报告仅关注新型企业进入金融领域的创新活动，却忽视了传统金融业应用科技优化和提高经营效率的部分。新型金融科技企业确实在引领全球金融科技的发展（花旗银行，2019），这对传统金融业带来了挑战。不过，新型企业在资本上的弱势使其难以与资本金超过万亿美元的传统金融业相抗衡，后者拥抱科技发挥的效果可能会好于前者。因此，传统银行、保险和证券业科技转型同样值得关注。

2.13.1 主要发达国家和地区的传统金融业转型

传统金融业科技转型相关数据较难获得。根据美国花旗银行的研究报告（2018），2009—2013年，美国银行业科技和通信的管理支出占总管理支出的比重从零持续提高到了略高于2%的水平，2014年占比略回落到了2%以下，但2014—2016年又持续提高并超过了2.5%，显示出金融危机后美国银行业科技转型已经正式启动，而且显著高于澳大利亚和欧洲（同期澳大利亚科技和通信支出比重明显低于美国，而欧洲2011—2015年占比仍为负数，2016年占比仅为0.25%)。

银行科技转型靠自身研发的同时，投资有风投背景的新型科技企业也是有效的方法。表2-8给出了2015年第三季度到2016年第三季度全球主要银行投资有风投背景的金融科技企业数量。表2-8显示，美国花旗银行和西班牙两家银行与风投合作引领了全球金融科技创新；表2-8包含9家欧洲银行，总共投资了28家金融科技企业，5家美资银行总共投资了19家金融科技企业，日本3大行总共投资了10家金融科技企业，我国仅有中国银行投资了1家金融科技企业。这些结果表明，欧盟、美国、日本主要银行与风投合作投资金融科技企业来“革”自己的命，在将这些金融科技企业的产品和服务首先用于提高自身经营效率的同时，也推动了这些企业在全球范围内扩展从而获取更多新的回报。2010—2020年，高盛、花旗和摩根大通最近几年对金融科技领域的投资主要集中在资本市场、财富和资产管理、支付、数据和分析以及其他等领域。

表2-8　全球主要银行投资有风投背景的金融科技企业数量

(2015年第三季度到2016年第三季度)　　单位：家

花旗	8	PNC	2
桑坦德	8	第一资本	2
BBVA + Propel	8	瑞穗	2
高盛	7	富国	1
三菱日联	5	摩根大通	1
瑞银	3	中行	1
三井住友	3	法兴	1
ING	2	BBVA	1
汇丰	2	法巴	1
美国	19	欧洲	28
日本	10	其他	1

数据来源：花旗银行（2017）；BBVA为西班牙毕尔巴鄂比斯开银行，2018年和2019年在全球银行排名分别为第32位和第33位；BBVA + Propel是该行与Propel风投基金联合投资的企业。

美国引领全球科技创新的同时，美国银行业也同样引领全球银行业与风投合作投资金融科技企业。从交易数量上看，高盛、花旗集团和摩根大通这三家投行在金融科技领域最为活跃。尽管它们近年来都增加了对金融科技的投资，但侧重有所区别。表2－9给出了2009—2016年美国主要银行投资金融科技公司的数量分布。可以看出，2009—2016年美国花旗银行总共投资了14家金融科技企业，其中10家是该行自投或与风投共同投资的，另外4家是分别与高盛和摩根士丹利联合投资的。花旗投资的金融科技企业总数超过了美国银行（金融危机后收购了当时的投资银行美林）、摩根大通和富国三大银行的总数11家，显示花旗在美国乃至全球范围内金融科技的引领力。从2018年到2021年第三季度，摩根大通在资本市场领域投资了17家金融科技公司，在中小企业（SMB服务领域）投资了8家，还对支付类公司进行了5项投资。同期，花旗投资了16家公司金融科技公司，与9家财富管理和7家中小企业服务类公司达成了交易。

表2－9也显示，高盛和摩根士丹利两家美国投行总共投资了18家金融科技企业，超过其他四大行总投资企业数25家的七成，彰显了这两家投行在金融科技领域的推动力度；高盛和摩根士丹利投资金融科技企业一半是与其他商业银行联合投资的，在分散风险的同时，也易于将所投资企业的产品和服务在相应的商业银行推广。仔细对比表2－8和表2－9我们发现，花旗和高盛2015年第三季度到2016年第三季度的5个季度里投资的金融科技企业数皆显著超过了2009年到2016年第三季度的一半，显示出美国银行业金融科技投资明显加速。

表2－9　美国主要银行投资金融科技公司的数量分布

（2009—2016年第三季度）　　单位：家

银行	总投资企业	联合投资	银行	总投资企业	联合投资
花旗	14	4	美国银行/美林	4	3
高盛	10	5	摩根大通	4	3
摩根士丹利	8	4	富国	3	1

数据来源：花旗银行（2017）。

2.13.2　我国科技金融业的发展

近年来，在人民银行和各相关机构的共同努力下，银行业积极开展架构转型、基础研究、新技术应用等方面的探索与实践，呈现出架构转型从个别摸索到全面铺开，行业自主创新实现突破，大数据、云计算等新技术广泛应用和重构自身业务和服务流程等特征（“2018年度银行科技发展奖评审领导小组会议在京召开”，人民银行网，2019年9月19日），显现出我国金融科技领域可喜发展的良好态势。2017—2018年国内五大银行相继与百度、阿里、腾讯、京东和苏宁五家互联网公司签署战略合作协议，开启了“科技金融”的探索，其他主要银行都不同程度地启动金融科技向纵深方向发展（刘彬，2019）。毕马威连续五年的报告显示，新型金融科技公司正在全力开拓新的金融服务领域或蚕食传统金融板块，而传统金融企业也在积极研究并张开双臂拥抱科技。尽管如此，我国银行业还未形成欧美银行业与风投合作共同投资金融科技公司的势头，利用市场力量推动金融科技发展仍需加大马力。

2.13.3　金融科技的前景

智能银行（李麟，2017）、未来银行（KPMG和阿里云研究中心，2019和花旗Citi GPS，2018）和新新银行（花旗银行，2019）等报告皆认为传统银行业金融科技发展前景广阔，而且其他非传统企业仍以高强的力度引领金融科技新领域向纵深方向推进。2019年8月22日，中国人民银行公布的我国金融科技发展规划，对2019—2021年我国金融科技发展作出了部署。该规划确定了强化金融科技合理应用，规范关键共性技术的选型、应用场景以及安全管控，全面提升金融科技应用水平；赋能金融服务提质增效，合理运用金融科技手段丰富服务渠道、完善产品供给、降低服务成本，提升金融服务质量与效率，使金融科技创新成果更好地惠及百姓民生，推动实体经济健康可持续发展；增强金融风险技防能力，运用金融科技提升跨市场、跨业态、跨区域金融风险的识别、预警和处置能力，加强网络安全风险管控和金融信息保护，做好新技术应用风险防范；强化金融科技监管，建立健全监管基本规则体系，加快推进监管基本规则拟订、监测分析和评估工作，增强金融监管的专业性、统一性和穿透性等方面支撑金融科技健康有序发展等重点任务。按照这些规划有序地发展，我国金融科技将会迈入持续健康发展的轨道。

2.14 科技创新是人民币国际化的必要条件

2.14.1 科技是经贸的基础

科技是经贸发展的基础，有了科技的坚强后盾，经贸就有了支撑力，出口就有了定力，本币也就有了支撑力。

2.14.2 科技也是服务贸易的基础

根据几十年来全球的贸易数据，服务贸易的增长速度明显超过货物贸易的增幅，反映全球经贸从实向虚的趋势。第6章的相关数据显示，自1988年以来的三十年间，全球服务贸易中信息、计算机和通信科技相关服务进出口占比持续增大，增幅超过其他服务领域；知识产权也成为服务贸易中越来越重要的内容，显示科研对服务贸易的重要贡献；信息科技和知识产权外的其他服务贸易如金融、运输、建筑和其他商务服务都与科技发展有着不同程度的密切关系。因此，科研对服务贸易贡献巨大，对人民币国际化有着重要的支撑作用。

2.14.3 技术含量是出口产品结算的重要因素

根据第3章介绍的出口产品技术含量与本币结算的关系的相关国际实证结果显示，出口产品技术含量越高，出口用本币结算的比例越高。这表明如果科技达不到一定的国际水平，出口额度再大也无法提高本币在出口结算中的比例。所以，科技创新水平的提高是出口产品科技含量提高并在全球产业链地位提高的核心，也是本币国际化的核心所在。切实推动科技创新是经贸自主发展的基础，同时也是人民币国际化的基础。

2.15 小结

经贸是货币的基础，而科技是经贸的基础。没有科技的自主发展就没有经贸的自主发展，只能受制于人，本国货币也难以成为有自主力量的主要国际货币。本章介绍了几十年来全球科研投资在主要国家和地区的分布以及在主要行业的分布，结果显示我国已成为与我国经贸地位相当的全球第二大科研投入国，且十多年来我国在科技论文和专利等领域持续快速发展，科技创新能力有了显著提高。然而，我国科研投资虽多，但是集中度不够，同时在全球最具潜力的几个领域增长相对缓慢，表明我国科技投入与产品和市场还有一定的距离。国家对科研总体投入与国内产值比例已经达到发展中国家的最高水平并接近主要发达国家的平均水平，但这些投入的总效益仍有巨大的提升空间。特别值得关注的是，我国巨大的科研投入和快速增长的论文及专利多年来并未在知识产权等服务贸易中有所显现，与国内外市场直接挂钩的科研投入和管理已经成为我国企业一大紧迫任务。

参考文献

[1] United Nations Educational, Scientific and Cultural Organization, 2019, "Global Investments in R&D," Fact Sheet No. 54, June 2019.

[2] European Union, 2021, "2020 EU Industrial R&D Investment Scoreboard", www. ijr. jrc. europa. eu.

[3] European Union, 2020, "2019 EU Industrial R&D Investment Scoreboard", www. ijr. jrc. europa. eu.

[4] European Union, 2019, "2018 EU Industrial R&D Investment Scoreboard", www. ijr. jrc. europa. eu.

[5] European Union, 2018, "The 2017 EU Industrial R&D Investment Scoreboard", www. ijr. jrc. europa. eu.

[6] European Union, 2017, "The 2016 EU Industrial R&D Investment Scoreboard", www. ijr. jrc. europa. eu.

[7] UNCTAD, 2019, "World Investment Report 2019", www. un. org/publications.

[8] UNESCO Institute for Statistics, 2019, "Global Investment in R&D," www. un. org/publications. UIS Fact Sheet No. 54, June 2019.

[9] 中国科学技术发展战略研究院．国家创新指数报告 2018，科技部网站：

www. most. gov. cn，2018.

［10］2018 年我国企业科技创新投入近两万亿元——企业创新能力得到明显提升［N］. 经济日报，2019 - 05 - 25.

［11］朱文浩. 隐形冠军是制造业强国的基石［J］. 经济导刊，2019，7（244）.

［12］简兆权，伍卓深. 制造业服务化的路径选择研究——基于微笑曲线理论的观点［J］. 科学与科学技术管理.

［13］李麟，等. 智慧银行——未来银行服务新模式［M］. 北京：中国金融出版社.

［14］H2 Ventures and KPMG，“2018 Fntech100：Leading Global Fintech Innovators”，2018.

［15］KPMG and Alibaba Cloud Research Center，“Future Banking—A New Start for Chinese Banking Sector under the DT Era，” July 2019.

［16］刘斌. 2018 年银行业数字化进展及展望 2019［M］. 上海：浦发银行战略规划部，2019.

［17］Citi GPS，“Digital Disruption：How Fintech is Forcing Banking to a Tipping Point，” March 2016.

［18］Citi GPS，“2017 Investment Themes：A Wind of Change”，January 2017.

［19］Citi GPS，“Bank of the Future：The ABCs of Digital Disruption in Finance”，March 2018.

［20］Citi GPS，“Bank X：The New New Banks”，March 2019.

第 3 章 国际货物贸易和人民币跨境贸易结算及跨境支付

经济和贸易是货币国际价值的主要基础，而国际贸易结算是货币国际化应用最简单而基本的内涵。本章首先介绍近十年来国际贸易的发展格局，然后介绍我国对外贸易和人民币跨境结算的发展状况，从而对人民币国际化的基础作出大致的评估。

3.1 全球国际贸易发展格局

贸易改变了世界。英国经济学家威廉·斯坦利·杰文斯（1865）说过，“贸易无疑以其自有的无形力量发展，将全球不同部分交汇成一个相互交易的网络，每部分独特的潜质会对其他部分皆有用处”。“事实上如果没有贸易，就不可能促使欧洲人产生不断向世界扩张的动力，没有了贸易，也不可能为欧洲人积累足够的财富，维持其长达三四百年的世界霸业”（《贸易打造的世界——社会、文化、世界经济，从 1400 年到现在》，2012，彭慕兰和托皮克著，黄忠宪译）两百多年前，古典经济学家就指出了国际贸易对经济发展的重要性，并且提出了关于国际贸易的诸多新理论。这些理论已经成为经济学的基础内容，这里将不再赘述。

3.1.1 第二次世界大战后国际贸易发展简介

近代国际贸易出现过两个持续增长阶段，一是 19 世纪中叶到第一次世界大战爆发，二是第二次世界大战后到现在。我们将主要介绍第二次世界大战后国际贸易的发展。根据世贸组织（WTO）数据，1948—1983 年，全球货物贸易年均增长率高达 10.3%，比同期世界经济增速高出一倍多；1983—2012 年国际贸易从 3.72 万亿美元增长到了 38.0 万亿美元，年均增长 8.1%，比同期世界经济年均名义增长率 6.5% 高出 1.6 个百分点；然而 2012—2016 年世界贸易总额却连续下降到了 32.32 万亿美元，三年年均降幅为 5.3%，而 2015—2017 年回升到了 10.7%；尽管受到中美贸易摩擦和美国与其他贸易伙伴的贸易摩擦影响，2018 年全球贸易比 2017 年同比增长了 10.0% 达到 39.34 万亿美元，但随着全球贸易摩擦加剧，2019 年全球货物贸易总额萎缩 2.9%；受全球疫情的影响和冲击，2020 年全球贸易会以更大的幅度萎缩。

3.1.2 近年来国际贸易发展简介

著名经济学家罗伯特·蒙代尔先生于 2012 年在上海的一次演讲中说道："人类历史上的第三次经济繁荣，应该是从 2002—2008 年，我觉得这是历史上最伟大的一次繁荣期，你可以看到基本上全球所有的国家，尤其是中国，还有其他的无论是发达国家还是发展中国家，都在进入高速发展时期。"根据国际货币基金组织公布的数据，除阿富汗、伊拉克、南苏丹和津巴布韦由于战争等原因缺乏相应的数据外，其他所有国家皆实现了不同程度的增长。而且全球有 142 个国家和地区（占总数的 3/4 以上）的国内生产总值增长幅度超过全球增长幅度，这一阶段确实表现出全球繁荣的景象。与经济繁荣相对应，同期国际贸易发展水平也达到了前所未有的高度。根据世界贸易组织公布的数据，2002—2008 年世界贸易从 13.23 万亿美元增长到 32.68 万亿美元，年均复合增长率高达 16.3%，为第二次世界大战后增长最快的阶段。同期世界名义国内生产总值年均增长 10.7%，比贸易增长慢 5.6 个百分点。受国际金融危机冲击，2008 年以来世界贸易明显减速，2008—2013 年，世界贸易年均增长率仅为 3.2%，不到此前 6 年年均增速的 1/5，2013—2018 年年均复合增长率为 0.7%；2019 年全球出口和进口分别下降了 3.0% 和 2.9%，反映了贸易摩擦对全球贸易的影响；2019—2021 年世界贸易总额回升到了 22.52 万亿美元，年均复合增长率高达8.0%，表明世界贸易正从贸易摩擦的影响中逐渐恢复过来，并呈现出上升的态势。

3.1.3　国际贸易依存度变化

根据世贸组织最新更新的数据和国际货币基金组织更新的世界经济数据计算得出，1983—2008年，世界贸易依存度，即世界贸易总额与境内生产总值的比值，从33.5%逐步上升到51.4%；2008年国际金融危机爆发后，世界贸易增速从2009年开始放缓，2009年世界贸易依存度回落到39.8%，此后虽回升到2011年的50.3%，但在2011—2016年又持续回落到了42.7%，随后2016年到2019年回升到了43.4%，但仍显著低于2008年47%的高位。

3.1.4　国际贸易的分布

表3－1给出了1963—2021年全球贸易在主要贸易大国和地区间的分布。表3－1显示，1963—1983年的二十年间，中国贸易占比累计仅提升了0.1个百分点；1983—1993年的十年间，我国贸易占比累计提升了1.45个百分点，提升幅度同期略低于美国的1.53个百分点，显示改革开放初期我国贸易增长相对缓慢；1993—2003年的十年间，我国贸易提升了3个百分点，为主要贸易体中增幅最大，显示改革开放中期我国贸易加速增长的态势；2003—2013年的十年间累计占比提升幅度达到5.3个百分点，显示我国加入世贸组织成为驱动中国国际贸易发展的重要动力；2014年我国贸易总额首次超过美国，成为全球最大贸易体，而且除2016年我国贸易额略低于美国外，2014年到2018年我国保持了全球最大贸易体的地位；然而2013—2018年，我国贸易占全球比例累计仅增长了0.8个百分点，较同期美国增幅0.6个百分点略高0.2个百分点，显示美国退出量化宽松政策后全球贸易增长减缓和美国贸易重新增长对我国的影响（2013—2021年全球、美国和中国货物贸易年均复合增长率分别为2.1%、2.3%和4.8%；1993年到2003年美国贸易全球占比累计下降了0.8个百分点，而2013—2021年累计增长了2.9个百分点）。

表 3-1　全球贸易分布（1963 年到 2021 年）

单位：万亿美元、%

进口/国家或地区	1963 年	1973 年	1983 年	1993 年	2003 年	2011 年	2012 年	2013 年	2014 年	2015 年	2016 年	2017 年	2018 年	2019 年	2020 年	2021 年
世界总额	0.16	0.59	1.88	3.79	7.69	18.53	18.74	19.05	19.13	16.79	16.29	18.04	19.87	19.32	17.87	22.52
美国占比	11.4	12.3	14.3	15.9	16.9	12.2	12.5	12.2	12.6	13.8	13.8	13.3	13.2	13.3	13.5	16.4
中国占比	0.9	0.9	1.1	2.7	5.4	9.4	9.7	10.3	10.2	10.0	9.8	10.2	10.8	10.8	11.6	11.9
德国占比	8.0	9.2	8.1	9.0	7.9	6.8	6.2	6.2	6.3	6.3	6.5	6.4	6.5	6.4	6.6	6.3
日本占比	4.1	6.5	6.7	6.4	5.0	4.6	4.7	4.4	4.2	3.9	3.7	3.7	3.8	3.7	3.6	3.4
英国占比	8.5	6.5	5.3	5.5	5.2	3.7	3.7	3.5	3.6	3.7	3.9	3.6	3.4	3.6	3.6	3.1
欧元区占比				31.3	30.9	25.3	23.2	23.2	23.4	22.9	23.6	23.6	23.8	23.6	23.5	23.4
金砖 5 国占比	8.7	7.0	7.9	5.4	8.5	15.7	16.0	16.5	14.6	15.2	14.6	15.5	16.1	16.1	16.4	17.4
中国以外金砖国占比	7.8	6.1	6.7	2.7	3.1	6.2	6.3	6.2	4.3	5.2	4.8	5.2	5.3	5.4	4.8	5.4
出口/国家或地区	1963 年	1973 年	1983 年	1993 年	2003 年	2011 年	2012 年	2013 年	2014 年	2015 年	2016 年	2017 年	2018 年	2019 年	2020 年	2021 年
世界总额	0.16	0.58	1.84	3.68	7.38	18.34	18.51	18.95	18.99	16.53	16.03	17.73	19.48	19.00	17.65	22.28
美国占比	14.9	12.3	11.2	12.6	9.8	8.1	8.4	8.3	8.5	9.1	9.1	8.7	8.5	8.6	8.1	9.9
中国占比	1.3	1.0	1.2	2.5	5.9	10.4	11.1	11.7	12.3	13.8	13.1	12.8	12.8	13.2	14.7	19.1
德国占比	9.3	11.7	9.2	10.3	10.2	8.0	7.6	7.6	7.9	8.0	8.3	8.2	8.0	7.8	7.8	9.2
日本占比	3.5	6.4	8.0	9.9	6.4	4.5	4.3	3.8	3.6	3.8	4.0	3.9	3.8	3.7	3.6	4.3

续表

出口/国家或地区	1963 年	1973 年	1983 年	1993 年	2003 年	2011 年	2012 年	2013 年	2014 年	2015 年	2016 年	2017 年	2018 年	2019 年	2020 年	2021 年
英国占比	3.2	3.8	4	4.6	4.1	2.8	2.5	2.9	2.7	2.8	2.6	2.5	2.5	2.4	2.3	2.7
欧元区					34.0	25.7	24.4	24.7	25.1	25.0	26.0	25.7	25.6	25.5	25.5	30.9
金砖 5 国占比	9.4	7.3	8.9	6.3	10.0	16.9	17.3	17.9	15.7	19.1	18.1	18.2	18.4	18.7	19.8	26.4
中国外金砖国占比	8.1	6.3	7.7	3.8	4.1	6.5	6.3	6.2	3.4	5.3	5.0	5.4	5.7	5.6	5.1	7.3
进出口/国家或地区	1963	1973 年	1983 年	1993 年	2003 年	2011 年	2012 年	2013 年	2014 年	2015 年	2016 年	2017 年	2018 年	2019 年	2020 年	2021 年
世界总额	0.32	1.17	3.72	7.46	15.07	36.87	37.25	38.00	38.12	33.32	32.32	35.78	39.34	38.32	35.52	44.80
美国占比	13.1	12.3	12.8	14.3	13.5	10.2	10.4	10.3	10.6	11.5	11.5	11.1	10.9	11.0	10.8	13.2
中国占比	1.1	0.9	1.2	2.6	5.6	9.9	10.4	11.0	11.3	11.9	11.4	11.5	11.8	11.9	13.1	17.0
德国占比	8.6	10.4	8.7	9.7	9.0	7.4	6.9	6.9	7.1	7.1	7.4	7.3	7.2	7.1	7.2	8.6
日本占比	3.8	6.4	7.4	8.1	5.7	4.6	4.5	4.1	3.9	3.8	3.9	3.8	3.8	3.7	3.6	4.3
英国占比	5.9	5.2	4.7	5.1	4.7	3.2	3.1	3.2	3.1	3.3	3.2	3.0	3.0	3.0	2.9	3.3
欧元区					32.4	25.5	23.8	23.9	24.2	24.0	24.8	24.7	24.7	24.5	24.5	30.2
金砖 5 国占比	9.0	7.2	8.4	5.8	9.2	16.3	16.7	17.2	15.1	17.1	16.3	16.8	17.3	17.4	18.1	24.1
中国外金砖国占比	7.9	6.2	7.2	3.2	3.6	6.4	6.3	6.2	3.8	5.3	4.9	5.3	5.5	5.5	5.0	7.1

数据来源：1963—2013 年数据根据世贸组织公布的主要贸易伙伴和主要洲际进出口季度贸易数据计算得出；2014—2021 年数据根据该组织网站（www. wto. org）公布的不同国家和地区贸易数据计算得出。

3.2 国际贸易的主要结算和融资货币及其分布

3.2.1 国际结算货币占比及排名

国际贸易需要以交易双方都能接受的货币进行结算。货币的国际支付功能是其国际功能的主要体现。尽管国际贸易项下的货币结算数据难以获取，但贸易项目是全球货币国际结算的主导。因此，货币在全球支付中的功能与在贸易结算中的功能是相似的。环球同业银行金融电信协会（Society for Worldwide Interbank Financial Telecommunication，SWIFT）是全球最大的金融支付机构，该机构每月发布各种货币在全球金融市场支付的金额及占比数据。表3-2给出了2012年1月至2022年6月全球前20大货币国际支付金额占比。

表3-2显示，美元和欧元为全球最主要的支付货币，两者支付占比总和保持在七成到八成，显示该两种货币在全球支付体系中的重要性；2012年1月至2015年8月欧元结算占比累计下降了16.84%到27.2%的历史低位，同时美元结算占比累计上升了15.09%到44.82%的历史高位，显示该两种主要国际货币在国际支付体系功能方面的可替换性；2015年8月至2022年6月，欧元支付占比累计提高了8.35%到35.55%的同时，美元占比却累计回落了3.66%到41.16%，两大货币国际支付占比更加接近；英镑累计下降了2.49%；日元累计上升了0.25%，该两种货币仍保持了全球第三和第四大支付货币的地位；2012年1月到2015年8月，人民币结算占比持续快速提高到了2.79%，排名从第20位升至第4位，然而从2015年8月到2016年12月，人民币结算占比从2.79%下降到了1.68%，排名持续回落到了第6位；而自2017年以来人民币结算占比徘徊在2%上下，2022年6月上升到了2.17%，排名保持在第5位或第4位。

表 3-2　全球前 20 大货币国际支付金额占比及排名（2012 年到 2022 年 6 月）

单位：%、位

货币名称/时间	2012 年 1 月	2012 年 12 月	2013 年 12 月	2014 年 12 月	2015 年 8 月	2015 年 12 月	2016 年 12 月	2017 年 12 月	2018 年 12 月	2019 年 12 月	2020 年 12 月	2021 年 12 月	2022 年 6 月
美元	29.73	39.76	39.52	44.64	44.82	43.89	42.09	39.85	41.57	42.22	38.73	40.51	41.16
欧元	44.04	33.34	33.22	28.30	27.20	29.39	31.30	35.66	32.98	31.69	36.70	36.65	35.55
英镑	9.00	8.68	9.13	7.92	8.45	8.43	7.20	7.07	6.76	6.96	6.50	5.89	5.96
日元	2.48	2.45	2.56	2.69	2.76	2.78	3.40	2.96	3.36	3.46	3.59	2.58	3.01
人民币	0.25	0.57	1.12	2.17	2.79	2.31	1.68	1.61	2.07	1.94	1.88	2.70	2.17
加拿大元	1.81	1.92	1.90	1.92	1.79	1.70	1.93	1.57	1.84	1.98	1.77	1.64	1.86
港元	0.95	1.09	1.11	1.27	1.41	1.17	1.31	1.22	1.44	1.46	1.43	1.17	1.27
澳大利亚元	2.08	2.11	1.89	1.79	1.60	1.50	1.55	1.39	1.57	1.55	1.44	1.27	1.40
泰铢	0.82	0.83	0.80	0.88	1.04	0.81	0.93	0.94	0.91	1.09	0.89	0.73	0.78
新加坡元	1.03	1.03	0.96	0.90	0.89	0.85	0.85	0.84	1.03	1.05	0.98	0.95	1.08
挪威克朗	0.93	0.84	0.76	0.72	0.65	0.66	0.64	0.64	0.66	0.66	0.67	0.63	0.66
瑞典克朗	1.05	0.96	0.96	0.78	0.84	0.93	1.06	0.80	0.76	0.76	0.87	0.75	0.69
瑞士法郎	1.36	1.91	1.29	1.39	1.55	1.56	1.53	1.26	0.81	0.78	0.73	0.74	0.74
波兰兹罗提	—	0.27	0.54	0.56	0.49	0.51	0.51	0.50	0.54	0.53	0.50	0.64	0.56
马来西亚林吉特	—	—	—	—	—	—	0.43	0.41	0.49	0.46	0.39	0.37	0.39
丹麦克朗	0.54	0.45	0.48	0.40	0.40	0.37	0.40	0.35	0.35	0.38	0.36	0.32	0.33
新西兰元	0.33	0.35	0.37	0.39	0.40	0.32	0.33	0.34	0.31	0.32	0.29	0.26	0.30
南非兰特	0.48	0.40	0.39	0.45	0.46	0.39	0.38	0.40	0.39	0.36	0.32	0.28	0.30
墨西哥比索	0.31	0.39	0.42	0.39	0.37	0.37	0.35	0.32	0.29	0.32	0.28	0.22	0.24
智利比索	0.27	0.27	0.32	0.32	0.26	0.24	—	0.25	0.23	0.23	0.21	—	—
人民币排名	20	14	8	5	4	5	6	5	5	6	5	4	4

数据来源：环球同业银行金融电信协会（the Society for Worldwide Interbank Financial Telecommunication，SWIFT）网站（http：// www. swift. com）；马来西亚林吉特 2016 年底前未进入前 20 名，空白表明当时相应的货币没有进入前 20 名。

3.2.2 货币支付和货币贸易结算的关系

比较表3－1和表3－2我们发现，2012年到2022年，美元结算平均占比高出美国贸易平均占比2.42倍，而欧元结算平均占比仅高出欧元区贸易平均占比的26.9%，英镑结算平均占比高出英国贸易平均占比1.1倍，而日元结算平均占比比例是日本贸易平均占比的1.4倍。数据显示前四大国际货币中美元和英镑在全球结算体系中的地位显著高于两国货物贸易在全球的地位，而欧元全球结算地位仅略高于欧元区在全球贸易体系的地位，而日元在全球结算体系的地位略低于日本在全球货物贸易体系的地位。值得关注的是，2012—2015年，全球人民币结算占比与我国贸易全球占比比例从2.4%提高到了19.4%，但2016—2019年又下降到了16.3%，回到了2014年夏天的水平，2019—2021年又进一步下降到了15.9%，显示人民币在贸易结算中仍有巨大潜力，下文在介绍人民币跨境贸易时还会做进一步讨论。

3.2.3 近年来人民币国际支付占比和排名的变化

表3－2和相关数据显示，2012年1月人民币结算的世界占比仅为0.25%，排名第20位；2012年12月，人民币结算的世界占比增长了一倍多达到了0.57%，排名上升到了第14位；2013年6月，人民币结算的世界占比进一步上升到了0.87%，排名上升到了第11位；2013年12月，人民币结算的世界占比进一步上升到1.12%，排名第8位；2014年6月，人民币结算的世界占比上升到1.55%，排名首次上升到第7位；2014年12月，人民币支付占比提高到2.17%，排名上升至第5位；2015年8月，人民币支付占比又提高到2.79%，首次超过了日元支付占比2.76%，成为全球第四大支付货币，与本书第五版预测的到2015年6月前后人民币成为第四支付货币的结果相近。然而2015年8月以来人民币跨境支付全球占比出现了持续下降的趋势，全球排名从第4位回落到了2016年第12月的第6位；2017年12月以来保持在第5位或第4位的水平（见图3－1和表3－2）。

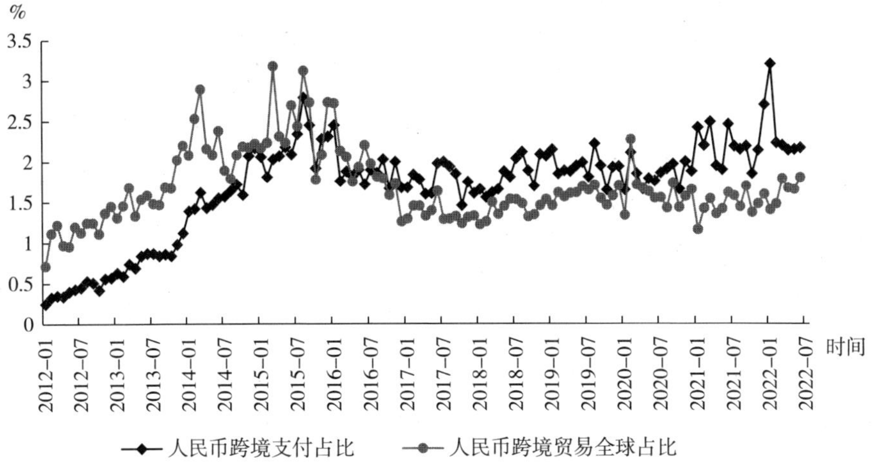

图3－1　人民币跨境支付全球占比与

人民币跨境贸易全球占比月度比较（2012年1月—2022年6月）

（数据来源：支付占比数据来自表3－2；人民币跨境贸易数据根据人民银行每月公布的人民币跨境贸易结算数据、海关总署公布的月度贸易数据和表3－1给出的2012年以来中国贸易占比数据计算得出。人民银行2020年4月和9月以及2021年9月的人民币跨境贸易结算月度数据缺失，但总年度数据完整，计算时采用了平均分配的方式）

3.2.4　今后国际结算货币占比变化及排名预测

利用表3－2的数据，我们可以计算出2012年1月至2022年6月不同货币跨境支付占比的月均变化，而且我们可以利用这些月均变化数据估算出2022年6月至2028年12月不同货币在全球跨境支付占比及相应的排名，表3－3给出了相应的结果。表3－3显示，欧元和美元今后多年仍将保持世界前两大支付货币的地位；2024年12月和2027年12月人民币会分别取代英镑和日元，先后成为全球第四大和第三大支付货币。

表3－3　不同时期内全球主要货币全球支付月均占比　　单位：%

货币名称/月份	2022年6月结算占比	2022年12月结算占比	2023年12月结算占比	2024年12月结算占比	2025年12月结算占比	2026年12月结算占比	2027年12月结算占比	2028年12月结算占比
美元	41.16	41.71	42.84	44.01	45.20	46.42	47.68	48.97
欧元	35.55	35.24	34.62	34.02	33.43	32.84	32.27	31.71

续表

货币名称/月份	2022年6月结算占比	2022年12月结算占比	2023年12月结算占比	2024年12月结算占比	2025年12月结算占比	2026年12月结算占比	2027年12月结算占比	2028年12月结算占比
英镑	5.96	5.86	5.66	5.48	5.29	5.12	4.95	4.78
日元	3.01	3.03	3.08	3.13	3.18	3.23	3.29	3.34
人民币	2.17	2.37	2.83	3.38	4.04	4.83	5.76	6.88
加拿大元	1.86	1.86	1.87	1.87	1.87	1.88	1.88	1.89
澳大利亚元	1.40	1.42	1.45	1.49	1.52	1.56	1.60	1.63
港元	1.27	1.25	1.21	1.17	1.13	1.10	1.06	1.03
新加坡元	1.08	1.08	1.07	1.07	1.06	1.06	1.06	1.05
泰铢	0.78	0.78	0.78	0.79	0.79	0.79	0.80	0.80
瑞士法郎	0.74	0.73	0.71	0.69	0.67	0.65	0.63	0.62
瑞典克朗	0.69	0.68	0.66	0.63	0.61	0.59	0.57	0.55
挪威克朗	0.66	0.64	0.61	0.58	0.55	0.53	0.50	0.48
波兰兹罗提	0.56	0.58	0.62	0.66	0.70	0.75	0.80	0.86
马来西亚林吉特	0.39	0.39	0.38	0.37	0.37	0.36	0.35	0.35
丹麦克朗	0.33	0.32	0.31	0.30	0.29	0.28	0.26	0.25
南非兰特	0.30	0.30	0.30	0.29	0.29	0.29	0.29	0.29
新西兰元	0.30	0.29	0.28	0.27	0.26	0.25	0.24	0.23
墨西哥比索	0.24	0.24	0.23	0.23	0.22	0.22	0.21	0.21
土耳其里拉	0.25	0.25	0.24	0.24	0.24	0.23	0.23	0.23

数据来源：根据表3-2的数据计算出不同货币2012年12月至2022年6月跨境支付月均占比，假设今后不同货币跨境支付占比按照2012年12月至2022年6月的月均占比变化计算得出；马来西亚林吉特月均占比变化以表3-2中2016年12月至2022年6月的月均变化计算得出；土耳其里拉月均占比变化以表3-2中2012年12月至2017年12月的月均变化计算得出。

3.2.5 近年来离岸人民币中心的发展和人民币结算在境外的分布

近年来，离岸人民币中心迅速发展。除最大的离岸中心中国香港地区外，新加坡、英国伦敦、韩国、美国、中国台湾地区、澳大利亚、法国、卢森堡、德国、中国澳门地区、日本、马来西亚、荷兰等十多个遍及欧美亚的境外人民币中心也陆续发展起来。这些离岸人民币中心的建立和发展显示出海外对人民币有较强的信心，同时也是推动人民币跨境结算和国际化的重要依托。

贸易融资也是货币国际功能的重要体现。五个利用人民币贸易融资最多的国家和地区分别是中国内地和香港、新加坡、德国和澳大利亚。根据环球同业银行金融电信协会2020年7月公布的数据，人民币贸易融资的世界份额从2012年1月的1.89%迅速上升到2013年10月的峰值8.66%，自2014年后逐年下降；截至2022年6月，人民币贸易融资的世界份额为2.99%，排在美元（87.31%）及欧元（5.17%）之后列第3位。人民币贸易融资在2014年前后的巨大变化应当与美国推出量化宽松、人民币结束多年升值趋势之后的变化有关。

3.3　国际贸易结算货币理论的主要观点和实证研究结果

影响国际贸易中结算货币选择的因素很多而且复杂，几十年来，相关研究在国际学术界有大量的成果。国际贸易结算货币的选择有三种：出口国货币、进口国货币和第三国货币。自20世纪70年代以来，国际贸易结算货币选择问题受到越来越多学者的关注。三十多年来，国际贸易结算货币选择的特点可以归纳为如下几点：（1）出口国货币相对于进口国货币更易被选为结算货币；（2）发达国家与发展中国家之间的贸易主要以发达国家或第三国货币结算；（3）异质性高的商品（相对于同质商品和初级产品而言有技术含量的商品）贸易通常以出口国货币结算，而同质商品和初级产品倾向于以低交易成本的单一国际关键货币进行计价结算；（4）世界贸易中份额较大国家的货币更可能被用作结算货币；（5）通货膨胀率相对较低和通货膨胀波动率相对较低国的货币更容易成为贸易结算货币；（6）坚挺货币更易成为贸易结算货币；（7）外汇市场和银行系统相对完善国家的货币更可能被用于贸易结算。

如上第（1）点以及第（4）到第（6）点支持人民币成为跨境贸易结算货币，因为我国占世界贸易的份额已经很高（2010年就已成为最大的出口国和第二大进口国，2014年以来已经成为全球最大的贸易体），通货膨胀率相对较低，人民币数年来相对坚挺（从2002—2010年的八年多时间里，人民币兑美元仅仅在国际金融危机爆发之后出现持续半年时间的贬值预期，2014 年以来人民币兑美元出现贬值，但是贬值幅度有限）。第（2）点、第（3）点和第（7）点是人民币成为跨境贸易结算货币的短板。我国总体上仍然属于发展中国家，虽然近年来出口产品的技术含量有所提高，但大多数产品仍然属于同质商品和初级类产品。因此，只有努力提高我国科研水平以提高我国出口产品在全球产业链中的地位，我国跨境贸易以人民币结算的比例才会得以切实提高。相对于发达国家，甚至很多发展中国家，我国外汇市场还有待进一步完善。除以上因素外，影响结算货币选择的因素还有外汇市场风险及对冲、贸易交易规模、出口商所在国工业结构、市场占有率、需求价格敏感性、边际成本对冲、进口商境内经济稳定性等因素，有兴趣的读者可以参考 Bacchetta 和 Van Wincoop（2005）、Witte（2006）、Novy（2006）、Ligthart 和 Silva（2007）、Goldberg 和 Tille（2010）等相关的文献和研究，这里不再一一列举。随着人民币跨境结算的持续发展和相关数据的积累，今后几年境内相关领域的研究应该会迅速增多。

3.4 我国对外贸易的发展和国际分布

表 3 - 1 显示，改革开放以来，我国对外贸易取得了飞速发展，特别是自 2001 年我国加入世贸组织后，对外贸易发展进一步加速。本节将简单介绍三十多年来我国外贸的发展和国际分布。

3.4.1 我国贸易从快速发展到减缓增长

表 3 - 4 给出了 1981—2021 年我国进出口、出口、进口、贸易差额及其年变化率和进出口金额与国内生产总值的比例。1981—2001 年的改革开放前期，我国贸易年均复合增长率为 13%，贸易依存度（贸易额与国内产值比例）从 15.1% 提高到了 37.9%；然而 2001 年加入 WTO 到 2007 年，年均复合增长率比前 20 年年均复合增长率翻了 1 倍多达到 27.4%，贸易依存度提高到了 60.9%，显示我国加入 WTO 后贸易高速发展的良好态势；然而 2007—2021

年，我国贸易年均复合增长率降低到了7.6%，贸易依存度也回落到了34.1%，显示出国际金融危机后我国贸易缓慢增长的态势，同时贸易依存度也降到了相对较低的水平。

表3-4　我国进出口、出口、进口、贸易差额及其年度变化率和贸易依存度（1981年至2022年6月）　单位：亿美元、%

年度	进出口	出口	进口	贸易差额	贸易额/GDP	比去年同期±%		
						进出口	出口	进口
1981	440.2	220.1	220.2	-0.1	15.1	—	—	—
1985	696.0	273.5	422.5	-149.0	22.3	12.1	5.6	17.7
1990	1154.4	620.9	533.5	87.5	29.0	10.6	17.8	4.8
1995	2808.6	1487.8	1320.8	167.0	38.1	19.5	19.1	19.9
2000	4743.0	2492.0	2250.9	241.1	39.0	11.0	10.9	11.3
2001	5096.5	2661.0	2435.5	225.5	37.9	7.5	6.8	8.2
2002	6207.7	3256.0	2951.7	304.3	42.0	21.8	22.4	21.2
2003	8509.9	4382.3	4127.6	254.7	50.9	37.1	34.6	39.8
2004	11545.5	5933.3	5612.3	321.0	58.7	35.7	35.4	36.0
2005	14219.1	7619.5	6599.5	1020.0	61.6	23.2	28.4	17.6
2006	17604.4	9689.8	7914.6	1775.2	63.5	23.8	27.2	19.9
2007	21761.8	12200.6	9561.2	2639.5	60.9	23.6	25.9	20.8
2008	25632.6	14306.9	11325.6	2981.3	55.7	17.8	17.3	18.5
2009	22075.4	12016.1	10059.2	1956.9	43.1	-13.9	-16.0	-11.2
2010	29740.0	15777.5	13962.5	1815.1	49.0	34.7	31.3	38.8
2011	36418.6	18983.8	17434.8	1549.0	48.4	22.5	20.3	24.9
2012	38671.2	20487.1	18184.1	2303.1	45.1	6.2	7.9	4.3
2013	41589.9	22090.0	19499.9	2590.2	43.2	7.5	7.8	7.2
2014	43015.3	23422.9	19592.4	3830.6	40.8	3.4	6.0	0.4
2015	39530.3	22734.7	16795.6	5939.0	35.2	-8.0	-2.9	-14.1
2016	36855.6	20976.3	15879.3	5097.1	32.8	-6.8	-7.7	-5.5
2017	41071.4	22633.5	18437.9	4195.5	34.0	11.4	7.9	16.1
2018	46224.2	24866.8	21357.3	3509.5	34.5	12.5	9.9	15.8
2019	45777.0	24994.6	20782.5	4212.1	31.9	-1.0	0.5	-2.7
2020	46559.1	25899.5	20659.6	5239.9	31.7	1.7	3.6	-0.6
2021	60514.9	33639.6	26875.3	6764.3	34.1	30.0	29.9	30.1
2022*	30791.2	17322.8	13468.4	3854.4	35.5	-49.1	-48.5	-49.9

数据来源：海关总署网站（www.customs.gov.cn）；1981年到2000年间变化数据为年均复合增长率；2022年数据为上半年数据。

3.4.2 我国贸易在亚洲、欧洲、美洲和其他洲际间的分布

下文将分析我国贸易在洲际间和洲内贸易的分布，从而较为清楚地看出“一带一路”倡议的实施在不同地区推动贸易增长的潜力。表 3－5 给出了 2002 年至 2022 年 6 月我国贸易在亚洲、欧洲、美洲等洲际间的分布。

表 3－5 中国贸易在亚洲、欧洲、美洲等洲际间的分布（2002 年至 2022 年 6 月）

单位：亿美元、%

贸易伙伴 年份	总额	亚洲	欧洲	北美洲	拉丁美洲	非洲	大洋洲及太平洋群岛
2002	6207.7	58.4	17.8	16.9	2.9	2.0	2.0
2003	8509.9	58.2	18.6	16.0	3.2	2.2	1.9
2004	11545.5	57.6	18.3	16.1	3.5	2.6	2.0
2005	14219.1	56.8	18.5	16.2	3.6	2.8	2.2
2006	17604.0	55.7	18.8	16.3	4.0	3.2	2.1
2007	21737.3	54.6	19.7	15.3	4.7	3.4	2.3
2008	25632.6	53.3	20.0	14.4	5.6	4.2	2.6
2009	22075.3	53.0	19.4	14.9	5.5	4.1	3.1
2010	29740.0	52.6	19.3	14.2	6.2	4.3	3.3
2011	36418.6	52.2	19.3	13.6	6.6	4.6	3.6
2012	38671.2	52.9	17.7	13.9	6.8	5.1	3.5
2013	41589.9	53.5	17.6	13.8	6.3	5.1	3.7
2014	43015.3	52.9	17.7	13.9	6.8	5.1	3.5
2015	39530.3	53.0	17.6	15.5	6.0	4.5	3.4
2016	36855.6	52.9	18.4	15.3	5.9	4.1	3.5
2017	41071.4	51.8	18.4	15.5	6.3	4.1	3.9
2018	46224.2	51.5	18.5	15.1	6.6	4.4	3.9
2019	45777.0	51.7	19.2	13.3	6.9	4.6	4.4
2020	46462.6	51.4	19.5	14.0	6.8	4.0	4.2
2021	60514.9	50.6	19.5	13.8	7.5	4.2	4.4
2022*	30791.2	50.6	19.3	13.8	7.7	4.5	4.1

数据来源：根据海关总署网站（www. customs. gov. cn）的数据计算得出。2022 年数据为上半年数据。

表3－5显示，从2002年到2011年，我国与亚洲的贸易占比从58.4%持续下降到了52.2%，2011—2013年间略微回升到了53.5%，而2013—2022年上半年又持续下降到了50.6%，但占比仍超过一半，表明亚洲对我国贸易的重要性；欧洲是我国第二大贸易伙伴，2002—2008年，欧洲与我国的贸易占比持续上升到了20%，而2008—2015年则持续回落到了17.6%，2016年至2022年上半年欧洲占比回升到了19.3%；北美洲是我国第三大贸易伙伴，2002—2011年北美洲与我国贸易占比十年持续下降到了13.6%，累计下降了3.3%，同期降幅仅次于亚洲的6.2%，而2011—2017年我国与北美贸易占比却出现了回升的态势，累计回升了1.9%到15.5%，2022年上半年略降至13.8%；拉丁美洲、非洲和大洋洲及太平洋群岛分别为我国第四、第五和第六大贸易伙伴，2002—2022年上半年这些地区与我国的贸易占比皆保持了持续上升的态势，该三个地区与我国贸易占比分别累计增长了4.8%、2.5%和2.1%，显示该三个地区对我国贸易的重要性。2022年上半年，亚洲、非洲、拉丁美洲与我国贸易总占比平均高达62.7%，显示了该三个洲对我国贸易举足轻重的贡献程度。

值得关注的是，受中美贸易摩擦的影响，2017年到2022年上半年，我国与北美洲贸易占比下降了1.7个百分点的同时，与亚洲外其他洲际的贸易占比皆出现了不同程度的提高，其中与拉丁美洲的贸易占比提高幅度最大为1.4个百分点，与欧洲的占比也提高了0.9个百分点。

3.4.3 我国贸易在洲际间的分布及与日本的比较

前文给出我国贸易在主要洲际间的分布，对我们判断今后我国在洲际间贸易发展很有意义。然而与日本在国际金融危机前后贸易分布对比，我们会得出其他的启示。利用日本外贸组织网站（www.jetro.go.jp）公布的数据，我们发现在国际金融危机出现前的2004—2008年，日本与亚洲贸易占比从47%降到45%，与北美和欧洲贸易的占比从21.1%和15.6%分别下降到16.5%和12.9%，而与中东贸易占比从7.6%持续上升到13.0%。这些变化趋势与我国同期变化类似。但是，国际金融危机后，2008—2011年，日本与亚洲贸易占比从45%显著回升到50.2%，与北美和欧洲的占比从16.5%和

12.9%进一步下降到14.3%和12.0%，同时与中东贸易占比也从13.0%下降到11.1%，这些变化趋势表明国际金融危机后日本贸易重心逐步重回亚洲。日本与亚洲贸易回升对我国贸易也有一定的启示。

3.4.4 中日贸易在洲际间的分布变化差异及启示

中日两国在国际金融危机前后国际贸易分布的变化表明，危机后日本国际贸易重心重回亚洲，而我国在2011年国际贸易缓步回升的同时，我国贸易更多走向了亚洲外的国际市场。表3-5显示我国与亚洲贸易占比虽然保持在52%以上，但是如果减去表3-6给出的我国与“中国”的虚假贸易，那么2002—2007年我国与亚洲的贸易占比会从56.0%持续下降到50.7%，2008年首次低于50%到49.7%，2011年进一步下降到48.9%，表明在日本自国际金融危机后重回亚洲的同时，我国却以更大的步伐走向国际，走向类似国际金融危机前日本的亚洲贸易占比显著低于50%的状态。这一趋势变化表明我国贸易抗国际金融危机能力的增强，同时也是我国经济和贸易持续增长、进一步推进全方位、多层次、宽领域的对外开放的结果。近年来东亚占日本贸易的比重高达48%左右，而我国相应的占比降低到了不足1/3。下文在介绍和分析我国与亚洲贸易分布时还会对此进行进一步讨论。

3.4.5 我国的主要贸易伙伴

表3-6给出2002—2022年上半年我国主要贸易伙伴与我国的贸易占比。表3-6显示，2003年以来欧盟保持我国最大贸易伙伴的地位，截至2018年美国保持我国第二大贸易伙伴的位置，但是受中美贸易摩擦的影响，2019年美国与我国贸易占比首次低于东盟，美国成为我国第三大贸易伙伴；欧元区实际上是欧盟的主要组成部分，近年来欧元区经济总量占欧盟七成以上，2021年我国与欧元区贸易占比达到11.5%，接近美国的12.5%，2022年欧元区与我国贸易金额很可能超过美国；十多年来东盟与我国贸易占比保持了持续上升的态势，成为我国前九大贸易伙伴中持续增长幅度最大的贸易伙伴，显示出东盟对我国贸易的重要性。

表 3 – 6 我国主要贸易伙伴与我国的贸易占比（2002 年至 2022 年 6 月）

单位：%

年份＼贸易伙伴	欧盟	美国	欧元区	东盟	日本	中国香港	韩国	中国台湾	澳大利亚	越南	中国
2002	14.7	15.7	11.8	8.8	16.4	11.2	7.1	7.2	1.7	0.5	2.4
2003	15.5	14.9	12.5	9.2	15.7	10.2	7.4	6.9	1.6	0.6	3.0
2004	15.3	14.7	12.4	9.2	14.5	9.8	7.8	6.8	1.8	0.6	3.4
2005	15.2	14.9	12.4	9.2	13.0	9.6	7.9	6.4	1.9	0.6	3.9
2006	15.7	14.9	12.5	9.1	11.8	9.4	7.6	6.1	1.8	0.6	4.2
2007	16.0	13.9	13.0	9.3	10.9	9.1	7.4	5.7	2.0	0.7	4.0
2008	16.2	13.0	13.1	9.0	10.4	7.9	7.3	5.0	2.3	0.8	3.6
2009	16.0	13.5	13.0	9.7	10.4	7.9	7.1	4.8	2.7	1.0	3.9
2010	15.6	13.0	12.8	9.9	10.0	7.8	7.0	4.9	3.0	1.0	3.6
2011	15.1	12.3	12.4	10.0	9.4	7.8	6.7	4.4	3.2	1.1	3.4
2012	14.1	12.5	10.8	10.4	8.5	8.8	6.6	4.4	3.2	1.3	3.7
2013	14.1	13.2	10.7	11.2	7.9	10.1	6.9	5.0	3.5	1.6	4.0
2014	14.1	12.5	10.8	10.4	8.5	8.8	6.6	4.4	3.2	2.0	3.7
2015	14.1	13.2	10.6	11.2	7.9	10.1	6.9	5.0	3.5	2.4	4.0
2016	14.8	14.1	11.0	12.3	7.5	8.3	6.9	4.9	2.9	2.7	3.5
2017	15.0	14.2	11.2	12.5	7.4	7.0	6.8	4.9	3.3	3.0	3.2
2018	14.8	13.7	11.2	12.7	7.1	6.7	6.8	4.9	3.9	3.2	3.2
2019	15.4	11.8	11.4	14.0	6.9	6.3	6.2	5.0	3.7	3.5	2.8
2020	14.0	12.6	11.7	14.7	6.8	5.6	6.1	5.6	3.6	4.1	2.7
2021	13.7	12.5	11.5	14.5	6.1	6.0	6.0	5.4	3.8	3.8	2.6
2022*	13.7	12.5	11.5	14.9	5.8	4.8	6.0	5.4	3.5	3.6	2.0

数据来源：根据海关总署网站（www. customs. gov. cn）的数据计算得出。2022 年数据为上半年数据。

表 3 – 6 显示，2002 年到 2011 年日本保持了我国第三大贸易伙伴，然而 2002 年以来日本与我国贸易占比在所有主要伙伴中降幅最大。2011 年日本作为我国第三大贸易伙伴的地位被东盟取代，2012 年到 2016 年又被中国香港特区超越，直到 2017 年日本才重新超过中国香港，重回我国第四大贸易伙伴的地位；十多年来我国内地与香港特区贸易占比降幅仅次于日本，累计降幅接近 5 个百分点，几年来保持了大陆第五大贸易伙伴的地位；韩国 2005 年与我国的贸易额首次超过 1000 亿美元，多年来保持了我国第六大贸易伙伴的地

位；中国台湾与大陆贸易 2006 年首次超过了 1000 亿美元，多年来保持了大陆第七大贸易伙伴的位置；澳大利亚与我国的贸易额 2011 年首次超过了 1000 亿美元，近年来与我国贸易增长幅度明显，2017 年以来成为我国第八大贸易伙伴；表 3－6 中“中国”代表我国出口转内销的贸易额，规模位于中国台湾之后，截至 2016 年保持了我国“第八大贸易伙伴”的位置（这些贸易有较大的问题，下文会较为详细地介绍）。

2017 年我国与越南贸易金额首次超过 1000 亿美元，越南成为我国第九大贸易伙伴，仅次于澳大利亚。除表 3－6 给出的主要贸易伙伴外，2021 年，马来西亚、巴西和俄罗斯与我国的贸易额皆略超 1000 亿美元，成为我国第十大到第十二大贸易伙伴。

表 3－6 也显示，2020 年，东盟首次超过欧盟成为我国最大的贸易伙伴的同时，越南首次超过了澳大利亚成为我国第八大贸易伙伴。随着东盟十国与五国（中国、日本、韩国、新西兰和澳大利亚）贸易协议的落实，中国与东盟的贸易将会持续增长，而且中国与日本、韩国和澳大利亚三大主要贸易伙伴的贸易也会出现更好的发展环境。

3.4.6 我国贸易在亚洲五个主要区域间的分布

由于亚洲是我国贸易的重要阵地，同时也将是人民币国际化推进最快的区域，本节将介绍并分析我国贸易在亚洲不同区域的分布和今后进一步发展的潜力。表 3－7 给出了 2002—2022 年 6 月我国与亚洲五个区域的贸易分布。表 3－7 显示，东亚是我国在亚洲最大的贸易伙伴区，然而东亚与我国贸易占我国与亚洲贸易的比重整体呈现持续下降的趋势，2002—2022 年上半年从 75.2% 持续下降到了 47.7%，降幅高达 27.5%；东南亚为我国在亚洲的第二大贸易伙伴区，十多年来与我国贸易保持了持续可观的增长态势，占我国与亚洲贸易比重从 15.8% 持续增长到了 29.5%，累计提高了 13.7%，增幅最大，显示出该地区对我国贸易的重要性；西亚是我国在亚洲的第三大贸易伙伴区域，2002—2014 年与我国贸易占我国与亚洲贸易比重持续增长，而且占比也逐年提高，然而 2014 年以来由于国际原油价格显著下降导致该地区与我国贸易占比有所下降，直到近年来才重新提升；南亚是我国在亚洲的第四大贸易区，与我国贸易总体处于持续增长的态势，2002—2022 年上半年南亚与我国贸易占我国与亚洲贸易比重从 2.4% 增长了一倍多达到 6.4%；中亚是我国在亚洲的第五大贸易区，2002—2013 年该地区与我国贸易占比持续上升，但与西亚情况相似的是，2013 年以来由于原材料和原油价格下降导致该地区与我国贸易占比持续下降到了 2016 年的 1.5%，2022 年上半年以来占比重新略升到了 2.0%。

表 3－7　我国在亚洲五个区域贸易分布（2002 年至 2022 年 6 月）

单位：亿美元、%

年份＼地区	总额	东亚	东南亚	西亚	南亚	中亚
2002	1917.3	75.2	15.8	5.9	2.4	0.7
2003	2729.0	73.4	16.7	6.5	2.6	0.9
2004	3694.2	72.2	17.0	6.7	3.1	0.9
2005	4414.8	70.2	17.4	7.7	3.6	1.2
2006	5253.7	68.4	17.8	8.7	3.8	1.3
2007	6199.3	65.7	18.4	9.5	4.6	1.8
2008	7025.9	62.3	18.2	11.9	5.2	2.4
2009	6035.2	62.0	19.7	10.9	5.3	2.2
2010	8349.6	61.0	20.1	11.3	5.5	2.1
2011	10040.8	58.8	20.4	13.1	5.5	2.2
2012	20449.3	61.4	19.6	12.3	4.5	2.3
2013	22248.8	61.1	19.9	12.4	4.4	2.3
2014	20449.3	65.5	23.5	14.3	5.2	2.2
2015	20956.3	59.0	22.5	11.2	5.3	1.6
2016	19481.2	59.2	23.2	10.4	5.7	1.5
2017	21257.2	57.3	24.2	10.9	5.9	1.7
2018	23811.0	56.2	24.7	11.5	5.9	1.8
2019	23665.5	53.2	27.1	11.9	5.7	2.0
2020	238656.8	53.5	28.7	10.9	5.3	1.6
2021	306074.3	52.0	28.7	11.5	6.1	1.6
2022*	155773.5	47.7	29.5	14.4	6.4	2.0

数据来源：根据海关总署网站（www.customs.gov.cn）的数据计算得出。2022 年数据为上半年数据。

值得关注的是，受中美贸易摩擦等因素的影响，2018—2019 年我国与东亚贸易占比下降了3.0%，与东南亚、西亚和中亚的贸易占比分别提高了2.4个、0.4个和0.2个百分点，对南亚贸易则下降0.2%；2019—2022年上半年，我国与东亚贸易占比进一步下降了5.5%，与东南亚、西亚的贸易占比分别提高了2.4个和2.5个百分点，对南亚贸易则下降0.6%，显示了我国贸易在亚洲各个主要地区的变化。

3.4.7 我国在亚洲的主要贸易伙伴及与我国贸易的潜力

上文介绍了我国贸易在亚洲五大区域的分布，这里将介绍我国在亚洲的主要贸易伙伴。表3－8给出了2008—2022年6月我国在亚洲的25个主要贸易伙伴及与我国贸易占比和这些贸易伙伴与我国的贸易依存度。表3－8显示，2008年以来这25个国家和地区与我国贸易占我国与亚洲贸易总额比例保持在九成以上的水平，显示出这些国家和地区在我国与亚洲贸易的重要作用。

表3－8 我国在亚洲的主要贸易伙伴、与我国贸易占比及对我国的贸易依存度（2008年至2022年6月） 单位：%

贸易伙伴＼年份	2008	2014	2020	2021	2022*	2008年贸易/GDP	2022年贸易/GDP
日本	21.0	13.7	13.3	12.1	11.4	6.3	7.5
中国香港	16.0	16.5	11.7	11.8	9.4	111.1	97.9
韩国	14.7	12.8	12.0	11.8	11.8	19.9	20.1
中国台湾	10.2	8.7	10.9	10.7	10.6	35.8	41.6
越南	1.5	3.7	8.1	7.5	7.1	50.8	62.9
马来西亚	4.2	4.5	5.5	5.8	6.2	32.4	47.4
印度	4.1	3.1	3.7	4.1	4.3	3.4	4.0
泰国	3.3	3.2	4.1	4.3	4.4	18.8	25.6
新加坡	4.1	3.5	3.7	3.1	3.1	26.2	23.7
印度尼西亚	2.5	2.8	3.3	4.1	4.5	6.3	10.5
沙特阿拉伯	3.3	3.0	2.8	2.9	3.6	7.9	10.5

续表

年份 贸易伙伴	2008	2014	2020	2021	2022*	2008年 贸易/GDP	2022年 贸易/GDP
菲律宾	2.3	2.0	2.6	2.7	2.7	15.6	20.8
阿联酋	2.2	2.4	2.1	2.4	3.0	13.6	17.7
伊拉克	0.2	1.3	1.3	1.2	1.6	11.4	17.8
伊朗	2.2	2.3	0.6	0.5	0.5	9.0	1.0
阿曼	0.9	1.1	0.8	1.0	1.3	24.9	38.4
哈萨克斯坦	1.4	1.0	0.9	0.8	0.9	7.8	13.2
土耳其	0.2	1.0	1.0	1.1	1.3	2.5	4.2
缅甸	0.2	1.1	0.8	0.6	0.7	25.7	28.6
孟加拉国	0.3	0.6	0.7	0.8	0.9	7.1	7.0
巴基斯坦	0.6	0.7	0.7	0.9	0.9	7.0	8.0
科威特	0.5	0.6	0.6	0.7	1.0	9.8	16.3
以色列	0.4	0.5	0.7	0.7	0.8	3.8	4.7
卡塔尔	0.2	0.5	0.5	0.6	0.8	4.2	9.6
土库曼斯坦	0.1	0.5	0.3	0.2	0.3	24.1	11.6
总额	96.4	91.0	92.5	92.5	93.1	12.8	14.2

数据来源：贸易数据来自国家统计局网站（www.stats.gov.cn）和海关总署网站（www.customs.gov.cn），贸易依存度根据国际货币基金组织网站2022年4月公布的各个国家和地区的GDP数据计算得出；2022年数据为上半年数据。

表3-8显示，2008年到2022年上半年我国在亚洲的前四大主要贸易伙伴中，日本、中国香港和韩国与我国贸易总额占亚洲比重都出现了不同程度的下降，而中国台湾地区与我国贸易总依存度略有提高；其他21个主要亚洲贸易伙伴中，马来西亚和阿曼与我国依存度提高幅度最大，增幅分别高达15%和13.5%，其次为越南、伊拉克、科威特、卡塔尔和菲律宾，提高幅度在5%到12%；与我国贸易依存度降幅最大的分别为中国香港、土库曼斯坦和伊朗等国家和地区；25个亚洲主要贸易伙伴占我国与亚洲总贸易额的比重略降到了93.1%，该25个贸易伙伴与我国总贸易依存度从2008年的12.8%上升到了14.2%。

表3－8显示，土耳其、印度和以色列对我国贸易依存度仍然不到5%，显示这些国家与我国的贸易增长潜力巨大；另外孟加拉国、印度尼西亚、日本、巴基斯坦、沙特阿拉伯和伊朗对我国贸易依存度仅在5%到10%之间的低位，说明这些国家与我国贸易的发展空间仍有待挖掘。

3.5 我国贸易的相关问题

表3－1显示，近40年来，特别是2001年加入世贸组织后，我国对外贸易取得了巨大的成就。在看到这些成绩的同时，我们也应该清醒地认识到我国国际贸易中还存在一系列问题。本节将简单介绍我国外贸中的主要问题。

3.5.1 虚假贸易问题较为严重

虚假贸易是我国对外贸易中较为严重的问题。多年来，尽管各界都承认虚假贸易问题，但是对虚假贸易问题众说纷纭，尚未有一致的看法。本节将通过境内外公开发布的数据来介绍和观察虚假贸易的严重程度。

3.5.1.1 两地间贸易数据离谱

表3－4给出的我国年度贸易数据难以直接发现问题。但是，考虑中国内地与中国香港的贸易数据，我国总贸易数据的问题就几乎一目了然了。表3－9给出了1989—2022年上半年内地出口、进口、贸易顺差和内地与香港的相关贸易数据。表3－9显示，1989—2022年上半年之间，仅1997年、1998年、2006—2009年及2014—2022年上半年的14.5年中，中国内地与中国香港的贸易顺差占内地总贸易顺差比重在0～100%的基本合理范围内，其他19个年份中内地与香港的贸易顺差大多年份远大于内地总贸易顺差，1989年和1993年两者方向恰恰相反，前者为顺差而后者却为逆差。考虑到香港特区与内地贸易占内地贸易总额平均不到一成，1997年和2014年内地与中国香港的贸易顺差超过内地总贸易顺差90%实际上也不够合理。所以，1989年以来，香港特区与内地的贸易顺差在三分之二以上年份不够合理。

表3－9　内地进出口和内地与香港进出口贸易数据（1989年至2022年6月）

单位：亿美元、%

年份	总贸易顺差	内地对香港的出口额	内地从香港的进口额	内地与香港的贸易顺差	内地与香港外的贸易顺差	内地与香港的贸易顺差占总顺差比例	内地与香港外的贸易顺差占总顺差比例
1989	－66.0	142.7	79.7	63.0	－129.0	－95.4	195.4
1990	87.5	266.5	142.5	124.0	－36.5	141.8	－41.8
1991	80.5	321.4	174.6	146.8	－66.3	182.3	－82.3
1992	43.6	375.1	205.3	169.8	－126.3	389.9	－289.9
1993	－122.2	220.5	104.6	115.9	－238.1	－94.9	194.9
1994	53.9	323.6	94.6	229.0	－175.1	424.8	－324.8
1995	167.0	359.8	85.9	273.9	－106.9	164.1	－64.1
1996	122.2	329.1	78.3	250.8	－128.7	205.3	－105.3
1997	404.2	437.8	69.9	367.9	36.3	91.0	9.0
1998	434.8	387.5	66.6	320.9	113.9	73.8	26.2
1999	292.3	368.9	68.9	300.0	－7.7	102.6	－2.6
2000	241.1	445.2	94.3	350.9	－109.8	145.5	－45.5
2001	225.5	465.5	94.2	371.3	－145.9	164.7	－64.7
2002	304.3	584.7	107.4	477.3	－173.0	156.9	－56.9
2003	254.7	762.9	111.2	651.7	－397.0	255.9	－155.9
2004	321.0	1008.8	118.0	890.8	－569.8	277.5	－177.5
2005	1020.0	1244.8	122.3	1122.5	－102.5	110.0	－10.0
2006	1775.2	1553.9	107.9	1446.0	329.2	81.5	18.5
2007	2639.5	1844.3	128.2	1716.1	923.4	65.0	35.0
2008	2981.3	1907.4	129.2	1778.2	1203.1	59.6	40.4
2009	1956.9	1662.3	87.1	1575.2	381.7	80.5	19.5
2010	1815.1	2183.2	122.6	2060.6	－245.5	113.5	－13.5
2011	1549.0	2680.3	155.0	2525.3	－976.3	163.0	－63.0
2012	2303.1	3235.3	179.6	3055.7	－752.6	132.7	－32.7
2013	2590.2	3847.9	162.2	3685.7	－1095.6	142.3	－42.3
2014	3830.6	3631.9	129.0	3502.9	327.7	91.4	8.6
2015	5939.0	3308.9	127.7	3181.2	2757.8	53.6	46.4
2016	5097.1	2877.2	168.5	2708.7	2388.4	53.1	46.9
2017	4195.5	2793.5	73.2	2720.3	1475.2	64.8	35.2
2018	3509.5	3020.7	84.9	2935.8	573.7	83.7	16.3
2019	4212.1	2789.5	90.9	2698.6	1513.5	64.1	35.9
2020	5239.9	2726.6	69.8	2656.8	2583.1	50.7	49.3
2021	6764.3	3506.2	97.0	3409.2	3355.1	50.4	49.6
2022*	3854.4	1430.9	32.3	1398.7	2455.7	36.3	63.7

数据来源：同表3－4；2022年数据为上半年数据。

3.5.1.2 香港特区公布的与内地公布的双方贸易数据对比

内地公布的与香港贸易数据和香港公布的与内地的贸易数据除有一定幅度的误差外，两者应该相当，但事实上双方公布的相应数据存在着巨大差异。

表3－10给出了1989—2022年上半年香港特区政府统计处公布的香港从内地的进口和向内地的出口数据及与表3－9给出的内地与香港贸易数据的差异。从香港公布的与内地进出口贸易数据及与内地公布的相应数据对比可以看出，1989—2005年香港公布的从内地的进口远超过内地公布的对香港的出口数据；2006—2022年上半年，内地公布的对香港特区的出口数据则远大于香港公布的香港从内地的进口数据。从数据的变化可以明显看出，2006年以来内地向香港的出口开始超过香港从内地进口背后的原因是，2005年人民币对美元升值之前，跨境资金主要通过压低我国出口的方法撤离境内，而2005年后却通过抬高出口流入境内。两地贸易数据背离实际上主要是跨境资金流出和流入所致。

表3－10 香港特区公布的与内地进出口贸易数据及相关比较（1989年至2022年6月）

单位：亿美元、%

年份	内地对香港的出口额（国内数据）A	内地从香港的进口额（国内数据）B	香港从内地的进口（香港数据）C	香港对内地的出口（香港数据）D	A－C	B－D	A/C	B/D
1989	142.7	79.7	252.1	55.5	－109.4	24.2	56.6	143.6
1990	266.5	142.5	303.2	60.9	－36.7	81.6	87.9	234.0
1991	321.4	174.6	377.6	70.0	－56.2	104.6	85.1	249.4
1992	375.1	205.3	457.9	80.1	－82.8	125.2	81.9	256.3
1993	220.5	104.6	519.9	81.9	－299.4	22.7	42.4	127.7
1994	323.6	94.6	609.3	78.9	－285.7	15.7	53.1	119.9
1995	359.8	85.9	697.5	82.2	－337.7	3.7	51.6	104.5
1996	329.1	78.3	737.6	79.7	－408.5	－1.4	44.6	98.2
1997	437.8	69.9	785.7	82.5	－347.9	－12.6	55.7	84.7
1998	387.5	66.6	749.6	72.4	－362.1	－5.8	51.7	92.0
1999	368.9	68.9	783.4	67.3	－414.5	1.6	47.1	102.4

续表

年份	内地对香港的出口额（国内数据）A	内地从香港的进口额（国内数据）B	香港从内地的进口（香港数据）C	香港对内地的出口（香港数据）D	A－C	B－D	A/C	B/D
2000	445.2	94.3	914.1	71.0	-468.9	23.3	48.7	132.8
2001	465.5	94.2	874.4	63.5	-408.9	30.7	53.2	148.3
2002	584.7	107.4	919.4	53.0	-334.7	54.4	63.6	202.6
2003	762.9	111.2	1009.0	47.2	-246.1	64.0	75.6	235.6
2004	1008.8	118.0	1179.1	48.7	-170.3	69.3	85.6	242.3
2005	1244.8	122.3	1346.5	57.3	-101.7	65.0	92.4	213.4
2006	1553.9	107.9	1536.9	51.8	17.0	56.1	101.1	208.3
2007	1844.3	128.2	1703.0	52.0	141.3	76.2	108.3	246.5
2008	1907.4	129.2	1809.5	44.6	97.9	84.6	105.4	289.7
2009	1662.3	87.1	1612.9	34.4	49.4	52.7	103.1	253.2
2010	2183.2	122.6	1971.6	40.2	211.6	82.4	110.7	305.0
2011	2680.3	155.0	2206.4	39.4	473.9	115.6	121.5	393.4
2012	3235.3	179.6	2372.9	33.5	862.4	146.1	136.3	536.1
2013	3847.9	162.2	2455.8	31.9	1392.1	130.3	156.7	508.5
2014	3631.9	129.0	2745.9	34.7	886.0	94.3	132.3	371.8
2015	3308.9	127.7	2789.9	26.4	519.0	101.3	118.6	483.7
2016	2877.2	168.5	2634.7	25.1	242.5	143.4	109.2	671.3
2017	2793.5	73.2	2635.6	22.2	157.9	51.0	106.0	329.7
2018	3020.7	84.9	2788.7	17.9	232.0	67.0	108.3	474.4
2019	2789.5	90.9	2626.5	26.4	163.0	64.5	106.2	344.5
2020	2726.6	69.8	2479.7	32.1	246.8	37.8	110.0	217.9
2021	3506.2	97.0	3130.3	37.4	376.0	59.6	112.0	259.4
2022*	1430.9	32.3	1322.9	21.7	108.0	10.6	108.2	148.7

数据来源：内地数据同表3－4，1990—2022年上半年香港数据来自香港特别行政区政府统计处公布的以港元为单位的贸易数据，根据同期港元对美元日均汇率折合成美元而得。2022年数据为上半年数据。因香港产品数据是年度数据，故2022年上半年数据为预估数据。

3.5.1.3 香港对内地出口与内地自香港进口也存在明显差异

内地向香港的出口与香港自内地的进口出现巨大差异的同时，内地自香港的进口与香港对内地的出口间也存在明显的差异。从表 3－10 可以看出，1989—2022 年上半年的 33.5 年间，除 1996—1998 年的三年间内地自香港进口略低于香港对内地出口外，其他年份内地自香港的进口皆显著大于香港对内地的出口，特别是 2002—2009 年内地从香港的进口超过香港对内地的出口一倍多，2010—2021 年前者更是超过后者两倍多，以上数据的不吻合再次表明两地进出口贸易数据存在严重差异。

3.5.1.4 剔除“初级”虚假贸易后的两地贸易数据更为合理

中国香港在国际经贸方面有着丰富的国际经验，其贸易数据更符合国际惯例，准确率也应较高。因此，我们可以将表 3－10 给出的香港自内地的进口及香港对内地的出口数据，视作内地对香港的出口和自香港的进口的真实数据，将表 3－10 给出的香港公布的自内地的进口数据“取代”表 3－9 给出的内地公布的对香港的出口数据（剔除表 3－9 中的“初级”虚假出口数据）；同时以表 3－10 给出的香港公布的对内地出口数据“取代”表 3－9 中内地公布的自香港进口数据（剔除表 3－9 中的“初级”虚假进口数据），即可获得 1989—2022 年上半年内地较为真实的总出口和进口数据，表 3－11 给出了相应的结果。

表 3－11 剔除“初级”虚假贸易后内地总进出口数据与香港的较为合理的贸易顺差比例（1989 年至 2022 年 6 月） 单位：亿美元、%

年份	总出口额	总进口额	总贸易顺差	内地与香港的贸易顺差占总顺差比例	内地与香港外的贸易顺差占总顺差比例
1989	634.8	567.2	67.6	93.2	6.8
1990	657.6	451.9	205.8	60.3	39.7
1991	774.6	533.3	241.3	60.8	39.2
1992	932.2	680.7	251.6	67.5	32.5
1993	1216.8	1016.9	200.0	58.0	42.0
1994	1495.8	1140.5	355.3	64.5	35.5

续表

年份	总出口额	总进口额	总贸易顺差	内地与香港的贸易顺差占总顺差比例	内地与香港外的贸易顺差占总顺差比例
1995	1825.5	1317.1	508.4	53.9	46.1
1996	1919.0	1389.7	529.3	47.4	52.6
1997	2175.8	1436.3	739.5	49.7	50.3
1998	2199.2	1408.2	791.1	40.6	59.4
1999	2363.8	1655.4	708.4	42.3	57.7
2000	2960.9	2227.6	733.3	47.9	52.1
2001	3069.9	2404.8	665.1	55.8	44.2
2002	3590.7	2897.3	693.4	68.8	31.2
2003	4628.4	4063.6	564.8	115.4	-15.4
2004	6103.6	5543.0	560.6	158.9	-58.9
2005	7721.2	6534.5	1186.7	94.6	5.4
2006	9672.8	7858.5	1814.3	79.7	20.3
2007	12059.3	9485.0	2574.4	66.7	33.3
2008	14209.0	11241.0	2968.0	59.9	40.1
2009	11966.7	10006.5	1960.2	80.4	19.6
2010	15565.9	13880.1	1685.9	122.2	-22.2
2011	18509.9	17319.2	1190.7	212.1	-112.1
2012	19624.7	18038.0	1586.8	192.6	-92.6
2013	20697.9	19369.6	1328.4	277.5	-177.5
2014	22536.9	19498.1	3038.9	115.3	-15.3
2015	22215.7	16694.3	5521.3	57.6	42.4
2016	20733.8	15735.9	4998.0	54.2	45.8
2017	22475.6	18386.9	4088.6	66.5	33.5
2018	24634.8	21290.3	3344.5	87.8	12.2
2019	24831.6	20718.0	4113.5	65.6	34.4
2020	25652.7	20621.8	5030.8	52.8	47.2
2021	33263.6	26815.7	6447.9	52.9	47.1
2022*	17214.8	13457.9	3756.9	37.2	62.8

数据来源和计算说明：内地对香港的出口额与香港从内地的进口额差根据表3-9和表3-10的数据计算得出；内地从香港的进口额与香港对内地的出口额差也根据表3-9和表3-10的数据计算得出；表3-11中总出口额是表3-4总出口额减去表3-10中“A-C”；表3-11中总进口额是表3-4总进口额减去表3-10中“B-D”；表3-11中总贸易顺差根据表3-11给出的总出口和总进口额计算得出。2022年数据为上半年数据。

表3－11给出的内地与香港贸易顺差占总贸易顺差的比例与表3－9相比更为合理：表3－9给出的33年半的比例中仅有12年半的数据属于基本合理的0～100%，而表3－11中较为合理年份增长到了26年半基本合理，不合理年份仅为2003年和2004年及2010—2014年的7年，清楚地证明了剔除两地“初级”虚假贸易数据方法的合理性；然而如1989年和2005年内地与香港贸易顺差占我国总贸易顺差比重超过90%仍不够合理，但比表3－9中相应的占比－95.5%和110.1%要合理多了。

3.5.2 我国从“中国”的进口贸易及对我国贸易总数据的影响

表3－11给出的剔除两地间“初级”虚假贸易后，内地与香港间贸易顺差仍有7年不在0～100%的基本合理范围内，该问题只能从我国从“中国”的进口中得到答案。

3.5.2.1 我国从“中国”进口及规模

笔者在十年前开始研究我国贸易数据时，发现我国有一个非常特殊的贸易伙伴：“中华人民共和国”（国家统计局用“中华人民共和国”，而海关总署近年来用“中国”代表该特殊贸易伙伴）。具体来说，2001年我国从“中国”的进口额还仅有86.7亿美元，然而2001—2007年6年间该数据迅速增长到了857.7亿美元，6年年均复合增长率高达46.5%，比同期我国出口和进口的年均复合增长率28.9%和25.6%分别高出17.6个和21.9个百分点；2007—2013年我国从“中国”的进口额仍然保持了两位数的年均复合增长率10.7%，2013年此项进口额更是高达1575.4亿美元，超过当年我国自美国和中国台湾地区的进口额，成为当年我国仅次于韩国和日本的第三大进口“国家/地区”；2014年虽然自“中国”的进口出现了2001年以来的首次下降，为1448.4亿美元，但仍然保持了我国第三大进口“国家/地区”的地位；2015年自“中国”进口又略降到了1433.9亿美元，仍然保持我国第三大进口“国家/地区”的地位；2019年自“中国”的进口下降到了1297.8亿美元，低于我国台湾地区，仍保持我国第四大进口“国家/地区”的地位；2021年自“中国”的进口又回升至1568.4亿美元，保持我国第六大进口“国家/地区”的地位。

3.5.2.2　剔除我国从“中国”的进口对我国进出口的影响

从表3－12给出的我国总进口中剔除相应年份自“中国”的进口额，我们可以得出1989—2022年上半年我国总贸易，与香港的贸易及与香港外其他地区的总贸易顺差及占比数据，结果如表3－12所示。

表3－12　剔除我国内地与香港和“中国”的“初级”虚假贸易额后的我国进出口数据及相关占比（1989年至2022年6月） 单位：亿美元、%

年份	总出口额	总进口额	贸易顺差	内地与香港的贸易顺差占总顺差比例	内地与香港外的贸易顺差占总顺差比例
1989	634.8	567.2	67.6	93.2	6.8
1990	657.6	451.9	205.7	60.3	39.7
1991	775.3	533.3	242.0	60.7	39.3
1992	932.2	680.7	251.5	67.5	32.5
1993	1216.8	1017.0	199.8	58.0	42.0
1994	1495.8	1140.5	355.3	64.5	35.5
1995	1825.4	1317.1	508.3	53.9	46.1
1996	1919.1	1389.7	529.4	47.4	52.6
1997	2175.8	1436.3	739.5	49.7	50.3
1998	2199.2	1408.2	791.0	40.6	59.4
1999	2363.8	1655.3	708.5	42.3	57.7
2000	2960.9	2227.6	733.3	47.9	52.1
2001	3069.9	2318.1	751.8	49.4	50.6
2002	3590.7	2747.5	843.3	56.6	43.4
2003	4628.4	3812.7	815.7	79.9	20.1
2004	6103.6	5156.4	947.2	94.0	6.0
2005	7721.2	5982.9	1738.3	64.6	35.4
2006	9672.8	7125.2	2547.3	56.8	43.2
2007	12059.3	8627.2	3409.3	50.3	49.7
2008	14209.0	10316.4	3892.6	45.7	54.3
2009	11966.7	9142.4	2824.7	55.8	44.2
2010	15565.9	12811.3	2756.4	74.8	25.2
2011	18509.9	16093.1	2419.0	104.4	－4.4

续表

年份	总出口额	总进口额	贸易顺差	内地与香港的贸易顺差占总顺差比例	内地与香港外的贸易顺差占总顺差比例
2012	19624. 7	16609. 4	3017. 8	101. 3	-1. 3
2013	20697. 9	17794. 2	2914. 1	126. 5	-26. 5
2014	22536. 9	18049. 6	4487. 3	78. 1	21. 9
2015	22215. 7	15260. 4	6955. 3	45. 7	54. 3
2016	20733. 8	14467. 1	6266. 7	43. 2	56. 8
2017	22475. 6	17058. 0	5417. 6	50. 2	49. 8
2018	24634. 8	19828. 0	4806. 8	61. 1	38. 9
2019	24831. 6	19420. 2	5411. 4	49. 9	50. 1
2020	25652. 7	19369. 0	6283. 6	42. 3	57. 7
2021	33263. 6	25247. 3	8016. 3	42. 5	57. 5
2022 *	17214. 8	12827. 1	4387. 6	31. 9	68. 1

数据来源：总进口额是从表 3 - 11 总出口额减去表 3 - 12 中我国自“中国”的进口额而得。2001—2017 年我国与“中国”的贸易除 2016 年外皆仅有进口，而 2016 年除进口 1280. 1 亿美元外，另有 11. 3 亿美元的出口；由于 2016 年我国向“中国”的出口金额相对于进口金额较小，表 3 - 12 中 2016 年我们自“中国”1280. 1 亿 - 11. 3 亿 = 1268. 8 亿美元净进口额为该年的可比数据。2022 年数据为上半年数据。

相对表 3 - 11 来说，表 3 - 12 给出的内地与香港贸易顺差占内地总贸易顺差比例更为合理：1989—2022 年上半年的 33 年中除 2011—2013 年内地与香港的年度贸易顺差占我国总顺差的比重超过 100% 的不合理范围，其他 30 年半相应的比例皆在基本合理范围内。虽然 2011—2013 年内地与香港的贸易顺差占我国内地总贸易顺差的比重仍然超过 100%（超过的原因是这些年人民币跨境贸易的虚假成分所致，下文会进一步分析），但超出的幅度却较表 3 - 11 降低了很多，表明了从表 3 - 12 中剔除我国从“中国”的“初级”虚假进口方法的合理性。

3. 5. 3　我国虚假贸易问题简述

表 3 - 11 结果显示，剔除两地间“初级”虚假贸易后，两地贸易数据合理性大幅度提高，而表 3 - 12 的结果显示，剔除我国从“中国”进口后，我

国总贸易数据的合理性进一步大幅度提高，显示出剔除这些“初级”虚假贸易的合理性。虚假贸易是一个非常复杂的问题，超过了本书的范围，有兴趣的读者可参考张光平（2016）的研究。

3.6 人民币跨境贸易结算试点推出前后人民币贸易结算的简单介绍

3.6.1 人民币跨境贸易结算试点前的人民币贸易结算

我国在2009年7月正式启动了进出口贸易人民币结算试点，而事实上多年前人民币就已经被用于与周边国家贸易及其他交易的结算。人民币在巴基斯坦、越南、缅甸和老挝等经济体基本实现了自由流通，获得了接近美元的地位。自1997年10月1日起对边境小额贸易出口的货物按国家税务总局印发的《出口货物退（免）税管理办法》（以下简称《办法》）开始办理出口退税，但是依《办法》办理退税需提供的单证之一是收外汇（美元）的出口外汇核销单（出口退税专用联），而云南出口缅甸、老挝、越南的边境小额贸易出口货物的85%以上采用人民币结算（“云南边贸发展急需国家对人民币结算予以出口退税的政策支持”，云南省政府网站，www. yn. gov. cn/yunnan，China）。

2004年，在中蒙边境贸易中，以人民币作为结算货币的贸易额约占90%，在中越边境贸易中约为81%，在中朝边境贸易中约为45%，在中俄边境贸易中约为15%（刘明志，2008）。2004年，在中蒙边境贸易中通过账户行的人民币结算量为11.66亿元，2005年达到27.32亿元，2006年达到34.46亿元，2007年达到68.69亿元。在俄罗斯的流通领域内，人民币不能直接使用，主要是在边境贸易中用于结算（李东荣，2009）。

总的来说，在2009年7月国家实施人民币跨境贸易结算试点之前，由国际贸易引起的人民币流通量占我国境内货币供应量和我国进出口贸易总额的比例仍然很低，而且在非周边的其他亚洲经济体及欧美等地区基本没有利用人民币进行结算（旅游人民币兑换、支付除外）。由于边贸仅占我国与周边国家和地区总贸易的一小部分，而且目前政府没有公布边境贸易中人民币结算的相关数据，所以我们难以估算出人民币在我国贸易结算中的比例。王成基（2012）对2009年人民币跨境贸易结算试点之前的人民币贸易结算进行了研究，提供了一些相关数据和分析，这里不再多述。2010年以来人民币跨境贸易结算的主要数据已经定期公布，下文会仔细分析研究。

3.6.2 跨境贸易人民币结算的政策准备

早在20世纪90年代，我国与有关邻国就已开始在边境贸易中使用人民币进行结算，但是使用的范围相对较小。进入2009年，我国政府开始加速推进人民币贸易结算功能的发挥。经过多年的调研和论证，国务院常务会议于2009年4月8日正式决定，将在上海、广州、深圳、珠海、东莞等城市开展跨境贸易人民币结算试点，迈开了人民币走向国际化的关键一步，有利于人民币国际地位的逐步提升。2009年7月1日，《跨境贸易人民币结算试点管理办法》公布，为人民币跨境贸易结算的实施提供依据。2009年7月3日，中国人民银行发布《跨境贸易人民币结算试点管理办法实施细则》。2009年7月6日，跨境贸易人民币结算试点启动仪式在上海举行，与此同时，以人民币结算的首单进出口业务也在当日诞生。有兴趣的读者请参考施莉亚（2018）关于人民币贸易结算试点前后相关介绍和分析。

2010年6月22日，中国人民银行等六部委联合发布了《关于扩大跨境贸易人民币结算试点有关问题的通知》，跨境贸易人民币结算试点范围由上海和广东的4个城市扩大到20个省（自治区、直辖市），将境外地域范围由中国香港、中国澳门和东盟扩大到所有国家和地区，明确试点业务范围包括跨境货物贸易、服务贸易和其他经常项目人民币结算。2011年8月24日，中国人民银行宣布人民币跨境贸易结算试点扩大到全国范围，标志着此项业务从试点走向成熟。

3.6.3 人民币跨境贸易结算早期试点结果

跨境贸易人民币结算在试点初期，即在2009年下半年还不是很活跃。从

2009年7月上旬人民币跨境贸易结算试点实施到2009年底，人民币跨境贸易结算总额仅为35.9亿元人民币。然而随着各项配套措施逐步到位，跨境人民币贸易结算从2010年第一季度就迈入持续显著增长的轨道，下文将会系统介绍。

3.7　人民币跨境贸易结算取得的可喜成绩

经过不到半年的探索和实践，人民币跨境贸易结算逐渐走向正轨。2010年人民币跨境贸易结算取得了可喜的成绩，2011年和2012年的成绩更加显著。表3－13给出了2010年第一季度至2022年第二季度人民币跨境贸易结算额及占相应贸易总额的比重。该表相关计算较为复杂，下文会详细说明。

3.7.1　人民币跨境贸易结算总体进展

表3－13显示，2010—2015年人民币跨境贸易结算占当年我国贸易总额的比例从2.5%持续上升到29.5%；然而2016年到2017年人民币跨境贸易结算占比却分别回落到了21.5%和15.7%，2018年和2019年占比略回升到了16.8%和19.1%，2020年和2021年占比继续上升至21.0%和20.3%。这些数据显示，跨境人民币贸易结算试点在推出的近9年内取得了可喜的成绩，但是2016—2022年上半年以来结算总额和占比明显的下降态势值得关注。

表3－13　人民币跨境货物贸易、服务贸易和其他经常项目结算额和占比（2010年到2022年）　　单位：亿元、%

年份/季度	结算贸易	结算出口	结算进口	结算进口/结算出口	贸易结算占比	出口结算占比	进口结算占比
2010Q1	183.5	21.4	162.2	7.58	0.4	0.1	0.8
2010Q2	486.6	67.2	419.4	6.24	1.0	0.3	1.8
2010Q3	1264.8	164.2	1100.6	6.70	2.4	0.6	4.5
2010Q4	3128.5	366.7	2643.1	7.21	5.5	1.2	10.4
2011Q1	3603.2	398.2	3205.0	8.05	4.9	1.5	8.3
2011Q2	5972.5	1037.8	3052.5	2.94	7.0	3.4	11.0
2011Q3	5834.1	1569.0	2626.7	1.67	6.7	4.7	9.0

续表

年份/季度	结算贸易	结算出口	结算进口	结算进口/结算出口	贸易结算占比	出口结算占比	进口结算占比
2011Q4	5402.9	2694.6	1808.2	0.67	7.4	8.4	6.2
2012Q1	5804.0	2291.7	3208.4	1.40	10.1	8.4	11.8
2012Q2	6715.5	2759.0	3862.7	1.40	10.7	8.3	13.4
2012Q3	7989.6	4052.9	3936.7	0.97	12.6	11.8	13.5
2012Q4	8855.4	3709.2	4510.4	1.22	12.7	10.6	15.2
2013Q1	10039.0	4167.1	5872.1	1.41	16.4	13.0	20.0
2013Q2	10399.0	4717.8	5681.2	1.20	16.3	13.9	19.1
2013Q3	11162.0	4400.7	6562.1	1.49	17.0	12.7	21.2
2013Q4	14700.0	4580.9	10119.1	2.21	21.8	12.5	32.7
2014Q1	16513.0	5415.9	11097.1	2.05	28.0	29.1	38.3
2014Q2	16187.0	6877.5	9309.5	1.35	24.9	19.6	31.3
2014Q3	15456.0	6561.8	8894.2	1.36	22.0	16.8	28.5
2014Q4	17409.0	8458.4	8950.6	1.06	24.8	21.3	29.4
2015Q1	16546.0	9055.4	7490.5	0.83	29.9	28.8	31.2
2015Q2	17165.0	8890.1	8274.9	0.93	28.8	26.2	32.2
2015Q3	20892.0	11877.2	9014.8	0.76	32.8	32.3	33.6
2015Q4	17740.0	7159.0	10581.0	1.48	26.6	18.4	38.0
2016Q1	13444.0	5272.2	8171.8	1.55	26.4	18.2	37.3
2016Q2	13248.0	5362.3	7885.7	1.47	22.5	15.9	31.2
2016Q3	13604.0	4927.2	8676.8	1.76	21.2	13.4	31.6
2016Q4	11979.0	4547.5	7431.5	1.63	17.3	11.6	24.5
2017Q1	9942.0	4581.6	5360.4	1.17	16.1	13.9	18.6
2017Q2	11616.0	5217.2	6398.8	1.23	16.8	13.5	21.0
2017Q3	10772.0	5668.0	5104.0	0.90	15.0	14.3	15.9
2017Q4	11270.0	5594.4	5675.6	1.01	14.9	13.3	17.0
2018Q1	10589.8	5547.0	5042.8	0.91	15.7	15.7	15.6
2018Q2	12584.2	6282.7	6301.5	1.00	17.1	15.8	18.6
2018Q3	13926.0	6989.7	6936.3	0.99	17.0	16.0	18.2
2018Q4	14000.0	7066.2	6933.8	0.98	17.1	15.5	19.0
2019Q1	12917.1	7126.7	5790.4	0.81	18.4	18.9	17.8

续表

年份/季度	结算贸易	结算出口	结算进口	结算进口/结算出口	贸易结算占比	出口结算占比	进口结算占比
2019Q2	15059.5	7438.3	7621.2	1.02	19.6	17.8	21.8
2019Q3	16023.4	8027.4	7996.0	1.00	19.4	17.7	21.5
2019Q4	16400.0	8045.3	8354.7	1.04	19.1	16.9	21.7
2020Q1	14600.0	7180.3	7419.7	1.03	22.3	21.6	23.0
2020Q2	16200.0	8100.0	8100.0	1.00	21.1	18.6	24.6
2020Q3	17491.6	8661.7	8829.9	1.02	19.7	17.4	22.6
2020Q4	19408.4	9635.9	9772.6	1.01	21.3	18.3	25.3
2021Q1	17000.0	8786.5	8213.5	0.93	20.0	19.1	21.1
2021Q2	19000.0	9662.9	9337.1	0.97	19.8	18.5	21.4
2021Q3	21300.0	10805.5	10494.5	0.97	20.9	19.0	23.2
2021Q4	22100.0	11170.8	10929.2	0.98	20.5	18.0	23.8
2022Q1	20700.0	10243.3	10456.7	1.02	21.9	19.6	24.8
2022Q2*	25100.0	12420.6	12679.4	1.02	24.2	21.0	28.5
2010	5063.4	619.6	4325.3	6.98	2.5	0.6	4.6
2011	20812.7	5699.6	10692.4	1.88	8.8	4.6	9.4
2012	29364.5	12812.8	15518.2	1.21	12.0	9.9	13.5
2013	46300.0	17866.5	28234.5	1.58	17.9	13.0	23.3
2014	65565.0	27313.6	38251.4	1.40	24.8	19.0	31.8
2015	72343.0	36981.7	35361.2	0.96	29.5	26.2	33.9
2016	52275.0	20109.1	32165.9	1.60	21.5	14.5	30.6
2017	43600.0	21061.2	22538.8	1.07	15.7	13.7	18.1
2018	51100.0	25885.6	25214.4	0.97	16.8	15.8	17.9
2019	60400.0	30637.7	29762.3	0.97	19.1	17.8	20.8
2020	67700.0	33577.9	34122.1	1.02	21.0	18.7	23.9
2021	79400.0	40425.6	38974.4	0.96	20.3	18.6	22.4
2022*	45800.0	22663.9	23136.1	1.02	23.1	20.3	26.7

数据来源：基础数据来自中国人民银行网站 www.pbc.gov.cn 给出的2010年第一季度至2021年第四季度人民银行货币政策执行报告和人民银行公布的金融统计数据报告；由于数据公布的格式有数次更改，表中2010年第四季度和2011年第二季度至2021年第四季度进出口结算额及相应的占比计算方法下文解释。2022年数据为上半年数据。因为2022年中国货币政策执行报告尚未公布，2022年第二季度结算进口/结算出口的结果取2022年第一季度的结果。

表3－13显示，从2010年第一季度至2011年第二季度人民币贸易结算额占同期贸易总额比重持续增长，从0.4%持续增长到7.0%，同期人民币进口结算保持更高的增长态势，占比从0.8%持续上升到11.0%；由于2011年第三季度末境外人民币贬值预期的出现，该季度人民币贸易结算占比出现了首次下降；虽然由于人民币对美元贬值预期的重现使得人民币进口结算减缓，但出口结算却保持了较好的增长势头；从2011年第三季度人民币贸易结算占贸易总额比重从6.7%持续增长到了2014年第一季度的28.0%，首次超过1/4，同期进口结算占比从9.0%持续增长到38.3%，出口结算占比从4.7%持续上升到29.1%；受境外人民币贬值的预期影响，2014年第二季度和第三季度，人民币结算占贸易总额比重分别回落到24.9%和22.0%；2014年第三季度至2015年第三季度进出口结算占比重新回升并创新高至32.8%，相应的出口和进口结算占比也分别达到了32.3%和33.6%的高位；然而2015年第三季度至2017年第四季度，人民币贸易结算金额占贸易总额比例持续下降到了14.9%的历史低位；2022年第二季度以来占比持续回升到了24.2%，相当于2014年第四季度的水平。

3.7.2 2010年前三个季度跨境贸易人民币结算进口和出口规模

人民币跨境贸易结算的总额不仅重要，而且总额中出口和进口结算的分布也同样重要。特别是随着跨境人民币结算额的显著增加，跨境人民币贸易结算对我国外汇储备和货币政策等皆会产生重要的影响。没有人民币跨境贸易结算的出口和进口金额，我们就难以判断人民币跨境贸易结算对我国贸易顺差及对我国外汇储备的影响，进而难以判断对我国货币政策的影响。

实际上，人民银行从2010年第一季度以来公布的季度货币政策执行报告，仅在2011年第一季度的报告中直接给出该季度货物贸易与服务贸易的出口与进口人民币结算金额，其他季度的人民币进出口结算金额我们难以直接获得。人民银行从2011年第二季度开始仅公布人民币跨境贸易结算的实收和实付数据，而再未公布过人民币跨境进出口结算数据，对以后判断以人民币结算的跨境贸易进出口金额带来了一定的困难。

3.7.3　2010年以来人民币跨境贸易结算实收和实付规模及问题

跨境贸易结算实收金额实际上应该与跨境贸易结算的出口额相同，同时实付应该与跨境贸易结算的进口额相同，实收和实付实际上是出口和进口的另外一种说法。在没有虚假跨境贸易结算的情况下，两者应该相等。但数据显示，在人民币跨境贸易结算初期，“既无实收也无实付”的跨境人民币贸易结算占总结算比重较高，显示当时虚假跨境人民币贸易结算仍然较为严重；另外，2012—2014年“既有实收也有实付”的跨境人民币贸易结算与常理下的贸易结算概念不符，实际上也是虚假人民币跨境贸易结算。表3－14给出了2010年第一季度到2022年第二季度人民币跨境贸易结算实收和实付金额、实收和实付比例、“既无实收也无实付”的跨境人民币贸易结算金额及占总结算金额比重。

表3－14　人民币跨境贸易结算实收和实付金额、实收和实付比例、“既无实收也无实付”的跨境人民币贸易结算金额及占总结算金额比重（2010年到2022年）　单位：亿元、%

年份/季度	实收	实付	实付/实收比例	实收付总额	无实收付的结算额	无实收付结算额占比
2010Q1	20.20	95.40	4.71	115.70	67.80	37.00
2010Q2	64.20	252.40	3.93	316.70	169.90	34.90
2010Q3	158.60	677.50	4.27	836.10	428.70	33.90
2010Q4	357.80	1663.20	4.65	2021.10	1107.40	35.40
2011Q1	392.50	2192.20	5.59	2584.70	1018.50	28.30
2011Q2	1037.80	3052.50	2.94	4090.30	1882.20	31.50
2011Q3	1569.00	2626.70	1.67	4195.70	1638.40	28.10
2011Q4	2694.60	1808.20	0.67	4502.80	900.10	16.70
2012Q1	2291.70	3208.40	1.40	5500.10	303.90	5.20
2012Q2	2759.00	3862.70	1.40	6621.70	93.80	1.40
2012Q3	4240.10	4118.60	0.97	8358.60	(369.00)	(4.60)
2012Q4	3709.20	4510.40	1.22	8219.60	635.80	7.20
2013Q1	4167.10	5872.10	1.41	10039.20	(0.20)	0.00

续表

年份/季度	实收	实付	实付/实收比例	实收付总额	无实收付的结算额	无实收付结算额占比
2013Q2	4717.80	5681.20	1.20	10399.00	0.00	0.00
2013Q3	4400.70	6562.10	1.49	10962.80	199.20	1.80
2013Q4	5514.40	9384.60	1.70	14899.00	(199.00)	(1.40)
2014Q1	5415.90	11097.10	2.00	16513.00	0.00	0.00
2014Q2	6877.50	9309.50	1.35	16187.00	0.00	0.00
2014Q3	6511.20	8825.60	1.36	15336.80	119.20	0.80
2014Q4	8458.40	8950.60	1.06	17409.00	0.00	0.00
2015Q1	9055.40	7490.50	0.83	16545.90	0.10	0.00
2015Q2	8890.10	8274.90	0.93	17165.00	0.00	0.00
2015Q3	11877.20	9014.80	0.76	20892.00	0.00	0.00
2015Q4	7159.00	10581.00	1.48	17740.00	0.00	0.00
2016Q1	5272.20	8171.80	1.55	13444.00	0.00	0.00
2016Q2	5362.30	7885.70	1.47	13248.00	0.00	0.00
2016Q3	4927.20	8676.80	1.76	13604.00	0.00	0.00
2016Q4	4547.50	7431.50	1.63	11979.00	0.00	0.00
2017Q1	4581.60	5360.40	1.17	9942.00	0.00	0.00
2017Q2	5217.20	6398.80	1.23	11616.00	0.00	0.00
2017Q3	5668.00	5104.00	0.90	10772.00	0.00	0.00
2017Q4	5594.40	5675.60	1.02	11270.00	0.00	0.00
2018Q1	5547.00	5042.80	0.91	10589.80	0.00	0.00
2018Q2	6282.70	6301.50	1.00	12584.20	0.00	0.00
2018Q3	6989.70	6936.30	0.99	13926.00	0.00	0.00
2018Q4	7066.20	6933.80	0.98	14000.00	0.00	0.00
2019Q1	7126.70	5790.40	0.81	12917.10	0.00	0.00
2019Q2	7438.30	7621.20	1.03	15059.50	0.00	0.00
2019Q3	8027.40	7996.00	1.00	16023.40	0.00	0.00
2019Q4	8045.30	8354.70	1.04	16400.00	0.00	0.00
2020Q1	7180.30	7419.70	1.03	14600.00	0.00	0.00
2020Q2	8100.00	8100.00	1.00	16200.00	0.00	0.00
2020Q3	8661.70	8829.90	1.02	17491.60	0.00	0.00

续表

年份/季度	实收	实付	实付/实收比例	实收付总额	无实收付的结算额	无实收付结算额占比
2020Q4	9635.90	9772.60	1.01	19408.40	0.00	0.00
2021Q1	8786.50	8213.50	0.94	17000.00	0.00	0.00
2021Q2	9662.90	9337.10	0.97	19000.00	0.00	0.00
2021Q3	10805.50	10494.50	0.97	21300.00	0.00	0.00
2021Q4	11170.80	10929.20	0.98	22100.00	0.00	0.00
2022Q1	10243.30	10456.70	1.02	20700.00	0.00	0.00
2022Q2	12420.60	12679.40	1.02	25100.00	0.00	0.00
2010	600.90	2688.60	4.48	3289.50	1773.90	35.00
2011	5693.90	9679.60	1.70	15373.50	5439.20	26.10
2012	13000.00	15700.00	1.21	28700.00	664.50	2.30
2013	18800.00	27500.00	1.46	46300.00	0.00	0.00
2014	27263.00	38182.80	1.40	65445.80	119.20	0.20
2015	36981.70	35361.20	0.96	72342.90	0.10	0.00
2016	20109.10	32165.90	1.60	52275.00	0.00	0.00
2017	21061.10	22538.90	1.07	43600.00	0.00	0.00
2018	25885.70	25214.30	0.97	51100.00	0.00	0.00
2019	30637.70	29762.30	0.97	60400.00	0.00	0.00
2020	33577.90	34122.10	1.02	67700.00	0.00	0.00
2021	40425.60	38974.40	0.96	79400.00	0.00	0.00
2022*	22663.90	23136.10	1.02	45800.00	0.00	0.00

数据来源：人民银行公布的2011年第四季度《中国货币政策执行报告》仅给出了2011年全年的实收与实付比例1.7%，该年第四季度实收和实付数据，是根据全年实收与实付比例1.7%和假设第四季度既无实收也无实付金额占总结算金额比例为第三季度比例28.1%和2012年第一季度的既无实收也无实付金额占总结算金额比例5.2%的平均比例16.7%计算得出；其他季度的数据根据人民银行公布的相应年份第一季度《中国货币政策执行报告》给出的数据直接计算得出，而第二到第四季度的数据按照累计数据换算得出，换算方法下文会详细介绍。2022年数据为上半年数据。

表3-14显示，2011年第一季度至第四季度既无实收也无实付的跨境人民币贸易结算金额在900.1亿元至1882.2亿元，占相应季度人民币跨境贸易结算总比重的16.7%~31.5%，全年既无实收也无实付的跨境人民币贸易结算金额累计5439.2亿元，占全年人民币跨境贸易结算总额2.08万亿元的

26.1%，显示2011年虚假人民币贸易结算比重相当高；然而2011年以后，既无实收也无实付的跨境人民币贸易结算金额明显降低；2012年第三季度、2013年第四季度、2014年第二季度和第三季度，实收和实付的人民币跨境贸易结算总额却超过了总结算金额，表明该四个季度内有“既是实收同时也是实付”的跨境贸易结算，这些结算显然也是虚假的人民币跨境贸易结算。从每个季度总的人民币跨境贸易结算金额中减去这些“既无实收也无实付”及“既是实收也是实付”的结算金额才能获得相对较为真实的结算金额。

3.7.4 以2011年第一季度人民币跨境贸易结算数据为基准的估算方法

张光平（2014）以2011年第一季度人民币跨境贸易进口结算与出口结算比例（8.05）/实付与实收比例（5.59）=1.44为基准，并假设2011年第一季度以后进口结算与出口结算比例/实付与实收比例保持在1.44，从而将每季实付与实收比例转换成进口与出口结算比例，进而估算出2011年和2012年每个季度的人民币跨境贸易进口和出口结算金额。该方法有一定的合理性，但却没有考虑到2011年以后“既无实收也无实付”和“既是实收也是实付”的虚假结算金额占总结算比重显著下降的趋势，因此过高估算了进口结算的额度和占比的同时，也低估了人民币跨境出口结算的占比。

3.7.5 以人民币跨境贸易结算实收和实付数据估算相应的贸易金额

顾名思义，实收结算金额实际上是出口结算金额，同时实付结算金额实际上是进口结算金额。因此，2011年第二季度以来每个季度直接公布的或者根据相关时间段内数据推算出的实收和实付金额，应该就是相应的出口和进口结算金额，每个季度公布的总结算金额减去实收金额和实付金额就是该季度的虚假结算金额；季度实收结算金额和实付结算金额超过相应的总结算金额的部分即“既有实收也有实付”结算金额的虚假结算总额。每个季度公布的实收和实付金额总和超过季度总结算金额，我们就不得不对这些实收和实付金额数据进行必要的合理调整。以2012年第三季度为例，表3-14给出该季度实收结算金额和实付结算金额分别为4240.1亿元和4118.6亿元，总实付实收额为8358.6亿元，超过该季度总结算金额7989.6亿元的369亿元，这样我们就不能以该季度的实收金额和实付金额为出口和进口金额。以表3－14给出的2012年第三季度实收和实付比例和总结算金额，即可计算出该季度实收和实付金额分别为3461.7亿元和4527.9亿元。同样，我们可以计算出2013年第四季度、2014年第二季度和第三季度的实收和实付金额，结果如表3－14所示。

3.8 境外人民币跨境支付占比与人民币跨境贸易结算占比比较

3.2节介绍了货币国际支付数据是其跨境贸易占比数据的较好替代品，人民币境外支付数据当然也应该是人民币跨境贸易结算较好的替代品。利用表3－13相应的月度人民币跨境贸易结算数据和相应的计算方法，我们可以类似地计算出2012年1月到2022年6月人民币跨境贸易结算占我国月度总贸易的比重。利用表3－1给出的2012—2021年我国贸易占世界比重，可以计算出2012年1月到2022年6月人民币跨境贸易月度结算金额占世界贸易比重。图3－1给出了2012年1月到2022年6月人民币跨境贸易结算占世界贸易比重及与境外人民币支付全球占比的比较。

图3－1显示，2016年前人民币跨境贸易结算世界占比持续显著超过人民币跨境支付世界占比。2012—2016年，前者月均超过后者的比例分别为185.6%、135.9%、74.2%、48.2%和2.5%，显示出两者接近好的趋势；然而2017年前者却首次低于后者21.6%，表明2017年国际贸易结算在整个跨境人民币支付的地位下降；2018年前3个月前者平均超过后者23.3%。虽然人民币跨境贸易结算占世界贸易比重与人民币跨境贸易结算占世界支付比重两个概念有所不同，而跨境贸易仍是跨境支付的主要内容，两者间巨大的差异表明很大一部分的人民币跨境贸易结算并没有相应的跨境支付。换句话说，2015年前人民币跨境贸易结算中有相当的份额是虚假跨境结算所致，而2016年以来这些虚假成分显著减少。两者间差异的原因仍需今后数据的积累从而进一步探讨。

3.9 人民币跨境贸易结算中出口结算和进口结算简析

表3-13的结果显示，2010—2012年人民币进口结算占比对出口结算占比分别达到7.67倍、2.04倍和1.36倍，主要由当时人民币对美元升值压力下降所致，显示2010—2012年人民币进口和出口结算合理；虽然2013年进口结算与出口结算比例略回升到1.79，而2013—2015年，该比例重回下降的趋势，而且2015年该比例首次达到1.30的地位，与2010—2015年人民币对美元贬值预期达到高峰一致，表明人民币进出口结算合理程度随人民币对美元的贬值压力的再现而合理；2017年以来人民币结算进口与出口比例重回1以上也与人民币对美元贬值预期下降一致。这些结果再次显示，人民币贸易结算与人民币对美元升值、贬值程度密不可分。

1970—1980年的十年内，日元结算的日本跨境贸易出口结算占日本出口比例为相应进口比例的10倍以上，前文国际贸易结算货币选择的七个条件中，除第7点不很满足外，其他6点皆支持日元成为日本出口贸易结算货币。日元结算出口占比高于进口占比的直接原因是日本进口的主要为能源和其他原材料（这些产品的差异性低），而且这些产品主要是以美元计价和结算的，因而日元进口结算难以有效推动。除这些理论解释外，升值预期明显的货币容易成为其货币母国进口的结算货币，因为相应的出口商更愿意持有此货币。1985年日本开始实施“广场协议”，从而日元大幅度升值，日元进口结算占比大幅度上升，日元结算出口占比/进口占比从1980年的12.3倍大幅度下降到1985年的5.4倍，到1987年又进一步下降到3.2倍，成为日元进口结算占比增长最快的时期。日元进口结算占比在1987年之后仍然有持续的增长，但是增幅远低于1985—1987年的阶段，表明本币升值时期推动本币进口结算确实具有优势。

如上我们计算出的我国2010年人民币跨境贸易结算中进口结算为相应出口结算的近7倍，与第3.3节国际贸易结算货币选择实证结果第一条不一致，正好与日本三十年前日元贸易结算初期的结果相反。然而，我国近年来进口的能源和其他原材料与日本四十年前却很相似。到底是什么原因导致我国出现与国际经验相反的结果呢？实际上上文已经给出了答案：人民币跨境进口结算比出口结算更加容易实现的主要原因是在境外人民币升值压力的环境下，我国的境外“进口商”更愿意接受人民币。在我们充分肯定人民币跨境贸易结算取得显著成绩的同时，境外“进口商”通过贸易结算途径在两地市场间套利的动机值得我们关注。

3.10　人民币跨境贸易结算存在的问题简析

2010—2015 年，人民币跨境贸易结算取得了巨大的成绩，结算额占同期贸易总额的比例从 2.5% 提高到 30.4%。然而，在人民币跨境贸易结算额高速增长的同时，难免存在不少问题，有些问题可能还比较严重。

3.10.1　人民银行公布的总结算数据与香港金管局公布的数据差别显著

表 3－11 根据人民银行公布的 2011 年全年和前三个季度人民币跨境贸易结算数据，可以推算出 2011 年第四季度结算额为 5402.9 亿元，而香港金管局公布的同期香港结算的人民币跨境贸易结算额却高达 5854.9 亿元，比人民银行公布的数据高出 452 亿元，后者比前者高出 8.4%；根据人民银行公布的 2012 年 1 月金融统计数据报告，2012 年 1 月人民币跨境贸易结算总额为 1284 亿元，而香港金管局 2012 年 2 月底公布的 2012 年 1 月香港人民币跨境贸易结算额为 1564 亿元，比人民银行公布的同月数据高出 280 亿元，后者比前者高出 21.8%；2012 年 5 月香港金管局公布的相应数据也比人民银行公布的数据高出 74 亿元，比人民银行公布的相应数据高出 3.4%；2012 年 6 月到 2014 年 7 月的两年多时间内香港公布的人民币结算数据一直低于人民银行公布的数据，但是 2014 年 7 月和 8 月前者分别高出后者 1.8% 和 8.5%，显示经过了八年的业务实践两地跨境贸易协调仍然不够，结算数据仍然差异较大。可能是两地统计的方法有别，或者是由于其他原因，香港结算的人民币跨境贸易额不应该超过人民银行公布的总额，特别是不应该高出 20% 以上。

3.10.2 “无实收付”的跨境贸易人民币结算问题

表 3 – 14 显示，从 2010 年第四季度到 2011 年第四季度，每季度有超过 1000 多亿元“无实收付”人民币跨境贸易结算；2010 年后三个季度无实收付人民币结算占比超过了 30%；2011 年无实收付人民币结算占同季度总结算额比重下降到不足 30%；2012 年前两个季度无实收付占比大幅度下降，但是，2012 年后两个季度的数据出现了更加明显的问题，即实收和实付总额超过同期总贸易结算金额。无实收付人民币结算应该是有问题的结算，或者是没有贸易背景的虚假结算；同样，“既是实收又是实付”的结算也应该与虚假贸易有关。因此，人民银行 2011 年第一季度以来公布的新数据格式，实际上间接给出了 2011 年每个季度的虚假贸易结算数据。虽然 2011 年各季度的虚假程度比 2010 年整体有所下降，但是仍然超过 20%；2012 年上半年虚假结算占比显著减少，但是下半年虚假程度又达到了可观的水平。表 3 – 14 显示，2015 年以来不再有虚假贸易结算问题。

3.10.3 人民币跨境贸易结算和人民币国际支付数据的差异

利用表 3 – 1 和表 3 – 2 给出的国际贸易占比和主要货币的世界结算占比数据及相应的主要货币的经济母体贸易数据，我们可以直接比较主要货币支付占比及相应经济体贸易的世界占比。比较两表结果显示，除美元、英镑、欧元、澳大利亚元、瑞士法郎、挪威克朗和新西兰元外，其他货币结算占比皆低于相应经济母体贸易占比，表明其他货币经济母体贸易结算对美元、英镑、欧元等有不同程度的依赖性；人民币支付占比与我国贸易世界占比差额最大，相差 10% 以上，表明人民币贸易结算潜力巨大。

3.10.4 人民币贸易计价功能未随跨境贸易结算的增长而提升

与其他国际货币通常在跨境贸易中兼做计价和结算货币不同，人民币的贸易计价功能并未伴随跨境贸易结算的增长而得到提升。许多企业在跨境贸易中都不采用人民币计价，而仅将其作为支付货币。在人民币投资渠道仍旧匮乏的情况下，不少境外企业愿意选择人民币作为支付货币，很大程度上是青睐于人民币的升值空间。未来随着人民币双向波动预期的增强，这一驱动因素所带来的结算份额势必有所下滑。因此，就整体而言，人民币跨境贸易结算规模是否能保持强劲的增长势头还未可定论（陆婷，2014）。

3.11　人民币跨境贸易结算今后的发展

上文我们介绍并计算出了我国贸易占世界的份额和人民币跨境贸易结算占我国贸易结算的份额。虽然人民币贸易结算占世界贸易的比重还比较低，但是近年来却有了可喜的进步。特别是2011年，人民币贸易结算占世界贸易总额的0.88%，显著超过了同年人民币外汇交易占世界外汇交易的比重，表明人民币贸易结算从2011年就超过了人民币外汇市场的世界排名；2012年人民币贸易结算首次超过了世界贸易1%的大关达到1.24%，比人民币外汇市场在世界的排名更高；2013年人民币贸易结算达到当年世界贸易总额接近2%的水平，比同年人民币在全球外汇市场交易占比0.66%高出很多，表明2013年人民币外汇市场达到人民币贸易结算和支付国际化目标还有很大的距离；而2016年人民币贸易结算达到当年世界贸易总额接近2%，同样显著超过同年人民币在全球外汇市场交易占比1.1%，表明近年来人民币外汇市场和人民币跨境贸易结算都进展缓慢，与人民币国际化的潜能很不一致。

跨境贸易人民币结算业务是人民币国际化的必然举措。然而，人民币跨境贸易结算逐步实施以后，间接地给国际游资进入和流出开放了新的渠道。2004—2007年，我国贸易顺差年均增长率超过100%的事实使越来越多的学者和专家认识到，在没有大力推动人民币跨境贸易结算的情况下，大量资金通过我国开放的贸易项目流入境内，将推高相应年份我国的固定资产投资水平（李东平，2008）。相反，在2008年第四季度和2009年第一季度大量资金转向撤离的时候，我国经济又随之受到可观的影响，特别是2014年下半年以来，随着美国退出量化宽松政策导致全球绝大部分货币对美元贬值以及所致的跨境资金的撤离，对全球新兴市场经济体正在产生着重大的影响和冲击。

在人民币跨境贸易结算和境外直接投资业务启动后，跨境资金流动又多了新的渠道。如果不对其加强监控，跨境资金流动对我国经济和金融市场的影响将更加显著。因此，在稳步推进人民币结算业务的过程中，需要不断完善人民币管理体制，逐步启动和加强相关配套措施的建设，建立跨境资金流动的监测体系和防范机制，以加强对资金跨境流动的驾驭能力。在今后资本项目逐渐开放的情况下，资金跨境流动的渠道将逐渐增多，建立跨境资金流动的监测体系和防范机制将是今后多年的任务。即使在今后若干年人民币资本项目已经完全开放，跨境资金流动的监控体系也将是保证我国经济平稳运行不可或缺的常设机制。

3.12 小结

本章介绍了人民币国际化诸多举措及成绩、人民币离岸市场的发展、人民币资本项目开放等方面的现状和问题。本章各类数据显示，近年来人民币国际化诸多举措取得可喜的成绩和进展。2015 年 8 月人民币首次超过日元，成为全球第四大支付货币。但是，我们应该清晰地认识到，与日元国际化的进程和结果相比，人民币国际化进程才达到初期的水平，自 2015 年以来人民币国际化总体水平受美国货币政策的影响却出现了明显回落。在充分认识推动人民币国际化经济和贸易等有利条件的同时，我们也应该认识到推动人民币国际化的主要问题：科技自主度相对较低以致出口主要是外资的出口，而外资以其母国货币结算以降低其结算成本，因而人民币出口结算占比难以有效提高。上述问题的有效解决只能通过持续提高我国科技自主能力，进而持续提高出口人民币结算占比。

世界贸易组织（WTO）已将我国经济与世界经济紧密相连，而且今后的联系还会进一步密切。我国加入世贸组织十多年来经贸持续增长的事实证明了决策者的战略眼光。人民币国际化将我国金融和经济等其他领域与世界紧密联系起来。人民币国际化是一个相对较长的进程，外国的经验虽然可供参考和借鉴，但是结合我国现状稳步推动人民币国际化仍然需要我们在很多领域探索前进。探索虽然不可少，但必须循序渐进，有计划、有步骤、有秩序地推进。换句话说，推动人民币国际化应该有中长期的路线图和时间表。推动人民币国际化主要应该以境内中长期战略发展和国民生活水平稳步提高为目标和出发点，也应该与亚洲地区的经济、贸易和金融市场发展和稳定相联系，同时还应该着眼于国际货币和金融体系改革与世界和平发展相联系。从这些方面来讲，人民币国际化是一个前无古人的历史壮举，需要境内外各界有识之士的努力和奋斗。虽然"没有现成的路线图"，但是我们应该在我国经济和世界经济今后发展的科学判断基础上，制定推动人民币国际化的中期和长期战略目标、战略规划和相应实施细节，并根据境内外经济、贸易和市场变化做适度必要调整。人民币国际化的进程应该是推动构建人类命运共同体和中华民族伟大复兴的反映和度量。相信在各界有识之士的共同努力下，人民币国际化程度在今后几年将会逐渐取得更加显著的成绩，逐渐接近以至达到与我国经济国际地位相当的水平。

本章结果显示，我国多年来与亚洲贸易额占总贸易比重虽然持续下降，但是仍然保持了超过一半以上的份额。人民币跨境贸易结算的推动首先应该从亚洲做起，人民币国际化的其他举措也应该以亚洲为主，进而转向欧洲、非洲、拉丁美洲和北美洲。经过数年的持续推动，人民币首先会成为亚洲最主要的结算货币，进而成为交易货币，这样美元、欧元、人民币分别在美洲、欧洲和亚洲成为主要货币，"货币三极"的理想状态最终将会实现。

为更准确地反映全球化时代国际贸易现状，2013 年 1 月 16 日，经济合作与发展组织（经合组织）和世界贸易组织（世贸组织）在巴黎首次发布了以单个商品在全球生产链上不同经济体产生的附加值为基础的、新的国际贸易统计方法。该方法实际上侧重不同经济体在单个全球生产链上的附加值来统计不同经济体的贡献，比传统的统计方法更加科学。由于推出时间较短，相应统计缺乏可比的历史数据，难以对不同经济体贸易进行比较，本章并未介绍该事项。随着今后该类统计数据的积累，我们今后会关注该方法，从而获得各个主要经济体在全球经贸体系的更为科学的比较结果。

参考文献

[1] 何帆．人民币国际化的现实选择 [J]．国际经济评论，2009.

[2] 李东平（张光平）．近年中国贸易顺差虚假程度及其对货币政策的影响简析 [J]．国际经济评论，2008（3）．

[3] 刘明志．金融国际化——理论、经验和政策 [M]．北京：中国金融出版社，2008.

[4] 陆婷．人民币国际化不可忽视贸易计价 [Z]．中国社会科学院世界经济与政治研究所国际金融研究中心，2014－07－07，人民币国际化专题 No. 2014－08.

[5] 张明．离岸人民币债券市场将加速扩张 [Z]．中国社科院世界经济与政治研究所国际金融研究中心，2011（3）．

[6] 张明．人民币结算为何在美国快速增长？[Z]．中国社科院世界经济与政治研究所国际金融研究中心，2014－06－25，人民币国际化专题 No. 2014－07.

[7] 王瑞，王紫雾．离岸人民币基金试水 [J]．新世纪周刊，2011－02－14，41－43.

[8] 李增新．人民币国际化是长过程——专访 IMF 总裁特别助理朱民 [J]．新世纪周刊，2011－02－14，52－55.

[9] 易纲．加快外汇管理理念和方式转变深化外汇管理体制改革．2011－01－18，人民银行网站．

[10] 范力民．约束人民币香港套利行为 [J]．财经国家周刊，2011（4）：28.

[11] 李建军．人民币跨境贸易结算额还能大增吗？[N]．上海证券报，2011－03－07.

[12] 张大龙．推动跨境贸易人民币结算业务发展 [N]．上海金融报，2011－03－11，A13.

[13] 王庆．"池子论"与人民币国际化 [J]．财经，2011（7）．

[14] 许晟（记者刘铮）．让人民币在岸和离岸两市场尽可能一致 [N]．第一财经日报，2011－01－27.

[15] 刘湘宁．流动性新启示：跨境贸易人民币结算与外汇占比"被增长" [N]．证券研究报告，宏观研究/专题报告，华泰联合证券，2010－12－21.

[16] 李东荣．人民币跨境计价结算：问题与思路 [M]．北京：中国金融出版社，2009.

[17] 张光平．我国虚假贸易和跨境资金流动探讨和估算 [J]．金融论坛，2015

(10): 41 - 54.

[18] 张光平. 人民币衍生产品 [M]. 9 版. 北京: 中国金融出版社, 2019.

[19] 王成基. 从人民币和港元一体化看人民币国际化 [D]. 清华大学经济学硕士学位论文, 2012.

[20] 李婧. 人民币区域化对中国经济的影响与对策 [M]. 北京: 中国金融出版社, 2009.

[21] Standard Chartered (渣打) 全球研究. 人民币远航——人民币前沿, 2012 - 05 - 11.

[22] 施琍娅. 人民币国际化: 理论思考及实践探索 [M]. 北京: 中国金融出版社, 2018.

[23] Jevons, William Stanley, 1985, The Coal Question, London: Macmillanand Co.

[24] Cookson, Robert, "Battle rages in Hong Kong's renminbi trade", 2011 - 01 - 24, Financial times website: http: //www. ftchinese. com.

[25] He and McCauley, 2010 "Offshore markets for the domestic currency: monetary and financial stability issues", March 2010, US Treasury, Fed Reserve, BIS.

[26] Bacchetta, Philpe and Eric Van Wincoop, 2005, A Theory of the Currency Denomination of International Trade [J]. Journal of International Economics, 67 (2), 295 - 319.

[27] Frankel, Jeffrey, 2009, "On global currency," Keynote speech for workshop on Exchange Rates: The Global Perspective, sponsored by Bank of Canada and ECB, Frankfurt, June 19.

[28] Goldberg, Linda S. and C. dric Tille, 2010, "Micro, Macro, and Strategic Forces in International Trade Invoicing", Federal Reserve Bank of New York and NBER, Geneva Graduate Institute for International and Development Studies and CEPR, February 18, 2010.

[29] Ligthart, Jenny E. and Jorge A. da Silva, 2007, "Currency Invoicing in International Trade: A Panel Data Approach", Tilburg University, Cambridge University, This Version: February 2007.

[30] Nicolas Winning and William Horobin, "IMF's Strauss - Kahn Wants The Yuan In SDR", DOW JONES NEWSWIRES, February 19, 2011.

[31] Novy, Dennis, 2006, "Hedge Your Costs: Exchange Rate Risk and Endogenous Currency Invoicing", University of Cambridge, 10 July 2006.

[32] Special Report, "The New CNH Market", Standard Chartered Bank, 27 August 2010.

[33] Witte, Mark David, 2006, "Currency Invoicing: The Role of 'Herding' and Exchange Rate Volatility", University of North Carolina at Chapel Hill.

[34] Shen, Jianguang, 2011, "RMB's roadmap towards full convertibility", Mizuho Economics Research, April 7, 2011.

[35] [美] 彭慕兰，史蒂文·托皮克. 贸易打造的世界——1400年至今的社会、文化与世界经济 [M]. 黄中宪，译，台北：大雁出版基地发行，2012.

第4章 国际主要货币在外汇市场活跃度简析和国际化排名

货币在外汇市场和资本市场的功能是其国际化的重要表现，也是衡量货币国际化程度的主要依据。在介绍了国际储备资产后，我们有必要了解当前主要国际货币的市场流动性和货币国际化程度度量的基本情况，从而为人民币国际化的现状分析和未来预判做好准备。

4.1 主要国际货币在国际外汇市场上的活跃度

本节将从国际外汇市场的流动性、主要货币对交易和各主要国家的外汇交易等几个方面探讨国际货币在国际市场上的地位。

4.1.1 国际外汇市场成交分布

外汇市场主要以柜台交易为主，因此难以获得准确的年度数据。全球外汇市场最具权威的数据是国际清算银行每3年公布的当年4月日均成交数据。

表4-1给出了1998—2019年国际外汇市场上主要货币的日均成交金额占比分布。由于每笔外汇交易涉及两种货币，因此所有货币交易占比总和为200%。据此，我们可以计算出美元、欧元、英镑和日元四大主要国际储备货币在外汇市场交易中的总份额。计算结果显示，1998年四大货币在全球外汇市场中的份额高达59.8%（表4-1中前四大货币占比之和除以2）；2001年和2004年该份额分别高达82.2%和81.4%；2007—2013年保持在77.6%左右的水平，2019年为75.1%。这些数据显示出四大货币在全球外汇市场中的垄断地位。

表4－1　国际外汇市场上主要货币的日均成交金额占比分布（1998年到2019年）

单位：%

货币＼年份	1998	2001	2004	2007	2010	2013	2016	2019
美元	86.8	89.9	88.0	85.6	84.9	87.0	87.6	88.3
欧元	—	37.9	37.4	37.0	39.0	33.4	31.4	32.3
日元	21.7	23.5	20.8	17.2	19.0	23.0	21.6	16.8
英镑	11.0	13.0	16.5	14.9	12.9	11.8	12.8	12.8
澳大利亚元	3.0	4.3	6.0	6.6	7.6	8.6	6.9	6.8
加拿大元	3.5	4.5	4.2	4.3	5.3	4.6	5.1	5.0
瑞士法郎	7.1	6.0	6.0	6.8	6.3	5.2	4.8	5.0
人民币	0.0	0.0	0.1	0.5	0.9	2.2	4.0	4.3
港元	1.0	2.2	1.8	2.7	2.4	1.4	1.7	3.5
新西兰元	0.2	0.6	1.1	1.9	1.6	2.0	2.1	2.1
瑞典克朗	0.3	2.5	2.2	2.7	2.2	1.8	2.2	2.0
韩元	0.2	0.8	1.1	1.2	1.5	1.2	1.7	2.0
新加坡元	1.1	1.1	0.9	1.2	1.4	1.4	1.8	1.8
挪威克朗	0.2	1.5	1.4	2.1	1.3	1.4	1.7	1.8
墨西哥比索	0.5	0.8	1.1	1.3	1.3	2.5	1.9	1.7
印度卢比	0.1	0.2	0.3	0.7	0.9	1.0	1.1	1.7
俄罗斯卢布	0.3	0.3	0.6	0.7	0.9	1.6	1.1	1.1
南非兰特	0.4	0.9	0.7	0.9	0.7	1.1	1.0	1.1
土耳其新里拉	—	0.0	0.1	0.2	0.7	1.3	1.4	1.1
巴西雷亚尔	0.2	0.5	0.3	0.4	0.7	1.1	1.0	1.1
新台币	0.1	0.3	0.4	0.4	0.5	0.5	0.6	0.9
丹麦克朗	0.3	1.2	0.9	0.8	0.6	0.8	0.8	0.6
波兰兹罗提	0.1	0.5	0.4	0.8	0.8	0.7	0.7	0.6
泰铢	0.1	0.2	0.2	0.2	0.2	0.3	0.4	0.5
印度尼西亚卢比	0.3	0.2	0.2	0.2	0.2	0.4	0.3	0.4
其他货币	—	7.1	7.3	8.7	6.3	3.6	4.2	2.2
人民币*	0.2	0.6	0.0	0.0	0.7	1.3	4.0	5.2

数据来源：国际清算银行2019年9月公布对2019年4月日均交易数据的更新数据和相应之前年份的数据；人民币*代表经合理修正后的人民币外汇占比，调整细节见3.1.10节。

从表4－1可以看出，2007年人民币在全球外汇市场的交易占比仅为0.5%，这与该年我国GDP全球占比6.2%极不相称；2010年人民币外汇交易占全球外汇市场比重为0.9%，世界排名第16位，与当年我国GDP全球占比9.2%和第2位的世界排名很不相称；2013年人民币外汇交易占全球外汇市场比重快速提高到了2.2%，世界排名第9位，与当年我国GDP全球占比12.7%也很不相称；2016年人民币外汇交易全球占比4.0%，比同年我国GDP全球占比15.2%相差10%以上。2019年人民币外汇交易全球占比增长到4.3%，但如果仔细分析国际清算银行数据，会发现其中人民币在个别地区的交易额有相当偏差，与伦敦等金融中心统计的数据有相当出入，经调整（调整细节将在第12章中详细阐述），人民币的实际占比应达到5.1%，即便如此，5.1%的外汇占比，与同年我国GDP全球占比仍然相差10个百分比以上。如果仅单纯考虑国际清算银行的数据，2010—2019年，人民币国际排名从第16位提升到第8位，而根据第12章中模型调整后的数据，人民币的实际占比5.2%已经高于瑞士法郎和加元，排名第6位。

4.1.2　国际外汇市场主要货币对

全球外汇市场主要货币对日均交易金额在一定程度上也给出了相应货币国际化水平的重要信息。表4－2给出了2001—2019年主要货币对之间的外汇交易额及其占比。从表4－2可以看出，美元对其他三大国际货币欧元、日元和英镑之间的外汇交易是国际外汇市场上最主要的货币对交易，2001年和2004年该三种货币对交易占比总和分别为60.6%和58.4%；2007—2016年该三种货币对占比持续下降，从51.6%下降到了46.8%，显示三大主要货币在全球外汇市场的比重首次下降到了不到一半的地位；值得关注的是，表4－2显示，2019年美元对人民币货币对成为美元第六大货币对，也是全球第六大货币对；特别值得高兴的是，人民币对欧元成为欧元第13个货币对，2019年该货币对日均成交金额达到了每日24亿美元的水平。

表 4-2　主要货币对日均交易额及占比（2001 年到 2019 年）

单位：亿美元、%

年份	2001		2004		2007		2010		2013		2016		2019	
货币对	金额	占比	金额	占比	金额	占比	金额	占比	金额	占比	金额	占比	金额	占比
美元/欧元	3720	30.0	5410	28.0	8920	26.8	10990	27.7	12920	24.1	11720	23.1	15836	24.0
美元/日元	2500	20.2	3280	17.0	4380	13.2	5670	14.3	9800	18.3	9010	17.8	8707	13.2
美元/英镑	1290	10.4	2590	13.4	3840	11.6	3600	9.1	4730	8.8	4700	9.3	6304	9.6
美元/澳元	510	4.1	1070	5.5	1850	5.6	2480	6.3	3640	6.8	2620	5.2	3579	5.4
美元/加元	540	4.3	770	4.0	1260	3.8	1820	4.6	2000	3.7	2180	4.3	2873	4.4
美元/人民币	—	—	—	—	—	—	310	0.8	1130	2.1	1920	3.8	2694	4.1
美元/瑞士法郎	590	4.8	830	4.3	1510	4.5	1660	4.2	1840	3.4	1800	3.6	2281	3.5
美元/墨西哥比索	—	—	—	—	—	—	—	—	1280	2.4	900	1.8	2194	3.3
美元/新加坡元	—	—	—	—	—	—	—	—	650	1.2	810	1.6	1253	1.9
美元/新西兰元	—	—	—	—	—	—	—	—	820	1.5	780	1.5	1101	1.7
美元/韩元	—	—	—	—	—	—	580	1.5	600	1.1	780	1.5	1097	1.7
美元/港元	—	—	—	—	—	—	850	2.1	690	1.3	770	1.5	1066	1.6
美元/瑞典克朗	—	—	—		570	1.7	450	1.1	550	1.0	660	1.3	1046	1.6
美元/土耳其里拉	—	—	—	—	—	—	—	—	630	1.2	640	1.3	862	1.3
美元/印度卢比	—	—	—	—	—	—	360	0.9	500	0.9	560	1.1	733	1.1
美元/俄罗斯卢布	—	—	—	—	—	—	—	—	790	1.5	530	1.1	660	1.0
美元/挪威克朗	—	—	—	—	—	—	—	—	490	0.9	480	0.9	628	1.0
美元/巴西雷亚尔	—	—	—	—	—	—	250	0.6	480	0.9	450	0.9	623	0.9
美元/南非兰特	—	—	—	—	—	—	240	0.6	510	1.0	400	0.8	623	0.9
美元/新台币	—	—	—	—	—	—	—	—	220	0.4	310	0.6	589	0.9
美元/波兰兹罗提	—	—	—	—	—	—	—	—	220	0.4	190	0.4	247	0.4
美元/其他币种	1990	16.0	3070	15.9	6120	18.4	4460	11.2	2140	4.0	2150	4.2	3197	4.9

续表

年份	2001		2004		2007		2010		2013		2016		2019	
货币对	金额	占比	金额	占比	金额	占比	金额	占比	金额	占比	金额	占比	金额	占比
欧元/英镑	270	2.1	470	2.4	690	2.1	1090	2.7	1020	1.9	1000	2.0	1307	2.0
欧元/日元	360	2.9	610	3.2	860	2.6	1110	2.8	1480	2.8	790	1.6	1135	1.7
欧元/瑞士法郎	130	1.1	300	1.6	620	1.9	710	1.8	710	1.3	440	0.9	727	1.1
欧元/瑞典克朗	—	—	—	—	240	0.7	350	0.9	280	0.5	360	0.7	362	0.5
欧元/挪威克朗		—	—	—	—	—	—	—	200	0.4	280	0.6	335	0.5
欧元/澳元	10	0.1	40	0.2	90	0.3	120	0.3	210	0.4	160	0.3	184	0.3
欧元/加元	10	0.1	20	0.1	70	0.2	140	0.3	150	0.3	140	0.3	151	0.2
欧元/波兰兹罗提		—	—	—	—	—	—	—	140	0.3	130	0.3	132	0.2
欧元/丹麦克朗		—	—	—	—	—	—	—	130	0.2	130	0.2	107	0.2
欧元/匈牙利福林		—	—	—	—	—	—	—	100	0.2	50	0.1	102	0.2
欧元/土耳其里拉		—	—	—	—	—	—	—	60	0.1	40	0.1	39	0.1
欧元/人民币		—	—	—	—	—	—	—	10	0.0	20	0.0	24	0.0
欧元/其他币种	200	1.6	380	1.9	830	2.5	1020	2.6	510	0.9	650	1.3	846	1.3
日元/澳元	—	—	—	—	—	—	240	0.6	460	0.9	310	0.6	350	0.5
日元/加元	—	—	—	—	—	—	—	—	60	0.1	70	0.1	72	0.1
日元/新西兰元	—	—	—	—	—	—	40	0.1	50	0.1	50	0.1	63	0.1
日元/土耳其里拉	—	—	—	—	—	—	—	—	10	0.0	30	0.1	57	0.1
日元/南非兰特	—	—	—	—	—	—	—	—	40	0.1	30	0.1	48	0.1
日元/巴西雷亚尔	—	—	—	—	—	—	—	—	30	0.1	10	0.0	16	0.0
日元/其他币	150	1.2	280	1.4	660	2.0	500	1.3	880	1.6	450	0.9	629	1.0
其他货币对	130	1.1	220	1.1	740	2.2	700	1.8	440	0.8	1160	2.3	1023	1.6
所有货币对	12390	100	19340	100	33240	100	39710	100	53570	100	50670	100	65904	100.0

数据来源：根据国际清算银行2019年9月公布的2019年4月数据的更新数据和之前的日均交易数据整理得出。

4.1.2.1 美元的垄断地位未降反升

表4-2显示，美元货币对占比总额虽然从2001年的89.9%下降到2007年的85.6%，2010年进一步下降到了84.9%；但是2013年美元货币对占比总额不仅超过了2010年的84.9%，而且超过了2007年的85.6%，2016年才进一步回升到了87.6%，2019年达到2001年以后的新高，即88.3%，超过了金融危机前2007年水平，表明美元的国际垄断地位重回金融危机前的水平。表4-2给出的美元货币对的交易额在很大程度上也反映出不同货币的国际地位：2013年美元对人民币货币对占比2.1%，排名从2013年的第8位提高到了2019年的第6位，占比提高到了4.1%。这些排名与表4-1给出的人民币总日均交易占比排名接近。

4.1.2.2 欧元和日元货币对

表4-2显示，2001—2007年，欧元对其他货币的日均交易总占比保持在37.5%左右的水平；2007—2010年欧元货币对占比虽然上升到了39.1%，但在2010—2019年却下降到32.3%，显著低于2001—2007年的平均占比37.5%，表明近年来欧债危机对欧元产生明显的负面影响；2016—2019年欧元与英镑货币对成交占比超过了欧元与日元占比，同时欧元与瑞士法郎成交占比也出现了显著的下降，而欧元与其他货币对的成交占比却略有提高。

表4-2显示，2001—2007年，日元与其他货币的货币对日均交易总占比从27.1%下降到17.3%，降幅接近10%；虽然2007—2010年日元货币对占比回升到23.1%，但在2013年又下降到19.8%，2016—2019年日元货币对成交占比没有多少变化，相对于2013年仍然处于中长期下降的趋势之中，反映日本二十多年经贸低迷的现实，也反映出日本大幅度刺激经济对日元外汇市场的作用有限。

4.1.2.3 主要货币对日均成交金额对货币国际化的启示

表4-2显示，美元兑欧元、日元、英镑、澳元和加元五大货币日均成交金额的大小排名与该六大货币在表4-1中的排名完全一致；2016年美元兑人民币日均成交金额达到1920亿美元，首次超过同年美元兑瑞法相应的日均成

交金额的1800亿美元，超过幅度为5.6%。2019年，前者超过后者的幅度进一步提高到了18.1%，与此同时前者与美元兑加元日均成交金额的差距也从12.8%下降到了6.2%。这些数据显示，2016年到2019年人民币相对于美元的国际化排名明显提升，超过瑞士法郎，排名上升到第7的地位，而且与排名第6位的加元的差距也显著缩小。这些数据也为第12章证明2019年人民币国际化合理地位提供了支持。

4.2　国际外汇市场交易的国家和地区分布

外汇交易在各个国家和地区间的分布在很大程度上也反映出全球外汇市场重要的信息。表4-3给出1998—2019年全球36个外汇交易最活跃的国家和地区及其外汇交易全球占比。

表4-3　全球外汇市场交易的国家和地区的分布（1998—2019年）

单位：%

国家/地区	1998年	2001年	2004年	2007年	2010年	2013年	2016年	2019年	2016年到2019年变化
英国	32.64	31.78	32.03	34.65	36.74	40.77	36.94	43.12	6.18
美国	18.26	15.99	19.12	17.41	17.92	18.89	19.53	16.52	-3.01
新加坡	6.90	6.08	5.12	5.65	5.27	5.73	7.94	7.64	-0.30
中国香港	3.81	4.01	4.06	4.23	4.71	4.11	6.70	7.62	0.92
欧元区	16.13	14.25	12.94	11.33	9.97	9.00	8.53	6.51	-2.02
日本	6.97	8.96	7.95	5.84	6.19	5.60	6.13	4.53	-1.60
瑞士	4.36	4.48	3.27	5.92	4.94	3.24	2.40	3.32	0.92
法国	3.68	2.91	2.55	2.96	3.01	2.84	2.77	2.01	-0.76
中国	0.01	0.00	0.02	0.22	0.39	0.66	1.12	1.64	0.52
德国	4.74	5.36	4.62	2.37	2.15	1.66	1.79	1.50	-0.29
澳大利亚	2.30	3.17	4.11	4.12	3.81	2.72	1.86	1.44	-0.42
加拿大	1.81	2.60	2.27	1.50	1.23	0.97	1.31	1.32	0.01
荷兰	2.04	1.79	2.00	0.58	0.36	1.68	1.31	0.77	-0.54
丹麦	1.34	1.40	1.61	2.06	2.39	1.76	1.55	0.76	-0.79
卢森堡	1.08	0.77	0.56	1.02	0.66	0.77	0.57	0.69	0.12
韩国	0.17	0.58	0.79	0.82	0.87	0.71	0.73	0.67	-0.06

续表

国家/地区	1998 年	2001 年	2004 年	2007 年	2010 年	2013 年	2016 年	2019 年	2016 年到 2019 年变化
俄罗斯	0. 33	0. 56	1. 14	1. 17	0. 83	0. 91	0. 69	0. 56	-0. 13
沙特阿拉伯	0. 11	0. 12	0. 08	0. 10	0. 15	0. 10	0. 12	0. 55	0. 43
西班牙	0. 95	0. 48	0. 53	0. 40	0. 58	0. 64	0. 50	0. 49	-0. 01
印度	0. 12	0. 20	0. 26	0. 90	0. 54	0. 47	0. 53	0. 48	-0. 05
瑞典	0. 77	1. 46	1. 22	1. 03	0. 89	0. 65	0. 64	0. 45	-0. 19
比利时	1. 30	0. 61	0. 80	1. 17	0. 64	0. 32	0. 35	0. 43	0. 08
挪威	0. 42	0. 76	0. 55	0. 75	0. 44	0. 32	0. 62	0. 36	-0. 26
中国台湾	0. 23	0. 28	0. 36	0. 36	0. 36	0. 39	0. 41	0. 36	-0. 05
南非	0. 43	0. 58	0. 38	0. 33	0. 28	0. 31	0. 32	0. 25	-0. 07
墨西哥	0. 41	0. 50	0. 59	0. 36	0. 34	0. 48	0. 31	0. 24	-0. 07
土耳其	0. 00	0. 06	0. 13	0. 10	0. 33	0. 41	0. 34	0. 23	-0. 11
巴西	0. 24	0. 32	0. 15	0. 13	0. 28	0. 26	0. 30	0. 23	-0. 07
意大利	1. 36	1. 03	0. 90	0. 88	0. 57	0. 35	0. 27	0. 21	-0. 06
奥地利	0. 56	0. 49	0. 56	0. 44	0. 39	0. 23	0. 29	0. 19	-0. 10
泰国	0. 15	0. 11	0. 12	0. 15	0. 15	0. 19	0. 16	0. 17	0. 01
马来西亚	0. 05	0. 08	0. 06	0. 08	0. 14	0. 17	0. 13	0. 12	-0. 01
新西兰	0. 33	0. 24	0. 27	0. 30	0. 17	0. 18	0. 15	0. 11	-0. 04
波兰	0. 13	0. 30	0. 25	0. 22	0. 16	0. 11	0. 14	0. 11	-0. 03
智利	0. 06	0. 14	0. 09	0. 09	0. 11	0. 18	0. 11	0. 10	-0. 01
以色列	0. 05	0. 09	0. 19	0. 20	0. 20	0. 12	0. 12	0. 09	-0. 03
印度尼西亚	0. 08	0. 23	0. 09	0. 07	0. 07	0. 07	0. 07	0. 08	0. 01
芬兰	0. 21	0. 10	0. 07	0. 19	0. 62	0. 22	0. 21	0. 08	-0. 13
哥伦比亚	0. 00	0. 02	0. 03	0. 04	0. 06	0. 05	0. 06	0. 05	-0. 01
其他国家和地区	1. 59	1. 35	1. 07	1. 21	1. 07	0. 77	0. 50	0. 50	0. 00
欧洲	56. 11	54. 99	53. 03	57. 12	56. 35	56. 76	51. 51	54. 41	2. 90
英国外欧洲	23. 47	23. 21	21. 00	22. 48	19. 61	15. 98	14. 57	11. 29	-3. 28
亚洲	18. 60	20. 65	18. 91	18. 42	18. 84	18. 20	24. 04	23. 86	-0. 18
北美洲	20. 50	19. 10	22. 00	19. 30	19. 50	20. 30	21. 20	18. 08	-3. 12
其他地区	4. 80	5. 40	5. 80	5. 00	4. 90	4. 30	2. 90	3. 65	0. 75
总计	100. 00	100. 00	100. 00	100. 00	100. 00	100. 00	100. 00	100. 00	0. 00

数据来源：国际清算银行 2019 年 9 月公布的更新后的 2019 年 4 月数据及之前年份的日均交易数据；欧元区数据为除马耳他外其他 18 个进入 2019 年 9 月国际清算银行公布的外汇交易占比数据之列的欧元区国家外汇交易总和。

4.2.1　英国持续独占鳌头

尽管英国多年来保持着世界第六大经济体的地位，近年来世界占比也不到4%，但英国多年来的国际金融中心地位，特别是国际外汇市场独占鳌头的地位却难以撼动。表4-3显示，1998—2004年，英国占全球外汇市场的份额一直稳定于32%左右的水平；2004—2007年，英国外汇交易占比上升到34.65%；2007—2013年，又分别上升到了36.74%和40.77%的高位，超过全球最大经济体美国外汇交易占比一倍多，虽然2016年略有下降，但是2019年又升至近二十年的高位，即43.12%，表明英国国际金融中心地位进一步巩固。

比较表4-3和表4-1的数据可以发现，虽然近年来英国外汇交易占比在整体上升，但是英镑在国际外汇市场交易中的占比却在下降，表明在英国交易的大量外汇实际上并不是英镑的外汇交易，而是与其他主要国际货币相关的"外币对"交易。英国独占鳌头的国际外汇市场地位及其对人民币国际化的兴趣和努力将对推动人民币国际化发挥一定的积极作用。

4.2.2　美国外汇交易地位稳中有升

美国独占鳌头并不使人吃惊，但表4-3给出的2019年英国外汇交易占全球外汇市场的比重达到了1998年最高水平的结果令人产生疑问。众所周知，不同地区外汇交易与在该地区的外资企业资产变化密不可分。国际清算银行数据显示，2016年第一季度末到2019年第一季度末，美国、新加坡、中国香港和日本东京四大国际金融中心跨境资产皆累计增长了10%以上，而同期英国的跨境资产金额累计仅增长了9.1%，为前五大国际金融中心增长最低的，显示近年来英国脱欧对在英境外资产略有反映；但是表4-3中2016年4月到2019年4月英国外汇日均成交金额累计增长率却高达48.6%，在前五大外汇交易中心中最高，比同期美国相应的累计增长约7.7%高出40.9%。另外，国际清算银行每三年全球外汇市场数据给出的结果应该与各个国家或地区央行公布的同期结果相近，然而，国际清算银行公布的2019年英国外汇日均金额却比英格兰银行公布的同期数据高出25.1%，较2010年、2013年和2016年两者平均差异8.8%高出近两倍。这说明国际清算银行公布的2019年英国外汇日均成交金额过大，导致其全球占比过高（2019年英国占比应该在40%以内）。由于英国这个全球最大的外汇交易市场数据过高，在英国交易的主要货币的外汇交易数据也存在相应的问题，导致主要货币国际排名出现问题。

作为全球最大的经济体，美国外汇交易额占全球的比重从1998—2013年几乎没有多大变化，保持在18%上下的水平；然而2016年美国外汇交易占比却提高了0.54%到19.43%，近20年来首次超过19%，但2019年又重新跌回16.52%。美国外汇交易占比没有显著变化的主要原因是美国金融机构大多在英国设有外汇的交易平台，因此，美国的外汇交易很多在英国实现。虽然2007年以来美国国内外汇交易全球占比没有多大变化，但是美元在美国国内外汇交易占比却显著提高。英国脱欧的实现使美元交易回流美国的趋势更加明显，预计未来美国在全球外汇市场的成交占比将有望显著提高。

4.2.3 欧元区外汇交易占比明显下降

表4-3显示，欧元区15国的总外汇交易占比十多年来出现明显的持续下降趋势，从1998年的16.99%持续下降到了2019年的6.51%；2016—2019年欧元区外汇交易占比下降了2.02%，降幅仅次于美国的3.01%。虽然欧元区作为货币经济体多年来保持在仅次于美国的水平，但是其外汇交易占比却持续下降，表明欧元虽然为全球第二大货币，但是欧元区外汇交易却有显著回升的潜力。

4.2.4 全球第三、亚太最大的外汇交易中心——新加坡

十多年来，国际金融市场特别是国际外汇市场，最重要的变化之一是2013年新加坡取代日本成为全球第三、亚太最大的外汇交易中心。新加坡十多年来世界经济占比在0.3%～0.4%，然而其在亚太地区金融，特别是在外汇市场的地位却名列前茅。表4-3显示，新加坡在截至2010年末的十多年

外汇市场中绝大多数时间排名世界第四、亚洲第二；2013 年新加坡首次超过日本，成为亚洲最大、全球第三大外汇交易中心，而且 2016—2019 年保持了同样的排名，显示出新加坡在亚太乃至全球外汇市场中的重要地位。新加坡多年来致力于境外人民币市场的发展，2013 年初获得中国人民银行批准成为境外继中国香港后的第二人民币离岸结算中心，而且 2013 年以来保持了香港外境外前两大人民币结算中心地位。新加坡在国际外汇市场的地位及其努力推动人民币国际化的诸多举措使新加坡今后在亚太，特别在东盟推动人民币国际化方面将发挥重要作用。

4.2.5　全球第四、亚太第二大外汇交易中心——中国香港

香港特区是我国内地三十多年来通向国际外汇市场的最主要的桥头堡，在内地改革开放过程中发挥了巨大的作用。作为境外最大的人民币交易中心，中国香港今后将在人民币国际化进程中继续发挥重要作用。由于香港人口和面积显著超过新加坡，多年来中国香港的 GDP 高于新加坡；然而进入 2010—2014 年，新加坡的经济增长显著高于中国香港，使这些年前者的 GDP 反而低于后者（2015 年中国香港 GDP 重新超过了新加坡）。表 4－3 显示，1998—2007 年，中国香港外汇交易占比一直低于新加坡，然而两者间的差距在缩小；2007—2010 年，在中国香港外汇交易占比提高了 0.5% 到 4.7% 的同时，新加坡外汇交易占比却下降了 0.3% 到 5.3%，两者间的差距缩小到了十多年来的最小范围；然而 2010—2013 年，中国香港外汇交易占比不增反降了 0.6% 到 4.11%，重新回到了接近 2004 年的水平，而新加坡外汇交易占比却增长了 0.46% 到 5.73%，2016—2019 年，香港外汇交易占比重回上升趋势，2019 年升至 7.62%，与新加坡的差距缩窄至 0.02%。

基于 2010 年 12 月国际清算银行公布的数据，笔者在本书第二版曾经预测，我国内地在港推动人民币跨境贸易结算和其他人民币业务给中国香港外汇业务带来少有的刺激和推动，根据 2007—2010 年中国香港和新加坡外汇交易占比变化趋势，判断 2013 年中国香港有望首次超过新加坡，甚至超过日本成为亚太最大的外汇交易中心。而表 4－3 的数据显示，笔者当时对中国香港

外汇市场发展过于乐观。表4－3也显示，虽然2010—2013年中国香港外汇交易占比不增反降，但是由于瑞士在国际金融危机中受到的冲击最大，其外汇交易占比从2007年的5.92%迅速下降到了2013年的3.24%，导致中国香港2013年的外汇市场排名反而从2010年的第7位提高到了2013年的第6位。然而，表4－3给出了可喜的数据：2013—2019年中国香港外汇交易占比提高3.51%，为同期全球增幅最大的地区，首次超过日本成为亚洲第二、全球第五大外汇交易中心。

4.2.6 日本外汇交易占比明显下降

表4－3显示，1998年以来的近20年日本外汇交易全球比重总体呈现下降的趋势，导致1998—2010年日本全球第三、亚洲第一的外汇交易中心位置于2013年被新加坡取代，2013年日本全球第四、亚洲第二的外汇交易中心位置又被中国香港取代，二十多年来持续低迷的日本经济在全球外汇市场有明显的显现。表4－3也显示，2016—2019年日本外汇交易占比下降1.6%，降幅仅次于美国与欧元区。

4.2.7 我国外汇交易占比及相关问题

表4－3显示，2007—2019年，我国外汇交易的世界占比从0.22%分别提高到了0.39%、0.66%、1.12%和1.64%，相应的国际排名从第27位分别提高到第22、第16、第13和第8位，显示近十年来我国外汇市场较快增长的态势。然而，比较表2－1和表4－1给出的我国经济、贸易和人民币外汇市场的占比和排名，表4－3给出的我国外汇市场在全球的排名不仅显著低于我国经贸的国际排名，而且也显著低于人民币在全球外汇市场的排名，表明境内外汇市场的发展仍显著滞后于人民币国际化的程度。

仔细观察表4－3的数据，我们发现2016—2019年，我国外汇市场交易排名不仅偏低，而且0.52%的增幅也排在英国、中国香港特区和瑞士之后。进一步观察表4－3给出的数据，2019年，我国外汇交易占比1.64%还不到同期新加坡和中国香港的四分之一。如此不够活跃的外汇市场不仅与我国经贸的地位很不相称，而且与当前人民币国际化的地位很不相称，已经成为人民币国际化的“瓶颈”之一。加速发展和活跃境内外汇市场也已成为推动人民币国际化的当务之急。

4.2.8　全球外汇交易在洲际间的分布

表4－3也给出了全球外汇交易在主要洲际间的分布。表4－3显示，近二十年来英国外的整个欧洲占全球外汇交易比重持续显著下降，2016—2019年下降了3.28%，超过美国的降幅3.01%，但是包括英国的欧洲外汇交易占全球比重仍然保持了在一半以上；2013—2016年亚洲外汇交易占比增幅最大为5.75%，2016年亚洲首次超过北美洲成为全球仅次于欧洲的第二大外汇交易洲，2016—2019年虽然占比又跌回至23.86%，但仍然站稳第二大外汇交易洲的位置，显示亚洲经济和贸易规模在全球外汇市场也有了初步的反应；南美洲、非洲和大洋洲等在全球外汇交易中的占比很低，而且还处于下降的趋势中。

4.3　主要国际货币在国际外汇衍生产品市场上的活跃度

虽然国际金融危机后衍生产品的名声不佳，但衍生产品仍是国际外汇市场的主力军。张光平（2016）认为，十多年来全球金融衍生产品市场的成交金额远超相应的债券、外汇和股票等传统金融市场的成交金额。上文介绍的国际外汇市场日均成交金额实际上不仅包括传统的外汇现货或即期交易，而且还包括外汇远期、外汇掉期、货币互换和外汇期权等外汇衍生产品交易，而且除外汇即期交易外的外汇衍生产品交易的比重早就超过了即期交易。实际上，早在十几年前，传统的外汇现货交易就已经不再是外汇市场的主要产品。换句话说，外汇交易中大多数为外汇衍生产品交易。本节的目的是介绍主要国际货币在全球外汇市场中不同产品类型的交易分布。表4－4给出了2007年4月到2019年4月全球24个主要币种外汇即期、外汇远期和外汇掉期三类产品的分布情况。

表4-4 主要国际货币在全球外汇市场中即期、远期和掉期日均成交金额占比分布（2007年到2019年） 单位：%

年份	2007			2013			2016			2019		
货币/产品类型	即期交易	远期交易	外汇掉期	即期交易	远期交易	外汇掉期	即期交易	远期交易	外汇掉期	即期交易	远期交易	外汇掉期
美元	29.7	10.9	59.4	36.4	12.6	43.6	31.2	13.5	48.7	29.0	15.2	49.9
欧元	36.9	12.1	51.1	42.2	10.0	42.9	32.7	11.2	50.7	28.9	12.0	53.6
日元	40.4	12.1	47.5	49.7	10.0	27.0	36.0	13.8	41.8	32.5	13.1	46.5
英镑	32.5	10.0	57.4	35.9	11.0	47.8	32.5	14.2	47.1	28.4	12.9	52.6
澳大利亚元	25.7	10.0	64.3	42.4	10.8	39.6	41.0	11.7	39.6	38.2	11.9	41.8
加拿大元	29.7	11.8	58.6	38.3	14.8	41.3	40.1	13.2	39.6	36.7	12.9	43.9
瑞士法郎	42.2	10.1	47.7	30.6	9.8	54.1	23.5	12.3	61.5	26.2	11.1	59.4
人民币	61.4	31.3	7.4	28.4	23.5	33.4	33.4	13.8	42.6	34.1	12.5	48.1
瑞典克朗	20.7	10.0	69.3	28.7	12.5	55.9	30.0	11.9	52.6	30.7	12.5	52.8
新西兰元	29.4	11.3	59.3	37.0	10.9	47.6	38.8	10.7	41.7	38.6	11.7	39.4
墨西哥比索	37.4	11.7	50.9	42.0	10.2	42.8	44.3	12.4	37.1	42.4	11.2	38.2
新加坡元	22.5	7.9	69.6	27.4	14.3	53.6	30.4	8.7	55.4	31.2	10.1	54.3
港元	18.4	7.0	74.6	26.9	9.6	61.3	25.3	6.9	65.5	24.4	11.3	59.7
挪威克朗	18.4	9.7	71.9	27.9	13.2	55.9	34.1	9.4	51.8	35.1	12.5	47.4
韩元	44.7	29.4	25.9	30.3	37.2	24.9	34.5	41.7	16.7	23.1	54.6	14.2
土耳其里拉	61.4	11.4	27.2	22.4	13.8	55.5	27.0	8.1	54.1	33.9	7.5	49.8
俄罗斯卢布	70.7	5.0	24.3	42.8	10.3	43.2	40.7	10.2	45.8	46.8	13.7	36.1
印度卢比	42.6	27.5	29.8	28.9	46.2	19.1	32.8	39.7	22.4	41.6	86.9	20.6
巴西雷亚尔	50.2	47.3	2.5	28.9	46.2	19.1	25.5	52.9	2.0	19.8	60.1	0.8
南非兰特	19.9	12.1	68.0	32.6	11.9	52.3	32.0	8.0	48.0	38.0	9.4	43.0
丹麦克朗	21.8	10.3	67.9	17.4	12.4	69.5	16.7	11.9	71.4	16.7	11.3	70.9
波兰兹罗提	20.0	10.9	69.1	28.8	14.8	52.7	34.3	11.4	51.4	29.8	12.6	53.4
新台币	47.1	40.6	12.3	23.2	45.0	25.9	29.0	41.9	25.8	21.2	57.9	17.0
匈牙利福林	34.1	15.7	50.2	33.0	15.6	45.9	26.7	13.3	53.3	32.5	11.8	46.8
其他货币	43.7	39.3	17.0	31.8	30.6	31.1	31.0	26.3	33.6	35.7	27.4	31.4
全部货币	30.2	10.9	51.6	38.3	12.7	41.7	32.6	13.8	46.9	30.2	15.2	48.6

数据来源：国际清算银行2019年9月更新的2019年4月数据和之前年份不同类型产品数据计算得出。

4.3.1　外汇现货/即期交易与外汇衍生产品交易比较

国际清算银行的数据显示，1992 年外汇市场即期交易占比首次低于 50%，1995 年外汇掉期日均成交金额首次超过即期交易金额，成为外汇市场的主要产品。2001—2007 年，外汇即期交易占比进一步下滑到略微高于 30% 的历史低位。然而，表 4 -4 显示，受国际金融危机的影响，2007—2013 年全球外汇交易市场的外汇互换占比持续下降的同时，现货交易占比持续回升，显示国际外汇市场回归传统的态势；然而 2013—2016 年，外汇掉期占比重回 46.9% 的同时，即期交易占比重落至 32.6%，接近 2004 年的占比。2019 年，外汇掉期占比进一步回升至 48.6%，即期交易占比继续下降至 30.2%，表 4 -4也显示，全球外汇市场中外汇衍生产品占比从 2007 年的 69.8% 持续下降到了 2013 年的 61.7%，但是 2019 年重回 69.8%，达到金融危机前的高峰，显示出衍生产品在全球外汇市场中的重要性。

4.3.2　不同货币外汇远期的占比比较

外汇远期是国际外汇市场最早且最简单的衍生产品。从表 4 -4 可以看出，尽管 2007—2013 年，外汇掉期成交金额占比持续下降，但外汇远期成交金额占比却持续上升到了 12.7%，2019 年进一步提高到了 15.2%，显示 21 年来（1998—2007 年从 8.4% 持续上升到了 10.9%）全球外汇市场远期占比持续提高的趋势。表 4 -4 显示，2007—2019 年，24 个主要货币中 15 个发达经济体的货币外汇远期平均占比与全球占比接近，而 9 个新兴市场货币的外汇远期占比高于全球占比的同时，新兴市场货币的外汇掉期占比却显著低于全球水平。

4.3.3　不同货币的外汇掉期占比

外汇掉期是国际外汇市场最主要的产品。表 4 -4 显示，2007—2013 年，全球外汇掉期日均交易占比从 51.6% 下降到了 41.7%，显示国际外汇市场国际金融危机后回归传统的趋势，然而 2016—2019 年，外汇掉期占比又回到了 46.9%、48.6%，显示危机后调整已经结束，外汇掉期成交金额占外汇市场近一半。表 4 -4 也显示，2019 年美元、欧元、英镑和瑞士法郎等主要国际外汇掉期交易占比高于国际占比，而日元、澳大利亚元和加拿大元外汇掉期交易占比却明显低于国际外汇掉期交易占比，表明不同主要国际货币的外汇掉期活跃度很不相同。新兴市场货币中除土耳其里拉、波兰兹罗提、南非兰特和俄罗斯卢布外汇掉期占比超过或接近国际水平 48.6% 外，其他主要新兴市场国际货币外汇掉期占比显著低于国际水平，说明这些国家的外汇掉期市场仍有很大的增长空间。

4.3.4 不同货币外汇期权市场占比的比较

除表 4 -4 给出的外汇远期和外汇掉期外，国际外汇市场上还有外汇期权和货币互换两类外汇衍生产品。外汇期权在外汇市场上发挥着重要的作用。国际清算银行公布的数据显示，1998 年 4 月到 2007 年 4 月全球外汇期权日均成交金额分别仅为 870 亿美元、600 亿美元、1190 亿美元和 2120 亿美元，分别占外汇交易日均总额的 5.7%、4.8%、6.2% 和 6.4%；2007 年 4 月到 2010 年 4 月和 2013 年 4 月全球外汇期权日均成交金额分别达到 2070 亿美元和 3370 亿美元，占外汇交易日均总额的比重也仅为 5.2% 和 6.3%，显示外汇期权占比仅相当于表 4 -4 给出的全球外汇远期占比的一半左右。

表 4 -5 给出了 2010 年 4 月和 2019 年 4 月主要国际货币互换和外汇期权交易的占比。从表 4 -5 可以看出，2010—2013 年，全球外汇期权日均成交金额占全球外汇市场日均成交金额比重从 5.2% 提高到了 6.3%，而 2013—2019 年占比重新回落至 4.5%，仅略超 2019 年全球外汇远期占比 15.2% 的 1/4，显示外汇期权相对于外汇掉期和外汇远期规模有限。表 4 -5 也显示，主要国际货币中除日元外汇期权交易占比明显高于全球比重外，美元、英镑、澳大利亚元和加拿大元的外汇期权占比与全球外汇期权占比相当；主要新兴市场国际货币中巴西雷亚尔外汇期权占比最高，高达 16.2%，人民币外汇期权占比 4.7% 与全球外汇期权 4.5% 的占比相若；土耳其里拉和印度卢比外汇期权占比略超过国际水平，而俄罗斯卢布外汇期权占比仅有 2.4%，略高于全球占比的 1/2。

4.3.5　不同货币的货币掉期占比和比较

除了上文介绍的外汇远期、掉期和期权这三类外汇衍生产品外，国际外汇市场上还有货币掉期这一种外汇衍生产品。货币掉期实际上是国际外汇市场中最不活跃的外汇衍生产品，1998 年 4 月到 2007 年 4 月全球货币掉期日均成交金额分别仅为 100 亿美元、70 亿美元、210 亿美元和 310 亿美元，分别占外汇交易日均总额的 0.7%、0.6%、1.1% 和 0.9%；2010 年 4 月到 2019 年 4 月全球货币掉期日均成交金额分别上升到了 430 亿美元、540 亿美元、820 亿美元和 1080 亿美元，占外汇交易日均总额的比重分别提高到了 1.1%、1.0%、1.6% 和 1.6%，显示货币掉期市场虽然规模很小，但是近年来增速却超过其他外汇衍生产品。表 4－5 也给出了 2010 年 4 月到 2019 年 4 月主要国际货币掉期占相应货币总日均成交额比重。

表 4－5　主要国际货币掉期和外汇期权日均成交额占总外汇交易比重（2010 年到 2019 年）

单位：%

年份	2010		2013		2016		2019	
货币/产品类型	货币互换	外汇期权和其他	货币互换	外汇期权和其他	货币互换	外汇期权和其他	货币互换	外汇期权和其他
美元	1.1	4.7	1.1	6.3	1.7	4.9	1.7	4.2
欧元	1.1	5.6	1.0	3.9	1.4	4.0	1.2	4.2
日元	0.9	7.2	0.9	12.5	1.7	6.7	2.1	5.7
英镑	0.5	3.9	0.7	4.6	1.6	4.6	2.3	3.8
澳大利亚元	1.9	5.1	1.3	5.9	2.0	5.6	2.7	5.5
加拿大元	1.4	2.9	0.9	4.8	1.6	5.4	2.2	4.3
瑞士法郎	0.7	5.3	0.5	4.9	0.7	2.0	0.6	2.8
人民币	0.2	14.6	0.4	14.3	1.3	8.8	0.6	4.7
瑞典克朗	0.8	3.4	0.9	2.0	0.8	4.7	2.0	2.1
新西兰元	1.0	4.8	1.4	3.0	1.0	7.8	3.2	7.0
墨西哥比索	0.7	4.6	0.6	4.5	0.0	6.2	1.1	6.9
新加坡元	0.1	4.8	0.8	3.9	2.2	3.3	1.4	3.2
港元	0.4	1.8	0.6	1.6	1.1	1.1	1.1	3.3

续表

年份	2010		2013		2016		2019	
货币/产品类型	货币互换	外汇期权和其他	货币互换	外汇期权和其他	货币互换	外汇期权和其他	货币互换	外汇期权和其他
挪威克朗	1.2	3.6	0.5	2.6	1.2	3.5	0.9	4.1
韩元	1.6	5.9	1.1	6.6	1.2	6.0	0.7	7.5
土耳其里拉	6.5	12.8	3.6	4.7	5.4	5.4	2.8	6.2
俄罗斯卢布	0.5	2.9	0.6	3.2	1.7	1.7	1.0	2.4
印度卢比	0.1	9.9	0.6	5.2	0.0	5.2	0.3	4.9
巴西雷亚尔	1.4	17.1	4.3	18.1	3.9	15.7	2.6	16.2
南非兰特	0.5	3.6	0.3	2.9	8.0	4.0	1.4	10.0
丹麦克朗	0.5	0.9	0.5	0.2	0.0	0.0	0.3	0.0
波兰兹罗提	0.6	6.5	0.9	2.8	0.0	2.9	0.3	3.1
新台币	0.5	6.7	1.0	4.9	0.0	3.2	0.1	8.8
匈牙利福林	0.3	7.2	1.2	4.3	0.0	6.7	0.3	4.1
其他货币	0.2	0.5	0.8	5.7	2.6	6.5	0.7	4.7
全部货币	1.1	5.2	1.0	6.3	1.6	5.0	1.6	4.5

数据来源：根据国际清算银行 2019 年 9 月更新的该年 4 月和之前年份的数据计算得出。

4.3.6 人民币外汇衍生产品占比的国际比较及问题

从表 4-4 也可以看出，2007 年人民币是这 24 个币种中最为传统的货币之一，因为 2007 年人民币即期交易占比高达 61.4%，仅次于同年俄罗斯卢布的即期占比 70.7%；同年人民币外汇远期交易占比 31.3%，仅次于同年巴西雷亚尔和新台币的相应占比；人民币外汇掉期占比仅 7.4%，为当年 24 种货币中巴西雷亚尔占比 2.5% 之外的倒数第 2 位，显示当年人民币外汇衍生产品市场仍很不活跃；但是，2010 年人民币即期交易占比却迅速下降到了 23.7%，不到 2007 年即期交易占比 61.4% 的一半，不仅显著低于同年国际市场即期交易占比的 37.4%，而且还低于除瑞典克朗、港元、波兰兹罗提、丹麦克朗和挪威克朗之外的其他 18 种货币，表明 2007—2010 年人民币外汇衍生产品市场有了一些发展，但是 3 年内从最“传统”的货币突然变为很不“传统”的货币的跳跃确实有些令人难以置信；虽然2013年人民币外汇即期交易占比回升到了28.4%，但是仍比同年国际即期交易占比38.3%低近10%，远期占比回落到了23.5%，虽比国际同年远期占比12.7%更为接近，但仍超过后者10.8%，人民币外汇掉期交易占比提高到了33.4%，离同年国际外汇掉期占比41.7%更为接近；2016—2019年人民币外汇即期、远期金额掉期占比相对于国际水平更趋合理。

以上是国际清算银行给出的数据，与第12章利用近年来我国外汇市场即期、远期和掉期数据及相关分析表明国际货币基金组织公布的2007—2019年人民币外汇市场数据有明显的问题，在本书第6章会进一步探讨。

4.3.7 全球交易所交易的外汇衍生产品

上文主要介绍全球外汇市场的主要内容，即银行间场外市场的各类主要外汇产品及流动性。实际上，除银行间市场外，全球外汇交易所交易的场内产品，及外汇期货和外汇期权也有一定的市场份额。

4.3.7.1 全球交易所交易的外汇期货和期权规模简介

根据国际清算银行公布的数据，1998—2013年的每三年，全球外汇期货和期权成交金额分别为3.1万亿美元、3.5万亿美元、8.0万亿美元、24.6万亿美元、38.7万亿美元和35.6万亿美元，日均成交金额分别为124亿美元、140亿美元、320亿美元、984亿美元、1548亿美元、1426亿美元，分别占表4-2给出的相应这些年份全球场外外汇市场日均成交金额的0.8%、1.1%、1.7%、3.0%、3.9%和2.7%；根据国际清算银行网站公布的数据，2016—2019年全球交易所交易的外汇期货和期权日均成交金额1150亿美元、2940亿美元，相当于表4-2给出的同月全球银行间外汇成交金额5.067万亿美元、6590万亿美元的2.3%、4.5%。这些数据显示，1998—2019年的二十一年间，全球交易所交易的外汇产品与银行间交易产品比例持续上升。

4.3.7.2 全球交易所交易的外汇期货和期权的发达国家货币分布

国际清算银行自2014年以来开始公布全球交易所交易的外汇期货和期权

成交金额的货币分布。该银行公布的2014年和2015年全球外汇期货和期权日均成交金额分别为1250亿美元和1220亿美元，其中相应的美元外汇期货和期权日均成交金额分别高达1180亿美元和1140亿美元，占比分别高达94.4%和93.4%，2019年4月美元相应的占比下降到了82.7%（占比与表4-1相同，是双边计算的，下同）；2019年4月，欧元、日元、英镑、澳大利亚元、加拿大元、瑞士法郎和韩元外汇期货和期权日均成交金额分别仅占30.6%、21.5%、10.1%、8.3%、4.8%、3.1%和3.3%，占比排名顺序与表4-1给出的银行间外汇市场成交占比排名相似，但是美元的垄断地位更高。

4.3.7.3 全球交易所交易的外汇期货和期权的新兴市场货币分布

除上文给出的近年来全球交易所交易的外汇期货和期权的主要发达国家货币分布外，巴西、印度、墨西哥和俄罗斯四个主要新兴经济体货币的外汇期货和期权虽然比上文主要发达国家流动性低，但是也有可观的流动性，2019年4月该四国货币交易所交易期货和期权日均成交金额分别高达110亿美元、60亿美元、80亿美元和20亿美元，占全球市场比重分别为3.9%、1.9%、2.7%和0.6%，其中前三者占比显著超过其银行间外汇交易占比（如表4-1所示），显示该三国交易所交易的外汇衍生产品发展程度可观，超过了境内外交易所交易的人民币外汇期货和期权市场流动性。

4.4 持续联系结算系统对美元国际地位的支撑作用

上文内容显示，全球外汇市场是一个24小时联动，每个工作日的平均成交额高达数万亿美元的大市场，而且美元在该市场中占据绝对领先地位。美元成为全球流动性最高货币纵然有很多原因，但是其持续联系结算系统却发挥着重要的作用，对人民币国际化有着很好的借鉴作用。本节将简单介绍全球持续联系结算系统及其功能。

4.4.1　外汇结算风险——赫斯塔特风险和持续联系结算机构的建立

早在1974年，联邦德国的赫斯塔特银行收到了从美国银行支付的西德马克，由于德国和美国的时差，在还未收到相应的美元时就将支付作为了收据，最终导致该银行破产。随着外汇市场成交量的大幅度提高，全球外汇市场结算风险也随之增大。为了降低外汇市场结算风险，美国外汇持续联系结算机构（Continuous Linked Settlement，CLS）于2002年在美国纽约注册成立。该机构受美联储监管，2012年被美国金融稳定监督委员会（Financial Stability Oversight Council）指定为具有系统重要性金融市场功能的机构，十多年来对全球外汇市场结算发挥了重要的作用（CLS Group，www. en. wikipedia. org）。

4.4.2　持续联系结算机构的会员和结算货币

2002年CLS设立时仅有39个会员，结算7种主要国际货币；到2015年11月，结算会员增长到了64个，结算货币增长到了18种，股东增长到了74家，有9000多家活跃的第三方市场参与者，为全球最大的外汇结算机构。目前，CLS结算的18种货币包括：澳大利亚元、加拿大元、丹麦克朗、欧元、港元、匈牙利福林、以色列谢克尔、日元、墨西哥比索、新西兰元、挪威克朗、新加坡元、南非兰特、韩元、瑞典克朗、瑞士法郎、英镑和美元。从表4-1可以看出，该18种货币除匈牙利福林和以色列谢克尔外16种货币都进入了2019年全球最活跃的20种货币中，CLS结算的18种货币占全球外汇市场成交金额比重高达93.2%。

4.4.3　人民币成为CLS货币的时间估算和影响

观察如上CLS 18种货币，我们发现人民币、印度卢比、俄罗斯卢布和巴西雷亚尔四个主要“金砖”国家的货币全不是CLS的结算货币。任何一种货币要获得加入CLS系统的资质，都需要获得美联储的书面批准。美国货币当局对人民币市场的政策取向，也可能在此过程中发生潜在的影响。人民币加入CLS系统还有一个过程。但是，随着中美两国人民币在美清算安排合作备忘录的签署和清算银行的指定，相信中美金融合作会迈出新步伐，人民币成为 CLS 货币的进程也会随之加速。人民币成为 CLS 货币对人民币对美元交易及人民币对其他主要货币交易都将有推动作用。尽管如此，2014 年 11 月 3 日人民币外汇交易开始使用的中央对手清算业务（CCP）仍需不断完善，更好地防范赫斯塔特风险（徐奇渊，2016），为人民币国际地位的逐步提高做好应有的准备。

4.5 主要国际货币在国际利率衍生产品市场上的地位

利率是影响整个金融市场以至整个经济最为重要的市场因素，利率风险也是金融市场上最为重要的市场风险，利率衍生产品也就成为金融市场上最为活跃的风险管理工具。另外，利率是汇率的基础，汇率的走势是由利率走势来决定的。因此，不同货币利率衍生产品的活跃程度在很大程度上反映了该货币的国际地位。由于债券市场，特别是发达国家政府债券市场仍将成为今后多年国际金融市场上更为重要的组成部分，国际利率衍生产品今后还会发挥重要的作用。

4.5.1 全球银行间利率衍生产品日均成交金额的货币分布

利率衍生产品是全球最大的衍生产品市场，主要包括远期利率协议、利率互换、利率期权等其他利率产品。介绍这些产品需要较多的篇章，有兴趣的读者可参考张光平（2015）。表 4 - 6 给出了 1998 年 4 月到 2019 年 4 月全球银行间利率衍生产品日均成交金额的货币分布。表 4 - 6 显示，2001—2013 年，欧元利率衍生产品日均成交金额显著超过美元，为全球银行间利率衍生产品的最主要货币；然而 2013—2019 年，欧元银行间利率衍生产品日均成交金额虽然上升了 40%，但全球占比从 49.03% 下降到了 24.42%，同时美元银行间利率衍生产品日均成交金额却飞涨了 511.7%，占比从 27.65% 增长到了 50.30%，取代欧元成为全球银行间利率衍生产品的主要货币。不仅如此，2019 年美元在全球银行间利率衍生产品日均成交金额占比超过 50%，显著超过表4－1给出的同年美元在全球外汇市场的成交金额占比44.2%，显示近年来美元的国际地位进一步显著提高。

表4－6　不同货币银行间利率衍生产品4月日均交易量占比分布（1998年到2019年）　单位：%、万亿美元

货币＼年份	1998	2001	2004	2007	2010	2013	2016	2019	2019年排名
美元	26.68	31.02	33.88	31.59	31.83	27.65	50.88	50.30	1
欧元	—	47.38	44.96	38.91	40.60	49.03	24.03	24.42	2
英镑	6.26	7.52	8.77	10.20	10.39	8.08	8.89	8.27	3
澳大利亚元	1.14	1.71	1.16	1.11	1.78	3.29	4.05	6.17	4
日元	10.29	5.58	4.50	8.11	6.04	2.99	3.11	3.28	5
加拿大元	2.71	1.17	0.74	0.92	2.35	1.29	1.46	1.39	6
瑞典克朗	0.66	1.06	1.28	1.95	0.98	1.56	0.71	0.94	7
新西兰元	0.11	0.09	0.19	0.39	0.18	0.21	0.97	0.86	8
人民币	0.00	0.00	0.00	0.01	0.09	0.61	0.37	0.51	9
挪威克朗	0.66	0.62	0.81	0.47	0.73	0.40	0.56	0.47	10
韩元	0.00	0.01	0.03	0.28	0.80	0.52	0.49	0.41	11
瑞士法郎	3.51	1.32	0.96	1.10	0.99	0.62	0.52	0.40	12
南非兰特	0.19	0.08	0.15	0.19	0.26	0.68	0.60	0.39	13
墨西哥比索	0.06	0.05	0.17	0.32	0.22	0.42	0.97	0.36	14
港元	0.20	0.30	0.42	0.55	0.15	0.09	0.19	0.27	15
印度卢比	0.00	0.01	0.04	0.21	0.11	0.28	0.22	0.25	16
新加坡元	0.00	0.07	0.26	0.22	0.21	0.16	0.45	0.23	17
波兰兹罗提	0.00	0.05	0.06	0.11	0.07	0.32	0.22	0.13	18
巴西雷亚尔	0.00	0.04	0.08	0.10	0.14	0.71	0.26	0.12	19
匈牙利福林	0.00	0.00	0.01	0.07	0.01	0.11	0.30	0.12	20
马来西亚林吉特	0.00	0.00	0.00	0.02	0.01	0.08	0.11	0.03	21
智利	0.00	0.00	0.00	0.00	0.01	0.05	0.15	0.02	22
人民币*	0.00	0.00	0.00	0.01	0.03	0.10	0.07	0.20	23
全球成交金额	0.265	0.489	1.025	1.686	2.054	2.311	2.667	6.501	

数据来源：根据2019年9月国际清算银行公布的银行间利率衍生产品日均成交金额计算得出；人民币*占比是根据境内银行间数据修正计算所得。

表4-6显示，2013年4月到2019年4月，除美元银行间利率衍生产品大幅度提高外，澳大利亚元和加拿大元银行间利率衍生产品日均成交金额也年化增长了30%以上；英镑和日元银行间利率衍生产品日均成交金额也皆年化增长了20%左右；巴西雷亚尔银行间利率衍生产品日均成交金额年化下降了11.2%，显示近年来巴西经济下降在金融市场有明显的反应；丹麦克朗银行间利率衍生产品日均成交金额年化下降了6.2%，降幅仅次于巴西同期的降幅。

4.5.2 全球交易所交易的利率期货和期权日均成交金额的货币分布

表4-6给出的只是全球银行间利率衍生产品的货币分布。实际上，与全球外汇市场以银行间市场为主不同的是，全球银行间利率衍生产品市场流动性却比交易所交易的利率衍生产品低很多。因此，如果不考虑交易所交易的利率衍生产品的货币分布，我们对全球利率衍生产品的货币分布就很不全面。表4-7给出了2014—2019年全球交易所交易的利率衍生产品日均成交金额的货币分布。

表4-7 全球交易所交易的利率期货和期权日均成交金额的货币分布和货币排名（2014年到2019年）

单位：%、位

货币 \ 年份	2014	2015	2016	2017	2018	2019	2019年排名
美元	59.87	69.28	71.83	72.60	72.16	73.86	1
欧元	22.99	12.91	13.19	16.68	14.35	13.25	2
英镑	10.92	9.52	7.78	6.03	8.79	7.52	3
澳大利亚元	2.17	3.65	3.16	1.70	1.69	2.61	4
加拿大元	1.41	1.66	1.72	1.02	1.07	1.04	5
巴西雷亚尔	0.90	1.22	0.79	0.84	0.61	0.57	6
日元	0.65	0.71	0.67	0.38	0.54	0.48	7
瑞士法郎	0.65	0.53	0.30	0.39	0.41	0.26	8
韩元	0.16	0.31	0.26	0.14	0.15	0.17	9
人民币	0.00	0.04	0.10	0.11	0.11	0.09	10

续表

货币＼年份	2014	2015	2016	2017	2018	2019	2019 年排名
新西兰元	0. 05	0. 11	0. 08	0. 04	0. 07	0. 08	11
瑞典克朗	0. 18	0. 07	0. 08	0. 05	0. 05	0. 06	12
南非兰特	0. 00	0. 00	0. 02	0. 01	0. 01	0. 01	13
挪威克朗	0. 02	0. 00	0. 02	0. 00	0. 00	0. 00	14
人民币*	0. 0035	0. 0513	0. 0972	0. 1094	0. 1001	0. 0917	10

数据来源：国际清算银行网站 www. bis. org；为使银行间和交易所交易的数据更具可比性，以各年度4月日均成交金额为代表，占比根据相应的日均数据计算得出；人民币*参考国内国债期货成交量。受四舍五入影响，可能会出现国内人民币利率衍生品占比大于全球人民币利率衍生品占比情况。

表4－7的数据显示，2019年美元在全球交易所交易的利率衍生产品占比73. 86%，比银行间占比50. 30%高出23. 56%，显示美元在全球交易所交易利率衍生产品市场的地位更高；欧元前者却比后者低11. 17%，表明欧元交易所利率衍生产品相对于银行间不够活跃；英镑、澳大利亚元和加拿大元两者相差不大；而日元交易所利率衍生产品占比仅为0. 48%，比相应银行间占比的3. 28%低2. 80%，排名低于巴西雷亚尔，显示日本交易所交易的利率衍生产品相对于其银行间市场很不活跃。特别值得关注的是，表4－7显示，2019年4月，巴西雷亚尔交易所交易的利率衍生产品日均成交金额全球占比高达0. 57%，仅次于加拿大元相应占比1. 04%，比日元相应占比0. 48%还高出0. 09%，全球排名全球第6位，显示巴西交易所交易的利率衍生产品市场的发达程度不仅高于所有其他发展中国家，而且还高于很多发达国家，值得我国学习和借鉴。

4. 5. 3 全球场内外利率衍生产品日均成交金额的货币分布

上文分别介绍了场外（银行间）和场内（交易所）交易的利率衍生产品日均成交金额的货币分布。利用表4－6和表4－7的结果，我们可以计算出2016年4月全球场内外利率衍生产品日均成交金额的货币分布，结果如表4－8所示。

表 4－8 全球场内外利率衍生产品日均成交金额 6.501 万亿美元的货币分布和货币排名（2016 年 4 月和 2019 年 4 月） 单位：%、位

货币	2016 年占比	2016 年排名	2019 年占比	2019 年排名	货币	2016 年占比	2016 年排名	2019 年占比	2019 年排名
美元	64.52	1	63.13	1	墨西哥比索	0.34	11	0.16	15
欧元	16.91	2	18.33	2	港元	0.06	19	0.13	16
英镑	8.15	3	7.86	3	印度卢比	0.08	18	0.12	17
澳大利亚元	3.46	4	4.23	4	新加坡元	0.15	16	0.11	18
日元	1.51	6	1.75	5	捷克克朗	0.01	26	0.08	19
加拿大元	1.63	5	1.20	6	波兰兹罗提	0.06	20	0.06	20
瑞典克朗	0.30	12	0.46	7	匈牙利福林	0.10	17	0.06	21
新西兰元	0.39	8	0.43	8	泰铢	0.03	23	0.04	22
巴西雷亚尔	0.61	7	0.36	9	新台币	0.03	24	0.03	23
瑞士法郎	0.37	9	0.32	10	丹麦克朗	0.03	25	0.02	24
韩元	0.34	10	0.28	11	马来西亚林吉特	0.04	22	0.01	25
人民币	0.19	15	0.28	12	以色列谢克尔	0.01	27	0.01	26
挪威克朗	0.21	14	0.22	13	智利比索	0.05	21	0.01	27
南非兰特	0.22	13	0.18	14	人民币*	0.06	21	0.13	16

数据来源：根据表 4－6 和表 4－7 的数据计算得出。

表 4－8 显示，2019 年美元场内外利率衍生产品日均成交金额全球占比高达 63.13%，比表 4－1 给出的美元在 2019 年 4 月全球外汇市场的占比 88.3% 低 25.17%，显示美元在全球外汇衍生产品市场的地位比在全球利率市场的地位要高出很多；欧元和英镑在全球场内外利率衍生产品日均成交金额占比 18.33% 和 7.86% 比表 4－1 给出的该两种货币在 2019 年 4 月全球外汇市场的占比 32.3% 和 12.8% 分别低 13.97% 和 4.94%；而日元场内外利率衍生产品日均成交金额世界占比仅 1.75%，比表 4－1 给出的日元在 2019 年 4 月全球外汇市场的占比 16.8% 低 15.05%，表明全球主要货币在利率市场中相比外汇市场中的垄断地位更低。

4.5.4 人民币利率衍生产品成交金额占比比较及问题

表 4－6 显示 2010 年 4 月到 2013 年 4 月，银行间人民币利率衍生产品日

均成交金额占比从0.09%上升到了0.61%，排名也从第18位上升到了第10位，而2016年人民币占比却下降到了0.37%，排名也回落到了第15位，2019年，人民币占比上升至0.51%，排名上升至第9位。这些数据显示了过去十多年银行间人民币利率衍生产品交易方面的快速进步。

2007年第一季度以来，人民银行季度货币政策执行报告数据给出了每个季度境内人民币利率互换的成交金额，利用这些数据，我们可以根据人民币对美元汇率计算出2007年4月到2019年4月境内银行间以利率衍生产品为主的日均成交金额分别为1.17亿美元、5.95亿美元、22.5亿美元、55亿美元和134亿美元；伦敦金融城2015年上半年公布的2011—2014年伦敦人民币可交易利率互换日均成交金额仅有几百万美元，因此，整个境外银行间人民币利率互换日均成交金额相对于境内市场可以忽略不计。因此，用如上境内银行间人民币利率互换日均成交金额数据，我们计算出了2010—2019年境内外人民币利率互换日均成交金额的全球占比，结果如表4－6所示。表4－6显示，2010—2019年国际清算银行给出的人民币银行间利率衍生产品日均成交金额占比0.09%、0.61%、0.37%和0.51%，分别比人民币相应的占比0.03%、0.10%、0.21%和0.20%高出0.06%、0.51%、0.16%和0.31%，显示国际清算银行的数据，特别是2013年人民币数据有非常大的问题，而后文还会列举出该机构数据的其他严重问题，从而使我们对境内外人民币市场的定位和国际排名有清醒的认识和判断。表4－7和表4－8给出的境内外交易所交易的人民币利率衍生产品和场内外人民币衍生产品的数据和排名也有一定程度的差异，这里不再多述。

表4－8显示，2019年人民币在全球场内外利率衍生产品市场日均成交金额排名第12位，考虑国内数据的排名第16位，虽然相较2016年分别进步了三名和五名，但是离表4－1给出的同年人民币在全球外汇市场第6位的排名仍有巨大的差距。

4.5.5 全球场内外利率衍生产品与外汇衍生产品日均成交金额比较

表4－7显示，2019年4月，全球银行间外汇衍生产品日均成交金额比全球银行间利率衍生产品日均成交金额高出28.8%；由于全球交易所交易的利

率衍生产品日均成交金额比银行间利率衍生产品要活跃很多，2019 年 4 月全球交易所交易的利率衍生产品日均成交金额比全球银行间外汇衍生产品日均成交金额高出 56%；全球场内外利率衍生产品日均成交金额比全球外汇衍生产品日均成交金额高 1.47 倍，表 4－8 显示，全球利率衍生产品市场比相应的外汇衍生产品要大很多。如果以全球利率衍生产品和外汇衍生产品日均成交金额来计算，美元的全球排名比表 4－1 给出的美元在全球外汇市场的排名还要高出很多。

4.6 货币国际化程度度量参数探讨

上文分别通过从货币在国际储备货币的权重、国际外汇市场交易占比、全球场内外利率衍生产品市场的地位等角度来判断不同货币的国际化程度。实际上，还有很多其他指标能够反映一国货币的国际化程度，例如货币在境外流通范围的地位、在国际贸易流通体系中的地位、在国际信贷市场上的地位、在直接投资体系中的地位、在国际援助领域的地位等，鉴于篇章限制，这里不详细列举和说明。从以上诸多方面可以看出，货币国际化程度的度量实际上是一个比较复杂的问题。

早在十多年前，《非国际货币、货币国际化与资本项目可兑换》（李瑶，《金融研究》2003 年第 8 期）一文中，李瑶提出了度量货币国际化程度的一个模型，并得出 2000 年人民币国际化程度为美元国际化程度的 1.85% 的结论。近年来，随着人民币国际化的持续提升，境内外金融和研究机构分别编制和发行了多个人民币国际化相关指数。这些指数从不同方面对人民币国际化的提高有不同的反映，但绝大多数难以作为人民币国际化程度的总体反映。本章附录对这些主要指数的发布时间、发布机构、参数范围和研究意义等进行了介绍和比较，这里不再重复。

在《人民币国际化的时机、途径及其策略》一文中，李瑶利用类似的模型得出 2002 年人民币国际化程度为美元国际化程度的 2.0% 的结论。一国货币在不同市场或不同领域的使用在很大程度上反映了该货币的国际化程度，但是每个领域皆有不同的量度，而且不同领域权重的确定并不容易。因此，使用该种模型来计算货币国际化程度比较复杂，而且所需的各种数据不容易获得。如果能够用一个简单的参数来衡量不同货币的国际化程度，并且只需使用国际机构定期公布的简单数据，那将使我们在能够容易地大致判断货币国际化程度的同时，也能比较容易地大致判断它的变化情况。下面介绍一个简单的办法。

尽管货币的国际需求包括贸易结算需求、交易需求和风险管理需求等多方面，但这些需求的实现在很大程度上皆通过外汇交易来实现。所以，一种货币在国际外汇市场交易的活跃程度在很大程度上反映了它的国际化程度。但是，因为不同货币发行母体的经济规模大小有所不同，以货币在国际外汇市场交易活跃度来衡量货币国际化程度时也应考虑货币母体经济的规模。具体而言，一种货币外汇交易额在全球外汇交易总额中的份额与该货币母体GDP在全球GDP总值中的份额的比值，可以作为衡量一种货币国际化程度的既简单又方便的参数。例如，表4－1显示，2007年美元在国际外汇市场的比重为42.8%（表4－1总权重为200%，其中美元权重为85.6%；但单边计算交易量，总权重应当为100%，将85.6%除以2得到42.8%），同时2007年美国GDP在全球GDP总值中的占比为25.02%，所以美元的国际化程度参数值为42.8%除以25.02%，等于171.1%；同样方式，可以计算出人民币2007年国际化程度参数值为3.7%（0.23%除以2007年我国GDP世界比重6.17%），相当于美元的2.2%。使用如上简单办法进行计算，2007年人民币国际化程度为美元国际化程度的2.2%，比上文李瑶估算出的2000年和2002年人民币国际化程度略有上升。

4.7　外汇日均实际成交金额与名义成交金额的差异及对货币国际化度量的影响

4.7.1　外汇衍生产品实际交易金额

由于所有货币的国际应用都反映在全球外汇交易中，因此，任何货币在全球外汇市场交易的占比应该是其国际化的最好度量。尽管如此，外汇交易有各种度量方法，表4-1给出的全球外汇交易日均成交金额实际上包括传统的现货和外汇远期、掉期、货币掉期和期权等外汇衍生产品，而且这些外汇衍生产品成交金额自1998年以来已经占全球外汇日均成交金额三分之二以上，成为全球外汇交易的主要内容。实际上，表4-1到表4-6中，外汇衍生产品日均成交金额并非交易双方真正换手的实际金额，而是所交易的外汇衍生产品的名义金额。本章第2节和第3节介绍的境内外各类外汇衍生产品显示，外汇远期、掉期、货币掉期和外汇期权交易都不是以名义金额直接交易的，其中外汇远期、外汇掉期和货币掉期是基于名义金额买方以卖方认可的方式"支付"保证金，在合约约定的支付时间点以约定的汇率与到期汇率差进行结算，通常支付的金额低于保证金，而且保证金在五个百分点左右；而外汇期权交易则是期权买方向卖方支付期权费，期权费通常也低于名义金额的五个百分点。因此，外汇日均成交金额中大部分衍生产品实际交易金额远低于名义金额。换句话说，表4-1中全球外汇交易日均成交金额大幅度地超过了实际交易金额，以此为基准度量货币国际化不够准确，需要进行必要的合理调整。

4.7.2 合理的外汇日均成交金额估算

随着科技的快速发展，统计全球外汇日均成交金额从技术层面来说的可行性越来越大。但是，很多金融机构和企业由于自身交易策略和风控策略等原因，特别是大多外汇衍生产品有避险功能的同时，也有投机功能，很多市场参与者由于交易头寸不公开，全球外汇交易统计变得困难。特别是外汇远期、掉期和期权每个合约锁定的价格不同，相应的交易金额占名义金额的比重也各不相同，使全球外汇衍生产品交易统计变得相当复杂，表4-1给出的以外汇衍生产品名义金额统计的外汇交易数据实际上是一种方便的权宜结果，但却大大夸大了实际交易金额。与表4-1相应的全球外汇实际日均成交金额实际上难以找到。尽管如此，我们还是可以用简单的方法，即以每个外汇远期或掉期5个百分点为上限的保证金和每个外汇期权5个百分点期权费为上限，利用表4－4和表4－5外汇衍生产品名义金额估算出全球外汇衍生产品实际交易金额上限，加上表4－4相应的外汇现货日均成交金额，就可估算出不同货币外汇日均实际成交金额，表4－9给出了2007年到2019年相应的结果。

表4－9 全球前八大外汇市场国际货币的实际日均成交金额及占比分布

（2007—2019年，假设外汇衍生产品实际成交金额为名义金额的5%）

单位：亿美元、%

货币＼年份	2007	2010	2013	2016	2019	年均变化
美元	8929.90	12960.90	18392.90	15401.00	18940.20	6.47
欧元	4606.00	7331.70	8058.50	5736.80	6911.90	3.44
日元	2243.30	3227.00	6432.90	4305.30	3976.40	4.89
英镑	1671.30	2277.10	2469.60	2337.30	2699.60	4.08
澳大利亚元	611.30	1205.30	2092.60	1542.20	1838.40	9.61
加拿大元	437.00	843.70	939.20	1124.40	1323.00	9.67
瑞士法郎	949.70	996.50	1010.20	666.60	977.50	0.24
人民币	92.80	94.30	382.30	742.90	1063.00	22.53
其他	2875.70	3328.80	4443.40	4655.00	6626.70	7.20
全球	11208.50	16132.60	22110.80	18255.80	22178.40	5.85
美元	79.67	80.34	83.19	84.36	85.40	0.48
欧元	41.09	45.45	36.45	31.42	31.17	－0.83
日元	20.01	20.00	29.09	23.58	17.93	－0.17
英镑	14.91	14.11	11.17	12.80	12.17	－0.23
澳大利亚元	5.45	7.47	9.46	8.45	8.29	0.24
加拿大元	3.90	5.23	4.25	6.16	5.97	0.17
瑞士法郎	8.47	6.18	4.57	3.65	4.41	－0.34
人民币	0.83	0.58	1.73	4.07	4.79	0.33
其他	25.66	20.63	20.10	25.50	29.88	0.35
全球	100.00	100.00	100.00	100.00	100.00	0.00

数据来源：根据表4－4和表4－5的数据计算得出。

4.7.3 外汇日均实际成交金额与名义金额金额比较及后者的局限性

表4－9显示，2007年到2019年，全球外汇实际日均成交金额分别为1.12万亿美元、1.61万亿美元、2.21万亿美元、1.83万亿美元和2.22万亿美元，分别仅相当于表4－1给出的全球名义外汇日均成交金额3.32万亿美元、3.97万亿美元、5.36万亿美元、5.07万亿美元和6.60万亿美元的33.73%、40.55%、41.28%、36.03%和33.63%，表明全球外汇市场实际日均成交金额远低于名义金额，利用外汇实际日均成交金额与股市和债市交易金额进行比较更为合理。另外，表4－9给出的全球前八大国际货币外汇日均实际成交金额占与表4－1给出的外汇日均名义成交金额占相差不大，但表4－1给出的名义金额占比高估了美元的全球占比，2007年至2013年低估了欧元占比，2019年又高估了欧元占比，2007年至2016年低估了日元占比，而2019年又高估了日元占比，2010年和2016年英镑占比被低估，而2013年和2019年英镑占比被高估；尽管各个货币占比相差不大，但对于不同货币的国际排名却有着重要的意义，比如表4－9给出的2016年和2019年人民币外汇实际交易占比4.07%和4.79%，分别高于同期瑞士法郎占比3.65%和4.41%，人民币应该排名全球第七，而表4－1给出的以全球名义外汇成交金额的结果，人民币占比皆低于瑞士法郎，排名第八。

由于表4－1给出的全球外汇日均名义金额实际上显著夸大了外汇真实交易的规模，因此表4－9给出的全球外汇日均实际成交金额比表4－1给出的名义成交金额更为合理；夸大的名义成交金额实际上不能反映货币国际化的实际程度，第13章会找出这些夸大的名义金额产生的很不合理的问题所在。尽管如此，由于外汇名义成交金额多年来在全球市场被广泛应用以作为货币国际化的基础度量依据，本书下文在继续沿用表4－1给出的名义金额作为货币国际化的基础度量的同时，也用表4－9给出的实际日均成交金额作为货币国际化的合理度量以便找出货币国际化与科技国际化之间更为合理的关系。

4.8　2007 年主要货币国际化程度度量和比较

本章上文介绍了主要国际货币在国际外汇市场的占比很大程度上反映了该货币的国际化程度，却没有考虑货币母体经济的规模。在货币母体经济在世界经济占比的基础上，考虑不同货币在国际外汇市场的占比会更好地反映该货币的国际化程度。虽然 2007 年人民币跨境结算试点还未启动，而 2007 年是国际金融危机爆发前的一年，而且该年正好也有国际清算银行三年统计数据，介绍 2007 年主要货币国际化程度有一定的比较意义。表 4－10 给出了 2007 年世界主要货币外汇全球交易占比和相应的国家或地区 GDP 全球占比情况。我们选择 2007 年开始计算货币国际化程度的主要原因是 2007 年为国际金融危机前的最后一年，而且当年也正好有国际清算银行每三年的外汇市场数据。

表 4－10 中货币外汇交易占比与相应的 GDP 占比差额很好地反映出货币的国际化程度，但是由于该差额有正有负，往往不便比较，而货币外汇交易的全球占比与相应经济世界占比的比例总为正数，比较起来更为方便，所以能更好地反映出货币的国际化程度。

表 4－10　2007 年主要国家和地区的货币国际化度量和比较　单位：%

货币	2007 年外汇交易占比	2007 年 GDP 占比	外汇交易占比与 GDP 占比差额	外汇交易占比/GDP 占比
美元	42.80	25.66	17.14	166.82
欧元	18.52	21.93	－3.41	84.44
日元	8.62	7.72	0.91	111.74
英镑	7.43	5.06	2.37	146.79
澳大利亚元	3.31	1.68	1.63	196.79
瑞士法郎	3.41	0.80	2.61	427.39
加拿大元	2.14	2.58	－0.44	83.04
前七种货币总计	86.24	65.43	20.81	131.80
新西兰元	0.95	0.24	0.71	402.53

续表

货币	2007 年外汇交易占比	2007 年 GDP 占比	外汇交易占比与 GDP 占比差额	外汇交易占比/GDP 占比
瑞典克朗	1.35	0.82	0.53	164.76
港元	1.35	0.37	0.98	360.74
挪威克朗	1.05	0.70	0.35	150.89
新加坡元	0.58	0.32	0.27	184.79
前五种货币总计	5.29	2.44	2.84	216.39
墨西哥比索	0.66	1.85	-1.19	35.47
土耳其新里拉	0.09	1.15	-1.06	7.80
韩元	0.58	1.86	-1.28	31.09
丹麦克朗	0.42	0.55	-0.13	76.29
波兰兹罗提	0.38	0.75	-0.37	50.61
新台币	0.18	0.70	-0.51	26.09
匈牙利福林	0.03	0.24	-0.21	11.77
马来西亚林吉特	0.11	0.34	-0.24	31.21
捷克克朗	0.08	0.32	-0.24	24.14
泰铢	0.10	0.44	-0.34	22.34
智利比索	0.06	0.37	-0.31	15.01
以色列谢克尔	0.03	0.31	-0.28	8.40
印度尼西亚卢比	0.05	0.77	-0.71	6.89
前十三种货币总计	2.75	9.64	-6.89	28.54
九种货币总量*	1.54	6.22	-4.68	24.82
南非兰特	0.46	0.51	-0.05	89.98
俄罗斯卢布	0.37	2.30	-1.93	16.27
印度卢比	0.36	2.19	-1.84	16.19
巴西雷亚尔	0.20	2.42	-2.22	8.14
人民币	0.23	6.19	-5.97	3.65
金砖五币总量	1.61	13.62	-12.01	11.81
人民币以外金砖四国总量	1.38	7.43	-6.04	18.62

数据来源：外汇交易占比数据来自表 4-1，GDP 占比数据根据国际货币基金组织 2018 年 4 月更新的各个国家和地区 GDP 更新数据计算得出。

4.8.1 主要国际货币2007年的国际化程度度量和比较

从表4-10可以看出，除欧元和加拿大元外其他5种主要国际储备货币外汇交易量占全球交易量的比重皆超过了其相应母国GDP的比重，七大国际储备货币2007年在国际外汇市场中的占比达86.2%，比在世界经济的总占比65.4%高出20.8%，前者与后者的比例高达131.8%，显示这7种货币在全球外汇市场的重要作用。

瑞士法郎全球外汇交易量占比3.4%，显著超过其GDP全球占比0.8%，外汇占比与经济占比的比例高达427.4%，表明瑞士经济规模虽然较小，但瑞士法郎的国际化程度却相对较高；表4-10显示除瑞士法郎外，澳大利亚元的国际化外汇交易占比与其GDP全球占比的比例高达196.8%，仅次于瑞士法郎；另外，美元和英镑在国际外汇市场的交易占比与其GDP的全球占比的比例分别高达166.8%和146.8%，日元相应比例为111.7%；欧元和加拿大元的国际化程度在七大储备货币中最低，外汇交易占比与GDP全球占比的比例分别为84.4%和83.0%。

4.8.2 其他主要发达国家和地区货币2007年的国际化程度度量和比较

表4-10显示出新西兰元等五种发达国家和地区货币在外汇市场上的成交额占比皆显著超过了其GDP的全球占比，外汇交易占比与GDP占比的比值皆高于100%，其中新西兰元外汇交易占比与GDP世界占比的比值最高为402.5%，其次港元外汇交易占比与GDP全球占比的比值为360.7%，显示出中国香港作为地区金融中心的重要地位；5种货币外汇交易总占比与GDP占比总和的比值高达216.4%，高于七大货币总体比例131.8%，表明这5种货币虽然在国际外汇市场中的地位不如七大货币，但是相对于其他经济体这些货币的国际化程度却更高；新加坡元和瑞典克朗外汇交易占比与GDP占比的比值分别为184.8%和164.8%，略低于5种货币相应的总占比216.4%。

4.8.3 其他发达国家和地区货币2007年的国际化程度度量和比较

表4-10中第三组货币，即包括韩元、丹麦克朗、新台币、捷克克朗和以色列谢克尔五种发达经济体货币（2016年捷克纳入了发达经济体，因而将捷克克朗纳入发达经济体货币之列）。这5种货币在全球外汇市场交易占比较低外，其外汇市场占比也皆低于其经济母体的GDP全球占比，5种货币在全球外汇市场总占比为1.6%，不过总GDP的全球占比却高达13.6%，前者低于后者12.0%，前者与后者比例仅为11.8%，表明这5种发达经济体货币的国际化程度普遍较低。

4.8.4 发展中国家货币2007年的国际化程度度量和比较

表4-10中，从墨西哥比索开始的13种货币皆为发展中国家的货币。我们之所以将这些货币放入一组，是因为这些货币的外汇交易占比皆低于其经济母体GDP的全球占比。表4-10显示，这13种货币中南非兰特的国际化程度最高，其外汇交易占比与GDP占比的比值高达89.9%；其次为丹麦克朗和波兰兹罗提，其外汇交易占比与GDP占比的比值分别为76.3%和50.6%；再次为墨西哥比索，其外汇交易占比与GDP占比的比值为35.5%。该组货币中巴西雷亚尔、土耳其新里拉、印度尼西亚卢比和人民币的国际化程度为最后四位，其外汇交易占比与GDP占比的比值分别仅为8.1%、7.8%、6.9%和3.7%。

4.9 2008年国际金融危机以来主要国际货币国际化程度变化

上文利用2007年4月不同货币在全球外汇市场交易额占比与货币母国经济全球占比来衡量货币的国际化程度。本节将利用国际清算银行2010年和2016年公布的该两年4月全球外汇数据分析和判断主要货币国际化程度的变化。表4-11、表4-12和表4-13分别给出了与表4-10相应的2010—2016年的结果。

表4-11　2010年主要国际货币国际化程度比较　　单位：%

货币	2010年外汇交易占比	2010年GDP占比	外汇交易占比与GDP占比差额	外汇交易占比/GDP占比
美元	42.4	22.7	19.7	187.0
欧元	19.5	19.2	0.3	101.6
日元	9.5	8.6	0.9	109.9
英镑	6.4	3.7	2.7	173.8
澳大利亚元	3.8	1.9	1.9	200.2
加拿大元	2.6	2.4	0.2	108.0
瑞士法郎	3.2	0.9	2.3	356.5
前七种货币总计	87.5	59.5	28.0	147.1
新西兰元	0.8	0.2	0.6	361.3
瑞典克朗	1.1	0.7	0.4	147.9
港元	1.2	0.3	0.8	341.3
挪威克朗	0.7	0.7	0.0	101.5
新加坡元	0.7	0.4	0.4	197.7
前五种货币总计	4.4	2.3	2.1	191.8
韩元	0.8	1.7	-0.9	45.7
丹麦克朗	0.3	0.5	-0.2	58.1
新台币	0.2	0.7	-0.4	35.4
捷克科罗纳	0.1	0.3	-0.2	30.4
以色列谢克尔	0.1	0.4	-0.3	21.2
前五种货币总计	1.5	3.5	-2.0	41.6
墨西哥比索	0.6	1.6	-1.0	39.2
南非兰特	0.4	0.6	-0.2	63.4
俄罗斯卢布	0.5	2.5	-2.0	18.2
印度卢比	0.5	2.6	-2.1	18.3
波兰兹罗提	0.4	0.7	-0.3	55.4
巴西雷亚尔	0.3	3.3	-3.0	10.2
土耳其新里拉	0.4	1.2	-0.8	31.5
匈牙利福林	0.2	0.2	0.0	108.8
马来西亚林吉特	0.1	0.4	-0.2	35.6
泰铢	0.1	0.5	-0.4	18.6

续表

货币	2010 年外汇交易占比	2010 年 GDP 占比	外汇交易占比与 GDP 占比差额	外汇交易占比/GDP 占比
智利比索	0.1	0.3	-0.2	24.8
印度尼西亚卢比	0.1	1.1	-1.1	6.6
人民币	0.4	9.2	-8.8	4.7
前十三种货币总计	4.1	24.3	-20.2	16.8
金砖四国总量	1.7	17.6	-15.9	9.6
金砖五国总量	2.1	18.2	-16.1	11.3

数据来源：同表4-10。

表4-12　2013年主要国际货币国际化程度比较　　单位：%

货币	2013 年外汇交易占比	2013 年 GDP 占比	外汇交易占比与 GDP 占比差额	外汇交易占比/GDP 占比
美元	43.5	21.8	21.7	199.7
欧元	16.7	17.2	-0.5	97.0
日元	11.5	6.7	4.8	171.2
英镑	5.9	3.6	2.3	165.1
澳大利亚元	4.3	2.0	2.3	218.2
加拿大元	2.3	2.4	-0.1	94.8
瑞士法郎	2.6	0.9	1.7	287.0
前七种货币总计	86.8	54.6	32.2	159.0
新西兰元	1.0	0.2	0.7	402.2
瑞典克朗	0.9	0.8	0.1	116.7
港元	0.7	0.4	0.4	200.9
挪威克朗	0.7	0.7	0.0	105.4
新加坡元	0.7	0.4	0.3	175.5
前五种货币总计	4.0	2.4	1.6	164.1
韩元	0.6	1.7	-1.1	35.2
丹麦克朗	0.4	0.4	-0.1	87.5
新台币	0.2	0.7	-0.4	34.1
捷克科罗纳	0.2	0.3	-0.1	65.1
以色列谢克尔	0.1	0.4	-0.3	24.0

续表

货币	2013年外汇交易占比	2013年GDP占比	外汇交易占比与GDP占比差额	外汇交易占比/GDP占比
前五种货币总计	1.5	3.5	-2.0	42.8
墨西哥比索	1.3	1.7	-0.4	75.9
南非兰特	0.6	0.5	0.1	116.4
俄罗斯卢布	0.8	3.0	-2.2	26.6
印度卢比	0.5	2.4	-1.9	20.3
波兰兹罗提	0.4	0.7	-0.3	51.2
巴西雷亚尔	0.6	3.2	-2.7	17.1
土耳其新里拉	0.7	1.2	-0.6	53.2
匈牙利福林	0.2	0.2	0.0	120.0
马来西亚林吉特	0.2	0.4	-0.2	47.1
泰铢	0.2	0.5	-0.4	29.1
智利比索	0.1	0.4	-0.2	40.8
印度尼西亚卢比	0.1	1.2	-1.1	7.1
人民币	1.1	12.6	-11.5	8.9
前十三种货币总计	6.6	28.0	-21.4	23.5
金砖四国总量	3.0	21.2	-18.3	13.9
金砖五国总量	3.5	21.7	-18.2	16.2

数据来源：同表4-10。

表4-13　2016年主要国际货币国际化程度比较　　单位：%

货币	2016年外汇交易占比	2016年GDP占比	外汇交易占比与GDP占比差额	外汇交易占比/GDP占比
美元	43.8	24.7	19.1	177.5
欧元	15.7	15.8	-0.1	99.2
日元	10.8	6.6	4.3	164.9
英镑	6.4	3.5	2.9	181.6
澳大利亚元	3.4	1.7	1.8	205.1
加拿大元	2.6	2.0	0.5	126.3
瑞士法郎	2.4	0.9	1.5	271.1
前七种货币总计	85.1	55.2	29.9	154.3

续表

货币	2016 年外汇交易占比	2016 年 GDP 占比	外汇交易占比与 GDP 占比差额	外汇交易占比/GDP 占比
新西兰元	1.0	0.2	0.8	417.9
瑞典克朗	1.1	0.7	0.4	162.6
港元	0.9	0.4	0.4	203.6
挪威克朗	0.8	0.5	0.3	170.1
新加坡元	0.9	0.4	0.5	220.0
前五种货币总计	4.7	2.3	2.5	210.2
韩元	0.8	1.9	-1.0	44.3
丹麦克朗	0.4	0.4	0.0	102.9
新台币	0.3	0.7	-0.4	45.1
捷克科罗纳	0.1	0.3	-0.1	54.3
以色列谢克尔	0.1	0.4	-0.3	32.8
前五种货币总计	1.8	3.7	-1.8	50.3
墨西哥比索	1.0	1.4	-0.5	67.1
南非兰特	0.5	0.4	0.1	124.2
俄罗斯卢布	0.6	1.7	-1.1	33.8
印度卢比	0.6	3.0	-2.4	19.0
波兰兹罗提	0.3	0.6	-0.3	55.8
巴西雷亚尔	0.5	2.4	-1.9	21.1
土耳其新里拉	0.7	1.1	-0.4	62.8
匈牙利福林	0.2	0.2	0.0	88.2
马来西亚林吉特	0.2	0.4	-0.2	45.4
泰铢	0.2	0.5	-0.4	33.0
智利比索	0.1	0.3	-0.2	37.1
印度尼西亚卢比	0.1	1.2	-1.1	8.1
人民币	2.0	14.9	-12.9	13.4
前十三种货币总计	6.9	28.2	-21.3	24.4
金砖四国总量	3.6	22.0	-18.3	16.6
金砖五国总量	4.1	22.3	-18.2	18.5

数据来源：同表 4-10。

表4-14　2019年主要国际货币国际化程度比较　　单位：%

货币	2019年外汇交易占比	2019年GDP占比	外汇交易占比与GDP占比差额	外汇交易占比/GDP占比
美元	44.2	24.5	19.7	180.5
欧元	16.2	15.6	0.6	103.7
日元	8.4	5.9	2.5	141.7
英镑	6.4	3.2	3.2	197.4
澳大利亚元	3.4	1.6	1.8	208.1
瑞士法郎	2.5	0.8	1.7	310.7
加拿大元	2.5	2.0	0.5	124.5
前七种货币总计	83.5	53.6	29.8	155.6
港元	1.8	0.4	1.3	403.7
新西兰元	1.0	0.2	0.8	428.1
瑞典克朗	1.0	0.6	0.4	162.3
韩元	1.0	1.9	-0.9	52.4
新加坡元	0.9	0.4	0.5	211.6
前五种货币总计	4.8	3.2	1.6	150.2
挪威克朗	0.9	0.5	0.4	184.0
墨西哥比索	0.9	1.4	-0.6	60.6
印度卢比	0.9	3.4	-2.5	25.3
俄罗斯卢布	0.5	1.8	-1.3	29.7
南非兰特	0.5	0.4	0.1	128.6
前五种货币总计	3.7	7.6	-3.9	49.0
土耳其新里拉	0.5	0.8	-0.3	66.8
巴西雷亚尔	0.5	2.2	-1.7	23.9
新台币	0.5	0.7	-0.2	66.4
丹麦克朗	0.3	0.4	-0.1	79.0
波兰兹罗提	0.3	0.7	-0.4	45.4
泰铢	0.2	0.6	-0.4	40.5
马来西亚林吉特	0.2	0.4	-0.2	47.8
匈牙利福林	0.2	0.2	0.0	104.3
捷克科罗纳	0.2	0.3	-0.1	68.9

续表

货币	2019 年外汇交易占比	2019 年 GDP 占比	外汇交易占比与 GDP 占比差额	外汇交易占比/GDP 占比
以色列谢克尔	0.2	0.4	-0.3	35.1
智利比索	0.1	0.3	-0.2	43.5
印度尼西亚卢比	0.1	1.3	-1.1	11.2
人民币	2.2	16.3	-14.1	13.2
人民币*	2.6	16.3	-13.7	16.0
前十三种货币总计	5.6	24.6	-19.1	22.7
金砖四国总量	4.1	23.8	-19.7	17.2
金砖五国总量	4.6	24.2	-19.6	19.2

数据来源：同表 4-10；人民币*数据根据同表 4-1 数据计算得出。

4.9.1 2010—2019 年主要发达国家货币国际化的变化

比较表 4-10 和表 4-11 的结果，我们发现 2007—2010 年加拿大元和欧元国际化提高幅度较大，这两种货币外汇交易占全球外汇交易比重与其货币母体 GDP 与世界 GDP 比重的差额从 2007 年的负数变为正数，而且外汇交易占比与 GDP 占比的比值比 2007 年分别提高到了 101.6% 和 108.0%，从而使 2010 年七大国际储备货币的外汇交易占比皆高于相应的 GDP 占比；同时，受国际金融危机影响，美元的国际化程度不仅没有下降反而略增到了 187.0%；英镑外汇交易占比与 GDP 占比从 2007 年的 140.3% 上升了 33.4% 到 173.8%，提高幅度为 7 种货币之首；瑞士法郎、澳大利亚元和日元有不同程度的下降，而瑞士法郎降幅 56.4% 为 7 种货币之首，显示金融危机对瑞士法郎的冲击最大；七大国际储备货币外汇交易总占比从 2007 年的 86.2% 上升到了 87.5%，同时货币母体 GDP 全球占比总和却下降了 5.6%，七大货币外汇交易总占比与 GDP 总占比的比值从 2007 年的 132.4% 上升到了 147.1%，显示主要国际货币金融危机后三年总体国际化程度不降反升。

比较表 4-11 和表 4-12 的结果，我们发现 2010—2013 年除美元国际地位进一步略升外，欧元和加拿大元的国际地位却略有下降（外汇交易占比与

GDP 占比比例重回到低于 100% 的水平）；瑞士法郎的国际地位进一步显著下降，其外汇交易占比与 GDP 占比比例比 2010 年又下降了 69.5%，而同时日元外汇交易占比与 GDP 占比比例大幅度提高了 61.4% 到 171.2%（由于日元贬值导致日本以美元计价的 GDP 全球占比显著下降和日元外汇交易占比明显提高所致）；2013 年七个主要货币总外汇交易占比与总 GDP 占比比例进一步提高到了 159.0%。

表 4-12 到表 4-14 显示，2013—2019 年，除加拿大元国际化程度显著提高和美元国际化程度略有下降外（加拿大元外汇交易占比与 GDP 全球占比比例提高了 29.7%，增幅为七种货币之最；同时美元相应的比例下降了 19.2% 到 180.5%，回到了比 2007 年 171.8% 略高的水平），其他 6 种主要货币国际化程度与 2013 年相比变化不大；七种货币外汇交易总占比与总 GDP 占比比 2013 年的 159.0% 略有下降，但仍高达 155.6%。

4.9.2　2010—2019 年其他发达经济体货币国际化的变化

比较表 4-10 到表 4-12 的结果，我们发现，新西兰元、瑞典克朗、港元、挪威克朗和新加坡元这五个发达经济体货币 2010—2013 年皆保持了货币交易占比超过经济全球占比，2007—2010 年，该五种货币总外汇成交占比与总 GDP 占比比例略降 25.2% 到 191.8%；2010—2013 年比例进一步下降了 27.7% 到 164.1%；然而 2013—2016 年该比例回升 46.1% 到 210.2%，接近 2007 年的 217.0%。值得关注的是，2013—2016 年，新加坡元外汇交易占比与 GDP 占比比例增长了 44.5% 到 220.0%，首次超过港元相应的比例 203.6%，显示新加坡元国际化程度超过了港元。

比较表 4-11 和表 4-12 与表 4-10 的结果，我们发现，韩元、丹麦克朗、新台币、捷克克朗和以色列谢克尔这五个发达经济体货币 2010—2013 年皆保持了货币交易占比低于经济全球占比，2007—2010 年和 2013 年，该五种货币总外汇成交占比与总 GDP 占比比例分别略增到了 41.6% 和 42.8%；2013—2016 年，仅有丹麦克朗外汇交易占比略超 GDP 占比 2.9%，五种货币总外汇交易占比与总 GDP 占比比例略增到了 50.3%，显示金融危机后该五种货币的国际化程度持续略有提高，但变化较小。表 4－14 显示，进入 2019 年韩元重新取代挪威克朗的位置，五种货币的外汇交易占比与 GDP 占比差异不大均在 1% 以内。

4.9.3 国际金融危机以来主要发展中国家货币国际化程度的变化

从表 4－11 可以看出，2010—2013 年，匈牙利福林外汇交易占比两次分别超过其 GDP 占比 8.8% 和 20.0% 及 2013 年南非兰特外汇交易占比超过 GDP 占比 16.4% 外，其他十一种货币的外汇交易占比皆保持在低于其 GDP 占比；虽然 2007—2013 年 13 种货币总外汇成交占比从 3.1% 提高到了 6.9%，但是相应的总 GDP 占比也从 19.5% 提高到了 28.0%，两者比例从 2007 年的 16.1% 略增到了 23.5%，提高幅度不大，显示主要发展中国家货币国际化程度总体没有多少变化；2013—2016 年，十三种货币中仅南非兰特外汇交易占比保持了超过 GDP 占比，其他 12 种货币外汇交易占比仍显著低于 GDP 占比，13 种货币总外汇成交占比从 6.6% 略升到了 6.9%，同时总 GDP 占比也略增到了 28.2%，两者比例也从 23.5% 略升到了 24.4%。2016—2019 年，除人民币外，仅巴西雷亚尔的外汇占比与 GDP 占比差额超过 1%，其余差额均在 0.5% 以内，整体变化不大。

4.9.4 国际金融危机以来发达经济体货币国际化程度的总体变化比较

比较表 4－10 到表 4－14，我们发现，国际金融危机后的 11 年，七种主要国际货币的总外汇交易占比从 86.2% 下降了 2.7% 到 83.5%，同时其总 GDP 占比从 65.4% 下降了 11.8% 到 53.6%，后者比前者下降幅度高出 9.1%，两者比例从 131.8% 提高了 23.8% 到 155.6%，表明国际金融危机后这些主要国际货币国际化程度提高的主要原因是其国内产值下降所致。

新西兰元等 5 种发达经济体货币总外汇交易占比下降了 0.5% 到 4.8%，同时总 GDP 占比下降了 0.2% 到 3.2%，两者比例上升了 19.8% 到 211.6%，表明该五种货币总外汇交易占比的上升速度小于总 GDP 占比的上升速度。

4.9.5　国际金融危机以来主要发展中国家货币国际化程度的总体变化

墨西哥比索等十三种新兴市场货币总占比从 3.1% 显著提高了 3.9% 到 6.9%，同时该 13 个经济体总 GDP 占比从 19.5% 提高了 8.8% 到 28.2%，两者比例从 16.1% 略增 8.5% 到 24.4%，两者比例提高不大的主要原因是总 GDP 占比增幅超过了外汇占比增幅所致。2019 年样本有所变化，但相应比例基本无变化。

4.10　“金砖五国”货币国际金融危机前后国际化程度的变化和比较

表 4－10 到表 4－13 给出的“金砖五币”是指巴西、俄罗斯、印度、中国和南非这五个国际媒体通常称为“金砖五国”的货币。国际金融危机后“金砖五国”在全球的影响力持续增强。2014 年 7 月在巴西召开的“金砖五国”领导人第六次会晤上宣布这五国正式达成协议，共同出资建立金砖银行，2015 年 7 月 21 日“金砖银行”正式在上海启动。该银行在 2015 年已经正式启动运营。本节主要介绍金砖国家五种货币在国际金融危机前后国际化程度的变化及比较。

4.10.1　“金砖五国”国际金融危机前后总 GDP 全球占比比较

根据国际货币基金组织 2018 年 4 月公布的数据计算，国际金融危机前的 2007 年，“金砖五国”的 GDP 总额占世界经济的比例仅为 13.6%，比欧元区和美国 GDP 占比分别低 8.6% 和 13.1%；然而到了 2010 年，“金砖五国”的 GDP 总额占世界经济的比例提高到了 18.2%，仅比欧元区相应的占比 19.2% 低 1%，同时与美国 GDP 占比 22.7% 差额缩小到了 4.5%；2013 年“金砖五国”的 GDP 总额占世界经济的比例进一步提高到了 21.7%，首次超过欧元区相应的占比 17.2%，同时与美国 GDP 占比 21.8% 差额缩小到了 0.1%；2016 年“金砖五国”的 GDP 总额占世界经济的比例进一步提高到了 22.3%，超过欧元区占比6.5%，同时低于美国GDP占比2.3%。根据国际货币基金组织2018年4月公布的对今后几年全球经济的预测数据，到2018年“金砖五国”的GDP总额全球占比将达到24.4%，首次超过美国占比23.5%，“金砖五国”在世界经济中的影响力将进一步提高。

4.10.2 2007年“金砖五国”货币的国际化程度及比较

表4-10显示，2007年金砖五币外汇交易总额占全球外汇交易总额的比重仅为1.6%，比同年五国GDP总量的全球占比13.6%低12.0%，两者比例仅为11.8%，显著低于十三种新兴经济体货币相应比例16.1%，不到表4-10给出的韩元等五种发达经济体货币相应比例35.8%的1/3，显示出“金砖五国”货币总体国际化程度在发展中国家中还要低很多。

4.10.3 国际金融危机后“金砖五国”货币的国际化程度及比较

表4-11显示，2010年金砖五币外汇交易总额占全球外汇交易总额的比重提高到了2.1%，同年五国GDP总量的全球占比提高到了18.2%，两者差额扩大到了16.1%，外汇交易总占比与同年五国GDP总量的全球占比的比值进一步下降到了11.3%，不到表4-11给出的韩元等五种发达经济体货币相应比例41.6%的三成；2013年金砖五币外汇交易总额占全球外汇交易总额的比重提高到了3.5%，而同年五国GDP总量的全球占比也进一步提高到了21.7%，两者差额也进一步扩大到了18.2%，两者比例略微上升到了16.2%，但仅略高于表4-11给出的十三种新兴市场货币相应比例23.5%的2/3，同时不到表4-11给出的韩元等五种发达经济体货币相应比例42.8%的四成；2016年金砖五币外汇交易总额占全球外汇交易总额的比重提高到了4.1%，而五国GDP总量的全球占比也进一步提高到了22.3%，两者差额也扩大到了18.2%，两者比例略微上升到了18.5%，仅略高于韩元等五种新兴经济体货币相应比例50.3%的1/3。表4-14显示，2019年金砖五币的外汇交易占比进一步提高至4.6%，GDP占比进一步提高至22.3%，但两者差额进一步扩大至19.6%。

这些结果显示，2007—2019 年的 12 年，金砖国家总外汇交易有了可喜的增长，但是外汇市场增长仍然显著低于总经济的增长速度，货币国际化的总体水平仍然显著低于十三种新兴经济体货币的总体水平。

4.10.4　金砖五币的国际化程度比较

表 4－10 显示，2007 年金砖五币中南非兰特的国际化程度最高，其外汇交易占比与 GDP 全球占比的比值高达 88.6%，比同年金砖五币总的国际化程度 11.8% 高出 6 倍多；表 4－11 到表 4－13 显示，虽然南非兰特 2010 年的国际化程度略有下降，但是仍为金砖五币之首，2013 年南非兰特的比例首次超过 100% 达到了 116.4%，不仅超过了其他金砖四币，还超过了欧元、加拿大元、挪威克朗和多个其他发达经济体货币；2016 年，南非兰特外汇交易占比与 GDP 占比比例进一步提高到了 124.2%，持续超过了欧元和韩元等五种发达经济体货币，世界排名第 12 位；2016 年金砖五币中俄罗斯卢布、巴西雷亚尔和印度卢比的国际化程度在金砖五币中分别排名第 2 位到第 4 位；人民币在金砖五国货币中保持了倒数第一的水平。2019 年南非兰特外汇交易占比与 GDP 占比比例进一步提高到了 128.6%，其余四国整体变化不大。

4.11　2008 年国际金融危机前后人民币国际化程度及国际比较

根据国际货币基金组织 2016 年 10 月公布的各国 GDP 数据计算，2009 年我国 GDP 占金砖五国 GDP 总额的比重首次超过 50% 到 52.4%，2014 年该比重首次超过六成到 60.7%。在度量和比较了国际主要货币的国际化程度后，本节主要比较 2007—2016 年人民币国际化程度近年来的变化及与其他发展中国家货币的比较。

表 4－10 到表 4－13 显示，2007 年人民币外汇交易占比 0.23%，与同年我国与 GDP 全球占比 6.2% 很不相称。2010 年人民币外汇交易占比提高到了

0.43%，与同年我国与GDP全球占比提高到了9.2%的差额从5.9%扩大到了-8.8%。2013年人民币外汇交易占比显著提高到了1.12%，与同年我国GDP的全球占比12.7%的差额进一步扩大到了-11.5%。2016年人民币外汇交易的全球占比显著提高到了1.99%，与同年我国GDP的世界占比15.3%的差额进一步扩大到了-13.3%。以上数据显示，2007—2013年尽管人民币外汇交易占比持续显著上升，上升幅度却低于经济占比增长的幅度；2007—2010年人民币外汇交易占比与我国GDP的全球占比的比值从3.7%提高到了4.7%，不仅在金砖五币中排名倒数第1位，而且在表4-11中30种货币中排名倒数第1位；表4-12显示，2013年人民币外汇交易占比与GDP全球占比的比值达到了8.8%，但是仍然保持金砖五币排名倒数第1位的同时，在表4-12中排名从2010年的倒数第一提高到倒数第2位（当年倒数第一为印度尼西亚，相应的比例为7.0%），有了些许长进，2016年人民币外汇交易占比与我国GDP占比比例提高到了13.0%，2019年人民币外汇交易占比与我国GDP占比比例提高了0.2%到了13.2%，保持了2013年倒数第2位的地位，但与其他货币却仍有着巨大的差距。

4.12 货币相对国际化程度量度

利用表4-10到表4-14给出的30种货币国际化程度度量数据，我们可以容易地计算出相对于任何一种货币的所有其他货币的相对国际化程度度量结果。本节简单介绍货币的相对国际化程度。

4.12.1 货币相对于美元的国际化程度量度

任何货币相对于美元的国际化程度可以以美元国际化程度为分母，其他国际化程度为分子容易地计算出来。本节介绍货币间的相对国际化程度。以美元国际化为分母，我们可以计算出不同货币相对于美元的国际化程度。表4-15给出了2007—2019年不同货币相对于美元的国际化程度度量结果。

表4-15　主要国家和地区货币相对于美元的国际化程度（2007年到2019年）

单位：%

货币	2007年	2010年	2013年	2016年	2019年
美元	100	100	100	100	100
欧元	48.6	54.3	48.6	55.9	57.4
日元	64.6	58.7	85.7	92.9	78.5
英镑	81.8	92.9	82.6	102.3	109.4
澳大利亚元	118.2	107.0	109.3	115.6	115.3
瑞士法郎	240.3	190.6	143.7	152.8	172.1
加拿大元	49.5	57.7	47.5	71.2	69.0
前七种货币总计	77.1	78.7	79.6	86.9	86.2
港元	216.2	182.5	100.6	114.7	223.6
新西兰元	237.6	193.2	201.4	235.5	237.1
瑞典克朗	93.6	79.1	58.4	91.6	89.9
韩元	17.4	24.4	17.6	24.9	29.1
新加坡元	109.7	105.7	87.9	124.0	117.2
前五种货币总计	126.3	102.6	82.2	118.5	83.2
挪威克朗	88.7	54.3	52.8	95.8	101.9
墨西哥比索	21.1	21.0	38.0	37.8	33.6
印度卢比	9.7	9.8	10.2	10.7	14.0
俄罗斯卢布	9.1	9.7	13.3	19.0	16.4
南非兰特	51.5	33.9	58.3	70.0	71.3
前五种货币总计	20.8	22.2	21.5	28.4	27.1
土耳其新里拉	4.5	16.8	26.6	35.4	37.0
巴西雷亚尔	4.8	5.5	8.6	11.9	13.2
新台币	15.1	18.9	17.1	25.4	36.8
丹麦克朗	44.6	31.1	43.8	58.0	43.8
波兰兹罗提	30.0	29.6	25.6	31.5	25.1
泰铢	12.6	10.0	14.6	18.6	22.4
马来西亚林吉特	11.3	19.0	23.6	25.6	26.5
匈牙利福林	32.5	58.2	60.1	49.7	57.8
捷克科罗纳	19.2	16.3	32.6	30.6	38.2

续表

货币	2007 年	2010 年	2013 年	2016 年	2019 年
以色列谢克尔	14.6	11.3	12.0	18.5	19.5
智利比索	10.4	13.2	20.5	20.9	24.1
印度尼西亚卢比	4.0	3.5	3.5	4.5	6.2
人民币	2.1	2.5	4.4	7.6	7.3
人民币*	2.1	2.5	4.4	7.6	9.0
前十三种货币总计	9.4	9.0	11.8	13.7	12.6
金砖四国总量	5.1	5.2	7.0	9.3	9.6
金砖五国总量	6.9	6.1	8.1	10.4	10.6

数据来源：根据表 4 – 10 至表 4 – 14 的结果计算得出，人民币* 数据根据表 4 – 1 和表 4 – 14 数据计算得出。

表 4 – 15 显示，7 种主要国际储备货币整体相对于美元的国际化程度从 2007 年的 77.1% 略微上升到了 2010 年的 78.7%，进而上升到了 2013—2019 年的 79.6%、86.9% 和 86.2%；新西兰元等五种其他发达国家和地区的货币整体相对于美元的国际化程度从 2007 年的 126.3% 持续下降到了 2013 年的 82.2%，2019 年又回升到了 83.2%，比同年七大储备货币相对于美元的国际化程度 86.2% 低 3%；金砖五币总体相对于美元的国际化程度从 2007 年的 6.9% 略微下降到了 2010 年的 6.1%，2010—2019 年进一步持续上升到了 10.6%；人民币相对于美元的国际化程度从 2007 年的 2.1% 持续上升到了 2019 年的 7.3%。如果考虑调整后的人民币（人民币*），其国际化程度已经在 2019 年上升至 9.0%。2007 年和 2010 年人民币相对于美元国际化程度的度量结果与上文介绍的李瑶（2003）和人民币国际化研究课题组研究计算出的人民币 2000 年和 2002 年相对于美元的国际化程度类似可比。

4.12.2 人民币相对于其他货币的国际化程度度量

利用类似的方法，我们可以容易地以表 4 – 10 到表 4 – 13 中人民币国际化程度作为分子，计算出 2007—2019 年人民币相对于其他货币国际化程度的变化，结果如表 4 – 16 所示。

表4-16　人民币相对于其他货币国际化程度度量和比较（2007年到2019年）

单位：%

货币	2007年	2010年	2013年	2016年	2019年
美元	2.1	2.5	4.4	7.6	9.0
欧元	4.3	4.6	9.1	13.6	15.7
日元	3.3	4.3	5.1	8.2	11.5
英镑	2.6	2.7	5.3	7.4	8.2
澳大利亚元	1.8	2.3	4.0	6.6	7.8
瑞士法郎	0.9	1.3	3.1	5.0	5.2
加拿大元	4.2	4.3	9.3	10.7	13.0
前七种货币总计	2.7	3.2	5.5	8.7	10.4
港元	1.0	1.4	4.4	6.6	4.0
新西兰元	0.9	1.3	2.2	3.2	3.8
瑞典克朗	2.2	3.2	7.5	8.3	10.0
韩元	12.1	10.2	25.0	30.5	30.9
新加坡元	1.9	2.4	5.0	6.1	7.7
前五种货币总计	1.7	2.4	5.4	6.4	10.8
挪威克朗	2.4	4.6	8.3	7.9	8.8
墨西哥比索	10.0	11.9	11.6	20.1	26.8
印度卢比	21.6	25.5	43.1	71.0	64.3
俄罗斯卢布	23.1	25.8	33.1	40.0	54.9
南非兰特	4.1	7.4	7.5	10.9	12.6
前五种货币总计	10.1	11.3	20.5	26.8	33.2
土耳其新里拉	46.7	14.9	16.5	21.5	24.3
巴西雷亚尔	43.8	45.5	51.2	63.9	68.2
新台币	13.9	13.2	25.7	29.9	24.5
丹麦克朗	4.7	8.0	10.0	13.1	20.5
波兰兹罗提	7.0	8.4	17.2	24.1	35.9
泰铢	16.7	25.0	30.1	40.9	40.2
马来西亚林吉特	18.6	13.2	18.6	29.7	34.0
匈牙利福林	6.5	4.3	7.3	15.3	15.6
捷克科罗纳	10.9	15.3	13.5	24.8	23.6

续表

货币	2007 年	2010 年	2013 年	2016 年	2019 年
以色列谢克尔	14.4	22.1	36.7	41.1	46.2
智利比索	20.2	18.9	21.5	36.4	37.3
印度尼西亚卢比	52.5	71.4	125.7	168.9	145.2
人民币	100.0	100.0	100.0	100.0	123.3
人民币*	100.0	100.0	100.0	100.0	100.0
前十三种货币总计	22.3	27.8	37.3	55.5	71.4
金砖四国总量	41.2	48.1	62.9	81.7	93.8
金砖五国总量	30.4	41.0	54.3	73.1	84.9

数据来源：根据表 4－10 至表 4－14 的结果计算得出。

表 4－16 显示经调整后的人民币（人民币*）与 7 种国际储备货币的相对国际化程度从 2007 年的 2.7% 持续上升到了 2019 年的 10.4%；同时，人民币相对于新西兰元等 5 个其他发达经济体货币的国际化程度从 2007 年的 1.7% 持续上升到了 2019 年的 10.8%；对于挪威克朗等五个发达经济体货币的国际化程度从 10.1% 持续上升到了 2019 年的 33.2%，相对于 12 个新兴市场货币的国际化程度从 22.3% 持续上升到了 71.4%，人民币相对于金砖五国货币总量的国际化程度从 30.4% 持续上升到了 84.9%，成绩显著。

4.13 货币国际化程度的另一种度量方法

表 4－1 和表 4－3 分别给出了 1992—2019 年世界主要货币在全球外汇市场交易占比和主要国家和地区外汇交易的全球占比。每个国家和地区的外汇交易中本币与其他货币的交易是主要的，另外应该还有其他货币之间的交易。本节首先介绍主要货币境外本币外汇交易占境内外汇总交易比重后，介绍不同货币境外和境内外汇交易全球占比，进而计算出不同货币境外外汇交易和境内外汇交易比例。一般来说，任何货币境外/境内外汇交易比例越高，其国际化程度也就越高，从而成为货币国际化程度的另外一种度量方法。

4.13.1　主要货币本币境内外汇交易占其境内总外汇交易比重

表4－17给出的主要国家和地区外汇交易的全球分布，却没有这些国家外汇交易中本币外汇交易占比，我们难以知道本币在国内外汇市场的活跃度。表4－17给出了2007—2019年主要国际货币境外外汇日均成交金额与境内外汇日均成交金额比例。

表4－17　主要国际货币境外/境内外汇交易比例比较（2007—2019年）

货币/年份	2007	2010	2013	2016	2019
美元	4.23	3.30	3.15	3.03	3.78
欧元	5.10	4.16	3.96	3.93	4.92
日元	2.23	2.03	3.36	2.47	2.79
英镑	0.68	0.55	0.49	0.62	0.42
澳大利亚元	1.63	2.52	4.05	5.21	6.57
加拿大元	2.45	3.92	5.19	4.10	4.44
瑞士法郎	2.26	2.23	3.40	3.19	2.55
人民币	14.01	1.83	2.57	2.65	1.81
新加坡元	0.60	0.78	1.27	1.27	1.09
港元	0.22	0.30	0.55	0.57	0.60
人民币	15.4	1.25	1.45	1.68	1.11
人民币*	15.4	1.25	1.45	1.68	1.56

数据来源：根据国际清算银行2007—2019年公布的每三年4月全球外汇数据计算得出；其中欧元区的数据为欧元区奥地利、比利时、芬兰、法国、德国、希腊、爱尔兰、意大利、拉脱维亚、立陶宛、卢森堡、荷兰、葡萄牙、斯洛伐克、斯洛文尼亚和西班牙等17个欧元区国家的相关数据计算得出（塞浦路斯和马耳他数据缺失）；人民币*是按表4－1的结果计算得出。

表4－17显示，全球除美国外的另外前3大外汇交易中心，英国、新加坡和中国香港的本币在其境内外汇交易占比相对于其他主要货币皆较低，表明这些外汇中心的外汇交易主要以“外币对”相关外汇产品交易为主；美元和欧元两个主要国际货币在境外/境内交易比例在过去三年皆出现了一定程度的上升；日元比例虽然略增，但是却比美元和欧元比例低；澳大利亚元和加

拿大元比例总体呈现上升态势。这些数据显示，除英国、新加坡、中国香港外，境外市场是其他国家和地区货币外汇交易的重要场所。

4.13.2 人民币境外/境内外汇交易比例变化及问题

表4－16显示，利用国际清算银行的数据，2007年4月，人民币境外/境内外汇交易比例分别高达14.01，然而第10章显示，2010年8月境外人民币市场才启动，2007年4月境外人民币外汇交易应该接近零才对，不可能有超过14倍的比例。表4－16给出的2010年4月到2019年4月境外/境内人民币外汇交易比例的结果表明，2010—2019年境外人民币市场快速发展导致相应比例提高的结果较为合理。我们在第9章还会分析近两年来境内外人民币外汇市场的相关进展。

4.14 小结

本章对主要国际货币构成、外汇和利率产品及其流动性和货币国际化程度进行了较为全面的介绍。此外，我们还对其他主要发达国家和主要发展中国家或地区的货币、外汇产品及其流动性和相应货币国际化程度进行了简单分析。以上分析表明，国际储备货币的国际地位主要体现在交易和储备功能上，主要储备货币的即期交易、远期交易和掉期/互换交易皆在国际外汇市场上发挥着重要作用，而且以美元为主的国际货币在国际金融危机之后的国际影响力不仅没有下降，反而有所上升；除主要国际货币外，其他发达国家或地区的货币在国际市场上也发挥着重要作用，然而这些货币的国际化程度却有所下降；几乎所有的发展中国家或地区的货币在国际市场上的地位都与其经济地位不相称，或者说这些货币在国际外汇市场的交易占比皆低于其GDP的全球占比，表明这些国家或地区货币的国际地位还需进一步提高。

货币国际化程度的度量是非常重要的概念，因为只有凭借客观科学的度量方法，我们才能对不同货币在不同时间段内国际化程度的变化有客观的把握。在今后多年推动人民币国际化的过程中，人民币国际化的度量，特别是与其他货币国际化程度可比的国际化度量对我们今后的工作非常重要，如果人民币相对于其他货币的国际化程度在一定时间内上升到了一定的目标水平，我们将继续努力推动；如果未达到目标程度，我们也能容易找到没有达到目标的原因，从而调整和改进我们推动的策略和方法，进而达到有序推动的目的。

由于货币国际化功能表现在多个领域，涉及很多相关领域的数据和参数，准确而全面地度量货币国际化不是件容易的工作。然而不管货币国际化功能在多少个领域有所发挥，每个领域发挥程度的提升皆会导致相应货币外汇交易的活跃度。因此，我们利用货币在国际外汇市场的活跃程度间接地度量货币的国际化程度。本章基于该思路建立了一个既简单又切实可行的方法来度量货币国际化，而且可以容易地计算出不同货币或货币组之间相对的国际化程度。

经过十几年的发展，特别是2005年完善人民币汇率形成机制的方案实施以来，国内在外汇市场机制、产品创新和推出等方面取得了可喜的成绩，外汇远期、互换和掉期、远期利率协议、利率互换和外汇期权等产品经历了从无到有的转变，产品的流动性也有了一定提高。然而要推动我国金融市场的进一步发展，不仅要求我们和过去相比较，还需要我们找出和世界其他国家或地区金融市场之间的差距。通过上文的介绍我们看到，在外汇和利率市场上，我国不仅与世界主要发达国家，而且与绝大多数其他主要发展中国家相比仍有相当的差距，产品的流动性依然较低、市场功能难以有效发挥、场内金融衍生产品不足等，这些仍是摆在我们面前亟待解决的问题。利用简单的度量方法，我们计算出了人民币在2007—2019年的国际化程度及相对于其他货币的国际化程度。结果显示，2007—2010年人民币的国际化程度有了一些提高，然而相对于我国近年来经济的国际地位很不相称，不仅与发达国家和地区货币的国际化程度有很大的差距，而且与其他发展中国家和地区货币的国际化程度也有一定的差距；2013—2019年人民币国际化程度有了显著的提高，但是离我国经济贸易的世界地位仍然有着巨大的差距，而且离其他金砖国家货币也有明显的差距。

自2009年以来，国家大力推动人民币跨境贸易结算、人民币境外债券发行、人民币境外直接投资等业务，这些领域皆有了显著的成绩，而同期我国相应的外汇市场交易却没有显著的增长，表明我们在推动人民币国际化各项业务的同时，应该重视国内人民币外汇市场的健康发展。只有人民币外汇市场有了健康的发展，各项人民币国际化的新业务才会有坚实的市场支撑，从而达到持续稳步推进的目标。换句话说，人民币国际化各项举措应该与人民币外汇市场协调发展。相信人民币国际化程度会在今后取得更好的成绩。我们在充分肯定取得成绩的同时，还应该扎实研究发达国家和其他发展中国家的成功经验和教训，为金融市场的完善、金融产品的推出和监管机制的建设等制定3~5年、5~8年以至10~20年的短期、中期和长期发展的路线图和时间表，从而使我国金融市场的产品逐渐丰富、机制逐渐完善、市场活跃逐步提升、市场功能逐步发挥。也只有这样，我们才能使金融更好地为实体经济服务，为人民币国际化打好坚实的基础。我们在后文还会进一步探讨今后人民币国际化的走势。

货币的国际化程度体现在货币国际应用的各个领域，货币国际应用越广泛表明货币国际化程度越高。但是，货币国际化应用的各个领域的数据却难以及时准确地获得，而且即使可以准确获得货币国际化应用各个领域的准确数据，由于不同应用领域的比重不尽一致，即使我们有货币在各个国际应用领域的准确数据，我们也难以获得货币国际化程度的准确度量结果。尽管货币的国际应用有诸多领域，然而货币的任何国际应用全部反映在货币与其他货币的外汇交易数据中，所以，货币在全球外汇市场成交占比应该是货币国际化的最佳度量。本章利用主要货币在全球外汇市场日均成交占比度量货币国际化的程度是最佳的度量方法。然而，由于20多年来占全球外汇日均成交金额六成左右的并非外汇即期交易，而是外汇衍生产品日均名义金额交易，因此，表4-1给出的以包括外汇衍生产品日均名义金额在内全球外汇市场日均成交金额中大多是外汇衍生产品交易，其名义金额并非交易实际换手的金额，而是显著夸大了的交易金额数据。

参考文献

［1］周小川．关于改革国际货币体系的思考［Z］．中国人民银行网站．

［2］张光平，杨健．Indian Financial Reforms and Experiences for China to Learn，Research Sponsored by Asian Development Bank，2008.

［3］李瑶．非国际货币、货币国际化与资本项目可兑换［J］．金融研究，2003（8）．

［4］徐奇渊．中国如何面对赫斯塔特风险［Z］．中国社会科学院世界经济和政治研究所国际金融研究中心，2016－08－01.

［5］张光平．人民币国际化和产品创新（第九版）［M］．北京：中国金融出版社，2019.

［6］Triennial Central Bank Survey，Foreign Exchange and Derivatives Market Activity in April 2010，Preliminary Results，Monetary and Economic Department，September 2010.

［7］Triennial Central Bank Survey，Report on global foreign Exchange Market Activity in 2010，Monetary and Economic Department，December 2010.

［8］Mihaljek，Dubravko and Frank Packer，"Derivatives in emerging markets"，BIS Quarterly Review，December 2010.

［9］International Monetary Fund，2010，Review of the Method of Valuation of the SDR，Prepared by the Finance Department，In Consultation with the Legal and Other Departments，Approved by Andrew Tweedie，October 26，2010.

［10］Zhang，Peter G. and Thomas Chan，2011，Chinese Yuan Internationalization and Financial Products in China，John Wiley & Sons，ISBN 978－0－470－82737－6.

附录　主要境内外人民币国际化指数介绍

自2007年以来，多家境内外金融机构和学术机构先后推出了不同类型的人民币国际化指数，附表4－1给出了这些指数推出的机构名称、指数名称、推出时间、参数范围和主要研究意义等。该表显示，不同指数有不同的侧重，有的侧重离岸人民币市场，如汇丰银行的离岸人民币外汇指数；有的侧重离岸人民币债券和权益，如中国银行的离岸人民币指数；有的侧重人民币未来的使用，如星展银行的人民币动力指数等。这些指数对人民币国际化不同侧面有不同程度的反映，相关指数编制机构基于这些指数也推出了相关的产品，对人民币市场发展和国际化的推动发挥了各自的作用，这里不再一一介绍和评判。有兴趣的读者可直接到相关机构网站查找相关指数的更详细内容。

附表 4-1　不同类型人民币国际化指数

指数名称	编制机构	发布频度	参数范围	研究意义
人民币指数	北航经管学院	自 2007 年 7 月逐月发布	以汇率形成机制中“一篮子货币”对贸易和 FDI 的影响，对以下样本货币加权获得：美元汇率；日元汇率；欧元汇率；港元汇率；韩元汇率；新台币汇率；新元汇率；英镑汇率	推出人民币汇率指数旨在提供综合性外汇基准，并为将来推出指数类外汇期货和期权等衍生品提供合约标的，充分发挥人民币指数这一综合指标的信息功能、投资功能和评价功能
人民币有效汇率指数	深圳证券信息有限公司	自 2010 年中期逐季发布	通过双边汇率以贸易加权计算获得：美元汇率；欧元汇率；日元汇率；港元汇率；澳元汇率；英镑汇率；卢布汇率；加元汇率；林吉特汇率	随着国际经济联系的加深，双边汇率对反映我国货币价值的作用越来越有限，而与全球主要双边汇率的整体变化可以表征人民币的综合价值及汇率走势
人民币环球指数	渣打银行	以 2010 年 12 月为基期按月发布	指数覆盖三个人民币离岸市场：中国香港、伦敦、新加坡分别以存款、点心债和存款证、贸易结算和其他国际付款、外汇来衡量人民币在财富储存、融资工具、国际贸易、交易渠道四个方面的发展	为企业和投资者量化离岸人民币活动的走势、规模和水平，了解离岸人民币的认受性和作为储备货币的推进程度，让客户在使用人民币作为营运资金时有更多的指标可以参考
离岸人民币外汇指数	汇丰银行	2011 年 3 月发布	作为单一货币指数，采用贸易加权的方式参考与多个国家的双边汇率与贵金属等	配合相应设计的人民币指数产品，可方便投资人管理手中的人民币头寸，加速人民币的国际化进程

续表

指数名称	编制机构	发布频度	参数范围	研究意义
离岸人民币指数 ORI	中国银行	自 2011 年底起逐季发布	ORI 对以下指标进行综合加权计算：离岸人民币存款在所有货币离岸存款中的比重；离岸人民币贷款在所有货币离岸贷款中的比重；人民币计价的国际债券和权益投资余额在所有币种中的比重；全球外汇储备中人民币的占比；人民币外汇交易量在所有币种外汇交易量中的占比	是对人民币在离岸金融市场上资金存量规模、资金运用情况、金融工具使用等方面发展水平的综合评价
跨境人民币指数 CRI	中国银行	以 2011 年底为基期逐季发布，2014 年 4 月起改为逐月发布	涵盖国际收支平衡中经常项目和有代表性的资本项目及境外流转项目的流量指标	从人民币跨境流出、境外流转、跨境回流的角度，反映一个时间段以内人民币在跨境交易中的使用水平
星展人民币动力指数	星展银行（中国香港）	自 2012 年底起逐季发布	过去 12 个月的实际业务表现及未来 12 个月的预期表现；过去和未来对使用人民币经营业务的需求；企业对人民币贸易服务及应收付款服务的使用水平；企业获得人民币融资的难易程度	鉴于企业间人民币使用的水平与接受程度更有代表性，从在中国香港注册的公司角度，对使用人民币的接受和渗透程度进行衡量
人民币国际化指数 RII	人民大学		世界贸易总额中人民币结算比重；全球对外信贷总额中人民币信贷比重；全球国际债券和票据发行额中人民币债券和票据比重；全球国际债券和票据余额中人民币债券和票据比重；全球直接投资中人民币直接投资比重；全球外汇储备中人民币储备比重	在资本账户有序开放的前提下，从国际货币的计价支付和储备职能出发，编制的人民币国际化指数能衡量人民币国际化的实际水平，进而提高人民币国际化的管理能力。而且通过观察 RII 指数的数值及其结构变化，还可直观评判人民币国际化的程度及其主要影响因素

数据来源：根据不同指数编制和发行机构网站整理而得。

第 5 章　国际专利是国际贸易的支柱

专利是科技创新的主要成果，也是知识产权的主要内容。第 2 章介绍了近 10 年来全球专利申请数在主要国家和地区的分布以及在主要科技领域的分布，对我们理解专利有一定的帮助。但是，由于各个国家和地区专利管理审批有较大的不同，专利申请数并不能很好地反映不同国家或地区科技水平的高低，特别是不能反映不同国家或地区专利的国际竞争力。

本章基于中国、欧洲、日本、韩国和美国五大专利局（以下简称五局）和世界知识产权协会公布的同族专利数据，对科技国际化或科技国际竞争力给出了合理的定义并进行了度量，相关结果对我们理解过去十多年来全球主要国家和地区间科技竞争的态势，以及我国科创能力的提升速度及其中遇到的阻力有较为准确的把握，进而对今后我国科创水平的继续提高以及对我国贸易发展的支持等方面有较为科学的判断。

5.1　世界五大专利局及合作简介

5.1.1　五局简介

欧洲专利局（European Patent Office，EPO）是在 1973 年由主要欧洲国家专利机构共同签订的欧洲专利公约（European Patent Convention，EPC）下建立的，该公约分别于 1991 年 12 月 17 日和 2000 年 11 月 29 日更新（EPO 网站：www. epo. org）。截至 2018 年底，欧洲专利局有包括 19 个欧元区成员国和英国、瑞典等主要欧盟成员国及瑞士和土耳其等 38 个会员。2018 年，欧洲专利局总开销 16.5 亿欧元（18.9 亿美元），其中检索和审查分别占比 50.2% 和 32.4%，两项合计占比 82.6%。截至 2018 年，欧洲专利局有来自 35 个欧洲国家的 6696 名员工，管理 38 个会员国的专利申请、审批和欧洲及国际合作相关事项（IP5，2018）。

日本特许厅（Japan Patent Office，JPO）的前身实际上早在 1884 年日本商标法和 1885 年日本专利垄断法设立之时为落实这些法律而设立。日本特许厅有一定的独立性，是制定、修改、解释《特许法》《实用新案法》《意匠法》和《商品法》的权威机构。负责法规受理、审查、批准上述四种专利的申请工作，日本特许厅相关职能和工作请查日本特许厅网站：www. jpo. go. jp。截至 2018 年底，日本特许厅有员工 2780 人，年度开销 3104 亿日元（28.3 亿美元），其中综合处理工作、审查申诉和专利处理计算机化分别占比 32.2%、26.5% 和 22.4%，该三项支出合计占比 81.1%（IP5，2018）。

韩国特许厅（Korean Intellectural Propterty Office，KIPO）的前身韩国专利局设立于 1948 年，为当时韩国工商部下的一个局；1979 年，韩国专利局加入了世界知识产权组织；2000 年，将前身韩国工业产权厅改名为现在的韩国特许厅。韩国特许厅负责管理韩国专利和商标及国际合作等相关事项，韩国特许厅相关信息请查韩国特许厅网站：www. kipo. go. kr。2018 年，韩国特许厅总开销 7022.8 亿韩元（6.3 亿美元），其中运营开支和内部事务分别占比 39.8% 和 38.6%，两项合计占比 78.4%。截至 2018 年，韩国特许厅有 1667 名员工，管理韩国专利及商标和国际合作等事项（IP5，2018）。

中国《专利法》于 1984 年 3 月 12 日由全国人大通过并于 1985 年 4 月 1 日开始实施。中国《专利法》分别于 1993 年 1 月和 2001 年 7 月进行了两次修改（相关信息请查国家知识产权局网站：www. sipo. gov. cn）。截至 2018 年底，中国知识产权局有 12000 名专利审查员。2018 年，中国知识产权局总支出 63.0 亿元人民币（9.2 亿美元），其中专利审查和行政运营支出分别占总支出的 77.5% 和 13.2%，两项合计占比 90.7%（IP5，2018）。

美国专利商标局（UnitedStates Patent and Trademark Office，USPTO）成立于 1802 年，是美国商务部下的一个机构，主要负责为发明家和他们的相关发明提供专利保护、商品商标注册和知识产权证明（美国专利和商标相关法规和数据请查美国专利商标局网站：www. uspto. gov）。截至 2018 年底，美国专利商标局共有 12579 名员工，2018 年总支出 33.0 亿美元，其中工资福利和设备分别占比 66.8% 和 6.9%，两项总占比 73.7%。

5.1.2 五局合作简介

1985 年到 2008 年，欧洲专利局、日本特许厅和美国专利商标办公室联合发表“三边”专利相关数据的年度报告。2009 年，韩国特许厅也加入了三局合作行列，从而形成了当时的全球四大专利局合作的格局并联合发表相关专利数据。2012 年开始，中国国家知识产权局也加入了之前的四局合作机构，形成了全球五大专利机构合作的框架，该五局与世界知识产权组织（World Intellectural Proptery Organizaion，WIPO）合作每年公布五局和五局外全球专利等相关数据，为我们了解和分析全球专利和相关问题提供了可靠的数据。2017 年，全球共受理了 280 万件发明专利申请，包括国家直接申请、地区直接申请和通过《专利合作条约》（PCT）途径提交的国际专利申请，其中 94% 的申请源于五局所在的国家和地区。另外，2017 年，全球 1363.6 万项有效专利有 91.1% 是在五大局管理中，其他国家和地区专利占比仅为 8.9%（IP5，2018），显示出五大专利局在全球专利领域的重要影响力和五大局年度专利报告的重要性。

5.1.3 五局简单比较及启示

上文显示，美国专利商标局在五局中支出用于员工工资和福利的占比最高，日本特许厅用于数字化管理专利的支出占比最高，显示出日本特许厅多年来致力于“世界上最快速和最优质的专利审查”的目标落实在了该厅的管理行动上。另外，根据上文介绍的 2018 年五局年度支出数据计算得出，美国、欧洲、日本、中国和韩国专利机构支出费用占五局总支出比重分别为 40.5%、23.2%、17.3%、11.2% 和 7.7% 与下文计算出的近年来该五局的国际专利全球占比排序相当，显示出主要国家和地区专利管理机构花费的管理成本与其专利的总量也有着直接关系。

5.2　国际专利简介

虽然五局批准和维护的有效专利中大部分是辖内申请的专利（2017 年欧洲、日本、韩国、中国和美国国内申请的有效专利占比分别为 60%、83%、75%、68%和 50%，其他国家和地区占比 35%，全球辖内专利占比高达 66.4%），全球境外专利占比仅为 33.6%，但是这些境外专利或国际专利却在全球贸易和其他商业活动中发挥着更为重要的作用。市场与生产的全球化仍然是主要的商业趋势，国际专利是通过国际通用标准协调的专利，专利跨境申请是经贸全球化趋势的重要内涵。

全球通用国际专利标准是 1970 年在华盛顿签订的《专利合作条约》（Patent Cooperation Treaty，PCT），该公约分别于 1979 年和 2001 年修改。截至 2019 年 10 月 2 日，全球有 153 个国家和地区签订了该条约，为国际专利领域最具进步意义的重要标志（世界知识产权组织网站：www.wipo.int）。该条约对签约国国际合作提出了详细的规定和约束，对推动国际专利合作发挥着重要的作用。我国于 1994 年 1 月签订了该条约，为之后我国专利国际合作打下了基础。

国际专利实际上是满足专利合作条约的各项规定，首先由专利申请人向其主管受理局提交，由世界知识产权组织的国际局进行国际公开，并由国际检索单位进行国际检索。本章利用五局和世界知识产权组织合作的相关国际专利数据对五局和五局外其他国家和地区国际专利进行介绍、比较和分析。

5.3　国际专利在主要国家和地区的分布

5.3.1　国际专利申请在主要国家和地区的分布

表 5－1 给出了 2007 年到 2020 年五局国际专利申请数及相关时间段内的年均复合增长率。表 5－1 显示，2007 年到 2020 年全球国际专利申请数保持

较为平稳且略高于4%的增长速度。2007 年到2020 年，中国申请数增幅最高，增长了约 13 倍至 72340 件，其中，2010 年、2016 年、2017 年和 2019 年分别首次超过韩国、欧洲、日本和美国，成为全球国际专利最大的申请国，显示十多年来我国国际专利方面取得的可喜成绩。2007 年到 2020 年，韩国国际专利申请量以比全球年均增速约多一倍的速度 8.2% 增长，日本年均增速也略超全球增速；欧洲年均增速相对平稳，但增速比全球增速略低 1.2 个百分点；美国年均增速仅为 0.2%，五局外其他国家和地区国家专利申请数不仅没有增长反而略有下降。

表 5-1　按受理局划分的 PCT 国际申请量及相关时间段内的年均复合增长率（2007 年到 2020 年）　单位：件、%

年份＼国家/地区	欧洲	日本	韩国	中国	美国	其他	全球
2007	26061	26935	7060	5400	54595	39876	159927
2008	29494	28027	7911	6081	52054	39674	163241
2009	27360	29291	8025	8000	46055	36671	155402
2010	28900	31523	9639	12917	45228	36133	164340
2011	30893	37972	10413	17471	49366	36322	182437
2012	32430	42787	11787	19924	52009	36315	195252
2013	32036	43075	12439	22927	57678	37125	205280
2014	32902	41292	13138	27088	61963	37897	214280
2015	34151	43097	14593	31044	57419	36551	216855
2016	35288	44495	15595	44463	56665	36347	232853
2017	36619	47425	15789	50657	56256	36599	243345
2018	37937	48630	16990	55204	55230	38539	252530
2019	37999	51652	18885	60997	56230	39594	265357
2020	38872	49313	19675	72340	55848	38785	274833
2007—2014 年均变化	3.4	6.3	9.3	25.9	1.8	-0.7	4.3
2014—2020 年均变化	2.8	3.0	7.0	17.8	-1.7	0.4	4.2
2007—2020 年均变化	3.1	4.8	8.2	22.1	0.2	-0.2	4.3
2007 年/2020 年	67.0	54.6	35.9	7.5	97.8	102.8	58.2

数据来源：2020 年五局年度报告（IP5 Statistics Report 2020）。

根据表5－1的数据可以计算出，2007—2020年，五局受理的国际专利申请数占全球比重从75.1%提高到了85.9%，显示五局在全球国际专利管理中的重要性。

5.3.2　国际专利申请量占总专利申请量比例比较

根据2020年五局专利报告数据显示，2006—2016年，我国的国际专利申请占我国的总专利申请数比重保持在3%左右，2017年增长0.84%至3.84%，2018年略有下降至3.74%；而同期欧洲、美国、日本、韩国和五局外其他国家和地区相应的比例平均在20%、15%、12%、6%和8%（五局报告IP5见图5－1），表明我国国际专利申请比例最低，我国绝大部分申请的专利仅在国内申请，而仅在国内申请并获准的专利仅在国内有效，难以在国际市场发挥作用。

5.3.3　授权国际专利量占比和总量比较

利用历年五局报告给出的各局国际专利授权占总授权比例（见表5－2）给出的数据和五局报告IP5 2019中图4.5给出的各局专利总授权比例，我们可以计算出2009年到2019年五局授权的PCT国际专利数。数据显示，EPC授权率从2009年的53%稳步增长到2019年的65%，上升12个百分点；日本授权率从2009年的12%稳步增长13个百分点至2019年的25%；美国授权率从2009年的11%稳步增长10个百分点至2019年的21%；韩国授权率从2009年的17%增长3个百分点至2019年的20%；中国授权比例从2009年的25%下降13个百分点至2019年的12%。

5.3.4　五局授权专利

表5－2给出了2010—2020年各专利局授权的国际专利总数。表5－2显示，尽管欧洲专利局授权的国际专利年增长率较低，但其一直是过去十年中授权数量最多的专利局，其次是日本和美国专利局。虽然中国国家知识产权局授权的国际专利数量一直少于上述三局，但其保持着2010—2015年

13.18%的高复合年增长率，更在2015—2020年达到了最高的复合年增长率8.56%，专利数量有望在未来十年左右超过美国。

表5-2给出的各局授权的国际专利数包括境外机构在其辖内的国际专利数，因此，从表5-2给出的国际专利数中仍难以看出源自各局辖内的国际专利数，也难以看出各个国家或地区国际专利所代表的科技国际竞争力。

表5-2　五局授权的PCT国际专利数量分布（2010年到2020年）

单位：件

年份＼国家/地区	欧洲	日本	韩国	中国	美国
2010	16184	4413	1639	2842	5880
2011	17609	6076	1770	3494	6911
2012	18161	7702	2255	3985	8321
2013	18581	8615	2363	4585	9805
2014	19741	9084	2496	5418	11153
2015	21174	10343	2919	5277	10910
2016	22584	10234	2963	7559	10766
2017	23541	11198	3118	7105	11253
2018	24659	11671	3398	6624	11046
2019	24699	12945	3777	7320	11584
2020	24878	12821	3738	7957	11170
2010—2015年均变化	5.52	18.57	12.24	13.18	13.16
2015—2020年均变化	3.28	4.39	5.07	8.56	0.47

数据来源：根据2020年五局年度报告相关比例计算得出（www.fiveipoffices.org）。

5.4 同族专利数和科技国际化

5.4.1 同族专利简介

同族专利是与国际专利相似的一类国际专利，是指在本国首次申请专利的同时或稍后申请相关优先权，并得到国际专利组织的认可和备案，之后再在境外不同专利局申请并授权的专利。同族专利不仅在本国认可，而且同时在境外也认可，是对专利申请者出口产品的重要保护。五局与世界知识产权组织合作公布的，自 2006 年以来五局和五局外其他国家和地区同族专利相关数据比同期 PCT 国际专利数据更为系统详细，为我们了解、把握和比较主要专利局科技国际竞争力变化提供了难得的数据支撑。

5.4.2　同族专利首次申请分布

五局年度报告给出了欧洲、日本、韩国、美国、中国、其他地区和全球总量在“要求同族专利优先权来源地”中首次申请的相关重要数据。表 5 – 3 给出了 2000—2016 年各地区的首次申请。表 5 – 3 显示，日本和美国在 2000—2008 年的首次申请中居于前两位；2009 年中国取代美国成为首次申请的第二大地区，2010 年中国超过日本成为同族专利首次申请量最高的国家；2016 年中国首次申请量达到 120.0383 万件，占全球专利申请总量的 57.5%，表明中国同族专利稳步增长的态势。

表 5 – 3　全球同族专利首次申请及后续申请的分布情况（2000—2016 年）

单位：%

要求优先权来源地	来源地首次申请	任何其他地区	任何其他五局地区	五局同族专利	五局同族专利比例	五局同族专利与首次申请比例
2000 年						
欧洲	130928	58399	47383	3803	22.93	2.90
日本	384201	65455	63406	6263	37.77	1.63
韩国	72753	7872	6961	1229	7.41	1.69
美国	161786	79190	53823	4971	29.97	3.07
中国	25261	2093	852	36	0.22	0.14
其他	53930	9034	9034	282	1.70	0.52
全球	828859	222043	181459	16584	100.00	2.00
2001 年						
欧洲	120050	52525	47801	5470	23.20	4.56
日本	382815	63664	62596	8711	36.95	2.28
韩国	73546	8504	8216	1491	6.32	2.03
美国	174979	73575	54794	7417	31.46	4.24

续表

要求优先权来源地	来源地首次申请	任何其他地区	任何其他五局地区	五局同族专利	五局同族专利比例	五局同族专利与首次申请比例
中国	29959	1173	1057	78	0.33	0.26
其他	66078	10040	10040	410	1.74	0.62
全球	847427	209481	184504	23577	100.00	2.78
2002 年						
欧洲	118120	59140	47406	6392	23.36	5.41
日本	365204	67674	64815	9666	35.33	2.65
韩国	76440	11518	10329	2060	7.53	2.69
美国	179642	81695	57576	8723	31.88	4.86
中国	39671	2111	1418	125	0.46	0.32
其他	60141	11656	11656	397	1.45	0.66
全球	839218	233794	193200	27363	100.00	3.26
2003 年						
欧洲	125129	50308	47340	6928	22.94	5.54
日本	358184	70118	68532	10013	33.16	2.80
韩国	90165	14965	14425	2863	9.48	3.18
美国	184758	71973	59690	9839	32.58	5.33
中国	56637	2337	2028	148	0.49	0.26
其他	58298	13157	13157	409	1.35	0.70
全球	873171	222858	205172	30200	100.00	3.46
2004 年						
欧洲	127112	50475	48823	6841	21.94	5.38
日本	362342	75416	74297	9747	31.26	2.69
韩国	105027	18839	18722	3130	10.04	2.98
美国	185008	74343	64214	10880	34.90	5.88
中国	65586	3063	2990	153	0.49	0.23
其他	53106	13325	13325	426	1.37	0.80
全球	898181	235465	222375	31177	100.00	3.47
2005 年						
欧洲	126652	50381	48634	7021	21.35	5.54
日本	359382	76031	74631	9724	29.57	2.71

续表

要求优先权来源地	来源地首次申请	任何其他地区	任何其他五局地区	五局同族专利	五局同族专利比例	五局同族专利与首次申请比例
韩国	121942	22091	21920	3136	9.54	2.57
美国	202776	79686	68854	12307	37.43	6.07
中国	93172	5347	5258	233	0.71	0.25
其他	50285	14885	14885	460	1.40	0.91
全球	954209	248421	234182	32881	100.00	3.45
2006年						
欧洲	129229	50308	48206	6438	20.75	4.98
日本	336013	75179	73735	9533	30.72	2.84
韩国	125249	21674	21481	2881	9.28	2.30
美国	215904	80393	68023	11513	37.10	5.33
中国	121968	5987	5815	270	0.87	0.22
其他	67018	15346	15346	395	1.27	0.59
全球	995381	248887	232606	31030	100.00	3.12
2007年						
欧洲	131364	49715	47406	6085	21.44	4.63
日本	321375	74495	72885	8278	29.17	2.58
韩国	128438	21101	20904	2366	8.34	1.84
美国	234043	79992	67427	10916	38.47	4.66
中国	152299	7794	7585	367	1.29	0.24
其他	54347	15231	15231	363	1.28	0.67
全球	1021866	248328	231438	28375	100.00	2.78
2008年						
欧洲	132401	48635	46771	6704	22.30	5.06
日本	317528	70509	69208	7794	25.92	2.45
韩国	126691	18824	18652	2057	6.84	1.62
美国	223045	77292	66396	12700	42.24	5.69
中国	194005	9129	8967	393	1.31	0.20
其他	108544	15949	15949	419	1.39	0.39
全球	1102214	240338	225943	30067	100.00	2.73

续表

要求优先权来源地	来源地首次申请	任何其他地区	任何其他五局地区	五局同族专利	五局同族专利比例	五局同族专利与首次申请比例
2009 年						
欧洲	132568	49097	46894	7113	21. 75	5. 37
日本	282359	67726	66431	8477	25. 92	3. 00
韩国	126988	19318	19078	2343	7. 16	1. 85
美国	213093	77308	66751	13560	41. 46	6. 36
中国	228456	11448	11191	706	2. 16	0. 31
其他	90607	15911	15911	505	1. 54	0. 56
全球	1074071	240808	226256	32704	100. 00	3. 04
2010 年						
欧洲	117916	50534	48308	6600	19. 93	5. 60
日本	276156	76326	74517	9117	27. 54	3. 30
韩国	131461	22172	21948	2813	8. 50	2. 14
美国	227907	82419	71275	13281	40. 11	5. 83
中国	291960	12888	12513	806	2. 43	0. 28
其他	75585	17434	17434	491	1. 48	0. 65
全球	1120985	261773	245995	33108	100. 00	2. 95
2011 年						
欧洲	124435	51752	49092	6642	19. 39	5. 34
日本	271683	78342	76273	8755	25. 57	3. 22
韩国	137671	22108	21842	3187	9. 31	2. 31
美国	231630	89050	77162	14048	41. 02	6. 06
中国	413540	15596	14621	971	2. 84	0. 23
其他	71808	19068	19068	643	1. 88	0. 90
全球	1250767	275916	258058	34246	100. 00	2. 74
2012 年						
欧洲	126222	51911	49901	6659	19. 64	5. 28
日本	269132	77264	75116	8322	24. 54	3. 09
韩国	147694	25093	24858	3183	9. 39	2. 16
美国	250617	94176	81802	13985	41. 24	5. 58
中国	533245	19304	18111	1181	3. 48	0. 22

续表

要求优先权来源地	来源地首次申请	任何其他地区	任何其他五局地区	五局同族专利	五局同族专利比例	五局同族专利与首次申请比例
其他	80343	20022	20022	581	1. 71	0. 72
全球	1407253	287770	269810	33911	100. 00	2. 41
2013 年						
欧洲	127188	53772	51849	6791	19. 80	5. 34
日本	252391	74632	72394	7498	21. 86	2. 97
韩国	159248	29484	29171	2891	8. 43	1. 82
美国	264923	100769	87721	15104	44. 03	5. 70
中国	702013	21089	19706	1548	4. 51	0. 22
其他	88645	19531	19531	471	1. 37	0. 53
全球	1594408	299277	280372	34303	100. 00	2. 15
2014 年						
欧洲	128438	54952	53253	7051	20. 91	5. 49
日本	245343	74823	72651	7547	22. 39	3. 08
韩国	163185	29828	29522	2743	8. 14	1. 68
美国	260984	93209	81678	13830	41. 02	5. 30
中国	798074	23054	22003	1977	5. 86	0. 25
其他	84315	19369	19369	566	1. 68	0. 67
全球	1680339	295235	278476	33714	100. 00	2. 01
2015 年						
欧洲	127357	51703	50353	6937	21. 82	5. 45
日本	237574	65951	64127	6453	20. 30	2. 72
韩国	166376	26855	26605	2644	8. 32	1. 59
美国	260274	84512	76795	12932	40. 68	4. 97
中国	965137	22553	20679	1950	6. 13	0. 20
其他	88691	17887	17747	877	2. 76	0. 99
全球	1845409	269461	256306	31793	100. 00	1. 72
2016 年						
欧洲	130034	51602	50286	6731	22. 19	5. 18
日本	238167	67069	65315	5947	19. 60	2. 50
韩国	162297	25050	24748	2793	9. 21	1. 72
美国	264685	85452	77823	12346	40. 70	4. 66

续表

要求优先权来源地	来源地首次申请	任何其他地区	任何其他五局地区	五局同族专利	五局同族专利比例	五局同族专利与首次申请比例
中国	1200383	24332	22579	1615	5.32	0.13
其他	91795	17905	17713	903	2.98	0.98
全球	2087361	271410	258464	30335	100.00	1.45
2003—2007 年复合增长率	来源地首次申请	任何其他地区	任何其他五局地区	五局同族专利	五局同族专利比例	五局同族专利与首次申请比例
欧洲	1.22	-0.30	0.03	-3.19	-1.00	-0.05
日本	-2.67	1.53	1.55	-4.65	-0.29	-0.33
韩国	9.25	8.97	9.72	-4.65	1.47	-0.17
美国	6.09	2.68	3.09	2.63	0.20	-0.01
中国	28.06	35.14	39.07	25.49	-0.02	-0.01
其他	-1.74	3.73	3.73	-2.94	0.00	-0.17
全球	4.01	2.74	3.06	-1.55	0.00	0.00
2007—2011 年复合增长率						
欧洲	-1.35	1.01	0.88	2.21	-0.51	0.18
日本	-4.11	1.27	1.14	1.41	-0.90	0.16
韩国	1.75	1.17	1.10	7.73	0.24	0.12
美国	-0.26	2.72	3.43	6.51	0.64	0.35
中国	28.37	18.94	17.83	27.54	0.39	0.00
其他	7.21	5.78	5.78	15.37	0.15	0.06
全球	5.18	2.67	2.76	4.81	0.00	-0.01
2011—2016 年复合增长率						
欧洲	0.88	-0.06	0.48	0.27	0.56	-0.03
日本	-2.60	-3.06	-3.05	-7.44	-1.19	-0.14
韩国	3.35	2.53	2.53	-2.60	-0.02	-0.12
美国	2.70	-0.82	0.17	-2.55	-0.06	-0.28
中国	23.75	9.30	9.08	19.04	0.50	-0.02
其他	5.03	-1.25	-1.46	7.03	0.22	0.02
全球	10.79	-0.33	0.03	-2.40	0.00	-0.26

数据来源：根据 2020 年五局年度报告相关比例计算得出（www.fiveipoffices.org）。由于中国 2016 年的最新数据偏小，不符合过去两年的增长趋势，故中国 2011—2016 年复合增长率实际计算时用的是 2011—2015 年的数据以减小误差。

5.4.3　任何其他地区后续申请数分布及启示

首次申请标志着同族专利的起步信心，而在任何其他地区后续申请优先权的申请在很大程度上代表着不同专利局（要求优先权来源地）同族专利的水平。表5－3显示，美国和日本在2000—2016年的后续申请中一直保持前两位，唯一例外的是2004年，日本的75416件数量略超过美国的74343件；2000—2016年，欧洲、韩国和中国在后续申请中仍处于第3、第4和第5位。

5.5　全球同族专利数在全球分布的估算及启示

由于各局2020年及更早的年报中并不提供由当地提出申请并获授权的专利数，表5－2中各局授权专利数无法提供各局在科技领域的相对竞争力。但是，五局的年报仍然给我们提供了许多重要数据来比较各局在科技领域的相对竞争力。

5.5.1　估算同族专利数全球分布简介

表5－3给出了2000—2016年欧洲、日本、韩国、美国和中国等国家和地区的同族专利数量首次申请数，以及各地区的同族专利与首次申请比例等信息。由于表5－3包含的信息较多，表5－4集中了2000—2016年各地区的同族专利数量，并根据历史数据估算了2017—2021年的类似数据。

表5－4显示，日本在2000—2003年的同族专利数量最多，2004年其领先地位被美国取代。2000—2014年，欧洲的同族专利数量一直保持在第3位，由于其增速高于日本，所以在2015—2016年取代了日本成为第2位。韩国在同族专利中仍居第4位，但由于韩国同族专利在2011—2016年间以每年2.60%的速度下降，因此，其第4名的地位很可能在2020年被中国取代。中国在2000—2006年落后于其他地区，在2000—2016年落后于其他四局，表明我国还需要做出更多努力才能在该领域迎头赶上。

表 5－4　全球同族专利分布及年均变化率（2000—2016 年）

单位：件、%

要求优先权来源地／年份	欧洲	日本	韩国	美国	中国	其他	全球
2000	3803	6263	1229	4971	36	282	16584
2001	5470	8711	1491	7417	78	410	23577
2002	6392	9666	2060	8723	125	397	27363
2003	6928	10013	2863	9839	148	409	30200
2004	6841	9747	3130	10880	153	426	31177
2005	7021	9724	3136	12307	233	460	32881
2006	6438	9533	2881	11513	270	395	31030
2007	6085	8278	2366	10916	367	363	28375
2008	6704	7794	2057	12700	393	419	30067
2009	7113	8477	2343	13560	706	505	32704
2010	6600	9117	2813	13281	806	491	33108
2011	6642	8755	3187	14048	971	643	34246
2012	6659	8322	3183	13985	1181	581	33911
2013	6791	7498	2891	15104	1548	471	34303
2014	7051	7547	2743	13830	1977	566	33714
2015	6937	6453	2644	12932	1950	877	31793
2016	6731	5947	2793	12346	1615	903	30335
2017	6749	5505	2720	12031	1828	966	29944
2018	6767	5095	2650	11724	2068	1034	29557
2019	6786	4716	2581	11425	2341	1107	29176
2020	6804	4365	2514	11134	2649	1185	28800
2021	6822	4040	2448	10850	2998	1268	28428
2003—2007 年复合增长率	－3. 19	－4. 65	－4. 65	2. 63	25. 49	－2. 94	－1. 55
2007—2011 年复合增长率	2. 21	1. 41	7. 73	6. 51	27. 54	15. 37	4. 81
2011—2016 年复合增长率	0. 27	－7. 44	－2. 60	－2. 55	19. 04	7. 03	－2. 40
2016—2021 年* 复合增长率	0. 27	－7. 44	－2. 60	－2. 55	13. 17	7. 03	－1. 29

数据来源：同表 5－3；欧洲、日本、美国和韩国 2017—2021 年数据采用 2011—2016 年复合年增长率估算；考虑到中国数据 2007—2011 年以及 2011—2016 年增速下滑趋势，故用 13. 17%（19. 04% × 19. 04%/27. 54%）。

5.5.2　同族专利数与首次申请比例

表5－3给出了2000—2016年各地区同族专利数量与首次申请数量的比例。表5－3显示，2000—2016年，来自欧美的首次申请数量前5名的同族专利数量占专利申请数量的比例继续从3%以上升至5%以上，之后大部分时间保持在5%以上的高水平，没有太大变化。日本2000—2010年从1.63%增长到3.30%，但从2010年到2016年下降到3%以下。韩国从2000年的1.69%增长到2003年的3.18%，而后又在接下来的十多年中缓慢下跌，至2016年下跌至1.72%，与2000年水平相近。2016年中国的相应比例最低，约为0.13%，且仍在下降，表明中国首次申请的质量有待大幅提升。中国的同族专利数量与首次申请数量比例在2000年后的15年中始终处于0.2%左右的低位，并仍保持下降的趋势，显示出中国首次申请专利的质量仍有巨大的进步空间。

5.5.3　各地专利国际化进程

同族专利在世界范围内和国际上都被广泛接受，因此，像货币全球化一样，专利国际化可以用一个国家或地区内的同族专利总数占全球的比例表示该国家的专利国际化程度。使用表5－4的数据，我们可以找到每个地区的专利国际化程度，表5－5给出了结果。

表5－5　各地区专利国际化情况（2000—2021年）　　单位：%

要求优先权来源地 / 年份	欧洲	日本	韩国	美国	中国	其他	全球
2000	22.93	37.77	7.41	29.97	0.22	1.70	100
2001	23.20	36.95	6.32	31.46	0.33	1.74	100
2002	23.36	35.33	7.53	31.88	0.46	1.45	100
2003	22.94	33.16	9.48	32.58	0.49	1.35	100
2004	21.94	31.26	10.04	34.90	0.49	1.37	100
2005	21.35	29.57	9.54	37.43	0.71	1.40	100
2006	20.75	30.72	9.28	37.10	0.87	1.27	100
2007	21.44	29.17	8.34	38.47	1.29	1.28	100

续表

年份 \ 要求优先权来源地	欧洲	日本	韩国	美国	中国	其他	全球
2008	22.30	25.92	6.84	42.24	1.31	1.39	100
2009	21.75	25.92	7.16	41.46	2.16	1.54	100
2010	19.93	27.54	8.50	40.11	2.43	1.48	100
2011	19.39	25.57	9.31	41.02	2.84	1.88	100
2012	19.64	24.54	9.39	41.24	3.48	1.71	100
2013	19.80	21.86	8.43	44.03	4.51	1.37	100
2014	20.91	22.39	8.14	41.02	5.86	1.68	100
2015	21.46	21.66	8.33	40.61	6.32	1.62	100
2016	22.19	19.60	9.21	40.70	5.32	2.98	100
2017	22.54	18.38	9.08	40.18	6.10	3.23	100
2018	22.89	17.24	8.97	39.67	7.00	3.50	100
2019	23.26	16.16	8.85	39.16	8.02	3.79	100
2020	23.63	15.16	8.73	38.66	9.20	4.11	100
2021	24.00	14.21	8.61	38.17	10.55	4.46	100

数据来源：使用表5－4中的数据计算。

表5－5显示，自2004年以来美国始终在专利全球化方面保持领先，2005—2016年，日本和欧洲保持第2和第3位。这三个国家和地区在2000—2002年期间垄断了全球90%以上的同族专利，在2003—2016年其总占比也一直高居82%和90%之间，表明这些国家和地区在世界专利和全球技术中的垄断地位。

5.5.4 主要专利发起国的相对稳定状态

表5－3显示，欧洲、日本和美国的首次申请、后续申请在任何其他地区地区和任何其他五局地区的年均增长率均处于较低的个位数水平，甚至韩国的年增长率也难以达到两位数的水平，表明全球前三大专利发起国的同族专利基本达到了相对稳定的增长趋势。

5.5.5 中国专利国际化的比较

表5－4显示，虽然2000—2016年中国专利同族专利数量在各局中最低，

但从2000年的36个增加到2003年的148个，增长了3.11倍（年均复合增长率为60.20%）；从2003年的148个增加到2007年的367个，又增长了1.48倍（年复合增长率下降到25.49%），并首次超过五局以外的其他国家和地区；2007—2011年复合年均增长率小幅增长至27.54%，其后年均复合增长率小幅下降至19.04%，即是2007—2011年复合年均增长率的69.15%，假设2016—2021年复合年均增长率也达到2011—2016年年均增长率19.04%的69.15%，即13.17%，源自中国的同族专利数量将在2020年增长至2649个，首次超过来自韩国的相应数量。

表5-5显示，2020年中国9.20%的专利国际化程度将首次超过韩国8.73%的国际化程度，2021年则将首次超过10%，达到10.55%。假设2021年至2026年中国专利国际化年均增长率仍能达到2016—2021年复合年均增长率的69.15%，则中国专利全球化有望在2023年超越日本。

5.5.6　同族专利的平均质量

通过表5-4中的专利全球化结果，我们可以很好地估计出各个地区的科技竞争力，但这忽略了一个非常重要的问题——同族专利的平均质量在不同专利地区或专利发起国之间差异巨大。如果考虑同族专利的平均质量因素，表5-4中的结果会有显著差异。

5.6　同族专利后续申请要求优先权在主要地区的分布和启示

表5-4给出了主要专利发起国的同族专利总数情况，但无法给出各专利发起国的同族专利其他地区的分布，我们难以了解不同地区之间在同族专利上的依赖程度。然而，五局的报告提供了同族专利后续申请要求优先权在五局和五局外其他国家或地区的分布，从中我们可以得到同族专利在全球分布的重要信息。

除了表5-3中给出的五局同族专利后续申请情况外，五局和世界知识产权组织（WIPO）的年度报告还向我们提供了欧洲、日本、韩国、美国、中国和其他国家或地区的后续申请数据，提供了关于同族专利如何在不同地区分布的宝贵信息。表5－6给出了相应的结果。

表5－6　全球同族专利后续申请要求优先权数量在五局和五局外的分布及年均变化率（2000—2016年）　　单位：件、%

2000年/要求优先来源地	欧洲	日本	韩国	美国	中国	其他	全球
欧洲	—	23917	5778	45060	12138	37243	124136
日本	33466	—	15151	59105	17220	21174	146116
韩国	2328	3947	—	6079	2623	3208	18185
美国	49639	31667	8631	—	13726	65209	168872
中国	378	246	84	708	—	1633	3049
其他	4013	2348	468	8012	1295	—	16136
全球	89824	62125	30112	118964	47002	128467	476494
2001年	欧洲	日本	韩国	美国	中国	其他	全球
欧洲	—	22867	7946	45522	13580	25324	115239
日本	31501	—	18120	57992	22618	18523	148754
韩国	2688	4396	—	7425	3411	2179	20099
美国	50359	31583	11029	—	16209	55313	164493
中国	480	308	120	934	—	432	2274
其他	3938	2376	610	9170	1312	—	17406
全球	88966	61530	37825	121043	57130	101771	468265
2002年	欧洲	日本	韩国	美国	中国	其他	全球
欧洲	—	22792	8599	44936	16876	40312	133515
日本	31314	—	18816	59478	28972	24334	162914
韩国	3401	5333	—	9494	5285	4331	27844
美国	52161	32702	12716	—	20869	67862	186310
中国	632	413	199	1203	—	1348	3795
其他	4052	2606	697	10701	1572	—	19628
全球	91560	63846	41027	125812	73574	138187	534006

续表

2003 年	欧洲	日本	韩国	美国	中国	其他	全球
欧洲	—	22634	9624	44340	19140	22011	117749
日本	32076	—	20510	62049	33122	19744	167501
韩国	4863	6915	—	13168	7571	3677	36194
美国	53327	34209	15117	—	24386	48440	175479
中国	875	523	254	1711	—	877	4240
其他	4050	2619	839	12051	1600	—	21159
全球	95191	66900	46344	133319	85819	94749	522322
2004 年	欧洲	日本	韩国	美国	中国	其他	全球
欧洲	—	23072	9523	45119	22004	20330	120048
日本	33411	—	21087	67539	35919	19204	177160
韩国	6302	8182	—	16426	9875	3444	44229
美国	56793	36406	16412	—	29128	46876	185615
中国	1161	676	279	2498	—	491	5105
其他	4013	2656	977	12234	1641	—	21521
全球	101681	70993	48278	143819	98567	90345	553683
2005 年	欧洲	日本	韩国	美国	中国	其他	全球
欧洲	—	23023	9912	44954	23197	21150	122236
日本	31383	—	20888	67577	35215	18538	173601
韩国	7278	8555	—	19725	10810	3941	50309
美国	60421	37645	18859	—	32984	50440	200349
中国	2018	1068	456	4523	—	701	8766
其他	4447	2883	1106	13674	1817	—	23927
全球	105547	73174	51221	150453	104023	94770	579188
2006 年	欧洲	日本	韩国	美国	中国	其他	全球
欧洲	—	21060	9132	44295	23325	21124	118936
日本	30421	—	20481	66674	35332	17789	170697
韩国	6987	7257	—	19715	9501	3381	46841
美国	59147	34476	18158	—	33447	50669	195897
中国	2240	1175	496	4955	—	796	9662
其他	4205	2636	1074	14035	1744	—	23694
全球	103000	66604	49341	149674	103349	93759	565727

续表

2007 年	欧洲	日本	韩国	美国	中国	其他	全球
欧洲	—	18637	8522	43451	23384	20901	114895
日本	28510	—	18608	65054	36025	17319	165516
韩国	6290	6054	—	19023	8355	3148	42870
美国	57728	31409	17304	—	34923	49427	190791
中国	2536	1407	722	6761	—	1023	12449
其他	3992	2312	981	13987	1752	—	23024
全球	99056	59819	46137	148276	104439	91818	549545
2008 年	欧洲	日本	韩国	美国	中国	其他	全球
欧洲	—	17986	9085	42610	25081	20718	115480
日本	26146	—	16640	60981	34894	15724	154385
韩国	5112	5097	—	16868	7055	2601	36733
美国	56457	30865	18770	—	38101	47669	191862
中国	2787	1606	809	8194	—	1050	14446
其他	4164	2240	997	14683	1946	—	24030
全球	94666	57794	46301	143336	107077	87762	536936
2009 年	欧洲	日本	韩国	美国	中国	其他	全球
欧洲	—	17416	9862	42358	27172	21517	118325
日本	26777	—	16733	57618	37949	16096	155173
韩国	5865	5124	—	17252	7826	2598	38665
美国	57188	30690	19932	—	40366	47903	196079
中国	4343	2378	1177	10162	—	1745	19805
其他	4542	2245	1059	14636	2175	—	24657
全球	98715	57853	48763	142026	115488	89859	552704
2010 年	欧洲	日本	韩国	美国	中国	其他	全球
欧洲	—	16687	9869	42847	28966	21814	120183
日本	29759	—	18651	63465	46516	18607	176998
韩国	6823	5753	—	20106	9192	2950	44824
美国	60003	30705	20146	—	44364	49256	204474
中国	5089	2641	1369	11198	—	2234	22531
其他	4716	2259	1192	15707	3358	—	27232
全球	106390	58045	51227	153323	132396	94861	596242

续表

2011 年	欧洲	日本	韩国	美国	中国	其他	全球
欧洲	—	16510	9900	43307	30175	21783	121675
日本	30411	—	18505	63640	48706	19680	180942
韩国	7200	5717	—	19828	9885	3051	45681
美国	64979	31882	21593	—	48836	51273	218563
中国	5956	2841	1574	13323	—	5619	29313
其他	4893	2385	1266	16352	6455	—	31351
全球	113439	59335	52838	156450	144057	101406	627525

2012 年	欧洲	日本	韩国	美国	中国	其他	全球
欧洲	—	15996	10022	43844	30788	20012	120662
日本	30296	—	18164	62237	47256	18997	176950
韩国	7783	6057	—	22583	11674	3415	51512
美国	68621	32455	22595	—	52715	52631	229017
中国	7796	3504	2096	16567	—	6363	36326
其他	4837	2265	1250	17266	6671	—	32289
全球	119333	60277	54127	162497	149104	101418	646756

2013 年	欧洲	日本	韩国	美国	中国	其他	全球
欧洲	—	16779	10042	46148	31996	20083	125048
日本	29193	—	16669	60097	43821	18270	168050
韩国	8381	5661	—	26660	13153	3748	57603
美国	73717	33980	24202	—	56755	55480	244134
中国	8350	3892	2541	17775	—	5805	38363
其他	4643	2359	1176	16692	6421	—	31291
全球	124284	62671	54630	167372	152146	103386	664489

2014 年	欧洲	日本	韩国	美国	中国	其他	全球
欧洲	—	17168	10277	47302	33186	19529	127462
日本	30090	—	16526	60628	42929	17810	167983
韩国	8620	5424	—	26690	13992	3042	57768
美国	67900	31225	22941	—	52230	50163	224459
中国	10181	4966	3336	19754	—	5600	43837
其他	4925	3321	1246	16144	6472	—	32108
全球	121716	62104	54326	170518	148924	96144	653732

续表

2015年	欧洲	日本	韩国	美国	中国	其他	全球
欧洲	—	16228	9992	45479	32463	14631	118793
日本	25163	—	14832	54530	39296	13563	147384
韩国	8408	4945	—	24033	14276	2698	54360
美国	63785	29083	20087	—	52398	37899	203252
中国	8135	4160	2940	19143	—	5610	39988
其他	6276	2846	1526	14666	6276	—	31590
全球	111767	57262	49377	157851	144709	74401	595367
2016年	欧洲	日本	韩国	美国	中国	其他	全球
欧洲	—	16550	10277	43317	33663	13912	117719
日本	25340	—	14816	52759	42089	13530	148534
韩国	8535	5030	—	21752	14570	2664	52551
美国	64591	28062	19390	—	53717	38535	204295
中国	10034	4748	2949	19442	—	5261	42434
其他	6406	2964	1471	14461	6924	—	32226
全球	114906	57354	48903	151731	150963	73902	597759
2003—2007年复合增长率	欧洲	日本	韩国	美国	中国	其他	全球
欧洲	—	-4.74	-2.99	-0.51	5.13	-1.29	-0.61
日本	-2.90	—	-2.40	1.19	2.12	-3.22	-0.30
韩国	6.64	-3.27	—	9.63	2.49	-3.81	4.32
美国	2.00	-2.11	3.44	—	9.39	0.51	2.11
中国	30.48	28.07	29.85	40.99	—	3.92	30.90
其他	-0.36	-3.07	3.99	3.79	2.29	—	2.13
全球	1.00	-2.76	-0.11	2.69	5.03	-0.78	1.28
2007—2011年复合增长率	欧洲	日本	韩国	美国	中国	其他	全球
欧洲	—	-2.98	3.82	-0.08	6.58	1.04	1.44
日本	1.63	—	-0.14	-0.55	7.83	3.25	2.25
韩国	3.44	-1.42	—	1.04	4.29	-0.78	1.60
美国	3.00	0.37	5.69	—	8.74	0.92	3.46
中国	23.79	19.20	21.51	18.48	—	53.09	23.87
其他	5.22	0.78	6.58	3.98	38.54	—	8.02
全球	3.45	-0.20	3.45	1.35	8.37	2.51	3.37

续表

2011—2016年复合增长率	欧洲	日本	韩国	美国	中国	其他	全球
欧洲	—	0.05	0.75	0.00	2.21	-8.58	-0.66
日本	-3.58	—	-4.35	-3.68	-2.88	-7.22	-3.87
韩国	3.46	-2.53	—	1.87	8.07	-2.68	2.84
美国	-0.12	-2.52	-2.13	—	1.92	-5.55	-1.34
中国	11.00	10.82	13.38	7.85	—	-1.31	7.68
其他	5.54	4.44	3.05	-2.43	1.41	—	0.55
全球	0.26	-0.68	-1.54	-0.61	0.94	-6.13	-0.97
2003—2016年复合增长率	欧洲	日本	韩国	美国	中国	其他	全球
欧洲	—	-2.38	0.51	-0.18	4.44	-3.47	0.00
日本	-1.80	—	-2.47	-1.24	1.86	-2.87	-0.92
韩国	4.42	-2.42	—	3.94	5.16	-2.45	2.91
美国	1.49	-1.51	1.93	—	6.26	-1.74	1.18
中国	20.64	18.49	20.76	20.56	—	14.78	19.39
其他	3.59	0.96	4.41	1.41	11.93	—	3.29
全球	1.46	-1.18	0.41	1.00	4.44	-1.89	1.04

数据来源：同表5-3。

5.6.1　源自前四个国家和地区的后续申请优先权分布情况

表5-6显示，2003—2016年，其他地区源自欧洲、日本和美国的后续申请优先权量分别保持了接近于0、-0.92%和1.18%的年均增长率，与首次申请的年均增长率相近，表明这3个国家地区作为专利发源地，其增长已经达到了稳定阶段。

值得注意的是，2003—2016年，源自韩国的后续申请优先权年均增长率仅比欧洲、日本、美国这三地略高，为2.91%，意味着韩国作为专利发源地，其增长也已经达到了稳定阶段。

5.6.2　源自中国的后续申请优先权分布情况

表5-6显示，2003—2016年，源自中国的后续申请优先权保持稳定增

长，2003—2016 年年均复合增长率为两位数。然而，2011 年至 2016 年，年均增长率从 2007 年至 2011 年的 23.87% 下降到 7.68%，表明随着基数的增加，增长率也随之下降。然而，2016 年至 2021 年，源自中国的后续申请优先权仍大概率能回升至两位数的年均增长率。

5.6.3 在我国的后续申请优先权

表 5－6 显示，在我国源自日本的后续申请优先权从 2000 年的 17220 件增加到 2007 年的 36025 件，增加了 18805 件。源自美国的后续申请优先权从 2000 年的 13726 件增加到 2007 年的 34923 件，增加了 21197 件。同期源自日本的后续申请优先权仍然多于源自美国的后续申请优先权，表明在 2008 年全球金融危机之前，日本是中国最主要的专利或技术提供者。2007 年到 2016 年期间，我国源自日本的后续申请优先权从 2007 年的 36025 件增加到 2016 年的 42089 件，而源自美国的后续申请优先权从 2007 年的 34923 件增加到 2016 年的 53717 件，表明美国在 2008 年国际金融危机后取代日本成为中国主要的专利或技术提供者；2016 年来自欧洲、韩国和其他国家的后续申请优先权分别为 33663 件、14570 件和 6924 件。

2016 年，我国源自美国、日本和欧洲的后续申请优先权分别占总量的 35.6%、27.9% 和 22.3%，2001 年至 2016 年源自美国、日本和欧洲的后续申请优先权的累计增加量为 37508 件、19471 件和 20083 件，占同期我国的总增量 93833 件的 40.0%、20.8% 和 21.4%。上述数据表明，美国在向中国提供技术方面发挥了主导作用。

5.6.4 其他国家中源自中国的后续申请优先权

表 5－6 显示，2016 年，美国、欧洲、其他国家、日本和韩国源自中国的后续申请优先权为 19442 件、10034 件、5261 件、4748 件和 2949 件；2001 年至 2016 年，美国、欧洲、其他国家、日本和韩国源自中国的后续申请优先权的增量分别达到 18508 件、9554 件、4829 件、4440 件和 2829 件，表明从

2001年到2016年，美国一直都是源自中国的后续申请优先权的最重要接收国。

5.7 主要国家地区后续申请优先权的启示

表5-3为我们提供了五局和其他地区的同族专利申请数分布，对我们了解十多年来全球同族专利的变化有很大帮助，但是，五局年度专利报告给出了主要国家在全球总的同族专利数及在其他国家同族专利申请数量，却未给出这些同族专利的具体分布，使我们难以看出要求优先权来源地相应的同族专利在不同地区的分布。五局和其他地区的后续申请优先权可以弥补这一缺憾，并帮助我们估算出同族专利在五局和其他地区的分布。本节的主要内容就是对五局和其他地区在各地的同族专利分布作出估算。

5.7.1 美国在后续申请优先权中的首要地位及影响

表5-4显示，美国拥有世界上最多的同族专利，由于美国的市场规模和其创新的科技环境，美国是对所有外国专利最有吸引力的市场。虽然美国在全球的后续申请优先权总量中的份额从2000年的35.44%略降到2016年的34.18%，但其总量累计增量为35423件，占全球累计增量121265件的29.21%，远远高于日本的相应份额1.99%以及同期欧洲的累计增量份额-5.29%，表明美国作为世界上最大的进口国和消费市场，也同时吸引着全球的科技创新者。全球许多新的国际专利的流入，刺激了美国进一步创新并引领全球科技创新，形成了以美国为中心的全球科技创新的繁荣循环，也是美国引领和掌控全球科技创新的重要动力。

5.7.2 中国在后续申请优先权中的第二地位及影响

本章的附录表显示，中国在全球的后续申请优先权总量分别在2002年和2006年超过了当时的第3名日本和第2名欧洲。中美之间在后续申请优先权的份额差异从2000年的5.73%下降到2011年的最低水平0.68%，2012年至

2016 年，平均每年的差异份额保持在 0.9% 以下。上述结果意味着，尽管 2015 年之前美国、欧洲和中国的 GDP 差距很大（2015 年美国和欧洲占世界 GDP 的份额为 24.34% 和 22.90%，比中国占世界 GDP 的份额 14.83% 高 9.51% 和 8.07%），但中国多年来一直被国外视为技术应用的巨大市场，不仅表明中国的科技水平仍有提升空间，以及全球对中国消费和经济增长潜力的认可，同时也表明中国的科技对海外国家和地区的依赖性很高。

需要注意的是，2016 年在中国的后续申请优先权总额占比达到历史最高水平 25.25%，2011 年至 2016 年保持在年均 23.54% 的水平上，没有太大变化。中国进一步对外开放政策的实施，可能会导致未来几年更多的同族专利后续申请流入中国。我们可以预计，在中国 GDP 超过美国的几年前，进入中国的同族专利后续申请的总流量份额将超过美国。

5.8 基于后续申请优先权的同族专利分布情况

表 5-4 中各地区的同族专利总数的年度分布，然而，我们还无法得知表 5-6 中的后续申请优先权单独如何影响五局和其他地区的同族专利。本节的目的是估算各国的同族专利在其他国家和地区中的分布情况，以便找到必要的信息，来研究各国在同族专利上的相互依赖性，以及衡量专利全球化的更好方法。

5.8.1 估算同族专利的简单假设

表 5-3 显示，2016 年美国在五大局的同族专利为 12346 件，美国在五局中其他地区的后续申请优先权为 77823 件，前者与后者的比例为 15.86%。假设美国在五局和其他地区的同族专利与美国在其他五局和其他地区的后续申请优先权的比例与上述 15.86% 相同，那么我们可以通过表 5-6 中给出的美国在欧洲、日本、韩国、中国的后续申请优先权加上美国在五局中其他地区的后续申请优先权（77823），再乘以 15.86% 的比例来估算 2016 年美国在欧洲、日本、韩国、中国和其他国家的总同族专利，分别为 22593 件、16798

件、15422 件、20868 件。

其他国家的后续申请优先权加上美国在其他地区的后续申请优先权（85452），再乘以 15.86% 的比例来估算 2016 年美国在其他地区的总同族专利，为 19670 件，由此得出 2016 年美国的同族专利总数为 107696 件。

5.8.2　各地同族专利的估算

在相同假设下，我们可以得到美国 2000—2016 年的类似结果，我们也可以得到其他地区在 2000—2016 年的类似估计结果。2017—2020 年的结果则以各地 2016 年的同族专利数为基数，以 2003—2016 年的年均复合增长率来估算，从而得出各地区相应的同族专利数和全球同族专利数。表 5 -7 给出了结果。

表 5 -7　全球同族专利分布及年均变化率（2000—2016 年）

单位：件、%

2000 年	欧洲	日本	韩国	美国	中国	其他	全球
欧洲	3803	5723	4267	7420	4777	7676	33665
日本	9569	6263	7760	12101	7964	8557	52213
韩国	1640	1926	1229	2302	1692	1956	10745
美国	9556	7896	5768	4971	6239	13336	47766
中国	52	46	40	66	36	157	397
其他	407	355	297	532	322	282	2196
全球	25026	22209	19360	27392	21030	31965	146983
2001 年	欧洲	日本	韩国	美国	中国	其他	全球
欧洲	5470	8087	6379	10679	7024	8908	46548
日本	13095	8711	11233	16781	11859	11437	73116
韩国	1979	2289	1491	2838	2110	1939	12646
美国	14234	11692	8910	7417	9611	17446	69310
中国	113	101	87	147	78	118	644
其他	571	507	435	784	464	410	3171
全球	35461	31386	28535	38647	31145	40259	205434

续表

2002年	欧洲	日本	韩国	美国	中国	其他	全球
欧洲	6392	9465	7551	12451	8667	13410	57937
日本	14336	9666	12472	18536	13987	13721	82718
韩国	2738	3124	2060	3953	3114	3161	18150
美国	16626	13677	10650	8723	11885	22658	84219
中国	181	161	143	231	125	305	1146
其他	535	486	421	761	451	397	3051
全球	40808	36579	33296	44656	38228	53652	247220
2003年	欧洲	日本	韩国	美国	中国	其他	全球
欧洲	6928	10240	8336	13417	9729	10584	59234
日本	14700	10013	13010	19079	14852	13129	84783
韩国	3828	4235	2863	5477	4366	3700	24469
美国	18629	15478	12331	9839	13859	19848	89984
中国	212	186	167	273	148	235	1220
其他	535	490	435	784	459	409	3112
全球	44832	40643	37142	48868	43412	47905	262801
2004年	欧洲	日本	韩国	美国	中国	其他	全球
欧洲	6841	10074	8175	13163	9924	9921	58098
日本	14130	9747	12513	18607	14459	12413	81870
韩国	4184	4498	3130	5876	4781	3725	26194
美国	20503	17048	13661	10880	15815	20539	98446
中国	212	188	167	281	153	182	1183
其他	554	511	457	817	478	426	3244
全球	46424	42066	38104	49625	45611	47206	269035
2005年	欧洲	日本	韩国	美国	中国	其他	全球
欧洲	7021	10345	8452	13511	10370	10327	60025
日本	13813	9724	12446	18529	14312	12322	81146
韩国	4177	4360	3136	5958	4683	3724	26038
美国	23107	19036	15678	12307	18203	23259	111589
中国	322	280	253	433	233	268	1790
其他	597	549	494	883	516	460	3499
全球	49038	44294	40459	51621	48316	50359	284087

续表

2006 年	欧洲	日本	韩国	美国	中国	其他	全球
欧洲	6438	9251	7658	12354	9553	9540	54793
日本	13466	9533	12181	18153	14101	12020	79454
韩国	3818	3854	2881	5525	4155	3360	23594
美国	21524	17348	14586	11513	17174	22182	104328
中国	374	325	293	500	270	315	2077
其他	503	463	423	756	440	395	2980
全球	46123	40773	38021	48801	45693	47812	267225
2007 年	欧洲	日本	韩国	美国	中国	其他	全球
欧洲	6085	8477	7179	11662	9087	9064	51554
日本	11516	8278	10391	15667	12370	10428	68650
韩国	3078	3051	2366	4519	3312	2745	19070
美国	20262	16001	13717	10916	16570	20952	98418
中国	490	435	402	694	367	427	2814
其他	458	418	386	696	405	363	2727
全球	41889	36661	34442	44155	42109	43978	243233
2008 年	欧洲	日本	韩国	美国	中国	其他	全球
欧洲	6704	9282	8006	12812	10299	9941	57044
日本	10738	7794	9668	14661	11724	9711	64297
韩国	2621	2619	2057	3917	2835	2363	16412
美国	23499	18604	16290	12700	19988	23902	114983
中国	515	463	428	752	393	446	2998
其他	528	478	445	805	470	419	3145
全球	44606	39240	36895	45647	45709	46782	258879
2009 年	欧洲	日本	韩国	美国	中国	其他	全球
欧洲	7113	9755	8609	13538	11235	10711	60960
日本	11894	8477	10612	15829	13320	10696	70828
韩国	3063	2972	2343	4462	3304	2692	18836
美国	25177	19794	17609	13560	21760	25436	123337
中国	980	856	780	1347	706	832	5502
其他	649	576	539	970	574	505	3813
全球	48877	42431	40492	49706	50898	50872	283275

续表

2010 年	欧洲	日本	韩国	美国	中国	其他	全球
欧洲	6600	8880	7948	12454	10557	9884	56324
日本	12758	9117	11399	16882	14808	11615	76579
韩国	3687	3550	2813	5390	3991	3220	22652
美国	24462	19002	17035	13281	21548	24536	119863
中国	1134	976	894	1527	806	974	6311
其他	624	555	525	933	586	491	3713
全球	49265	42080	40614	50467	52296	50720	285442
2011 年	欧洲	日本	韩国	美国	中国	其他	全球
欧洲	6642	8876	7981	12501	10725	9949	56674
日本	12246	8755	10879	16060	14346	11251	73537
韩国	4238	4021	3187	6080	4629	3671	25826
美国	25878	19852	17979	14048	22939	25547	126244
中国	1367	1160	1076	1856	971	1409	7837
其他	808	723	686	1194	861	643	4915
全球	51178	43387	41788	51740	54470	52470	295034
2012 年	欧洲	日本	韩国	美国	中国	其他	全球
欧洲	6659	8794	7996	12510	10767	9598	56324
日本	11678	8322	10334	15217	13557	10665	69774
韩国	4180	3959	3183	6075	4678	3650	25724
美国	25717	19534	17848	13985	22997	25098	125179
中国	1689	1409	1318	2261	1181	1674	9533
其他	721	647	617	1082	775	581	4423
全球	50644	42664	41297	51130	53956	51266	290956
2013 年	欧洲	日本	韩国	美国	中国	其他	全球
欧洲	6791	8989	8106	12835	10982	9673	57376
日本	10522	7498	9224	13722	12037	9622	62625
韩国	3722	3452	2891	5533	4195	3293	23086
美国	27797	20955	19271	15104	24876	26903	134906
中国	2204	1854	1748	2944	1548	2113	12410
其他	583	528	499	874	626	471	3581
全球	51618	43275	41740	51013	54263	52076	293984

续表

2014 年	欧洲	日本	韩国	美国	中国	其他	全球
欧洲	7051	9324	8412	13314	11445	9862	59408
日本	10673	7547	9264	13845	12006	9623	62958
韩国	3544	3247	2743	5223	4043	3054	21854
美国	25327	19117	17714	13830	22674	24276	122939
中国	2892	2423	2277	3752	1977	2575	15895
其他	710	663	602	1038	755	566	4334
全球	50196	42321	41012	51002	52900	49955	287387
2015 年	欧洲	日本	韩国	美国	中国	其他	全球
欧洲	6937	9173	8314	13203	11409	9139	58174
日本	8985	6453	7946	11940	10407	8001	53733
韩国	3480	3135	2644	5032	4063	2937	21291
美国	23673	17829	16315	12932	21756	20614	113118
中国	2717	2342	2227	3755	1950	2656	15648
其他	1187	1018	952	1602	1187	884	6830
全球	46979	39951	38397	48464	50772	44230	268793
2016 年	欧洲	日本	韩国	美国	中国	其他	全球
欧洲	6731	8946	8107	12529	11237	8769	56319
日本	8254	5947	7296	10751	9779	7339	49366
韩国	3756	3361	2793	5248	4437	3128	22723
美国	22593	16798	15422	12346	20868	19670	107696
中国	2333	1955	1826	3006	1615	2117	12851
其他	1230	1054	978	1640	1256	913	7071
全球	44897	38060	36422	45520	49192	41935	256025
2003—2007 年年均增长率	欧洲	日本	韩国	美国	中国	其他	全球
欧洲	-3.19	-4.61	-3.67	-3.44	-1.69	-3.80	-3.41
日本	-5.92	-4.65	-5.46	-4.81	-4.47	-5.60	-5.14
韩国	-5.31	-7.87	-4.65	-4.69	-6.67	-7.20	-6.04
美国	2.12	0.83	2.70	2.63	4.57	1.36	2.27
中国	23.30	23.64	24.64	26.29	25.49	16.13	23.24
其他	-3.80	-3.91	-2.92	-2.91	-3.08	-2.94	-3.25
全球	-2.16	-2.83	-2.08	-1.68	-0.98	-2.82	-1.92

续表

2007—2011 年年均增长率	欧洲	日本	韩国	美国	中国	其他	全球
欧洲	2.21	1.16	2.68	1.75	4.23	2.36	2.40
日本	1.55	1.41	1.15	0.62	3.77	1.92	1.73
韩国	8.32	7.14	7.73	7.70	8.73	7.54	7.88
美国	6.31	5.54	7.00	6.51	8.47	5.08	6.42
中国	29.25	27.77	27.90	27.87	27.54	34.81	29.18
其他	15.24	14.69	15.42	14.44	20.76	15.37	15.87
全球	5.03	4.21	4.93	4.26	6.69	4.68	4.95
2011—2016 年复合增长率	欧洲	日本	韩国	美国	中国	其他	全球
欧洲	0.27	0.16	0.31	0.04	0.94	-2.49	-0.13
日本	-7.59	-7.44	-7.68	-7.71	-7.38	-8.19	-7.66
韩国	-2.38	-3.53	-2.60	-2.90	-0.84	-3.15	-2.53
美国	-2.68	-3.29	-3.02	-2.55	-1.87	-5.09	-3.13
中国	11.29	11.01	11.17	10.12	10.71	8.48	10.39
其他	8.76	7.82	7.36	6.55	7.85	7.26	7.54
全球	-2.58	-2.59	-2.71	-2.53	-2.02	-4.38	-2.80

数据来源：同表 5 -4 和表 5 -6，并计算基于 5.8.1 节中的假设。

5.8.3 美国和其他地区在中国的同族专利

表 5 -7 显示，2013 年中国来自美国的同族专利数是最高的，达到 24876 件，占中国所有外国同族专利 52918 件的 47%，远高于同年欧洲和日本在中国的同族专利数的相应份额 20.75% 和 22.75%，及其总份额 43.5%，说明美国的科技力量对中国的重要性。2013 年至 2016 年美国在中国的同族专利数量有所下降，但其份额仍然高于 43%；虽然 2016 年的份额 43.43% 略低于同年欧洲和日本在中国的同族专利数 43.74% 的份额，但总体数据仍表明世界上两个主要经济体之间的关系更加深入。

5.8.4 中国在其他地区的同族专利

表 5 -7 显示，2000—2016 年，除中国以外的其他地区的同族专利仅以个位数的增速变化，而中国在其他地区的同族专利则以两位数的增速增长。此外，中国的同族专利总数在 2007—2011 年中持续以 28.09% 的年均增长

率增长，快于2003—2007年的相应增长率24.77%，但2011—2016年相比2007—2011年年均增长率有所放缓，表明中国的科技增长从2011年开始适度减速。

5.9 各地同族专利的相互依赖性

五局及其他地区同族专利的估算结果不仅有助于找到更好的专利全球化衡量标准，而且有助于找到各地同族专利的相互依赖性。

5.9.1 两地同族专利依赖度的定义

表5-7显示，2016年美国在日本的同族专利为16798个，同年日本在美国的同族专利为10751个，因此，我们可以将美国对日本同族专利的独立性或美国同族专利的自主度定义为16798/（16798+10751）=60.98%。换句话说，美国同族专利对日本同族专利的依赖度为100%-60.97%=39.02%；或日本同族专利对美国同族专利的自主度为10751/（16798+10751）=39.02%，日本同族专利对美国同族专利的依赖度为100%-39.02%=60.98%，说明日本同族专利对美国更为依赖。

5.9.2 各地同族专利的相互依赖度

根据上述关于两地同族专利依赖性的定义，我们可以找到2000年至2016年各国家和地区间同族专利的相互依赖度和自主度，表5-8给出了结果，其中X轴从左到右代表一个地区对另一个地区的同族专利的自主度，Y轴代表一个地区对另一个地区的同族专利的自主度的依赖度。

表5-8 全球同族专利自主度和依赖度分布（2000—2016年） 单位：%

2000年	欧洲	日本	韩国	美国	中国	其他	全球
欧洲	—	37.42	72.23	43.71	98.92	94.96	57.36
日本	62.58		80.12	60.52	99.42	96.01	70.16
韩国	27.77	19.88		28.53	97.72	86.83	35.69

续表

2000年	欧洲	日本	韩国	美国	中国	其他	全球
美国	56.29	39.48	71.47		98.95	96.16	63.55
中国	1.08	0.58	2.28	1.05		32.81	1.85
其他	5.04	3.99	13.17	3.84	67.19		6.43
全球	42.64	29.84	64.31	36.45	98.15	93.57	
2001年	欧洲	日本	韩国	美国	中国	其他	全球
欧洲	—	38.18	76.32	42.87	98.41	93.98	56.76
日本	61.82		83.07	58.94	99.16	95.76	69.97
韩国	23.68	16.93		24.16	96.05	81.68	30.71
美国	57.13	41.06	75.84		98.49	95.70	64.20
中国	1.59	0.84	3.95	1.51		20.35	2.03
其他	6.02	4.24	18.32	4.30	79.65		7.30
全球	43.24	30.03	69.29	35.80	97.97	92.70	
2002年	欧洲	日本	韩国	美国	中国	其他	全球
欧洲	—	39.77	73.39	42.82	97.96	96.16	58.67
日本	60.23		79.97	57.54	98.86	96.58	69.34
韩国	26.61	20.03		27.07	95.62	88.25	35.28
美国	57.18	42.46	72.93		98.09	96.75	65.35
中国	2.04	1.14	4.38	1.91		40.36	2.91
其他	3.84	3.42	11.75	3.25	59.64		5.38
全球	41.33	30.66	64.72	34.65	97.09	94.62	
2003年	欧洲	日本	韩国	美国	中国	其他	全球
欧洲	—	41.06	68.53	41.87	97.87	95.19	56.92
日本	58.94		75.44	55.21	98.76	96.40	67.60
韩国	31.47	24.56		30.75	96.33	89.48	39.72
美国	58.13	44.79	69.25		98.07	96.20	64.81
中国	2.13	1.24	3.67	1.93		33.83	2.73
其他	4.81	3.60	10.52	3.80	66.17		6.10
全球	43.08	32.40	60.28	35.19	97.27	93.90	

续表

2004年	欧洲	日本	韩国	美国	中国	其他	全球
欧洲	—	41.62	66.15	39.10	97.90	94.71	55.58
日本	58.38		73.56	52.19	98.72	96.05	66.06
韩国	33.85	26.44		30.08	96.62	89.07	40.74
美国	60.90	47.81	69.92		98.26	96.17	66.49
中国	2.10	1.28	3.38	1.74		27.54	2.53
其他	5.29	3.95	10.93	3.83	72.46		6.43
全球	44.42	33.94	59.26	33.51	97.47	93.57	
2005年	欧洲	日本	韩国	美国	中国	其他	全球
欧洲	—	42.82	66.92	36.90	96.98	94.53	55.04
日本	57.18		74.06	49.33	98.08	95.73	64.69
韩国	33.08	25.94		27.54	94.87	88.29	39.16
美国	63.10	50.67	72.46		97.67	96.34	68.37
中国	3.02	1.92	5.13	2.33		34.18	3.57
其他	5.47	4.27	11.71	3.66	65.82		6.50
全球	44.96	35.31	60.84	31.63	96.43	93.50	
2006年	欧洲	日本	韩国	美国	中国	其他	全球
欧洲	—	40.72	66.73	36.47	96.23	94.99	54.30
日本	59.28		75.96	51.13	97.75	96.29	66.09
韩国	33.27	24.04		27.47	93.41	88.83	38.29
美国	63.53	48.87	72.53		97.17	96.70	68.13
中国	3.77	2.25	6.59	2.83		41.72	4.35
其他	5.01	3.71	11.17	3.30	58.28		5.87
全球	45.70	33.91	61.71	31.87	95.65	94.13	
2007年	欧洲	日本	韩国	美国	中国	其他	全球
欧洲	—	42.40	69.99	36.53	94.89	95.19	55.17
日本	57.60		77.30	49.47	96.60	96.15	65.19
韩国	30.01	22.70		24.78	89.18	87.66	35.64
美国	63.47	50.53	75.22		95.98	96.78	69.03

续表

2007年	欧洲	日本	韩国	美国	中国	其他	全球
中国	5.11	3.40	10.82	4.02		51.31	6.26
其他	4.81	3.85	12.34	3.22	48.69		5.84
全球	44.83	34.81	64.36	30.97	93.74	94.16	
2008年	欧洲	日本	韩国	美国	中国	其他	全球
欧洲	—	46.36	75.34	35.28	95.24	94.95	56.12
日本	53.64		78.68	44.07	96.20	95.31	62.10
韩国	24.66	21.32		19.39	86.87	84.15	30.79
美国	64.72	55.93	80.61		96.37	96.74	71.58
中国	4.76	3.80	13.13	3.63		48.69	6.16
其他	5.05	4.69	15.85	3.26	51.31		6.30
全球	43.88	37.90	69.21	28.42	93.84	93.70	
2009年	欧洲	日本	韩国	美国	中国	其他	全球
欧洲	—	45.06	73.76	34.97	91.98	94.29	55.50
日本	54.94		78.12	44.43	93.96	94.89	62.54
韩国	26.24	21.88		20.22	80.90	83.33	31.75
美国	65.03	55.57	79.78		94.17	96.33	71.28
中国	8.02	6.04	19.10	5.83		59.18	9.75
其他	5.71	5.11	16.67	3.67	40.82		6.97
全球	44.50	37.46	68.25	28.72	90.25	93.03	
2010年	欧洲	日本	韩国	美国	中国	其他	全球
欧洲	—	41.04	68.31	33.74	90.30	94.06	53.34
日本	58.96		76.25	47.05	93.82	95.44	64.54
韩国	31.69	23.75		24.04	81.70	85.99	35.80
美国	66.26	52.95	75.96		93.38	96.34	70.37
中国	9.70	6.18	18.30	6.62		62.45	10.77
其他	5.94	4.56	14.01	3.66	37.55		6.82
全球	46.66	35.46	64.20	29.63	89.23	93.18	

续表

2011年	欧洲	日本	韩国	美国	中国	其他	全球
欧洲	—	42.02	65.32	32.57	88.70	92.49	52.55
日本	57.98		73.01	44.72	92.52	93.96	62.89
韩国	34.68	26.99		25.27	81.15	84.26	38.20
美国	67.43	55.28	74.73		92.52	95.53	70.93
中国	11.30	7.48	18.85	7.48		62.08	12.58
其他	7.51	6.04	15.74	4.47	37.92		8.57
全球	47.45	37.11	61.80	29.07	87.42	91.43	
2012年	欧洲	日本	韩国	美国	中国	其他	全球
欧洲	—	42.95	65.67	32.73	86.44	93.01	52.65
日本	57.05		72.30	43.79	90.58	94.28	62.06
韩国	34.33	27.70		25.39	78.02	85.54	38.38
美国	67.27	56.21	74.61		91.05	95.87	71.00
中国	13.56	9.42	21.98	8.95		68.36	15.01
其他	6.99	5.72	14.46	4.13	31.64		7.94
全球	47.35	37.94	61.62	29.00	84.99	92.06	
2013年	欧洲	日本	韩国	美国	中国	其他	全球
欧洲	—	46.07	68.54	31.59	83.29	94.32	52.64
日本	53.93		72.77	39.57	86.65	94.80	59.14
韩国	31.46	27.23		22.31	70.59	86.83	35.61
美国	68.41	60.43	77.69		89.42	96.86	72.56
中国	16.71	13.35	29.41	10.58		77.15	18.61
其他	5.68	5.20	13.17	3.14	22.85		6.43
全球	47.36	40.86	64.39	27.44	81.39	93.57	
2014年	欧洲	日本	韩国	美国	中国	其他	全球
欧洲	—	46.63	70.36	34.46	79.83	93.28	54.20
日本	53.37		74.05	42.00	83.21	93.55	59.80
韩国	29.64	25.95		22.77	63.97	83.52	34.76
美国	65.54	58.00	77.23		85.80	95.90	70.68
中国	20.17	16.79	36.03	14.20		77.32	23.11

续表

2014 年	欧洲	日本	韩国	美国	中国	其他	全球
其他	6.72	6.45	16.48	4.10	22.68		7.98
全球	45.80	40.20	65.24	29.32	76.89	92.02	
2015 年	欧洲	日本	韩国	美国	中国	其他	全球
欧洲		50.52	70.49	35.80	80.77	88.50	55.32
日本	49.48		71.70	40.11	81.63	88.72	57.36
韩国	29.51	28.30		23.57	64.59	75.51	35.67
美国	64.20	59.89	76.43		85.28	92.79	70.01
中国	19.23	18.37	35.41	14.72		69.11	23.56
其他	11.50	11.28	24.49	7.21	30.89		13.38
全球	44.68	42.64	64.33	29.99	76.44	86.62	
2016 年	欧洲	日本	韩国	美国	中国	其他	全球
欧洲		52.01	68.34	35.67	82.81	87.70	55.64
日本	47.99		68.46	39.02	83.34	87.44	56.47
韩国	31.66	31.54		25.39	70.85	76.18	38.42
美国	64.33	60.98	74.61		87.41	92.30	70.29
中国	17.19	16.66	29.15	12.59		62.76	20.71
其他	12.30	12.56	23.82	7.70	37.24		14.43
全球	44.36	43.53	61.58	29.71	79.29	85.57	

数据来源：使用表 5 -7 的数据和 5.9.1 节的定义进行计算。

5.9.3 美国对其他地区的自主度和依赖度

表 5 -8 显示，2013 年美国对所有其他地区的依赖程度最低，其对欧洲、日本、韩国、中国、其他国家以及全球的依赖程度分别为 31.59%、39.57%、22.31%、10.58%、3.14% 和 27.44%，对上述地区的同族专利自主性为 68.41%、60.43%、77.69%、89.42%、96.86% 和 72.56%，表明同年美国对其他地区的同族专利自主度很高，或者说美国的科技自主度很高。

5.9.4 三大主要地区对其他地区的自主度

表 5 -8 显示，2000—2016 年，美国、日本和欧洲对其他地区的自主度平

均基本都在50%以上，意味着与其他地区相比，这三大主要地区都具有较高的科技自主度。

5.9.5　中国对其他地区的自主度

表5-8显示，2000年中国对欧洲、日本、韩国、美国和其他地区的依赖度分别为98.92%、99.42%、97.72%、98.95%和67.19%，这一依赖度在2016年下降到了82.81%、83.34%、70.85%、87.41%和38.68%，表明2000年至2016年中国的科技自主度上升很快。2016年，中国对韩国等国的同族专利依赖度应首次低于50%，或者说中国在2016年已赢得对韩国等国同族专利的相对自主度，再过十年左右，中国将在2026年左右赢得对欧洲和日本同族专利的相对独立。

5.10　2013年以来全球专利领域的显著变化及原因探讨

由于同族专利统计的滞后性，五局最新2020年专利报告给出的全球同族专利数据的年份为2016年的初步数据，这使我们不易判断2016年到2021年国际专利领域的变化，更难以预测今后相关变化。根据五大专利局之前数据公布的规律，2021年全球同族专利等相关数据要到2026年公布且到2027年才能确认，五年后国际格局将发生更大的变化。对近年来的国际专利变化作出及时科学的研判对于我们制定出科学合理的对策、稳步提高我国科技自主能力具有至关重要的作用。

虽然世界五大专利局最新同族专利数仅为2016年的数据，但五局2020年报告给出了2019年"世界五大专利局"间同族专利的申请数和2018年相关专利申请更新数，利用这些申请数和"世界五大专利局"2019年报告给出的2016年"世界五大专利局"间同族相互申请数及之前相关数据，我们可以判断2016年到2019年国际同族专利领域发生的重大变化。

5.10.1 2013 年以来主要国家和地区在首次申请与后续申请以及同族专利的主要变化

2000—2016 年，日本的首次申请几乎每年都在减少，其中唯一的例外是 2004 年，而且日本的同族专利从 2004 年起大部分年份都在减少，但是美国同族专利的减少对世界同族专利的影响更大。表 5－3 显示，2013—2016 年，美国的同族专利减少了 2758 个，超过了 2005 年至 2007 年减少的 1391 个同族专利，占同期全球同族专利总减少量 4506 的 30.9%。2013—2016 年美国同族专利的大幅减少是表 5－3 中美国其他五局同期首次申请和后续申请下降，特别是表 5－6 中显示的其他地区后续申请总量累积下降的直接结果。

5.10.2 2013 年以来专利申请的主要变化

最新的《2020 年 IP5 统计报告》仅包含主要国家 2016 年的同族专利信息，要获得 2017 年至 2019 年的同族专利信息仍需等待数年。然而，2017 年至 2019 年五局之间的 PCT 申请应该隐含了 2017 年至 2019 年的同族专利的部分信息，这对于我们预测 2016 年至 2019 年同族专利的变化情况至关重要。IP5《2020 年统计报告》和早期报告显示，尽管五局的美国 PCT 申请总量从 2013 年的 110177 件增加到 2016 年的 124156 件，年均增长率为 4.06%，但如表 5－9 所示，美国同族专利从 15104 件减少到 12346 件，年均负增长率为 6.50%。由于美国在其他五局的 PCT 申请总量从 2016 年的 124156 件增加到 2019 年的 131140 件，平均年增长率为 1.38%，美国同族专利的年减少率应该远远高于 13.8%。因此，2017 年至 2019 年，美国同族专利的年增长率不可能像 2013 年至 2016 年的平均年增长率那么高。

5.10.3 2013 年以来全球同族专利变化的原因简析

2014 年美国退出量化宽松政策的相关内容早在 2013 年下半年就开始在全球讨论，到 2014 年下半年正式退出了实施了 5 年多的四轮“量化宽松政策”，对全球金融和经贸产生了巨大的影响。由于 2014 年退出量化宽松政策对美国经贸和金融体系的影响当时还不明确，导致美国向全球申请同族专利数量显著下降。与此同时，其他四局国家向美国申请的专利数却明显增加（金融危机对美国科技创新能力也有明显的负面影响）。美国退出量化宽松政策直接导致除日元外其他几乎所有货币兑美元的贬值，特别是人民币兑美元的贬值以及其他因素导致 2014—2016 年我国外汇储备下降了 8235 亿美元，进而 2014—2017 年我国境外专利申请数出现了明显减缓，表明外汇储备下降压力对我国境外专利的申请也有一定的负面作用。

5.11　同族专利与 PCT 国际专利的关系

同族专利是要求单个申请优先权的一组提交的专利申请，PCT 制度为申请人在许多国家进行后续专利申请提供了一个很好的方式，因此，两类专利都是在国际授权的国际专利，有着很大相似性的同时，两者也有着很大的关联性。在不同地区之间流动的许多同族专利会使用 PCT 制度。PCT 制度的使用指在引用同一件首次申请优先权的同族专利中至少有一个 PCT 国际申请。五局 2020 年报告显示，2015 年欧洲、美国和中国三局的同族专利使用 PCT 比例分别达到 91.4%、93.0% 和 93.6%；全球平均比例为 88.8%。2008 年至 2015 年，欧洲、中国和美国使用 PCT 专利体系的同族专利平均比例分别为 80.1%、79.4% 和 81.7%；全球平均比例为 76.9%。2008—2015 年，日本的平均比例超过 72.1%，韩国为 60.4%，2015 年日本和韩国的相应比例分别高达 82.7% 和 77.0%。使用 PCT 专利体系的同族专利比例很高，说明同族专利与 PCT 专利之间的关联度很高。因此，基于五局同族专利的分析结果可以很好地代表专利国际化。

根据表 5-2 和表 5-3 所示的全球 PCT 专利和同族专利数量，后者仅占前者的 10% 至 20%。然而，同族专利总是包括一个或多个 PCT 专利申请，这就允许重复申请和授权。如果我们假设一个同族专利包括两到三个 PCT 专利申请，那么同族专利中包含的 PCT 专利数量可能占到所有 PCT 专利数量的 30% 以上，甚至达到 50%。

5.12 基于 PCT 申请对主要地区同族专利的估算

IP4 同族专利代表了高度国际化的申请，如上节所示，PCT 专利在 IP5 同族专利中的比例超过 90%。2016 年至 2018 年的 PCT 专利申请信息包含了 2016 年至 2018 年五局的同族专利的有用信息。因此，我们可以使用 2011 年至 2019 年的 Interbloc Activity PCT 专利申请数据来预测 2017 年至 2019 年五局的同族专利。

5.12.1 PCT 专利申请和同族专利

表 5 -9 给出了 2011 年至 2019 年五局的 PCT 专利申请及各专利发起人的同族专利/PCT 专利申请总量的比率。主要地区尤其是前三大地区，同族专利与 PCT 申请总量的比率是稳定的。我们可以计算出 2011 年至 2016 年五局的平均比率变化，即欧洲、日本、韩国、中国和美国的比率分别为 - 0.00092、-0.00303、-0.00662、0.00549 和 -0.00758。以 2016 年的比率为基数，参考年均变化率，我们可以得到 2017 年至 2019 年五局的同族专利占 PCT 申请总量的比率，然后我们可以用该估算比率和同期的 PCT 申请总量来估算同族专利。表 5 -9 给出了相关估算结果。

表 5 -9 五局同族专利和

PCT 专利申请估算（2011—2019 年） 单位：件、%

2011 年	欧洲	日本	韩国	中国	美国	总和	同族专利	同族专利/专利总数
欧洲		21023	10569	30199	80314	142105	6642	0.04674
日本	24577		15234	39231	85184	164226	8755	0.05331
韩国	6110	5007		8129	27289	46535	3187	0.06849
中国	2893	1401	752		10545	15591	971	0.06228
美国	43481	23414	12139	28457		107491	14048	0.13069
2012 年	欧洲	日本	韩国	中国	美国	总和	同族专利	同族专利/专利总数
欧洲		20899	10194	31820	85195	148108	6659	0.04496
日本	27526		16004	42278	88686	174494	8322	0.04769

续表

2012 年	欧洲	日本	韩国	中国	美国	总和	同族专利	同族专利/专利总数
韩国	7476	5708		8985	29481	51650	3183	0. 06163
中国	4211	2022	982		13273	20488	1181	0. 05764
美国	44888	22922	29510	29992		127312	13985	0. 10985
2013 年	欧洲	日本	韩国	中国	美国	总和	同族专利	同族专利/专利总数
欧洲		20604	11738	33287	88904	154533	6791	0. 04395
日本	28105		16299	41193	84967	170564	7498	0. 04396
韩国	7995	6134		10866	33499	58494	2891	0. 04942
中国	4837	2064	1147		15093	23141	1548	0. 06689
美国	43713	23481	12991	29992		110177	15104	0. 13709
2014 年	欧洲	日本	韩国	中国	美国	总和	同族专利	同族专利/专利总数
欧洲		21150	12299	34994	91679	160122	7051	0. 04404
日本	28455		15653	40460	96691	181259	7547	0. 04164
韩国	7756	5082		11528	36744	61110	2743	0. 04489
中国	5792	2531	1572		18040	27935	1977	0. 07077
美国	46787	25998	13952	33963		120700	13830	0. 11458
2015 年	欧洲	日本	韩国	中国	美国	总和	同族专利	同族专利/专利总数
欧洲		20784	12027	35653	93203	161667	6937	0. 04291
日本	28823		15283	40078	86359	170543	6453	0. 03784
韩国	8010	5222		12907	38205	64344	2644	0. 04109
中国	7194	2840	1947		21386	33367	1950	0. 05844
美国	52891	26501	14655	37216		131263	12932	0. 09852
2016 年	欧洲	日本	韩国	中国	美国	总和	同族专利	同族专利/专利总数
欧洲		20568	11851	36467	97269	166155	6731	0. 04051
日本	28837		14773	39207	86021	168838	5947	0. 03522
韩国	8219	5216		13764	37341	64540	2793	0. 04328
中国	8819	3810	2829		26026	41484	1615	0. 03893
美国	50639	23979	13643	35895		124156	12346	0. 09944
2017 年	欧洲	日本	韩国	中国	美国	总和	同族专利	同族专利/专利总数
欧洲		20559	11699	36818	96995	166071	6521	0. 03926
日本	30181		15043	40908	86113	172245	5444	0. 03161
韩国	7819	4735		13180	35565	61299	2344	0. 03823

续表

2017 年	欧洲	日本	韩国	中国	美国	总和	同族专利	同族专利/专利总数
中国	11080	4172	3015		29674	47941	1825	0.03807
美国	53343	23949	13442	36980		127714	11902	0.09319
2018 年	欧洲	日本	韩国	中国	美国	总和	同族专利	同族专利/专利总数
欧洲		20884	12702	39810	95699	169095	6429	0.03802
日本	31605		15595	45284	85322	177806	4976	0.02799
韩国	8845	5070		13875	33961	61751	2049	0.03319
中国	11327	5325	3140		32615	52407	1950	0.03721
美国	54140	23121	13035	38859		129155	11229	0.08694
2019 年	欧洲	日本	韩国	中国	美国	总和	同族专利	同族专利/专利总数
欧洲		20394	12242	41756	94692	169084	6218	0.03677
日本	31171		14990	48867	84435	179463	4374	0.02437
韩国	9822	5634		16019	36424	67899	1911	0.02815
中国	14130	7947	3723		39055	64855	2358	0.03635
美国	55712	22867	13111	39450		131140	10582	0.08069
2016—2019 年同族专利年均增长率								
欧洲							-2.61	
日本							-9.74	
韩国							-11.88	
中国							13.44	
美国							-5.01	

数据来源：2020 年五局统计报告及以往报告中图 3.14 的 PCT 申请数据；表 5-3 中的同族专利数据；2017 年至 2019 年的同族专利使用 2012 年至 2016 年各地同族专利/PCT 申请总量之比的年均变化估算。

5.12.2 2016—2019 年各地区同族专利年均变化率

表 5-9 显示，2016—2019 年欧洲、日本、韩国和美国的同族专利年均变化分别为 -2.61%、-9.74%、-11.88% 和 -5.01%，其中 2003—2016 年，

日本和韩国相应的年均变化率大体相似，而中国更是与相应的25.44%的年均增长率大致相似，表明估算结果的合理性。由于表5－9包含2017—2019年的领先信息，因此表5－10中的估计结果应该有助于我们预测2017—2021年的同族专利。

5.12.3　中国2007—2016年年均增长率与2016—2019年预算年均增长率比较

表5－3显示，2011—2016年中国19.04%的同族专利年均增长率是2007—2011年中国同族专利年均增长率27.54%的69.14%，表明2007—2016年增速放缓。假设增长率以相同速度放缓，即2016年至2019年的复合年增长率为2011—2016年19.04%的69.14%，我们可以估计中国2016年至2019年的复合年增长率为19.04%×69.14%=13.16%，与表5－9中国同族专利2016年至2019年估计的13.44%的复合年增长率非常接近，表明表5－3中2016—2019年中国同族专利的历史信息与预测信息非常一致。因此，我们可以更确定地使用表5－10和表5－11中2017—2021年中国同族专利的年均增速。

5.13　专利国际化的启示

表5－5中的结果为我们提供了对2000年至2016年关键地区专利国际化的估算以及基于历史信息的2017年至2021年的预测结果。表5－5中的结果是合理的，因为五局的同族专利占世界同族专利的90%以上。然而，表5－5中的结果不能代表实际的专利全球化，因为表5－5遗漏了五局以外国家的同族专利，但表5－7中的结果给出了与表5－4中结果相当的其他同族专利的估计值。因此，表5－7中对应的同族专利更能代表各地区同族专利的全球分布，以其计算得到的专利全球化结果优于表5－4。表5－10给出了具体结果。

表 5 - 10　主要地区的专利全球化（2000—2021 年）　　单位：%

年份	欧洲	日本	韩国	美国	中国	其他	全球
2000	22.90	35.52	7.31	32.50	0.27	1.49	100.00
2001	22.66	35.59	6.16	33.74	0.31	1.54	100.00
2002	23.44	33.46	7.34	34.07	0.46	1.23	100.00
2003	22.54	32.26	9.31	34.24	0.46	1.18	100.00
2004	21.60	30.43	9.74	36.59	0.44	1.21	100.00
2005	21.13	28.56	9.17	39.28	0.63	1.23	100.00
2006	20.50	29.73	8.83	39.04	0.78	1.12	100.00
2007	21.20	28.22	7.84	40.46	1.16	1.12	100.00
2008	22.03	24.84	6.34	44.42	1.16	1.21	100.00
2009	21.52	25.00	6.65	43.54	1.94	1.35	100.00
2010	19.73	26.83	7.94	41.99	2.21	1.30	100.00
2011	19.21	24.92	8.75	42.79	2.66	1.67	100.00
2012	19.36	23.98	8.84	43.02	3.28	1.52	100.00
2013	19.52	21.30	7.85	45.89	4.22	1.22	100.00
2014	20.67	21.91	7.60	42.78	5.53	1.51	100.00
2015	21.64	19.99	7.92	42.08	5.82	2.54	100.00
2016	22.00	19.28	8.88	42.06	5.02	2.76	100.00
2017*	21.53	20.33	8.71	41.45	5.04	2.91	100.00
2018*	21.05	21.42	8.59	40.82	5.06	3.06	100.00
2019*	20.56	22.54	8.44	40.15	5.08	3.22	100.00
2020*	20.07	23.71	8.29	39.46	5.09	3.38	100.00
2021*	19.81	24.28	8.2	38.81	5.33	3.57	100.00

数据来源：2000 年至 2016 年的结果采用表 5 - 7 中各地区同族专利数据计算得出；2017—2021 年的结果以各国家和地区 2016 年的同族专利为基数，通过表 5 - 3 中欧洲、日本、韩国和美国 2011—2016 年年均增长率以及表 5 - 9 中 2016 年至 2019 年这四个地区的年均增长率预测值的算术平均值计算得出；中国的年均增长率是在假设减速率 69.15%（中国 2011 年至 2016 年的年均增长率与中国 2007 年至 2011 年的年均增长率之比）保持不变，即中国 2017 年至 2021 年的年均增长率为 13.17%，低于中国 2016 年至 2019 年年均增长率预测值 16.24%。

表 5 - 10 中的结果与表 5 - 5 中给出的结果类似，并且更为合理，因为表 5 - 10是基于各国和地区在其他地区的所有同族专利，而表 5 - 5 中则缺少此项数据。表 5 - 10 中的结果比表 5 - 5 中的结果更合理的另一个原因是，

表5－10中的结果不仅基于每个国家地区的同族专利以及后续申请优先权，同时也考虑到每个国家地区两两之间的后续申请优先权，以及表5－9中所反映的2016年至2018年的PCT申请数据。因此，表5－10比表5－5的结果包含更宽泛的内容。

表5－10显示，2016年中国专利国际化应该首次超过韩国专利国际化，并且应该在2018年超过日本，要赶上欧洲则还需要十多年的时间。诚然，表5－10的结果并未考虑专利质量的关键问题。

5.14　主要国家和地区对全球同族专利的依赖度

表5－8给出了不同国家地区之间的同族专利相互依赖度的结果。我们可以使用这样的结果来关注每一个国家地区对全球同族专利的总依赖，并在本节中估计这种依赖度的未来发展。

5.14.1　估算假设和结果

表5－9给出了2000—2016年单个国家地区对全球同族专利的自主度，2017—2021年单个国家地区对全球同族专利的自主度可直接从表5－10得到，总结果在表5－11中给出。

表5－11　主要国家和地区的全球同族专利自主度（2000—2021年）

单位：%

年份	欧洲	日本	韩国	美国	中国	其他
2000	57.36	70.16	35.69	63.55	1.85	6.43
2001	56.76	69.97	30.71	64.20	2.03	7.30
2002	58.67	69.34	35.28	65.35	2.91	5.38
2003	56.92	67.60	39.72	64.81	2.73	6.10
2004	55.58	66.06	40.74	66.49	2.53	6.43
2005	55.04	64.69	39.16	68.37	3.57	6.50
2006	54.30	66.09	38.29	68.13	4.35	5.87
2007	55.17	65.19	35.64	69.03	6.26	5.84

续表

年份	欧洲	日本	韩国	美国	中国	其他
2008	56.12	62.10	30.79	71.58	6.16	6.30
2009	55.50	62.54	31.75	71.28	9.75	6.97
2010	53.34	64.54	35.80	70.37	10.77	6.82
2011	52.55	62.89	38.20	70.93	12.58	8.57
2012	52.65	62.06	38.38	71.00	15.01	7.94
2013	52.64	59.14	35.61	72.56	18.61	6.43
2014	54.20	59.80	34.76	70.68	23.11	7.98
2015	55.32	57.36	35.67	70.01	23.56	13.38
2016	55.64	56.47	38.42	70.29	20.71	14.43
2017*	55.10	57.81	37.95	69.91	20.79	15.13
2018*	54.54	59.12	37.59	69.51	20.85	15.85
2019*	53.96	60.41	37.15	69.09	20.90	16.58
2020*	53.35	61.66	36.69	68.64	20.93	17.32
2021*	53.02	62.30	36.43	68.21	21.70	18.12

数据来源：2000 年至 2016 年的结果来自表 5 – 8；2017 年至 2021 年的结果是使用表 5 – 10 中的相同假设获得。

5.14.2 讨论结果

表 5 – 11 显示，2016—2021 年，中国和欧洲的复合年增长率保持为正，其自主度或者自主能力在 2016—2021 年保持增长趋势；同期，日本和韩国的年均增长率仍然为负，自主度呈下降趋势；美国在 2015 年到 2021 年同族专利自主度也有下降，虽然其年均增长率下降幅度小于日本和韩国，但依然影响了整体水平。2009 年，中国同族专利自主度首次超越其他国家，并估计在 2021 年首次超越韩国，而要超过欧洲则仍需要十年以上的时间，预计在 2030 年后。

值得注意的是，中国应该在 2021 年以近 30% 的自主度首次实现专利相对自主，但其自主度在 2030 年前仍低于欧洲和美国。因此，在未来十年或更长时间里，中国要赶上欧洲和美国还需要在加快创新方面投入更多努力。

5.14.3　同族专利的平均质量

表5－10和表5－11中的结果都取决于一个关键假设，即不同国家和地区的所有同族专利的质量与表5－4和表5－8中计算专利国际化时的国际专利质量相同。正如5.5.6节所述，因为同族专利产生的平均知识产权出口费用在不同地区差异很大，以至于同族专利的平均质量不可能相同。因此，同族专利自主度结果可以作为同族专利变化的良好参考，但还需要通过知识产权进出口数据进一步细化，以便更准确地了解不同国家地区的科技自主性。

5.15　总结

IP5报告包括同族专利区域分布的详细数据。要求优先权的每个国家和地区的同族专利数据对于我们识别专利国际化和自主度非常有用。这样的数据可以确定这些全球专利的来源，并总结不同国家的专利国际化水平和科技自主度水平。在本章中，我们利用五局的专利数据，尤其是同族专利数据，估算了主要国家和地区的专利国际化水平，有助于我们深入了解全球贸易中的货物出口。没有足够的国际PCT专利，任何国家的高附加值产品出口都不会多，只能出口原材料、工艺品等技术含量低的产品。本章内容为了解中国在全球贸易中的地位提供了很好的参考。使用PCT专利制度的同族专利比例很高，表明同族专利具有高度全球化的性质，因此我们在本章中的分析是相当有效的。

科技是全球经贸的支柱，是中国在全球贸易链中向高端价值迈进的基石。专利是科技进步的重要体现，承载着推动我国科技创新稳步前进的重要作用。我们要如何通过申请全球专利来延伸国际贸易之路，保护知识产权？如何借助海外专利授权推动国内自主创新？这些课题都值得我们深思。一方面，可以从建立金融法制规则、政策引导、市场环境、资金动员等方面入手，促进国内创新和科研。另一方面，可以考虑进一步研究，有效促进国内外机构在华利用专利，增强我国科技能力。

虽然2007年到2015年我国同族专利数从367件增长到1615件，但同族专利数与同年专利总申请数比例却保持在0.13%，显著低于2016年欧、美、日和韩相应比例5.18%、4.66%、2.60%和1.72%，而且也明显低于五局外其他国家的比例0.98%。同族专利数与同年专利总申请数比例过低反映了我国的专利申请质量需要显著提高，只有中国的同族专利或PCT国际专利提升到更高的水平，中国知识产权才能被全球更好地接受，人民币贸易结算才能提升到更高的水平。

尽管2007—2016年中国同族专利保持两位数的大幅增长，专利全球化和专利自主度也相应提升，专利国际化和专利度能力应该在2030年已经接近欧洲和日本的水平，体现了中国近二十年来研发稳步增长的成果。然而，过去20年我国专利全球化和自主度的重大进展并没有考虑我国同族专利的平均质量水平。考虑到专利族的平均质量，或每个专利族的知识产权出口费，我国专利全球化和专利自主度将明显降低。

参考文献

[1] 2011—2017年结果根据五大专利局2018年年度报告自国家知识产权局网站：http：//www.cnipa.gov.cn/tjxx/index.htm或五局网站https：//www.fiveipoffices.org/statistics/statisticsreports.

[2] IP5 Statistics Report 2019 Edition, European Patent Office, Japan Patent Office, Korean Intellectual Property Office, China National Intellectual Property Administration, United States Patent and Trademark Office Edited by KIPO, April 2020, https：//www.fiveipoffices.org/statistics/statisticsreports.

附表5-1 五大局间专利相互申请数分布及年均变化率（2000—2016年）

单位：件、%

2000年	欧洲	日本	韩国	美国	中国	其他	全球
欧洲	47383	71300	53161	92443	59521	95642	419450
日本	96872	63406	78557	122511	80626	86629	528601
韩国	9289	10908	6961	13040	9584	11080	60862

续表

2000 年	欧洲	日本	韩国	美国	中国	其他	全球
美国	103462	85490	62454	53823	67549	144399	517177
中国	1230	1098	936	1560	852	3726	9402
其他	13047	11382	9502	17046	10329	9034	70340
全球	271283	243584	211571	300423	228461	350510	1605832
2001 年	欧洲	日本	韩国	美国	中国	其他	全球
欧洲	47801	70668	55747	93323	61381	77849	406769
日本	94097	62596	80716	120588	85214	82187	525398
韩国	10904	12612	8216	15641	11627	10683	69683
美国	105153	86377	65823	54794	71003	128888	512038
中国	1537	1365	1177	1991	1057	1605	8732
其他	13978	12416	10650	19210	11352	10040	77646
全球	273470	246034	222329	305547	241634	311252	1600266
2002 年	欧洲	日本	韩国	美国	中国	其他	全球
欧洲	47406	70198	56005	92342	64282	99452	429685
日本	96129	64815	83631	124293	93787	92008	554663
韩国	13730	15662	10329	19823	15614	15849	91007
美国	109737	90278	70292	57576	78445	149557	555885
中国	2050	1831	1617	2621	1418	3459	12996
其他	15708	14262	12353	22357	13228	11656	89564
全球	284760	257046	234227	319012	266774	371981	1733800
2003 年	欧洲	日本	韩国	美国	中国	其他	全球
欧洲	47340	69974	56964	91680	66480	72319	404757
日本	100608	68532	89042	130581	101654	89862	580279
韩国	19288	21340	14425	27593	21996	18642	123284
美国	113017	93899	74807	59690	84076	120413	545902
中国	2903	2551	2282	3739	2028	3214	16717
其他	17207	15776	13996	25208	14757	13157	100101
全球	300363	272072	251516	338491	290991	317607	1771040

续表

2004 年	欧洲	日本	韩国	美国	中国	其他	全球
欧洲	48823	71895	58346	93942	70827	70805	414638
日本	107708	74297	95384	141836	110216	94620	624061
韩国	25024	26904	18722	35148	28597	22283	156678
美国	121007	100620	80626	64214	93342	121219	581028
中国	4151	3666	3269	5488	2990	3554	23118
其他	17338	15981	14302	25559	14966	13325	101471
全球	324056	293368	270653	366194	320942	325810	1901023
2005 年	欧洲	日本	韩国	美国	中国	其他	全球
欧洲	48634	71657	58546	93588	71831	71531	415787
日本	106014	74631	95519	142208	109846	94569	622787
韩国	29198	30475	21920	41645	32730	26032	182000
美国	129275	106499	87713	68854	101838	130126	624305
中国	7276	6326	5714	9781	5258	6048	40403
其他	19332	17768	15991	28559	16702	14885	113237
全球	339729	307356	285403	384635	338205	343191	1998519
2006 年	欧洲	日本	韩国	美国	中国	其他	全球
欧洲	48206	69266	57338	92501	71531	71432	410274
日本	104156	73735	94216	140409	109067	92968	614551
韩国	28468	28738	21481	41196	30982	25055	175920
美国	127170	102499	86181	68023	101470	131062	616405
中国	8055	6990	6311	10770	5815	6783	44724
其他	19551	17982	16420	29381	17090	15346	115770
全球	335606	299210	281947	382280	335955	342646	1977644
2007 年	欧洲	日本	韩国	美国	中国	其他	全球
欧洲	47406	66043	55928	90857	70790	70616	401640
日本	101395	72885	91493	137939	108910	91814	604436
韩国	27194	26958	20904	39927	29259	24249	168491
美国	125155	98836	84731	67427	102350	129419	607918
中国	10121	8992	8307	14346	7585	8817	58168

续表

2007 年	欧洲	日本	韩国	美国	中国	其他	全球
其他	19223	17543	16212	29218	16983	15231	114410
全球	330494	291257	277575	379714	335877	340146	1955063
2008 年	欧洲	日本	韩国	美国	中国	其他	全球
欧洲	46771	64757	55856	89381	71852	69353	397970
日本	95354	69208	85848	130189	104102	86233	570934
韩国	23764	23749	18652	35520	25707	21425	148817
美国	122853	97261	85166	66396	104497	124961	601134
中国	11754	10573	9776	17161	8967	10179	68410
其他	20113	18189	16946	30632	17895	15949	119724
全球	320609	283737	272244	369279	333020	328100	1906989
2009 年	欧洲	日本	韩国	美国	中国	其他	全球
欧洲	46894	64310	56756	89252	74066	70614	401892
日本	93208	66431	83164	124049	104380	83822	555054
韩国	24943	24202	19078	36330	26904	21916	153373
美国	123939	97441	86683	66751	107117	125211	607142
中国	15534	13569	12368	21353	11191	13193	87208
其他	20453	18156	16970	30547	18086	15911	120123
全球	324971	284109	275019	368282	341744	330667	1924792
2010 年	欧洲	日本	韩国	美国	中国	其他	全球
欧洲	48308	64995	58177	91155	77274	72348	412257
日本	104276	74517	93168	137982	121033	94933	625909
韩国	28771	27701	21948	42054	31140	25122	176736
美国	131278	101980	91421	71275	115639	131675	643268
中国	17602	15154	13882	23711	12513	15122	97984
其他	22150	19693	18626	33141	20792	17434	131836
全球	352385	304040	297222	399318	378391	356634	2087990
2011 年	欧洲	日本	韩国	美国	中国	其他	全球
欧洲	49092	65602	58992	92399	79267	73535	418887
日本	106684	76273	94778	139913	124979	98022	640649

续表

2011 年	欧洲	日本	韩国	美国	中国	其他	全球
韩国	29042	27559	21842	41670	31727	25159	176999
美国	142141	109044	98755	77162	125998	140323	693423
中国	20577	17462	16195	27944	14621	21215	118014
其他	23961	21453	20334	35420	25523	19068	145759
全球	371497	317393	310896	414508	402115	377322	2193731
2012 年	欧洲	日本	韩国	美国	中国	其他	全球
欧洲	49901	65897	59923	93745	80689	71923	422078
日本	105412	75116	93280	137353	122372	96261	629794
韩国	32641	30915	24858	47441	36532	28508	200895
美国	150423	114257	104397	81802	134517	146807	732203
中国	25907	21615	20207	34678	18111	25667	146185
其他	24859	22287	21272	37288	26693	20022	152421
全球	389143	330087	323937	432307	418914	389188	2283576
2013 年	欧洲	日本	韩国	美国	中国	其他	全球
欧洲	51849	68628	61891	97997	83845	73855	438065
日本	101587	72394	89063	132491	116215	92902	604652
韩国	37552	34832	29171	55831	42324	33232	232942
美国	161438	121701	111923	87721	144476	156249	783508
中国	28056	23598	22247	37481	19706	26894	157982
其他	24174	21890	20707	36223	25952	19531	148477
全球	404656	343043	335002	447744	432518	402663	2365626
2014 年	欧洲	日本	韩国	美国	中国	其他	全球
欧洲	53253	70421	63530	100555	86439	74481	448679
日本	102741	72651	89177	133279	115580	92633	606061
韩国	38142	34946	29522	56212	43514	32870	235206
美国	149578	112903	104619	81678	133908	143372	726058
中国	32184	26969	25339	41757	22003	28654	176906
其他	24294	22690	20615	35513	25841	19369	148322
全球	400192	340580	332802	448994	427400	391379	2341347

续表

2015 年	欧洲	日本	韩国	美国	中国	其他	全球
欧洲	50353	66581	60345	95832	82816	66334	422261
日本	89290	64127	78959	118657	103423	79514	533970
韩国	35013	31550	26605	50638	40881	29553	214240
美国	140580	105878	96882	76795	129193	122411	671739
中国	28814	24839	23619	39822	20679	28163	165936
其他	24025	20595	19275	32415	24025	17887	138222
全球	368073	313568	305683	414157	401015	343862	2146358
2016 年	欧洲	日本	韩国	美国	中国	其他	全球
欧洲	50286	66836	60563	93603	83949	65514	420751
日本	90655	65315	80131	118074	107404	80599	542178
韩国	33283	29778	24748	46500	39318	27714	201341
美国	142414	105885	97213	77823	131540	123987	678862
中国	32613	27327	25528	42021	22579	29593	179661
其他	24119	20677	19184	32174	24637	17905	138696
全球	373370	315818	307367	410195	409427	345312	2161489
2003—2007 年年均增长率	欧洲	日本	韩国	美国	中国	其他	全球
欧洲	0.03	-1.44	-0.46	-0.23	1.58	-0.59	-0.19
日本	0.19	1.55	0.68	1.38	1.74	0.54	1.02
韩国	8.97	6.02	9.72	9.68	7.39	6.79	8.12
美国	2.58	1.29	3.16	3.09	5.04	1.82	2.73
中国	36.65	37.02	38.13	39.96	39.07	28.70	36.58
其他	2.81	2.69	3.74	3.76	3.57	3.73	3.40
全球	2.42	1.72	2.50	2.91	3.65	1.73	2.50
2007—2011 年年均增长率	欧洲	日本	韩国	美国	中国	其他	全球
欧洲	0.88	-0.17	1.34	0.42	2.87	1.02	1.06
日本	1.28	1.14	0.89	0.36	3.50	1.65	1.47
韩国	1.66	0.55	1.10	1.07	2.05	0.93	1.24
美国	3.23	2.49	3.90	3.43	5.33	2.04	3.34
中国	19.41	18.05	18.16	18.14	17.83	24.55	19.35
其他	5.66	5.16	5.83	4.93	10.72	5.78	6.24
全球	2.97	2.17	2.87	2.22	4.60	2.63	2.92

续表

2011—2016 年年均增长率	欧洲	日本	韩国	美国	中国	其他	全球
欧洲	0.48	0.37	0.53	0.26	1.15	-2.28	0.09
日本	-3.20	-3.05	-3.30	-3.34	-2.99	-3.84	-3.28
韩国	2.76	1.56	2.53	2.22	4.38	1.95	2.61
美国	0.04	-0.59	-0.31	0.17	0.86	-2.45	-0.42
中国	9.65	9.37	9.53	8.50	9.08	6.88	8.77
其他	0.13	-0.73	-1.16	-1.90	-0.70	-1.25	-0.99
全球	0.10	-0.10	-0.23	-0.21	0.36	-1.76	-0.30
2003—2016 年年均增长率	欧洲	日本	韩国	美国	中国	其他	全球
欧洲	0.47	-0.35	0.47	0.16	1.81	-0.76	0.30
日本	-0.80	-0.37	-0.81	-0.77	0.42	-0.83	-0.52
韩国	4.29	2.60	4.24	4.10	4.57	3.10	3.85
美国	1.79	0.93	2.04	2.06	3.50	0.23	1.69
中国	20.45	20.01	20.41	20.45	20.37	18.62	20.04
其他	2.63	2.10	2.46	1.89	4.02	2.40	2.54
全球	1.69	1.15	1.55	1.49	2.66	0.65	1.54

数据来源：将表 5-3 中五局和其他地区数据添加到表 5-6 中五局和其他地区中得到结果。

第 6 章　全球服务贸易发展及服务贸易对人民币国际化的作用

有关国际贸易的讨论主要涉及实物贸易，而较少讨论服务贸易。然而，随着全球贸易脱实向虚，今后服务贸易在全球贸易中的地位会持续提高，我们不能忽视服务贸易的重要作用。服务贸易相对于实物贸易规模虽小，但影响却比我们想象的要大很多，特别是服务贸易中的知识产权、信息科技服务和金融服务等，这些变量可以较好地反映不同国家和地区的软实力，这是其他参数难以反映的。几十年来，我国实物贸易已经有了飞速的发展，但是服务贸易领域的发展仍相对滞后。只有充分认识这种滞后状态并采取措施持续改革优化，才能有效推动人民币国际化。

全球贸易摩擦，特别是中美贸易摩擦升级使我们充分认识到了科技自主创新的必要性，而服务贸易中知识产权服务数据是反映科技创新进步情况的重要指标。比较中外服务贸易各领域的主要差距，一方面，我国在知识产权和信息科技服务等方面与世界先进水平存在显著的落差；另一方面，我国巨大的服务贸易逆差启示我们，夺回人民币定价权和金融自主性发展的必要性。通过详细分析我国服务贸易逆差的原因，可以发现金融业的自主发展与科技自主发展同样重要。

6.1　服务贸易简介

服务贸易是指一个经济体包括其在境外设立机构为居民和非居民之间提供的交换服务的价值。具体来说，服务贸易包括国际旅行服务、国际运输服务、知识产权费、金融服务、保险和养老金服务、电讯、计算机和信息服务、建设服务、维护和维修服务等。不同经济体服务贸易中的内涵可能有很大不同。以全球最大的服务贸易提供国美国为例，2016 年至 2017 年，美国旅游服务出口额从 2447 亿美元略降 0.8% 到 2428 亿美元，占美国服务贸易出口比重从 33.4% 略降到了 31.9%，为美国服务贸易的最主要内容；同期，美国知识产权使用费出口从 1245 亿美元增长 2.7% 到 1279 亿美元，占美国服务贸易出口金额比重从 17.0% 略降到了 16.8%，为美国服务贸易出口第二大项目，也显示出美国科技领先的程度；美国服务贸易排名第三和第四项分别为金融服务和职业及管理咨询服务，2016 年到 2017 年该两项服务贸易出口分别增长了 8.4% 和 6.4%，2017 年该两项服务出口占美国总服务贸易出口比重分别为 13.4% 和 10.1%。

作为全球最大的服务贸易进口国，2018 年，中国进口项目占比最大的三项分别为旅行服务、运输和知识产权使用服务，进口金额分别为 2548 亿美元、929 亿美元和 286 亿美元，占我国总服务进口金额的比例分别为 54.5%、19.9% 和 6.1%；而同年，占比最大的出口项目分别为旅游服务出口、运输服务出口和加工服务，出口金额分别为 388 亿美元、371 亿美元和 179 亿美元，分别占同年我国服务出口贸易金额的 18.3%、17.5% 和 8.4%。

6.2 十多年来全球服务和实物贸易增长比较及今后十多年预测

据世界银行（World Development Indicators）相关数据，如表 6 - 1 所示，2001 年到 2021 年，全球服务贸易总出口额从 1.69 万亿美元增长到了 6.04 万亿美元，累计增幅 3.58 倍，年均复合增长率高达 6.59%。同期，服务贸易进口累计增长了 3.39 倍，年均复合增长率为 6.30%；2001 年到 2019 年同期，全球服务贸易与实物贸易金额比例从 26.3% 提高到了 32.0%，超过三成；虽然这一比例在 2021 年下降到了 26.7%，但以 2001 年到 2019 年全球服务贸易与实物贸易年均比例估算，再过几年，全球服务贸易与货物贸易比重会超过三分之一，全球贸易脱实向虚的趋势明显。

表 6-1　全球主要国家和地区服务贸易出口、进口、净出口及占比（2001 年至 2021 年）

单位：亿美元、%

国家或地区	2001 年	2007 年	2010 年	2011 年	2012 年	2013 年	2014 年	2016 年	2019 年	2020 年	2021 年	2001—2011 年年均变化率	2011—2021 年年均变化率
美国	2743	4884	5628	6271	6557	7005	7411	7589	8452	7056	7712	8.6	2.1
英国	1281	3221	2784	3156	3244	3488	3740	3481	4162	3805	4173	9.4	2.8
德国	854	2118	2276	2521	2525	2733	2994	2857	3466	3106	3867	11.4	4.4
中国	901	1254	1175	2010	2016	2070	2191	2084	2444	2352	3384	8.4	5.3
日本	647	1216	1346	1407	1370	1354	1638	1757	2074	1618	1700	8.1	1.9
印度	173	866	1171	1385	1455	1492	1572	1618	2144	2031	2407	23.1	5.7
欧元区	5200	11602	11968	13517	13363	14463	15646	14929	18527	16652	19806	10.0	3.9
经合组织	12615	26612	27912	31273	31736	33870	36350	35137	42127	36683	42521	9.5	3.1
全球	16864	30331	39206	44754	46022	48962	52111	50455	60937	51522	60427	10.3	3.0
占货物出口比重	27	25.7	25.5	24.2	24.7	25.7	27.3	30.1	32.5	29.7	27.6		
美国	2135	3726	4093	4358	4520	4611	4808	5098	5954	4603	5413	7.4	2.2
英国	1045	2148	1848	1939	1963	2081	2221	2108	2834	2106	2428	6.4	2.3
德国	1417	2594	2630	2964	2943	3281	3321	3079	3694	3066	3860	7.7	2.7
中国	395	1291	1409	2478	2813	3306	4329	4415	5055	3805	4384	20.2	5.9
日本	1111	1587	1649	1758	1847	1709	1926	1864	2063	1969	2084	4.7	1.7
印度	201	702	789	778	799	787	811	959	1306	1160	1380	14.5	5.9
欧元区	5289	11035	11359	12530	12245	13292	14378	13933	17384	15977	17939	9.0	3.7
经合组织	12087	23936	25042	27427	27631	29039	30935	30088	36573	31844	36167	8.5	2.8
全球	16405	29160	37391	42303	43787	46490	50147	47746	57675	48350	55626	9.9	2.8
占货物进口比重	25.6	24	24.1	22.9	23.4	24.5	26.3	29.3	31.4	28.4	25.9		

续表

国家或地区	2001 年	2007 年	2010 年	2011 年	2012 年	2013 年	2014 年	2016 年	2019 年	2020 年	2021 年	2001—2011 年年均变化率	2011—2021 年年均变化率
服务贸易占货物贸易比重	26.3	24.8	24.8	23.6	24.1	25.1	26.8	30.3	32.0	29.0	26.7		
美国	609	1158	1534	1913	2037	2394	2603	2491	2498	2453	2300		
英国	237	1073	936	1216	1282	1407	1519	1373	1328	1699	1745		
德国	-562	-476	-354	-443	-418	-548	-326	-222	-228	40	7		
中国	507	-37	-234	-468	-797	-1236	-2137	-2331	-2611	-1453	-999		
日本	-464	-371	-303	-351	-477	-355	-288	-107	11	-350	-384		
印度	-28	164	382	608	656	704	761	659	837	871	1027		
欧元区	-89	567	609	987	1118	1171	1268	997	1142	675	1867		
经合组织	529	2676	2870	3845	4104	4831	5415	5049	5554	4839	6354		
全球	459	1170	1815	2451	2235	2473	1964	2708	3261	3172	4801		
国家或地区服务贸易顺差占全球比重													2011—2021 年平均占比
美国	132.5	99	84.5	78.1	91.2	96.8	132.5	92	76.6	77.3	47.9	86.6	
英国	51.5	91.6	51.6	49.6	57.4	56.9	77.3	50.7	40.7	53.6	36.4	52.8	
德国	-122.4	-40.7	-19.5	-18.1	-18.7	-22.2	-16.6	-8.2	-7.0	1.3	0.1	-11.2	
中国	110.3	-3.1	-12.9	-19.1	-35.7	-50	-108.8	-86.1	-80.1	-45.8	-20.8	-55.8	
日本	-101	-31.7	-16.7	-14.3	-21.4	-14.3	-14.7	-4	0.3	-11.0	-8.0	-10.9	
印度	-6	14	21	24.8	29.4	28.5	38.7	24.3	25.7	27.5	21.4	27.5	
欧元区	-19.4	48.4	33.5	40.3	50	47.4	64.5	36.8	35.0	21.3	38.9	41.8	
经合组织	115.2	228.6	158.1	156.9	183.7	195.4	275.6	186.4	170.3	152.5	132.4	181.7	
全球	100	100	100	100	100	100	100	100	100	100.0	100.0	100.0	

数据来源：根据世界银行 2021 年公布的世界发展指标数据整理计算得出。

表6－1显示，经合组织占全球服务贸易出口和进口平均在七成和六成以上，然而该组织成员国在全球服务贸易顺差占比平均高达185%，显示经合组织国家为全球服务贸易的主力。另外，表6－1的数据也显示，2016—2021年，我国服务贸易逆差占全球比重平均为－66.5%，同期经合组织占比167.6%，两者相加接近100%，表明该两年我国服务贸易几乎全部为全球发达国家为主的整个经合组织服务（经合组织和我国外全球一百多个经济体的服务贸易逆顺差几乎正好持平），表明我国对全球服务贸易的巨大贡献的同时，也显示出我国服务贸易仍需提高的迫切态势。

利用表6－1的数据进行计算，可以得出，2007年全球服务贸易占货物贸易比重从4.8%提高到了2019年的32.0%，12年累计提高了7.2%，显示出同期服务贸易相当于货物贸易增幅显著提高的态势。依此增速估算，再过二十多年，全球服务贸易金额有望达到接近甚至超过全球货物贸易金额的程度，显示出全球贸易脱实向虚的变化趋势。

6.3　主要服务贸易进出口国家和地区

表6－1给出了部分国家和地区服务贸易数据，表6－2给出了2021年全球前二十大服务贸易经济体及其服务贸易进出口金额和比例。

表6－2　全球前二十大服务贸易出口经济体及其服务贸易进出口金额和占比（2021年） 单位：亿美元、%

国家或地区	出口	占比	进口	占比	进出口	占比	净出口	占比
美国	7712.4	12.8	5412.5	9.7	13125.0	11.3	2299.9	47.9
英国	4173.5	6.9	2428.0	4.4	6601.5	5.7	1745.5	36.4
德国	3867.1	6.4	3860.4	6.9	7727.5	6.7	6.7	0.1
法国	3023.8	5.0	2580.9	4.6	5604.8	4.8	442.9	9.2
中国	3384.4	5.6	4383.6	7.9	7768.0	6.7	－999.2	－20.8
爱尔兰	3371.9	5.6	3400.2	6.1	6772.1	5.8	－28.3	－0.6
印度	2406.6	4.0	1379.7	2.5	3786.3	3.3	1026.9	21.4
日本	1700.3	2.8	2084.2	3.7	3784.5	3.3	－383.9	－8.0

续表

国家或地区	出口	占比	进口	占比	进出口	占比	净出口	占比
新加坡	2298.7	3.8	2235.8	4.0	4534.5	3.9	62.9	1.3
荷兰	1933.9	3.2	1642.3	3.0	3576.1	3.1	291.6	6.1
西班牙	1184.8	2.0	728.7	1.3	1913.5	1.6	456.1	9.5
意大利	1020.9	1.7	1132.6	2.0	2153.5	1.9	-111.6	-2.3
瑞士	1347.9	2.2	1423.5	2.6	2771.3	2.4	-75.6	-1.6
比利时	1365.1	2.3	1342.4	2.4	2707.4	2.3	22.7	0.5
卢森堡	1399.4	2.3	1104.3	2.0	2503.7	2.2	295.0	6.1
韩国	1211.9	2.0	1243.0	2.2	2454.8	2.1	-31.1	-0.6
中国香港	767.6	1.3	616.9	1.1	1384.4	1.2	150.7	3.1
加拿大	1036.4	1.7	1053.4	1.9	2089.8	1.8	-17.0	-0.4
泰国	245.0	0.4	655.0	1.2	900.0	0.8	-410.0	-8.5
瑞典	788.8	1.3	798.1	1.4	1586.8	1.4	-9.3	-0.2
欧元区	19806.3	32.8	17939.5	32.3	37745.8	32.5	1866.8	38.9
经合组织	42520.6	70.4	36166.5	65.0	78687.2	67.8	6354.1	132.4
全球	60426.5	100.0	55625.9	100.0	116052.4	100.0	4800.6	100.0

数据来源：世行经济发展 Development Indicators 数据整理计算获得。

表6-2显示，美国为全球绝对领先的服务贸易大国，其进出口皆占全球一成以上；英国虽然服务贸易总额不及中国和德国，但其出口占比和净出口占比皆仅次于美国；德国、中国、爱尔兰、法国和印度分别排名第3到第7位。值得关注的是，新加坡、卢森堡、比利时、中国香港特区和泰国六个相对较小的经济体服务贸易出口分别排名第8位、第11位、第12位、第19位、第20位；另外值得关注的是，全球前二十大经济体进入前二十大服务贸易出口的仅有十三个经济体。

6.4 全球主要服务贸易顺差国家和地区简介

6.4.1 美国在全球服务贸易中的绝对垄断地位

表6-2显示，美国是全球最大的服务贸易国，2021年美国服务贸易占全

球11.3%，略低于服务贸易总额排名第二和第三位的中国和德国两者总占比13.4%。这显示美国在全球服务贸易领域的领先地位；同年美国服务贸易顺差高达2299.9亿美元，占全球服务贸易顺差比重为47.9%；另外，表6－1显示，2001年到2016年，美国服务贸易顺差占全球比重皆显著高于2021年的47.9%（2007年到2019年美国服务贸易顺差全球平均占比高达93.8%），比第3章介绍的美元在全球外汇市场的垄断地位（在全球外汇市场的占比平均不到45%）还要高出一倍多，显示美国在全球服务贸易领域的绝对垄断地位。美国高额的服务贸易顺差抵消了美国实物贸易逆差三分之一左右，在很大程度上显示出了美国软实力。下文还会进一步讨论美国服务贸易顺差的主要构成。

6.4.2　英国在全球服务贸易中的独特地位

表6－1显示，英国服务贸易出口多年来仅次于美国的同时，却遥遥领先其他国家和地区；尽管英国服务贸易出口仅为整个欧元区的四分之一左右，但2011年到2021年英国服务贸易顺差全球占比平均高达52.8%，比同期欧元区服务贸易顺差平均占比41.8%高出11.0%，为全球第二大服务贸易净流出国，显示出英国在全球服务贸易中的重要地位。

另外，根据英国国家统计局网站（www.cy.ons.gov.uk）公布的数据，1988年到2018年的30年间，英国服务出口和进口分别保持了高达7.7%和6.9%的年均复合增长率，而且同期英国服务贸易顺差却保持了高达9.5%的年均复合增长率。这显示出英国在全球服务贸易中创造的奇迹；1998年到2000年，英国金融服务贸易顺差占比从40.3%提高到了96.5%，到2018年重回到了40.1%；1991—1994年，英国保险和养老服务贸易顺差占比从40.3%提高到了50.3%，2018年回落到了16.6%。尽管近20年来英国金融和保险养老在其服务贸易顺差的占比皆持续下降，但两者相加的泛金融服务贸易顺差占比却仍显著超过50%。这显示出英国在全球服务贸易，特别在全球金融服务贸易中具有重要的地位。值得关注的是，表6－4显示的美国服务贸易中唯一有的保险逆差应该主要是与英国的逆差，同时显示出英国在全球保险业的余晖。

6.4.3 欧元区

表6－1 显示，2011 年到 2021 年，欧元区服务贸易顺差占全球比重为 41.8%，比英国相应的平均比例低 11.0%，为全球第三大服务贸易顺差体；表6－1 和表6－2 显示，欧元区最大国德国服务贸易多年为逆差，欧元区服务贸易顺差主要是西班牙、法国、卢森堡、荷兰和比利时等欧元区国家的贡献。

6.4.4 印度

值得关注的是，印度服务贸易的发展在全球服务贸易中的地位不可小觑。据表6－1，2001 年到 2007 年印度服务贸易出口年均复合增长率高达 30.7%，为同期全球服务贸易出口年均复合增长率 10.3% 的近 3 倍，比同期排名第 2 位和第 3 位的英国和德国的年均增长率高出近 1 倍；2001—2007 年印度服务贸易进口年均复合增长也排名全球第 1 位，比同期全球进口年均复合增长率高出 1 倍多；2007—2012 年，印度服务贸易顺差全球占比从 14.0% 持续提高到了 29.4%。虽然，2011—2021 年占比略有下降，但十年间平均比重仍高达 27.5%，仅次于美国、英国和欧元区，排名全球第四，在全球发展中国家排名最高。

6.4.5 其他经济体

2019 年，泰国服务贸易顺差全球占比 7.1%，为仅次于印度的全球第二大发展中国家，而且其占比超过了同期中国香港特区、瑞士、瑞典的占比。这显示出泰国在全球服务贸易中的独特地位。

6.5 全球服务贸易主要服务类型分布

表6－1 给出了 2001—2021 年主要国家或地区总服务贸易金额，表6－3 给出了同期全球服务贸易主要服务类型分布。

6.5.1　计算机和通信等服务增长迅猛

表6－3显示，2001年以来，计算机、通信等服务进出口保持了绝对领先的头号服务类型。并且，2001年与2020年，该类服务进出口占比分别累计增长了39.5%和58.5%，为所有类型中增幅最大的；实际上，早在1996年全球计算机、通信等服务就首次超过了当时传统最大的旅行进出口额，1996年与2001年此类服务出口和进口全球占比分别累计增长了7.5%和4.0%，年均增速显著超过了2001年到2021年的增幅。这显示出通信科技迅猛增长对全球服务贸易的显著影响。

表6－3　2001年到2021年全球服务贸易主要服务类型分布　单位：%

年份 出口服务类型	2001	2007	2010	2011	2012	2013	2014	2016	2019	2020	2001—2020年累计变化
旅行	29.0	27.6	27.8	26.3	26.4	26.6	26.2	26.7	25.5	10.5	－18.5
运输	23.3	24.7	24.5	22.9	22.6	21.5	20.8	19.5	18.8	16.5	－6.9
保险和金融	6.4	8.3	8.7	8.5	8.4	8.7	8.7	8.6	8.4	13.9	7.5
计算机、通信和其他	42.1	40.2	39.6	43.0	43.3	43.4	44.4	45.4	47.4	59.2	17.1
其他服务	2.0	1.8	1.7	1.7	1.6	1.5	1.4	1.4	1.2	1.4	－0.6
商业服务	98.0	98.2	98.3	98.3	98.4	98.5	98.6	98.6	98.8	98.6	0.6
总服务	100	100	100	100	100	100	100	100	100	100	0.0
年份 进口服务类型	2001	2007	2010	2011	2012	2013	2014	2016	2019	2020	2001—2020年累计变化
旅行	29.0	24.7	25.3	24.0	24.6	24.7	26.1	26.8	26.6	11.4	－17.6
运输	28.0	29.1	28.0	26.9	26.5	25.3	24.1	22.2	21.6	19.9	－8.1
保险和金融	7.1	8.7	9.5	8.9	8.5	8.7	8.4	8.1	7.9	10.2	3.1
计算机、通信和其他	37.0	38.3	38.0	41.0	41.1	41.3	41.4	42.9	43.9	57.8	20.8
其他服务	3.3	2.7	2.9	2.5	2.3	2.2	2.2	1.8	1.6	1.9	－1.4
商业服务	96.7	97.3	97.1	97.5	97.7	97.8	97.8	98.2	98.4	98.1	1.4
总服务	100	100	100	100	100	100	100	100	100	100	0.0
年份 进出口服务类型	2001	2007	2010	2011	2012	2013	2014	2016	2019	2020	2001—2020年累计变化
旅行	29.0	26.1	26.5	25.1	25.5	25.7	26.1	26.7	26.0	10.9	－18.0
运输	25.7	26.9	26.3	24.9	24.6	23.4	22.4	20.9	20.2	18.2	－7.5

续表

进出口服务类型 \ 年份	2001	2007	2010	2011	2012	2013	2014	2016	2019	2020	2001—2020年累计变化
保险和金融	6.8	8.5	9.1	8.7	8.5	8.7	8.5	8.4	8.1	12.1	5.3
计算机、通信和其他	39.5	39.2	38.8	42.0	42.2	42.3	42.9	44.1	45.7	58.5	18.9
其他服务	2.7	2.2	2.3	2.1	2.0	1.9	1.8	1.6	1.4	1.6	-1.0
商业服务	97.3	97.8	97.7	97.9	98.0	98.1	98.2	98.4	98.6	98.4	1.0
总服务	100	100	100	100	100	100	100	100	100	100	0.0

数据来源：同表6-1。

6.5.2 旅游和运输服务业萎缩明显

表6-3也显示，旅行和运输两大传统服务行业占比总体呈现明显的下降趋势。2001年到2020年，该两领域进出口总占比的平均水平分别累计下降了18%和7.5%，2020年该两类服务总贸易占比29.1%，低于同期计算机、通信等服务占比58.5%，显示出科技发展对服务贸易的巨大影响力。

6.5.3 保险和金融服务风光不再

值得关注的是，保险和金融服务的地位在全球服务贸易中的优势消退。表6-3显示，2001—2007年，保险和金融服务进出口占比累计提高了1.7%，而同期计算机、通信等服务进出口占比下降0.3%；2007—2019年，前者占比累计下降了0.4%，而后者累计增长了6.5%；等到了2020年，计算机、通信等服务进出口占比更是累计增长了19.3%，显示国际金融危机后保险和金融服务在全球服务贸易中的地位明显下降。这是同期全球通信技术高速发展的必然结果。

6.6 美国服务贸易的优势简介

表6-4给出了1999年以来美国服务贸易出口、进口和顺差数据及相关时间段内年均变化率。

表 6－4　美国主要服务贸易进出口金额及顺差变化（1999 年到 2021 年）　　单位：亿美元、%

年份＼出口类型	维护和维修	运输	旅行	建设	保险	金融	知识产权使用费	通信和计算机	其他服务	个人、文化和娱乐	政府相关服务	合计
1999	36.6	463	891.5	39.7	30.5	260	399.1	123.2	364.2	90.1	82.2	2780
2000	44.2	494.6	968.7	19.9	36.3	291.9	434.8	122.5	382.2	93.5	91.6	2980.2
2001	51.9	459.7	864.1	26.1	34.2	275	410.1	128.6	412.5	96.3	81.9	2840.4
2002	53.7	459.5	796.3	31.3	44.2	299	448.2	124.9	446.3	100.9	76.5	2880.6
2003	50.7	467	769.8	23.8	59.7	335	473.1	141	461.7	105.2	90.3	2977.4
2004	51.8	544.2	856.5	22.5	73.1	427.7	569.4	150.1	516.1	114.1	119.9	3445.4
2005	66.5	583.8	934.2	14.9	75.7	474.1	644.7	155.7	568.5	111.1	155.8	3784.9
2006	71.1	640.3	961.5	18.6	94.5	565.2	710	172.4	659.9	145.3	192.2	4230.9
2007	89	708.4	1069.2	27.7	108.7	739.8	845	203.4	793.7	162.7	209.2	4956.6
2008	93.6	782.4	1170.3	40.7	134.9	799	896.7	238.9	899.8	160.8	190.8	5407.9
2009	115.7	658.1	1107.6	42.6	145.9	738.4	857.3	249.3	935.1	169.3	205.4	5224.6
2010	131.1	763.6	1303.2	29.5	148.5	865.1	949.7	265.6	996	176.1	192.1	5820.4
2011	147.4	829.3	1422	31.9	146.7	1010.8	1070.5	293.8	1084.2	195.4	214.7	6446.7
2012	149.4	882.4	1539.2	32.3	159.8	1054.2	1078.7	335.2	1184.5	211	221.5	6848.2
2013	157.2	900	1709.8	22.1	157.7	1097.9	1138.2	363.3	1221.7	208.9	218.5	7195.3
2014	179.8	906.9	1802.7	20.7	162.8	1199.3	1163.8	386.3	1322.4	225.5	196.9	7567.1
2015	198.5	844.3	1926	27.6	154.6	1149.5	1111.5	414.3	1414.2	242.2	200.9	7683.6
2016	215.9	817.8	1928.7	16.9	162.5	1147.6	1129.8	431.2	1530.9	236.3	187.8	7805.3

续表

年份 \ 出口类型	维护和维修	运输	旅行	建设	保险	金融	知识产权使用费	通信和计算机	其他服务	个人、文化和娱乐	政府相关服务	合计
2017	232.4	863.4	1938.3	20.5	182.2	1280.4	1181.5	476.6	1672.7	256.6	199.2	8303.9
2018	279.5	932.5	1964.7	29.5	179	1324.2	1188.8	496.5	1772.6	237.6	219.5	8624.3
2019	278.7	910.9	1933.2	31.9	162.4	1357	1174	556.6	1894.4	233.7	225.6	8758.3
2020	135.9	568.1	717.5	22.7	166.6	1370.3	1140.5	547.7	1847.4	176.2	228.4	6921.3
2021	125.3	657.8	702.1	31.3	227.4	1717.4	1246.1	598.0	2174.3	239.2	233.9	7952.7
1999—2002 年年均变化率	13.7	-0.3	-3.7	-7.7	13.1	4.8	3.9	0.4	7	3.9	-2.3	1.2
2002—2008 年年均变化率	9.7	9.3	6.6	4.5	20.5	17.8	12.3	11.4	12.4	8.1	16.5	11.1
2009—2014 年年均变化率	22.3	12	14.6	-6.6	24.3	26	17.2	20.7	19.8	14.3	17.1	17.5
2014—2019 年年均变化率	9.2	0.1	1.4	9	0	2.5	0.2	7.6	7.5	0.7	2.8	3
2019—2021 年年均变化率	-33.0	-15.0	-39.7	-1.0	18.3	12.5	3.0	3.6	7.1	1.2	1.8	-4.7
年份 \ 进口类型	维护和维修	运输	旅行	建设	保险	金融	知识产权使用费	通信和计算机	其他服务	个人、文化和娱乐	政府相关服务	合计
1999	11.9	498.9	588.6	15.2	93.9	124.9	128.5	146.6	200	16.7	142.1	1967.4
2000	23.2	585.3	641.7	14.5	112.8	164.5	161.4	141.3	203.1	16.5	145.2	2209.3
2001	18.2	565.7	605.3	18.7	167.1	159.8	162.1	140.1	212	18.2	153.2	2220.4
2002	20.2	554	590.2	26.2	219.3	152.1	189.8	132.1	240.3	17.2	193.5	2334.8
2003	20.4	610.8	612.4	19.7	252.3	157.7	186.5	149.3	257.5	20.5	236.2	2523.4
2004	21.8	719.5	703.3	23	290.9	190.4	228.2	163.8	280.3	21.8	263	2906.1

续表

年份 \ 进口类型	维护和维修	运输	旅行	建设	保险	金融	知识产权使用费	通信和计算机	其他服务	个人、文化和娱乐	政府相关服务	合计
2005	27.3	788	741.1	13	287.1	219.7	241.3	184	320.8	25.5	274.5	3122.3
2006	40.9	823.5	783.8	16.5	393.8	270.1	230.8	208.5	413.8	38.2	273.5	3493.3
2007	45.9	861	826.1	25.7	471.7	337.7	246.2	236.6	484.6	36.8	282.6	3854.6
2008	51.3	928.4	843.2	35.3	584.4	295.2	277.6	261.4	596.8	44.2	288.8	4206.5
2009	52.6	757.8	825.1	36.7	639.7	249	294.2	260.4	595.2	50.2	314.6	4075.4
2010	58.6	883.9	851.7	25.8	634.5	272.2	311.2	294.2	659	53.9	319.6	4364.6
2011	71.7	950.3	866.2	30.3	582.8	303.1	329.1	328.3	740.8	66.4	312.9	4581.9
2012	70.8	993.2	903.4	33.4	587.5	287.4	350.6	332.9	786.8	71.6	278.6	4696.1
2013	66.7	944.3	911.2	25.8	529.9	292.8	353	358.7	840.2	82.1	253.4	4658.2
2014	67.3	998.1	962.5	23.1	527.6	327.7	375.6	384.6	907.2	93.2	242.4	4909.3
2015	80.8	995.6	1026.6	30.1	498.4	325.9	351.8	388.2	951.2	113.6	215.3	4977.6
2016	76	923.9	1091.6	17.7	520.7	326.7	419.7	397.2	1005.1	125.4	215	5119
2017	68	965.2	1179.7	19.5	508.9	366.5	444.1	430.9	1069.9	175.3	220.5	5448.4
2018	71.3	1063	1260.1	31.5	437.4	392.5	439.3	425.6	1078.3	191.9	229.8	5620.7
2019	78.2	1074.6	1345.9	13.3	515.5	403.5	427.3	437.2	1135.8	211.4	240.8	5883.6
2020	60.3	715.9	357.8	10.9	615.5	388	406.8	381.7	1157.9	242.1	245.7	4582.6
2021	79.8	1052.6	568.5	15.0	593.8	495.3	433.4	431.4	1296.0	283.0	251.5	5500.3
1999—2002年年均变化率	19.1	3.6	0.1	19.7	32.7	6.8	13.9	−3.4	6.3	1	10.8	5.9

续表

进口类型／年份	维护和维修	运输	旅行	建设	保险	金融	知识产权使用费	通信和计算机	其他服务	个人、文化和娱乐	政府相关服务	合计
2002—2008 年年均变化率	16.8	9	6.1	5.1	17.7	11.7	6.5	12	16.4	17.1	6.9	10.3
2009—2014 年年均变化率	22.3	10.3	8.5	-2	15.8	13.6	12	19.5	24.8	32.6	3.8	13.2
2014—2019 年年均变化率	3	1.5	6.9	-10.5	-0.5	4.2	2.6	2.6	4.6	17.8	-0.1	3.7
2019—2021 年年均变化率	1.0	-1.0	-35.0	6.0	7.3	10.8	0.7	-0.7	6.8	15.7	2.2	-3.3
净出口类型／年份	维护和维修	运输	旅行	建设	保险	金融	知识产权使用费	通信和计算机	其他服务	个人、文化和娱乐	政府相关服务	合计
1999	24.6	-35.9	302.8	24.5	-63.4	135.1	270.7	-23.4	164.2	73.4	-59.9	812.6
2000	21.1	-90.6	327	5.5	-76.5	127.5	273.4	-18.8	179.1	77.1	-53.6	771
2001	33.7	-106.1	258.8	7.4	-132.8	115.2	248	-11.5	200.5	78.1	-71.3	620
2002	33.5	-94.4	206.1	5.1	-175.1	146.9	258.3	-7.3	206	83.7	-117	545.8
2003	30.3	-143.8	157.4	4	-192.6	177.3	286.6	-8.3	204.2	84.7	-145.9	454
2004	30	-175.4	153.2	-0.5	-217.8	237.2	341.3	-13.7	235.8	92.3	-143.1	539.3
2005	39.2	-204.2	193.1	1.9	-211.4	254.3	403.4	-28.4	247.7	85.6	-118.7	662.6
2006	30.2	-183.2	177.7	2.1	-299.4	295.2	479.2	-36.1	246.1	107.1	-81.3	737.6
2007	43.1	-152.6	243.1	2	-363	402.1	598.8	-33.2	309.1	125.9	-73.4	1102
2008	42.3	-146	327.1	5.5	-449.5	503.8	619.1	-22.5	303	116.6	-98	1201.4
2009	63.2	-99.8	282.5	5.9	-493.7	489.4	563.1	-11.1	339.9	119.1	-109.2	1149.2
2010	72.5	-120.4	451.5	3.7	-486	593	638.5	-28.7	336.9	122.2	-127.5	1455.9

续表

年份 \ 净出口类型	维护和维修	运输	旅行	建设	保险	金融	知识产权使用费	通信和计算机	其他服务	个人、文化和娱乐	政府相关服务	合计
2011	75.7	-121	555.7	1.6	-436	707.7	741.4	-34.6	343.4	129	-98.2	1864.8
2012	78.7	-110.9	635.8	-1.1	-427.7	766.8	728.1	2.4	397.7	139.4	-57.1	2152.1
2013	90.5	-44.4	798.6	-3.7	-372.3	805.1	785.3	4.6	381.4	126.8	-34.9	2537.1
2014	112.5	-91.2	840.2	-2.4	-364.8	871.6	788.2	1.7	415.2	132.3	-45.4	2657.7
2015	117.6	-151.2	899.4	-2.5	-343.8	823.6	759.7	26.1	463	128.6	-14.4	2706.1
2016	139.9	-106.1	837.1	-0.8	-358.2	820.9	710.1	34	525.8	110.8	-27.3	2686.3
2017	164.4	-101.7	758.6	1	-326.7	913.9	737.4	45.7	602.8	81.3	-21.2	2855.5
2018	208.2	-130.5	704.6	-2	-258.3	931.7	749.4	71	694.3	45.7	-10.3	3003.6
2019	200.5	-163.7	587.2	18.6	-353.1	953.5	746.7	119.4	758.6	22.3	-15.3	2874.7
2020	75.6	-147.8	359.7	11.8	-448.9	982.3	733.7	166	689.5	-65.9	-17.3	2338.7
2021	45.4	-394.8	133.6	16.3	-366.4	1222.1	812.7	166.6	878.3	-43.9	-17.5	2452.5
1999—2002 年年均变化率	10.8	38	-12	-40.7	40.3	2.8	-1.5	-32.3	7.9	4.5	25	-12.4
2002—2008 年年均变化率	4	7.5	8	1.1	17	22.8	15.7	20.7	6.6	5.7	-2.9	14.1
2009—2014 年年均变化率	22.4	-0.6	26.4	-11.6	13	34.6	20.4	21.7	12.4	7.9	-14.6	30.2
2014—2019 年年均变化率	12.3	12.4	-6.9	-250.1	-0.7	1.8	-1.1	134.6	12.8	-29.9	-19.6	1.6
2019—2021 年年均变化率	-52.4	55.3	-52.3	-6.3	1.9	13.2	4.3	18.1	7.6	-40.3	7.0	-7.6

数据来源：美国经济分析局（The U. S. Bureau of Economic Analysis）2022 年 7 月 7 日公布和更新的数据。

6.6.1 金融危机前美国服务贸易主要特征

美国服务贸易的高速发展在金融危机后遇冷。据表 6－4 可知，2002 年到 2008 年，美国服务贸易出口和进口年均复合增长率分别高达 11.1% 和 10.3%，分别比 1999—2002 年的年均复合增长率高出 1 倍左右；2002 年到 2008 年美国服务贸易顺差年均复合增长率高达 14.1%，相比 1999 年到 2002 年－12.4% 的负增长，显示出金融危机前美国服务贸易高速增长的态势；另外，从 1999 年到 2006 年，美国知识产权使用费顺差占服务贸易顺差比重从 33.3% 提高到了 64.9% 的历史高位，而 2018 年知识产权使用费占比却下降到了 24.9%，不到 2006 年的四成，显示金融危机后美国知识产权使用费在服务贸易顺差中的比重显著下降的态势。2020 年和 2021 年受新冠肺炎疫情影响，美国服务贸易顺差大幅缩小，主要体现在维护和维修、旅行、建设、文化娱乐等项。

6.6.2 美国服务贸易主要类型

据表 6－4，旅游业曾是美国服务贸易的重要增长点，但是近二十年该项服务金额占美国服务贸易平均出口比重仅略超 24%，略低于同期全球不到三成的占比；知识产权和金融出口分别为美国服务贸易第二和第三项目，两者比重相加接近三成；运输占比略高于一成；其他服务贸易项总占比不到两成。比较表 6－4 给出的美国服务贸易分布和表 6－3 给出的全球服务贸易分布，我们发现，运输等传统服务贸易在美国服务贸易中的比例较低，而知识产权、金融服务和计算及通信服务等成为美国服务贸易的主要内容，显示出美国在科技、金融和知识领域在全球的引领力。

6.6.3 美国知识产权使用情况

表 6－4 显示，2019—2021 年美国知识产权出口略升 3.0%，同期知识产权进口升幅 0.7%，导致 2020 年美国知识产权顺差略升 4.3% 到 812.7 亿美元，2021 年美国知识产权顺差成为美国服务贸易第三大顺差项（仅次于金融服务、其他服务），占美国服务贸易顺差比重为 33.1%。2011 年以来美国每年超过 700

亿美元的知识产权净收入实际上是第17章介绍的多年来美国大量科研投入在全球的回报，表明美国引领全球科技发展的同时，也显示出美国科技投入依靠国际市场在全球范围内进入了良性循环。尽管如此，2021年美国知识产权顺差被其他服务项所超越，显现美国知识产权的绝对优势和地位在下降。

联合国贸易和发展会议（UNCTAD）《2019年世界投资报告》（*World Investment Report* 2019）的数据（图1.16，第16页）显示，2010—2021年，全球专利和专利使用费指数累计增长了60%以上，超过同期服务和货物贸易指标累计增幅50%左右和接近20%的程度，显示知识产权比整个服务贸易更快的增长趋势的同时，表明研发和知识产权在全球贸易和经济发展中的重要性，也表明近二十年来全球科技竞争趋于激烈的态势。

6.6.4　美国保险和金融服务

表6－4也显示，2019—2021年美国金融服务出口和进口金额分别增长了12.5%和10.8%，2021年美国金融服务依然是其服务贸易最大顺差来源，金额高达1222.1亿美元。这不仅显示出美国金融服务在美国服务贸易中的重要作用，也表明美国金融服务在全球市场的重要性；尽管美国保险业为美国服务贸易最大的逆差的来源，但是，美国保险与金融业在全球占比仍然不低，据表6－4可知，2021年美国保险和金融服务总出口和进口占同期全球保险和金融服务比重分别高达22.2和22.0%，而且同年保险和金融服务净出口占全球比重高达22.8%，显示出美国保险和金融服务在全球仍具影响力。

6.6.5　美国旅行服务

表6－4显示，2018年前，美国旅行服务进出口皆遥遥领先其他服务领域，2018年起该服务产生的顺差已经让位于知识产权使用和金融服务。虽然，美国旅游这个传统领域在2020年为美国创造近360亿美元的服务贸易顺差，但是，2021年，美国旅游仅为美国创造了133.6亿美元的服务贸易顺差，降幅明显。尽管今后美国整个旅游业的重要性仍然突出，但该领域进出口金额和顺差占比将不可避免地跟随全球趋势（如表6－1所示）进一步下降。

比较表 6－4 和表 6－3 给出的美国和全球服务贸易分布，可以发现，美国知识产权、科技和金融等领域出口已经超过了其总服务贸易出口的三成以上；并且，这些领域的总净出口已经超过七成，皆显著超过了全球的平均水平。以上都显示美国已经领先全球知识、科技和金融，提前进入知识经济。

6.7 全球主要服务贸易逆差国家和地区简介

6.7.1 德国和日本

凭借强大的科技能力，德国和日本分别为全球排名第 3 位和第 4 位大实物贸易国。然而，表 6－1 显示，2001 年德国和日本服务贸易逆差全球占比分别高达－122.4%和－101.0%；2007—2020 年，该两国服务贸易持续出现逆差呈现缩小态势，日本在 2019 年首次实现服贸顺差；2011—2021 年该两国贸易顺差占全球比重平均高达－11.2%和－10.9%，分别为全球服务贸易逆差排名第二和第三大国。

根据日本贸易振兴会（JETRO）网站（www.jetro.go.jp），2010—2018 年，日本服务贸易逆差两大源头分别为旅游和运输，这两个领域占日本服务贸易逆差平均比例分别高达 55.8%和 16.0%，显示出日本两大传统服务贸易是其逆差的主要源头；另外，日本在保险、文化娱乐和其他商务服务方面也保持了持续的逆差，平均逆差占比分别高达 7.0%、2.7%和 16.5%；日本服务贸易中三大服务顺差领域分别为版权、建筑和金融，2010—2018 年该三大领域服务贸易顺差年均占比分别仅为 7.1%、5.0%和 4.8%。

6.7.2 中国

2013—2018 年，除 2016 年外中国实物贸易全球排名第 1 位，然而，表 6－2显示 2013—2021 年，我国服务贸易出口保持了全球第 5 位，进口保持在全球第 2 位，仅次于美国；但是，2007 年以来我国服务贸易出现了持续逆差，而且从 2011 年以来成为全球服务贸易逆差最大国；2007—2014 年我国服务贸易逆差全球占比持续提高，从 3.1% 提高到了 108.8%；2014 年到 2019 年，逆差占比虽持续下降，而 2021 年占比仍高达 45.8%。

实际上，表 6-2 显示，2021 年我国服务贸易逆差 999.2 亿美元，而其他所有逆差国家总逆差额仅有 1066.8 亿美元。这表明我国实际上成为全球服务贸易逆差的最大提供国，为全球服务贸易作出了巨大贡献。2014 年以来每年超过两千亿美元的服务贸易逆差抵消了我国实物贸易顺差一半以上，特别是 2019 年我国服务贸易逆差 2611.5 亿美元，抵消了同年我国实物贸易顺差 4212.1 亿美元的 62.0%。服务贸易逆差抵消实物贸易顺差，对人民币带来明显的贬值压力，对跨境资金流动和人民币国际化推动等皆产生了负面影响。改革我国当前服务贸易体系，以有效降低服务贸易逆差，成了我国当前和今后一段时间内的重要任务。

6.7.3　其他服务贸易逆差国

表 6-2 显示，在 2021 年，除中国外，作为二十大服务贸易出口国排名前五的德国，加拿大、爱尔兰、意大利和韩国，也出现了服务贸易逆差；巴西、俄罗斯、沙特和墨西哥等主要发展中国家也有不同程度的服务贸易逆差，当年全球疫情应该是主要原因。

6.8　近年来我国服务贸易分布和问题

6.8.1　三十多年来我国服务贸易的发展及国际比较

表 6-5 给出了 1982—2021 年我国服务贸易进出口额及与货物贸易进出口的简单比较。可以看出，1982—2001 年中国服务贸易年均复合增长率为 15.98%，服务贸易与货物贸易的比例从 1982 年的 13.2% 上升到 2001 年的 17.9%。2001—2021 年，尽管服务贸易继续以年均 13.2% 的复合增长率增长，但服务贸易与货物贸易的比例从 2001 年的 17.9% 下降到 2021 年的 14.0%，表明这期间我国货物贸易增长较服务贸易更快。

表 6 - 5　中国服务进出口金额与货物贸易比较（1982—2021 年）

单位：亿美元、%

年份	出口	进口	进出口	净出口	服务贸易占货物贸易比例	服务贸易净出口占货物净出口比例
1982	26. 7	20. 2	46. 9	6. 5	13. 2	15. 5
1983	27. 7	19. 9	47. 6	7. 7	13. 0	42. 9
1984	30. 9	28. 6	59. 5	2. 3	13. 7	-130. 1
1985	31. 0	25. 2	56. 2	5. 8	9. 6	-4. 4
1986	38. 6	22. 8	61. 4	15. 8	11. 4	-17. 7
1987	40. 8	24. 9	65. 7	16. 0	10. 7	-122. 3
1988	51. 0	36. 0	87. 0	14. 9	10. 2	-26. 9
1989	62. 0	39. 1	101. 1	22. 9	13. 1	-31. 7
1990	80. 6	43. 5	124. 2	37. 1	16. 5	53. 4
1991	95. 5	41. 2	136. 7	54. 3	15. 9	87. 9
1992	125. 8	94. 3	220. 1	31. 5	20. 6	169. 7
1993	145. 8	120. 4	266. 2	25. 5	19. 9	-17. 8
1994	202. 0	163. 0	365. 0	39. 0	22. 1	112. 7
1995	244. 2	252. 2	496. 4	-8. 0	24. 6	-6. 3
1996	279. 8	225. 9	505. 7	54. 0	20. 9	44. 4
1997	342. 4	279. 7	622. 0	62. 7	23. 1	17. 2
1998	250. 5	268. 4	518. 9	-17. 9	18. 4	-3. 9
1999	293. 7	316. 5	610. 2	-22. 8	20. 0	-6. 9
2000	350. 3	361. 6	711. 9	-11. 3	17. 5	-3. 8
2001	391. 8	392. 7	784. 5	-1. 0	17. 9	-0. 3
2002	462. 3	465. 3	927. 6	-3. 0	17. 3	-0. 8
2003	513. 3	553. 1	1066. 4	-39. 8	14. 2	-10. 0
2004	725. 1	727. 2	1452. 3	-2. 2	14. 3	-0. 4
2005	843. 1	839. 7	1682. 8	3. 4	13. 4	0. 3
2006	1029. 8	1008. 4	2038. 2	21. 4	13. 0	1. 0
2007	1353. 2	1301. 3	2654. 5	51. 9	13. 7	1. 7
2008	1633. 1	1589. 5	3222. 6	43. 6	13. 9	1. 3
2009	1435. 7	1589. 2	3024. 9	-153. 5	15. 1	-6. 5
2010	1783. 4	1934. 0	3717. 4	-150. 6	13. 7	-6. 3

续表

年份	出口	进口	进出口	净出口	服务贸易占货物贸易比例	服务贸易净出口占货物净出口比例
2011	2010.5	2478.4	4488.9	-468.0	13.3	-20.5
2012	2015.8	2813.0	4828.8	-797.2	13.3	-25.6
2013	2070.1	3306.1	5376.1	-1236.0	13.7	-34.4
2014	2191.4	4328.8	6520.2	-2137.4	16.1	-49.1
2015	2174.0	4357.2	6531.2	-2183.2	17.6	-37.9
2016	2084.0	4415.5	6499.5	-2331.5	18.6	-47.7
2017	2130.6	4720.0	6850.6	-2589.3	17.3	-54.4
2018	2335.7	5257.4	7593.0	-2921.7	17.0	-76.9
2019	2443.6	5055.1	7498.7	-2611.5	17.1	-66.5
2020	2352.1	3805.4	6157.5	-1453.3	13.7	-28.2
2021	3626.6	4597.7	8224.4	-971.1	14.0	-16.9
1982—2001 年年均增长率	15.2	16.9	16	-190.5		
2001—2021 年年均增长率	12.4	13.8	13.2	43.6		

数据来源：国家外汇管理局网站：www.safe.gov.cn。

表6-5显示，1982—1997年，中国服务贸易主要表现为顺差；1997年之后大部分时间处于逆差的状态，仅在2005—2008年的短暂时期内，服务贸易为顺差；2009—2020年，中国贸易服务逆差稳步增长，抵消了很大一部分货物贸易顺差。中国服务贸易逆差与印度形成鲜明对比，印度自2004年以来服务贸易顺差快速扩大（印度服务贸易顺差比2004—2018年猛增29.4倍，而中国服务贸易逆差比2005—2019年猛增46.5倍）；2008年中国服务贸易逆差占货物贸易顺差的比例仅为3.7%，2018年飙升至83.3%，货物贸易顺差大部分被服务贸易逆差抵消。

6.8.2 旅游业、服务业进出口金额和逆差占比过高

表6-1和表6-5给出了我国服务贸易进出口金额（不包含服务贸易）的明细，表6-6给出了1997年到2021年我国服务贸易十多个服务领域的进出口金额及相应的增长率（由于表6-5和表6-6数据来源不同，两表相关数据有些许差异，但差异较小）。

表 6－6 我国服务贸易进出口金额及不同时期的变化率（1997 年至 2021 年）

单位：亿美元、%

出口	1997 年	2002 年	2007 年	2015 年	2016 年	2017 年	2018 年	2019 年	2020 年	2021 年	2015—2021 年
旅游	121	204	372	580	444	388	395	345	189	124	－22.72
运输	30	57	313	385	338	371	423	460	599	1343	23.15
加工				205	186	181	174	157	144	153	－4.74
建设	6	13	54	163	125	122	136	143	135	162	－0.10
电信、计算机和信息*	4	12	55	245	256	269	300	347	410	549	14.38
知识产权使用费	1	1	3	11	12	48	56	67	92	124	49.65
保险和养老	2	2	9	50	42	40	49	48	56	56	1.91
维护维修				36	50	59	72	102	81	85	15.36
金融	0	1	2	22	32	37	35	39	45	55	16.59
其他商业服务	77	88	269	585	576	583	661	688	753	945	8.31
个人文化娱乐	0	0	3	7	7	8	10	10	11	15	14.11
政府服务				11	12	17	18	15	26	17	7.00
总计	245	394	1217	2299	2080	2122	2327	2421	2540	3627	7.89

进口	1997 年	2002 年	2007 年	2015 年	2016 年	2017 年	2018 年	2019 年	2020 年	2021 年	2015—2021 年
旅游	81	154	298	2495	2621	2548	2768	2511	1520	1225	－11.18
运输	99	136	433	873	809	929	1083	1049	1025	1425	8.51
加工				2	2	2	3	3	5	8	25.05
建设	12	10	29	101	84	86	86	93	88	107	1.00
电信、计算机和信息*	5	16	33	114	126	192	230	269	348	433	24.92
知识产权使用费	5	31	82	220	239	286	356	344	399	56	－20.28
保险和养老	10	32	107	80	130	104	119	108	131	169	13.27
维护维修				13	20	23	25	37	36	41	21.02
金融	3	1	6	26	20	16	21	25	33	56	13.80
其他商业服务	53	49	182	397	435	429	473	498	542	571	6.23
个人文化娱乐	0	1	2	19	23	28	34	41	33	35	10.45
政府服务				26	29	35	45	37	38	34	4.48
总计	277	461	1293	4364	4535	4677	5242	5014	4199	4159	－0.80

续表

净出口	1997年	2002年	2007年	2015年	2016年	2017年	2018年	2019年	2020年	2021年	2015—2021年
旅游	39	50	74	-1914	-2177	-2160	-2374	-2166	-1330	-1101	-8.80
运输	-70	-79	-120	-488	-471	-558	-660	-588	-427	-82	-25.76
加工				203	185	179	172	154	138	146	-5.39
建设	-6	3	25	62	41	36	50	50	46	55	-2.03
电信、计算机和信息	-2	-4	22	131	130	76	70	78	62	115	-2.08
知识产权使用费	-5	-30	-79	-209	-227	-238	-300	-277	-307	67	
保险和养老	-9	-30	-98	-30	-88	-64	-70	-60	-75	-113	24.73
维护维修				23	30	37	46	65	44	44	11.42
金融	-3	0	-3	-4	12	21	14	14	11	-1	-17.98
其他商业服务	24	38	87	188	141	154	188	190	212	374	12.15
个人文化娱乐	0	-1	2	-12	-15	-20	-24	-31	-23	-19	8.01
政府服务				-15	-17	-18	-27	-22	-11	-17	2.43
总计	-32	-67	-76	-2065	-2455	-2555	-2916	-2593	-1659	-533	-20.22

数据来源：根据国家外汇管理局网站 www. safe. org. cn 公布的数据整理计算得出；1997—2007 年数据来自商务部网站；2015—2019 年数据来自国家外汇管理局网站 www. safe. org. cn 公布的数据整理计算得出；另外，1997 年数据中的通信服务进出口单项数据加入到了相应的计算机和信息服务以与 2015—2019 年的电信、计算机和信息服务一致；1997—2007 年数据中的“知识产权使用费”为之前的“专有权利使用费和特学费”可能与 2015 年以后的定义不尽一致；另外 1997—2007 年数据中未专门列出加工、维修和政府服务数据。

表 6-6 显示，1997—2021 年的三十多年时间内，旅游出口占我国服务贸易出口比例从 49.3% 持续下降到了 3.4%，而旅游服务进口占比却从 29.2% 上升到了 2020 年的 36.2%（2021 年降至 29.4%）；1997—2008 年，我国旅游服务仍保持了一定幅度的顺差。然而，2007 年至 2015 年我国旅游服务贸易条件不断恶化，从顺差 74 亿美元迅速扭转到逆差 1914 亿美元，占总服务贸易逆差比重一度猛增到了 92.7%；虽然 2015—2018 年占比略降到了 81.4%，而 2019 年又回升到了 83.5%，旅游成为我国服务贸易逆差的最大贡献领域。2016 年以来，每年超过 2000 亿美元的旅游服务贸易逆差对我国经常项目产生了巨大的影响，进而对人民币汇率产生明显的影响，这不得不使我们关注和反思。旅游服务贸易逆差的大幅度增长的原因，主要是我国人均收入提高、境外旅游便利化、人民币

升值和留学小龄化普及化。我国旅游业国际竞争力有待提升和双向开放也应该是旅游服务贸易逆差大幅增长的重要原因（“中国服务贸易逆差内在因素分析”，中国服务外包研究中心，商务部网站，2018 年 12 月 13 日）。

6.8.3 两项传统服务贸易占比仍然过高

表6－6 显示，虽然 2007—2021 年我国运输出口和进口服务占比从 25.7%和 33.5%分别上升到了 37%和 34%上下的水平，运输服务贸易成了仅次于旅游以及保险和养老服务业之外第三大逆差领域；2015—2021 年旅游和运输服务贸易占我国总服务贸易比重从 65.0%下降到了 52.9%，同时，该两项服务贸易逆差占我国总服务贸易逆差比重从 116.3%上升到了 222.1%，显示出该两大服务贸易在我国服务贸易中发挥着巨大的作用。

实际上，2020 年我国旅游和运输服务贸易占比 49.5%，仍相当于 20 世纪 80 年代初的水平，表明我国服务贸易发展水平过缓的状况。虽然经过了四十年经贸的高速发展，我国货物贸易已经达到世界前位，但我国服务贸易仍以旅游和运输为主，总体仍停留在改革开放初期的世界水平，严重滞后于我国经贸、科技和金融业的发展程度。

6.8.4 我国服务贸易顺逆差总体简介

表6－6 显示，除加工贸易服务、维护维修和建设这些在全球服务贸易中已经归入零头的领域略有顺差外，其他服务领域几乎全部为逆差。虽然其他商业服务有些许顺差，但是该项顺差与电信、计算机和信息服务逆差基本抵消，商业服务总体没有多少顺差；尽管金融服务有些许顺差，但远抵消不了保险和养老服务的逆差；国家科研投入已步入世界前列，但知识产权服务逆差不仅没有下降，反而仍明显增长。

6.8.5 知识产权和逆差仍持续明显增长

知识产权使用是一个国家或地区科技水平和创新能力的最佳表现，也是其软实力的重要体现。表6－6 显示，除旅游和运输两大传统服务逆差较大外，我国知识产权逆差最大。2007—2015 年，我国知识产权逆差从 79 亿美元猛增到了 209 亿美元，年均增幅到 13.0%，2015 年到 2018 年 3 年年均复合增长率略降到 9.74%。同时，这一项目 2019 年逆差则较 2018 年下降 23 亿美元至 278 亿美元，2020 年反弹至 307 亿美元。显示出近年来我国科技创新能力虽略有提高，但与近年来我国飞速增长的专利数据和科研论文数等情形不尽一致。科研投入的效果可能需要时间才能见效，但是专利猛增应该在知识产权方面会有更明显的反应。2009 年到 2017 年，我国专利数量年均复合增长率高达 20.3%，比同期美国专利数量年均复合增长率 3.6% 高出 5.6 倍；而且 2011 年我国专利数量就首次超过了美国，到 2017 年我国专利数据比美国数量高出 1.28 倍。专利猛增未在我国知识产权服务中有所反映，表明我国专利的实用性有问题，或者专利的质量有问题，再或与专利的数据有问题相关。我国近年来每年仅次于美国的科研投入产生了大量的专利，但是大量的专利既没有对国内产值产生明显的贡献，也没有对国家知识产权服务产生什么贡献。这些问题与第 3 章分析的我国单位专利创造的国内产值显著低于国外的问题相似，值得我们反思。

6.8.6　信息科技服务顺差明显缩窄

表 6 – 6 显示，继其他商业和加工外，电信、计算机和信息服务顺差是我国服务贸易第三大顺差领域，2015 年到 2021 年，我国该领域服务进口从 114 亿猛增到 433 亿美元，年均复合增长率高达 24.9%，显示我国该领域需求高速增长，然而同期该领域出口却从 245 亿美元迅速增长到了 549 亿美元，年均复合增速为 14.4%。世界知识产权组织（World Intellectual Property Organization，WIPO）给出的、截至 2017 年的数据显示，2013 年我国在电信领域的专利就开始超过了美国，而且到 2017 年我国在电信领域的专利数量超过美国 78.8%；2015 年开始，我国在计算机技术领域的专利就超过了美国，到 2017 年，我国在计算机技术领域的专利超过美国 75.9%；2016 年开始我国在信息技术领域的专利首次超过了美国，而且到 2017 年我国该领域专利数量超过美国 147.9%；从 2015 年开始，在以上三个领域总专利数量，我国已经开始超过美国，到 2017 年该三领域总专利超过美国 84.9%。然而表 6 – 6 的数据显

示，2015 年到 2020 年，我国该领域的服务贸易顺差却累计下降了 52.7%，与同期我国在该领域专利数飞速猛增有了明显的矛盾。

6.8.7 金融业大而不强

表 6－6 显示，2015—2017 年，我国金融服务从逆差转向了顺差 21 亿美元，但 2019 年顺差却下降到了 14 亿美元，2021 年顺差又转为了逆差 1 亿美元；保险和养老的逆差也从 2015 年的 30 亿美元猛增到 2021 年的 113 亿美元，增长近四倍；保险和金融服务业逆差从 2015 年的 33 亿美元提高到了 2021 年的 144 亿美元，年均复合增长率高达 27.8%。这些结果与近年来我国金融业高速发展的成就似乎也很不一致。实际上，国际金融危机后我国银行业资产飞速增长，早在 2010 年我国银行业资产就首次超过了美国，而且到 2018 年我国银行业资产超过美国银行业资产 1.38 倍。2016—2018 年，我国每万亿美元的银行业资产产生不了 0.5 美元的金融服务顺差（2016 年和 2017 年美国每万亿美元的银行业资产平均产生了 45.2 美元和 46.7 美元的金融服务净出口）。以银行为主的我国金融业大而不强、缺乏国际竞争力的态势明显。

6.9 全球知识产权使用费主要出口国

不同国家和地区知识产权使用费的出口金额代表了科技水平或能力，出口越大，一个地区的科技发展程度越高。表 6－7 给出了 2021 年出口超过 10 亿美元的主要经济体知识产权使用费用出口情况。

表 6－7 主要国家知识产权使用费用出口情况（2008—2021 年）

单位：亿美元、%

国家或地区 \ 年份	2008	2010	2012	2014	2016	2018	2019	2020	2021	复合年增长率
美国	896.7	949.7	1078.7	1163.8	1129.8	1148.2	1155.3	1137.8	1248.3	2.58
荷兰	283.3	249.7	286.3	381.5	266.6	384.1	413.5	450.3	371.6	2.11
日本	257.0	266.8	318.9	373.4	391.4	455.7	471.5	430.4	481.7	4.95
德国	73.4	82.8	103.0	234.9	287.3	365.0	362.4	358.6	585.2	17.32

续表

国家或地区 \ 年份	2008	2010	2012	2014	2016	2018	2019	2020	2021	复合年增长率
英国	146.7	144.5	139.5	203.6	198.2	251.7	263.6	239.0	234.8	3.68
瑞士	110.5	162.2	227.4	232.1	258.6	310.8	298.7	232.4	299.2	7.96
爱尔兰	14.7	29.2	49.8	69.4	89.1	143.4	118.7	150.3	175.5	20.98
法国	154.7	136.3	127.4	145.4	154.8	177.4	155.2	146.7	154.9	0.01
中国	5.7	8.3	10.4	6.8	11.6	55.6	66.0	85.5	117.4	26.19
瑞典	47.1	58.1	75.5	93.2	78.5	76.7	86.7	83.7	85.0	4.65
新加坡	12.1	19.3	28.1	39.1	70.3	85.5	84.9	82.8	116.5	19.00
加拿大	41.3	28.1	39.3	47.6	45.1	63.2	67.9	72.2	85.4	5.75
韩国	24.3	31.9	39.0	55.4	69.4	77.5	77.5	68.6	80.7	9.66
丹麦	23.7	20.3	22.6	25.0	24.3	38.0	40.6	51.5	44.6	4.99
意大利	39.7	36.4	41.0	33.3	34.3	49.4	45.0	42.4	47.5	1.40
比利时	15.2	24.8	26.5	33.1	37.9	42.7	38.3	42.3	39.2	7.58
阿联酋*	0.0	0.0	0.0	32.7	34.9	37.0	38.4	39.7	41.0	3.27
芬兰	14.9	23.2	33.3	26.2	30.3	34.6	36.1	30.4	34.3	6.62
西班牙*	0.0	0.0	0.0	14.4	19.2	25.3	34.2	29.5	38.0	14.89
卢森堡	1.5	2.1	4.5	11.2	14.0	19.5	23.7	20.7	19.8	21.77
中国台湾	1.9	4.6	9.3	8.7	12.4	15.4	14.1	17.4	21.4	23.22
以色列	9.6	8.5	10.6	12.8	12.7	12.7	15.8	16.6	22.0	6.61
奥地利	11.7	9.3	11.0	12.8	11.7	13.6	14.3	15.3	17.2	3.02
匈牙利	17.1	20.5	20.3	20.9	17.9	18.6	13.9	12.7	14.0	-1.50
俄罗斯	4.1	3.9	6.6	6.7	5.5	8.8	10.1	11.6	14.4	10.19
波兰	2.1	2.4	2.3	3.4	4.4	6.1	6.5	11.0	14.8	16.34
主要国家总和	2208.9	2322.7	2711.4	3287.2	3310.0	3916.3	3952.8	3879.3	4404.2	5.45
前10名	1989.9	2087.6	2416.9	2904.0	2865.8	3368.5	3391.5	3314.8	3753.5	5.00
前11~20名	172.7	186.1	234.4	318.0	379.6	472.5	486.6	480.0	546.9	9.27
全球其他地区	48.8	52.1	43.7	21.6	19.9	36.5	40.1	32.1	40.6	-1.40
全球	2257.7	2374.9	2755.1	3308.8	3329.9	3952.8	3992.9	3911.4	4444.8	5.35
主要国家总和/全球	97.84	97.80	98.41	99.35	99.40	99.08	99.00	99.18	99.09	
前10名/世界	88.14	87.90	87.73	87.77	86.06	85.22	84.94	84.75	84.45	
欧盟	716.1	717.0	816.2	1118.5	1085.3	1412.7	1414.7	1472.6	1677.5	6.77
欧元区	621.8	608.1	687.9	969.0	953.9	1265.7	1257.1	1303.4	1506.5	7.04
欧元区/欧盟	86.84	84.81	84.28	86.64	87.90	89.60	88.86	88.51	89.81	

数据来源：世贸组织网站：http：//www.wto.org/；年均增长率为所有国家和地区2008—2021年复合年增长率，西班牙为2014—2021年，阿联酋为2014—2019年，中国台湾为2008—2019年，中国台湾和阿联酋2020年的数据估计使用以2019年数据为基数以及相应的复合年增长率计算得到。

6.9.1 知识产权使用费用的主要出口国与主要经济体的比较

世界前二十大经济体为全世界的经济学家、研究人员和专业人士所熟知，2019年知识产权使用费出口前二十强中，到2021年仅有十二国仍在列，俄罗斯在表6-3中排名第25位，印度、巴西、澳大利亚、墨西哥、印度尼西亚、沙特阿拉伯和土耳其甚至不在表6-3的前25名名单中。上述8个未进入表6-3前20名的经济体中，只有澳大利亚是发达国家，表6-3前20名中只有中国是发展中国家。这些结果表明，知识产权使用费出口几乎是发达国家的专有权利（见表6-7，2008—2021年，中国知识产权使用费出口占前20名出口国的份额仅为0.30%至2.73%），所有发展中国家和其他发达国家都必须依靠向发达国家进口用来使用发达国家的知识产权。

6.9.2 知识产权使用费出口的集中度

表6-7显示，在知识产权使用费出口排名前二十的国家中，有美国与卢森堡等发达国家共18个，仅有中国和阿联酋两个属于发展中国家，分别排在第12位、第17位。2008—2021年，前十名在全球的份额始终维持在80%以上，前20名在全球的份额从95.8%上升到96.8%；全球其他地区（除表6-7前二十名国家外的世界）占比从2.16%下降至0.91%，说明使用知识产权费用的出口大部分来自主要发达国家，而世界其他地区完全依赖于它们的知识产权出口。

6.9.3 知识产权使用费出口的增长情况

表6-7显示，2008年到2021年，知识产权使用费出口排名前10位国家的年复合增长率为5.21%，第11~20位国家的年复合增长率高达9.27%，这说明第二梯队的国家使用知识产权的费用出口增长显著。

需要指出的是，在表6-7的所有二十五个主要出口国中，中国在2008年至2021年的复合年增长率最高，达到26.19%，其次是中国台湾同期的复合年增长率为23.22%，卢森堡的复合年增长率紧随其后高达21.77%。同期达到两位数复合年增长率的经济体还有爱尔兰、德国、新加坡、波兰、西班牙、俄罗斯。还需要注意的是，排名前二十五位的经济体外，世界其他地区的复合年增长率为－1.40%，表明知识产权使用费的出口在向主要出口国集中。

6.9.4　中国知识产权使用费的出口情况

表6－7显示，2008—2021年，我国知识产权使用费出口增长幅度最大，年均复合增长率为26.19%，是前二十五大出口国中增长幅度最高的，并且，2021年知识产权使用费出口金额达到117.4亿美元，排名第9位。中国国家外汇管理局（SAFE）2021年12月更新的数据显示，2021年中国知识产权使用费出口增长至123.6亿美元，较2020年增长34.31%，年增长率比2018—2019年的增长率19.64%高出了14.66%。无论是WTO数据还是我国外汇管理局数据统计，我国知识产权使用费出口金额都已挤进全球前十名，表明近年来我国在知识产权出口方面的显著进步。

6.9.5　主要地区知识产权使用费出口与国内生产总值的比较

排名前二十的经济体中，知识产权使用费用出口反映了这些经济体的出口规模，但由于各个经济体的规模不同，各经济体知识产权使用费用出口占其国内生产总值的比例更能反映这些经济体的科技能力。表6－8给出了2005—2021年主要专利区域的情况。

表6－8　主要地区知识产权使用费出口额/GDP（2005—2021年）

单位：%

年份＼国家或地区	欧洲	日本	韩国	美国	中国	其他	全球
2005	0.41	0.36	0.22	0.49	0.01	0.19	0.36
2006	0.41	0.44	0.20	0.51	0.01	0.17	0.36
2007	0.42	0.51	0.16	0.58	0.01	0.16	0.37
2008	0.44	0.50	0.23	0.61	0.01	0.14	0.37
2009	0.49	0.41	0.34	0.59	0.01	0.15	0.37

续表

年份＼国家或地区	欧洲	日本	韩国	美国	中国	其他	全球
2010	0.52	0.46	0.28	0.63	0.01	0.12	0.37
2011	0.55	0.47	0.35	0.69	0.01	0.12	0.38
2012	0.57	0.51	0.31	0.67	0.01	0.11	0.38
2013	0.60	0.61	0.32	0.68	0.01	0.14	0.40
2014	0.63	0.76	0.37	0.66	0.01	0.16	0.42
2015	0.69	0.82	0.45	0.61	0.01	0.21	0.44
2016	0.75	0.78	0.46	0.60	0.01	0.20	0.45
2017	0.79	0.85	0.45	0.60	0.04	0.21	0.46
2018	0.83	0.90	0.45	0.58	0.04	0.23	0.47
2019	0.87	0.91	0.47	0.55	0.05	0.22	0.47
2020	1.00	0.85	0.42	0.54	0.06	0.30	0.46
2021	1.04	0.98	0.45	0.54	0.07	0.29	0.46

数据来源：根据表 6－7 数据和国际货币基金组织 2022 年 4 月发布的 GDP 数据计算得出。

表 6－8 显示，2005 年至 2013 年，美国知识产权使用费出口额/GDP 比率最高，而日本和 EPC 国家（欧洲专利局成员国，以下简称 EPC 国家）分别在 2014 年和 2015 年超过美国。2005 年至 2021 年，EPC 国家、日本和美国的知识产权使用费出口/GDP 比率均超过全球平均水平；五区以外的其他地区比例约为同期全球平均比例的三分之一，而中国的比例从 2005—2016 年不到世界其他地区比例的 7%，约为世界其他地区比例的 20%。2017—2021 年，中国的知识产权使用费出口/GDP 比率从 0.01% 上升 7 倍，至 0.07%，但与其他国家的差距仍然显著，这意味着中国要赶上先进国家以及世界其他国家，还有很多事情要做。

6.10 知识产权使用费的主要进口国

科学技术是多种多样的，一个国家的科技再发达，也不可能在每一个科技领域都做全面领先。因此，每个国家或地区都必须进口一定的知识产权以促进经济贸易发展和科技进步。表 6－9 给出了 2021 年进口额超过 10 亿美元的主要经济体知识产权使用费进口情况。

表 6－9　主要国家知识产权使用费进口情况（2008—2021 年）

单位：亿美元、%

国家或地区 \ 年份	2008	2010	2012	2014	2016	2018	2019	2020	2021	复合年增长率
爱尔兰	354.5	374.6	381.9	572.7	765.6	854.8	942.6	969.2	1327.4	10.69
美国	277.6	311.2	350.6	375.6	419.7	427.4	417.3	429.8	468.5	4.11
中国	103.2	130.4	177.5	226.1	239.8	357.8	343.7	378.7	468.5	12.34
荷兰	362.5	328.2	361.4	473.2	371.4	449.8	406.9	427.7	350.9	-0.25
日本	183.1	187.7	199.0	209.4	202.5	219.9	267.7	285.5	295.4	3.75
瑞士	94.7	152.7	202.2	238.8	206.6	240.6	226.3	264.2	274.6	8.53
德国	86.3	71.2	64.0	107.3	113.0	160.6	163.9	168.8	208.9	7.04
新加坡	136.0	170.3	231.1	208.8	156.6	170.4	172.1	153.5	178.1	2.10
英国	108.0	104.9	102.1	124.9	121.6	151.3	174.9	160.4	177.8	3.91
加拿大	89.2	97.3	109.0	117.1	115.7	127.2	130.8	137.0	163.3	4.76
法国	104.4	100.1	87.5	127.6	147.6	143.5	121.9	122.7	125.8	1.45
韩国	58.2	91.8	86.2	105.5	94.3	98.1	99.1	98.9	111.3	5.11
瑞典	20.6	15.0	24.8	39.0	33.3	48.9	69.5	92.8	105.9	13.41
印度	15.3	24.4	39.9	48.5	54.7	79.1	78.9	72.4	86.3	14.24
俄罗斯	44.8	48.4	76.3	80.2	50.0	62.9	68.7	68.1	70.2	3.52
卢森堡	4.2	1.9	8.7	17.0	29.8	42.9	51.8	59.3	61.7	22.89
西班牙*	0.0	0.0	0.0	44.7	49.9	66.4	68.4	51.2	59.3	4.11
泰国	25.7	30.8	36.1	39.7	39.8	52.7	53.1	45.0	56.1	6.19
巴西	27.0	32.3	42.0	59.2	51.4	51.2	52.5	40.6	51.7	5.14
意大利	72.3	65.5	55.9	51.8	46.8	51.4	49.5	42.1	51.4	-2.59
波兰	17.7	22.5	23.3	29.5	26.9	36.4	37.3	35.3	40.4	6.53
澳大利亚	30.1	34.2	41.7	39.7	33.3	36.7	34.5	35.9	38.1	1.83
中国台湾*	30.2	49.4	56.8	52.8	52.9	36.1	32.6	32.8	33.1	0.72
比利时	20.2	19.1	28.2	34.0	27.6	39.2	32.6	32.1	32.4	3.70
阿联酋*	0	0	0	21.8	24.8	27.8	28.9	30.6	32.3	5.79
土耳其	7.3	8.2	7.4	16.9	18.8	21.1	21.8	23.0	26.5	10.43
马来西亚	12.7	13.2	15.4	14.2	13.5	20.1	22.2	23.9	25.9	5.65
以色列	9.1	8.3	11.1	11.4	12.0	13.8	15.2	16.7	21.7	6.94
中国香港*	16.1	19.8	20.2	19.4	18.8	19.9	19.4	19.7	20.1	1.7

续表

国家或地区 \ 年份	2008	2010	2012	2014	2016	2018	2019	2020	2021	复合年增长率
印度尼西亚	13.3	16.2	18.0	18.6	17.3	14.7	18.0	15.3	17.9	2.31
奥地利	20.9	16.1	19.6	17.8	14.7	18.6	21.0	15.8	16.9	-1.63
丹麦	11.9	13.3	13.9	17.0	16.3	15.8	15.3	16.5	16.4	2.44
智利	5.4	7.3	10.0	15.5	16.1	18.0	17.2	14.9	16.2	8.86
捷克	8.6	9.5	10.4	13.4	11.9	14.9	15.1	13.9	16.1	4.97
匈牙利	26.0	18.0	17.0	17.0	14.5	16.3	17.0	12.7	15.4	-3.92
马耳他	8.9	15.9	4.5	5.6	8.4	10.3	11.2	12.9	14.7	3.94
南非	16.8	19.4	20.2	17.3	18.3	15.4	13.6	12.0	14.5	-1.09
阿根廷	15.3	17.1	22.2	21.0	21.1	20.5	17.2	12.5	13.9	-0.75
哥伦比亚	4.7	6.2	9.5	14.0	12.6	14.1	13.3	11.2	13.0	8.15
芬兰	22.5	15.1	17.7	11.8	8.8	10.7	10.0	11.0	11.5	-5.07
超10亿美元国家总和	2465.6	2667.1	3003.1	3675.8	3698.4	4277.5	4373.2	4466.8	5130.3	5.80
全球其他地区	48.3	34.6	42.3	45.0	35.3	66.1	72.0	30.8	22.3	-5.78
全球	2513.9	2701.7	3045.4	3720.8	3733.8	4343.7	4445.3	4497.7	5152.6	5.68
前10名	1795.3	1928.4	2178.7	2653.9	2712.4	3159.8	3246.3	3374.8	3913.4	6.18
前11~20名	372.5	410.2	457.3	613.3	597.5	697.3	713.3	693.2	779.8	5.85
前21~30名	156.7	190.8	222.2	258.3	246.0	265.8	262.6	265.3	288.4	4.80
前25名	2266.1	2463.7	2786.0	3445.0	3475.4	4033.2	4125.6	4234.7	4869.6	6.06
超10亿国家总和/全球	98.08	98.72	98.61	98.79	99.05	98.48	98.38	99.31	99.57	
前10名/全球	71.41	71.38	71.54	71.33	72.64	72.75	73.03	75.04	75.95	
前25名/全球	90.14	91.19	91.48	92.59	93.08	92.85	92.81	94.15	94.51	
欧盟	1167.9	1112.2	1145.1	1615.2	1720.4	2020.2	2075.9	2108.1	2108.1	4.65
欧元区	1076.0	1026.2	1046.2	1485.3	1604.7	1873.0	1906.4	1923.1	1923.1	4.57
欧元区/欧盟	92.13	92.27	91.36	91.96	93.27	92.71	91.84	91.22	91.22	

数据来源：同表6-7。年均增长率为所有国家和地区2008—2021年复合年增长率，西班牙为2014—2021年，阿联酋为2014—2019年，中国台湾和中国香港为2008—2019年，阿联酋、中国台湾和中国香港2020年的数据估计使用以2019年数据为基数以及相应的复合年增长率计算得到。

6.10.1 知识产权使用费用的主要进口国与主要经济体的比较

表6-9显示，2020年，知识产权使用费进口额排名前20位的国家，至

2021年，除爱尔兰、新加坡、瑞典、卢森堡、泰国未进入排名外，其他十五个进口国知识产权使用费仍位列其中；而澳大利亚、墨西哥、印度尼西亚、沙特阿拉伯和土耳其甚至不在表6－10的前20名名单中，墨西哥和沙特阿拉伯甚至没有在知识产权费进出口国前36名名单中。上述5个未进入表6－10前20名的国家中，澳大利亚再次成为唯一的发达国家，中国、印度、俄罗斯和巴西是表6－10前20名中的四个主要发展中国家。这些结果表明，更多的发展中国家在经济和贸易发展中依赖进口使用知识产权的费用，而不是出口使用知识产权的费用。

6.10.2 知识产权使用费用的主要进口国

表6－9显示，爱尔兰这个人口不到500万、GDP远低于500亿美元、2021年GDP排名世界第29位的国家，其进口费用排名第1位。2021年知识产权使用额1327.4亿美元，占国内生产总值的26.61%。这一数额不仅是世界最高的，也是全球平均水平0.53%的50倍。中国知识产权进口在经过多年的高速增长后，已升至世界第3位，仅仅略低于美国。荷兰、日本、瑞士、德国分别位列第4到第7名，进口金额也在200亿美元以上。

6.10.3 知识产权使用费进口集中度

从表6－9可以看出，知识产权使用费进口集中度不如表6－7中显示的那么严重。我们可以看到，2008—2021年世界进口前10大进口国的总份额从71.41%增加到75.95%，远低于表6－7中相应的从88.14%略降到84.45%的份额。前25名进口国占全球总进口的份额从90.14%略降到94.51%，也远低于表6－7中相应的97.84%到99.09%的份额（表6－7列出了使用知识产权收费的前25名出口国）。

6.10.4 知识产权使用费进口增长率

表6－9显示，在知识产权使用费增长率排名前20名进口国中，只有意大利和荷兰的复合年增长率为负，其他国家均出现不同程度的增长。全部40

个国家和地区的进口总额（表中为超 10 亿国家总和）年均复合增长率为 5.80%，高于相应的全球年复合增长率 5.68%。这表明发达国家在使用知识产权的进口方面仍有较大幅度的增长。

值得注意的是，2008 年至 2021 年，在表 6－9 中所有四十个最大进口国中，卢森堡的复合年增长率最高为 22.89%，其次是印度、瑞典、中国、爱尔兰和土耳其，同期复合年增长率分别为 14.24%、13.41%、12.34%、10.69% 和 10.43%。瑞士和智利同期的增长率也接近两位数，分别为 8.53% 和 8.86%。上述平均复合年增长率表明同期相应经济体的经济和贸易发展较快。

6.10.5 知识产权使用费进口国增速对比

值得注意的是，知识产权使用费增速排名前十的进口国家，年均复合增长率为 6.18%，相较于世界平均水平 5.68%，高 0.5 个百分点；排名前 11 至 20 名的进口国，复合年增长率为 5.85%，相较于世界平均水平 5.68%，高出 0.17 百分点；排名前 21～30 名的进口国，复合年增长率为 4.80%，相较于世界平均水平 5.68%，低 0.88 个百分点。世界其他地区（表 6－9 前 40 名进口国除外）进口年均复合增长率为－5.78%，相较于世界平均水平 5.68%，低 11.45 个百分点，表明较高的进口国有意进口使用知识产权的费用更高。

6.11 全球知识产权使用费的主要贸易国及其相关影响

任何经济体知识产权使用费用的出口都表明其科技能力在国际上应用的能力，当然也包括国内应用，而经济体知识产权使用费用的进口则表明其对来自全球市场的科技依赖。因此，知识产权使用费用的出口和进口都是经济发展所必需的。我们在前面的章节中介绍了主要经济体使用知识产权的出口和进口费用。在本节中，我们将介绍发达经济体知识产权的出口和进口情况，即进出口贸易。表 6－10 展示了 2008—2021 年主要经济体知识产权进出口使用费。

表6-10 主要经济体知识产权进出口使用费（2008—2021年）

单位：亿美元、%

国家或地区 \ 年份	2008	2010	2012	2014	2016	2018	2019	2020	2021	复合年增长率
美国	1174.4	1260.8	1429.3	1539.4	1549.6	1575.6	1572.6	1567.6	1716.8	2.96
爱尔兰	369.3	403.8	431.8	642.1	854.7	998.2	1061.3	1119.5	1502.9	11.40
德国	159.7	153.9	166.9	342.2	400.2	529.6	538.2	537.6	794.2	13.13
日本	440.1	454.5	517.9	582.8	593.8	675.6	739.2	718.7	777.1	4.47
荷兰*	645.8	577.9	647.6	854.7	637.9	833.9	820.4	877.9	722.5	0.87
中国	108.9	138.7	187.9	232.9	251.4	413.4	409.8	464.5	585.9	13.82
瑞士	205.2	314.8	429.6	470.8	465.2	551.4	525.1	496.6	573.7	8.23
英国	254.7	249.5	241.5	328.5	319.8	403.0	438.4	399.5	412.5	3.78
新加坡	148.2	189.6	259.2	247.9	227.1	260.3	239.8	240.2	294.6	5.43
法国	259.1	236.4	215.0	273.1	302.4	320.9	277.1	269.4	280.7	0.62
加拿大	130.5	125.5	148.3	164.8	160.8	190.4	198.7	209.2	248.8	5.09
瑞典	67.7	73.1	100.3	132.3	111.8	125.6	156.2	176.6	190.9	8.30
韩国	82.6	123.7	125.2	160.9	163.7	175.6	176.6	167.8	192.0	6.70
意大利	112.0	101.9	96.9	85.1	81.1	100.8	94.5	83.9	99.0	-0.95
西班牙*	0.0	0.0	0.0	59.1	69.1	91.7	102.6	80.7	97.3	7.38
印度	16.8	25.7	43.1	55.1	59.9	86.9	87.6	84.9	95.0	14.27
俄罗斯	48.9	52.3	82.9	86.9	55.5	71.6	78.8	79.7	84.6	4.31
卢森堡	5.8	3.9	13.2	28.2	43.7	62.4	75.5	78.8	81.5	22.61
阿联酋*	0.0	0.0	0.0	54.5	59.6	64.8	67.3	70.2	73.2	4.31
比利时	35.4	43.9	54.7	67.1	65.5	81.8	70.9	74.4	71.6	5.57
丹麦	35.6	33.6	36.6	41.9	40.5	53.8	55.9	68.0	61.0	4.22
泰国	26.7	31.2	37.1	40.3	40.5	54.4	55.1	47.3	59.1	6.30
巴西	31.6	34.2	44.7	63.0	57.9	59.5	58.9	47.0	58.8	4.88
波兰	19.8	24.9	25.6	32.9	31.4	42.5	43.8	46.4	55.2	8.20
澳大利亚	37.6	44.0	50.3	48.3	41.5	46.4	43.5	44.6	50.4	2.29
中国台湾*	32.1	54	66.1	61.4	65.3	51.5	46.7	48.3	50.0	3.48
芬兰	37.4	38.3	51.0	38.0	39.1	45.2	46.1	41.6	45.7	1.55
以色列	18.7	16.8	21.7	24.2	24.7	26.6	31.0	33.3	43.7	6.77

续表

国家或地区 \ 年份	2008	2010	2012	2014	2016	2018	2019	2020	2021	复合年增长率
奥地利	32.6	25.4	30.5	30.6	26.4	32.3	35.3	31.2	34.1	0.34
马来西亚	14.7	14.2	16.8	15.0	14.6	22.7	24.4	26.2	28.8	5.33
前30名总和	4551.8	4846.2	5571.8	6803.6	6854.5	8048.6	8171.2	8231.7	9381.5	5.72
其他地区	219.9	230.4	228.7	226.0	208.0	257.1	264.4	229.5	215.9	-0.14
全球	4771.7	5076.6	5800.5	7029.6	7062.5	8305.7	8435.6	8461.1	9597.4	5.52
前10名	3765.3	3980.0	4526.7	5514.3	5602.1	6561.9	6621.9	6691.6	7660.9	5.62
前11~20名	499.6	549.9	664.6	893.9	870.6	1051.8	1108.7	1106.3	1233.9	7.20
前21~30名	286.8	316.4	380.4	395.4	381.9	434.9	440.7	433.8	486.8	4.15
前30名总和/全球	95.39	95.46	96.06	96.79	97.06	96.90	96.87	97.29	97.75	
前10名/全球	78.91	78.40	78.04	78.44	79.32	79.00	78.50	79.09	79.82	
欧盟	1884.0	1829.3	1961.3	2733.7	2805.7	3437.0	3502.4	3605.8	3605.8	5.12
欧元区	1697.9	1634.4	1734.2	2454.3	2558.6	3142.8	3175.4	3250.0	3250.0	5.12
欧元区/欧盟	90.12	89.35	88.42	89.78	91.19	91.44	90.66	90.13	90.13	

数据来源：表6－7和表6－9中IP使用费的进出口情况。

6.11.1 主要贸易国知识产权使用费情况与主要经济体的比较

根据表6－7、表6－10，比较各国知识产权使用费出口与进出口情况，2021年知识产权使用费进出口排名前20位的贸易大国中，在出口排名中仅有十四国进入前20位；巴西、澳大利亚、墨西哥、印度尼西亚、沙特阿拉伯和土耳其未在列。考虑知识产权使用费进出口情况，巴西和澳大利亚的排名分别为第23和第25位，墨西哥，印度尼西亚，沙特阿拉伯和土耳其未进入前30位名单；而知识产权使用费进口方面来看，上述6个未进入前20名的经济体中，澳大利亚是唯一的发达国家；进出口情况的国家间比较来看，只有中国、印度和俄罗斯作为发展中国家，位列前20名。

6.11.2 主要国家和地区知识产权使用费贸易量与国内生产总值的比较

如果将主要经济体的知识产权使用费贸易量与其相应的GDP规模进行比

较，则更有意义。第 8 章的实证结果显示了使用知识产权的收费贸易在经济发展中的重要性，因此，与任何经济体的 GDP 相比，知识产权充足性是衡量科技充足性的一个很好的衡量标准，可以用知识产权使用费贸易量占 GDP 的比例量化。表 6 - 11 给出了 2008—2021 年主要国家和地区知识产权使用费占 GDP 比重。

表 6 - 11　主要经济体知识产权使用费贸易量占 GDP 比例（2008—2021 年）

单位：%

年份 / 国家或地区	2008	2010	2012	2014	2016	2018	2019	2020	2021	复合年增长率
美国	0.80	0.84	0.88	0.88	0.83	0.77	0.74	0.75	0.75	-0.48
爱尔兰	13.41	18.18	19.14	24.79	28.60	25.91	26.59	26.31	30.13	6.43
德国	0.43	0.45	0.47	0.88	1.15	1.33	1.38	1.40	1.88	12.09
日本	0.86	0.79	0.83	1.19	1.19	1.34	1.44	1.43	1.57	4.74
荷兰	6.79	6.81	7.72	9.58	8.14	9.12	9.01	9.61	7.09	0.34
中国	0.24	0.23	0.22	0.22	0.22	0.30	0.29	0.31	0.34	2.68
瑞士	3.60	5.22	6.20	6.41	6.69	7.49	7.17	6.61	7.06	5.32
英国	0.86	1.00	0.89	1.06	1.17	1.39	1.52	1.45	1.29	3.21
新加坡	7.65	7.91	8.78	7.87	7.12	6.90	6.39	6.96	7.42	-0.24
法国	0.89	0.89	0.80	0.96	1.22	1.15	1.02	1.03	0.96	0.57
加拿大	0.84	0.78	0.81	0.91	1.05	1.10	1.14	1.27	1.25	3.10
瑞典	1.31	1.47	1.82	2.27	2.17	2.26	2.93	3.26	3.04	6.71
韩国	0.79	1.08	0.98	1.08	1.09	1.02	1.07	0.57	1.07	2.37
意大利	0.47	0.48	0.46	0.39	0.43	0.48	0.47	0.44	0.47	0.09
西班牙	0.00	0.00	0.00	0.43	0.56	0.65	0.74	0.63	0.68	6.78
印度	0.14	0.15	0.24	0.27	0.26	0.32	0.31	0.32	0.30	6.19
俄罗斯	0.27	0.32	0.38	0.42	0.43	0.43	0.46	0.54	0.48	4.33
卢森堡	0.98	0.70	2.20	4.10	7.03	8.75	10.75	10.76	9.39	19.00
阿联酋	0.00	0.00	0.00	1.35	1.67	1.53	1.61	1.96	1.79	4.06
比利时	0.68	0.91	1.10	1.25	1.38	1.51	1.32	1.43	1.19	4.38
丹麦	1.01	1.04	1.12	1.19	1.29	1.51	1.61	1.91	1.54	3.31
泰国	0.92	0.91	0.93	0.99	0.98	1.07	1.01	0.95	1.15	1.76

续表

年份 国家或地区	2008	2010	2012	2014	2016	2018	2019	2020	2021	复合年增长率
巴西	0.19	0.15	0.18	0.26	0.32	0.31	0.31	0.32	0.37	5.31
波兰	0.37	0.52	0.51	0.61	0.66	0.72	0.73	0.78	0.82	6.27
澳大利亚	0.36	0.35	0.32	0.33	0.33	0.33	0.31	0.33	0.31	-1.09
中国台湾	0.77	1.22	1.33	1.15	1.20	0.85	0.76	0.72	0.63	-1.51
芬兰	1.31	1.53	1.97	1.38	1.62	1.64	1.72	1.53	1.53	1.20
以色列	0.86	0.72	0.84	0.78	0.77	0.71	0.78	0.82	0.91	0.41
奥地利	0.75	0.65	0.74	0.69	0.67	0.71	0.79	0.72	0.71	-0.43
马来西亚	0.61	0.55	0.53	0.44	0.48	0.63	0.67	0.78	0.77	1.89
前30名总和	0.86	0.89	0.91	1.05	1.09	1.13	1.13	1.16	1.18	2.40
其他地区	0.19	0.19	0.16	0.15	0.16	0.17	0.18	0.16	0.39	5.61
全球	0.74	0.76	0.77	0.89	0.93	0.96	0.96	0.99	1.13	3.24
前10名	1.04	1.07	1.08	1.23	1.23	1.27	1.26	1.28	1.31	1.76
前11~20名	0.45	0.50	0.55	0.72	0.78	0.81	0.86	0.91	0.88	5.27
前21~30名	0.29	0.33	0.36	0.36	0.39	0.38	0.38	0.40	0.39	2.33
前30名总和/全球	116	116	118	119	118	117	117	117	105	
前10名/全球	140	140	139	138	132	132	130	129	116	
欧盟	1.16	1.26	1.34	1.75	2.02	2.15	2.23	2.36	2.11	4.72
欧元区	1.20	1.29	1.37	1.82	2.14	2.29	2.37	2.50	2.24	4.92
欧元区/欧盟	103.76	102.88	102.38	104.02	105.82	106.65	106.04	105.87	106.27	
发达经济体	1.02	1.09	1.15	1.36	1.40	1.47	1.47	1.51	1.55	3.28
发展中经济体	0.25	0.25	0.26	0.31	0.31	0.37	0.36	0.39	0.40	3.66

数据来源：根据表6-10数据和国际货币基金组织2022年4月发布的GDP数据计算得出；发达经济体和发展中经济体包括表6-11中的主要发达经济体和发展中经济体；西班牙和阿联酋的年均增长率为2014—2021年的数据。

表6-11显示，爱尔兰知识产权使用收费贸易额占GDP比重从2008年的13.41%上升到2021年的30.13%，这是由于知识产权使用收费贸易额较高，表明爱尔兰2008—2021年的知识产权充足率很高。荷兰和卢森堡的这一比率近年来均在10%左右，远高于任何除爱尔兰以外的其他经济体。在表6-11中，新加坡和瑞士的这一比率在所有经济体中排名第4、第5位，但新加坡的

年均增长率为负。表 6－11 中，22 个发达经济体的这一比例从 2008 年的 1.02%上升至 2021 年的 1.55%，稳步高于全球相应比例，年均变化 4.10%，表明发达经济体知识产权充足；而表 6－11 中，八个主要发展中经济体的这一比例同期仅从 0.25%上升至 0.40%，年均变化为 1.15%，比相应的全球年均变化低 1.81 个百分点，说明主要发展中国家知识产权贸易发展相对不充分。

6.11.3　主要经济体知识产权不足程度

表 6－11 显示，大多数发展中国家的知识产权使用费贸易量与占 GDP 比例普遍很低。使用相同数据源的计算表明，墨西哥的比率最低，年均比率仅为 0.03%，2008—2021 年的年均变化为－0.08%。印度尼西亚和土耳其的年均占比分别为 0.20%和 0.19%（因为 WTO 网站中缺少沙特阿拉伯使用知识产权的出口和进口费用，我们难以计算沙特阿拉伯的占比情况）。表 6－11 还显示，2008—2021 年，中国知识产权使用费贸易量与 GDP 的比重从 0.24%增长到 0.34%，稳步低于表 6－11 中八个发展中国家的相应比率。期间年均 0.75%的增长率也低于八个发展中国家相应的年均 1.15%增长，说明中国虽然近年来技术进步显著，但知识产权不足仍有待改善。

同样值得注意的是，2008—2021 年澳大利亚知识产权使用费贸易额占 GPD 比例从 0.36%下降到 0.31%，不仅是表 6－12 中所有发达经济体中最低的，而且也低于 2018 年至 2021 年八个主要发展中国家，显示澳大利亚作为发达国家的知识产权严重不足。

6.12　知识产权使用费的主要净出口国

经济体知识产权使用费的出口能力代表经济体的科技能力，知识产权使用费的进口代表了科技对全球市场的依赖。因此，一个经济体使用知识产权的费用净出口代表其科技竞争力，而非对其他经济体的依赖。表 6－12 给出了主要经济体使用知识产权费的净出口情况。

表 6-12　主要经济体知识产权使用费净出口情况（2008—2021 年）

单位：亿美元、%

国家或地区＼年份	2008	2010	2012	2014	2016	2018	2019	2020	2021	复合年增长率
美国	619.1	638.5	728.1	788.2	710.1	749.4	746.7	708.0	779.8	1.79
德国	-13.0	11.6	38.9	47.1	75.0	88.0	86.2	200.0	376.3	29.55
日本	74.0	79.1	119.9	165.2	190.3	237.5	208.8	147.7	186.4	7.36
英国	41.0	40.3	37.2	77.0	73.4	118.2	83.4	78.6	57.0	2.57
丹麦	11.7	7.0	8.7	8.3	8.1	17.8	18.4	34.9	28.3	7.02
法国	50.4	36.1	39.7	18.2	7.3	8.8	17.9	23.9	29.2	-4.12
瑞士	41.3	53.3	62.7	46.3	97.8	122.1	119.9	-31.8	24.6	-3.91
芬兰	-7.6	8.1	15.5	14.6	21.6	24.0	24.3	17.9	22.8	8.83
荷兰	0.0	0.0	0.0	-107.2	-68.5	-75.6	2.1	22.6	20.7	20.96
比利时	-5.1	5.9	-1.7	-0.9	10.3	6.6	7.6	10.1	6.7	2.18
以色列	0.5	-0.7	6.5	8.2	11.7	16.1	18.3	-0.1	0.3	-4.99
奥地利	-9.3	-6.9	-8.6	-5.0	-3.0	-6.0	-6.5	-0.5	0.3	-21.65
中国台湾	-28.2	-44.8	-47.5	-44.1	-40.6	-20.7	-18.6	-17.9	-17.2	3.73
阿联酋	0.0	0.0	0.0	10.9	10.1	9.3	9.5	9.2	8.9	-3.38
意大利	-32.7	-28.9	-14.8	-18.3	-12.5	-1.9	-7.2	-0.2	-3.9	15.09
匈牙利	-8.9	2.4	3.4	3.8	3.5	2.7	0.4	-2.13	-1.4	13.22
瑞典	26.4	42.8	50.7	52.7	43.1	25.8	10.2	-9.0	-20.9	-1.78
西班牙	0.0	0.0	-41.1	-30.4	-30.7	-41.1	-34.5	-21.7	-21.3	8.94
波兰	-15.7	-20.1	-21	-26.1	-22.5	-30.4	-31	-24.3	-25.6	-3.82
澳大利亚	-22.3	-24.4	-33.1	-31.1	-25	-26.7	-25.5	-27.1	-25.8	-1.13
韩国	-33.9	-60.0	-47.1	-50	-24.9	-21.3	-22.8	-29.9	-30.6	0.79
卢森堡	-3.6	-1.8	-12.6	-28.3	-19.1	-25.8	-36.7	-39.9	-42.0	-20.80
巴西	-22.3	-30.4	-39.2	-55.5	-44.9	-43.0	-47.0	-34.3	-44.7	-5.49
泰国	-24.7	-30.5	-35.1	-39.1	-39.1	-51.1	-51.2	-42.8	-53.1	-6.06
俄罗斯	-40.8	-44.6	-69.7	-73.6	-44.5	-54.1	-58.5	-56.5	-55.9	-2.45
新加坡	-123.9	-151.0	-202.9	-169.7	-84.3	-84.5	-76.8	-66.7	-61.6	5.23
印度	-13.8	-23.1	-36.7	-41.9	-49.4	-71.2	-70.2	-59.9	-77.6	-14.21
加拿大	-48.2	-69.2	-69.7	-69.4	-70.5	-63	-60.1	-64.9	-77.9	-3.76

续表

国家或地区＼年份	2008	2010	2012	2014	2016	2018	2019	2020	2021	复合年增长率
中国大陆	-97.5	-122.1	-167.1	-219.4	-228.1	-300.4	-276.8	-292.9	-351.1	-10.36
爱尔兰	-339.8	-345.4	-332.1	-505.2	-676.9	-713.3	-840.1	-818.9	-1151.9	-9.85
前30名总和	-26.7	-78.7	-68.5	-274.7	-222.1	-203.9	-310	-388.3	-521.5	25.69
其他地区	-367.9	-416.4	-399.9	-532.4	-475.3	-480.3	-577.2	-204.7	-186.3	-5.10
全球	-352.6	-399.3	-377.7	-511.4	-454.2	-459.4	-559.7	-593.1	-707.8	5.51
前10名	811.8	879.9	1049.0	1056.8	1125.4	1296.8	1315.3	1212.0	1531.7	5.00
前11～20名	-90.2	-80.6	-105.5	-79.4	-65.9	-72.9	-84.9	-93.9	-106.8	1.31
前21～30名	-748.5	-878.1	-1012.2	-1252.1	-1281.7	-1427.7	-1540.2	-1506.5	-1946.4	7.63
前30名总和/全球	7.58	19.70	18.12	53.72	48.90	44.37	55.38	65.48	73.68	
欧盟	-714.2	-426.8	-446.2	-789.7	-614.6	-971.2	-915	-646.1	-822.2	1.09
欧元区	-541.1	-482.2	-435.7	-636.7	-717.4	-760.8	-809.7	-627.4	-782.0	2.87
欧元区/欧盟	75.80	113.00	97.70	80.60	116.70	78.30	88.50	97.09	95.11	
发达经济体	196.9	189.6	296.8	166.2	192.9	334.4	214.8	198.3	155.9	-1.78
其他发达经济体	-646.9	-726.4	-811.2	-1059.7	-1045.4	-1073.2	-1119.1	-1013.5	-1371.9	-5.95
发展中经济体	-223.6	-268.3	-365.3	-440.9	-415	-538.2	-524.8	-568.1	-660.6	-8.69

数据来源：按表6-7和表6-9数据计算；发达经济体和发展中经济体包括表6-12中的经济体；其他发达经济体是指除表6-12中前10名净正出口国以外的发达经济体。

6.12.1　前10名知识产权使用费用净出口国

表6-12显示，美国是迄今为止全球最大的知识产权使用费净出口国，2008年至2020年平均净出口额占全球总净出口额的60%以上，美国在世界科技领域中的垄断地位可见一斑。第二个主要的知识产权使用费净出口国是日本，虽然2021年开始落后于德国，但2008—2021年日本平均知识产权使用费净出口占全球净出口额总数的10%以上，可见日本紧随美国在科技领域的重要地位。

知识产权使用费净出口情况的第二梯队是英国、德国和瑞士，2008—2021年，知识产权使用费用的年均净出口额为60亿～100亿美元。这三个国家，知识产权使用费净出口年均份额占前10名国家总额约为16%。知识产权使用费净出口第三梯队是瑞典、法国、芬兰、丹麦和以色列，2008—2021 年，知识产权使用费的年均净出口额在 5 亿美元至 25 亿美元之间。这五个国家，知识产权使用费净出口年均份额占前 10 名国家总额不到 10%。

6.12.2 控制世界知识产权的垄断力量

表 6 – 12 中知识产权使用费净出口前 10 位的国家均为发达国家。只有美国、日本、瑞士、德国、英国和法国位列世界前 20 位经济体。这表明大多数发达经济体实际上是世界上知识产权使用费的净进口国，所有发展中国家都是知识产权使用费用的净进口商。换言之，领先的发达国家占有垄断地位，可以利用其研发资源控制世界知识产权。

6.12.3 发展中国家净出口

表 6 – 12 显示，八个发展中国家的净出口逆差从 2008 年的 223.6 亿美元增长到 2021 年的 660.6 亿美元，复合年增长率为 8.69%，表明在过去十年左右的时间内，主要发展中国家对发达国家的技术依赖程度仍在提高，自主创新能力不足。

值得注意的是，我国知识产权使用费净进口占八个主要发展中国家的比重从 2008 年的 43.60% 稳步上升至 2021 年的 53.14%。结果表明，中国近期的科技进步并没有明确反映在知识产权使用费的净出口上，因为 2008—2021 年知识产权使用费净进口逆差的复合年增长率为 10.36%，高出同期八个主要发展中国家逆差增速 1.70 个百分点。

6.13 主要国家每同族专利的知识产权使用费出口及其影响

表 6 – 13 给出了主要经济体每个同族专利对应的知识产权使用费的出口情况。

表6-13 主要地区每个同族专利对应知识产权使用费的出口情况（2000—2021年）

单位：万美元

年份＼国家或地区	欧洲	日本	韩国	美国	中国	其他	全球
2000	1473	163	57	875	250	1858	698
2001	1098	120	64	553	141	1352	501
2002	1007	108	43	514	106	1477	462
2003	996	123	47	481	72	1517	451
2004	1081	161	61	523	154	1540	498
2005	1130	181	65	524	67	1509	519
2006	1290	211	73	617	76	1872	593
2007	1610	281	77	774	93	2403	763
2008	1605	330	118	706	145	2416	785
2009	1486	256	139	632	61	1924	692
2010	1701	293	113	715	103	1873	746
2011	1914	332	138	762	77	1859	818
2012	1874	383	123	771	88	2292	834
2013	2049	421	151	754	57	3192	889
2014	2153	495	202	842	34	3408	982
2015	2137	519	242	844	53	4509	1010
2016	2305	658	248	915	72	1954	1098
2017	2546	763	270	987	291	1961	1232
2018	2940	906	296	990	330	2011	1378
2019	2934	1020	306	1027	384	1841	1431
2020	2881	1013	280	1044	488	1631	1441
2021	3242	1233	340	1182	655	1948	1684

数据来源：按表6-7和表5-4数据计算；日本、美国、韩国和中国2000年至2004年的数据来自其官方网站；2000年至2004年欧洲和其他国家的数据是使用2005年数据作为基础和其年均增长率估算而得。

表6-13中给出的每个同族专利对应的知识产权出口额是衡量一个国家或地区同族专利平均竞争力的一个很好的标准，但它仍有缺陷，因为它不包括对其他地区的同族专利。2000—2021年“其他”知识产权使用费用的平均出口额高于表6-14中同期所有其他集团的平均出口额，这表明其他国家同

族专利的平均质量高于欧、美、日等地，这不合理。表 6 – 13 所示欧洲知识产权使用费用的平均出口额高于日本和美国的平均出口额，这也似乎表明欧洲的平均同族专利质量高于日本和美国的平均同族专利，同样，这也是有偏颇的结论。

6.14 主要国家和地区知识产权使用费的平均净出口及其影响

表 6 – 14 给出了主要专利国家和地区的知识产权使用费用的净出口额。

表 6 – 14 主要国家或地区每个同族专利对应知识产权使用费用净出口情况（2000—2021 年） 单位：万美元

年份＼国家或地区	欧洲	日本	韩国	美国	中国	其他	全球
2000	–369	–13	–211	550	–3583	–11373	–141
2001	–277	–8	–147	334	–2346	–7749	–114
2002	–256	–6	–109	296	–2384	–7922	–102
2003	–255	13	–81	291	–2324	–7606	–82
2004	–279	21	–86	314	–2784	–7218	–66
2005	–294	31	–86	328	–2216	–6602	–47
2006	–506	48	–92	416	–2381	–8305	–71
2007	–615	79	–148	549	–2139	–10166	–68
2008	–699	95	–165	487	–2481	–10640	–117
2009	–557	57	–175	415	–1507	–8792	–115
2010	–577	87	–213	481	–1515	–11289	–121
2011	–585	113	–95	528	–1438	–9680	–99
2012	–482	144	–148	521	–1414	–11888	–111
2013	–515	183	–190	520	–1301	–15061	–114
2014	–737	219	–182	570	–1110	–11944	–152
2015	–883	276	–130	577	–1021	–10846	–147
2016	–852	320	–89	575	–1412	–5849	–150

续表

年份 \ 国家或地区	欧洲	日本	韩国	美国	中国	其他	全球
2017	-851	372	-89	616	-1452	-4841	-131
2018	-770	472	-81	646	-1785	-6056	-160
2019	-867	452	-90	664	-1611	-6269	-201
2020	-992	349	-124	650	-1666	-4546	-216
2021	-1086	477	-129	738	-1960	-5911	-268

数据来源：同表13。

表6-14中给出的每个同族专利使用知识产权使用费的平均净出口额，相应于知识产权使用费的平均出口额，是更好地衡量一个国家或地区同族专利的竞争力的指标，因为它包括了其他国家地区对其同族专利的相对依赖情况。从2000—2021年，美国知识产权使用费的平均净出口均为正数，并且高于所有其他地区，这表明美国同族专利的质量高于任何其他地区。美国同族专利的质量也在所有集团中名列前茅，这与表5-11中大部分时间美国同族专利自主度在所有国家或地区中最高的结论一致。尽管日本知识产权使用费用的平均净出口在2000—2002年为负数，但好于美国以外的任何其他国家或地区，并且在2003—2021年保持正数并呈增长趋势，表明专利日本的同族专利在质量上仅次于美国。这与表5-11中同族专利的平均自主度高于美国以外的所有其他国家或地区的结论一致。

然而，2000—2021年，与欧洲相比，韩国知识产权使用费的平均净出口显著较高（较少负值），表明质量韩国的同族专利自主能力高于欧洲，但这与表5-11显示的韩国同族专利的自主度显著低于欧洲的结论不符。因此，知识产权使用费用的平均净出口作为同族专利衡量标准，虽然优于知识产权使用费的平均出口这一指标，但仍然不够好，因为它不能用于区分韩国和欧洲的同族专利质量。我们将在下一章找到更好的竞争力或同族专利质量的衡量标准，以找到能与第4章中的货币国际化相比较的科技国际化衡量标准。

6.15 小结

表6－1的数据显示，十多年来全球贸易脱实向虚的态势明显，服务贸易在全球贸易中的比重持续提高。以信息科技服务为主的知识产权服务在全球服务贸易中的地位持续提高。以2007—2020年的数据估算，今后二十多年全球服务贸易金额很可能会超过货物贸易金额，成为全球贸易的主流。

2001—2021年，我国服务贸易进口金额年均复合增长了12.7%，比同期全球相应的进口增长率5.9%高出1倍多，但是同期我国服务贸易出口金额年均复合增长率仅为5.2%，不到同期全球服务贸易出口年均复合增长率6.1%的九成；2007—2020年我国服务贸易逆差年均复合增长率高达32.6%。这显示加入WTO以来，相对于货物贸易发展，我国服务贸易的发展显著滞后。虽然2020年我国成为全球第四大服务贸易出口国和第二大服务贸易进口国，而从2011年以来，我国持续成为全球最大服务贸易逆差提供国。多年来我国持续的服务贸易逆差抵消掉了我国一半左右的货物贸易顺差，而且导致了2018年以来好几个月我国货物贸易和服务贸易总逆差，对人民币汇率稳定和跨境资金流动产生了显著的影响。

另外，多年以来我国持续增长的服务贸易逆差，不仅反映出我国知识产权、科技投入、金融业竞争力等领域服务能力有待显著提高，同时也反映出美国量化宽松政策导致人民币贬值预期下资金通过服务贸易渠道持续撤离我国的严重问题。该问题实际上是我国金融自主性，特别是人民币定价权旁落导致的问题。如不持续地、系统地深化改革，逐步夺回人民币定价权并提高我国金融自主性，那么我国服务贸易逆差的问题将难以有效扭转，人民币国际化也将难以持续有效提高。所以，贸易摩擦教给我们的不仅是科技自主性的必要性，同时也在警示我们金融自主性的必要性。

最后，2008—2021年，世界知识产权使用费用出口和进口的年增长率分别为5.68%和5.52%，是同期世界货物贸易进出口相应的年增长率的两倍多，远高于同期全球名义GDP的相应年增长率。这一情形清楚地表明全球科技的重要性和其日益激烈的竞争。大量的科研投入带来的专利申请增加是极其必要的。然而，科研投资有效性的衡量和专利质量评价还应考虑专利对经济的贡献，尤其是对知识产权使用费贸易的影响。2013 年与 2014 年，在研发投入与专利申请数量方面，中国连续保持世界领先。然而 2008—2021 年知识产权使用费净出口逆差年增长率仍然高达 10.36%，与同期中国名义 GDP 10.31% 的增速相近。由于研发投入和专利对贸易和经济的贡献尚需时日，但不断增加的研发投入和专利申请数量的快速增长还不足以遏制不断飙升的知识产权使用费赤字。鉴于此，中国需要审查和提高研发投资效率和专利质量管理。中国相对较低的知识产权充足率，揭示了我国在科技方面的巨大发展空间与潜力。

本章对知识产权进出口使用费相关问题进行了介绍和讨论，其主要目的是寻找高质量的、衡量全球竞争力的标准做好准备，以便我们能够与第 4 章中的货币国际化措施相比，找到一个更好的科技国际化衡量标准。我们把这个任务留到下一章。

参考文献

[1] UNCTAD, 2019, “World Investment Report 2019”, www. un. org/publications.

[2] 张光平. 人民币国际化和产品创新（第十版）[M]. 北京：中国金融出版社，2021.

第 7 章　科技自主度和国际化量度

第 5 章通过利用五局 2022 年专利数据中专利数据最系统齐全且有要求优先权来源地的同族专利在全球的分布，我们估算出了 2016 年到 2021 年主要国家和地区专利国际化或科技国际化水平（各个国家和地区同族专利数全球占比）。科技国际化水平越高，出口自然越有竞争力。本章利用第 16 章的相关结果探讨与科技国际化密切相关的另外一个重要概念——科技自主能力或科技自主度，即一个国家或地区知识产权使用费出口金额占知识产权使用费进出口金额的比例。科技自主度越低，科技对外依赖程度就越高，反之亦然。当然，一个国家或地区科技国际化程度越高，其科技自主程度也会高，两者关系密切。在获得过去二十多年来主要国家和地区科技自主水平度量结果后，我们利用各个主要国家和地区单位同族专利创造的知识产权出口和知识产权净收入的高低进一步判断不同国家或地区在全球科技链上的地位高低；有了各地科技链级量化结果或专利质量结果后我们对各地科技国际化度量结果再进行优化，为下文科技自主度与货币自主度间相互影响做好准备。

7.1　科技自主度的定义和度量

第 5 章以同族专利占全球同族专利的比重定义了专利国际化水平，表 5 - 5 给出的结果较好地反映了各地专利国际化水平，但此方法中的前提是所有同族专利的质量是相同的，这显然难与事实相符，因此这一方法也还不能反映出各地科技自主度或科技自主能力。

7.1.1　科技自主度定义

由于同族专利只是国际专利的一部分，各个国家或地区的同族专利数量占全球的份额并不能代表科技自主水平，何况每个国家或地区的所有同族专利在国内外具有同等影响力。同时，每个国家或地区都受益于本国和所接收的外国同族专利。因此，“全球各个国家或地区的同族专利数量”与“本国的同族专利加上其管辖范围内的外国同族专利总数”的比例仅反映了该国家或地区的专利自主度。

由于任何一个国家或地区的知识产权费用进出口都包含大部分关于其科技及其同族专利相对竞争力的信息，一个国家或地区的知识产权费用出口占知识产权费用进出口总额的比例更能体现科技自主度，以及科技自主度比专利自主度有着更广泛的概念。

例如，表6－7和表6－9显示，2021年美国知识产权的进出口费用分别为468.5亿美元和1242.3亿美元，因此美国科技自主度为1242.3/（1242.3＋468.5）＝0.7271＝72.71%，或者说美国对世界科技的依赖度为1－0.7271＝0.2729＝27.29%。结合表5－10和表5－11中科技自主度的定义和数据，可以得到2008年至2021年主要国家和地区的科技自主度数据，结果见表7－1。

表7－1　主要国家和地区科技自主度（2008—2021年）　　单位：%

国家或地区＼年份	2008	2010	2012	2014	2016	2018	2019	2020	2021	年均变化
丹麦	66.48	60.50	61.92	59.56	59.91	70.56	72.64	75.68	73.18	0.52
芬兰	39.79	60.58	65.22	68.99	77.56	76.42	78.32	71.59	74.96	2.70
美国	76.36	75.32	75.47	75.60	72.91	72.88	73.46	72.58	72.71	－0.28
德国	45.94	53.77	61.68	68.64	71.78	69.10	69.03	68.60	73.69	2.13
日本	58.39	58.70	61.58	64.07	65.91	67.45	63.78	60.27	61.99	0.28
英国	57.60	57.94	57.74	61.97	61.99	62.46	60.11	59.84	56.91	－0.05
阿联酋				60.01	58.44	57.15	57.09	56.51	55.92	－0.58
法国	59.72	57.64	59.28	53.26	51.20	55.29	56.01	54.44	55.19	－0.35
比利时	42.83	56.56	48.42	49.27	57.84	52.15	54.06	56.82	54.71	0.91

续表

国家或地区＼年份	2008	2010	2012	2014	2016	2018	2019	2020	2021	年均变化
瑞士	53.85	51.51	52.93	49.29	55.59	56.37	56.90	46.80	52.14	-0.13
荷兰	43.86	43.21	44.20	44.64	41.78	46.06	50.40	51.29	51.43	0.58
奥地利	35.80	36.50	35.93	41.85	44.38	42.31	40.51	49.20	50.39	1.12
以色列	51.30	50.53	48.73	53.01	51.28	47.95	50.95	49.79	50.29	-0.08
意大利	35.43	35.75	42.33	39.16	42.26	49.01	47.59	49.87	48.03	0.97
匈牙利	39.66	53.22	54.45	55.07	55.36	53.31	44.90	45.92	47.61	0.61
瑞典	69.52	79.51	75.28	70.50	70.20	61.06	55.51	47.44	44.53	-1.92
韩国	29.48	25.77	31.17	34.45	42.38	44.13	43.89	41.08	42.03	0.97
西班牙			19.95	24.34	27.84	27.61	33.24	36.54	39.03	3.00
新加坡	8.19	10.19	10.85	15.77	31.27	33.23	34.41	36.11	39.54	2.41
中国台湾	5.96	8.51	14.09	14.10	18.93	29.92	30.09	32.28	34.48	2.19
加拿大	31.64	22.43	26.50	28.91	28.07	33.18	34.15	34.50	34.34	0.21
波兰	10.45	9.54	8.94	10.40	14.16	14.44	14.73	23.75	26.84	1.26
澳大利亚	19.85	22.22	17.11	17.65	19.77	20.87	20.60	19.69	24.41	0.35
卢森堡	26.50	52.36	33.99	39.64	31.93	31.21	31.43	24.72	24.25	-0.17
中国	5.24	5.99	5.56	2.90	4.62	13.45	16.12	18.48	20.04	1.14
俄罗斯	8.32	7.39	8.01	7.66	9.88	12.23	12.86	14.60	16.97	0.67
巴西	14.72	5.55	6.18	5.96	11.24	13.87	10.89	13.51	12.00	-0.21
爱尔兰	3.99	7.23	11.54	10.81	10.42	14.36	11.18	13.43	11.68	0.59
印度	8.82	4.96	7.46	11.96	8.76	9.03	9.95	14.76	9.16	0.03
泰国	3.78	1.14	2.82	1.41	1.71	3.00	3.58	4.77	5.09	0.10
前10名	66.36	66.87	68.14	67.34	67.14	67.26	66.37	62.31	63.14	-0.25
全球	47.32	46.78	47.50	47.07	47.15	47.63	47.46	46.50	46.31	-0.08
欧盟	38.01	39.20	41.62	40.91	38.68	41.13	40.65	41.04	40.16	0.17
欧元区	36.63	37.21	39.67	39.48	37.28	40.30	39.88	40.35	39.70	0.24
欧元区/欧盟	0.89	0.88	0.89	0.88	0.87	0.89	0.90	0.98	0.99	0.01
其他12个发达经济体	33.70	35.26	35.05	36.62	39.46	40.72	40.52	41.14	42.18	0.65
8个主要发展中经济体	13.00	12.54	13.34	19.42	20.52	22.06	21.27	24.04	24.20	0.86

数据来源：按表6-7和表6-9数据计算；表7-1中排名前十的经济体分别是表6-12中知识产权使用费净出口额最高的前十名经济体；其他12个发达经济体是除表7-1前十名经济体之外的发达经济体；8个主要发展中经济体是表7-1中的8个发展中经济体。

7.1.2　科技自主度最高的十个国家

表7－1显示2021年丹麦、芬兰、美国和德国的科技自主度占比均超过70%，位列全球前四，显示了这些国家科技的相对竞争力。值得注意的是，瑞典、阿联酋和法国的科技自主度年均变化为－1.92%、－0.58%和－0.35%，西班牙、芬兰和新加坡科技自主度年均变化为3.00%、2.70%和2.41%，表明这些国家科技自主度的相对下降和进步的趋势。2008—2021年前十位的国家科技自主度平均保持在63.14%左右，变化不大。

7.1.3　其他发达经济体科技自主度

表7－1还显示，其他十二个发达经济体的科技自主度作为一个整体，从2008年的33.70%增长到2021年的42.18%，年均增速0.65%，高于同期前十位相应的年均增速0.51%，表明这些经济体的科技自主度与前十名国家作为一个整体的相对停滞状态相比有了显著进步。值得注意的是，在所有十二个排名前二十的发达经济体中，爱尔兰的科技自主度最低。

7.1.4　欧元区与欧盟国家科技自主度

表7－1还显示，欧元区19个国家的科技含量从2008年的36.63%增长到2021年的39.70%，年均增长率为0.24%，远低于八个主要发展中国家和十二个其他发达经济体相应的年均增长率，表明欧元区科技自主度增长相对缓慢；欧盟国家科技自主度整体从2008年的38.01%略升至2021年的40.16%，年均增长率为0.17%，表明欧盟国家科技自主度基本处于停滞状态。

7.1.5　八大发展中国家科技创新能力

表7－1还显示，8个主要发展中国家的科技自主度从2008年的13.00%增长到2021年的24.20%，年均增长率为0.86%，略高于12个其他发达经济体的0.65%相应的年均增长率，表明主要发展中国家科技自主度增长相对缓

慢，与其同期经济进步不具有可比性；八个主要发展中国家的科技自主度总体终于在2014年超过了在前二十大经济体中所有主要发达国家中排名最低的澳大利亚，但2021年又再度落后。

7.1.6 中国的科技自主度

表7－1显示，中国2008—2016年科技自主度基本保持不变，但从2016年的4.62%上升至2020年的18.48%，根据国家外汇管理局最新数据计算，中国科技自主度在2021年进一步增长到20.04%，接近8个主要发展中国家2021年相应的科技自主度水平，显示中国近年来科技进步显著，但与12个发达经济体和欧元区相比仍有很大差距。我们将在第5章预测前8位货币发行国的货币国际化时预测中国与欧元区、日本和美国相关的科技进展。

7.2 主要国家和地区科技自主度的相关性

利用知识产权使用费的贸易数据定义的科技自主度比各类专利数据更准确，而且包括所有知识产权以及专利的影响。任何国家或地区的科技自主度水平越高，知识产权使用费出口就越多，知识产权使用费用进口就越少。因此，我们可以得出结论，如果一项专利既不能产生知识产权费用的出口，也不能替代外国专利以减少使用知识产权的进口成本，那么它们对经济没有实际好处。本节给出的主要国家和地区科技自主度之间的关系，对我们理解主要国家和地区的科技合作具有重要的参考意义。我们可以计算出知识产权使用费净出口前十位的科技自主度的相关性。表7－2给出了相关结果。

表7－2 前10名知识产权费用净出口国科技自主度相关性（2008—2021年）

单位：%

国家	丹麦	芬兰	美国	德国	日本	英国	阿联酋	法国	比利时	瑞士
丹麦	100.00	21.26	－70.28	15.25	－14.57	－20.36	－90.68	16.73	10.58	41.85
芬兰	21.26	100.00	－60.07	92.52	73.21	48.38	－50.54	－68.12	39.29	18.37
美国	－70.28	－60.07	100.00	－53.26	－26.93	－26.79	81.44	33.40	－58.07	－59.02

续表

国家	丹麦	芬兰	美国	德国	日本	英国	阿联酋	法国	比利时	瑞士
德国	15.25	92.52	-53.26	100.00	78.57	54.58	-35.05	-78.05	25.65	9.67
日本	-14.57	73.21	-26.93	78.57	100.00	78.04	49.33	-83.50	-0.14	24.93
英国	-20.36	48.38	-26.79	54.58	78.04	100.00	63.09	-77.79	9.49	20.47
阿联酋	-90.68	-50.54	81.44	-35.05	49.33	63.09	100.00	-66.77	-43.69	-42.55
法国	16.73	-68.12	33.40	-78.05	-83.50	-77.79	-66.77	100.00	-15.95	-1.56
比利时	10.58	39.29	-58.07	25.65	-0.14	9.49	-43.69	-15.95	100.00	33.03
瑞士	41.85	18.37	-59.02	9.67	24.93	20.47	-42.55	-1.56	33.03	100.00

数据来源：使用表7-1的结果计算得出。

7.2.1 美国科技自主度与其他主要知识产权净出口国的关系

表7-2显示，作为全球知识产权净出口费用最高的国家，德国与芬兰的相关性最高，为92.52%，可见欧洲两国间科技合作紧密程度。此外，美国自主度与阿联酋和法国的相关系数为81.44%和33.40%，表明美国在科技领域与这两个国家之间存在一定的科技合作。

值得注意的是，除了美国科技自主度与阿联酋和法国的相关系数呈正相关外，美国科技自主度与其他七个国家的其他相关系数均不同程度为负，表明美国作为知识产权净出口第一大国与大多数其他主要的知识产权使用费净出口国存在竞争关系，对其他知识产权使用费净出口国，特别是与丹麦、芬兰、瑞士、比利时和德国存在明显挤压效应。

7.2.2 日本科技自主度与其他主要知识产权使用费净出口国的关系

表7-2还显示，日本与德国、英国、芬兰和阿联酋的科技自主度相关性分别为78.57%、78.04%、73.21%和49.33%，表明日本与这四个国家的合作或互补性很强；日本与法国、美国和丹麦科技自主度的相关性分别为-83.5%、-26.93%和-14.57%，表明日本与这四个国家在科技领域存在不同程度的竞争。值得注意的是，日本科技自主度与其他国家只有3个负相关系数，说明日本科技与其他国家的竞争较少。

7.2.3 德国、英国、丹麦科技自主度与其他主要知识产权净出口国的关系

表6－12显示，除美国和日本外，德国、英国和丹麦是知识产权使用费净出口最高的三个国家。表7－2显示，丹麦科技自主度与瑞士和芬兰的相关性最高，分别为41.85%和21.26%，丹麦自主度与德国、法国和比利时的相关性在15%左右，与美国、日本、英国和阿联酋四个主要知识产权使用费净出口国的相关性均为负，表明丹麦与这四个国家在科技领域存在竞争关系；德国科技自主度与芬兰、日本、英国和比利时的相关系数分别为92.52%、78.57%、54.58%和25.65%，即德国与这四个国家有着科技上的合作，德国科技自主度与美国、法国、阿联酋的知识产权使用费净出口国呈负相关性，特别是其与法国的相关性达到－78.05%；而英国科技自主度与日本的相关性最高，为78.04%，与丹麦、美国、法国三个国家负相关，尤其是与法国负相关性达到－77.79%。这些相关系数显示了三个第二梯队的知识产权使用费净出口国与其他重要国家之间的竞争与合作。

7.3 美国科技自主度与东亚主要经济体科技自主度的相关性

美国科技自主度与东亚主要经济体的相关性很好地表明了这些经济体对美国科技的科技依赖。

7.3.1 日美科技自主度相关性的重新思考

日本贸易振兴机构（JETRO）的统计数据显示，日本知识产权使用费净出口从1977年的－7.8亿美元增长到2003年的12.8亿美元，日本成为知识产权使用费净出口国，即在科技领域相对独立。同期日本科技自主度从17.50%增长到52.75%。表7－2还给出了2008—2021年美国和日本之间科技自主度的相关性为－26.93%，显示前两个最大知识产权使用费净出口国之

间在科技领域仅仅是温和竞争，两大科技供应国之间的关系需要更多的数据做进一步分析和考量。图7－1给出了2002年至2022年美国科技自主度与日本科技自主度之间10年间滚动相关系数。

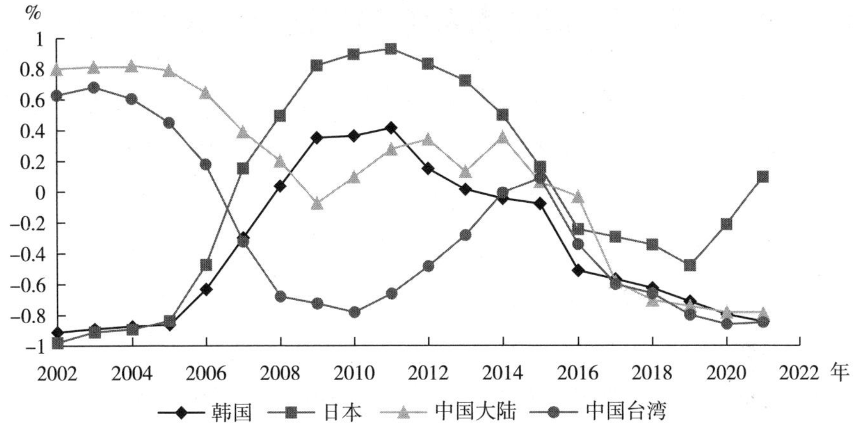

图7－1　2002—2022年滚动基础上美国科技自主度与东亚主要经济体科技自主度的相关系数

（数据来源：同表7－1）

图7－1清楚地表明，日本在2003年成为知识产权使用费净出口国后不久，前两位知识产权费用净出口国之间的相关系数在2004年达到最低水平－97.97%，表明两国之间的竞争或挤压较为严重；但从2004年到2006年，当日本科技自主度从53.50%接近56.45%时，负相关性减小到－47.33%，竞争变得相对温和；美日在科技领域的关系从2007年到2015年转变为合作或互补期，自主度呈正相关性，2011年相关系数峰值为92.84%，2015年日本科技自主度增长到68.17%的历史高位。然而，2016年，随着美国科技自主度与日本科技自主度的差距逐渐缩小，并在2018年达到5.43%的历史低点，美日科技自主度再度呈现负相关性，美日在科技领域再次转为竞争关系，这种负相关性一直持续到了2021年。日本科技自主度在2015—2021年因国家竞争而下降6.18%，自1977年以来首次呈现出明显下降的趋势。

上述前两名国家之间的结果表明，全球主要的科技贡献国之间的竞争与合作关系可能会根据两者的相对水平而发生变化，合作与竞争可能会对相关合作伙伴的科技自主度产生显著的影响。

7.3.2　美国与东亚其他三大经济体科技自主度的相关性

图 7－2 显示，美国与韩国和中国的科技领域的关系与日本相似，但类似的合作关系在 2009—2015 年不如日本，2016—2020 年竞争也不如与日本那么激烈；图 7－1 中美国与东亚四大经济体科技自主度的关系还揭示了 2008 年国际金融危机后美国科技和美元霸权对东亚经济的影响。我们将在后面的章节中进一步分析 2008 年国际金融危机的相关影响。

7.3.3　日本科技自主度与东亚其他三大经济体的相关性

值得注意的是，日本科技自主度与韩国、新加坡和中国香港科技自主度的相关系数都在 60% 以上，表明这三个东亚经济体之间的合作密切。日本与东亚其他三大经济体科技自主度的关系可以从图 7－2 中更好地看出，其中包含的信息比表 7－3 要多得多。图 7－2 显示，2008 年国际金融危机前日韩科技合作程度较高，而 2008 年之前日本和中国香港科技合作受到严重挤压，两者负相关系数达 －80%；然而，2008—2018 年，日本这三个东亚经济体的相关性陆续从低位回升，并在 2014 年后维持在 0.8% 左右高位，直到 2018 年中美贸易摩擦以及 2020 年新冠肺炎疫情冲击后转而降低。

表 7－3　美国科技自主度与东亚四大经济体和“亚洲四小龙”的相关系数（2008—2021 年）

单位：%

经济体	美国	日本	中国	韩国	中国台湾	新加坡	中国香港
美国	100.00	－26.55	－78.23	－72.97	－81.46	－81.43	－74.81
日本	－26.55	100.00	14.05	65.02	48.37	60.36	67.53
中国	－78.23	14.05	100.00	66.48	90.03	79.85	71.79
韩国	－72.97	65.02	66.48	100.00	85.31	91.48	88.85

续表

经济体	美国	日本	中国	韩国	中国台湾	新加坡	中国香港
中国台湾	-81.46	48.37	90.03	85.31	100.00	92.86	91.14
新加坡	-81.43	60.36	79.85	91.48	92.86	100.00	94.80
中国香港	-74.81	67.53	71.79	88.85	91.14	94.80	100.00

数据来源：同表7-2。

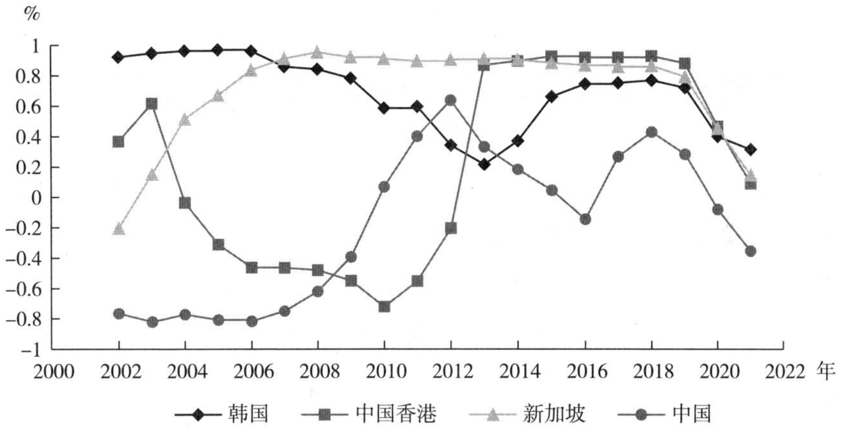

图7-2　日本科技自主度与东亚其他四个主要经济体科技自主度的滚动相关系数（2002—2021年）

（数据来源：同图7-1）

图7-2还显示，2002—2010年，日本与中国在科技领域处于相互挤压关系，但挤压程度在下降；日本与中国在2012—2015年间建立了温和的合作关系，平均相关系数约为25%，与图7-1中的美国与中国之间的相关系数相似；尽管如图7-1所示美国与中国之间的科技挤压关系呈现出更多负相关系数，但日本与中国之间的合作关系在2017—2018年持续甚至加强，科技自主度的平均相关系数较高，2018年后随着中美贸易摩擦以及新冠肺炎疫情的持续冲击，中日科技自主度的平均相关系数再次走低。

7.3.4 中国大陆与台湾在科技领域的紧密合作

表7-3还显示，2005—2021年中国大陆与中国台湾的相关系数高达90.03%，仅次于同期中国台湾与新加坡和中国香港的相关系数92.86%和91.14%。历史数据显示，中国大陆和中国台湾在科技方面的联系越来越紧密，从2006年到2021年科技自主度的相关性上升到90.03%，显示出海峡两岸紧密的科技合作。

7.4 美国与"亚洲四小龙"科技自主度的相关性

"亚洲四小龙"是指20世纪70年代末到90年代经济高速增长的韩国、中国台湾、中国香港和新加坡四个亚洲经济体。"亚洲四小龙"对我国改革开放的启动和改革开放前期的推动发展发挥了一定的示范作用，特别是"亚洲四小龙"依靠美国技术的外向型发展模式对我国改革开放发挥了重要的作用。

表7-3显示，"亚洲四小龙"与美国科技自主度的相关性格局是东亚四大经济体相关性的自然延伸：除与美国科技自主度负相关外，所有"亚洲四小龙"之间科技自主度存在正相关关系，也与其他两个亚洲主要经济体成正相关；日本科技与中国香港和新加坡的正相关性高于与韩国和中国台湾的正相关性，表明日本与两个亚洲城市经济体或两个亚洲金融中心的合作程度更高；韩国与新加坡、中国台湾和中国香港的相关性高于日本；中国台湾与新加坡的相关性为92.86%，也高于与韩国的85.31%和日本的48.37%；新加坡与中国香港的相关性为94.80%，高于韩国的91.48%和中国台湾的92.86%；中国香港与新加坡的相关性高达94.80%，高于表7-2中德国和芬兰的最高相关性92.52%；中国香港与中国大陆的相关性为71.79%，高于表7-2中全球前十大知识产权使用费净出口国中的大多数国家间的相关性，但中国香港与其他主要东亚经济体的相关性最低。这些高相关性表明东亚主要经济体和"亚洲四小龙"之间在科技领域的合作程度很高。

值得注意的是，美国科技自主度与新加坡和中国香港的相关性比美国科技自主度与韩国和中国台湾的相关性更高，表明美国科技对这两个亚洲金融中心在科技方面的挤压影响较小。

7.5　主要经济体科技自主度年均变化及其影响

主要经济体科技自主度的年均变化告诉我们这些经济体中科技进步或衰落的速度。我们将在本节讨论自主度的年均变化。

7.5.1　世界主要经济体科技自主度年均增速

表7－1显示，2008—2021年，30个主要经济体中有9个经济体的科技自主度年均增速为负，其中瑞典、阿联酋和法国年均增速分别为－1.92%、－0.58%和－0.35%；在年均增速为正的21个经济体中，西班牙、芬兰、中国台湾和新加坡同期年均分别增长3.00%、2.70%、2.19%和2.41%，显示这些国家其在科技领域取得显著进展；德国、奥地利、波兰和中国科技自主度年均增幅分别为2.13%、1.12%、1.26%和1.14%，分别表明这些经济体在科技领域的稳定进步；剩余13个重要经济体科技自主度年均增幅均低于1.00%，表明这些经济体在科技领域的进步较为缓慢。

7.5.2　东亚主要经济体科技自主度年均增速及影响

由于中国香港知识产权使用费进出口额较低，所以中国香港不在表7－1之列，但2008—2021年中国香港科技自主度年均增幅为0.72%，低于表7－1中同期新加坡、中国台湾、韩国和中国相应的科技自主度年均增幅，分别为2.41%、2.19%、0.97%和1.14%，但高于日本科技自主度的相应年均增幅0.28%。日本2008—2021年科技自主度年均增速较低的原因是日本在2008年之前刚经历过一轮快速增长期。（历史数据显示，1984年到1997年日本科技自主度年均增速达到1.53%，1997年至2008年年均增速达到1.39%）

韩国科技自主度从1992年的5.91%上升到2001年的23.17%（首次超过

20%），年均增长率为 1. 92%。2001—2021 年，韩国科技自主度提高至 42. 03%，年均增速回落至 0. 94%。过去 20 年韩国科技自主度的不断提升，也为中国未来 10 年甚至更长时间内科技自主度的进步提供了一定的借鉴。

虽然中国台湾科技自主度在过去 30 年左右的时间里出现了其他经济体很少见的现象，但不同时期中国台湾科技自主度的变化节奏也应该对中国大陆具有重要的借鉴意义。根据上述相关数据，1984—1992 年，中国台湾科技自主度从 1. 63% 增长到 24. 07%（首次超过 20%），年均增长率为 2. 80%。然而，1992—2021 年年均增长率仅 0. 24%，表明过去 29 年中国台湾在科技领域进展缓慢。

7. 5. 3 新加坡的科技进步

表 7 - 1 显示，2008—2021 年新加坡科技自主度年均增速为 2. 41%，在 30 强经济体中年均增速居第 2 位，亚洲各经济体中年均增速最高，显示新加坡在科技领域的进步显著。

根据世界知识产权组织的数据，2000—2003 年，新加坡的科技自主度仅略高于 1%，并且新加坡知识产权使用费进口的一半以上来自美国；2004 年到 2005 年，新加坡科技自主度从 3. 7% 上升到 5. 2%，但新加坡知识产权使用费进口仍有一半以上来自美国；而 2005—2009 年，新加坡的科技自主度保持在 5% ~6%，但平均而言，新加坡知识产权使用费进口的一半以上来自美国；2010 年新加坡科技自主度首次超过 10% ~10. 2%，2010 年来自美国的知识产权使用费进口占新加坡知识产权使用费进口总额的比重下降至 26. 6%；2014 年新加坡科技自主度增加到 15. 77%，来自美国的知识产权使用费进口占新加坡知识产权使用费进口总额的比重保持在 30% 左右；2015 年新加坡科技自主度首次超过 30%，达到 30. 84%，同年新加坡从美国进口的知识产权使用费占比为 33. 9%；2021 年新加坡科技自主度占比上升至 39. 54%，新加坡从美国进口的知识产权使用费占新加坡当年知识产权使用费进口总额的比重仍保持在 30% 左右。

在美国的持续帮助下，新加坡近二十年来在科技方面取得重大进展，使新加坡单位 GDP 知识产权使用费进出口总额，或知识产权占 GDP 的比例达到世界第四，亚洲第一（如表6－11 所示），表明新加坡在亚洲乃至全球的科技产业中具有很高的竞争力。

7.5.4 “亚洲四小龙”的科技进步

图7－3 给出了“亚洲四小龙”的科技自主度。图7－3 显示，2005—2021 年韩国科技自主度亚洲四小龙中保持最高，新加坡从最低跃升至第2 位，仅次于韩国，同期中国台湾保持第3 位，中国香港则从第2 位逐步跌至最后1 位。

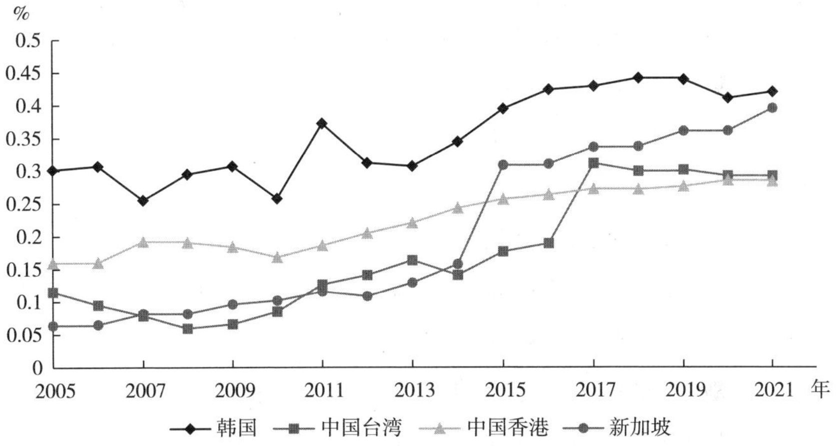

图7－3 “亚洲四小龙”科技自主度水平（2005—2021 年）

（数据来源：同图7－1）

图7－3 的结果表明，“亚洲四小龙”虽然在中国改革开放前处于经贸起飞的中期阶段，多年来一直保持着发达经济体的地位，而“亚洲四小龙”的整体科技自主度不仅远低于表7－1 中主要知识产权使用费净出口国的科技自主度，也低于表7－1 中其他12 个发达经济体的平均科技自主度。这些结果表明，20 世纪70 年代至21 世纪前十年“亚洲四小龙”依赖技术输入的出口导向型发展模式使得其对美国科技依赖严重，其科技自主度虽然在最近几年取得了快速进展，但与其他发达经济体相比仍然较低。

7.5.5 东亚主要经济体科技自主度的长期年均增长及其影响

2008 年至 2021 年主要经济体科技自主度的年均增长对中国未来十年左右的发展有着良好的启示，但 2008 年至 2021 年这个时间段的变化对于预测我国未来二三十年内的科技自主度发展仍显得太短。我们需要更长的历史视角来了解相关经济体科技自主度的变化。

使用日本贸易振兴机构（JETRO）的数据，我们可以发现日本科技自主度从 1991 年的 32.14% 上升到 2021 年的 62.00%，30 年平均年增长率为 1.00%；这个年均增长率参考意义不大，因为 1991 年日本科技自主度 32.14%，明显高于 2021 年中国科技自主度 20.04%，因此日本最近 30 年的年均增长率 1.00% 过低，而日本的科技自主度从 1978 年的 19.31% 增长到 2007 年的 58.27%，对中国科技自主度到 2049 年的未来 27 年很有参考意义，因为日本 1978 年的 19.31% 的科技自主度最接近中国 2021 年的科技自主度 20.04%。

同样，我们可以发现，韩国科技自主度从 1992 年的 5.91% 上升到 2021 年的 42.03%，年均增长 1.25%，与日本 1978—2007 年的年均增长率几乎持平；2001 年韩国科技自主度为 17.53%，2001—2021 年 20 年平均年增长率为 1.225%，而 2001—2030 年的这 29 年平均增长率可能低于前 20 年平均年增长率 1.225%。1991—2021 年，中国台湾科技自主度的年均增长率较低仅为 0.33%，不具有参考价值。

日本和韩国过去 29 年的年均增长率应该对中国有一定的启示，但这些历史年均增长率很可能对于未来 29 年的中国科技自主度发展来说仍然太低了。

7.6 中国、中国香港和中国台湾科技自主度的相关性

本节我们将介绍中国、中国香港和中国台湾之间科技自主度的关系，以及中国、中国香港和中国台湾科技自主度“异常”的原因。在 2008 年之前的十年左右时间里出现了“先升后降”的态势。

7.6.1　香港科技自主度及相关问题

多年来，中国香港在亚洲乃至世界的金融和贸易领域发挥着独特的作用。然而，香港在科技界的地位却没有那么突出。根据香港特区政府统计处网站公布的1995年至2018年香港政府知识产权使用费进出口情况，香港知识产权使用费的贸易逆差由6.4亿港元持续增加至122.6亿港元，其对应的科技自主度占比由1995年的38.0%下降至2010年的16.8%；2019年赤字下降至96亿港元，科技自主度上升至27.59%。

图7－4给出了1997年至2021年中国、中国香港、中国台湾和中国的科技自主度，这里的“中国”代表以上三个地区总知识产权使用费进出口费用计算的科技自主度。

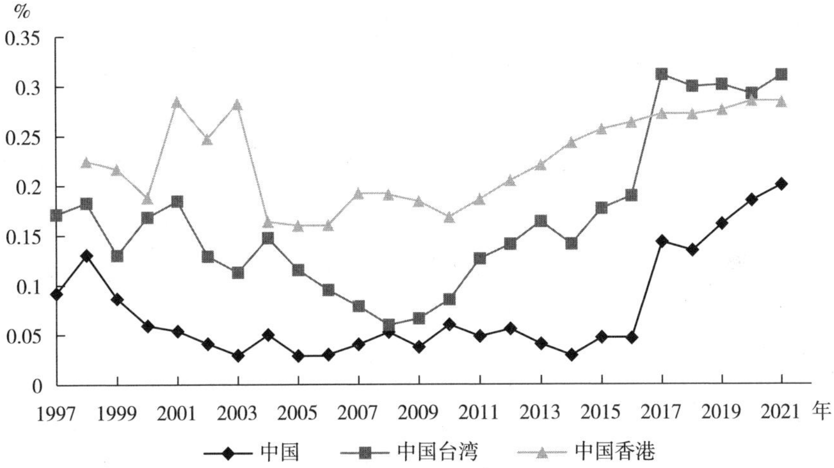

图7－4　中国、中国香港和中国台湾的科技自主度（1997—2021年）

（数据来源：中国大陆数据来自外管局网站：www. safe. gov. cn；
中国香港数据来自香港政府统计处网站：www. censtatd. gov. hk；中国台湾数据源同图7－1）

图7－4显示，1997—2005年，香港科技自主度从39.40%的历史峰值下降到15.99%的历史低点；2004—2006年香港科技自主度始终在历史低位徘

徊；2007 年香港科技自主度短暂上升至 19.22%，但 2007—2010 年又持续下降至 16.83% 的低位；2019 年香港科技自主度稳步上升至 27.59%，但仍比 1997 年的峰值低近 12%。这些结果显示，从 1997 年到 2019 年的 22 年间，香港的平均科技自主度仅仅略高于 20%，离 50% 的相对科技自主权还有很大差距。而 2021 年香港科技自主度为 28.38%，比其相对自主度 50% 低 21.62 个百分点。这些结果表明，香港这个国际金融中心多年来是依赖外来科技和转口贸易支撑的金融中心。凭借香港的地理优势和人才聚集等优势，提高自主创新能力是今后香港发展的重要任务之一，也与中国内地今后持续提高自主创新能力的目标相一致。

由于香港知识产权使用费进口和出口都太低，故未在表 6 – 11 中罗列。若按表 6 – 11 的数据来源计算，香港知识产权使用费进出口占 GDP 的比重由 2008 年的 0.91% 小幅上升至 2010 年的 1.04%，2019 年下降至 0.73%，低于表 6 – 11 所有除澳大利亚和意大利外的发达经济体，也低于表 6 – 11 中的一些发展中经济体，例如泰国、阿联酋、波兰和匈牙利，表明与大多数发达经济体相比，中国香港的知识产权严重不足。特别值得关注的是表 6 – 11 中亚洲其他金融中心新加坡 2021 年知识产权使用费进出口占 GDP 的比重为 6.58%，比香港的 0.73% 高出 8 倍，以及两个欧洲金融中心比利时和卢森堡的 2020 年相应比率也分别达到 1.44% 和 10.25%，更进一步说明中国香港作为金融中心，科技创新严重不足。

7.6.2 中国、中国香港和中国台湾科技自主度的相关性

利用图 7 – 4 给出的 1997 年到 2019 年香港特区科技自主度结果和表 7 – 1 相应的大陆和台湾地区科技自主度结果，我们可以计算出同期香港科技自主度与大陆和台湾地区科技自主度之间的相关性分别为 43.42% 和 55.43%，显示中国香港与中国和中国台湾地区间科技自主度有着明显的互助互动关系；然而该两相关性却显著低于表 7 – 1 给出的大陆和台湾地区间的相关性 83.00%，大陆和台湾地区紧密的科技合作可见一斑。

7.7　日本的科技自主度

日本近三四十年在科技发展上的稳步推进，为全世界，尤其是中国树立了良好的榜样。前几章的介绍和本章以上的内容给了我们很多日本科技进步的信息，但其时间跨度不够长，我们将分析过去40年的科技进步，为中国未来三十多年的科技进步之路找寻值得我们借鉴和学习的地方。图7－5给出了1997—2021年日本和中国的科技自主度，显示了1977—2015年日本科技自主度的稳步进步，堪称世界历史上的奇迹。

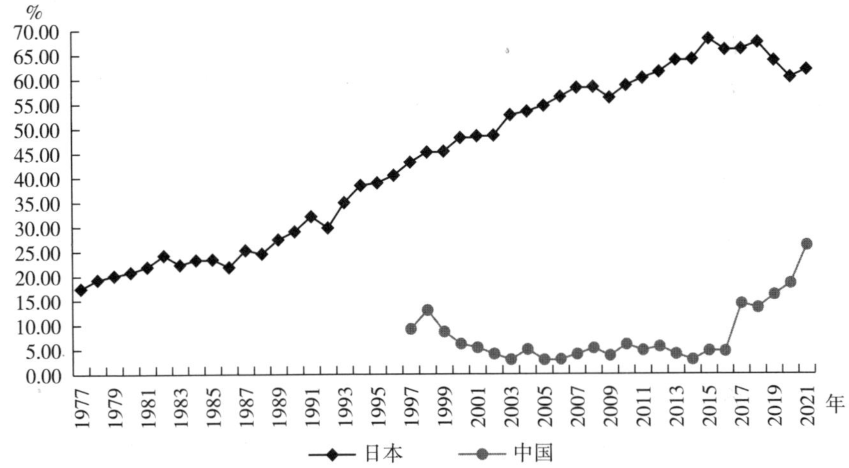

图7－5　日中科技自主度（1977—2021年）

（数据来源：中国数据来自国家外汇管理局网站：www. safe. gov. cn，1997年以前中国知识产权使用费进出口为零；日本数据来自日本贸易振兴机构（JETRO）网站：www. jetro. go. jp）

7.7.1　1977—1985年的进展

图7－5显示，日本科技自主度从1977年的17.50%增长到1985年的23.44%，年均增长0.74%，知识产权使用费用进出口年均增长率分别达到17.30%和11.77%，表明签署广场协议前日本的科技水平稳步提高。

7.7.2 广场协议及其影响

著名的“广场协议”是日美1985年在纽约广场酒店签订的。该协议在未来三年的实施对日本经济和金融市场产生了重要影响，导致日元兑美元大幅升值。1985—1990年，日元升值、日本股市和房地产市场上涨，自然使日本知识产权的进口变得更容易，其间日本知识产权使用费进口年均增长率提升至21.20%，是1977—2021年增速最高的五年；同期日本知识产权使用费出口年均增长率也上升至28.15%，也是1977—2021年最高水平，导致日本科技自主度从1985年的23.44%增长到1990年的29.10%，如图7－5所示，其年均增长率为1.13%，远高于1977—1985年0.74%的年均增长率，表明广场协议的实施在一定程度上加速了日本的科技创新进步。

7.7.3 泡沫破灭，科技创新进步仍在继续

1989年12月的股市崩盘标志着日本股市泡沫破灭和房地产市场泡沫破灭的开始，对日本经济和金融市场随后几十年产生了重大影响。然而，据统计，日本泡沫的破灭确实打断了日本科技进步的上升趋势。与图7－5相关的数据显示，泡沫破灭确实使日本1990—1995年知识产权进口年均增长率降至个位数，并在此后大部分时间保持个位数增长，但知识产权使用费的出口则在1990—2008年大部分时间保持两位数的年均增长率，促使日本科技自主度从1990年的29.10%增长到2003年的52.75%，年均增长率为1.82%，是前13年，即1977—1990年年均增长率的两倍多，说明日本泡沫的破灭不仅没有中断日本的科技创新进步，反而加速了这一进程。

值得注意的是，日本2003年知识产权使用费净出口在1977年开始的27年逆差后首次实现顺差12.8亿美元，其中科技自主度52.75%也是首次超过50%，基本实现科技自主。

7.7.4 2003—2015年的增长

图7－5显示，2003—2008年日本知识产权使用费出口继续保持两位数的

年增长率，但2008年国际金融危机导致其知识产权使用费进出口在2008年至2009年间均出现两位数下降-15.58%和-7.74%，是1977年至2009年最大年跌幅；如图7-5所示，日本科技自主度在2015年升至68.14%的历史高位，但2003年至2015年年均增速较前一段时期有所下降至1.28%。

7.7.5　第一个下降周期及其原因探讨

图7-5显示，日本2015—2020年科技自主度面临第一个5年期的下降，年均下降1.55%，2019—2020年年降幅3.38%，也创下日本科技自主度的历史最高年降幅。2015—2020年罕见的科技自主度稳步下降很可能是与美国激烈竞争的结果，近年来日本科技自主度已接近美国，美日科技的差距，即科技自主度的差距从1992年的50.32%稳步收窄至2014年的11.54%，并进一步缩小到2015年7.82%的个位数水平，2018年最低仅5.43%，2020年回升至12.31%。

7.8　中国科技自主度分析及相关问题

7.8.1　1997—2021年中国科技自主度的变化

通过国家外汇管理局于2022年更新的1997—2021年中国服务贸易数据，可以推算出1997—2021年中国科技自主度（外管局公布的1982年以来的服务贸易数据中，1982—1996年中国知识产权使用费出口数据均为零）。图7-5给出了相关结果。

图7-5显示，科技自主度自1997—1998年从9.17%快速上升到13.0%，2003年下降到2.93%，2005年降至2.87%的最低水平；2010年虽然上升到5.99%，但2014年又下降到2.90%，几乎回到2003—2005年的低位；2015年和2016年分别小幅增长到4.69%和4.62%，年均自主度仅为4.66%，1999—2016年没有太大变化，表明科技自主的发展几乎停滞了20年。

图7-5还显示，2016—2017年科技自主度增长9.67%至14.32%，为1997年以来的最高年增长率；从2017年的14.32%增长到2021年的

26.19%，同期年均增长2.97%，2016—2021年年均增长4.31%，表明近年来科技进步显著。

7.8.2 中国科技自主度与外国企业在中国贸易中的作用

尽管近年来我国科技自主化水平有所提高值得欣慰，但2021年我国科技自主化水平仅仅提高到20.04%，表明过去几十年我国80%以上的经贸发展依赖国外科技。这一结论与中国截至2018年大约70%的商品出口仍由外资主导的结果十分吻合，也与2018年美国投资企业占中国进出口总额略高于三分之一的结果一致。（张广平的《中国人民币国际化与产品创新》第9版，中国财经出版社2019年出版）也与2019年中国货物贸易出口外资占比的结果一致（《人民币国际化与产品创新》第10版，2021年3月由同一出版社出版）。科技自主度的数据结果也很好地解释了2018年以前中国知识产权使用费逆差一直保持稳定增长，以及巨额的服务贸易逆差。中国的供应链确实是世界上最完整的，但供应链所依赖的大部分技术或专利都依赖于国外的科技。如果不加大力度，切实提高科技创新能力，在国际形势发生重大变化的情况下，我国经贸很可能受到重大影响。

7.8.3 追赶减速难免，提升困难增大

表5-3显示，2011年至2015年虽然中国首次申请和同族专利的年均复合增长率保持在两位数的水平，但与2007—2011年相比仍有所下降；表5-9显示，2016—2019年中国同族专利的复合年增长率进一步下降至13.44%。因此，中国同族专利的增长不可避免地将在未来5年左右的时间以10%左右的复合年增长率增长，并逐步下降到个位数的水平。

上述预测是基于2018年中美贸易紧张局势刚刚爆发之前的历史数据。未来十年左右，中国科技进步的步伐很可能会进一步受到美国对中国科技的限制和制裁的影响。当然，这样的限制和制裁将同时推动中国加速其科技创新以及与国际上其他国家的合作，过去两年中国的知识产权使用费的年度增长率分别提高至24.0%和31.3%，尤其是2021年前四个月的增速较2020年同

期增长45.4%就是很好的证明。同时，中国与欧洲科技的合作也有望加速。2020年11月结束的党的十九届五中全会提出到2035年我国进入全球科技创新型国家前列的战略蓝图表明党和国家将科技创新提高到了前所未有的高度，要达到2035年进入全球科技创新型国家前列的战略目标，今后15年我国科技自主能力年均增幅均要远超十几年前的日本、德国和韩国等国家。

7.8.4　日本科技自主度对中国未来几十年发展的启示

如图7－5所示，2021年中国科技自主度26.19%与日本1989年科技自主度27.47%相似，表明尽管国际环境略有不同，日本近30多年的科技自主度发展仍然能对未来几十年中国科技自主度变化提供前瞻性参考。

7.9　中国专利申请与授权相关问题

据世界知识产权组织2021年11月更新的数据，2010—2011年，中国专利申请量从7.6%增长至24.4%，连续两年超过欧洲、日本和美国，成为世界专利申请数量最多的国家。2010—2015年，中国累计专利申请增量占全球同期增量的77.0%，2016—2018年这一比例进一步提升至98.3%，几乎相当于这些年全球新增专利的总和。

然而，根据与图7－5相同的数据来源，2018年中国知识产权使用权逆差继续增长，达到300.3亿美元的历史新高；尽管2019年小幅下降23.5亿美元至276.8亿美元，但2020年和2021年再度上升至289.5亿美元和351.1亿美元，说明大量国内专利申请并未真正减少进口知识产权费用，中国对国外知识产权的依赖并未相应减少。

表6－11中知识产权充足率的衡量也显示了中国知识产权与GDP规模的比例过低，尤其是2008—2020年中国知识产权费用占GDP的比重均低于表6－11中八个主要发展中国家平均水平，显示出中国这几年的科技进步不足以改变知识产权不足的问题，还有很多需要做的努力。

以上结论说明过去一段时间我国专利大幅度增长对我国知识产权出口使用

和国内产值并未发挥应有的作用，国内专利申请和授权不仅未能较好地反映国内知识产权进展。这些问题如不及时修正完善，将对科技创新的进展产生不利的影响，而且也不利于我国在科技创新领域的国际合作。实际上，国家早已发现相关问题，近年来国家专利局在全国范围内对非正常专利申请的整治和处罚已经取得了可喜的进展，相信今后几年相关问题会得到可喜的改善。

7.10　同族专利质量的衡量标准

第6.13节表明，任何集团的每个同族专利的知识产权使用费平均出口是一个很好的同族专利质量衡量标准，因为它反映了同族专利平均产生出口费用的相对能力，但仍不够准确，因为五局外的其他国家和地区的知识产权使用权出口均高于五局中任何一个知识产权费用平均出口，这仅仅是因为这些其他国家和地区的同族专利数量远少于五局。第18.14节表明，任何国家和地区的每个同族专利的知识产权使用费的平均净出口额是对同族专利质量更好的衡量标准。借此我们可以对美国、日本、韩国和中国之间可比的同族专利质量进行排名，但不能轻易对欧盟和韩国之间的同族专利质量进行排名，因为欧盟的知识产权费用平均净出口远低于韩国。本节的目的是在所有五局和其他国家中找到合适的同族专利质量衡量标准。

7.10.1　同族专利质量度量的定义

由于知识产权使用权的进出口包含了科技质量或实用性的所有信息，因此表7－1中的科技自主度比表5－10中定义的专利国际化范围更广，因此前者与后来的比值可以很好地衡量同族专利的质量，因为它反映出知识产权使用权平均出口和平均净出口的所有特征。例如，表7－1显示2021年美国科技自主度为72.71%，表5－10显示2021年美国专利自主度为63.75%，则前者与后者之比为1.141。

根据这个定义，我们可以找到科技自主度/专利自主度的比例，结果如表7－4所示。

表7-4 五局同族专利质量指标（2000—2021年） 单位：%

年份 \ 国家或地区	欧洲	日本	韩国	美国	中国	其他
2000	80.97	68.65	49.12	114.76	319.04	292.74
2001	84.50	69.35	75.43	111.64	264.59	263.63
2002	82.77	70.09	62.24	107.49	140.58	335.80
2003	84.63	77.99	67.44	110.66	107.21	289.22
2004	85.71	80.99	72.22	107.37	197.39	273.92
2005	78.40	84.47	76.95	106.43	80.48	241.42
2006	77.34	85.42	80.15	110.78	68.75	315.67
2007	79.36	89.29	71.58	112.18	64.13	282.65
2008	73.73	94.03	95.74	106.68	85.05	256.72
2009	76.34	90.04	96.63	104.45	38.32	225.89
2010	79.89	90.96	71.99	107.04	55.60	191.86
2011	82.19	95.71	97.48	107.83	38.24	164.80
2012	85.07	99.23	81.23	106.30	37.01	171.01
2013	84.89	108.08	86.18	105.20	21.74	225.71
2014	80.81	107.13	99.10	106.96	12.57	195.48
2015	71.64	115.36	108.64	108.78	17.96	264.64
2016	84.45	128.65	130.01	112.12	28.48	329.53
2017	85.13	133.11	135.05	112.22	78.10	319.69
2018	87.09	140.20	142.66	112.95	65.14	310.12
2019	85.40	136.99	145.77	114.31	69.54	291.80
2020	82.60	133.91	140.17	113.39	71.31	287.07
2021	81.00	142.61	147.38	114.06	69.46	281.76

数据来源：采用表7-1科技自主度结果和表5-11专利自主度结果计算。

7.10.2 专利质量指标低于或高于100%的条件

不难证明，如果任何一个国家或地区每个同族专利的知识产权使用费的平均出口大于（低于）每个外国专利的知识产权使用费的平均进口，则表7-4中的指标结果则高于（低于）100%，有兴趣的读者可以阅读本章的附录进行证明。

7.10.3 表 7-4 的极端结果

表 7-4 显示，中国 2000—2004 年的同族专利质量指标和 2000—2021 年的其他地区结果的极高值是由于同族专利数量相对较少；韩国 2015—2021 年和日本 2013—2021 年的高得分也是由于这两个国家的家族专利数量减少所致。

7.10.4 美日的主导作用

表 7-4 显示，除了中国 2000—2004 年和其他 2000—2021 年的极端结果外，美国的专利质量指标尽管总体呈下降趋势，但仍保持在 100% 以上，2000 年到 2012 年美国的结果高于其他任何国家的结果，表明美国同族专利在该时间段内的质量最高。

表 7-4 显示，2000—2002 年日本的专利质量指标低于同期的美国和欧洲，2002—2012 年日本专利质量指标稳步上升，高于同期欧洲，仅低于美国，表明日本的同族专利质量有所提高，仅次于美国；2012—2021 年日本同族专利质量指标继续上升，超过同期的美国，表明期间日本同族专利质量稳步提升。

7.10.5 欧洲和韩国的同族专利质量度量

表 7-4 显示，2003—2012 年欧洲的同族专利质量指标保持第 3 位，低于美国和日本；2013—2021 年韩国的同族专利质量指标超过欧洲，这是由于同期韩国的同族专利减少所致。

7.10.6 中国的同族专利质量度量

表 7-4 显示，2000—2014 年中国同族专利质量指标大幅下降，原因是期间同族专利数量大幅增加，同时科技自主度停滞不前，如表 7-1 所示；但同族专利质量指标从 2014 年的 12.57% 增长到 2021 年的 69.46%，几乎增长 5 倍，表明 2021 年中国的同族专利质量比 2014 年有了显著进步。

7.11　科技国际化与加权专利国际化

7.11.1　使用质量指标作为权重的加权同族专利

不难证明第7－4节定义的同族专利质量指标与知识产权使用费平均出口成正比（见本章附录），因此它具有如第6.13节所示的平均出口的优良特性，我们也可以证明第7.4节定义的同族专利质量指标也与知识产权使用费的平均净出口成正比（见本章附录），因此它具有第6.14节所示的平均净出口的良好特性，因此，表7－4中给出的任何年份的同族专利质量指标都可以作为“权重”，并以此计算出表5－7所示的加权同族专利，表7－5给出了2000年至2021年各个地区的加权同族专利。

表7－5　五局及其他“加权”同族专利分布情况（2000—2021年）

单位：件

年份＼国家或地区	欧洲	日本	韩国	美国	中国	其他	全球
2000	27259	35844	5278	54815	1267	6429	130890
2001	31805	42772	8077	57900	1392	7279	149224
2002	36854	48363	9330	66173	1182	8912	170815
2003	41173	55884	14006	77615	1056	7818	197551
2004	41290	56256	16227	83651	1976	7719	207119
2005	38963	58138	17170	94011	1225	7337	216843
2006	34998	57603	16218	90997	1211	8160	209187
2007	33721	51986	11685	86904	1531	6682	192510
2008	34727	51329	13451	97161	2170	6998	205836
2009	38359	54142	15600	102255	1789	7472	219618
2010	37102	59090	13989	102035	2967	6182	221364
2011	38404	59612	21596	108584	2459	7040	237695
2012	39750	58652	17930	106381	2909	6570	232192
2013	40495	57285	17056	113617	2238	7020	237712
2014	40039	57140	18630	105530	1674	7366	230379

续表

年份 \ 国家或地区	欧洲	日本	韩国	美国	中国	其他	全球
2015	41542	61775	23103	121634	2778	18057	268890
2016	47411	63302	29497	119393	3624	23268	286494
2017	48327	63633	30851	123395	12101	24304	302609
2018	49983	65109	32812	128257	12287	25383	313831
2019	49560	61807	33756	134033	15971	25714	320840
2020	48464	58697	32679	137298	19940	27237	324314
2021	48054	60727	34595	142614	23647	28782	338419

数据来源：使用表 5 –7 中给出的同族专利和表 7 –2 中的同族专利质量作为 2000 年至 2015 年的权重计算；2016 年至 2020 年的同族专利基于与表 5 –10 相同的假设和表 7 –4 中的同族专利质量作为权重的估计结果。

7.11.2 科技国际化

使用表 7 –5 的结果，我们可以得到作为加权同族专利的专利国际化的科技国际化，表 7 –6 给出了结果。

表 7 –6 以“加权”专利国际化定义的科技国际化（2000—2021 年）

单位：%

年份 \ 国家或地区	欧洲	日本	韩国	美国	中国	其他
2000	20.83	27.38	4.03	41.88	0.97	4.91
2001	21.31	28.66	5.41	38.80	0.93	4.88
2002	21.58	28.31	5.46	38.74	0.69	5.22
2003	20.84	28.29	7.09	39.29	0.53	3.96
2004	19.94	27.16	7.83	40.39	0.95	3.73
2005	17.97	26.81	7.92	43.35	0.56	3.38
2006	16.73	27.54	7.75	43.50	0.58	3.90
2007	17.52	27.00	6.07	45.14	0.80	3.47
2008	16.87	24.94	6.53	47.20	1.05	3.40
2009	17.47	24.65	7.10	46.56	0.81	3.40
2010	16.76	26.69	6.32	46.09	1.34	2.79
2011	16.16	25.08	9.09	45.68	1.03	2.96

续表

年份＼国家或地区	欧洲	日本	韩国	美国	中国	其他
2012	17.12	25.26	7.72	45.82	1.25	2.83
2013	17.04	24.10	7.18	47.80	0.94	2.95
2014	17.38	24.80	8.09	45.81	0.73	3.20
2015	15.45	22.97	8.59	45.24	1.03	6.72
2016	16.55	22.10	10.30	41.67	1.26	8.12
2017	15.97	21.03	10.19	40.78	4.00	8.03
2018	15.93	20.75	10.46	40.87	3.92	8.09
2019	15.45	19.26	10.52	41.78	4.98	8.01
2020	14.94	18.10	10.08	42.33	6.15	8.40
2021	14.20	17.94	10.22	42.14	6.99	8.50

数据来源：按表7－5数据计算。

将表7－6中各专利局的科技国际化结果与表5－10中的专利国际化结果进行比较，发现存在明显差异。首先，表7－6给出的美国科技国际化总体水平高于如表5－10所示的专利国际化水平，这是由于美国同族专利的“权重”总体较高。美国科技国际化在2008年达到47.20%的高位后，2008—2011年总体呈下降趋势，2011年下降至45.68%，表明美国为应对金融危机而采用的量化宽松政策对美国科技产业产生了重大影响。但美国科技国际化在2013年恢复上升趋势，达到47.80%，在同期五局及其他地区中最高，持平欧洲、日本和韩国的科技国际化总和48.31%；美国科技国际化从2013年稳步下降到2018年40.87%的低水平，2021年小幅回升至42.14%，几乎回到2000年41.88%的水平，表明2008年国际金融危机的过去20年后美国科技国际化逐步稳定，显示了美国在全球科技领域的领先和垄断地位，也显示了美国科技对美元的支撑力度。

7.11.3　科技国际化

表7－6显示，虽然2000年至2021年日本科技自主度继续小幅下降，但日本科技国际化年均水平为24.49%，明显高于同期欧洲17.45%的水平。这

与上述日本处于全球科技链高端的结果是一致的。韩国科技国际化年平均在7.91%，仅次于欧洲，在前五名中排名第四。

值得注意的是，表7-6还显示，2014—2021年中国科技国际化年均增速在五局中最高，年均增速为0.89%，表明近年来中国的科技国际化进程较快。

7.12 小结

专利是科技的重要载体和体现，科技是经贸的支柱。五局报告中关于同族专利的数据及地区分布最为详细，而且同族专利相关数据是按照第一申请人或发明人的居住地分类公布的，因而容易判断出这些高度国际化的专利所在地，进而容易判断不同地区专利国际化水平和科技自主程度等。本章利用五局专利数据，特别是五局同族专利数据计算和估算出的十多年来全球主要国家和地区科技自主水平；利用全球服务贸易中知识产权使用进出口数据，计算出各局平均每个同族专利的知识产权出口使用费和平均每个同族专利知识产权净出口使用费存在较大差距，表明各局同族专利的质量有显著的差异；利用全球服务贸易中知识产权使用进出口数据计算出各地知识产权出口使用费占知识产权进出口使用费比重这个科技自主更准确的计算方法。以各地知识产权出口使用费占知识产权进出口使用费比重为各地科技自主度的度量结果，我们得出了各局同族专利“加权”的国际化结果。结果显示，美国和日本分别保持了全球科技顶端和高端的地位，成为全球知识产权使用顺差最大的两个国家；欧洲和韩国总体保持了知识产权使用逆差，因此两地科技总体处于全球科技中端；虽然我国和五局外其他国家和地区同样保持了知识产权使用逆差，但我国平均每个同族专利的知识产权使用逆差明显低于欧洲和韩国，因此我国处于全球科技链的中低端，其他国家和地区平均每个同族专利的知识产权逆差最高，因此处于全球知识产权的最低端。

2007—2014年我国同族专利数显著增长的同时，同族专利与申请数比例与其他四局以及其他国家和地区差距不减反增的事实表明，我国国内专利申请保持内向态势未变，绝大多数国内申请的专利连在境外申请的“兴趣”或“信心”都没有，更不能指望会在国内经贸中发挥什么作用了。我国确实拥有全球最齐全的产业链，但这些产业链所依赖的技术大多数是境外的技术（2017—2021年我国科技自主能力仍刚达到20%的结果表明我国八成以上的科技仍依赖境外），导致我国出口中高达七成上下的份额实际上是外资企业的出口。因此，提高我国科技国际化水平，特别是提高我国科技自主水平是今后多年发展的重中之重。

另外，本章基于主要国家和地区科技自主度数据计算出的这些国家和地区间科技自主度相互关联度的实证结果表明，部分国家或地区间科技自主度的正向相关性在一定程度上显示这些国家或地区间科技互助或互补的关系。与此同时，部分国家和地区间科技自主度负相关则在一定程度上显示这些国家或地区间科技相互挤压或打压的态势。这些结果揭示了国家或地区间科技发展的深层次关系，为我们理解相应经济体间经贸活动的深层次关系提供了新的证据。特别值得关注的是，1998—2008年，在全球主要国家科技自主度明显持续提高的同时，中国和中国香港地区、中国台湾地区的科技自主度在总体上离自主水平仍有显著差距时，中国和中国香港地区、中国台湾地区的科技自主度却同时出现不增反降的独特现象，值得我们对影响科技自主的市场因素、资本因素和其他因素进行深刻的反思。

参考文献

［1］刘遵义．天塌不下来——中美贸易战及未来经济关系［M］．香港：香港中文大学出版社，2019.

［2］周秋菊，冷伏海．基于科技媒体视角的研究前沿识别方法研究与实证［J］．现代情报，2018（2）：62－67.

［3］2011—2017年结果根据五大专利局2018年年度报告自国家知识产权局网站：http：//www.cnipa.gov.cn/tjxx/index.htm或五局网站：https：//www.fiveipoffices.org/statistics/statisticsreports.

［4］IP5 Statistics Report 2018 Edition，European Patent Office，Japan Patent Office，Korean

Intellectual Property Office, China National Intellectual Property Administration, United States Patent and Trademark Office Edited by KIPO, Oct 2019, https://www.fiveipoffices.org/statistics/statisticsreports.

附录

设 x 代表知识产权使用费出口的平均值，则表 7－2 的知识产权质量指标可以改写如下：

$$QM = x(1+b)/(x+a)$$

其中，a 代表一个同族专利的知识产权使用费，b 代表一个同族专利中的外国同族专利。

因此 QM 对于 x 的一阶导数 $a(1+b)/(x+a)\hat{}2>0$，以及 QM 对于 x 的二阶导数 $-2a(1+b)/(x+a)\hat{}3<0$。

QM 关于 $x-a$ 的一阶导数与 QM 关于 x 的一阶导数 $a(1+b)/(x+a)\hat{}2>0$ 相同。

$QM=x(1+b)/(x+a)>1$ 意味着 $xb>a$，或 $x>a/b$ = 知识产权使用费进口/该国中外国同族专利的数量，同样的推导过程可以给出当 $x<a/b$ 时，$QM<1$。

第8章　科技发展对贸易与经常账户的影响

国际贸易是影响世界外汇的关键因素，主要通过贸易结算、经常账户发挥作用。本章基于科技自主度和科技国际化的衡量标准，简要分析科技发展对主要国家的货物和服务贸易以及经常账户的影响，以对科技货币估值和货币国际化的影响进行量化研究。同时，我们还将讨论并简要分析科技发展对新冠肺炎疫情的控制和其他问题的影响。

8.1　科技发展对货物贸易出口和净出口的影响

由于货物贸易仍然是国际贸易的重要组成部分，本节将分析科技对主要国家货物贸易出口和净出口的影响。

8.1.1　科技发展对美国货物贸易出口和净出口的影响

利用表7－6给出的美国科技国际化数据和美国经济分析局更新的货物贸易出口数据，我们发现美国货物贸易出口、进口与净出口与科技国际化的相关系数分别为44.14%、40.78%和－26.82%。结果表明，美国科技自主度或国际化程度越高，其货物出口就越高，但美国科技与货物逆差之间的负相关关系似乎与常识相矛盾。

8.1.2　科技对日本货物出口和净出口的影响

日本是知识产权使用的重要国家，也是世界主要货物出口国之一，在世界货物贸易中占有重要地位。根据用表 7 - 1 中日本科技独立或自主度的结果和日本贸易振兴机构（JETRO）更新的货物出口、进口和净出口数据，可以知道 2000—2021 年日本货物出口、进口和净出口与科技自主度之间的相关系数分别为 71.99%、78.47% 和 -65.96%；同期日本货物贸易出口、进出口净出口与科技国际化的相关系数分别为 -48.76%、-53.67% 和 46.01%。这些结果表明，日本科技自主度越高，日本货物贸易出口越高，但日本货物贸易顺差越低。

8.1.3 中国货物贸易出口和净出口

中国自 2014 年起成为世界第一大货物贸易国，在世界货物贸易中占有举足轻重的位置。使用表 7 - 1 中中国的科技自主度结果以及国家外汇管理局（SAFE）更新的货物出口、进口和净出口数据，我们可以得到中国货物出口之间的相关系数，2000 年至 2021 年中国货物贸易出口、进口和净出口与科技自主度的相关系数分别为 65.65%、64.25% 和 62.48%；同期中国货物贸易出口、进口和净出口与科技国际化的相关系数分别为 70.10%、68.40% 和 67.41%。上述结果表明，中国货物出口、进口和净出口与科技国际化的相关系数高于与科技自主度的相关系数。

8.2 科技发展对服务贸易出口和净出口的影响

8.2.1 科技发展对美国服务贸易出口、进口、净出口的影响

利用表 7 - 1 中美国科技自主度和美国经济分析局提供的美国服务贸易进出口数据，我们计算了 2000—2021 年美国科技自主度与服务贸易出口、进口和净出口之间的相关系数，分别为 31.49%、35.42% 和 25.36%；同样，利用表 7 - 6 的数据可以计算得到美国科技国际化与服务贸易出口、进口和净出口的相关系数，分别为 30.00%、33.76% 和 24.13%。上述结果表明，美国科技国际化与美国服务出口、进口和净出口顺差之间的相关性很高。

8.2.2　科技发展对日本服务贸易出口、进口、净出口的影响

利用表7-1中日本科技自主度和日本贸易振兴机构（JETRO）提供的日本服务贸易进出口数据，我们计算了2000—2021年日本科技自主度与服务贸易出口、进口和净出口之间的相关系数，分别为92.41%、88.36%和74.67%；同样，利用表7-6的数据可以计算得到日本科技国际化与服务贸易出口、进口和净出口的相关系数，分别为-86.67%、-87.94%和-56.19%。

8.2.3　科技发展对中国服务贸易出口、进口、净出口的影响

利用中国科技自主度数据和中国外管局提供的中国服务贸易进出口数据，如表7-1所示，我们计算了2000—2021年中国科技自主度与服务贸易出口、进口和净出口之间的相关系数，分别为68.27%、61.71%和-50.91%；同样，利用表7-6的数据可以计算得到中国科技国际化与服务贸易出口、进口和净出口的相关系数，分别为71.90%、63.99%和-52.09%。上述结果表明，中国服务贸易出口、进口和净出口与中国科技国际化的相关性高于与中国科技自主度的相关性。

8.3　境外美资企业的服务和货物贸易

境外美资企业或美国母公司控股的外国子公司的货物和服务贸易在国际交易中发挥着关键作用。美国经济分析局公布的数据显示，境外美资企业服务贸易净出口或服务销售净额占美国跨境服务贸易净出口的比例从2000年的59.8%上升到2001年的105.3%，2009年达到354.7%的峰值，并在2020年下降到138.2%。这表明，过去二十年，境外美资企业在美国的外部而不是内部发挥了更积极的作用。因此，我们无法获知美国科技在美国服务贸易总额中的全貌。本节我们分析境外美资企业的服务贸易和货物贸易与美国科技自主度、美国科技国际化的相关系数。

8.3.1 境外美资企业的服务贸易出口、进口和净出口与美国科技发展的关系

根据美国经济分析局公布的境外美资企业的销售和采购数据和表 7 - 1 中美国科技自主度数据，我们可以计算出 2000—2021 年境外美资企业销售、采购和净销售额与美国科技自主度的相关系数，分别为 22.03%、5.15% 和 45.35%。境外美资企业销售额与美国科技自主度的相关性 22.03% 是美国跨境服务贸易出口与美国科技自主度相关系数 10.14% 的 2 倍多。境外美资企业的净销售额与美国科技自主度的相关系数为 45.35%。而美国跨境服务贸易净出口与美国科技自主度相关系数为 4.54%，前者是后者近 10 倍。这表明美国科技在美国境外比在美国境内更有效地促进服务贸易净出口。

我们可以计算出 2000—2020 年境外美资企业销售、采购以及净销售额与美国科技国际化的相关系数，分别为 65.43%、53.55% 和 75.47%，与上述美国科技自主度与美国跨境数据的出口、进口和净出口的相关系数相比，分别高出 7.46%、-1120% 和 28.02%，也说明美国企业在美国以外产生的净销售额比在美国产生的净销售额能更有效地促进美国的服务贸易。

上述结果表明，境外美资企业在国际市场中发挥着关键作用，仅仅凭借美国的跨境数据无法让我们全面了解美国科技的影响力。

8.3.2 境外美资企业货物贸易出口、进口和净出口与美国科技的关系

虽然美国经济分析局定期发布母公司在美国的控股子公司的服务销售和采购，但美国经济分析局并未发布对应的美国货物贸易进出口数据。因此美国子公司对应的货物贸易进出口数据有失真。例如，在中国、爱尔兰等地的美资公司货物贸易数据大部分时间都因为“不披露个别公司数据”等未被统计进美国的贸易数据，其中美资在华企业 2011 年的贸易金额达到 8 亿美元，2013 年达到 34.75 亿美元。然而，美国经济分析局公布的境外美资企业货物贸易数据因“不披露个别公司数据”过多而无法使用。根据《人民币国际化和产品创新》第十版（张光平，2020）第四十章美资在华企业 2002 年至 2019

年的进出口数据，以及表 7 – 1 中的美国科技自主度数据，我们可以发现境外美资企业出口、进口和净出口与美国科技自主度之间的相关系数分别为 41. 28% 、18. 42% 和 55. 28% ，远高于美国科技自主度与美国跨境贸易出口、进口和净出口的相关系数 26. 67% 、26. 59% 和 – 20. 82% ，说明美国的科技自主度对促进境外美资企业的货物贸易更有效。

类似地，我们可以通过表 7 – 6 中发现境外美资企业货物贸易的出口、进口和净出口与美国科技国际化之间的相关系数，分别为 63. 64% 、44. 03% 和 74. 09% ，远高于相应美国跨境货物贸易的出口、进口和净出口与美国科技国际化的相关系数，后者分别为 44. 14% 、40. 78% 和 – 26. 82% 。再次表明美国科技自主度对美国境外的美资企业更有促进作用。

8.4　主要国家经常项目与科技的关系

一个国家的经常账户是影响其外汇汇率或货币估值的关键因素之一。经常账户主要包含大多数的货物贸易和服务贸易，以及跨境收入等要素。本节重点介绍经常账户与科学技术之间的关系。

基于国际货币基金组织（IMF）2022 年 4 月更新的经常账户数据和表 7 – 1 中 2000—2021 年各国科技自主度的结果，我们可以得出美国、日本、中国的经常账户与科技自主度的相关系数，分别为 – 3. 41% 、8. 50% 和 7. 58% ，表明大部分国家的科技自主度与经常账户存在正相关关系，即科技自主度越高，越有利于改善经常账户收支状况；同样利用表 7 – 6 的数据，可以得到美国、日本、中国经常账户与科技国际化的相关系数分别为 2. 77% 、 – 14. 74% 和 12. 85% ，也表明大多数国家的科技发展与经常账户存在正相关关系。

8.5　主要贸易大国的相关结果展示

上述部分的结果非常广泛，我们无法轻易进行比较，表 8 – 1 总结了上述结果，以便我们可以轻松地对其进行分析。

表 8-1 贸易项目和经常项目与科技自主度和科技国际化的相关系数与科技自主度的相关性（2000—2021 年） 单位：%

科目/地区	美国（跨境）	境外美资企业	美国总计	日本	中国
货物贸易出口	44.14	63.64	61.09	71.99	65.65
货物贸易进口	40.78	44.03	51.39	78.47	64.25
货物贸易净出口	-26.82	74.09	69.98	70.18	62.48
服务贸易出口	31.49	47.18	44.83	92.41	68.27
服务贸易进口	35.42	33.54	37.28	88.36	61.71
服务贸易净出口	25.36	62.27	53.46	74.67	-50.90
总出口	39.89	58.27	55.57	81.62	65.97
总进口	40.13	39.60	47.12	88.48	64.62
总净出口	-17.43	71.54	65.50	75.64	48.93
经常项目	-3.41			8.50	7.58
与科技国际化的相关性					
科目/地区	美国（跨境）	境外美资企业	美国总计	日本	中国
货物贸易出口	42.83	77.60	63.48	-48.76	70.09
货物贸易进口	37.73	61.16	57.69	-53.69	68.40
货物贸易净出口	-20.84	85.01	68.51	-47.45	67.41
服务贸易出口	30.00	65.43	63.48	-86.67	71.90
服务贸易进口	33.76	53.55	57.69	-87.94	63.99
服务贸易净出口	24.13	75.47	68.51	-56.19	-52.09
总出口	38.50	74.13	71.68	-61.74	70.36
总进口	37.31	58.41	63.69	-79.45	68.47
总净出口	-10.82	83.31	78.94	-51.77	55.22
经常项目	2.77			-14.74	12.85

数据来源：根据表 7-1 科技自主度结果、表 7-6 科技国际化结果、国际货币基金组织网站 2022 年 4 月发布的经常项目数据计算得出；上述三个国家的贸易数据；美国跨境代表美国经济分析局发布的美国数据；境外美资公司代表美国母公司在美国拥有多数股权的外国子公司的服务贸易和货物贸易；美国总计代表美国跨境和境外美资公司的总和；美国总计的经常账户的计算方法是将境外美资公司的货物贸易和服务贸易的净出口总额与原始美国跨境经常账户相加。

8.5.1 贸易项目与美国科技发展的关系明显改善到合理水平

表 8-1 中的结果清楚地表明，随着境外美资公司的加入，贸易项目和两

个科技指标之间的所有相关性都变得高度正相关，从而使结论变得合理，表明境外美资公司或“离岸美国”在美国的科技垄断中获得可观的利润。值得注意的是，虽然美国经常账户为负，但如果将境外美资企业的净出口加入美国经常账户一并计算，则结果为正，调整后的美国经常账户与美国科技之间的相关系数将超过62%，表明境外美资企业对美国科技的大力支持。

8.5.2　日本科技与贸易的关系及说明

表8－1中，根据日本货物贸易项目数据与日本科技发展水平数据计算出的相关系数存在问题。具体来说，日本货物贸易进口与其科技自主度正相关，相关系数为82.29%，高于日本货物贸易出口77.14%，导致日本净出口及其科技的相关系数为负，为－66.18%。对这些复杂相关系数的解释应该与美国的情况相同，因为日本或“离岸日本”的净国际投资头寸（IIP）从2000年增加了1.64倍，到2021年达到3.57万亿美元，几乎是日本2021年GDP（5.41万亿美元）的2/3，占德国同年GDP的84.80%。作为国际投资头寸高净额国，日本拥有的境外企业应具有如表8－1所示的美资境外企业相似的货物贸易和服务贸易额，如果将其计入，日本贸易相关数据与日本科技发展程度之间的相关系数应为远高于如表8－1所示的相关系数。

8.5.3　中国科技发展水平与贸易的关系及说明

表8－1显示，中国货物贸易出口、货物贸易净出口、服务贸易出口、服务贸易净出口和科技自主度的平均相关系数偏低，仅为36.37%，只有日本的相应水平的47.04%，表明科技水平有待提高，以进一步促进中国出口和净出口；中国经常账户与中国科技自主度的相关系数为7.58%，较日本略低。

8.6　科技对国内生产总值的影响

在前面的部分中，我们研究了科技发展对世界贸易、经常账户和其他因素的影响。由于外贸是国内生产总值（GDP）的重要部分，科技发展程度应该也显著影响 GDP 及其主要组成部分。本节重点介绍知识产权使用费的出口和进口对 GDP 及其主要组成部分的影响。本节和 8.7 节的内容很大程度上参考了张光平和林肯（2021）的研究成果。表 8－2 给出了世界主要经济体名义 GDP 与知识产权使用费的出口、进口、净出口、贸易总额（出口和进口）的相关系数。

表 8－2　世界主要经济体名义 GDP 与知识产权使用费的出口、进口、净出口、贸易总额（出口和进口）的相关系数（1992—2021 年） 单位：%

经济体/知识产权贸易参数	出口	进口	净出口	进出口总额	相关系数（进口）－相关系数（出口）	相关系数（进出口）－Max［相关系数（进口），相关系数（出口）］
美国	96.64	98.75	93.54	97.63	2.10	－1.12
日本	40.50	45.89	33.32	37.06	5.39	－8.83
中国	82.23	99.12	－99.64	98.00	16.88	－1.12
英国	89.21	87.62	82.65	89.47	－1.58	0.26
韩国	96.47	96.21	－44.54	97.65	－0.26	1.19
中国台湾	88.20	83.47	－70.82	89.44	－4.73	1.25
日本（1980—2002 年）	80.99	94.08	－34.12	88.52	13.09	－5.56
日本（2003—2021 年）	9.58	19.40	1.88	12.82	9.81	－6.58
美国（2003—2021 年）	88.83	96.12	79.76	92.03	7.28	－4.08
日本知识产权使用费净出口（1996—2020 年）	90.22	89.01	86.44	90.80	－1.21	0.58
日本 GDP＋知识产权使用费净出口（1996—2020 年）	79.79	82.25	74.24	81.32	2.46	－0.93

数据来源：使用表 6－10 中 1992 年至 2021 年知识产权使用费的出口和进口以及相关经济体 2022 年 4 月 IMF 发布的相应名义 GDP 数据计算。

8.6.1　知识产权使用费的出口情况

表 8－2 的结果是显而易见的，因为主要发达经济体的名义 GDP 与知识产权使用费的出口和进口之间的相关系数高于表 13－2 和表 13－4 中科技国

际化和货币国际化之间的相关系数。表8－2显示，1992—2021年美国名义GDP与知识产权使用费进出口的相关系数均超过97%。同期，美国名义GDP与美国知识产权使用费的净出口和进出口总额的相关系数分别为93.54%和97.63%。这些高的相关系数表明科技发展对美国经济的重大影响。

表8－2还显示，英国、韩国和中国台湾地区的名义GDP与知识产权使用费的净出口和进出口总额之间的相关系数接近90%，表明科技对这些经济体的重大影响。

8.6.2　知识产权使用费进口对GDP的影响

知识产权使用费的进口与主要经济体的名义GDP之间的相关系数结果更具有颠覆性，因为这与对外国技术依赖的传统理解并不一致。知识产权使用费的进口代表了一个特定经济体对外国知识产权的依赖程度。因此，它们应该对经济产生负面影响，或者至少它们的正面影响不应该像知识产权使用费的出口那样高。然而，表8－2显示，在大多数经济体中，名义GDP与知识产权使用费进口之间的相关系数都明显高于名义GDP与知识产权使用费出口之间的相应相关系数。只有英国和韩国同期名义GDP与知识产权使用费进口之间的相关系数分别低于其名义GDP与知识产权使用费出口之间的相关系数，分别为1.58%和0.26%。名义GDP与知识产权使用费进口之间相关系数较高，意味着知识产权使用费的进口为进口型经济体的GDP发展提供了必要的技术支持。

8.6.3　知识产权使用费净出口对GDP的影响

如第7章所述，知识产权使用费的净出口决定了科技自主度。1992年至2021年，美国的名义GDP与知识产权使用费净出口之间的相关系数最高，达到93.54%，为这一结论提供了有利证据。然而，同期名义GDP与知识产权使用费出口的相关系数（96.64%）和名义GDP与知识产权使用费进口的相应相关系数（98.75%）都高于名义GDP与知识产权使用费净出口的相关系数（93.54%）。名义 GDP 与知识产权使用费净出口之间的相关系数较低，是因为知识产权使用费的进口对 GDP 的发展更有用。

8.6.4 知识产权使用费进出口总额对 GDP 的影响

由于知识产权使用费的出口代表了一个经济体的科技原创能力，而知识产权使用费的进口代表了对外国经济体科技成果的必要吸收。因此，知识产权使用费的出口和进口对于经济发展来说都是至关重要的。表 8－2 显示，1992 年至 2021 年，中国的名义 GDP 与知识产权使用费贸易的相关系数为 98.00%，是所有同期国家中对应的相关系数中最高的；其次是韩国、美国和英国，同期对应的相关系数分别为 97.65%、97.63% 和 89.47%。名义 GDP 与知识产权使用费进出口之间的总体高相关系数，证明了第 6 章中定义的知识产权充分性的作用。

一般来说，两个变量之和与另一个给定变量之间的相关系数值介于两个变量与同一给定变量之间的两个相应的相关系数值之间。然而，表 8－2 显示，英国、韩国和中国台湾地区的名义 GDP 和贸易（出口和进口之和）的收费的相关系数分别为 89.47%、97.65% 和 89.44%。与这三个相关系数比较，这三个经济体的名义 GDP 与知识产权使用费的出口和进口之间的相应两个相关系数中较高者，其数值分别相应的低 0.26%、1.19% 和 1.25%。这些"额外"的相关系数可以看作知识产权使用费的出口和进口在促进经济发展方面产生的额外"协同效应"。在表 8－2 中，1996 年至 2021 年，海外日本国际投资净头寸存在额外的"协同效应"。

张和林（2021）还发现，在任何经济体中，出口和进口的知识产权使用费共同对名义 GDP 产生额外的协同效应的条件。这些条件意味着知识产权使用费的出口与名义 GDP 之间的相关系数比，知识产权使用费的进口与名义 GDP 之间的相关系数比应该在一定范围内，以便产生额外的协同效应。换句话说，如果知识产权使用费的出口与名义 GDP 的相关系数与知识产权使用费的进口的情况相比太高，就不存在额外的协同作用，因为经济没有充分地利用国际知识产权或外国知识产权。同样，如果与知识产权使用费的进口情况相比，知识产权使用费的出口与名义 GDP 的相关性太低，也不存在额外的协同作用，因为经济对国际知识产权或外国知识产权的依赖太大，知识产权使用费的出口需要为经济发挥更大的作用。有兴趣的读者可以参考张和林（2021）的相关研究，以了解更多细节。

8.6.5 日本的特殊情况

尽管日本名义 GDP 与知识产权使用费的进出口之间的相关系数只是同期美国相应相关系数的一半不到，但 1980—2002 年，日本的相应相关系数与美国、英国、韩国和中国台湾地区的相关系数相当。1996—2021 年，日本的相关系数较低，主要是由于当时日本的 GDP 平减指数造成的。1996—2021 年，日本净投资头寸（IIP）与知识产权使用费的相应相关系数也与美国、英国、韩国和中国台湾地区的相关系数相当。上述结果表明，科技对日本的海外净资产有重大影响，在日本科学技术进步的早期阶段，从 1980—2002 年，日本在科学技术方面取得了巨大的进步，然后在 2003 年首次出现知识产权使用费的净盈余，这对日本的 GDP 有实质性的影响。表 8－2 中的各种指标相应的相关系数表明，1996—2021 年，日本知识产权使用费出口和进口对日本海外净资产的影响要比对国内 GDP 的影响更大，其间日本的海外净资产年均增速高达 5.33%，而同一时期日本名义 GDP 的增速仅为 0.86%。

8.6.6 中国的特殊情况

表 8－2 显示，中国的名义 GDP 与知识产权使用费出口之间的相关系数以及名义 GDP 与知识产权使用费进口之间的相应相关系数是所有经济体中除日本外最低的。这一现象表明，中国经济主要是由经济体制改革、资本存量和人力资源推动的。科技进步在推动中国经济进一步发展方面仍有很大潜力。表 8－2 中，名义 GDP 与知识产权使用费进口之间的相关系数为 99.12%，而名义 GDP 与知识产权使用费出口之间的相应相关系数为 82.23%，这两者之间的差异最为明显。表明中国在科学技术方面与所有发达经济体的差距是最大的。

8.7 科技发展对国民生产总值及其主要组成部分的影响

第8.6节为我们提供了科技对名义GDP影响的直观结果。按照第8.6节的方法，本节研究了1992年至2019年美国、日本、韩国和中国的出口、进口、净出口与知识产权使用费贸易对以下变量的影响：以不变价格计算的资本存量、人均人力资本、全要素生产率（TFP）以及实际和名义GDP。表8-3给出了结果。

表8-3 主要经济体知识产权使用费的出口、进口、净出口和进出口以不变价格计算的资本存量、人均人力资本、全要素生产率（TFP）以及实际GDP和名义GDP的相关性系数（1992—2019年） 单位：%

美国	资本存量	人均人力资本	全要素生产率	实际GDP	名义GDP
出口	97.35	97.81	97.79	95.70	97.53
进口	97.02	96.29	94.08	97.01	98.12
净出口	94.65	95.80	97.07	92.08	94.28
进出口	97.88	98.01	97.39	96.68	98.31
相关系数（进出口）－Max［相关系数（进口），相关系数（出口）］	0.53	0.20	－0.40	－0.34	0.20
日本	资本存量	人均人力资本	全要素生产率	实际GDP	名义GPD
出口	66.65	96.39	68.84	95.15	41.45
进口	75.35	95.84	67.62	93.93	51.38
净出口	59.50	93.90	67.56	93.09	34.28
进出口	69.48	96.84	68.92	95.40	44.46
相关系数（进出口）－Max［相关系数（进口），相关系数（出口）］	－5.86	0.44	0.09	0.25	－6.92
英国	资本存量	人均人力资本	全要素生产率	实际GDP	名义GPD
出口	88.61	95.37	1.02	96.95	90.01
进口	80.26	94.41	5.79	95.04	87.13
净出口	88.96	89.91	－2.52	92.08	86.30
进出口	87.03	96.13	2.50	97.44	90.13
相关系数（进出口）－Max［相关系数（进口），相关系数（出口）］	－1.58	0.77	－3.30	0.49	0.11

续表

韩国	资本存量	人均人力资本	全要素生产率	实际 GDP	名义 GPD
出口	96. 50	94. 71	48. 56	95. 02	95. 77
进口	95. 81	95. 59	51. 96	96. 53	95. 64
净出口	-47. 63	-50. 97	-34. 14	-52. 85	-48. 79
进出口	97. 61	96. 68	51. 22	97. 35	97. 19
相关系数（进出口）- Max［相关系数（进口），相关系数（出口）］	1. 11	1. 09	-0. 74	0. 82	1. 42
中国	资本存量	人均人力资本	全要素生产率	实际 GDP	名义 GPD
出口	77. 80	76. 13	6. 01	71. 16	78. 29
进口	98. 99	97. 24	30. 93	97. 21	99. 15
净出口	-99. 39	-97. 69	-34. 59	-98. 62	-99. 48
进出口	97. 95	96. 17	27. 93	95. 42	98. 16
相关系数（进出口）- Max［相关系数（进口），相关系数（出口）］	-1. 04	-1. 07	-3. 00	-1. 79	-0. 99

数据来源：张光平、林肯（2021），其他与表8-2相同。

8. 7. 1 科技对资本存量的影响

表8-3显示，在五个主要经济体中，美国知识产权使用费的出口、进口、净出口和进出口与按不变价格计算的资本存量之间的相关系数最高。只有美国和韩国的知识产权使用费的出口和进口对资本存量有额外的“协同作用”，这一作用可以分别量化为0. 53%和1. 11%，意味着科技对美国的资本存量有显著的影响，而科技对韩国资本存量的影响仅次于美国。

8. 7. 2 科技对人力资本的影响

表8-3显示，在五个主要经济体中，美国知识产权使用费的出口、进口、净出口和进出口与人力资本的相关系数也最高。美国、日本、英国和韩国的知识产权使用费的出口和进口对人力资本有额外的协同作用，协同作用可分别量化为0. 20%、0. 44%、0. 77%和1. 09%，这意味着科技对美国的人力资本有最重要的影响，而科技对日本、英国和韩国的人力资本的影响相接近。

8.7.3 科技发展对全要素生产率的影响

如 Feenstra 等（2009）的评论所示，关于全要素生产率（TFP）计量的研究很多。大多数关于全要素生产率的研究主要是关于全要素生产率的计量，或是关于影响全要素生产率的因素；很少有人注意到科技对全要素生产率的影响。我们利用张光平和林肯（2021）的研究，通过实际 GDP、资本存量和人均人力资本数据，找到相应的全要素 GDP，并找到知识产权使用费的出口、进口、净出口、进出口与全要素 GDP 之间的相关系数，表 8－3 给出了结果。

表 8－3 显示，美国知识产权使用费的出口、进口、进出口与全要素 GDP 之间的相关系数最高，说明全要素生产率主要是美国科技发展的贡献；在日本，知识产权使用费进出口与全要素生产率之间的相关系数为 68.92%，说明日本科技发展对全要素生产率的贡献刚刚超过三分之二；在韩国，知识产权使用费进出口与全要素生产率之间的相关系数为 51.22%，说明韩国科技对全要素生产率的贡献刚刚超过一半；在英国，知识产权使用费进出口与全要素生产率之间的相关系数为 2.50%，说明英国科技发展对全要素生产率的贡献是微不足道，这一点值得怀疑，我们将在后面探讨相关问题。

8.7.4 科技对实际 GDP 的影响

表 8－3 的结果显示，科技对实际 GDP 的影响与表 8－2 中对名义 GDP 的影响一样，只有日本是例外。表 8－3 显示，日本科技对实际 GDP 的影响与美国、英国和韩国一样。日本名义 GDP 相应低相关性的主要原因是前文提及的 1996—2019 年日本 GDP 平减指数的结果。

8.7.5 中国的特殊情况

表 8－3 中，五大经济体中中国的知识产权使用费进口与资本存量、人均人力资本、实际 GDP 和名义 GDP 之间的相关系数最高，说明 1996 年至 2019 年中国经济发展中知识产权使用费进口的重要性以及必要性。表 8－3 还显示这四个发达经济体中至少有三个具有额外“协同效应”的因素。但是，中国

没有一个具有额外协同作用的因素，这意味着知识产权使用费的出口和进口之间的协调作用仍有很大的发展空间，未来可以提高科技支持中国经济更健康地发展。

表 8－2 和表 8－3 的结果是相当直观的，为我们提供了科技如何影响 GDP 及其主要组成部分的原因。然而，相关分析是比较简单化的，因为它没有抓住科学技术变化的时间滞后的关键性质。由于科技对 GDP 及其组成部分的影响需要时间，时间序列分析可能会产生科技对 GDP 及其主要组成部分影响的更好结果。我们将在第 15 章再讨论相关问题。

8.8　新冠肺炎疫情的确诊病例、治愈病例、死亡病例和相关比率的简要介绍

新冠肺炎疫情对全球生产、经贸活动和人类生活产生了巨大的影响和冲击。从 2020 年底至 2021 年年中，在不到半年的时间里，总确诊病例和死亡病例都增加了一倍多，说明疫情蔓延较快，死亡率几乎不变，从新冠病毒首次发现的一年多来，疫情仍没有得到很好控制。尽管疫情对全球经济和人民生活的影响仍难以估计，但疫情控制的结果则不仅反映了各地区的科技和医疗水平，也反映了各地区的整体治理水平。事实证明，这一流行病将对世界经济、国际政治和人类生活等方面产生重大影响。本节使用相关数据来寻找全球对新冠肺炎疫情的反应与全世界整体科技和治理水平之间的关系。表 8－4 给出了截至 2022 年 7 月 19 日累计确诊病例超过 10 万例的 129 个国家或地区的累计确诊病例、治愈病例、死亡病例和相关比率。

表 8－4　主要国家和地区新冠肺炎疫情的确诊病例、治愈病例和死亡病例及其相关比率（截至 2022 年 7 月 19 日）　单位：万例、%

国家或地区	确诊病例	治愈病例	死亡案例	阳性率	治愈率	死亡率	死亡率/治愈率
美国	9142.94	8675.26	104.93	27.42	94.88	1.15	1.21
印度	4378.31	4311.36	52.58	3.11	98.47	1.20	1.22
巴西	3333.98	3164.08	67.56	15.46	94.90	2.03	2.14

续表

国家或地区	确诊病例	治愈病例	死亡案例	阳性率	治愈率	死亡率	死亡率/治愈率
法国	3303.43	3067.50	15.08	50.38	92.86	0.46	0.49
德国	2985.37	2790.65	14.26	35.40	93.48	0.48	0.51
英国	2307.54	2239.68	18.16	33.63	97.06	0.79	0.81
意大利	2017.79	1855.35	17.00	33.47	91.95	0.84	0.92
韩国	1886.16	1834.41	2.48	36.72	97.26	0.13	0.14
俄罗斯	1849.90	1791.55	38.20	12.67	96.85	2.06	2.13
土耳其	1529.75	1509.68	9.91	17.75	98.69	0.65	0.66
西班牙	1309.05	1239.67	10.93	27.98	94.70	0.84	0.88
越南	1076.14	981.84	4.31	10.86	91.24	0.40	0.44
日本	1038.81	959.36	3.16	8.27	92.35	0.30	0.33
阿根廷	946.58	923.80	12.92	20.56	97.59	1.36	1.40
澳大利亚	886.32	846.05	1.08	33.95	95.46	0.12	0.13
荷兰	828.73	810.37	2.24	48.15	97.78	0.27	0.28
伊朗	728.42	706.90	14.15	8.45	97.05	1.94	2.00
墨西哥	645.43	553.92	32.65	4.90	85.82	5.06	5.89
哥伦比亚	622.35	603.18	14.04	11.97	96.92	2.26	2.33
印度尼西亚	613.83	595.30	15.69	2.20	96.98	2.56	2.63
波兰	603.28	533.58	11.65	15.98	88.45	1.93	2.18
葡萄牙	529.43	503.67	2.45	52.23	95.14	0.46	0.49
乌克兰	502.02	490.83	10.87	11.62	97.77	2.17	2.21
朝鲜	477.19	477.12	0.01	18.35	99.99	0.00	0.00
马来西亚	462.61	454.80	3.59	13.93	98.31	0.78	0.79
奥地利	461.83	447.73	1.89	50.69	96.95	0.41	0.42
泰国	456.30	450.96	3.10	6.50	98.83	0.68	0.69
以色列	451.85	444.34	1.12	48.45	98.34	0.25	0.25
比利时	436.86	416.30	3.21	37.36	95.29	0.73	0.77
中国台湾	430.99	372.01	0.83	18.03	86.32	0.19	0.22
智利	414.18	382.33	5.91	21.29	92.31	1.43	1.55
加拿大	401.24	369.59	4.36	10.44	92.11	1.09	1.18
南非	400.06	389.20	10.19	6.58	97.29	2.55	2.62
捷克	395.56	390.22	4.04	36.80	98.65	1.02	1.03

续表

国家或地区	确诊病例	治愈病例	死亡案例	阳性率	治愈率	死亡率	死亡率/治愈率
瑞士	384.35	368.68	1.40	43.76	95.92	0.36	0.38
希腊	384.31	361.44	3.05	37.24	94.05	0.79	0.84
秘鲁	376.14	343.04	21.38	11.09	91.20	5.69	6.23
菲律宾	373.54	365.42	6.06	3.32	97.83	1.62	1.66
丹麦	304.42	301.27	0.66	52.18	98.97	0.22	0.22
罗马尼亚	296.72	285.36	6.58	15.64	96.17	2.22	2.31
瑞典	252.82	249.47	1.92	24.72	98.67	0.76	0.77
伊拉克	240.96	235.03	2.53	5.73	97.54	1.05	1.08
塞尔维亚	206.00	201.32	1.62	23.77	97.73	0.79	0.80
孟加拉国	199.74	192.70	2.92	1.19	96.47	1.46	1.52
匈牙利	194.08	187.82	4.67	20.20	96.77	2.41	2.49
斯洛伐克	180.72	177.80	2.02	33.07	98.38	1.12	1.13
约旦	170.05	168.54	1.41	16.34	99.11	0.83	0.83
佐治亚	166.75	163.73	1.68	41.96	98.19	1.01	1.03
爱尔兰	162.87	157.38	0.75	32.25	96.63	0.46	0.48
新加坡	160.23	150.52	0.15	26.96	93.94	0.09	0.10
巴基斯坦	154.72	150.56	3.04	0.67	97.31	1.97	2.02
新西兰	151.95	144.87	0.18	30.38	95.34	0.12	0.12
挪威	145.31	144.46	0.35	26.38	99.42	0.24	0.24
哈萨克斯坦	131.80	129.50	1.37	6.85	98.25	1.04	1.06
中国香港	129.78	120.97	0.94	17.03	93.22	0.73	0.78
摩洛哥	125.18	122.22	1.62	3.31	97.64	1.29	1.32
保加利亚	118.71	113.70	3.73	17.35	95.77	3.14	3.28
芬兰	117.10	112.86	0.50	21.07	96.38	0.43	0.44
克罗地亚	116.82	114.36	1.62	28.82	97.89	1.38	1.41
黎巴嫩	114.26	108.76	1.05	16.90	95.18	0.92	0.96
古巴	110.69	109.80	0.85	9.78	99.19	0.77	0.78
突尼斯	108.70	0.00	2.88	9.01	0.00	2.65	0.00
立陶宛	107.57	103.83	0.92	40.67	96.52	0.85	0.89
斯洛文尼亚	106.07	103.45	0.67	51.01	97.53	0.63	0.64
白俄罗斯	99.40	98.56	0.71	10.53	99.15	0.72	0.72

续表

国家或地区	确诊病例	治愈病例	死亡案例	阳性率	治愈率	死亡率	死亡率/治愈率
危地马拉	98.52	89.33	1.88	5.30	90.67	1.91	2.11
尼泊尔	98.18	96.81	1.20	3.25	98.60	1.22	1.23
阿拉伯联合酋长国	97.48	95.51	0.23	9.62	97.98	0.24	0.24
玻利维亚	97.40	90.72	2.20	8.12	93.14	2.26	2.42
乌拉圭	96.54	95.54	0.74	27.60	98.96	0.76	0.77
巴拿马	94.21	92.23	0.84	21.15	97.90	0.89	0.91
厄瓜多尔	93.52	87.77	3.58	5.14	93.85	3.83	4.08
蒙古国	93.07	0.00	0.22	27.49	0.00	0.23	0.00
哥斯达黎加	90.49	86.07	0.85	17.44	95.11	0.94	0.99
拉脱维亚	84.65	83.13	0.59	45.91	98.20	0.69	0.71
沙特	80.46	78.84	0.92	2.24	97.99	1.15	1.17
阿塞拜疆	79.47	78.40	0.97	7.70	98.66	1.22	1.24
巴拉圭	68.88	64.74	1.91	9.42	93.99	2.77	2.95
斯里兰卡	66.45	64.75	1.65	3.08	97.43	2.49	2.55
巴林	65.06	63.80	0.15	35.71	98.05	0.23	0.24
科威特	64.82	64.18	0.26	14.73	99.00	0.39	0.40
多米尼加	62.24	61.30	0.44	5.62	98.49	0.70	0.71
缅甸	61.38	59.27	1.94	1.11	96.56	3.17	3.28
巴勒斯坦	59.27	58.30	0.54	11.09	98.36	0.90	0.92
爱沙尼亚	58.51	52.36	0.26	44.05	89.48	0.45	0.50
塞浦路斯	54.59	12.44	0.11	44.55	22.78	0.20	0.87
委内瑞拉	53.06	52.13	0.57	1.88	98.24	1.08	1.10
摩尔多瓦	52.03	50.41	1.16	12.96	96.89	2.22	2.29
埃及	51.56	44.22	2.46	0.49	85.75	4.77	5.57
利比亚	50.26	49.10	0.64	7.12	97.68	1.28	1.31
埃塞俄比亚	49.11	46.81	0.76	0.41	95.32	1.54	1.62
洪都拉斯	43.21	13.25	1.09	4.23	30.66	2.53	8.24
留尼汪	42.92	41.86	0.08	47.25	97.52	0.19	0.20
亚美尼亚	42.44	41.27	0.86	14.27	97.23	2.03	2.09
卡塔尔	39.63	38.81	0.07	14.12	97.91	0.17	0.18
阿曼	39.16	38.47	0.43	7.29	98.22	1.09	1.11

续表

国家或地区	确诊病例	治愈病例	死亡案例	阳性率	治愈率	死亡率	死亡率/治愈率
波斯尼亚和黑塞哥维那	38.12	0.00	1.58	11.77	0.00	4.15	0.00
肯尼亚	33.68	32.99	0.57	0.60	97.95	1.68	1.72
赞比亚	32.80	32.24	0.40	1.69	98.30	1.22	1.24
博茨瓦纳	32.48	32.10	0.28	13.27	98.82	0.85	0.86
北马其顿	31.90	30.70	0.93	15.31	96.22	2.93	3.04
阿尔巴尼亚	29.67	28.40	0.35	10.33	95.71	1.19	1.24
卢森堡	27.45	25.98	0.11	42.45	94.62	0.40	0.42
阿尔及利亚	26.65	17.88	0.69	0.59	67.10	2.58	3.84
尼日利亚	25.90	25.05	0.31	0.12	96.71	1.21	1.26
津巴布韦	25.62	25.01	0.56	1.67	97.62	2.17	2.23
黑山共和国	24.76	24.08	0.27	39.41	97.25	1.10	1.13
乌兹别克斯坦	24.24	23.92	0.16	0.70	98.71	0.68	0.68
莫桑比克	22.91	22.64	0.22	0.69	98.85	0.97	0.98
中国	22.78	22.12	0.52	0.02	97.08	2.29	2.36
老挝	21.06	0.00	0.08	2.81	0.00	0.36	0.00
马提尼克岛	20.80	0.01	0.10	55.51	0.05	0.47	949.04
吉尔吉斯斯坦	20.13	19.64	0.30	2.99	97.55	1.49	1.52
冰岛	19.96	0.00	0.02	57.73	0.00	0.09	0.00
马尔代夫	18.39	16.37	0.03	32.84	89.00	0.17	0.19
阿富汗	18.37	16.57	0.77	0.45	90.22	4.21	4.67
文莱	18.30	16.41	0.02	41.02	89.71	0.12	0.14
萨尔瓦多	18.10	16.59	0.42	2.76	91.67	2.31	2.52
瓜德罗普	17.53	0.23	0.10	43.81	1.28	0.55	42.58
纳米比亚	16.93	16.48	0.41	6.42	97.38	2.40	2.47
特立尼达和多巴哥	16.92	15.92	0.40	12.01	94.06	2.39	2.54
乌干达	16.88	10.04	0.36	0.35	59.50	2.15	3.61
加纳	16.72	16.52	0.15	0.52	98.77	0.87	0.88
牙买加	14.49	9.24	0.32	4.85	63.81	2.19	3.43
柬埔寨	13.65	13.33	0.31	0.79	97.67	2.24	2.29
卢旺达	13.19	4.55	0.15	0.97	34.51	1.11	3.22
喀麦隆	12.01	11.78	0.19	0.43	98.10	1.61	1.64

续表

国家或地区	确诊病例	治愈病例	死亡案例	阳性率	治愈率	死亡率	死亡率/治愈率
马耳他	11.11	10.40	0.08	25.04	93.54	0.70	0.74
安哥拉	10.22	9.71	0.19	0.29	95.05	1.87	1.97
总计	56588.33	53608.69	634.70	7.72	94.73	1.12	1.18
美国	16956.17	15958.48	280.84	24.17	94.12	1.66	1.76
亚洲	16487.54	15851.31	144.37	3.53	96.14	0.88	0.91
东亚	3518.00	6.39	3293.01	2.14	0.18	93.60	51570.94
南亚	4855.38	59.78	4773.80	2.64	1.23	98.32	7986.24
东盟	3177.36	33.28	3012.17	5.08	1.05	94.80	9052.17
其他亚洲	4936.83	44.93	4772.34	8.74	0.91	96.67	10621.79
欧洲	21115.89	20016.18	186.58	28.21	94.79	0.88	0.93
西欧	3764.82	24.48	3651.03	36.46	0.65	96.98	14914.52
东欧	17351.07	162.10	16365.15	26.89	0.93	94.32	10095.60
非洲	1244.65	1159.28	25.64	0.89	93.14	2.06	2.21
大洋洲	1071.79	1017.50	1.53	24.58	94.93	0.14	0.15
全球	56873.82	54000.50	638.97	7.48	94.95	1.12	1.18
发达国家	31659.67	29945.33	221.90	42.45	94.59	0.70	0.74

数据来源：www.worldometers.info。

表8－4显示，不同国家或地区确诊率存在显著差异。确诊率超过40%的国家或地区有19个（冰岛、马提尼克岛、葡萄牙、丹麦、斯洛文尼亚、奥地利、法国、以色列、荷兰、留尼汪、拉脱维亚、塞浦路斯、爱沙尼亚、瓜德罗普、瑞士、卢森堡、佐治亚、文莱、立陶宛），确诊率分别为57.73%、55.51%、52.23%、52.18%、51.01%、50.69%、50.38%、48.45%、48.15%、47.25%、45.91%、44.55%、44.05%、43.81%、43.81%、43.76%、42.45%、41.96%、41.02%和40.67%，其中大多数为中小型经济体；确诊率低于0.50%的国家或地区有8个（埃及、阿富汗、喀麦隆、埃塞俄比亚、乌干达、安哥拉、尼日利亚、中国），确诊率分别为0.49%、0.45%、0.43%、0.41%、0.35%、0.29%、0.12%、0.02%，同样大部分是中小型经济体。确诊病例的确诊率反映了不同国家控制和治理的准确水平。

由于可用数据的时间跨度较短，而且疫情仍在全球加速蔓延，因此很难得到具体的分析结果。

8.9　确诊病例、治愈病例和死亡病例与科技进步对比

表8－4给出的不同国家的疫情控制情况，也同时显示出各国科技发展和管理的明显差异。事实上，一些国家的死亡率和治愈率可能是科技和医疗保健的可靠指标。表8－4显示，以色列、丹麦、挪威、瑞典、芬兰、荷兰、奥地利、日本、瑞士、法国的死亡率均低于或略低于全球1.12%的死亡率，分别是与表7－1所示这些国家的相关科技发展状况一致；美国的死亡率为1.15%，略高于全球死亡率的1.12%。上述国家除英国和德国外，大部分都位列如表6－12所示的世界知识产权使用费净出口额前十位。

由此可见，知识产权使用费净出口高的国家，总体科技水平也同样较高，而且绝大多数（知识产权使用费净出口前十位国家中，有八个国家死亡率低于全球死亡率）在抗击疫情方面做得很好。未来，当我们有足够的数据时，我们可以对其他国家的抗疫效果与科学医疗水平之间的关系进行更详细的分析。

新加坡、沙特阿拉伯、印度、土耳其、卡塔尔等知识产权使用费赤字国家的死亡率明显低于全球冲突，也与这些国家知识产权使用费率反映的科技水平不符。这些不一致的结果既可能是由于治理因素，也可能是由于迄今为止的流行数据不足所致，本章后面将进一步分析。

8.10　新冠肺炎确诊率、治愈率和死亡率与科技自主度的关系

确诊病例高的国家，其死亡率与科技水平的关系在前面已经描述过。我们将在本节中找到确诊率、治愈率和死亡率与科技自主度之间的相关系数。

8.10.1 主要发达国家新冠肺炎确诊率、治愈率和死亡率与科技自主度的关系

在表 8 -4 中的 129 个国家中，35 个是发达国家，其中缺少 2 个发达国家的完整数据。这 33 个发达国家的确诊率、治愈率、死亡率与科技自主度的相关系数分别为 - 10.10%、 - 23.67% 和 - 18.95%。三个相关系数中，-10.10% 和 -18.95% 是直观正确的：表明科技自主度或医疗水平越高，新冠肺炎确诊率和死亡率越低，而治愈率则应与科技自主度呈正相关，说明新冠肺炎疫情数据存在严重问题或与疫情控制有关。主要发达国家治愈率与科技自主度的不合理的负相关系数表明主要发达国家未能充分发挥其科学和医疗优势以应对疫情，导致治愈率难以达到理想水平。

8.10.2 主要发展中国家新冠肺炎确诊率、治愈率和死亡率与科技自主度的关系

在表 8 -4 中的 94 个发展中国家的知识产权使用费的进出口数据中，缺少 28 个发展中国家的完整数据。我们可以找到其他 66 个主要发展中国家的科技自主度与确诊率、治愈率和死亡率之间的相关系数，分别为 0.81%、-6.90% 和 -12.62%。这三个相关系数中，只有科技自主度和死亡率的相关系数 -12.62% 直观正确：表明科技自主度或医疗水平越高，新冠肺炎疫情的死亡率越低。而其他两个相关系数则不正确，确诊率应与科技自主度呈负相关，治愈率应与科技自主度呈正相关，表明新冠肺炎疫情数据存在严重问题，或与发展中国家控制流行病有关。

8.10.3 全球新冠肺炎确诊率、治愈率和死亡率与科技自主度的关系

在表 8 -4 的 129 个国家或地区中，除了缺少 30 个中小发展中国家知识产权使用费的进出口数据，我们可以找到所有其他 99 个国家科技自主度与新冠肺炎确诊率、治愈率和死亡率之间的相关系数，分别为 64.21%、-3.95% 和 -50.90%。三个相关系数中，只有科技自主度和死亡率的相关

系数 -50.90% 直观正确，说明科技自主度或医疗水平越高，新冠肺炎疫情的死亡率越低，其他两个相关系数不正确，确诊率应与科技自主度呈负相关，治愈率应与科技自主度呈正相关。

8.11　新冠肺炎确诊率、治愈率和死亡率与政府效率之间的关系

每个国家的新冠肺炎疫情确诊率和治愈率也应与该国的治理水平相关，或与世界银行全球治理指数的政府效率正相关。我们试图找到 2021 年更新的 2020 年世界银行全球治理指数中政府效率与新冠肺炎疫情的确诊率、治愈率和死亡率之间的相关系数。

8.11.1　主要发达国家新冠肺炎确诊率、治愈率和死亡率与政府效率的关系

使用世界银行（www.worldbank.org/governance/wgi）估计的 2020 年政府效率和 2022 年更新的新冠肺炎确诊率、治愈率和死亡率，我们可以找到政府效率和 33 个发达国家新冠肺炎确诊率、治愈率和死亡率之间的相关系数，分别为 -17.09%、19.81% 和 -55.52%。这三个相关系数均直观正确：表明政府效率越高，新冠肺炎疫情治愈率越高，新冠肺炎确诊率和死亡率越低，这也表明新冠肺炎疫情数据和世界银行对政府效率估计较为合理。

8.11.2　主要发展中国家新冠肺炎确诊率、治愈率和死亡率与政府效率的关系

表 8-2 显示，66 个主要发展中国家的 2020 年政府效率与确诊率、治愈率和死亡率之间的相关系数分别为 54.99%、2.28% 和 -26.66%。这三个相关系数中，只有政府效率和确诊率的相关系数 54.99% 在直觉上是错误的，因为确诊率应该与政府有效性负相关，另外两个相关系数是正确的，因为治愈率和死亡率应该分别与政府效率正相关和负相关。主要发展中国家的这些结

果大多劣于主要发达国家的结果，表明新冠肺炎疫情数据和主要发展中国家的政府有效性估计存在更多问题。

8.11.3 全球新冠肺炎确诊率、治愈率和死亡率与政府效率的关系

沿用相同方法，我们可以计算得到全部 129 个国家的 2020 年政府效率与确诊率、治愈率和死亡率之间的相关系数，分别为 73.38%、8.40% 和 -20.17%。三个相关系数中，政府效率与治愈率和死亡率的相关系数 8.40% 和 -20.17% 都直观正确，说明政府效能水平越高，新冠肺炎治愈率越高，新冠肺炎死亡率越低。剩下的一个相关系数则是错误的，因为政府效能应该与新冠肺炎确诊率负相关。整体相关系数的问题主要源自上述主要发展中国家。

8.12 小结

本章研究的前三大经济体的科技与出口、净出口和经常项目之间的相关性为我们提供了新的视角，从而得以审视科技对国际贸易和经常项目以及外汇汇率的重要作用。应特别注意的是，美国科技与贸易项目之间的相关性在考虑境外美资企业的贸易贡献后，其相关系数趋于合理，说明境外美资企业在国际贸易和国际金融中的必要功能。这些境外美资企业在全球范围内为美元提供了重要支持。

以知识产权使用收费的进出口为代表的科技自主度对 GDP 及其主要组成部分的影响的实证结果为我们提供了科技对经济发展影响的证据。特别是 GDP 与知识产权使用费进口之间的相关系数普遍高于 GDP 与知识产权使用费出口之间的相关系数，证明发达国家和发展中国家都需要进口知识产权来促进经济发展。本章中发现的知识产权使用费进、出口的额外协同作用，也让我们更深入地了解主要发达经济体知识产权使用费进出口之间的有效协调。

科技自主度与新冠肺炎疫情相关数据的实证研究表明，全球新冠肺炎疫

情的统计数据质量有待提高，科技自主度与主要发达国家的新冠肺炎治愈率之间的相关系数不合理暴露了主要发达国家在抗击新冠肺炎疫情方面的问题；而政府效能与主要发达国家新冠肺炎确诊率和死亡率之间的相关系数越不合理，表明主要发达国家在抗击新冠肺炎疫情方面的问题越严重。对新冠肺炎疫情数据与法治、监管质量、腐败控制和等其他治理措施之间相关性的研究得出了类似的结果，待将来全球新冠肺炎疫情数据更加完整后，我们再继续深入推进此类研究。

参考文献

［1］Feenstra, Robert C., Alan Heston, Marcel P. Timmer, and Haiyan Deng. 2009. "Estimating Real Production and Expenditures Across Countries: A Proposal for Improving the Penn World Tables." Review of Economics and Statistics 91 (1): 201 – 12.

［2］张光平，谭梓杨. 人民币国际化与产品创新第 10 版［M］. 北京：中国金融出版社，2021.

［3］张光平，林肯. 科学技术对国内生产总值及其主要组成部分影响的经验证据［J］. 工作论文，未发表.

第9章　离岸人民币中心的现状和未来发展

中国香港是我国设立最早，也是最重要的境外人民币中心，近年来其他离岸人民币中心也在世界各地蓬勃发展起来，成为人民币国际化的重要推动力量。本章的主要目的是介绍遍布全球的二十多个境外人民币中心近年来的发展情况和今后的发展趋势，从而为我们判断今后人民币国际化的走势提供依据。

9.1　人民币清算协议安排在境外人民币中心的分布

人民币清算是境外人民币业务的基础。2010年7月，中国人民银行首次与香港人民币业务清算行中国银行（香港）有限公司在中国香港签署了新修订的《香港银行人民币业务的清算协议》后，中国人民银行与三十多个国家和地区分别签订了类似的人民币业务清算协议，为这些国家和地区人民币中心的建立和发展打下了基础。表9－1给出了境外人民币中心人民币清算安排的时间。

表9－1　境外人民币清算银行及启动时间一览

国家或地区	清算行	清算银行	日期
中国香港	香港人民币业务清算行	中国银行（香港）有限公司	2011－11－04
中国澳门	澳门人民币业务清算行	中国银行澳门分行	2012－09－24
中国台湾	台湾人民币业务清算行	中国银行台北分行	2012－12－11
新加坡	新加坡人民币业务清算行	中国工商银行新加坡分行	2013－02－08

续表

国家或地区	清算行	清算银行	日期
英国	伦敦人民币业务清算行	中国建设银行（伦敦）有限公司	2014－06－18
德国	法兰克福人民币业务清算行	中国银行法兰克福分行	2014－06－19
韩国	首尔人民币业务清算行	交通银行首尔分行	2014－07－04
法国	巴黎人民币业务清算行	中国银行巴黎分行	2014－09－15
卢森堡	卢森堡人民币业务清算行	中国工商银行卢森堡分行	2014－09－16
卡塔尔	多哈人民币业务清算行	中国工商银行多哈分行	2014－11－04
加拿大	多伦多人民币业务清算行	中国工商银行（加拿大）有限公司	2014－11－09
澳大利亚	悉尼人民币业务清算行	中国银行悉尼分行	2014－11－18
马来西亚	吉隆坡人民币业务清算行	中国银行（马来西亚）有限公司	2015－01－05
泰国	曼谷人民币业务清算行	中国工商银行（泰国）有限公司	2015－01－06
智利	智利人民币业务清算行	中国建设银行智利分行	2015－05－25
匈牙利	匈牙利人民币业务清算行	中国银行匈牙利分行	2015－06－28
南非	南非人民币业务清算行	中国银行约翰内斯堡分行	2015－07－07
阿根廷	阿根廷人民币业务清算行	中国工商银行（阿根廷）股份有限公司	2015－09－18
赞比亚	赞比亚人民币业务清算行	中国银行赞比亚分行	2015－09－30
瑞士	瑞士人民币清算银行	中国建设银行苏黎世分行	2015－11－30
美国	美国人民币清算银行	中国银行纽约分行	2016－09－21
俄罗斯	俄罗斯人民币清算银行	中国工商银行（莫斯科）分行	2016－09－23
阿联酋	阿联酋人民币清算银行	中国农业银行迪拜分行	2016－12－09
美国	美国人民币清算银行	美国摩根大通银行	2018－02－13
日本	日本人民币清算银行	中国银行东京分行	2019－04－17
日本	日本人民币清算银行	三菱日联银行	2019－06－27
菲律宾	菲律宾人民币清算银行	中国银行马尼拉分行	2019－09－17

数据来源：新华社中国金融信息网《人民币国际化月报》，2018年8月7日，第65期及最新的新闻。

表9－1显示，中国银行在境外27个人民币清算银行中占有13个，工商银行有7个，建设银行有3个，交通银行和农业银行各有1个，另外非中资的境外人民币清算行是美国摩根大通银行和日本三菱日联银行。随着境外人民币需求的增加，预计今后几年境外清算行将进一步增加，对推动境外人民币中心的发展将发挥重要的作用。除境外储蓄和清算业务外，境外人民币债券

业务也是境外人民币中心的主要业务。中国人民银行 2015 年 6 月 3 日发布通知称，已获准进入银行间债券市场的境外人民币业务清算行和境外参加银行可开展债券回购交易，包括债券质押式回购交易和债券买断式回购交易。

9.2 中国香港人民币中心的领头作用

香港是境外最早的人民币中心，而且多年来保持了境外最大的人民币中心的地位。储蓄是最基本且简单的金融服务，是其他金融服务的基础。2004 年以前，流入香港地区的人民币就高达数百亿元甚至上千亿元。由于缺乏官方统计，不同学者对 2004 年前流入人民币金额有着不同的测算（有兴趣的读者请参考《人民币汇率制度与人民币国际化》，李靖，《上海财经大学学报》，2009 年第 2 期）。

为了便于内地与香港特别行政区之间的经贸和人员往来，引导在香港地区的人民币有序回流，经国务院批准，中国人民银行最初为在香港地区办理个人人民币存款、兑换、银行卡和汇款业务的有关银行提供了清算安排。2003 年 11 月 18 日，中国人民银行公布了《关于为香港银行办理个人人民币业务提供清算安排的公告》，为香港地区人民币业务的开展打下了基础。

9.2.1 人民币存款规模的变化

表 9－2 给出了 2004 年 2 月中国香港银行体系开办人民币存款业务以来每个季度的人民币存款额及同比变化率。从表 9－2 可以看出，从 2004 年到 2008 年 6 月，香港地区人民币存款持续增长，在国际金融危机前达到高峰 776.4 亿元；而从 2008 年国际金融危机爆发后到 2009 年 3 月，存款额持续下降至 531.1 亿元；2009—2014 年香港地区人民币存款重现高速增长，并于 2014 年底达到了 10035.6 亿元的历史纪录，5 年年均复合增长率高达 74.1%。这一方面是由于境内人民币跨境贸易试点推动了香港地区人民币存款的大幅增长，另一方面，也受到美国量化宽松政策的影响。彼时，受益于美元对全球主要货币下跌，人民币相对美元升值提升了持有人民币的信心。

表9-2　香港地区银行体系人民币季度存款额及分布（2004年3月到2022年3月）

单位：亿元人民币

时间	活期及储蓄存款	定期存款	总计	活期及储蓄存款占比	定期存款占比	总计同比变化	持牌银行数（家）
2004年2月	7.0	1.9	9.0	78.7%	21.3%		32
2004年3月	21.0	23.0	43.9	47.7%	52.3%		36
2004年6月	28.5	39.5	68.0	41.9%	58.1%		39
2004年9月	31.4	45.3	76.7	40.9%	59.1%		38
2004年12月	54.2	67.1	121.3	44.7%	55.3%		38
2005年3月	64.4	85.4	149.8	43.0%	57.0%	240.9%	38
2005年6月	93.6	115.4	209.0	44.8%	55.2%	207.2%	39
2005年9月	102.2	124.3	226.4	45.1%	54.9%	195.3%	38
2005年12月	106.2	119.7	225.9	47.0%	53.0%	86.2%	38
2006年3月	106.8	117.8	224.6	47.6%	52.4%	50.0%	39
2006年6月	112.9	114.3	227.1	49.7%	50.3%	8.7%	39
2006年9月	113.6	112.6	226.2	50.2%	49.8%	-0.1%	40
2006年12月	122.3	111.8	234.0	52.2%	47.8%	3.6%	38
2007年3月	136.4	116.0	252.4	54.1%	45.9%	12.4%	38
2007年6月	172.3	103.9	276.2	62.4%	37.6%	21.6%	38
2007年9月	184.6	90.5	275.0	67.1%	32.9%	21.6%	37
2007年12月	225.4	108.6	334.0	67.5%	32.5%	42.7%	37
2008年3月	393.6	182.2	575.9	68.4%	31.6%	128.2%	40
2008年6月	512.4	264.0	776.4	66.0%	34.0%	181.1%	40
2008年9月	475.1	224.4	699.5	67.9%	32.1%	154.3%	40
2008年12月	381.2	179.4	560.6	68.0%	32.0%	67.8%	39
2009年3月	351.7	179.4	531.1	66.2%	33.8%	-7.8%	39
2009年6月	359.2	184.6	543.8	66.1%	33.9%	-30.0%	40
2009年9月	405.6	176.2	581.7	69.7%	30.3%	-16.8%	44
2009年12月	406.6	220.6	627.2	64.8%	35.2%	11.9%	60
2010年3月	446.1	261.5	707.5	63.0%	37.0%	33.2%	73
2010年6月	524.3	372.8	897.0	58.4%	41.6%	65.0%	77
2010年9月	719.5	773.8	1493.3	48.2%	51.8%	156.7%	92

续表

时间	活期及储蓄存款	定期存款	总计	活期及储蓄存款占比	定期存款占比	总计同比变化	持牌银行数（家）
2010年12月	1175.7	1973.7	3149.4	37.3%	62.7%	402.1%	111
2011年3月	1374.5	3139.7	4514.2	30.4%	69.6%	538.0%	118
2011年6月	1803.5	3732.6	5536.0	32.6%	67.4%	517.2%	128
2011年9月	1915.3	4307.1	6222.4	30.8%	69.2%	316.7%	131
2011年12月	1764.0	4121.3	5885.3	30.0%	70.0%	86.9%	133
2012年3月	1567.9	3975.3	5543.2	28.3%	71.7%	22.8%	135
2012年6月	1366.2	4210.9	5577.1	24.5%	75.5%	0.7%	133
2012年9月	1190.0	4267.0	5457.0	21.8%	78.2%	-12.3%	136
2012年12月	1235.4	4794.5	6030.0	20.5%	79.5%	2.5%	139
2013年3月	1443.1	5237.4	6680.6	21.6%	78.4%	20.5%	140
2013年6月	1275.1	5704.5	6979.6	18.3%	81.7%	25.1%	140
2013年9月	1352.2	5948.0	7300.2	18.5%	81.5%	33.8%	143
2013年12月	1510.6	7094.2	8604.7	17.6%	82.4%	42.7%	146
2014年3月	1670.8	7778.3	9449.1	17.7%	82.3%	41.4%	147
2014年6月	1507.0	7752.2	9259.1	16.3%	83.7%	32.7%	148
2014年9月	1443.1	8001.7	9444.7	15.3%	84.7%	29.4%	149
2014年12月	1769.7	8265.9	10035.6	17.6%	82.4%	16.6%	149
2015年3月	1574.4	7945.5	9519.9	16.5%	83.5%	0.7%	147
2015年6月	1804.5	8124.8	9929.2	18.2%	81.8%	7.2%	146
2015年9月	1658.5	7295.2	8953.7	18.5%	81.5%	-5.2%	145
2015年12月	1609.1	6902.0	8511.1	18.9%	81.1%	-15.2%	145
2016年3月	1871.2	5723.0	7594.3	24.6%	75.4%	-20.2%	145
2016年6月	2042.8	5072.7	7115.5	28.7%	71.3%	-28.3%	146
2016年9月	2018.3	4636.7	6655.0	30.3%	69.7%	-25.7%	145
2016年12月	1355.2	4111.9	5467.1	24.8%	75.2%	-35.8%	144
2017年3月	1311.0	3761.7	5072.7	25.8%	74.2%	-33.2%	141
2017年6月	1425.2	3835.6	5260.8	27.1%	72.9%	-26.1%	140
2017年9月	1533.7	3821.0	5354.7	28.6%	71.4%	-19.5%	137
2017年12月	1597.0	3994.4	5591.4	28.6%	71.4%	2.3%	137

续表

时间	活期及储蓄存款	定期存款	总计	活期及储蓄存款占比	定期存款占比	总计同比变化	持牌银行数（家）
2018年3月	1595.1	3948.1	5543.2	28.8%	71.2%	9.3%	136
2018年6月	1670.2	4175.0	5845.2	28.6%	71.4%	11.1%	137
2018年9月	1811.2	4192.1	6003.3	30.2%	69.8%	12.1%	137
2018年12月	1944.3	4205.9	6150.2	31.6%	68.4%	10.0%	136
2019年3月	2101.6	3920.8	6022.4	34.9%	65.1%	8.6%	136
2019年6月	2145.4	3897.0	6042.4	35.5%	64.5%	3.4%	136
2019年9月	2073.4	4161.1	6234.4	33.3%	66.7%	3.9%	136
2019年12月	2239.8	4082.2	6322.1	35.4%	64.6%	2.8%	138
2020年3月	2606.3	4035.2	6641.5	39.2%	60.8%	10.3%	140
2020年6月	2411.1	3988.0	6399.1	37.7%	62.3%	5.9%	140
2020年9月	2414.3	4264.6	6678.9	36.1%	63.9%	7.1%	141
2020年12月	2600.2	4616.3	7216.5	36.0%	64.0%	14.1%	141
2021年3月	2654.0	5070.8	7724.8	34.4%	65.6%	16.3%	143
2021年6月	2866.1	5345.9	8211.9	34.9%	65.1%	28.3%	142
2021年9月	2810.7	5748.6	8559.3	32.8%	67.2%	28.2%	144
2021年12月	2867.3	6400.7	9268.0	30.9%	69.1%	28.4%	146
2022年3月	2729.8	5183.6	7913.4	34.5%	65.5%	2.4%	146

数据来源：根据香港金融管理局网站 www.hkma.gov.hk 公布的数据计算得出。

随着2015年人民币汇率改革和美国量化宽松政策的退出，人民币兑美元贬值压力开始加大。同时，中国监管部门打击虚假贸易和跨境套利的力度逐步加大，导致离岸人民币结算大幅减少，香港地区人民币存款呈下降趋势。到2017年3月，跌至2008年3月以来的历史低位5072.7亿元，仅是2014年底峰值的一半多。表9-2显示，香港地区人民币存款自2017年3月开始出现反弹趋势，至2021年12月年均以28.4%的高速度增长。2017年12月至2021年12月的四年平均复合年增长率为13.47%，反映了中国同期的贸易和经济稳定增长。随着贸易的稳定增长和人民币升值压力进一步释放，预计中国香港人民币存款将在几年内反弹至高峰。

9.2.2 香港地区人民币存款变化与境外人民币升/贬值的关系

表9－2给出的2004—2021年相关人民币存款数据在很大程度上反映出境外人民币升值和贬值的预期：人民币升值预期高的时候，香港地区人民币的存款增长率就高；而人民币贬值预期出现时，人民币存款就会萎缩。反映此关系最明显的是2008年9月到2009年3月的国际金融危机阶段，及2015年6月到2017年3月的人民币汇改阶段，人民币贬值令香港地区的人民币存款明显下降；而在2009年3月到2014年底，人民币升值及跨境人民币结算共同促进了人民币存款的高速增长。

9.2.3 中国香港活期和定期人民币存款比较

2006年9月至2010年第二季度末的四年多时间里，香港地区人民币活期存款额显著超过定期存款额（此段时间内总活期存款占总存款比重超过六成），而2010年第三季度末以来，活期存款增幅显著低于定期存款的增幅，活期存款到2014年9月底降到了最低水平15.3%，之后持续回升到了2021年12月的30.9%，仍然显著低于定期存款水平。

9.2.4 中国香港经营人民币业务持牌银行

2004年2月至2009年6月的五年多时间内，香港地区可以经营人民币业务的持牌银行数保持在30～40家，没有显著的变化；而2009年6月之后迅速增加，到2014年12月，持牌银行数达到峰值149家，与同期香港地区人民币存款达到历史高位一致；2015年下半年至2019年第二季度，在香港地区人民币存款下降的同时，在港经营人民币的持牌银行数也下降到了136家。截至2021年12月，经营人民币业务的认可机构为146家。

9.2.5 人民币存款额度占中国香港其他货币存款比重

据表9－2，2004年12月，中国香港人民币存款额121.3亿元。这一数额实际上仅占香港地区港元存款、外币存款和总存款的0.57%、0.62%和

0.29%；2011 年这些占比分别提高到了 19.40%、18.83%和 9.56%，到 2014 年底又进一步分别提高到了 26.09%、23.75%和 12.43%；然而 2014—2017 年，中国香港人民币存款额占以上相应比重分别持续下降到了 10.34%、10.69%和 5.26%，回落到了不到 2014 年底一半的水平且比 2011 年 1 月还略低；2021 年 12 月末相应的比重分别略升到了 12.52%、11.95%和 6.12%，仍不到 2014 年底的一半且总体仍低于 2011 年 1 月末的水平，这显示 2014 年以来的人民币贬值环境下，在港人民币储蓄相对于港元和其他外币规模有了显著的回落，下降的幅度与同期中国香港人民币存款加上香港地区人民币大额存单总额降幅相当。

9.2.6　中国香港人民币存款占内地人民币存款比重

利用表 9-2 给出的香港地区人民币存款总额和人民银行网站公布的同期内地人民币总存款数据，我们可以容易地算出不同时期香港地区人民币存款总额与内地人民币总存款额比例。结果显示，2006—2009 年，中国香港人民币存款总额与内地人民币总存款额比例分别仅为 0.07%到 0.10%，2010—2014 年该比例快速增长到了 0.86%；而 2015—2021 年该比例又持续下降到了 0.40%，显示出近年来香港地区人民币总储蓄与内地人民币总存款比例持续下降到了不到 2014 年底四成的水平。

9.2.7　中国香港人民币大额可转换存单及其发展

随着香港地区人民币存款的增长和企业跨境人民币贷款等应用的逐步扩展，人民币大额可转换存单（Certificate of Deposit，CD）业务也从 2010 年下半年开始在港启动。2010 年 7 月 6 日中信国际（中信银行在港子公司）在港发行了首个人民币大额可转换存单（“First Offshore RMB Certificate of Deposit issued in HK”，新华网英文网站 English.xinhuanet.com，2010 年 7 月 6 日）。根据香港金管局公布的数据，2010—2012 年，香港地区人民币大额可转换存单总额从 68 亿元增长到了 1173 亿元（Chan，2013）；2013 年底，人民币大额可转换存单累计存量提高到了 1925 亿元的历史高位，2014 年底又下降到了

1547 亿元；2015 年底回升到了 1593 亿元，然而 2017 年底下降到了 593 亿元（香港金管局 2017 年年报），不到 2013 年底高峰值的 1/3；截至 2019 年底，这一数字下降到了 258 亿元，仅为峰值的 14%。

9.2.8 中国香港人民币贷款规模

根据香港金管局公布的数据，2011—2015 年香港地区人民币贷款从 308 亿元增长到了 2974 亿元（HKMA 2015 年年报），占同年相关人民币存款金额比重从 5.2% 上升至 34.9%；而 2016 年和 2017 年香港地区人民币贷款分别下降到了 2948 亿元和 1445 亿元，分别是人民币存款比例的 53.92% 和 25.8%；到 2018 年底，香港地区人民币贷款余额仅为 1056 亿元，较 2015 年的峰值下跌了 64.5%，仅为人民币存款比例的 17.17%。2019 年中国香港人民币贷款余额又回升至 1537 亿元。近年来香港地区人民币贷款业务与存款业务呈现出不同的变化趋势（人民币贷款从 2016 年才显著下降，而 2017 年一年就比上年下降了一半多）。截至 2021 年 3 月末，人民币贷款余额小幅增加至 1590 亿元。

9.2.9 中国香港人民币跨境支付占比的变化

香港地区是境外最早的人民币中心，也是境外人民币清算安排最早、最大的人民币结算中心。2011 年，中国香港地区的人民币结算余额占人民币跨境支付总额的比重曾经高达 86%；然而随着其他境外人民币中心的逐步崛起，香港地区占跨境人民币支付的比重出现了下降的趋势，2012 年香港地区的人民币结算占跨境人民币支付比重下降到了 80% 上下；2013 年和 2016 年 10 月则几度跌破 70% 的水平，之后稳步回升，到 2020 年 6 月重新回到 75.07% 的水准。由此，香港地区境外人民币支付的龙头地位仍未有变化。

9.3 伦敦离岸人民币市场的发展

表 9 - 1 显示，英国是境外第五个有人民币清算安排的境外人民币中心。

但由于伦敦多年来保持了全球最大的外汇交易中心地位，以及英国对境外人民币业务积极推动的态度，近年来伦敦在跨境人民币支付方面快速跃升为仅次于中国香港的最大境外人民币支付中心。

9.3.1　两国政府互动与合作

中英经济财金对话是政府合作推动人民币国际化的重要平台。这一平台依照中英两国总理（首相）于2008年达成的共识而建立，是一种双边经济、财政和金融领域的对话机制，分别于2008年4月、2009年5月、2010年11月、2011年9月、2013年10月、2014年9月、2015年9月、2016年11月、2017年12月和2019年6月举行了10次对话，在中国与其他国家此类双边关系中少见，对中英两国双边关系和两国经济金融发展起到了良好的推动作用。2015年8月以来，第七轮中英两国战略对话、中英两国高级别人文交流机制第三次会议和第七次中英两国经济财金对话先后举行。在北京举行的中英两国第七次经济财金对话中，英国财政大臣奥斯本表示，英国要成为中国在西方最好的合作伙伴（中国网络电视台，2015年10月14日）。2016年11月第八次中英经济财金对话取得了可喜的成绩，双方同意建立“中英面向21世纪全球全面战略伙伴关系”，在贸易与投资、金融服务、基础设施和能源及产业战略等领域进行合作。在金融服务领域，双方肯定中方首次在中国境外发行30亿元离岸人民币主权债券和50亿元短期央行票据取得的成功。双方欢迎各类市场主体积极考虑在伦敦发行人民币债券，增加人民币流动性、产品和服务，从而促进离岸人民币市场发展（新华社伦敦11月11日电第八次中英经济财金对话政策成果）。

早在2013年6月，中英两国就签订了2000亿元的人民币外汇互换协议，2015年10月中英两国人民币外汇互换协议金额又提高到了3500亿元，英国是与我国签订该类协议的最早的西方主要国家。2013年10月英国财政大臣访华，伦敦获得了人民币境外合格投资者（RQFII）800亿元的额度。此前仅有中国香港拥有RQFII额度，英国成为亚洲之外第一个获得RQFII额度的国家。截至2020年5月末（后已停止更新），英国已经获得累计

484.84 亿元的人民币合格境外机构投资者批准额度，为西方国家中最大额度最多的国家。2014 年 10 月 14 日英国首只人民币国债的成功发售，不仅为伦敦人民币中心又增添了新的亮点，也是主要发达国家首次发行人民币国债，能够带动其他境外人民币中心人民币业务向深度和广度发展，为人民币成为国际储备货币打下坚实基础。2015 年 3 月，英国率先宣布将加入亚投行，成为西方主要国家中第一个加入的国家，为其他西方国家加入亚投行发挥了很好的带动作用。

9.3.2 伦敦人民币中心的建立和发展

伦敦很早就开始密切关注人民币这一未来新的国际货币的崛起。早在 2012 年 4 月，伦敦金融城正式宣布启动人民币离岸中心建设。人民币要成为真正意义上的国际货币，首先必须在全世界范围内得到使用，而伦敦作为全球最主要的外汇中心，我们可以借助这一外汇中心为中国实现这一目标。2014 年 3 月 31 日，中国人民银行与英格兰银行签署了在伦敦建立人民币清算安排的合作备忘录，同年 6 月 18 日中国人民银行授权建设银行伦敦分行作为伦敦人民币结算银行，成为境外有中国人民银行授权的、我国主要跨境人民币结算银行的第五家，也是欧洲首个离岸人民币中心，为伦敦人民币中心注入了新的活力和动力。

虽然伦敦人民币业务起步比新加坡晚，但伦敦在全球人民币离岸市场的份额增长强劲，正逐渐成为该市场的重要组成部分。环球银行金融电讯协会（SWIFT）数据显示，英国人民币支付金额于 2012 年 12 月首次超过了新加坡，成为中国香港以外最大的人民币中心。虽然 2013 年英国的位置被新加坡重新夺回，但 2016 年初以来伦敦仍保持着境外除中国香港地区外最大的人民币支付中心的地位。

2014 年 8 月中国建设银行与伦敦证券交易所签订了战略合作协议，积极谋求产品创新等合作。2015 年 3 月 25 日，欧洲第一只人民币 RQFII 货币市场交易所基金正式在伦交所挂牌交易。这是 2014 年 6 月中国建设银行获批担任英国首家人民币清算银行后，欧洲离岸人民币业务的又一重大突破（“英国首只人民币货币市场交易所基金挂牌交易”，新华网，2015 年 3 月 26 日）。

2019 年 6 月 17 日，沪伦通正式启动交易，沪伦通的启动不仅将推动境内券商开展跨境证券业务，还将促进资本市场的双向开放，拓宽人民币国际化水平。

9.4　新加坡离岸人民币市场的发展

新加坡多年前就开始积极准备和推动境外人民币业务的发展。作为推动新加坡境外人民币业务的重要举措之一，中国人民银行早在 2010 年 7 月就与新加坡金管局签订了金额高达 1500 亿元人民币的货币互换协议；两国货币当局又于 2013 年 3 月将之前签订的互换协议金额扩大到了 3000 亿元人民币，金额仅次于中国香港、韩国、英国和欧元区的金额。表 9－1 显示，2013 年 2 月 8 日，中国人民银行宣布中国工商银行新加坡分行为新加坡人民币清算银行，使新加坡成为境外第四个有人民币清算行的人民币中心。2013 年 5 月 27 日，新加坡离岸人民币清算服务正式启动，新加坡的人民币银行服务也于同日正式启动。

近年来，新加坡人民币中心人民币存款也有了持续较快的增长。图 9－1 给出了新加坡金管局公布的、截至 2021 年 12 月新加坡人民币存款额。图 9－1显示，2012 年 6 月至 2014 年 12 月，新加坡人民币存款持续增长。然而，自 2015 年 6 月以来，新加坡人民币存款呈现整体下降的趋势，但新加坡仍保持了仅次于中国香港和中国台湾地区两大境外人民币中心外第三大人民币存款中心的地位。

2013 年，新加坡首次超过日本成为亚洲最大的外汇交易中心。2016 年以来，新加坡人民币支付业务保持了仅次于中国香港和英国的水平，新加坡得以成为中国境外第三大人民币支付中心。作为全球第三、亚太最大的外汇交易中心和东南亚最大的贸易和金融中心，新加坡在今后亚太地区推动人民币国际化过程中将发挥重要的作用。

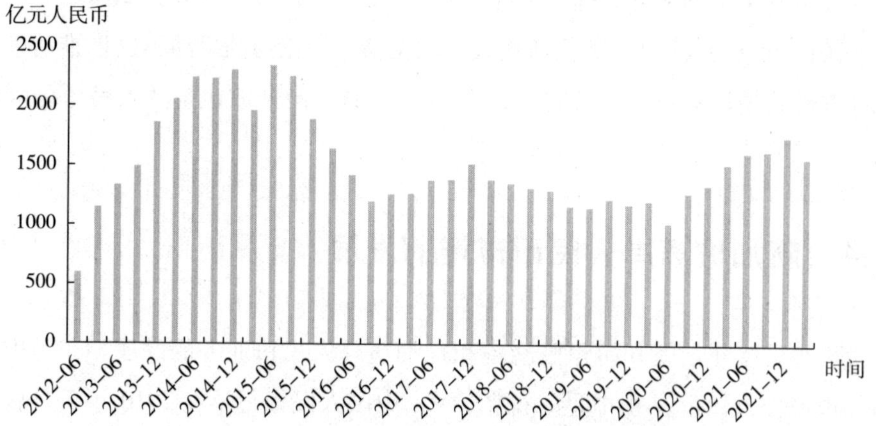

图 9-1 新加坡人民币储蓄额（2012 年 6 月到 2021 年 12 月）

（数据来源：新加坡金融管理局网站 www. mas. sg. gov）

9.5 亚太地区其他人民币中心的发展

亚太地区是我国贸易最主要的地区，自然成为近年来人民币境外使用最活跃的地区。在介绍了中国香港和新加坡两大亚太境外人民币中心后，本节将介绍亚太地区其他主要人民币中心业务发展情况。

9.5.1 韩国人民币中心的发展

韩国早在 2008 年 12 月就与我国签订金额高达 1800 亿元人民币的外汇互换协议，成为国际金融危机后与我国签订外汇互换协议最早的国家之一；2011 年 10 月，两国货币当局将之前签订的人民币外汇互换协议增加到 3600 亿元人民币，金额仅次于中国香港 5000 亿元人民币互换协议，显示两国合作的积极性和力度。根据环球同业银行金融电讯协会（SWIFT）2014 年 7 月公布的数据，2013 年 6 月至 2014 年 6 月韩国人民币支付金额增长了 563%，占除中国香港外所有人民币中心支付额的 2.5%，成为中国香港以外人民币外汇中心中的第八大人民币支付中心，显示了一年间韩国人民币业务高速增长的态势。尽管韩国与我国签订人民币互换协议最早，而且签署的金额仅次于中国香港，但是韩国人民币中心相对其他亚太地区人民币中心的发展相对缓慢。2015 年 10 月，中国人民银行将韩国人民币合格境外投资者（RQFII）额度提高到了 1200 亿元人民币，截至 2020 年 5 月 31 日，韩国机构累计获批 RQFII 总额达 731.87 亿元。

2017 年 4 月，韩国占中国香港外境外人民币支付比重达到了 12.82%，超过了美国和中国台湾地区，成为境外第四大人民币支付中心，而且截至 2019 年 6 月末韩国仍保持了该地位；然而 2019 年 6 月以来，韩国人民币支付占比持续回落，到 2020 年 10 月，韩国相应占比不仅低于美国和中国台湾地区，而且低于法国和澳大利亚。我们预计，由于中韩两国密切的经贸关系，相信韩国人民币支付占比不久会恢复到之前相当的地位，并且未来增长的潜力巨大。

9.5.2　中国台湾地区人民币市场的发展

虽然中国大陆与台湾地区两岸金融合作比中国香港晚，但却比其他很多国家和地区要早很多。早在 2008 年 6 月，就有 14 家金融机构正式核准办理人民币现钞买卖业务，台湾地区金融监管当局逐步取消了对银行等金融机构的人民币业务限制；2011 年 7 月，台湾地区开放国际金融业务分行（OBU）及海外分行办理人民币业务；2012 年 8 月《海峡两岸货币清算合作备忘录》签署，两岸金融合作加强，人民币业务管制松绑，人民币金融创新受到鼓励，台湾地区人民币离岸市场发展迅速。2013 年 2 月 6 日，中国人民银行宣布中国银行台北分行为人民币清算银行，使台湾地区成为境外第三个有人民币清算行的人民币中心。2013 年 2 月，台湾地区启动外汇指定银行（DBU）开办人民币业务。随后，台湾进一步放开人民币金融衍生品业务管制，人民币业务种类及服务对象大幅拓展，为岛内人民币业务规模的迅速增长奠定了良好的基础。2013 年 5 月 24 日，台湾地区金融监管当局与中国银行台北分行签署货币清算协议后，台湾地区人民币业务正式启动。2012 年 1 月，台湾地区人民币存款仅 65.98 亿元；到 2014 年 2 月，人民币存款已经达到 2470.51 亿元，同比增长以 533% 速度高增长。

图9－2给出了2012年1月以来台湾地区人民币中心人民币存款金额。从2012年1月到2015年6月，台湾地区人民币中心的人民币存款稳步增长并达到了峰值3382.2亿元。之后，这一数值出现了一定的回落，这与表9－1给出的中国香港人民币存款和图9－1给出的新加坡人民币存款变化趋势相似。截至2022年6月，中国台湾的人民币存款总额仍达到了2234.22亿元，保持了仅次于中国香港的境外第二大人民币存款中心的地位。

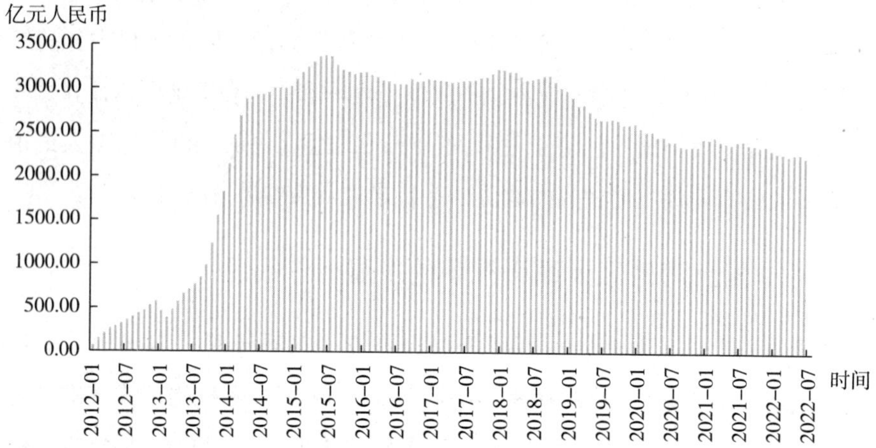

图9－2　中国台湾地区人民币中心人民币存款（2012年6月到2022年6月）

（数据来源：台湾地区货币政策主管机关网站 www. cbc. gov. tw）

环球同业银行金融电讯协会（SWIFT）2013年3月发布的“人民币追踪”显示，中国台湾过去6个月的人民币支付额增加120%，超越美国及澳大利亚，跳升三级成为第四大人民币离岸中心（全球当时共有136个人民币支付的国家和地区）。环球同业银行金融电讯协会2015年8月发布的数据显示，中国台湾2015年7月人民币支付占比保持其2014年1月第四的排名，仅次于新加坡、英国和美国；然而该协会2015年12月发布的数据显示，2015年11月中国台湾人民币中心人民币支付占比在低于英国和新加坡的同时，却首次低于韩国，同时却超过美国，仍然保持境外中国香港外第四大人民币中心的地位；2016年8月，中国台湾地区人民币支付占比重新超过韩国，保持了香港地区外境外第四大人民币支付的地位；截至2020年6月，中国台湾地区人民币支付占比达到2.12%，重新落后于韩国，为除中国香港外境外第五大人民币支付中心；2019年8月到2020年10月，中国台湾保持了仅低于中国香港外英国、新加坡和美国后第四大人民币支付中心地位；2020年12月至2021年4月，中国台湾保持了继英国、新加坡和美国（不包括中国香港）之后第四大人民币支付中心的地位；根据协会2022年4月发布的数据显示，中国台湾依然保持在不包括中国香港在内的第四大人民币支付中心的地位，显示两岸金融合作的良好态势。

9.5.3　澳大利亚离岸人民币中心的发展

澳大利亚多年来保持了我国第八大贸易伙伴地位，近年来与我国贸易增速较高。为了加强两国经贸和金融合作，中澳两国早在2012年3月就签订了2000亿元人民币互换协议，澳大利亚成为与我国签署人民币互换协议最早的发达国家之一。经过一段时间的准备，澳大利亚人民币业务有了较快的增长。根据环球同业银行金融电讯协会（SWIFT）2013年1月8日发布的数据，经过一段不够活跃期后，2012年8月至11月澳大利亚人民币支付金额迅速增长，从之前全球第12位上升到了第4位（除中国香港外）；截至2014年4月末，澳大利亚人民币支付总额比之前一年增长了2.5倍；2014年6月澳大利亚人民币支付占中国香港外总额的4.8%，成为继新加坡、英国、美国、中国台湾和法国后的第六大人民币中心，截至2015年7月末澳大利亚保持了中国香港外境外第六大人民币中心的地位；2015年11月澳大利亚人民币中心人民币支付占比从2015年7月的4.0%下降到了3.4%，在境外中国香港外人民币中心的排名从第6位下降到了第8位；而截至2022年4月末，澳大利亚人民币清算占比再次提升到了第6的地位。

9.5.4　马来西亚人民币中心的发展

马来西亚近年来与我国贸易增长迅速，两国其他方面的合作也较为密切。2013年马来西亚与我国贸易总额首次超过1000亿美元大关，成为继澳大利亚后我国的第九大贸易伙伴。马来西亚早于2009年2月就与我国签订了金额为

800 亿元人民币的外汇互换协议，为马来西亚推动人民币业务打下了一定的基础。另外，人民币除直接与四大主要国际货币和港元交易外，也直接与马来西亚林吉特进行交易，且后者是最早与人民币建立交易的外币之一。自 2010 年 8 月 19 日起，国家外汇管理局公布人民币对林吉特汇率中间价，林吉特成为第六种在国内挂牌交易的货币，为相关交易和结算提供支持。

根据环球同业银行金融电讯协会（SWIFT）2012 年 9 月公布的数据，2012 年 8 月，马来西亚人民币支付金额仅次于伦敦和新加坡，为当时除中国香港外境外第三大人民币中心，显示马来西亚人民币中心前期较为活跃；2014 年 6 月马来西亚人民币支付金额在中国香港外境外人民币中心的占比为 2.1%，成为中国香港地区外境外第十大人民币中心；2015 年 7 月马来西亚保持了中国香港外境外第十大人民币中心的地位；而 2016 年 8 月以来马来西亚人民币清算占比却排在前 14 名之后，说明近年来马来西亚人民币业务发展较慢，未来仍有较大的增长空间。

9.5.5 中国澳门和蒙古国人民币中心

中国澳门虽然经济规模较小，与大陆贸易量也不大，但是澳门地区人民币中心的发展却较为迅速。早于 2009 年 12 月，中国银行澳门分行就被指定为澳门地区人民币清算行，使中国澳门成为继中国香港后境外第二个有人民币清算行的人民币中心。根据环球同业银行金融电讯协会（SWIFT）2012 年 9 月公布的数据，2012 年 8 月澳门地区人民币支付金额排名第 5 位（除中国香港外），高于当时中国台湾的第八位；2015 年 7 月中国澳门人民币中心人民币支付境外占比 1.3%，与马来西亚和日本并列第 10 位；2015 年 11 月中国澳门人民币中心人民币支付境外占比略增到 1.4%，在中国香港外的境外人民币中心排名中位列第 11 位，低于排名第 9 的日本和排名第 10 的卢森堡；2017 年 1 月中国澳门地区排名进一步下降到了第 12 位；而自 2018 年 1 月以来中国澳门地区人民币中心人民币支付占比排名均在第 12 位之后。2020 年 6 月末，中国澳门该排名重新回到了第 10 位；2020 年 9 月和 10 月，中国澳门人民币结算排名分别提升到了第 8 位和第 7 位；2022 年 4 月末，中国澳门人民币结算排名保持在第8位。

除中国澳门外，蒙古国人民币中心早期的发展相对于其经济规模来说较为迅速。蒙古国于2011年5月6日与我国签订了50亿元的人民币外汇互换协议，2012年3月协议金额提高到了100亿元。根据环球同业银行金融电讯协会2012年9月公布的数据，截至2012年8月蒙古国人民币支付金额排名第7位（除中国香港外），高于当时处于第8位的中国台湾，显示蒙古国人民币支付业务前期的较快增长。由于该国人民币中心最近两年来人民币业务增长低于其他境外中心，2014年6月和2015年7月排名均在10名以后，2016年以来排名在第14位之后。

9.5.6 日本人民币中心

虽然早在2011年12月中日两国政府就达成了“中日加强合作发展金融市场”（“中日加强合作发展金融市场”，人民银行网站，2011年12月25日），但是此后两国迟迟未签订人民币互换协议，也未有人民币清算安排协议签订。直到2018年10月26日，中国人民银行与日本银行签署了中日双边本币互换协议，协议规模为2000亿元人民币，有效期3年。同时，央行授权中国银行东京分行担任日本人民币业务清算行；2019年6月27日，中国人民银行授权日本三菱日联银行担任日本人民币业务清算行。至此，人民币在日本清算业务进一步拓展，促进双边贸易和投资便利化。2012年9月日本人民币支付占比排名境外人民币中心第9位（SWIFT，2012年10月）；2015年7月日本支付的境外人民币占比仍高达1.3%，与中国澳门和马来西亚并列第10位；2015年11月日本人民币中心人民币支付境外占比增长了1倍多到2.7%，在中国香港外的境外人民币中心排名回升到了第9位；至2020年6月到10月，日本仍然占据中国香港外境外人民币支付的第8位；截至2022年4月末，日本位于中国香港外境外人民币支付的第10位。

另外，东京外汇交易市场委员会网站（Tokyo Foreign Exchange Market Committee）公布的数据显示，2019年4月，日本人民币外汇日均成交金额31.9亿美元，排名第12位；2020年4月和2022年4月，日均成交金额分别变化到了

30.8 亿美元和 59.3 亿美元，排名分别提高到了第 10 位和第 8 位，显示人民币在日本的国际地位明显持续提高。自 2007 年中国首次超过美国成为日本最大的贸易伙伴以来，中国保持了日本最大贸易伙伴的地位。中日两国贸易额远超中澳，因此日本人民币支付有望随着《区域全面经济伙伴关系协定》（RCEP）的实施而显著提高，人民币在日本外汇市场的排名也会随之提高。

9.5.7 卡塔尔和阿联酋人民币中心

早在 2014 年 11 月 3 日，中国人民银行就与卡塔尔央行签署了规模为 350 亿元人民币的双边本币互换协议。与此同时，双方还签署了在多哈建立人民币清算安排的合作备忘录，并同意将人民币合格境外机构投资者（RQFII）试点地区扩大到卡塔尔，初期投资额度为 300 亿元人民币（“中卡两国金融合作迈出新步伐”，人民银行网站，2015 年 12 月 14 日）。表 9 - 1 显示，2014 年 11 月 4 日，中国人民银行就与卡塔尔签署了人民币清算协议。卡塔尔人民币中心在 2015 年 4 月 14 日举行了启动仪式，成为中东地区第一个人民币中心。根据环球同业银行金融电讯协会 2016 年 1 月公布的数据，2015 年卡塔尔与中国内地和香港地区间的支付金额 60% 为人民币支付，比 2014 年增长了 247%。卡塔尔人民币中心将对整个中东地区人民币业务的推动发挥重要的带头作用。

阿联酋早于 2012 年 1 月就与中国人民银行签署了规模为 350 亿元人民币的双边本币互换协议，然而阿联酋人民币中心的建立比卡塔尔稍晚一些。2015 年 12 月 14 日，中国人民银行与阿联酋中央银行续签了双边本币互换协议，互换规模维持 350 亿元人民币，有效期 3 年。同日，双方签署了在阿联酋建立人民币清算安排的合作备忘录，并同意将人民币合格境外机构投资者（RQFII）试点地区扩大到阿联酋，投资额度为 500 亿元人民币（“中国和阿联酋两国金融合作迈出新步伐”，2015 年 12 月 14 日）。虽然阿联酋人民币合格境外机构投资者（RQFII）试点协议安排比卡塔尔晚了近一年时间，但是批准额度却超过卡塔尔的 150 亿元人民币。2016 年 12 月 9 日，阿联酋人民币清算银行指定为中国农业银行迪拜分行，标志着阿联酋人民币清算中心的建立。根据环球同业银行金融电讯协会 2016 年 1 月公布的数据，2015 年，在阿联酋对中国（内地和香港地区）的付款中，人民币占74%，与2014年相比增加52%，成为中东地区人民币支付增长仅次于卡塔尔的国家；2014年8月和2015年8月到2016年8月阿联酋人民币支付分别增长了210.8%和44.6%，显示阿联酋近年来人民币支付的快速增长。由于阿联酋多年来保持了我国在中东仅次于沙特阿拉伯的第二贸易国的地位，今后阿联酋人民币中心对整个中东人民币业务的推动将发挥重要的引领作用。

9.5.8　亚太地区其他人民币中心

除上文介绍的亚太地区人民币中心外，近年来泰国、菲律宾、印度尼西亚和越南等国家的人民币业务也得到了不同程度的发展。特别是菲律宾，2012年4月到2015年4月该国与中国（内地和香港地区）支付人民币占比从53%提高到了73%；同期印度尼西亚、泰国和越南等国的人民币支付占比分别从7%、13%和6%提高到了26%、25%和14%，显示这些国家三年内人民币支付增长迅速。然而这些东南亚国家在整个境外人民币跨境支付总额中的占比却相对较小，未来仍然有着巨大的增长空间。

9.6　欧洲人民币中心的发展

除上文介绍的英国人民币中心外，近年来欧洲也成为除亚太地区外人民币中心最多的地区。欧洲央行于2013年10月与中国人民银行签署了金额高达3500亿元的人民币外汇互换协议，金额仅低于中国人民银行与中国香港、韩国签署的人民币互换协议金额。欧央行与中国人民银行人民币外汇互换协议的签订显示出欧元区对推动人民币业务的积极态度，为欧元区人民币业务的开展打下了较好的基础。

9.6.1　法国人民币中心的发展

法国8年多来一直排名欧洲大陆人民币中心之首。根据环球同业银行金融电讯协会2012年4月公布的数据，2012年3月之后的一年，法国人民币支付金额同比增长了249%，使法国2013年3月成为当时除中国香港外境外仅次于英国、新加坡和中国台湾后的第四大人民币中心；2015年7月法国成为境外人民币第七大人民币中心，结算金额占境外人民币支付比重1.1%；2015年6月到2016年12月，法国保持了境外第七大人民币支付中心地位；2017年1月以来法国保持境外第六大人民币支付中心的位置；2014年3月26日，《中华人民共和国和法兰西共和国联合声明》宣布"分配给法国800亿元人民币合格境外机构投资者（RQFII）额度"（新华网巴黎，2014年3月27日）。截至2020年5月31日（后已停止更新），法国有七家金融机构累计获批240亿元人民币的RQFII额度，为欧洲第二大获得RQFII额度的国家。2014年6月28日，中国人民银行与法兰西银行签署了在巴黎建立人民币清算安排的合作备忘录，随后巴黎人民币业务清算行很快确定。

多年来法国GDP世界占比比德国低1%以上，表9-3显示，1998—2004年法国外汇交易占比也比德国低1%以上。然而，从2007年开始法国外汇交易占比却开始超过德国，而且2013年和2016年法国外汇交易占比分别超过德国占比的1.18%和0.98%。仔细观察表9-3我们会发现，2001—2013年法国外汇交易的世界占比基本保持在2.8%上下的水平，而同期德国的占比却下降了3.7%，显示国际金融危机后两国在国际外汇市场上的表现明显有差异。这同时也在很大程度上表明法国在人民币外汇市场上积极进取的姿态。相信今后多年法国将继续引领整个欧洲大陆人民币业务的发展。

9.6.2 德国人民币中心

德国虽为欧洲最大经济体，但是德国在全球外汇市场的交易占比却从2001年的5.4%持续下降到了2013年的1.7%；虽然2016年又回升到了1.8%，但整体下降的趋势仍未改变。这表明德国作为世界第四大经济体，确实是更重视经贸科技，而对外汇市场的重视程度有待提高。根据环球同业银行金融电讯协会2013年6月公布的数据，2013年4月和5月德国人民币支付金额同比增长了71%，使德国成为中国香港外第八大境外人民币中心，而且在2014年6月提高到了第七的地位；2015年7月德国人民币支付排名第8

位，2015 年 11 月占比比 7 月增长了 1 倍多到 4.1%，首次超过法国占比 3.7%，在中国香港外境外人民币中心排名上升到了第6位，然而2016 年9 月排名回落到了第9 位；2016 年 12 月到 2018 年 4 月德国人民币跨境支付占比低于澳大利亚和日本，保持了境外第十大人民币支付中心地位；截至2022 年 4 月，德国人民币支付超过日本，为境外第九大人民币支付中心。

德国多年来一直是我国在欧洲最大的贸易伙伴。2014 年3 月 28 日，中国人民银行与德意志联邦银行签署了在法兰克福建立人民币清算安排的合作备忘录，之后中国人民银行确定了中国银行法兰克福分行为法兰克福人民币业务清算行。截至 2020 年 5 月 31 日，德国仅有三家机构获得了总额仅为 105.43 亿元人民币的 RQFII 金额，不到法国的一半，显示我国与德国间的金融合作有待显著加强。

9.6.3　卢森堡人民币中心的发展

作为欧洲重要的金融中心，虽然卢森堡 GDP 规模较小，且与我国的贸易额占与整个欧洲贸易总额的比重也较低，但是该国与我国金融合作的力度却相对较高。表9－1 显示，早于2014 年9 月，卢森堡就与中国人民银行签订了人民币清算协议，并指定工商银行卢森堡分行作为卢森堡人民币清算银行。根据环球同业银行金融电讯协会2013 年8 月公布的数据，截至2013 年7 月末的一年，卢森堡人民币支付金额同比增长了 86%，成为当时继法国后欧元区第二大人民币中心（法国排名第6 位、卢森堡排名第8 位）；2013 年7 月卢森堡与中国（内地和香港地区）间的支付中，超过 58% 是以人民币支付，而 2012 年7 月相应的比例仅有 42%；2014 年6 月卢森堡人民币支付占比排在中国香港外境外第九大人民币中心；2015 年 7 月卢森堡人民币支付占比与德国并列第 8 位；2016 年 8 月，卢森堡人民币支付占比排名下降到了第 11 位；截至2022 年4 月，卢森堡人民币支付排名再降一位至第 12 位。卢森堡人口和经济规模虽小，但是截至 2020 年 5 月 31 日，卢森堡有 7 家机构总共获得 151.87 亿元人民币的 RQFII 金额，超过了德国相应的总金额（即使减去中国工商银行和中国银行在卢森堡申请的共 50 亿元 RQFII 金额，其他 5 家获批总额101.87亿元人民币也与德国相应的105.43亿元金额相当）、加拿大和瑞士相应的RQFII总金额，显示出卢森堡人民币中心具有较高的地位。

9.6.4 欧元区其他人民币中心

除上述三个欧元区人民币中心外，欧洲还有其他人民币中心。比利时人民币中心起步较早，2012年1月比利时人民币支付金额排名，是中国香港外境外继新加坡、英国、美国、法国和卢森堡后第六大人民币中心和欧元区第三大人民币中心，显示出比利时在早期人民币业务方面的进展。由于其他境外中心人民币中心业务发展更快，特别是德国人民币中心近年来发展速度超过比利时，比利时2014年成为欧元区仅次于德国的第四大人民币中心；2015年7月比利时人民币跨境支付占比排名在第12位之后，2016年8月排名第14位；2017年比利时人民币支付占比超过了中国澳门和卢森堡，排名上升到了第11位；2020年6月，比利时人民币支付排名第14名；截至2022年4月，比利时人民币支付排名再次回升至第11名。比利时至今未与我国建立人民币清算安排，也非人民币合格境外机构投资者试点国家，而且也不是亚投行的发起成员国，可见比利时能够取得境外人民币排名第11位实在不易。

荷兰近年来GDP仅相当于英国的三分之一，但是荷兰与我国的贸易额保持在与欧洲贸易的第2位或第3位。荷兰人民币中心起步相对较晚，至今仍未与我国建立人民币清算安排，但是2015年7月荷兰人民币中心人民币跨境支付占比0.3%，排名中国香港外第13位，占比超过了比利时；2015年11月荷兰人民币中心人民币跨境支付占比提高到了1.4%，排名也相应地提高，与中国澳门并列，排名中国香港外境外人民币中心第11位；2016年8月排名在香港地区外境外人民币支付第13位；截至2022年4月，排名保持在第14位。由于中荷两国贸易规模可观，荷兰人民币中心占比今后会显著提高，在全球人民币中心的排名也会进一步提升。

9.6.5　欧元区总人民币支付与其他主要人民币中心的比较

在上文介绍欧元区五个主要人民币中心的情况后，我们可以容易地将欧元区人民币支付相加从而获得欧元区总体支付结果。表 9－3 给出的数据显示，2012 年 1 月到 2013 年 6 月前，欧元区人民币中心从两个增加到了五个，总比重从 8.9% 提高到了 15.3%，是除英国和新加坡以外的境外第三大人民币中心；2014 年 6 月，欧元区总支付占中国香港外人民币中心支付比重下降到了 10.2%，低于美国人民币中心比重的 10.8%，相当于境外第四大人民币中心；2015 年 6 月，欧元区总支付占中国香港外人民币支付比重回升到 10.3%，低于中国台湾占比，成为境外第四大人民币中心；2016 年 6 月，欧元区总支付占中国香港外人民币中心支付比重回升到了 12.8%，超过美国和中国台湾占比，重回中国香港外第三大人民币中心的地位；2017 年 6 月，欧元区总占比总体保持在伦敦、新加坡和韩国之后，排名第 4 位。2018 年 2 月至 2020 年 6 月，欧元区总占比已超过新加坡和美国，成为香港地区以外的第二大人民币中心，仅次于伦敦。截至 2021 年 12 月，欧元区被新加坡超过，但总占比仍然高于美国，为中国香港地区以外的第三大人民币中心。

9.6.6　俄罗斯人民币中心的发展

中国是仅次于欧洲的俄罗斯第二大贸易伙伴，自 2010 年 11 月 22 日起，国家外汇管理局就开始公布人民币对卢布汇率中间价，卢布也成为继马来西亚林吉特交易之后第七种在国内挂牌交易的货币。俄罗斯外贸银行在中国的分行已经开始提供俄罗斯卢布和人民币贷款，这对中俄双边贸易至关重要。2014 年 10 月 13 日，中国人民银行与俄罗斯联邦中央银行签署了规模为 1500 亿元人民币的双边本币互换协议，旨在便利双边贸易及直接投资，促进两国经济发展（中国人民银行网站）。尽管近年来关于中俄两国经贸合作的报道很多，而且俄罗斯与我国外汇直接交易也早在 2010 年就已启动，但是俄罗斯人民币清算安排却较晚建立。2016 年 9 月，俄罗斯人民币清算安排落定，中国工商银行作为俄罗斯人民币清算行。2016 年 12 月，俄罗斯人民币跨境支付占中国香港外比重 0. 35%，排名中国香港地区外第 17 位，2018 年 2 月和 4 月，俄罗斯人民币支付占中国香港外比重提高到了 1. 16% 和 1. 08%，排名提高到了第 11 位，显示 2018 年以来俄罗斯人民币中心发展较快。不过，截至 2022 年 4 月，俄罗斯人民币支付的排名重回 14 名以外。

9. 6. 7 瑞士人民币中心

2014 年 7 月 21 日，瑞士央行与中国人民银行签订了 1500 亿元人民币的货币互换协议，为中瑞两国经贸往来及瑞士离岸人民币资金池提供流动性支持。2015 年 1 月，中国人民银行宣布将人民币合格境外机构投资者试点地区扩大到瑞士，投资额度为 500 亿元人民币，为海外投资者在瑞士投资中国资本市场创造了条件，也扩大了外资投资人民币的渠道。表 9 - 1 显示，2015 年 11 月中国建设银行已经获得瑞士银行业营业执照，作为瑞士人民币清算行，可以在苏黎世设立分行并开展人民币清算业务（“财经观察：人民币国际化将在瑞士迈出新步伐”，中央政府门户网站：www. gov. cn，2015 年 10 月 20 日）。2016 年 12 月瑞士人民币支付占中国香港外比重的 0. 35%，排名第 16 位。

9. 6. 8 其他欧洲人民币中心

早在 2013 年 9 月，匈牙利就与中国人民银行签订了 100 亿元人民币的外汇互换协议，显示出该国对开展人民币业务的积极性。2015 年 6 月 27 日，中国人民银行与匈牙利央行签署了在匈牙利建立人民币清算安排的合作备忘录。2015 年 6 月 28 日，中国人民银行授权中国银行担任匈牙利人民币清算行，这是中东欧地区首个人民币清算行。由此，匈牙利成为东欧第一个有人民币清算安排的人民币中心。中国人民银行同时宣布将人民币合格境外机构投资者试点地区扩大到匈牙利，投资额度为 500 亿元人民币，与澳大利亚、瑞士和加拿大投资额度相同。中国已成为匈牙利在欧洲以外的最大贸易的伙伴，匈牙利是中国在中东欧地区最大的投资对象国。中国与匈牙利建立人民币清算机制，将会进一步降低双方经贸成本，丰富投融资选择，也为两国深化合作开辟了新的空间（“中国银行匈牙利分行人民币清算中心启动仪式在布达佩斯举行”，中国经济网，2015 年 10 月 14 日）。

9.7　美国人民币中心的发展

作为全球最大的经济体，美国至今仍未与我国签订人民币外汇互换协议，人民币清算安排在 2016 年 9 月也落定不久。2012 年 1 月，美国支付的人民币金额占中国（内地和香港地区）外的其他人民币中心支付总额的 5.6%，为中国香港外仅次于新加坡和伦敦的第三大人民币中心；2012 年 11 月，美国支付的人民币金额仅占中国香港外的其他人民币中心支付总额的 6.6%，12 月相应占比却下降到了 4.1%，在中国（内地和香港地区）外的境外人民币中心排名降到了第 6 位。《华尔街日报》2014 年 7 月 10 日发表题为《美国企业青睐人民币结算》的报道称，美国公司使用人民币结算的贸易规模正在达到创纪录的水平。环球同业银行金融电讯协会提供的数据显示，从 2013 年 4 月到 2014 年 4 月，美国人民币支付金额增长了 327%，成为中国香港外、新加坡和伦敦后第三大人民币中心，并保持此排名到 2014 年 12 月；虽然 2017 年 4 月到 2018 年 2 月，韩国的人民币支付占比超过了美国，但 2018 年 4 月到 12 月，美国占比排名重新超过了中国台湾地区和韩国，重回中国香港、伦敦和新加坡后的第 4 位；2020 年 6 月，美国占比再度落后于韩国，为除中国香港地区外第 4 位；2020 年 9 月和 10 月，美国人民币支付占比持续超过韩国，保持了继中国香港、英国和新加坡后的第四大人民币支付中心地位；截至 2022 年 4 月，美国人民币支付占比依然保持在中国香港、英国和新加坡后第四大人民币支付中心的地位。

中国人民银行 2016 年 6 月 8 日宣布，与美国联邦储备委员会已于近日签署了在美国建立人民币清算安排的合作备忘录（“中美签署在美国建立人民币清算安排合作备忘录”，中国新闻网，2016 年 6 月 8 日），表 9－1 显示 2016 年 9 月中国人民银行指定中国银行纽约分行为美国人民币清算行。美国人民币清算行的落实对美国人民币跨境支付和其他人民币业务的发展将产生重要的推动作用；2018 年 2 月 13 日，美国摩根大通银行获得中国人民银行和美国监管当局的批准，成为美国第二家人民币清算银行，也是境外 27 个人民币清算银行中唯一的非中资清算银行。随着人民币国际化在亚太地区和欧洲的开展，市场化力量会推动人民币在美国的应用，美国人民币全球跨境支付占比会显著提高，美国有望成为人民币境外的主要中心之一。

值得注意的是，纽约人民币日均成交额从 2019 年 10 月的 85.4 亿美元增加到 2020 年 10 月的 139.5 亿美元，同比增长 63.3%（纽约联储网站：www.newyorkfed.org），在纽约同期货币交易量中排名从第 14 位升至第 12 位；2022 年 4 月，纽约人民币外汇日均成交金额略降到了 136.8 亿美元，排名提高到了第 10 位。另外，2019 年 8 月美国人民币中心人民币结算占比超过韩国人民币中心占比，成为仅低于中国香港、英国和新加坡后全球第四的地位，而且保持该地位至今。这些数据显示，2018 年以来，尽管两国贸易摩擦问题延续，但两国货币合作方面仍然持续推进，世界两大经济体间金融仍然继续合作。

9.8 其他境外人民币中心的发展

9.8.1 加拿大人民币中心的发展

2014 年 11 月 8 日，中国人民银行及加拿大总理办公室先后发布声明称，加拿大将建立北美首个人民币离岸中心。中国与加拿大同意采取多项措施，在贸易、商业以及投资领域增加人民币的使用，推进加拿大人民币市场的稳定和健康发展；同日，加拿大与中国两国央行签署了规模为 2000 亿元人民币的双边本币互换协议。声明还称，中加双方签署了在加拿大建立人民币清算安排的合作备忘录，并同意将人民币合格境外机构投资者（RQFII）试点地区扩大到加拿大，初期投资额度为 500 亿元人民币（“北美首个人民币离岸中心落户加拿大中加 2000 亿元互换协议签署”，http：//wallstreetcn.com，2014 年 11 月 9 日）。

加拿大人民币交易中心于2015年3月23日正式成立，中国工商银行加拿大子公司将担任人民币业务清算行，中心将为西方企业从事人民币交易提供便利，多国企业将可借此通过加拿大银行进行人民币交易（“Ontario home to first renminbi trading hub in the Americas”, China Daily, 2015-03-25）。2015年11月加拿大人民币中心人民币跨境支付占比提高到了1.0%，排名超过了马来西亚等中心，在中国香港外境外人民币中心排名第13位。这显示出加拿大人民币中心推出半年多取得的可喜的成绩；2016年8月，加拿大人民币排名又降到第14位之后；2016年12月和2017年12月，加拿大人民币支付重回第13位和第11位；截至2022年4月，加拿大人民币支付维持在第13位。作为全球第十大经济体，加拿大人民币中心的启动和发展不仅会推动加拿大人民币业务的发展，而且对整个北美洲人民币业务的开展将产生一定的带动作用。

9.8.2　智利人民币中心的发展

在2015年5月访问智利期间，李克强会见记者时透露，两国将签订货币互换协议（2015年5月25日中智两国签订了220亿元人民币的货币互换协议），并于2015年5月25日协议将中国建设银行作为智利人民币清算行。同时，智利也将成为拉美地区第一个获得500亿元人民币合格境外机构投资者（RQFII）额度的国家。但是，截至2020年5月末，智利仍未获批任何RQFII金额。智利人民币中心的启动对整个拉丁美洲人民币业务的推动产生了一定示范效应。

9.8.3　南非人民币中心的发展

南非多年来是我国在非洲最大的贸易伙伴。虽然南非经济的世界排名仅为第33位，但是其金融体系相对绝大多数发展中国家更为开放，而且有一定的国际影响。表9-9至表9-12显示，南非兰特国际化程度不仅位居“金砖五国”之首，而且还超过很多发达国家和地区货币，以及绝大多数发展中国家货币。2015年7月8日，中国人民银行发布公告称，根据《中国人民银行与南非储备银行合作备忘录》（中国人民银行网站）相关内容，中国人民银行决定授权中国银行约翰内斯堡分行担任南非人民币业务清算行（“人民币离岸中心再下一城清算行落子南非”，一财网，徐燕燕，2015-07-09）。环球同业银行金融电讯协会提供的数据显示，南非人民币支付在2016年7月前的12个月内增长了65%，而在之前的两年内增长了112%，使得从2014年7月开始，南非人民币支付排名从第30位提高到了第24位。中非两国在经贸和金融方面合作空间巨大，南非人民币中心将对整个非洲人民币业务的推进发挥重要的示范作用。

9.9 人民币存款和支付占比在境外人民币中心间的分布及排名

9.9.1 人民币存款在主要境外人民币中心间的分布

中国香港、中国台湾和新加坡为境外人民币三大存款中心。其他境外人民币中心人民币存款金额相对如上三大人民币中心很低，这里不作详细介绍。

9.9.2 境外人民币中心人民币跨境支付占比比较

环球同业银行金融电讯协会的数据显示，除中国香港地区外其他人民币中心占境外人民币支付比重，2012年1月至8月以来，一直保持在14%的水平；2012年8月到2016年8月，这一比重持续上升到了29.7%；然而2016年8月到2018年4月，中国香港地区外人民币中心支付总占比却回落到了25%左右。截至2022年4月，该占比为25.54%，显示2012—2016年中国香港地区外的其他境外人民币中心在整个境外人民币结算中的作用逐步提高；而近年来却呈明显回落的态势。表9-3给出了2012年1月至2022年6月除中国香港地区外，其他主要境外人民币中心占全球人民币跨境支付的占比变化。

表9－3　中国香港外境外其他人民币中心人民币支付占比和排名变化（2012年1月至2022年6月）　单位：%

国家和地区/时间	2012年1月	2012年12月	2013年6月	2014年6月	2015年6月	2015年12月	2016年6月	2016年12月	2017年6月	2017年12月	2018年6月	2018年12月	2019年6月	2019年12月	2020年6月	2020年12月	2021年6月	2021年12月	2022年6月
英国	23.70	28.30	30.90	22.50	17.94	20.80	23.92	25.45	21.06	22.99	23.56	24.68	25.26	25.89	26.43	24.46	26.68	28.58	25.33
新加坡	32.70	22.70	16.50	28.40	28.63	20.80	18.09	17.03	18.87	18.13	17.44	18.71	12.41	12.66	13.12	16.77	14.48	14.38	14.75
美国	5.60	4.10	8.50	10.80	9.92	10.80	11.33	13.16	10.57	10.65	9.74	10.50	10.67	10.30	11.67	12.23	10.86	10.84	12.93
韩国			1.00	2.40	9.54	8.80	9.29	6.82	14.03	12.29	10.45	5.73	11.84	10.62	9.11	9.28	10.69	8.16	3.83
中国台湾			10.30	9.30	11.07	13.20	10.94	11.77	10.15	9.00	9.20	8.93	9.98	8.87	8.50	7.05	6.77	6.69	6.98
法国	5.00	7.20	8.10	5.40	4.58	4.80	4.53	5.78	5.98	6.37	5.87	6.83	5.92	5.45	6.18	4.70	5.30	5.05	6.86
澳大利亚		8.20	3.40	4.80	3.82	4.00	3.03	3.99	3.88	4.19	4.66	5.58	5.43	4.84	4.45	3.63	4.78	4.88	5.16
日本					1.53	2.40	2.84	3.27	3.20		3.12	3.25	3.00	3.87	3.49	3.51	3.75	4.27	2.69
德国			3.40	2.50	1.91	2.00	2.65	2.07	2.82	2.80	3.66	4.20	3.20	3.22	3.21	3.03	3.41	2.59	3.00
中国澳门					1.53		2.07		0.72	1.03	1.08		1.87	2.16	2.37	2.75	2.20	2.55	2.96
卢森堡	3.90	4.30	3.80	2.30	2.67	2.40	1.88	1.68	1.52	1.44	2.71	2.00	1.46	1.79	1.68	1.95	1.81	2.33	1.82
加拿大						1.60	2.04	1.28	1.14	0.95	1.25	1.38	1.62	1.63	1.52	1.83	1.77	1.55	1.97
比利时						2.40	2.04	1.60	1.18		1.42	1.10	1.14	1.67	1.40	1.59	1.47	1.47	2.31
荷兰					1.15	1.20	1.73	1.16	1.10		0.92		1.26	1.55	0.96	1.27	1.03	1.34	
俄罗斯										0.49		0.81							3.00
欧元区	8.90	11.50	15.30	10.20	10.31	12.80	12.83	12.29	12.59	10.61	14.57	14.13	12.98	13.68	13.44	12.55	13.02	12.78	13.99

数据来源：根据环球同业银行金融电讯协会不同时期公布的数据整理和计算得出，占比为中国香港地区外离岸人民币中心占香港地区外总额比重。

9.9.3 中国香港外主要人民币中心支付占比排名

虽然有超过一百多个国家和地区与中国（内地和香港地区）开展人民币支付业务，但绝大多数国家和地区的人民币支付金额还较小，中国香港地区和其他十几大境外人民币中心人民币支付占比超过了人民币总支付比重九成以上。表9－3显示，2012年12月，英国获得了中国香港外人民币支付第一的位置；而2014年3月至2015年6月，新加坡排名重新夺回了第一的位置；2014年6月至2015年6月，新加坡人民币支付占中国香港外人民币总支付比重持续超过伦敦，保持了中国香港地区外最大的人民币支付中心位置；然而，2015年11月伦敦重新夺回了中国香港外境外人民币支付的头把交椅，而且2016年7月以来伦敦保持了中国香港地区外境外最大的人民币支付中心。这些中心近年来的排名趋于稳定；除伦敦和新加坡外，美国和中国台湾两中心交替为中国香港外第二和第三中心。需要注意的是，美国自2019年下半年以来仍位居新加坡之后，韩国排名较2020年大幅下滑，欧元区总占比则接近新加坡。

9.10 人民币合格境外机构投资者（RQFII）额度和获准额度在境外人民币中心的分布

不同境外人民币合格境外机构投资者（RQFII）的人民币额度是其开展境外人民币业务的基础，也是衡量境外人民币中心的另外一个重要的指标。上文简单介绍了一些境外人民币中心 RQFII 的额度，这里我们系统地介绍和比较不同境外人民币中心获得的 RQFII 总额度及已经获批的额度。表9－4给出了主要境外人民币中心获得 RQFII 总额度和截至2020年5月31日获批的累计额度。

表9－4 境外人民币中心获得 RQFII 总额度及已获批的额度比较

（截至2020年5月31日） 单位：亿元人民币、%

国家和地区	批准总额度	累计获准额度	累计批准额度占比
中国香港	5000	3651.57	73.03
美国	2500	391.70	15.67
日本	2000	90.00	4.50

续表

国家和地区	批准总额度	累计获准额度	累计批准额度占比
韩国	1200	731.87	60.99
新加坡	1000	782.55	78.26
英国	800	484.84	60.61
法国	800	240.00	30.00
德国	800	105.43	13.18
澳大利亚	500	320.06	64.01
卢森堡	500	151.87	30.37
瑞士	500	96.00	19.20
加拿大	500	86.53	17.31
泰国	500	21.00	4.20
爱尔兰	500	18.50	3.70
马来西亚	500	16.00	3.20
荷兰	500	0.00	0.00
匈牙利	500	0.00	0.00
智利	500	0.00	0.00
阿联酋	500	0.00	0.00
卡塔尔	300	0.00	0.00
国际货币基金组织	—	42.00	—
总计	19900	7229.92	36.33
欧元区	3100	515.80	16.64

数据来源：批准总额度数据来自中国人民银行网站，累计获批额度为截至 2020 年 5 月 31 日获批的额度数据来自国家外汇管理局网站。2020 年 5 月 31 日后 RQFII 投资额度停止更新。

9.10.1　以注册地机构统计的 RQFII 数据

表9－4 显示，中国香港获得的 RQFII 总额度最高为5000 亿元人民币，而且这些年额度已经用了 73.03%；美国获得的额度仅次于中国香港为 2500 亿元人民币，但截至 2020 年 5 月 31 日，仅共获批 391.70 亿元人民币的额度，占美国总额度的 15.67%；韩国获得的额度仅次于中国香港、美国和日本，高达1200 亿元人民币，获准额度也高达731.87 亿元，仅次于中国香港和新加坡

排名第 3 位，启动率高达 60.99%，次于新加坡的 78.26%、中国香港的 73.03%和澳大利亚的 64.01%；新加坡累计获准额度高达 782.55 亿元，仅次于中国香港排名第 2 位；英国、法国和德国的额度皆为 800 亿元，但英国、法国和德国累计获准额度分别为 484.84 亿元、240.00 亿元和 105.43 亿元，启动率分别为 60.61%、30.00%和 13.18%；卢森堡、加拿大、瑞士、马来西亚和泰国获准额度皆为 500 亿元，而累计获准额度分别为 151.87 亿元、86.53 亿元、96.00 亿元、16.00 亿元和 21.00 亿元，启动率分别为 30.37%、17.31%、19.20%、3.20%和 4.20%；欧元区法国、德国、卢森堡、荷兰和爱尔兰五个中心总计获准额度高达 3100 亿元，仅次于中国香港和美国，但累计获准额度仅为 515.80 亿元，启动率仅为 16.64%；智利、匈牙利和阿联酋皆获得 500 亿元的总额度，卡塔尔获 300 亿元的总额度，然而该 4 个人民币中心仍未获得批准额度。表 9 -4 给出的不同中心使用 RQFII 额度或利用率在很大程度上反映出其推动人民币业务的积极性，也反映出其人民币业务的活跃程度，与表 9 -3 给出的相应的人民币支付占比排名相当。

9.10.2 以合格人民币机构投资者（RQFII）所在国家和地区区分的 RQFII 额度分布

表 9 -4 给出的不同国家和地区的 RQFII 额度分布实际上是以投资者注册地来区分的，在很大程度上显示了这些国家或地区对人民币国际化的支持程度。但是，这种区分有一定的局限性。比如，表 9 -4 给出的澳大利亚的 320.06 亿元 RQFII 为领航投资澳洲有限公司（Vanguard Investment Australia Ltd）、范达投资有限公司（VanEck Investments Limited）和罗素投资管理（澳大利亚）有限公司（Russell Investment Management Limited）三家公司获准的额度加总而来，而该三家公司实际上都是美国的基金公司。澳大利亚的 RQFII 额度数据，表面上容易被当作澳大利亚对人民币国际化的支持，实际上却是美国基金业对人民币国际化的支持。按照投资者所在国家和地区重新划分，我们会得到新的 RQFII 分布，并结合我国对外证券投资数据结果如表 9 -5 所示。

表9－5　RQFII额度在不同国家和地区的分布

及对应的中国对相应地区的证券投资数据

按国家和地区划分 RQFII额度（亿元人民币）			中国对外证券投资资产（分国家/地区，亿美元）					
国家和地区	累计批准额度	额度占比	合计	股本证券	债务证券	长期	短期	占总额比例
中国	3312.5	45.8%						
美国	1426.8	19.7%	1628.3	939.5	688.8	664.0	24.7	25.2%
韩国	749.9	10.4%	73.0	18.6	54.4	10.6	43.8	1.1%
英国	370.7	5.1%	218.0	112.3	105.8	81.4	24.4	3.4%
法国	313.0	4.3%	86.1	43.0	43.1	41.2	1.9	1.3%
瑞士	214.0	3.0%	44.5	39.8	4.7	4.6	0.2	0.7%
日本	187.4	2.6%	136.7	80.8	55.9	22.8	33.2	2.1%
新加坡	183.7	2.5%	74.9	11.7	63.2	42.8	20.4	1.2%
德国	120.0	1.7%	125.7	36.3	89.5	87.1	2.3	1.9%
加拿大	101.5	1.4%	47.0	27.1	19.8	19.8	0.0	0.7%
中国香港	64.0	0.9%	2264.3	1660.7	603.6	516.5	87.0	35.1%
意大利	50.0	0.7%	24.1	16.7	7.4	7.4	0.0	0.4%
国际组织	42.0	0.6%	29.2	0.0	29.2	28.7	0.5	0.5%
荷兰	30.0	0.4%	39.6	22.9	16.7	15.6	1.2	0.6%
泰国	21.0	0.3%	6.9	3.4	3.5	2.6	0.8	0.1%
卢森堡	16.9	0.2%	127.0	90.9	36.1	26.3	9.8	2.0%
澳大利亚	15.0	0.2%	76.6	35.5	41.1	30.9	10.3	1.2%
中国台湾	11.6	0.2%	11.5	6.2	5.3	2.2	3.0	0.2%
合计	7229.9	100.0%	中国对外证券投资总额6460亿美元					
欧元区	529.9	7.3%	402.5	209.7	192.7	177.5	15.2	6.2%

数据来源：根据国家外汇管理局公布的截至2020年5月31日获准额度及投资者所在国家和地区统计计算得出；中外合资基金获准的额度归属以控股公司所在国计算；由于有些投资者，特别是在港注册的有些投资者所在国家或地区不易确认，因此表中的结果可能有些误差，中国对外证券投资数据取自外管局网站公布的2019年末数据。

表9－5与表9－4的结果有着显著的差异：在港大多RQFII是内地的投资者，因为内地投资者通过香港地区这个主要的境外人民币中心进行人民币相关投资活动，内地在港RQFII投资者获批金额超过香港地区总获批金额的七

成以上，内地总 RQFII 金额占全球总 RQFII 获批金额四成。以上的结果显示内地机构投资者是人民币国际化的主要推动者。与此同时，内地对港的证券投资金额也占了总额的三成以上，显示出内地与香港地区之间金融市场的密切关系。

9.10.3 美国基金是人民币国际化的重要推动者

从 2011 年人民币合格境外机构投资者（RQFII）试点开始到 2016 年底，RQFII 获批额度主要分布在中国香港、韩国、新加坡、欧元区、英国和澳大利亚等几个主要境外人民币中心。2016 年 6 月上旬，时任中国人民银行副行长易纲在中美战略经济对话吹风会上表示，中方决定给美方 2500 亿元人民币 RQFII 投资额度。然而到 2017 年 2 月，美国才有第一家投资者贝莱德基金顾问公司申请获批了 110 亿元的 RQFII 额度；2017 年 9 月和 11 月美国 Acadian 资产管理有限责任公司和贝莱德机构信托公司分别获批了额度为 16 亿和 40 亿元人民币的 RQFII；2018 年第二季度美国 WisdomTree 资产管理公司获批了 12.2 亿元人民币 RQFII 额度。这些数据显示，截至 2018 年第二季度末，美国基金对 RQFII 热情有限。但是，2018 年第三季度，美国桥水投资公司、道富环球投资资产管理有限公司和道富环球投资信托公司分别获批了 26 亿、44 亿和 50 亿元，合计 120 亿元人民币的 RQFII 额度，占该季度全球总 RQFII 增量 181 亿元的 66.3%，显著超过了同期英国、中国香港和爱尔兰三个人民币中心合计 86 亿元的增量。2018 年第三季度在人民币对美元累计贬值 3.6% 的环境下，美国基金显著增持 RQFII 额度，明显显示出对人民币的支持。截至 2020 年 5 月底，美国投资者累计获批额度占比达到近 20%，显示美国投资者对境外人民币业务和对人民币国际化的支持力度显著。而中国对外证券投资有 25.2% 投向美国，比例之高亦反映了中美金融经济之间的紧密联系和默契关系。值得注意的是，截至 2019 年 6 月底，已经有 425 家美国机构投资者进入中国债券市场，占比 23%，列第 1 位，其次是中国香港和新加坡。

9. 10. 4　其他国家和地区投资者获批的 RQFII 额度简析

表 9－5 显示，韩国获批的总 RQFII 金额仅次于我国境内和美国，占总额比重超过一成，显示韩国投资者对人民币国际化的支持度很高；英国、法国、瑞士、日本和新加坡投资者获批的人民币金额占比在 2%～5% 之间，显示这些人民币中心对人民币国际化的支持力度。表 9－5 给出的 2020 年 5 月末瑞士投资者获批的总 RQFII 金额高达 214 亿元人民币，比表 9－4 给出的 96 亿元高出两倍（这是由于瑞士联合银行通过中国香港、新加坡和韩国注册的机构获得的 RQFII 额度所致），显示出瑞士投资者对人民币国际化的支持；德国和加拿大获批金额也皆超过表 9－4 给出的总金额，原因同上。作为区域金融中心，卢森堡与新加坡和中国香港相似，以外来金融机构为主。表 9－5 给出的卢森堡总获批 RQFII 额度显著低于表 9－4 给出的总金额。值得注意的是，中国台湾在表 9－4 中没有获批金额，表 9－5 给出的获批金额是通过其他人民币中心注册的机构而得出的。

9. 11　世界外汇交易中心前五名人民币排名分布

我们介绍了过去几年全球重要人民币中心的发展情况；在本节中，我们将相应地比较人民币在世界外国全球中心前五名的排名。

9. 11. 1　中国香港

中国香港一直是最重要的人民币离岸中心，过去几年平均约占四分之三的离岸人民币支付发生在香港，香港地区无疑是最活跃的离岸人民币交易中心。香港财资市场公会（HKTMA，www. hktma. org. hk）数据显示，人民币日均成交量占中国香港日均成交量的 16. 8%，低于美元和日元的 95. 4% 和 23. 9%；并于 2020 年 4 月，人民币超越港元和日元成为香港地区第二大交易货币；2020 年 9 月排名保持不变，但日成交额 936 亿元人民币，相当于美国日成交额的 22. 9%。而 4 月 3 日，中国香港人民币日成交占比从 4 月至 2020

年10月的18.0%增至20.2%，人民币兑美元成交占比也升至26.2%，位居第二。

9.11.2 新加坡

据新加坡金融管理局（www.mas.gov.sg）公布的数据显示，2013年4月，新加坡人民币日均成交以美元计价达到238.6亿美元，排名第7位，较美元、日元、欧元、澳元、英镑和新加坡元的日均成交量略低；至2016年4月，新加坡人民币日均成交以美元计价显著上升到425.4亿美元，位列第6，较美元、日元、欧元、澳元和英镑略低；人民币平均排名自2017年以来保持第6位。

9.11.3 东京

东京外汇市场委员会（www.fxcomtky.com）数据显示，2017年4月人民币（含CNH）日均成交额18.8亿美元排名第11位；2020年4月大幅增长至30.8亿美元，同期排名上升至第10位；2020年10月进一步增加至50亿美元，排名上升至第8位。显示出过去几年人民币在东京的排名稳步上升的态势。

9.11.4 纽约

根据纽约联储（www.newyorkfed.org）公布的数据，2016年4月纽约人民币日均成交额70.8亿美元，排名第14位；2020年4月增至82.3亿美元，同期排名第13位；2020年10月大幅增加至139.5亿美元，同期排名第12位。2020年4月至10月，纽约人民币日均成交额以年化187%的惊人速度增长，这表明2020年纽约市场对人民币的接受度有所提高，也表明世界两大经济体之间经贸合作并未受到贸易摩擦影响而停滞。

截至2020年10月，作为全球第二大经济体货币，人民币结算占比在各国的排名，在新加坡、伦敦、东京和纽约等地，人民币的排名取算术平均数达到7.2（未考虑权重）。这一排名虽不算太靠前，但已接近表9-1中人民币在2016年4月至2019年4月的第8位的排名和2020年第7位的排名，我们将在第11章继续讨论。

9.12　境外人民币中心排名与合格境外机构投资者获准金额分布的关系

不同国家和地区机构申请我国合格境外机构投资者（QFII）的数量和金额，也在很大程度上反映出这些国家和地区对我国资本市场发展的兴趣。表9－6给出了截至2020年5月31日QFII获批额度在不同国家和地区的分布。

表9－6　合格境外机构投资者（QFII）获批金额在不同境外人民币中心的分布　单位：家、亿美元、%

国家或地区	获批机构数	机构数占比	累计获批额度	累计获批额度占比
中国香港	72	24.41	260.63	22.42
英国	25	8.47	115.59	9.94
中国台湾	37	12.54	108.61	9.34
美国	43	14.58	101.40	8.72
新加坡	22	7.46	79.20	6.81
韩国	16	5.42	77.48	6.66
中国澳门	1	0.34	50.00	4.30
阿联酋	1	0.34	50.00	4.30
加拿大	9	3.05	41.55	3.57
瑞士	9	3.05	38.25	3.29
法国	7	2.37	36.75	3.16
日本	15	5.08	34.99	3.01
澳大利亚	5	1.69	33.20	2.86
挪威	1	0.34	25.00	2.15
马来西亚	3	1.02	20.60	1.77
科威特	1	0.34	20.00	1.72
德国	4	1.36	14.20	1.22
葡萄牙	2	0.68	12.00	1.03
卡塔尔	1	0.34	10.00	0.86

续表

国家或地区	获批机构数	机构数占比	累计获批额度	累计获批额度占比
荷兰	4	1.36	8.31	0.71
卢森堡	4	1.36	4.00	0.34
泰国	2	0.68	4.00	0.34
国际组织	1	0.34	2.80	0.24
瑞典	3	1.02	2.31	0.20
立陶宛	1	0.34	2.30	0.20
比利时	1	0.34	2.10	0.18
文莱	1	0.34	2.00	0.17
爱尔兰	1	0.34	2.00	0.17
南非	1	0.34	1.50	0.13
西班牙	1	0.34	1.00	0.09
意大利	1	0.34	0.83	0.07
欧元区	26	8.81	83.49	7.18
合计	295	100.00	1162.60	100.00

数据来源：根据国家外汇管理局公布的截至2020年5月31日获准额度和机构注册地统计计算得出。2020年5月31日后QFII投资额度停止更新。

9.12.1 QFII在不同人民币中心的分布

表9-6显示，中国香港获准境外机构投资者金额名列前茅，占总金额比重接近1/4，显示中国香港在我国金融对外开放中的重要地位；英国获准QFII金额仅次于中国香港，占比略低于一成；中国台湾投资者申请QFII而获准总金额略低于英国，与中国台湾地区人民币中心境外人民币储蓄排名第2位一致，显示中国台湾地区与大陆的密切关系；美国、韩国和新加坡投资者申请的总QFII金额分别排名第4位到第6位，占比在7%上下；中国澳门、阿联酋、加拿大、瑞士、法国、日本、澳大利亚和挪威各自获批的总QFII金额分别排名第7位到第14位，占比在2%~5%之间；法国和德国等10个欧元区国家总QFII获准额度占比8.81%，略超过美国，显示欧元区QFII获准额度正

在不断提高。另外，日本获批的 QFII 总金额不到 35 亿美元，不到英国的 1/3，与日本经贸和境外资产规模的国际地位很不相称，显示中日金融合作仍有巨大的潜力。

9.12.2　不同国家和地区 QFII 和 RQFII 额度的比较

表 9－6 显示，除中国台湾地区外，其他人民币中心获得 QFII 额度的占比和排名情况，基本与表 9－5 给出的 RQFII 的情形相当，显示不同境外人民币中心对国内资本市场的兴趣与其对人民币的兴趣基本一致。

9.12.3　QFII 托管银行相关信息的启示

表 9－6 给出的 QFII 相应的托管银行的信息也有重要的含义。表 9－6 的数据显示，295 个 QFII 机构中，汇丰银行、中国工商银行、花旗银行、中国建设银行和中国银行分别托管了 99 家、51 家、42 家、32 家和 25 家机构；另外，渣打银行和德意志银行各自托管了 11 家，中国农业银行和交通银行分别托管了 10 家，兴业银行、民生银行和中信银行分别托管了 2 家、1 家和 1 家；汇丰、花旗、渣打和德意志四家外资银行总托管机构 163 家，占总机构数的 55.3%，显示该四家外资银行在国内资本市场的重要影响力。

另外，295 个 QFII 机构中，汇丰银行、花旗银行、中国工商银行、中国建设银行和中国银行托管的金额分别为 429.06 亿美元、191.93 亿美元、148.81 亿美元、119.73 亿美元和 102.78 亿美元；此外，交通银行、渣打银行和德意志银行三家银行分别托管金额 34.25 亿美元、51.68 亿美元和 28.02 亿美元；中国农业银行、兴业银行和中信银行分别托管了 48.14 亿美元、7 亿美元和 1 亿美元；汇丰、花旗、渣打和德意志四家外资银行总托管机构金额为 700.69 亿美元，占总金额比重高达 60.3%。

汇丰、花旗、渣打和德意志四家外资银行在 QFII 托管机构总数和总金额数超过了境内五大行和两个股份制银行总计数，表明在与境外机构投资者合作方面，外资银行有其优势。

9.13 离岸人民币市场发展中存在的问题

境外人民币中心发展的同时也存在诸多问题。本节将简单介绍境外人民币中心存在的问题。

9.13.1 境外人民币中心有待完善的方面

中国境外人民币中心在几年内从无到有、发展迅速，已经遍布亚欧美非等大洲。在如此短的时间内较快发展，存在问题也在所难免。目前，能够较为全面反映各中心人民币业务规模的唯一数据源，是环球同业银行金融电讯协会每月公布的人民币支付数据和相关人民币贸易融资数据；而各中心人民币储蓄、交易等相关数据却难以获得。相信随着境外人民币中心的进一步发展和逐渐成熟，这些基础数据将会逐渐全面并及时公布。

9.13.2 境外人民币业务与我国贸易分布不够均衡

首先，上文介绍了我国与主要发展中国家的发展情形。虽然与“金砖国家”的俄罗斯的贸易和金融合作起步较早，但是，人民币在俄罗斯的进展较慢；其次，我国与巴西虽然早在2013年3月就签署了1900亿元人民币的外汇互换协议，而且巴西是我国在南美最大的贸易伙伴，然而人民币贸易结算等业务在巴西的进展却相对缓慢；再次，“金砖银行”和新开发银行的主要发起国家印度，至今仍未与我国签订人民币货币协议，印度人民币业务开展较慢；最后，人民币中心至今仍未在意大利和西班牙这两大欧元区国家开展，与该两国合作对提高我国与欧元区整体的合作程度相当重要。

9.13.3 业务仍相对简单

上文显示，包括中国香港在内的境外人民币中心的主要业务，包括与人民币贸易结算相关的人民币支付和人民币储蓄等。2015—2017年中国香港这个最大的人民币中心的人民币贷款额也仅达到了存款额的1/4到1/3的水平，

2018 年甚至跌破了 1/5 的水平，2019 年稍有回升至 1/4 的水平。境外人民币市场的深度和广度急需提高。

央行已经批准境外人民币业务清算行和参加行可开展中国银行间债券市场的境外回购交易，这一举措打通了两地银行间债券市场。主权机构、多边机构也有可能选择伦敦发行系列人民币债券。随着境外人民币业务的发展，境外中心人民币业务和产品将逐渐丰富和活跃，我们将在第 10 章进一步探讨相关问题。

9.14　人民币跨境支付系统对人民币国际化的推动作用

2015 年 10 月 8 日，人民币跨境支付系统（一期）成功上线运行。人民币跨境支付系统（CIPS）为境内外金融机构开展人民币跨境和离岸业务，提供资金清算、结算服务，是重要的金融基础设施。该系统按计划分两期建设，一期工程便于跨境人民币业务处理，支持跨境货物贸易和服务贸易结算、跨境直接投资、跨境融资和跨境个人汇款等业务。其主要功能特点包括：一是 CIPS（一期）采用实时全额结算方式处理客户汇款和金融机构汇款业务；二是各直接参与者一点接入，集中清算业务，缩短清算路径，提高清算效率；三是采用国际通用 ISO 20022 报文标准，便于参与者跨境业务直通处理；四是运行时间覆盖欧洲、亚洲、非洲、大洋洲等人民币业务主要时区；五是为境内直接参与者提供专线接入方式。

为培育公平竞争的市场环境，中国人民银行发布了《人民币跨境支付系统业务暂行规则》，规定了参与者准入条件、账户管理要求和业务处理要求等，为 CIPS 稳定运行奠定制度基础。同时，推动成立了跨境银行间支付清算（上海）有限责任公司，负责独立运营 CIPS。该公司接受人民银行的监督和管理。CIPS 首批直接参与机构包括中国国内五大行和招商银行、浦发银行、中国民生银行、兴业银行、平安银行和华夏银行共六家股份制银行，以及汇丰银行、花旗银行、渣打银行、星展银行、德意志银行、法国巴黎银行、澳大利亚和新西兰银行和东亚银行共 8 家外资银行在中国国内的法人银行。此外，同步上线的间接参与者包括位于亚洲、欧洲、大洋洲、非洲等地区的 38

家境内银行和138家境外银行。

经过充分论证和研究，在境内有关商业银行的密切配合和支持下，中国人民银行于2012年启动建设CIPS。CIPS的建成运行是我国金融市场基础设施建设的又一里程碑事件，标志着人民币国内支付和国际支付统筹兼顾的现代化支付体系建设取得重要进展。作为重要的金融基础设施，CIPS符合《金融市场基础设施原则》等国际监管要求，对促进人民币国际化进程将起到重要支撑作用［本节内容直接引用“人民币国际化重要里程碑人民币跨境支付系统（一期）成功上线运行”，人民银行网站，2015年10月8日］。

2018年3月26日，CIPS二期投产试运行，10家中外资银行同步试点上线，进一步提高了人民币跨境资金的清算、结算效率（新华网，2018年3月26日）。截至2019年12月底，CIPS共有33家境内外直接参与者，903家境内外间接参与者，实际业务范围已延伸到167国家和地区。中国人民银行网站公布的《2019年支付体系运行总体情况》显示，2019年，人民币跨境支付系统处理业务188.43万笔，金额33.93万亿元，同比分别增长30.64%和28.28%。人民币跨境支付体系的不断提升为进一步推动人民币在全球的使用、成为真正的全球货币铺平道路。

2019年1月16日，环球同业银行金融电讯协会（SWIFT）还与跨境清算公司（CIPS运营机构）签署了合作意向书，以进一步深化双方在跨境支付业务发展方面的合作。SWIFT将在北京设立外商独资企业，为中国用户提供本地化的服务。在华独资机构成立后，SWIFT将加入中国支付清算协会并由中国人民银行依法进行监督管理。SWIFT由全球约2400家银行共同所有，服务于全球11000多家银行和金融机构。截至2019年1月16日，我国已有141家中资银行加入SWIFT GPI（Global Payment Initiative，全球支付倡议），这些银行的跨境支付量占到所有中资银行跨境支付量的97%以上。

9.15 银联人民币跨境支付系统对人民币国际化的推动作用

中国银联是中国银行卡联合组织，通过银联跨行交易清算系统，实现商业银行系统间的互联互通和资源共享，保证银行卡跨行、跨地区和跨境的使用。中国银联已与境内外数百家机构展开广泛合作，银联网络遍布中国城乡，并已延伸至亚洲、欧洲、美洲、大洋洲、非洲等160个国家和地区。中国银联在拓展跨境业务的同时，发挥网络、产品和技术优势，积极参与境外市场金融基础设施建设，以此创新业务拓展模式，加速银联卡业务本地化进程。银联芯片卡标准成为泰国银行业的行业标准，银联与泰国主要银行合作建立的本地转接网络TPN（Thai Payment Network）业已上线，银联还参与建成了老挝国家银行卡支付系统（“银联技术标准走出去再获新进展”，金融时报，2016年10月13日）。

2016年10月12日，中国银联与六家国际机构签署了合作协议，这六家国际机构包括：泰国银行间交易管理交易所NITMX、新加坡星网电子付款私人有限公司NETS、印度尼西亚ATM转接机构Rintis、菲律宾同业银行网络BancNet、马来西亚电子支付系统MEPS和韩国金融电信与清算协会KFTC。签约对市场各方具有重要意义：一是标志着银联与境外支付行业的合作，从业务合作升级到产品、标准的全面合作；二是满足了这些市场支付产业从磁条卡向芯片卡升级的需求，并为未来非接支付、移动支付、钱包类产品等银联创新产品在境外的推广打下基础，拓展了合作空间；三是借助“一带一路”倡议实施等中外合作的东风，通过推广支付清算基础设施、技术标准等，有助于银联实现提升中国支付产业的国际竞争力（同上）。实际上，以上涉及东盟全部五个创始成员国和其他东盟国家，显示中国银联在信用卡支付技术和业务方面已经达到了可喜的水平，对人民币国际化在东盟以至其他地区的推动发挥了积极的推动作用。

9.16　小结

本章介绍了7年来包括中国香港在内的境外二十多个人民币中心的发展情况。各种数据显示，近年来境外人民币支付业务有了迅速的发展，遍及亚欧美非四大洲的二十几个人民币中心业务呈现良好的、较快的发展势头。特别是，2015 年 8 月在人民币对美元持续贬值而且预期贬值显著的环境下，人民币跨境支付的全球占比达到了 2.79%，首次超过日元占比 2.76%，成为全球第四大支付货币。境外人民币支付业务仍呈现可喜的发展势头，显示出国际市场对人民币和我国经贸及今后发展的信心。然而 2015 年 8 月以来，人民币跨境支付占全球跨境支付比重总体呈现下降的态势，排名回落到了低于加拿大元的第六位，显示出人民币贬值对人民币境外支付的显著影响。截至 2022 年 4 月，人民币跨境支付的全球占比达到了 2.20%，为第五大支付货币。

境外对人民币接受的程度与我国贸易的全球分布还很不平衡，特别是作为亚洲第三大经济体和南亚最大经济体的印度、作为全球第九大经济体和拉美最大经济体的巴西、两个主要欧元区国家意大利和西班牙及墨西哥、土耳其和沙特阿拉伯等主要发展中国家，这些地区的人民币中心至今尚未建立，人民币跨境支付增长潜力巨大。相信再过几年，境外人民币支付的分布会更加均衡，人民币的国际化程度也会随之持续提升。

参考文献

[1] 李婧. 人民币区域化对中国经济的影响与对策 [M]. 北京：中国金融出版社，2009：57－58.

[2] 陆婷. 台湾人民币离岸市场的现状、问题和前景 [D]. 中国社会科学院世界经济和政治研究所国际金融研究中心，论文 2014W13，2014.

[3] 罗布特·米肯尼，刘健恒. 人民币的崛起——国际地位及影响 [M]. 北京：中信出版社，2013.

[4] 张光平. 人民币国际化和产品创新（第七版） [M]. 北京：中国金融出版社，2017.

[5] Chan, Norman T. L., 2013, "Development of Offshore Renminbi Business in Hong Kong: Review and Outlook", 21 February 2013.

[6] Chan, Norman T. L., 2014, Hong Kong as Offshore Renminbi Centre-Past and Prospects.

[7] Yue, Eddie, 2012, "Hong Kong – Challenges and Opportunities Ahead", Deputy Chief Executive, Hong Kong Monetary Authority (Speech at the Hong Kong Institute of Bankers Annual

Conference 2012 "The Year of Transformation – Heading into a New Era") 13 September 2012.

[8] Yue, Eddie, 2013, "The Development and Future of the Offshore Renminbi Market", Deputy Chief Executive, Hong Kong Monetary Authority (Keynote address at Euromoney Global Offshore RMB Funding Forum 2013), 8 May 2013.

[9] Hong Kong Monetary Authority, 2014, "Briefing to the Legislative Council, Panel on Financial Affairs", 5 May 2014, www. hkma. gov.

第 10 章　离岸人民币市场

离岸市场是货币实现国际化的重要组成部分，而且在目前的实际操作中对于绝大多数主要国际货币来说，离岸市场都是相较于国内市场更为重要的组成部分。2010 年 7 月 19 日，中国人民银行与香港人民币业务清算行中国银行（香港）有限公司在香港签署了新修订的《香港银行人民币业务的清算协议》，为香港离岸人民币市场的启动做好了铺垫。2010 年 8 月 17 日，《中国人民银行关于境外人民币清算行等三类机构运用人民币投资银行间债券市场试点有关事宜的通知》发布，允许相关境外机构进入国内银行间债券市场投资试点。该通知的发布标志着境外人民币市场的正式启动。2017 年 7 月，在中国人民银行及香港金融管理局的共同推动下香港与内地开展了“债券通”，初期先开通“北向通”，即境外投资者通过内地与香港债券市场基础设施的互联互通，投资于内地银行间债券市场，未来将实施研究拓展至“南向通”。“债券通”是国内债市开放的重要里程碑，市场参与规模稳步增长。在人民币国际化的大背景下，国家为提高人民币的国际流通和结算地位，在人民币资本项下未完全实现可兑换的条件下开展离岸人民币交易和贸易结算是非常必要的。发展人民币贸易结算需要解决境外人民币的流通和交易问题，使企业可以根据自身头寸融入融出人民币，这就需要发展离岸人民币市场，使境外人民币可以在境外的人民币离岸市场上进行交易。

10.1　离岸人民币债券市场

一个国家债券市场的海外参与程度包括海外投资者对该国债券的持有存

量是其货币国际化程度的重要反映，人民币境外债券的发行和交易自然成为境内外关注的重点之一。2007 年 1 月 11 日，中国人民银行宣布内地金融机构经批准可以在香港发行人民币金融债券，人民银行将为此项业务提供相应的清算安排。内地金融机构通过在香港地区发行人民币金融债券，不仅增加了香港金融市场内的债券发行主体和债券币种，还有助于在港银行扩大其资产业务范围，增加香港居民及企业的人民币投资选择。表 10－1 列举了 2007 年至今离岸人民币债券市场的重大事件。

表 10－1　2007 年以来离岸人民币债券市场的重大事件

2022 年 6 月	中国人民银行通过香港金管局在香港发行 2022 年第六期中央银行票据，发行量为 50 亿元
2022 年 5 月	中国人民银行通过香港金管局在香港发行 2022 年第四期和第五期中央银行票据，发行总量为 250 亿元
2022 年 3 月	中国人民银行通过香港金管局在香港发行 2022 年第三期中央银行票据，发行量为 50 亿元
2022 年 2 月	中国人民银行通过香港金管局在香港发行 2022 年第一期和第二期中央银行票据，发行总量为 250 亿元
2021 年 12 月	中国人民银行通过香港金管局在香港发行 2021 年第十二期中央银行票据，发行量为 50 亿元
2020 年 11 月	中国人民银行通过香港金管局在香港发行 2021 年第十期和第十一期中央银行票据，发行总量为 250 亿元
2020 年 9 月	中国人民银行通过香港金管局在香港发行 2021 第九期中央银行票据，发行量为 50 亿元
2020 年 8 月	中国人民银行通过香港金管局在香港发行 2021 年第七期和第八期中央银行票据，发行总量为 250 亿元
2020 年 6 月	中国人民银行通过香港金管局在香港发行 2021 年第六期中央银行票据，发行量为 50 亿元
2021 年 5 月	中国人民银行通过香港金管局在香港发行 2021 年第四期和第五期中央银行票据，发行总量为 250 亿元
2021 年 3 月	中国人民银行通过香港金管局在香港发行 2021 年第三期中央银行票据，发行量为 50 亿元
2021 年 2 月	中国人民银行通过香港金管局在香港发行 2021 年第一期和第二期中央银行票据，发行总量为 250 亿元

续表

2020 年 12 月	中国人民银行通过香港金管局在香港发行 2020 年第十二期中央银行票据，发行量为 100 亿元
2020 年 11 月	中国人民银行通过香港金管局在香港发行 2020 年第十期和第十一期中央银行票据，发行总量为 250 亿元
2020 年 9 月	中国人民银行通过香港金管局在香港发行 2020 年第九期中央银行票据，发行量为 100 亿元
2020 年 8 月	中国人民银行通过香港金管局在香港发行 2020 年第七期和第八期中央银行票据，发行总量为 300 亿元
2020 年 6 月	中国人民银行通过香港金管局在香港发行 2020 年第六期中央银行票据，发行量为 100 亿元
2020 年 5 月	中国人民银行通过香港金管局在香港发行 2020 年第四期和第五期中央银行票据，发行总量为 300 亿元
2020 年 3 月	中国人民银行通过香港金管局在香港发行 2020 年第三期中央银行票据，发行量为 100 亿元
2020 年 2 月	中国人民银行通过香港金管局在香港发行 2020 年第一期和第二期中央银行票据，发行总量为 300 亿元
2019 年 12 月	中国人民银行成功在香港发行 100 亿元人民币央行票据
2019 年 11 月	首单同时于香港和澳门的离岸人民币债券由渣打牵头发行
2019 年 11 月	中国人民银行在香港发行 300 亿元人民币央行票据
2019 年 9 月	中国财政部在香港发行 45 亿元人民币国债
2019 年 8 月	中国人民银行在香港发行 300 亿元人民币央行票据
2019 年 6 月	中国人民银行在香港发行 300 亿元人民币央行票据
2019 年 6 月	中国财政部在香港发行 50 亿元人民币国债
2019 年 5 月	中国人民银行在香港发行 200 亿元人民币央行票据
2019 年 2 月	中国人民银行在香港发行 200 亿元人民币央行票据
2018 年 11 月	中国人民银行通过香港金管局在香港发行 3 个月、1 年期央票各 100 亿元
2018 年 9 月	中国农业发展银行在香港发行 12 亿元人民币固息债券
2018 年 2 月	中国银行在境外成功完成 40 亿元人民币债券发行定价，也是人民币市场上最大单笔发行
2016 年 5 月	中国财政部在伦敦发行 30 亿元人民币国债

续表

2014 年 6 月	国际金融公司在伦敦发行首批 5 亿元的绿色金融债券
2014 年 6 月	汇丰银行、渣打银行在新加坡交易所发行共计 15 亿元人民币债券
2013 年 6 月	安硕在港交所推出亚洲首只离岸人民币债券 ETF
2013 年 3 月	台湾中国信托商业银行在台发行 10 亿元人民币债券，台湾离岸人民币债市启动
2012 年 4 月	汇丰银行在伦敦首次发行 20 亿元人民币债券，伦敦离岸人民币债市启动
2010 年 7 月	合和公路发行 13.8 亿元的 2 年期债券，为中国非金融企业首单离岸人民币债券
2007 年 7 月	国开行首次在香港发行第一只离岸人民币债券

数据来源：根据中国人民银行官网，财政部官网，国开行官网，中国银行官网及新浪财经等渠道信息整理得出。

10.1.1 监管环境

2007 年 1 月 14 日，《中国人民银行公告〔2007〕第 3 号》（以下简称《公告》）发布，首次规定境内金融机构经批准可在香港发行人民币债券。随后，中国人民银行与国家发展和改革委员会于 2007 年 6 月 8 日联合发布了《境内金融机构赴香港特别行政区发行人民币债券管理暂行办法》（以下简称《办法》）。《公告》和《办法》为境内机构境外发行人民币债券提供了政策依据。2010 年 2 月 11 日，香港金融管理局发布了《香港人民币业务的监管原则及操作安排的诠释》，首次从香港监管机构的角度对在香港发行人民币债券的相关事宜做出了解释。由此，两地对在港发行人民币债券有了政策依据，为该市场的发展打下了基础。

2013 年 7 月 10 日，中国人民银行出台《关于简化跨境人民币业务流程和完善有关政策的通知》，对经常项下人民币结算、银行卡人民币账户跨境清算、境内非金融机构人民币境外放款、境内非金融机构境外发行人民币债券、境内非金融机构对外提供人民币担保、境内代理行对境外参加行人民币账户融资等跨境人民币业务政策进行了较大力度完善，为进一步推动跨境人民币业务发挥了积极作用。

10.1.2 境内银行类机构赴港发行人民币债券的情况

2007 年 6 月 27 日至 7 月 6 日，国家开发银行在香港地区发行了第一只境外人民币债券，发售对象为机构及个人投资者，期限 2 年，票面年利率为 3%。债券发行量最高不超过 50 亿元人民币，其中零售债券最低发行量约为 10 亿元人民币，个人投资者最低认购额为 2 万元人民币。此次发行吸引的总申购金额超过 140 亿元人民币，接近发行额的 3 倍，显示出香港市场对此项业务的热情。国开行发行首笔人民币境外债券后，中国进出口银行、境内大型商业银行和其他金融机构分别获准在中国香港、伦敦和卢森堡等地发行人民币债券。2018 年 2 月中国银行在境外成功完成 40 亿元离岸人民币债券发行定价。本次债券以中国银行澳门分行为发行主体，品种为固定利率，期限为 1 年和 3 年，并在香港联合交易所挂牌上市。2018 年 9 月中国农业发展银行在香港地区发行 2 年期固息人民币债券，债券规模为 12 亿元人民币。

10. 1. 3 发行人民币债券的境外机构

2009 年 6 月 19 日，汇丰银行（中国）和东亚银行（中国）获准在香港发行人民币债券，这是首批在香港发行人民币债券的本地注册外资银行。此后发债主体逐渐扩展至港澳公司（合和基建与银河娱乐）、红筹公司（中国重汽）、跨国公司（麦当劳与卡特彼勒）和外国银行（澳新银行与俄罗斯外贸银行）。2011 年 2 月 10 日，由工银国际与台湾永丰证券担任联席主承销商和账簿管理人的永丰余开曼群岛公司 3 亿元人民币债券在香港成功发行，标志着台资企业在香港成功发行首只人民币债券。2019 年 11 月，渣打银行作为联席全球协调人，成功定价发行首单由非金融机构类企业发行，同时于澳门和香港两地上市的离岸人民币债券。

除中国香港外，伦敦也成为境外人民币债券发行的重要中心。例如汇丰银行早在 2012 年 4 月就于伦敦发行了 20 亿元三年期的人民币债券，之后澳新银行等国外银行也在伦敦发行了人民币债券。2015 年 6 月 24 日，日本国内首只以人民币计价的公司债券由三菱东京日联银行正式发行，面向银行、保险公司等日本国内机构投资者，用于帮助在华日本企业筹集人民币。

汇丰香港和中银香港 2015 年 9 月 29 日在我国银行间债券市场各自发行了

10 亿元人民币金融债券，这是国际性商业银行首次获准在银行间债券市场发行人民币债券。国际性商业银行首发“熊猫债券”，即由境外机构在中国发行的人民币计价的债券，成为全球发行人拓展人民币融资渠道的探路之举。

10. 1. 4　国际机构的人民币债券发行

亚洲开发银行于 2009 年 12 月初发行了十年期 10 亿元人民币债券，2009 年 12 月 8 日起息，2019 年 12 月 8 日到期。这是国际机构进行的首笔此类交易，凸显了亚洲开发银行对人民币债券市场的支持。2011 年 1 月 14 日，世界银行在香港发行了 5 亿元两年期人民币债券，为 2011 年首单人民币债券发行，信用等级为 AAA 级。这是世界银行首次发行人民币债券，具有标志性意义。国际金融公司于 2014 年 6 月在伦敦发行了 5 亿元三年期人民币绿色债券，收益率为 2%。新开发银行（金砖银行）于 2016 年 7 月首次在中国银行间债券市场发行了规模为 30 亿元人民币的绿色金融债券，2018 年 5 月 28 日在上海召开的第三届理事会年会上新开发银行表示今年内还将再发行 50 亿元人民币债券，部分或为绿色金融债券。2019 年 2 月 25 日，新开发银行再次在中国银行间债券市场发行了 30 亿元人民币债券。2020 年 7 月，新开发银行在中国银行间市场发行了 20 亿元规模的 5 年期人民币债券。

10. 1. 5　“点心债券”和“熊猫债券”

离岸市场人民币债券起步良好，预计今后仍将持续稳步发展。除继续推进离岸人民币债券（“点心债券”）的市场建设外，为进一步促进人民币国际化，中国政府还有必要继续扩大“熊猫债券”（外国机构与企业在中国发行人民币债券）的发行规模。“点心债券”是“走出去”，“熊猫债券”是“引进来”。预计在未来相当长时间里，“点心债券”与“熊猫债券”将成为推动人民币国际化的“双引擎”。

10. 1. 6　香港人民币债券的发行金额和存额

根据香港金管局年报，2013—2014 年，在香港发行的人民币债券从 1166

亿元增长了69%到1970亿元人民币，呈增长态势；2015—2016年发行总额分别下降到了750亿元和528亿元人民币（香港金管局未公布2017年香港人民币债券发行总额），2018年人民币债券发行额延续之前的趋势，继续下行至419亿元人民币；2011—2014年，香港人民币债券余额从1667亿元增长到了3810亿元，年均复合增长率高达31.7%，而2014—2019年却持续下降到了1686亿元，累计降幅达55.7%，显示近年来香港人民币债券发行和余额皆出现了显著的下降。

10.1.7 香港人民币利率衍生产品的成交金额

第九章介绍了几年来境外人民币相关储蓄和贷款的变化，上文介绍了近年来香港人民币债券发行和存量，与这些市场密切相关的是香港人民币利率衍生产品市场。根据香港金管局和香港财资市场公会网站（www.tma.gov.hk）公布的数据显示，2016年4月、2017年4月、2018年4月、2020年4月和2021年4月香港人民币利率衍生产品日均成交金额分别为62亿美元、46亿美元、44亿美元、127亿美元、92亿美元和88亿美元，显示出2016—2019年相关人民币利率衍生产品市场呈持续上升的趋势，但2019—2021年相关人民币利率衍生产品市场活跃度略有下降。

10.2 香港人民币债务和货币市场

10.2.1 香港中央结算系统托管及结算的人民币债务余额

香港中央结算有限公司从2011年开始公布每月在该公司托管和结算不同期限的人民币、美元和其他外币债务工具未偿还总额和成交金额数据，这些数据在一定程度上反映出人民币在香港市场的地位。表10-2给出了2011—2021年香港中央结算有限公司公布的人民币、美元、港元和其他货币一年以下至七年以上的固定利率和浮动利率债券总金额。

表 10－2　香港中央结算系统托管及结算的人民币、美元、港元和其他货币的所有债务工具余额（2011—2021 年）　单位：亿美元、%

货币 / 年份	人民币	美元	港元	其他外币	合计	人民币占比
年底余额						
2011	331.0	68.3	312.6	10.5	722.3	45.8
2012	504.1	135.7	407.7	4.2	1051.7	47.9
2013	630.6	162.5	413.5	8.8	1215.3	51.9
2014	654.2	161.6	426.1	13.0	1254.9	52.1
2015	537.0	188.3	463.9	12.7	1202.0	44.7
2016	400.7	231.6	522.0	14.7	1169.0	34.3
2017	300.9	278.2	498.7	14.4	1092.2	27.6
2018	238.6	219.3	534.1	15.6	1007.7	23.7
2019	291.4	210.3	550.2	25.0	1076.9	27.1
2020	324.3	179.6	621.0	23.0	1147.9	28.3
2021	412.5	143.6	538.6	52.6	1147.4	36.0
年成交金额						
2011	616.9	214.2	311.6	24.7	1167.4	52.8
2012	884.4	283.1	505.4	11.0	1683.9	52.5
2013	1035.1	280.0	414.2	16.2	1745.6	59.3
2014	1188.9	264.1	413.9	12.0	1878.9	63.3
2015	679.0	271.5	429.7	2.7	1382.8	49.1
2016	512.6	413.0	543.1	23.1	1491.7	34.4
2017	313.9	504.2	661.6	32.2	1511.9	20.8
2018	238.0	333.8	633.4	20.5	1225.8	19.4
2019	335.3	355.1	570.5	18.3	1279.2	26.2
2020	348.1	289.8	700.9	30.0	1368.8	25.4
2021	1072.8	195.7	611.7	94.3	1974.6	54.3

数据来源：香港金管局网站 www. hkma. gov. hk。

表 10－2 显示，2011—2014 年，香港中央结算系统托管及结算的人民币债务工具未偿还总额持续增长至 654.2 亿美元的高位，占整个市场比重的一半多；而 2014 年以来却持续下降，2018 年末人民币总额 238.6 亿美元，仅占总额的 23.7%，到 2019 年则有所反弹，回升至 291.4 亿美元，占比达到

27.1%；2011—2015年，人民币未偿还债券工具余额持续超过港元、美元和其他币种的余额，而2016年以来人民币金额保持了低于港元而略高于美元的水平；2011—2014年，人民币债务工具成交金额持续增长到了1188.9亿美元，占整个市场比重六成多，而2015—2018年，相应的成交金额持续显著下降到了港元和美元之后，占比仅为19.4%，显示出近年来人民币作为债务工具的萎缩；2019年，人民币债券工具成交金额大幅回升，但仍次于美元债务工具成交金额居于第3位。2020年人民币债券成交额仅次于港元债券，至2021年，人民币债券成交占比快速回升至54.3%，年化成交额达1072.8亿美元等值，创2014年以来新高，并超过港元债券。

10.2.2 香港人民币货币市场及国际比较

货币市场是指期限在一年以内的金融资产交易的市场。中国香港货币市场规模较小，表10-3（包括了香港期限一年以内人民币和其他货币债务工具的托管/结算余额）为我们了解香港人民币货币市场提供了必要的素材。表10-3相应的期限在一年以内的各种货币债务工具数据显示，2012—2015年，香港人民币短期债券金额超过港元和美元相应的金额，为香港最活跃的货币市场货币，然而2016—2018年人民币短期债券金额先后被港元和美元超过，成为香港货币市场港元和美元后排名第3位的货币。但是到了2019年，人民币再次反超美元，仅次于港元。

表10-3 香港中央结算系统托管的1年及1年以下期限的人民币、美元、港元和其他货币的所有债务工具余额（2011—2021年）

单位：亿美元、%

年份＼货币	人民币	美元	港元	其他外币	合计	人民币占比
年底余额						
2011	108.2	49.5	140.3	8.9	306.9	35.2
2012	205.4	110.8	177.1	2.3	495.6	41.4
2013	341.3	120.7	155.9	2.0	620.0	55.1

续表

年份＼货币	人民币	美元	港元	其他外币	合计	人民币占比
年底余额						
2014	265.0	126.7	159.0	0.3	551.0	48.1
2015	222.1	146.2	197.9	4.7	570.8	38.9
2016	197.8	136.7	231.1	11.0	576.6	34.3
2017	119.8	178.3	232.0	11.9	542.0	22.1
2018	125.1	140.1	214.1	4.6	483.8	25.9
2019	180.4	145.0	191.2	14.1	530.6	34.0
2020	202.1	123.1	322.6	5.8	653.7	30.9
2021	208.0	70.3	230.5	3.8	512.6	40.6

数据来源：香港金管局网站 www.hkma.gov.hk。

10.3　主要货币在国际债券市场的规模及比较

不同货币在国际债券市场的发行量、存量和流动性在一定程度上也反映出该货币的国际化程度。本节将简单介绍主要国际货币国际债券发行规模、占比和排名，帮助理解不同货币在国际债券市场的作用，进而了解人民币国际债券在全球的地位。

10.3.1　欧元和美元在国际债券市场的规模和占比比较

在欧元推出后的第五年，即2003年，以欧元发行的浮动利率、固定利率和股权相关的国际债券总额首次超过了以美元发行的相应的国际债券存量，2003—2014年的12年欧元国际债券存量持续超过了美元的国际债券存量，显示了欧元在国际债券市场上的重要地位。表10-4给出了2007—2021年15种主要货币的国际债券存量。

表 10－4　主要货币国际债券存量比较（2007—2021 年）　　单位：亿美元、%

货币/年份	2007	2009	2011	2013	2015	2017	2018	2019	2020	2021	2030*	2011—2021 年年均增速
美元	5679.6	6226.5	6905.1	8173.8	9211.3	10672.7	11144.3	11737.6	12155.5	13124.3	22486.3	6.63
欧元	8807.7	10307.9	9580.2	10105.9	8070.9	9293.7	9269.2	9565.6	10798.0	10668.3	12067.0	1.08
英镑	1855.9	2174.3	2021.6	2202.5	2005.7	1962.9	1910.7	2091	2131.4	2211.4	2475.1	0.90
日元	611.8	693.1	759.3	494.6	399.9	426.1	444.3	451.3	448.1	400.6	305.1	－6.19
澳大利亚元	221.2	247	318.7	292.1	257.3	285.3	257.8	259.2	278.6	269.9	306.7	－1.65
瑞士法郎	319.5	378.8	392.4	360.6	258.9	209.5	191.3	189.7	203.1	198.2	145.8	－6.60
加拿大元	259.8	277.5	313	263	146.3	141.9	126.7	142	133.6	143.0	97.4	－7.53
瑞典克朗	49.3	69.2	103.1	132.3	101.1	103	103.8	116.7	151.7	138.6	269.4	3.00
人民币	5.2	11.5	39.1	89.5	125	102.3	107.3	96.6	112.8	123.5	946.0	12.19
港元	81.2	70.5	65.5	63.4	69.3	89.5	108	112.7	120.5	117.4	148.8	6.01
挪威克朗	28.9	51.2	86.3	96.3	59.4	58.3	56.5	73.6	83.9	92.0	193.7	0.64
新加坡元	25.6	28.3	35.3	40.5	41.5	43	39.1	39.8	40.2	38.0	49.0	0.74
墨西哥比索	20.9	16.4	19.7	32.6	26.6	26	30.4	39	36.6	37.2	53.9	6.56
新西兰元	56	44.2	36.6	42.2	42.5	41.7	37.2	32.1	33.5	33.7	24.3	－0.82
巴西雷亚尔	24.5	24.5	46.4	47.9	29.6	28	24.5	20.6	14.1	17.3	13.8	－9.41
总额	18047.1	20621	20722.4	22437.2	20845.2	23483.8	23851.2	24967.2	26969.8	27840.5	40218.0	3.00
前 8 种货币的占比	98.4	98.5	98.1	98	98.2	98.3	98.3	98.3	97.5	97.5	97.0	
美元占比	31.5	30.2	33.3	36.4	44.2	45.4	46.7	47	45.1	47.1	55.9	
欧元占比	48.8	50	46.2	45	38.7	39.6	38.9	38.3	40.0	38.3	30.0	
人民币排名	15	15	12	10	8	9	9	10	10	9	4	

数据来源：国际清算银行网站 www. bis. org；2030 年数据及排名根据 2011 年到 2021 年年均复合增长率和前八大货币占比估算得出。

表 10－4 显示，2015 年开始美元国际债券存额超过了欧元，2021 年美元国际债券存额与欧元国际债券存额差距扩大至 8.8%，表明 2014 年美国退出量化宽松政策后欧元受美元冲击严重。2020 年新冠肺炎疫情席卷全球，美联储重启大规模量化宽松和信贷刺激，美元国际债券存额与欧元国际债券存额差距略为缩小至 5.1%。

表 10－4 和表－1 表明，2014 年之前美元国际债券在全球外汇市场的份额明显低于美元相应份额，而欧元国际债券的份额远高于欧元在全球外汇市场上的份额。但 2014 年以来，美元国际债券在世界外汇市场上的份额仅仅略高于美元份额，而欧元国际债券的份额尽管一直稳步下降却始终明显高于欧元份额。这些结果表明世界最大的两种货币在国际债券市场上的重要性。

10.3.2　其他主要国际货币在国际债券市场的规模和占比比较

表 10－4 显示，尽管英镑国际债券与欧元和美元国际债券有很大的差距，但是仍比其他主要国际货币高出很多，十多年来保持着名副其实的第三大国际债券发行货币；日元、澳大利亚元、瑞士法郎和加拿大元排名从第 4 位到第 7 位。2001—2021 年这前七大国际货币加人民币国际债券发行货币占全球国际债券发行总比保持在 97.5% 的高位，比这些货币同期在全球外汇交易平均占比 85% 还要高出很多，显示主要国际货币在国际债券市场的地位比其在国际外汇市场总体地位更为重要，凸显出国际债券市场被主要国际货币垄断的情况。

10.3.3　其他国家和地区货币在国际债券市场的规模和占比比较

表 10－4 显示，加元 2020 年被瑞典克朗短暂超过后又在 2021 年重新回到了第 7 位，港元和挪威克朗近年来保持了全球第十大和第十一大国际债券发行货币的地位；新加坡元、墨西哥比索、新西兰元和巴西雷亚尔的国际债券存量分别排名第 12 位到第 15 位。

10.4 人民币国际债券市场的规模和境内外机构债券市场的合作

10.4.1 人民币国际债券市场的规模及占比比较

由于国际清算银行公布的2013年第一季度国际债券存量数据中还没有人民币债券发行的数据，本书第四版相应的表格中没有人民币国际债券的数据。值得高兴的是，表10-4的数据显示，2007—2015年人民币在全球国际债券市场排名从第15位持续提高到了第8位；但2015年后由于受美国退出量化宽松政策后人民币兑美元贬值，2019年排名跌至第10位，落后于港元的第9位。2011—2021年，人民币国际债券存量增长到123.5亿美元，复合年增长率为37.27%，人民币与港元债券存量规模差距由2011年的76亿美元收窄至2020年的7.7亿美元，并在2021年超过港元6.1亿美元。

10.4.2 2030年人民币国际债券市场的规模及占比估算

表10-4显示，2011—2021年人民币国际债券余额复合年增长率高达12.19%，是同期前15种货币中最高的，预计人民币国际债券余额将在2030年底达到946.0亿美元，成为第四大国际债券发行货币。与后文表16-5中人民币在2030年成为第4个世界主要货币的结论相匹配。

目前中国的金融市场正在加大对外开放的步伐和力度，历史数据对这些新的政策因素难以反映。如果从中国市场本身巨大的体量和需求来看，考虑到2019年以来我国加快了资本项目的开放速度，外部资金稳定流入我国的债券市场和股票市场，预计未来人民币国际债券与美元、欧元共同占据全球主要货币国际债券存量前三的位置，与表10-4给出的时间相比可能会提前更多。这也反过来印证了采取组合措施深化国内改革以确保国内资本市场对外开放对人民币国际化进程持续快速提高的迫切性。

10.4.3 央行允许境外央行类机构进入银行间外汇市场

中国人民银行允许境外央行类机构可通过人民银行代理、中国银行间外汇市场会员代理以及直接成为中国银行间外汇市场境外会员的三种途径中的一种或多种进入中国银行间外汇市场，开展包括即期、远期、掉期和期权在内的各品种外汇交易，这将有助于境外人民币债券交易和规模的增长。

2017 年 1 月，国家外汇管理局签发《关于进一步推进外汇管理改革完善真实合规性审核的通知》（汇发〔2017〕3 号），既便利了银行间债券市场境外机构投资者管理外汇风险，也是推动债券市场和外汇市场对外开放的改革举措。境外投资者可以在境外人民币市场进行外汇风险管理，并且随着境内外汇市场深度逐步提高，境外投资者可以有条件支持参与境内外汇市场，可在债券和外汇市场进行综合管理。2017 年 7 月，中国人民银行与香港金融管理局发布公告，决定批准香港与内地“债券通”上线。其中，“北向通”于 2017 年 7 月 3 日上线试运行。截至 2022 年 4 月，债券通日均成交量达 311 亿元，单月总成交量达 5911 亿元。这对活跃境内外人民币债券市场和外汇市场都有积极意义。

10.4.4 多家境外机构获准进入中国银行间债券市场

据中国人民银行的数据显示，截至 2020 年 6 月末，共有 456 家包括境外中央银行或货币当局、国际金融机构、主权财富基金、境外商业银行、非银行类金融机构、金融机构产品类投资者的投资管理人等在内的境外机构获准进入银行间债券市场，其中央行类机构 69 家，商业类机构 387 家（直接入市）。此外，还有 561 家境外机构投资者通过“债券通”渠道进入中国银行间债券市场。境外机构进入境内银行间债券市场不仅会活跃境内债券市场，而且对推动境内外人民币债券市场联动和境外人民币债券规模的增加，都有积极意义。

10.4.5 放宽境外机构获准进入中国银行间债券市场的新举措

2016 年 5 月 6 日，中国人民银行公告〔2016〕第 8 号对境内法人类合格机构投资者和非法人类合格机构投资者进入银行间债券市场放宽了限制。该公告明确指出，包括但不限于商业银行、信托公司、企业集团财务公司、证券公司、基金管理公司、期货公司和保险公司等经金融监管部门许可的境内法人类合格机构投资者和包括但不限于证券投资基金、银行理财产品、信托计划等机构投资者均可进入银行间债券市场。保险产品，经基金业协会备案的私募投资基金、住房公积金、社会保障基金、企业年金、养老基金和慈善基金等非法人类合格机构投资者应按规定通过电子化方式向中国人民银行上海总部备案，在中国人民银行认可的登记托管结算机构和交易平台办理开户、联网手续，合格机构投资者完成备案、开户、联网手续后，即成为银行间债券市场的参与者。该公告对活跃国内债券市场和促进境外人民币债券市场的发展发挥了很好的作用。

10.4.6 "债券通"——内地与香港债券市场互联互通合作

债券通的"北向通"于2017年7月3日正式运行，境外投资者可通过债券通直接投资内地银行间债券市场。香港特区行政长官林郑月娥在2018年7月3日的债券通周年论坛上表示，"债券通是深化内地与香港资本市场互联互通的重要里程碑。这是内地第一次允许符合资格的境外投资者通过内地与境外债券市场的基建连接，投资于内地银行间债券市场。债券通的北向交易自启动以来运作畅顺，印证了香港作为国际金融中心，在内地金融市场对外开放方面继续发挥着独特和重要的作用"。

根据债券通公司的数据，截至2020年6月底，一共有2012家境外机构获得央行备案开展投资业务，涵盖33个国家和地区。全球前100家顶级资产管理公司中的72家完成备案入市。根据中国债券信息网的数据，截至2022年3月，境外机构持有银行间债券市场债券总额达35684亿元人民币，占整个银行间债券市场持仓量的4.0%。

10.4.7 近年境外居民持有的人民币债券平稳增长

根据中国人民银行公布的数据，2016—2020年境外居民持有人民币国债的年增长率分别为40.61%、42.77%、32.21%和47.38%，2020年6月至2021年的年增长率为49.19%，达到3.84万亿元或0.59万亿美元。境外居民持有的人民币国债稳步增长，应该会对人民币国际债券产生积极影响。

10.5　离岸人民币外汇即期汇率和波动率

2010年7月境外人民币外汇市场正式开始运营交易。国际外汇市场交易人民币外汇的交易符号为人民币英文单词Chinese Yuan的缩写CNY，而在香港离岸市场上交易的人民币外汇符号为CNH。有些人可能认为CNH中的"H"字母是英文Hong Kong的第一个字母，而香港业内人士却解释为汉字"海外"的汉语拼音Haiwai的第一个字母（罗布特·米肯尼和刘健恒，2013）。两种解释都有一定的道理，而后者更能代表境外人民币汇率的含义。

10.5.1　香港人民币对美元基准汇率

2010年8月，离岸美元对人民币现货即期（USDCNH SPOT）交易正式在香港启动。经过多年实践，香港离岸美元对人民币即期市场具有较好的流动性、市场报价较为连续。随着人民币国际结算地位的提高，伦敦、新加坡等离岸中心也越来越多地参与到离岸人民币交易中。2011年6月香港财资市场公会（The Treasury Markets Association）推出了美元对人民币（香港）即期汇率形成机制[TMA's Spot USD/CNY（HK）Fixing]，成为香港离岸市场美元对人民币即期汇率的基准。该基准是从15家指定银行提供的中间报价中剔除两个最高及两个最低报价，再以平均数定出。该基准汇率的推出不仅对离岸人民币即期市场，而且对离岸人民币远期、期货等其他人民币外汇市场也有很大的参考意义。

10.5.2　离岸和境内人民币对美元即期汇率的比较

境外人民币市场从2010年推出以来，在境内外人民币外汇市场发挥着重要的作用。图10-1给出了2010年8月23日到2022年5月6日境内外人民币对美元的汇率差。

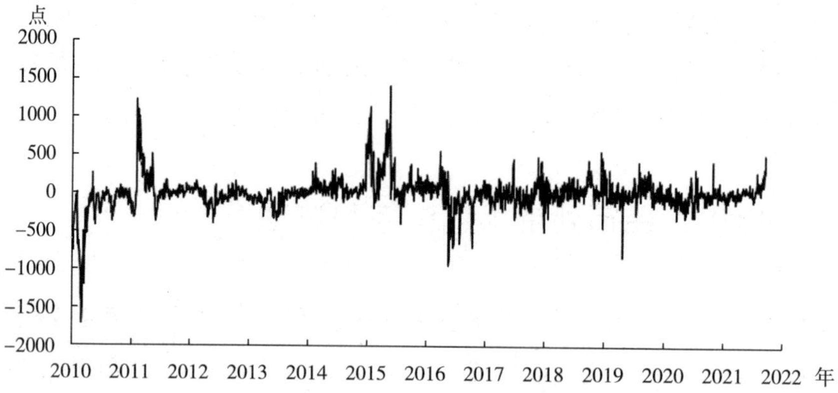

图 10－1　境内外人民币即期汇率点差

（数据来源：根据彭博数据计算 10000 ×（离岸人民币汇率－境内人民币汇率差额）得出）

图 10－1 显示，在 2010 年 8 月 23 日到 10 月 18 日离岸人民币市场推出初期，离岸人民币汇率比境内相应汇率低 1116～1791 点，反映当时离岸市场人民币升值预期较强，境内外汇率差异巨大；2010 年 10 月到 12 月，两者间差异显著缩小；2011 年初到 9 月中旬，两者间差异大多时间保持在－300 点到 0 点之间；2011 年 9 月下旬，离岸人民币汇率比国内相应汇率高出 1000 点左右，反映当时离岸市场人民币贬值预期；2011 年 11 月到 2015 年 8 月初两者间的差距出现缩小的趋势；然而 2015 年 8 月上旬以来，两者间的差异再次扩大，接近 2010 年第三季度的程度。

为了提高市场流动性，2013 年 4 月 25 日，香港金管局宣布放松对人民币净头寸和流动性比率的要求。中国香港授权机构不再需要保持最低的美元对人民币净头寸，可将美元对人民币作为普通外币对进行管理。与此同时，香港金管局宣布取消此前于 2012 年 2 月 9 日和 2012 年 6 月 14 日颁布的人民币流动资产比率的要求。此举大大提高了人民币在香港的流动性，为人民币的国际化和自由兑换作出了重要铺垫。

2015 年 8 月 11 日，中国人民银行发布公告称，为增强人民币对美元汇率中间价的市场化程度和基准性，决定完善人民币对美元汇率中间价报价。自 2015 年 8 月 11 日起，做市商在每日银行间外汇市场开盘前，参考上日银行间外汇市场收盘汇率，综合考虑外汇供求情况以及国际主要货币汇率变化向中国外汇交易中心提供中间价报价，中国人民银行授权中国外汇交易中心公布当日人民币中间价。2015 年 8 月 11 日银行间外汇市场人民币汇率中间价为：1 美元兑人民币 6.2298 元，较上一交易日大涨 1136 个基点，人民币对美元汇率中间价贬值 1.8%。由此引发境内汇率和离岸汇率市场大幅波动，当周人民币境内汇率和离岸汇率分别贬值 2000 个和 2500 个基点左右，两者的汇率差额也拉宽至 500 个基点。2015 年全年人民币对美元汇率贬值 4.7%；进入 2016 年，境内人民币在美元升值的大背景下，继续对美元贬值，2016 年前 11 个月累计贬值 5.7%，同期境外人民币对美元累计贬值 5.8%。2016 年初以来境内外汇差基本稳定在 +/-500 个基点的范围内。

10.5.3　离岸市场人民币即期汇率波动性比较

外汇市场很重要的参数之一是波动率。用图 10-1 给出的数据计算可知，2010 年 10 月到 2015 年 3 月，离岸市场人民币即期汇率的波动率绝大多数时间高于境内人民币即期汇率的波动率，前者平均比后者高出 31.2%。较高的市场波动率是离岸人民币市场活跃的重要原因。2015 年 4 月至 6 月，境外汇率与境内汇率的波动率较为接近，而 2015 年 7 月以后境外汇率的波动率重新加大，7 月至今离岸汇率较境内汇率平均波动率高出 118.2%，显示在央行改革汇率中间价定价前，离岸市场对人民币汇率的分歧逐渐加大，汇率波动率大幅提高。

10.6　离岸市场人民币外汇现货/即期市场的流动性

银行间市场通常较难有系统的统计数据，对于起步不久的离岸人民币市场更是如此。第 4 章显示，反映货币国际化的最简洁而且准确的指标是其在全球外汇市场的流动性，因此我们用很大的精力挖掘各种数据判断境外人民币市场流动性，目的是要找到合理数据，进而判断人民币国际化提高的准确程度。

10.6.1 伦敦人民币外汇即期日均成交金额

伦敦外汇联合常设委员会（FXJSC）于2008年开始公布伦敦市场每年4月和10月人民币外汇即期市场日均成交金额数据。表10－5给出了2010年4月到2021年10月人民币外汇即期市场日均成交金额。表10－5显示，2010年10月到2016年10月，伦敦人民币外汇即期日均成交金额增长了23倍到194.0亿美元，年均复合增长率高达69.8%；2015年10月伦敦人民币外汇即期日均成交金额177.4亿美元，首次超过了同期中国香港日均成交金额162.7亿美元，成为最活跃的境外人民币外汇即期市场；2019年4月又累计到354.4亿美元，2016年4月至2019年年复合增长率24.1%，高于任何其他离岸市场人民币即期成交额的增速。2020年受新冠肺炎疫情影响，2020年4月日均成交额跌至215亿美元，但仍超过中国香港78.7亿美元的日均成交额，可见伦敦人民币即期外汇市场的重要性。

表10－5　境外主要人民币中心人民币外汇现货/即期市场日均成交金额（2010—2021年） 单位：亿美元、%

时间/市场	伦敦	中国香港	新加坡	纽约	东京	境外合计
2010年4月	6.1	15.7	18.9		0.3	41.0
2010年10月	8.1	25.1	20.3			53.5
2011年4月	10.1	34.6	21.7		0.3	66.7
2011年10月	15.2	44.0	23.1			82.3
2012年4月	13.0	53.4	24.6		0.6	91.6
2012年10月	17.4	62.9	26.0		2.8	109.0
2013年4月	33.5	72.3	27.4		3.4	136.6
2013年10月	36.8	90.4	36.0		3.9	167.0
2014年4月	94.0	108.4	44.5		5.3	252.3
2014年10月	121.5	126.5	53.1		8.3	309.4
2015年4月	140.8	144.6	61.7		8.6	355.7
2015年10月	177.4	162.7	70.3		21.2	431.6
2016年4月	185.5	180.8	78.9	14.2	10.5	469.8
2016年10月	194.0	167.9	81.5	20.0	18.5	481.8

续表

时间/市场	伦敦	中国香港	新加坡	纽约	东京	境外合计
2017年4月	136.1	123.3	96.3	14.3	10.5	380.5
2017年10月	282.4	107.5	89.4	27.6	14.8	521.7
2018年4月	314.9	131.0	88.3	37.4	21.3	592.9
2018年10月	305.8	119.2	91.4	44.2	18.3	578.9
2019年4月	354.4	103.3	94.4	55.1	19.1	626.3
2019年10月	257.6	87.5	68.0	37.4	22.4	472.9
2020年4月	215.0	78.7	105.7	37.8	25.1	462.3
2020年10月	371.8	149.1	123.3	78.0	43.1	765.4
2021年4月	341.6	153.5	145.0	54.7	22.1	716.9
2021年10月	300.8	143.4	178.5	60.2	20.5	703.4
2010年	7.1	20.4	19.6		0.2	47.3
2011年	12.7	39.3	22.4		0.2	74.5
2012年	15.2	58.1	25.3		1.7	100.3
2013年	35.2	81.3	31.7		3.7	151.8
2014年	107.8	117.5	48.8		6.8	280.9
2015年	159.1	153.6	66.0		14.9	393.7
2016年	189.7	174.3	80.2	17.1	14.5	475.8
2017年	209.2	115.4	92.9	20.9	12.7	451.1
2018年	310.3	125.1	89.9	40.8	19.8	585.9
2019年	306.0	95.4	81.2	46.2	20.8	549.6
2020年	293.4	113.9	114.5	57.9	34.1	613.9
2021年	321.2	148.4	161.8	57.5	21.3	710.1
2010年到2016年平均复合增长率	72.9	43.0	26.4		114.2	46.9
2016年到2021年平均复合增长率	11.1	-3.2	15.1	27.4	8.0	8.3

数据来源：英国数据来自伦敦外汇联合常务委员会（FXJSC）www.bankofengland.co.uk；中国香港资料来自香港财资市场公会（HKTMA）网站 www.tma.org.hk；新加坡数据来自新加坡金融管理局网站 www.mas.gov.sg；美国数据来自纽约联储网站 www.newforkfed.org；日本数据来自东京外汇市场委员会网站 www.fxcmtky.com。

10.6.2 香港特区人民币外汇即期日均成交金额

根据香港金管局公布的2010年4月到2021年10月香港人民币外汇日均成交金额数据，2010年4月到2013年4月，香港人民币外汇即期交易日均成交金额从15.7亿美元猛增到了72.3亿美元，年复合增长率高达66.4%；2013年4月到2016年4月又增长到了180.8亿美元，年复合增长率减缓到了35.7%，2016年4月到2020年4月，人民币多年的升值周期结束，人民币即期日均成交额逐年下降至100亿美元左右，2020年4月受疫情影响下降至78.7亿美元。表10－5给出了2010年4月以来相关人民币外汇即期日均成交金额数据显示，2015年10月香港人民币外汇即期日均成交金额就被伦敦超过，2020年4月被新加坡超过，2020年10月和2021年4月反超新加坡后又在2021年10月再次被新加坡超过，显示出中国香港和新加坡在人民币外汇即期市场上势均力敌的竞争态势，表明中国香港是境外人民币外汇即期市场仅次于伦敦的前三大中心。

尽管香港金融管理局在其三年一度的外汇报告中公布了2010年4月至2019年4月在香港的人民币外汇日均成交量，而香港财资市场公会（HKTMA）自此发布了半年期人民币外汇成交量数据，但HHMA和HKTMA均未发布人民币外汇即期成交量的具体数据。因此，我们必须使用2010—2021年的人民币外汇成交总额和即期总成交额/外汇总成交额的比率来估算人民币外汇即期成交额。例如，即期日均成交总额分别为438亿美元和512亿美元，2010年4月和2013年4月分别在香港外汇市场交易，2010年4月和2013年4月的外汇日总成交额分别为2376亿美元和2742亿美元。因此，2010年4月和2013年4月，香港外汇市场的日均成交量/总外汇日均成交量的平均比率分别为18.43%和18.67%。假设香港外汇市场所有货币的即期成交额/外汇成交额保持不变，我们可以使用人民币外汇日均成交总额来估算人民币在香港的即期日成交额，得到2010年4月人民币在香港的即期日成交额为18.43% × 108 = 19.9亿美元，同样2013年4月人民币在香港的即期日成交额为18.67% × 49.1 = 9.17亿美元，表10－5给出了估算的平均日成交量人民币即期外汇交易成交额。

表10－5显示，2010年4月至2016年4月，香港人民币现货日成交量的累计年均复合增长率为50.27%，低于伦敦相应的76.72%的年均复合增长率。2016年4月至2021年4月，香港人民币现货日成交复合年增长率为－3.22%，也低于伦敦12.99%的相应复合年增长率；然而，2019年4月至2021年4月，香港人民币现货日成交的复合年增长率为21.90%，高于伦敦相应的复合年增长率－1.80%。

10.6.3 新加坡、美国和日本人民币外汇即期日均成交金额

表10－5显示，新加坡在2010年4月至2013年10月期间一直是第二大离岸人民币即期外汇交易中心，但在2013年4月至2021年10月期间被伦敦取代。纽约在2016年4月人民币即期日均成交额达到14.2亿美元，超过东京的10.5亿美元，此后一直保持离岸人民币现货交易的第四位。纽约在2016年4月至2021年4月累计年均复合增长率最高为30.96%，可能在两三年内取代新加坡成为第三大离岸人民币即期交易中心。

表10－5还显示，尽管2010年4月至2016年4月东京人民币即期交易的复合年增长率高达80.86%，但相应的复合年增长率在2016年4月至2021年4月下降至16.05%，显示出未来几年人民币即期外汇交易在日本市场仍有发展潜力。

10.6.4 SWIFT RMB Tracker 每月现货数据的问题

自2012年1月以来，环球银行金融电信协会（SWIFT）一直在提供包括人民币在内的主要货币的国际支付份额和贸易融资份额的月度数据。SWIFT在主要离岸人民币中心的人民币月度支付数据也提供了很大帮助。然而SWIFT的“主要经济体的人民币即期交易”数据可能会存在误导。例如，2021年4月，英国、中国、美国和中国香港在“主要经济体的人民币即期交易”的份额分别为35.28%、15.57%、12.59%和10.92%（RMB Tracker，May 2021）。因此，在英国按价值计算的人民币即期交易应该是中国（大陆）

人民币即期交易的 15.57%/12.57% =1.24 倍。然而，2021 年 7 月，根据中国国家外汇管理局（SAFE）公布的数据，中国（大陆）人民币即期日均成交额为 546.3 亿美元，而英国央行外汇联席常务委员会（FXJSC）公布的人民币即期日均成交额仅为 341.6 亿美元，仅为中国外管局公布的 546.3 亿美元的 62.5%，显示 SWIFT 的数据仍有颇多问题。

10.7 离岸人民币外汇衍生品市场的流动性

10.6 节介绍了全球主要人民币中心的人民币即期交易，本节将重点介绍主要人民币离岸中心的人民币远期、外汇掉期、货币掉期和外汇期权的日均成交量。表 10 -6 给出了 2010 年 4 月至 2021 年 10 月主要离岸人民币中心的人民币衍生品日均成交量。

表 10 -6 境外人民币外汇衍生品市场日均成交金额

（2010 年 4 月至 2021 年 10 月） 单位：亿美元、%

时间/市场	伦敦	中国香港	新加坡	美国	日本	境外合计
2010 年 4 月	61.9	93.4	59.6		0.8	215.6
2010 年 10 月	74.9	148.2	84.8			307.9
2011 年 4 月	81.6	203.1	110.1		3.2	398.0
2011 年 10 月	100.7	257.9	135.4			494.0
2012 年 4 月	106.6	312.7	160.7		2.3	582.3
2012 年 10 月	92.9	367.6	186.0		3.5	649.9
2013 年 4 月	157.9	422.4	211.3		2.9	794.4
2013 年 10 月	145.8	450.4	233.8		4.6	834.6
2014 年 4 月	263.2	478.3	256.3		8.1	1006.0
2014 年 10 月	221.7	506.3	278.9		9.9	1016.7
2015 年 4 月	275.6	534.2	301.4		12.8	1124.1
2015 年 10 月	251.2	562.2	323.9		19.8	1157.2
2016 年 4 月	214.1	590.2	346.5	56.6	15.3	1222.7
2016 年 10 月	208.7	629.8	333.0	51.8	11.2	1234.6
2017 年 4 月	207.3	669.5	319.6	42.5	8.4	1247.2

续表

时间/市场	伦敦	中国香港	新加坡	美国	日本	境外合计
2017 年 10 月	251. 3	709. 1	306. 2	39. 5	8. 6	1314. 7
2018 年 4 月	307. 3	748. 8	292. 7	32. 8	9. 9	1391. 5
2018 年 10 月	422. 9	788. 4	279. 3	53. 7	15. 6	1559. 9
2019 年 4 月	428. 4	828. 1	265. 8	55. 9	13. 0	1591. 2
2019 年 10 月	333. 1	867. 7	252. 4	48. 1	18. 1	1519. 4
2020 年 4 月	326. 8	439. 9	361. 3	44. 5	15. 7	1188. 1
2020 年 10 月	473. 2	716. 7	446. 7	61. 5	19. 0	1717. 1
2021 年 4 月	456. 7	686. 3	552. 2	64. 4	21. 6	1781. 1
2021 年 10 月	463. 9	670. 3	675. 2	67. 1	18. 6	1895. 1
2010 年	68. 4	120. 8	72. 2		0. 4	261. 8
2011 年	91. 2	230. 5	122. 8		1. 6	446. 0
2012 年	99. 7	340. 2	173. 3		2. 9	616. 1
2013 年	151. 8	436. 4	222. 5		3. 8	814. 5
2014 年	242. 4	492. 3	267. 6		9. 0	1011. 3
2015 年	263. 4	548. 2	312. 7		16. 3	1140. 6
2016 年	211. 4	610. 0	339. 8	54. 2	13. 3	1228. 6
2017 年	229. 3	689. 3	312. 9	41. 0	8. 5	1280. 9
2018 年	365. 1	768. 6	286. 0	43. 3	12. 8	1475. 7
2019 年	380. 8	847. 9	259. 1	52. 0	15. 6	1555. 3
2020 年	400. 0	578. 3	404. 0	53. 0	17. 4	1452. 6
2021 年	460. 3	678. 3	613. 7	65. 7	20. 1	1838. 1
2010 年到 2021 年平均复合增长率	18. 9	17. 0	21. 5	3. 9	42. 8	19. 4

数据来源：同表 10 - 5。

表 10 - 6 显示，香港人民币外汇衍生品日均成交额一直保持在五大人民币离岸中心中最高。

10. 8　境外人民币外汇市场日均成交金额

结合表 10 - 5 中主要离岸人民币中心的人民币外汇即期交易日均成交量

和表10－6中相应的人民币外汇衍生品日均成交量，我们可以很容易地找到主要离岸人民币中心总体人民币外汇交易的日均成交量。表10－7给出了具体结果。

表10－7　主要离岸人民币中心人民币外汇交易日均成交量（2010—2021年）

单位：亿美元、%

时间/市场	伦敦	中国香港	新加坡	纽约	东京	境外合计
2010年4月	68.0	109.1	78.5	0.0	1.1	256.6
2010年10月	83.0	173.3	105.2	0.0	0.0	361.5
2011年4月	91.7	237.6	131.9	0.0	3.5	464.7
2011年10月	115.9	301.9	158.6	0.0	0.0	576.4
2012年4月	119.6	366.2	185.2	0.0	2.9	673.9
2012年10月	110.3	430.4	211.9	0.0	6.3	758.9
2013年4月	191.4	494.7	238.6	0.0	6.3	931.0
2013年10月	182.6	540.7	269.8	0.0	8.5	1001.6
2014年4月	357.2	586.8	300.9	0.0	13.4	1258.2
2014年10月	343.2	632.8	332.0	0.0	18.2	1326.2
2015年4月	1111.3	835.6	301.4	0.0	21.4	1479.8
2015年10月	1137.4	886.1	323.9	0.0	41.0	1588.8
2016年4月	399.6	770.9	425.3	70.8	25.8	1692.5
2016年10月	402.7	797.7	414.5	71.9	29.7	1716.4
2017年4月	343.4	792.8	415.9	56.8	18.9	1627.7
2017年10月	533.6	816.6	395.6	67.1	23.4	1836.3
2018年4月	622.2	879.7	381.0	70.2	31.2	1984.4
2018年10月	728.7	907.6	370.7	97.9	33.9	2138.8
2019年4月	782.8	931.4	360.2	111.0	32.1	2217.6
2019年10月	590.7	955.2	320.4	85.4	40.5	1992.3
2020年4月	541.8	805.5	274.8	82.3	36.8	1741.1
2020年10月	845.0	865.8	570.0	139.5	62.1	2482.5
2021年4月	798.2	839.8	697.2	119.1	43.7	2498.0
2021年10月	764.7	813.7	853.8	127.3	39.1	2598.5
2010年	75.5	141.2	91.8	0.0	0.6	309.0
2011年	103.8	269.7	145.2	0.0	1.8	520.5

续表

时间/市场	伦敦	中国香港	新加坡	纽约	东京	境外合计
2012 年	114. 9	398. 3	198. 6	0. 0	4. 6	716. 4
2013 年	187. 0	517. 7	254. 2	0. 0	7. 4	966. 3
2014 年	350. 2	609. 8	316. 4	0. 0	15. 8	1292. 2
2015 年	1124. 3	860. 9	312. 7	0. 0	31. 2	1534. 3
2016 年	401. 1	784. 3	419. 9	71. 3	27. 8	1704. 4
2017 年	438. 5	804. 7	405. 8	61. 9	21. 2	1732. 0
2018 年	675. 4	893. 7	375. 9	84. 1	32. 6	2061. 6
2019 年	686. 8	943. 3	340. 3	98. 2	36. 3	2104. 9
2020 年	541. 8	805. 5	274. 8	82. 3	36. 8	1741. 1
2021 年	781. 5	826. 7	775. 5	123. 2	41. 4	2548. 2
2010 年到 2016 年平均复合增长率	72. 9	43. 0	26. 4		114. 2	46. 9
2016 年到 2021 年平均复合增长率	11. 1	-3. 2	15. 1	27. 4	8. 0	8. 3

数据来源：增加表 10 -5 即期成交量和表 10 -6 衍生品成交量。

10. 8. 1　香港平均每日人民币外汇成交额

表 10 -7 显示，尽管香港自 2015 年 4 月失去离岸人民币即期交易第一的位置，但香港仍是最早、最重要的离岸人民币结算和交易中心，但仍保持最活跃的人民币外汇交易超过所有五个主要中心总成交金额的 50%。

10. 8. 2　伦敦人民币外汇日均成交量

表 10 -7 显示伦敦自 2017 年 10 月起取代新加坡成为第二大人民币外汇交易市场。2021 年，伦敦占五大离岸人民币中心的人民币外汇交易份额为 30. 7%，较 2010 年的 24. 4% 增长 6. 3%，显示出人民币外汇交易在伦敦的稳定增长。

10. 8. 3　新加坡人民币外汇日均成交量

自 2013 年以来，新加坡一直保持着亚洲最大的外汇交易中心，以及仅次于中国香港和伦敦的第三大离岸人民币交易中心。随着中国与东盟贸易的稳步增长，新加坡作为第三个人民币离岸存款中心，在未来几年其人民币外汇交易进一步增长的潜力十分巨大。

10.9 境内外人民币外汇市场比较及问题

从表 10－7 中前五名离岸人民币中心日均成交量和对应的中国大陆日均人民币日均成交量可以看出，国际清算银行公布的全球人民币日均成交量存在严重问题。表 10－8 给出了 2010 年 4 月至 2021 年 10 月中国大陆人民币日均成交量、五个主要离岸人民币中心的人民币日均成交量、全球人民币日均成交量总和。

表 10－8 境内外人民币中心日均成交金额比较（2010 年 4 月至 2021 年 10 月）

单位：亿美元

人民币中心/时间	2010 年	2013 年	2016 年	2017 年	2018 年	2019 年	2020 年	2021 年
境内	272.9	488.4	748.0	881.2	1109.3	1346.5	1096.3	1474.7
中国香港	141.2	517.7	784.3	804.7	893.7	943.3	805.5	826.7
新加坡	91.8	254.2	419.9	405.8	375.9	340.3	274.8	775.5
伦敦	75.5	187.0	401.1	438.5	675.4	686.8	541.8	781.5
美国			71.3	61.9	84.1	98.2	82.3	123.2
日本	0.6	7.4	27.8	21.2	32.6	36.3	36.8	41.4
前 5 名离岸中心总和	309.1	966.3	1704.4	1732.1	2061.7	2104.9	1741.1	2548.3
离岸总额（BIS）	69.7	711.6	1272.2			503.8		
全球总额（BIS）	342.6	1200.0	2020.2			1850.3		
离岸前 5 名以外的其他离岸	－239.4	－254.7	－432.2			－1601.1		
在岸和 5 个离岸中心的总和	582.0	1454.7	2452.4			3451.4		
中国大陆/五大中心之和	0.88	0.51	0.44			0.64		

数据来源：人民币日均成交数据采用中国国家外汇管理局（www.safe.gove.cn）发布的数据计算；离岸人民币中心前五位数据见表 10－7；全球人民币总量数据来自国际清算银行 2010 年、2013 年、2016 年和 2019 年三年一次的调查。

10.9.1　境内外人民币外汇市场的比较

表10－8显示，2010年4月中国香港、新加坡、伦敦和日本的人民币日均外汇成交总额为309.1亿美元，约为同期中国人民币日均成交额272.9亿美元的1.13倍。然而，离岸人民币日均外汇交易总额在2010年至2013年间以116.94%的年均复合增长率增长至711.6亿美元，几乎是中国（大陆）同期21.41%的年均复合增长率的五倍，在2013年4月首次超过境内平均每日交易额488.4美元。5个主要离岸人民币中心2013年4月至2016年4月的复合年增长率为20.82%，高于同期中国（大陆）的相应复合年增长率15.27%。2016年4月，离岸人民币中心交易额达到1704.4亿美元，比同期在岸人民币日均成交额748.0美元高出127.86%。

由于五个主要离岸人民币中心2016年4月至2021年4月的复合年增长率为8.38%，低于同期中国大陆14.54%的相应复合年增长率，5个主要离岸中心的日均总成交额在2021年4月增至2548.3亿美元，同时比相应的在岸人民币日均日成交额1474.7亿美元高出72.80%。

10.9.2　BIS数据中离岸人民币外汇成交金额问题

国际清算银行（BIS）公布的2010年4月全球人民币日均成交额342.6亿美元与中国大陆同期人民币日均成交额272.9亿美元的差额69.7亿美元，应当是真正的所有离岸人民币中心的人民币日均成交总额。不过，这一离岸人民币日均成交总额69.7亿美元，比相应的五个主要离岸人民币中心的人民币日均成交总额309.1美元低239.4亿美元，说明BIS数据存在严重问题。类似的计算显示，2013年4月、2016年4月和2019年4月，其他离岸人民币中心的日均成交总额分别为－254.7亿美元、－432.2亿美元和－1601.1亿美元，表明国际清算银行的全球人民币日均成交额存在问题。

10.10　境外人民币外汇交易金额在主要境外人民币中心的分布

第9章介绍了20多个离岸人民币中心。本节将简要介绍主要人民币中心的人民币外汇交易额分布。

10.10.1 2013—2019年离岸人民币外汇交易额全球分布

表10-9给出了国际清算银行2013年4月至2019年4月发布的全球27个国家和地区人民币外汇交易额的全球分布情况。

表10-9 27个国家和地区人民币日均外汇成交量分布

（2013年4月至2019年4月） 单位：亿美元

时间和变化	2013年4月		2016年4月		2019年4月		2013年到2019年变化	
国家或地区	成交金额	占比（%）	成交金额	占比（%）	成交金额	占比（%）	增加金额	年均增长幅度（%）
中国香港	494.7	33.52	770.9	30.21	1076.2	29.78	581.5	13.83
中国	335.2	22.71	553.5	21.69	1012.3	28.01	677.1	20.23
新加坡	238.6	16.17	425.3	16.67	425.7	11.78	187.1	10.13
英国	242.8	16.45	391.5	15.34	566.7	15.68	323.9	15.17
美国	86.2	5.84	242.4	9.50	298.6	8.26	212.4	23.01
中国台湾	25.7	1.74	39.9	1.56	36.5	1.01	10.8	6.02
日本	6.8	0.46	28.2	1.10	32.2	0.89	25.4	29.59
韩国	2.0	0.13	26.4	1.03	31.2	0.86	29.2	58.07
澳大利亚	9.2	0.63	21.6	0.85	22.2	0.62	13.0	15.81
德国	4.9	0.33	15.8	0.62	8.1	0.23	3.2	8.74
法国	11.9	0.81	10.4	0.41	19.3	0.53	7.4	8.39
瑞士	2.9	0.19	6.8	0.26	44.4	1.23	41.5	57.58
加拿大	0.4	0.03	6.1	0.24	9.8	0.27	9.4	70.42
马来西亚	1.5	0.10	2.3	0.09	2.4	0.07	0.9	8.15
荷兰	3.9	0.27	1.6	0.06	12.0	0.33	8.1	20.60
卢森堡	3.7	0.25	1.3	0.05	1.9	0.05	-1.8	-10.51
俄罗斯	0.2	0.01	1.2	0.05	2.3	0.06	2.1	50.24
印度尼西亚	0.0	0.00	1.1	0.04	1.0	0.03	1.0	-3.13
巴西	0.1	0.01	0.9	0.03	0.8	0.02	0.7	41.42
泰国	1.6	0.11	0.8	0.03	1.8	0.05	0.2	1.98
意大利	0.1	0.00	0.8	0.03	1.6	0.04	1.5	58.74

续表

时间和变化	2013 年 4 月		2016 年 4 月		2019 年 4 月		2013 年到 2019 年变化	
国家或地区	成交金额	占比（%）	成交金额	占比（%）	成交金额	占比（%）	增加金额	年均增长幅度（%）
瑞典	0.1	0.01	0.8	0.03	0.1	0.00	0.0	1.17
西班牙	1.0	0.07	0.7	0.03	0.8	0.02	-0.2	-3.65
比利时	1.3	0.09	0.3	0.01	0.5	0.01	-0.8	-14.72
菲律宾	0.0	0.00	0.2	0.01	0.4	0.01	0.4	25.99
印度	0.0	0.00	0.2	0.01	0.4	0.01	0.4	25.99
南非	0.0	0.00	0.2	0.01	1.0	0.03	1.0	71.00
其他	0.8	0.05	0.6	0.02	3.7	0.10	2.9	29.08
总计	1475.7	100.00	2551.9	100.00	3613.9	100.00	2138.2	16.10
五个离岸人民币中心	1069.1	72.44	1858.3	72.82	2399.4	66.39	1330.3	14.42
其余离岸人民币市场	71.4	4.84	140.1	5.49	202.2	5.60	130.8	18.95

数据来源：国际清算银行2013 年4 月、2016 年4 月、2019 年4 月全球银行间外汇市场分国别和币种的日均“净总额”成交数据；“总计”数据是国际清算银行按国家和货币分列的 2013 年 4 月、2016 年 4 月和 2019 年 4 月全球外汇市场日均“净净（net-net）”成交额数据。

比较表 10-8 和表 10-9 中的人民币日成交量，我们可以发现严重的问题。首先，很容易看出表 10-8 和表 10-9 中中国人民币日均成交量与表 10-9中五个主要离岸人民币中心的差异，结果如表 10-10 所示。

表 10-10　人民币主要中心日均成交量差异（2013 年 4 月至 2019 年 4 月）

单位：亿美元

差异	金额差异			百分比差异		
人民币中心	2013 年 4 月	2016 年 4 月	2019 年 4 月	2013 年 4 月	2016 年 4 月	2019 年 4 月
中国	-153.2	-194.5	-334.2	-45.70	-35.14	-33.01
中国香港特别行政区	72.3	180.7	8.2	14.61	23.44	0.76
新加坡	0.0	0.0	118.9	-0.01	-0.01	27.94
英国	144.6	42.9	-136.3	59.55	10.95	-24.05
美国	86.2	171.6	187.6	100.00	70.79	62.83
日本	2.8	12.9	0.3	40.44	45.74	0.93
总计	152.6	213.5	-155.5	10.87	8.85	-4.56

数据来源：同表 10-8 和表 10-9。

尽管由于数据调查方法的原因，表 10 - 9 中的日均成交量与表 10 - 8 中的数据没有直接可比性，但中国和美国的巨大差异显然不是统计上的误差，而是错误。

10.10.2 2019 年离岸人民币外汇交易额分布

表 10 - 9 显示，虽然中国香港人民币外汇交易额占比从 2016 年的 30.21% 小幅下降至 2019 年的 29.78%，但仍处于领先地位；2019 年英国超越新加坡成为第二大离岸人民币交易中心；新加坡跌至第 3 位；美国在 2016 年和 2019 年（见表 10 - 8）成为第四大离岸人民币交易中心；2019 年瑞士、中国台湾、日本和韩国分别排在离岸人民币交易的第 5 位至第 8 位；澳大利亚、法国、荷兰、加拿大和德国在 2019 年分别占据离岸人民币交易中心排名第 9 位至第 12 位。其他国家和地区的人民币外汇日均成交量较小，不到 10 亿美元。

10.10.3 2013—2019 年离岸人民币外汇交易的重大变化

表 10 - 9 显示，加拿大、韩国和瑞士的年均增速分别达到 68.5%、58.2% 和 58.0%，帮助加拿大、韩国和瑞士的排名从 2013 年的第 18、第 13 和第 12 位在 2019 年上升到第 12、第 8 和第 5 位；日本、美国、荷兰、澳大利亚人民币外汇日均交易日均增速分别达到 29.59%、23.01%、20.60% 和 15.81% 的高增速；中国香港、英国和新加坡三大离岸人民币中心这 6 年平均增速分别为 13.83%、15.17% 和 10.13%，均低于同期全球年均增速。这表明三大中心基数高，增速自然呈下降趋势。除了上述大部分国家和地区人民币外汇交易量大幅增长外，比利时、卢森堡、西班牙等国人民币外汇市场均出现不同程度的下滑，年均分别下滑 14.72%、10.51% 和 3.65%。

10.10.4 国际清算银行数据问题

表 10 - 9 中的 2013 年 4 月、2016 年 4 月和 2019 年 4 月境内人民币外汇日均成交额分别为 335.2 亿美元、553.5 亿美元和 1012.3 亿美元，低于国家外汇管理局（外管局）公布的数据；平均差异超过 30%，不容忽视。2013 年 4

月、2016 年 4 月和 2019 年 4 月，全球人民币外汇日均成交总额分别为 1475. 7 亿美元、2551. 9 亿美元和 3613. 9 亿美元，高于如图 4 – 1 所示的总和。这种明显的偏差不仅会导致对不同离岸人民币中心的发展产生误判，也会导致对近年来人民币国际化相对于其他主要货币的整体进展的误判。

10. 11　国际清算银行境外人民币外汇日均成交金额数据的水分

2013 年出版的本书第四版已经注意到了国际清算银行公布的当年全球人民币外汇日均成交金额数据存在一定水分，以及导致当年人民币排名过高的问题，且本书前几版利用了当时可以获得的几乎所有境内外相关数据对国际清算银行公布的人民币外汇交易数据的水分进行了分析和估算。这里我们利用国际清算银行和其他监管当局公布的 2010—2019 年人民币外汇交易数据，进一步估算 2010—2019 年国际清算银行人民币数据的水分程度，从而让我们对近年来人民币国际化程度的推进有更为准确的把握。

10. 11. 1　2010 年国际清算银行数据

表 10 – 8 显示，2010 年 4 月，香港离岸人民币市场尚未启动，然而香港、新加坡和伦敦人民币外汇市场日均成交金额就已分别高达 141. 2 亿美元、91. 8 亿美元和 75. 5 亿美元，加上同期境内人民币外汇市场日均成交金额 272. 9 亿美元和日本人民币日均成交金额 0. 6 亿美元（见表 10 – 8），比国际清算银行公布的同期境内外人民币外汇市场日均成交金额 342. 6 亿美元高 69. 88%；然而香港于 2010 年 7 月才签署了香港人民币清算新协议，所以 2010 年 4 月香港人民币外汇市场日均成交金额应该有限，且当时伦敦的人民币资金规模应该更为有限，伦敦 75. 5 亿美元的人民币日均成交金额令人难以置信。

10. 11. 2　国际清算银行 2013 年 4 月的人民币外汇交易数据的合理估算

由于很多境外人民币中心希望提高自己在人民币市场中的地位，夸大人民币市场成交数据即可达到目的。国际货币结算支付功能、计价功能和储备三大功能中，近年来人民币在跨境结算支付方面取得了显著的进展，而计价功能和储备功能却进展相对缓慢。图3－1相应的数据显示，2013年4月人民币跨境支付世界占比仅为0.69%，全球排名也仅为第13位。所以，2013年4月以外汇占比度量的人民币国际化整体排名不会高于表4－1给出的第9位，整体排名不可能比跨境支付排名高出4位。

表4－1显示，2016年4月人民币外汇交易全球占比为4.0%，全球排名为第8位，比表3－2给出的同期人民币全球跨境支付排名第6低了两位；2013年4月，境外人民币市场发展的程度应该不如2016年，2013年4月人民币全球跨境支付排名第13位，那么2013年4月人民币在全球外汇市场的成交金额占比最高排名第15位应该较为合适，相应的人民币日均成交金额应该在同期排名第15位的土耳其里拉日均成交金额706.6亿美元和同期排名第14位的新加坡元日均成交金额747.4亿美元之间，占国际清算银行公布的2013年4月全球人民币外汇日均成交金额1195.6亿美元的59.10%到62.51%，显示2013年国际清算银行公布的该年4月全球人民币外汇日均成交金额的水分应该在37.49%到40.90%。

10.11.3 国际清算银行2016年4月和2019年4月的人民币外汇交易数据的问题

表4－1显示，2016年和2019年国际清算银行公布的4月人民币外汇日均成交金额为2020.2亿美元和2841.9亿美元，全球占比4.0%和5.2%，排名第8位，比图3－1给出的同期人民币国际化程度最大的人民币跨境支付在2016年4月全球第6位和2019年4月全球第5位低了2位和3位，显示国际清算银行公布的2016年4月境内外人民币外汇日均成交金额数据比较合理，而2019年4月的数据则偏差较大，其主要原因在于国际清算银行对部分地区的人民币外汇成交金额统计偏低，本书第12章将会具体分析，经调整后，人民币2019年的实际排名应在加拿大元之上，排名第6位。

10.12 人民币在主要境外中心的排名变化

10.12.1 香港市场

香港金管局和香港财资市场公会公布的数据显示，2010 年 4 月到 2013 年 4 月，人民币在香港外汇市场日均成交金额从 108 亿美元和排名第 7 位提高到了 491 亿美元和仅次于美元和港元排名第 3 位；2016 年 4 月又提高到了 767 亿美元和仅次于美元和日元排名第 3 位；2017 年 4 月略降到了 757 亿美元，成交金额占比 16.8% 分别低于美元、日元和港元的占比 79.1%、21.5% 和 17.0%，排名也降到了美元、日元和港元后的第 4 位；2018 年 10 月，香港人民币外汇成交金额占比 19.5% 超过日元和港元占比 19.0% 和 18.4%，成为仅次于美元的第二货币，但与同期美元占比 95.7% 有巨大的差距；2019 年 4 月和 10 月，人民币占比 16.9% 超过日元占比 15.8%，但却低于港元占比 23.0%，重回美元和港元后的第 3 位；2020 年 4 月占比 17.7% 重新超过港元占比 17.5% 和日元占比 15.8%，重回仅次于美元的修改第二大货币，但与同期美元高达 95.2% 的占比仍有巨大的差距。香港财资市场公会公布的数据显示，从 2020 年 4 月到 2021 年 4 月，人民币一直是香港第二大货币。且香港外汇市场美元与人民币的差距也有所缩小（2020 年 4 月美元在香港外汇市场的份额为 95.4%，比同期相应的人民币份额 17.7% 高 77.7%，但 2021 年 4 月差异收窄至 74.6%）。随着中国大陆经贸的持续稳健增长，今后多年人民币保持仅次于美元的第二大货币地位，而且与美元的差距也会逐步缩小。

10.12.2 新加坡市场

根据新加坡金管局公布的 2013 年 4 月和 2016 年 4 月主要货币在新加坡外汇市场日均成交金额数据，2013 年人民币日均成交金额在新加坡排名从仅次于美元、日元、欧元、澳大利亚元、英镑和新加坡元的第 7 位提高到了 2016

年4月的仅次于美元、日元、欧元、澳大利亚元和英镑的第6位，而且2013—2016年新加坡人民币外汇日均成交金额累计增幅78%，超过了其他所有货币相应的增幅，显示人民币在新加坡市场的活跃度；2017年10月到2018年6月的9个月里，人民币在新加坡外汇市场分别有3个月排名第6位，5个月排名第7位和2018年3月排名第8位，9个月月均排名第7位；2018年7月到2018年12月的6个月里，人民币在新加坡外汇市场分别有4个月排名第6位，2018年7月和9月分别排名第5位和第7位，6个月月均排名第6位；2019年1月到2019年12月的12个月里，人民币有7个月排名第6位，另外分别在2019年1月和2月分别排名第5位和第7位，另外两个月排名第8位，2019年8月排名最高为第4位（分别仅次于美元、欧元和日元），12个月月均排名第6位；2020年1月到6月的6个月里，人民币分别有4个月和2个月分别排名第6位和第7位，6个月月均排名第6位，与同期排名第5位的澳元月均占比差从2019年7月到2019年12月的3.25%缩小到了1.70%，但与排名第4位的新加坡元月均占比仍有较大的差距；2021年4月，新加坡人民币日均成交金额超过了澳元，排名第5位，成为仅低于香港的境外人民币中心的最高排名（根据新加坡金管局公布的2017年10月以来的月度外汇市场数据计算得出）。随着中国与东盟贸易的持续较快增长，人民币有望在今后几年超过新加坡元，进一步提高在新加坡市场的排名。

10.12.3 伦敦市场

伦敦外汇联合常设委员会（FXJSC）的数据显示，2017年10月以来，伦敦人民币日均成交金额超过了新加坡，成为境外第二大人民币交易中心。2010年4月到2013年4月，伦敦人民币外汇日均成交金额从第18位提高到了第16位；而2016年4月提高到了第10位；2017年4月回落到了第11位，2017年10月而2018年4月重回到了第8位，而且2019年4月保持了第8位；2019年10月排名略降至第9位；2020年4月重回第8位。因此，2018年4月以来，人民币大多时间保持了伦敦第8大交易货币的地位，与人民币全球排名相近，但离排名第6位至第7位的澳大利亚元和加拿大元占比仍有较大的差距。随着中国经贸地位的持续提升，特别是中国科技自主能力的持续提升，人民币在伦敦这个全球最大外汇交易中心的地位也将持续提升。

10.12.4　日本市场

根据东京外汇市场委员会公布的数据，2010 年 4 月到 2013 年 4 月，人民币在日本外汇市场日均成交金额排名从第 13 位提高到了第 12 位；2016 年 4 月进一步提高到了第 10 位；2017 年 4 月和 2018 年 4 月略降并保持在第 11 位；2019 年 4 月略降到了第 12 位，而 2020 年 4 月又回升到了第 10 位，2020 年 10 月和 2021 年 4 月分别升至第 8 位、第 9 位，显示出人民币在日本外汇市场的排名在最近几年稳定增长。

10.12.5　美国市场

根据纽联储公布的数据，2016 年 4 月，人民币在纽约外汇市场日均成交金额排名第 15 位；2017 年 4 月和 2018 年 4 月回落到了第 17 位，2018 年 10 月提高到了第 14 位；2019 年 4 月到 2022 年 4 月分别提升到第 12 位和第 10 位，表明人民币在美国外汇市场排名持续略升的良好态势。第 9.7 节给出的 2020 年 9 月至 10 月美国人民币支付占比重超韩国相关数据表明，近期美国人民币交易进一步活跃，人民币有望在 2021 年前后分别超过挪威克朗、瑞典克朗和巴西雷亚尔，成为美国外汇市场第十大交易货币。

10.12.6　人民币在境外外汇市场排名小结

总体来看，近年来人民币在香港排名最高达仅次于美元的第 2 位至第 3 位，远高于人民币在全球外汇市场第 7 位左右的排名；人民币在新加坡排名第 6 位略高于人民币在全球外汇市场第 7 位上下的排名；人民币在伦敦第 8 位左右的排名与人民币在全球外汇市场排名相当；人民币在日本市场第 10 位左右的排名略低于人民币在全球外汇市场第 7 位上下的排名；而人民币在美国第 13 位的排名则显著低于人民币在全球外汇市场的排名，表明人民币在东亚排名最高，在欧洲次之，而在美国为主的美洲最低。这些结果的平均排名与

第12章根据2019年以来人民币在全球主要人民币中心的外汇交易日均金额得出的近年来人民币国际化的准确排名较为接近。

10.13 境内外人民币汇率和远期汇率的相互引导关系

由于境内人民币外汇远期结售汇市场流动性较低以及境内人民币汇率和利率市场化程度有待提高，在2002年境外人民币升值压力产生后一年左右的时间内，境外人民币升值压力就通过人民币远期结售汇市场传到了境内。张光平（2016）对十多年来境内外人民币汇率和远期汇率进行了实证研究。研究结果显示，2010年境外人民币外汇市场建立之前，境外人民币无本金交割汇率一直是影响境内人民币外汇远期汇率的主要因素；2010—2013年，境外人民币可交割市场仍然处于初期阶段，流动性相对较低，境外人民币无本金交割远期仍然在境外人民币外汇市场发挥着重要的定价作用；然而2013年以来，随着境外人民币可交割远期市场取代无本金交割市场，成为境外人民币外汇市场的主流，境外人民币可交割远期的定价功能超过了相应的人民币无本金交割远期，成为境外人民币外汇远期的主要定价工具。有兴趣的读者可以参考张光平（2016），这里不做赘述。

由于境内人民币外汇远期市场流动性比境外人民币可交割远期市场要低很多，因此境内人民币外汇远期的定价功能仍远低于境外市场。只有境内市场流动性达到或超过境外，人民币外汇市场的定价权才能真正回到境内。

10.14 境外人民币中心的动力和今后的发展趋势

随着境外人民币市场的持续发展，发展境外人民币存贷业务外的其他更多的产品和服务将是境外人民币市场的方向。要使离岸市场人民币中介服务变得更为普遍，特别是使非中国居民更愿意借贷人民币，还有很多方面的工作需要准备，市场效率需要通过创新和不同市场参与者更为积极地参与加以提高，境外人民币市场的深度和广度也需不断开拓。

10.14.1　境外人民币中心发展的动力源泉

近年来境外人民币业务得到了快速发展的最主要的原因：第一，政府努力推动。从2008年国际金融危机爆发不久开始，中国人民银行就开始与韩国和中国香港等亚太地区、欧洲和南美洲二十多个国家和地区签署了总额超过3万亿元人民币外汇互换协议，对这些国家和地区人民币业务的开展打下了一定基础，同时中国人民银行放宽了外汇管制方面的一些限制，对境外人民币业务的推动也必不可少；第二，中国人民银行还与诸多国家和地区的货币当局签署了人民币清算协议并及时指定了清算银行，为这些国家和地区的人民币业务的顺利开展做好了必要的准备；第三，中国人民银行和国家外汇管理局为人民币回流及时推出了人民币合格境内机构投资者机制，为人民币回流打开了通道；第四，中国人民银行与香港金管局及其他国家间经过多年的努力建立了人民币流动的技术相关基础建设平台和系统，为境外人民币业务的开展提供了必要技术支持；第五，香港金管局几年来在世界各地做了大量的人民币相关路演等推广、推介、宣传和培训工作，对世界各地的人民币业务的推动发挥了重要的作用；第六，香港金管局建立起了与世界各地人民币中心人民币流动的技术平台和系统，为世界各地人民币业务的开展提供了必要技术保障；第七，中国银行、中国工商银行、中国建设银行等国内大型银行抓住人民币国际化战略机遇和商业机会，积极推动境外人民币业务，特别是人民币清算功能，为人民币业务的顺利推动发挥了积极的作用；第八，境内外企业主动增加在境外使用人民币的意愿也是人民币相关业务在境外增长的基础。还有很多其他方面的因素，这里就不一一列举了。

10.14.2　香港中心向其他境外人民币中心的辐射功能

中国香港占人民币跨境支付的比重仍然高达近八成，所有其他境外人民币中心仍然难以与香港比肩；香港人民币存款显著超过其他境外人民币中心；香港保持了境外人民币交易最活跃市场的地位，而且2013—2016年相关人民币外汇日均成交金额保持了高于国内的水平。2010年香港对境外人民币应付和应收款项分别为196亿元和109亿元人民币，而2011年分别增长到了1217亿元和1214亿元人民币，2013年进一步分别增长到了1660亿元和1645亿元人民币，2014年又分别增长到了1452亿元和1933亿元人民币；然而2015年分别下降到了1057亿元和1321亿元，2016年进一步分别回落到了690亿元和916亿元；尽管2017年分别回升到了878亿元和1328亿元，仍然达不到2015年的水平，显示出2015年前后香港人民币应收应付款项大幅度上升和明显回落的态势。2017年到2019年，应收应付款项进一步分别下滑至839亿元和982亿元。2020年，香港人民币应收应付款项分别回升至1026亿元和1072亿元，但仍未能超过2013年的高点。

10. 14. 3 离岸人民币产品将更加丰富

在资本账户限制不断放开的条件下，一年至两年内离岸人民币产品会出现快速增加。特别是跨境资本流动渠道大大拓宽，例如沪港通、深港通中港基金互认、债券通等，在保有一定程度风险可控的前提下，可以打通境内外资本市场，实现人民币全球范围内有序循环，使人民币“走得出”，“回得来”。离岸人民币资本市场今后还会有新的模式和产品出现，市场将更加丰富和活跃。

10. 15 离岸人民币资本市场的发展需求

离岸人民币市场的进一步发展需要离岸人民币资本市场的率先发展。目前香港“点心债”市场有了可喜的发展，然而仍需要发行机构和投资者双双拓宽渠道。另外，债券期限和种类需要增加，以满足发行者融资的要求和投资者的需求。同时，财政部定期发行境外人民币债券也会对境外人民币基准利率曲线的形成发挥积极作用（Yue，2013）。

建立合资交易所也可以进一步发展离岸人民币市场。根据协议，合资公司将定名为“中欧国际交易所股份有限公司”，上交所、中金所和德意志交易所集团将按40%、20%和40%的比例分别持有新公司股权。合资公司的主要职能是研发和上市交易以离岸人民币计价的证券和衍生产品。新公司在德国法兰克福注册，于2015年11月11日正式成立。

10.16　小结

境外人民币市场于近年来获得了快速发展，成为推动人民币国际化的主要力量。境外人民币市场的快速发展与国内经贸的持续增长和金融开放密不可分，香港金管局一系列放松人民币相关监管的举措对活跃香港人民币市场也功不可没。人民币相关监管限制的逐渐取消使人民币相关业务的监管与其他币种的监管接轨，对在港银行开展人民币相关业务提供了更多的空间和灵活性（Chan，2013）。

人民币的可兑换性及境内金融市场的深度和流动性是境外人民币市场持续发展的基础。近几年来境内人民币外汇市场也出现了可喜的持续增长态势，对人民币国际化作出了应有的贡献。预计境外人民币市场的发展在今后多年内将会在很大程度上继续带动并倒逼境内人民币外汇市场和资本市场的发展，从而推动整个境内外人民币市场的发展，最终形成境内外互动发展的良好态势，共同推动人民币国际化的进程。

参考文献

[1] 张光平. 人民币衍生产品（第四版）[M]. 北京：中国金融出版社，2016.

[2] 伦敦金融城经济发展部. 伦敦人民币业务中心. 2012. 4，www. cityoflondon. gov. uk/economicresearch.

[3] 伦敦金融城经济发展部. 伦敦人民币业务数据发布于2012年1月至6月. 2013. 1，www. cityoflondon. gov. uk/economicresearch.

[4] 伦敦金融城经济发展部. 伦敦人民币业务数据发布于2012年1月至12月. 2013. 6，www. cityoflondon. gov. uk/economicresearch.

[5] 伦敦金融城经济发展部. 伦敦人民币业务数据发布于2013年1月至6月. 2014. 1，www. cityoflondon. gov. uk/economicresearch.

[6] 伦敦金融城经济发展部. 伦敦人民币业务数据发布于2013年1月至12月.

2014. 6, www. cityoflondon. gov. uk/economicresearch.

[7] 罗布特·米肯尼，刘健恒. 人民币的崛起——国际地位及影响 [M]. 北京：中信出版社，2013.

[8] China/HK: The allure of Dim Sum bonds, DBS Group Research, 31 March 2011, www. bsrvresearch. com.

[9] CNH: Eclipsing the NDF Market, DBS Group Research, 4 February, 2013, www. bsrvresearch. com.

[10] CNH: Singapore and Taiwan style, DBS Group Research, 19 February, 2013, www. bsrvresearch. com.

[11] CNH: Qianhai to offer CNH Trust Products, DBS Group Research, 16 May 2013, www. bsrvresearch. com.

[12] Chan, Norman T. L., 2013, Development of Offshore Renminbi Business in Hong Kong: Review and Outlook, 21 February 2013, Hong Kong Monetary Authority, http: // www. hkma. gov. hk.

[13] Chan, Norman T. L., 2013, Remarks by Norman T. L. Chan, Chief Executive of the Hong Kong Monetary Authority, 25 April 2013.

[14] Chan, Norman T. L., 2014, Opening Remarks at the Second Hong Kong- Australia RMB Trade and Investment Dialogue, 22 May 2014, Hong Kong Monetary Authority.

[15] Yue, Eddie, 2013, Welcome remarks at the Third Meeting of the Hong Kong-London RMB Forum, Acting Chief Executive, Hong Kong Monetary Authority, 26 September 2013.

[16] Hong Kong Monetary Authority, 2014, Briefing to the Legislative Council, Panel on Financial Affairs, 5 May 2014, www. hkma. gov.

第 11 章　主要经济体境外资产规模及国际比较和银行国际化比较

不同国家和地区跨境资产的规模，特别是净资产规模是其综合国力的重要体现，也是推动其货币国际化的重要支撑；另外，全球跨境资产的货币构成实际上是货币国际化程度的另外一种很好的反映。本章主要介绍主要国家和地区全球跨境资产分布和货币分布，进而介绍近年来我国境外资产和银行业境外资产的增长情况并与其他国家进行比较，从而了解我国银行业在推动人民币国际化和"一带一路"倡议实施方面的差距和潜力。

11.1　主要经济体和银行跨境资产及负债分布

一个国家的境外资产，特别是其境外净资产规模是其综合国力的体现，同时也是其货币国际化的基础。没有一定的综合国力，任何国家的货币也难以达到相应的国际化水平。表 11－1 给出了 2007—2021 年主要国家和地区境外资产规模。

表 11－1　主要国家和地区境外资产、负债和权益在全球的分布

（2007—2021 年）　　单位：万亿美元、%

全球跨境资产在主要国家和地区的分布										
国家或地区/年份	2007	2009	2011	2013	2015	2017	2019	2020	2021	年均复合增长率
美国	5.59	5.01	5.43	4.92	4.74	4.99	5.28	6.13	6.57	1.2
欧元区	11.57	10.68	9.03	8.38	7.26	7.77	8.14	9.48	9.10	(1.7)
日本	0.66	0.68	0.9	1	1.18	1.33	1.47	1.75	1.55	6.3
英国	5.72	4.7	4.91	4.17	3.61	3.65	3.9	5.23	4.59	(1.6)

续表

全球跨境资产在主要国家和地区的分布										
国家或地区/年份	2007	2009	2011	2013	2015	2017	2019	2020	2021	年均复合增长率
澳大利亚	0.35	0.37	0.4	0.38	0.4	0.44	0.47	0.55	0.54	3.2
加拿大	0.36	0.39	0.39	0.42	0.47	0.48	0.58	0.72	0.80	5.9
瑞士	1.05	0.61	0.65	0.63	0.61	0.65	0.62	0.66	0.69	(3.0)
中国	0.19	0.18	0.48	0.9	0.76	0.96	0.94	1	1.06	13.1
其他	7.42	6.89	7.62	7.67	8.11	8.96	9.64	10.19	10.18	2.3
全球	32.91	29.52	29.8	28.48	27.12	29.22	31.05	35.71	35.07	0.5

全球跨境负债在主要国家和地区的分布										
国家或地区/年份	2007	2009	2011	2013	2015	2017	2019	2020	2021	年均复合增长率
美国	4.16	4.31	4.45	3.84	3.34	3.54	3.71	4.41	4.40	0.4
欧元区	7.86	6.93	6.85	6.74	5.78	6.22	6.82	8.1	7.93	0.1
日本	0.76	0.56	0.76	0.76	0.77	0.84	0.86	0.93	0.84	0.7
英国	5.21	4.44	4.86	4.34	3.86	4.15	4.11	5.4	5.05	(0.2)
澳大利亚	0.11	0.13	0.18	0.19	0.24	0.23	0.24	0.32	0.29	7.1
加拿大	0.15	0.2	0.26	0.26	0.29	0.33	0.38	0.49	0.48	8.6
瑞士	1.68	1	0.92	0.83	0.66	0.68	0.71	0.7	0.74	(5.7)
中国	0.28	0.2	0.3	0.36	0.59	0.68	0.78	0.96	1.15	10.6
其他	8.85	7.67	7.79	8.11	9.16	9.75	9.86	10.37	10.78	1.4
全球	29.07	25.45	26.38	25.43	24.69	26.41	27.48	31.68	31.65	0.6

全球跨境权益在主要国家和地区的分布										
国家或地区/年份	2007	2009	2011	2013	2015	2017	2019	2020	2021	年均复合增长率
美国	1.42	0.71	0.97	1.08		1.45	1.57	1.72	2.17	3.1
欧元区	3.7	3.75	2.18	1.64	1.48	1.55	1.32	1.38	1.17	(7.9)
日本	-0.1	0.12	0.14	0.24	0.41	0.49	0.61	0.82	0.71	57.6
英国	0.51	0.26	0.05	-0.17	-0.26	-0.5	-0.21	-0.17	-0.46	(13.6)
澳大利亚	0.24	0.24	0.21	0.2	0.16	0.2	0.23	0.23	0.25	0.4
加拿大	0.2	0.19	0.13	0.16	0.18	0.15	0.2	0.24	0.32	3.5
瑞士	-0.62	-0.39	-0.27	-0.19	-0.05	-0.03	-0.09	-0.04	-0.05	(16.5)
中国	-0.09	-0.02	0.17	0.53	0.16	0.28	0.17	0.05	-0.08	(0.4)
其他	-1.43	-0.79	-0.17	-0.44	-1.05	-0.79	-0.22	-0.18	-0.61	(5.9)
全球	3.84	4.07	3.42	3.05	2.43	2.81	3.58	4.04	3.43	(0.8)

数据来源：根据国际清算银行网站 www.bis.org 给出的数据计算得出。

11.1.1　全球银行业跨境资产和负债占全球比重及相关比较

全球跨境资产负债的变化反映了全球化和货币国际化的变化。表 11－1 显示，2007 年至 2021 年全球跨境总资产、负债和净资产的累计年均增长率分别仅为 0.5%、0.6% 和 －0.8%，表明全球跨境贸易投资在 2008 年金融危机结束的 13 年后才刚刚回到金融危机前的水平。

11.1.2　主要经济体境外资产和国际金融中心状况

表 11－1 显示，2007—2021 年，欧元区、美国和英国是迄今为止最大的跨境资产持有者。由于欧元区超过一半的跨境资产是区内 19 个国家间的跨境资产，实际以欧元区对外的跨境资产应不及如表 11－1 所示跨境资产的一半。以上估算基于世界贸易组织（WTO）公布的 2007—2021 年欧盟内部商品进出口数据，其中欧盟内部商品贸易总额略小于 40%，因此欧元区的跨境资产应该小于美国和英国的跨境资产，而美国、英国在过去 20 年中一直居国际金融中心的前两位。

2007—2021 年瑞士的跨境资产大幅下降，与瑞士在国际金融中心的排名自 2007 年的第 3 位跌至 2021 年的第 10 位的情况相一致。日本、新加坡、中国香港和卢森堡的跨境资产排名，与其国际金融中心的排名基本相当。

11.1.3　主要经济体跨境资产负债的变化情况

表 11－1 显示，瑞士、欧元区和英国的跨境资产在 2007—2021 年分别以 3.0%、1.7% 和 1.6% 的年均复合增长率下降，显示这三个地区作为世界外汇交易中心的相对作用在下降。中国、日本、加拿大和澳大利亚的跨境资产在 2007—2021 年年均复合增长率超过 3%，表明其在国际金融中心和全球外汇中心的国际地位相对提升。

11.1.4　跨境净资产与国际金融中心

跨境资产规模是国际金融中心或全球外汇中心的一个很具有代表性的指

标，也是国际金融中心或全球外汇中心的良好参考。例如，表 11－1 显示，英国 2013 年至 2021 年跨境净资产为负，与英国作为全球顶级金融中心或外汇中心的结果相符，也与其在全球金融中心或外汇中心第 3 位至第 6 位的排名相符。中国香港、新加坡、比利时的跨境净资产也均为负，与其在全球金融中心或外汇市场的排名相吻合。

11.2 主要经济体银行业跨境资产和负债的货币分布

银行在全球外汇市场中扮演着重要的角色，世界主要经济体的跨境银行资产和负债的规模可以帮助我们了解银行业为该经济体提供的潜在支持。表 11－2 给出了 2007—2021 年全球主要经济体的银行业资产、负债和净资产。

表 11－2 主要经济体在全球银行业境外资产和负债中分布（2007—2021 年）

单位：万亿美元、%

全球银行业跨境资产在主要国家和地区的分布										
国家或地区/年份	2007	2009	2011	2013	2015	2017	2019	2020	2021	年均复合增长率
美国	2.60	2.62	2.90	2.44	2.15	2.02	2.01	2.21	2.36	－0.69
欧元区	7.58	6.79	5.63	4.65	3.91	4.37	4.39	4.95	4.83	－3.17
日本	0.39	0.50	0.60	0.71	0.80	0.90	0.95	1.07	0.99	6.85
英国	4.59	3.69	3.84	2.90	2.47	2.30	2.23	2.70	2.45	－4.37
澳大利亚	0.21	0.24	0.25	0.25	0.27	0.27	0.29	0.32	0.33	3.26
加拿大	0.24	0.26	0.25	0.28	0.30	0.28	0.37	0.45	0.48	5.06
瑞士	0.86	0.44	0.47	0.46	0.46	0.48	0.44	0.46	0.46	－4.35
中国	0.12	0.12	0.33	0.61	0.45	0.62	0.55	0.57	0.57	11.81
其他	4.37	4.05	4.54	4.11	3.88	4.21	4.19	4.27	4.35	－0.03
全球	20.97	18.69	18.82	16.41	14.68	15.45	15.42	17.01	16.82	－1.56

续表

全球银行业跨境负债在主要国家和地区的分布										
国家或地区/年份	2007	2009	2011	2013	2015	2017	2019	2020	2021	年均复合增长率
美国	2.27	2.51	2.68	2.01	1.88	1.69	1.80	2.00	1.99	-0.94
欧元区	7.58	4.92	4.59	4.02	3.41	3.59	4.02	4.44	4.33	-3.92
日本	0.55	0.40	0.56	0.59	0.55	0.61	0.59	0.62	0.58	0.37
英国	3.85	3.42	3.48	2.95	2.59	2.68	2.48	2.89	2.75	-2.38
澳大利亚	0.06	0.08	0.12	0.12	0.18	0.17	0.18	0.22	0.20	8.90
加拿大	0.10	0.13	0.18	0.16	0.19	0.21	0.27	0.34	0.29	7.77
瑞士	1.37	0.77	0.70	0.61	0.48	0.47	0.51	0.45	0.46	-7.49
中国	0.20	0.13	0.20	0.23	0.39	0.45	0.52	0.65	0.81	10.54
其他	4.03	4.92	4.93	4.28	4.27	4.47	4.26	4.44	4.37	0.57
全球	20.01	17.29	17.44	14.98	13.95	14.34	14.64	16.05	15.77	-1.69
全球银行业跨境净资产在主要国家和地区的分布										
货币发行人/年份	2007	2009	2011	2013	2015	2017	2019	2020	2021	年均复合增长率
美国	0.34	0.11	0.23	0.43	0.27	0.33	0.21	0.22	0.37	0.58
欧元区	7.58	1.87	1.04	0.63	0.49	0.78	0.37	0.51	0.50	-17.69
日本	-0.16	0.09	0.04	0.12	0.25	0.29	0.36	0.45	0.41	25.27
英国	0.74	0.27	0.36	-0.04	-0.12	-0.37	-0.25	-0.19	-0.29	-9.99
澳大利亚	0.15	0.16	0.12	0.13	0.08	0.10	0.12	0.10	0.13	-0.97
加拿大	0.15	0.12	0.07	0.11	0.11	0.07	0.10	0.11	0.19	1.85
瑞士	-0.51	-0.33	-0.23	-0.15	-0.01	0.01	-0.07	0.01	0.00	37.55
中国	-0.08	-0.01	0.13	0.37	0.06	0.17	0.03	-0.08	-0.24	8.19
其他	0.34	-0.88	-0.38	-0.17	-0.38	-0.26	-0.07	-0.17	-0.01	-7.44
全球	0.96	1.40	1.38	1.44	0.74	1.11	0.79	0.96	1.05	0.62

数据来源：同表11-1。

11.2.1 世界主要货币发行人银行部门跨境资产负债分布

表11-2显示，与全球跨境资产总额0.50%的年均复合增长率相比，全球银行业跨境资产以1.56%的年均复合增长率下降，表明2008年国际金

融危机后全球范围内银行部门的作用在下降。值得注意的是，2007—2021年美国、欧元区、英国和瑞士的银行部门跨境资产分别以0.69%、3.17%、4.37%和4.35%的年均速度下降，下降幅度均高于相应经济体的总跨境资产的上升速度。2007—2021年，中国、日本、加拿大和澳大利亚的银行部门跨境资产的年均复合增长率分别为11.81%、6.85%、5.06%和3.26%，实现正增长。

表11-2还显示，银行部门的跨境负债也遵循类似的模式，即美国、欧元区、英国和瑞士的跨境负债减少，而中国、日本、加拿大和澳大利亚的跨境负债增加。

全球银行业跨境资产占全球跨境资产的比重从2007年60%以上，下降2019年不到50%，累计下降10个百分点以上。但是，接近一半的比重说明全球银行业的跨境资产仍在全球总跨境资产中占据主导地位，说明全球银行业在全球金融市场中的重要性；与此同时，全球银行业跨境负债在全球金融市场的占比一直高于资产的相应占比，全球银行业跨境净资产（总资产与总负债的差值）平均不到三分之一，说明全球银行业海外投资运营效率低于其他行业。此外，2015年以来，全球各行业杠杆率（总资产与总权益之比）一直处于略高于10的水平。

11.2.2 主要经济体银行部门跨境净资产

表11-2显示，2007—2021年部分经济体银行部门的跨境净资产有所下降，尤其是欧元区和英国的银行部门跨境净资产加速下降，年增速分别为-17.69%和-9.99%，下降速度远高于其他主要经济体。

11.2.3 主要经济体银行部门跨境资产、负债和净资产与跨境总资产、总负债和总净资产的比较

从表11-1和表11-2中的数据，我们无法直接看出银行部门的相对重要性。表11-3给出了主要经济体银行部门跨境资产、负债和净资产在其相应总跨境资产、负债和净资产总额中的占比。

表 11－3　全球主要经济体跨境总资产、负债及净资产中银行部门跨境资产、负债及净资产占比分布（2007 年至 2021 年）　　单位：%

主要经济体的跨境资产中银行业占比										
货币发行人/年份	2007	2009	2011	2013	2015	2017	2019	2020	2021	2007 年至 2021 年的变化
美国	46.6	52.3	53.5	49.6	45.3	40.5	38.2	36.1	35.9	－10.7
欧元区	65.5	63.5	62.3	55.5	53.9	56.2	53.9	52.2	53.0	－12.5
日本	59.1	72.6	66.4	71.0	67.9	67.6	64.7	61.2	63.6	4.5
英国	80.3	78.5	78.2	69.6	68.5	63.1	57.1	51.7	53.5	－26.8
澳大利亚	60.0	64.1	62.1	65.4	66.4	61.9	62.4	58.7	60.6	0.6
加拿大	68.6	65.1	65.3	65.6	63.9	58.0	63.3	62.4	59.9	－8.7
瑞士	81.8	72.1	72.3	73.1	76.0	73.8	70.5	69.4	67.2	－14.6
中国	64.2	66.9	69.8	67.5	59.4	64.6	58.6	56.3	54.0	－10.2
其他	58.9	58.8	59.7	53.6	47.9	47.0	43.5	42.0	42.8	－16.1
全球	63.7	63.3	63.2	57.6	54.1	52.9	49.7	47.6	47.9	－15.8
主要经济体的跨境负债中银行业占比										
货币发行人/年份	2007	2009	2011	2013	2015	2017	2019	2020	2021	2007 年至 2021 年的变化
美国	54.5	58.3	60.1	52.3	56.3	47.7	48.7	45.3	45.3	－9.2
欧元区	96.3	70.9	67.0	59.6	59.1	57.7	58.9	54.8	54.6	－41.7
日本	72.3	71.4	73.8	77.5	71.5	72.8	68.5	66.3	68.8	－3.5
英国	73.9	77.1	71.6	67.9	67.2	64.5	60.3	53.5	54.4	－19.5
澳大利亚	57.2	60.7	67.1	66.6	76.8	72.3	72.7	70.6	68.7	11.5
加拿大	64.3	64.9	70.4	61.7	65.5	64.2	70.1	69.8	59.7	－4.6
瑞士	81.8	77.3	75.7	73.7	72.9	69.2	71.8	64.7	62.6	－19.2
中国	72.6	65.2	65.8	64.2	66.4	66.4	67.2	67.5	71.0	－1.6
其他	45.5	64.2	63.3	52.8	46.6	45.9	43.3	42.9	40.5	－5.0
全球	68.8	67.9	66.1	58.9	56.5	54.3	53.3	50.7	49.8	－19.0
主要经济体的跨境净资产中银行业占比										
货币发行人/年份	2007	2009	2011	2013	2015	2017	2019	2020	2021	2007 年至 2021 年的变化
美国	23.7	15.7	23.2	40.1	19.0	23.0	13.4	12.6	17.0	－6.7
欧元区	204.6	49.8	47.5	38.6	33.4	50.1	28.0	36.9	42.4	－162.2
日本	161.8	78.4	26.4	50.3	61.2	58.7	59.2	55.4	57.4	－104.4
英国	145.6	103.8	678.8	25.4	48.4	75.3	119.6	107.7	64.3	－81.3

续表

主要经济体的跨境净资产中银行业占比										
货币发行人/年份	2007	2009	2011	2013	2015	2017	2019	2020	2021	2007 年至 2021 年的变化
澳大利亚	61.3	66.1	57.9	64.2	50.7	49.8	51.2	42.3	51.4	-9.9
加拿大	71.8	65.3	55.3	71.9	61.2	44.8	50.1	47.2	60.1	-11.7
瑞士	81.7	85.6	84.0	75.9	30.9	-34.4	81.2	-23.7	-1.4	-83.1
中国	89.7	52.8	76.7	69.8	33.9	60.1	18.1	-179.2	283.7	194.0
其他	-24.0	111.4	224.8	39.4	36.3	32.6	34.2	92.4	2.4	26.4
全球	25.1	34.5	40.3	47.1	30.2	39.6	22.0	23.8	30.5	5.4

数据来源：由表 11－1 和表 11－2 综合得出。

表 11－3 显示，2007 年至 2021 年，除日本和澳大利亚外，所有主要经济体银行部门跨境资产占跨境资产总额的比重均有所下降，全球共下降 15.8%，日本相应占比则小幅增长 4.5%，澳大利亚微幅增长 0.6%。同期所有主要经济体银行部门跨境负债占跨境负债总额的比重也均有所下降，全球共下降 19.0%，澳大利亚是其中的例外，相应占比增长 11.5%。2007 年至 2021 年，所有主要经济体银行部门跨境净资产占跨境净资产总额的比重大幅下降，其他经济体的相应占比有所上升。

值得注意的是，2007 年至 2021 年，美国银行部门跨境资产、负债和净资产占跨境资产、负债和净资产总额的比重是世界主要货币发行国中最低的，表明美国的非银行部门的重要性。为什么全球银行业在全球化中进程中的作用下降，这是一个复杂的问题。全球股票市场的大幅稳定增长，尤其是美国股票市场与银行业相比增长更快，可能是最重要的答案之一。正如全球证券化比率（全球年末股票市值/全球 GDP）从 2008 年的 56.0% 分别增加到 2020 年的 125.2% 和 2021 年的 149.9%，在一定程度上说明了这一问题。

11.3 全球债权、负债和净债权在不同货币的分布

对应表 11－1，国际清算银行定期公布世界前五种货币的所有部门的债权和负债。表 11－4 给出了 2007 年至 2020 年的详细数据。

表 11－4　全球债权、负债和净债权在主要货币上的分布（2007—2021 年）

单位：%

全球所有部门债权按主要货币的分布										
货币/年份	2007	2010	2011	2013	2015	2016	2019	2020	2021	2007 年至 2021 年年均变化
美元	8.23	8.37	8.62	7.37	7.25	7.37	7.33	7.53	7.81	－0.38
欧元	8.40	6.90	6.81	5.59	4.28	4.10	4.74	5.56	5.19	－3.38
日元	0.99	0.96	0.96	0.69	0.56	0.62	0.63	0.73	0.58	－3.77
英镑	1.81	1.02	0.81	0.81	0.74	0.61	0.64	0.75	0.83	－5.44
瑞士法郎	0.37	0.32	0.36	0.40	0.32	0.27	0.35	0.32	0.29	－1.69
其他货币	0.26	0.28	0.30	0.46	0.57	0.56	0.64	0.83	0.85	8.80
未分配	0.91	0.94	0.94	1.09	0.96	0.93	1.08	1.29	1.28	2.45
全球	20.97	18.79	18.82	16.41	14.69	14.46	15.42	17.01	16.82	－1.56
全球所有部门负债按主要货币的分布										
货币/年份	2007	2009	2011	2013	2015	2017	2019	2020	2021	2007 年至 2021 年年均变化
美元	8.99	8.45	8.82	7.67	7.52	7.47	7.57	7.86	7.91	－0.91
欧元	7.11	5.94	5.70	4.56	3.56	3.53	4.08	4.69	4.37	－3.42
日元	0.76	0.76	0.71	0.48	0.46	0.51	0.57	0.61	0.53	－2.59
英镑	1.85	1.05	0.81	0.84	0.83	0.67	0.66	0.77	0.83	－5.53
瑞士法郎	0.29	0.24	0.32	0.29	0.24	0.21	0.27	0.27	0.24	－1.21
其他货币	0.33	0.44	0.44	0.55	0.78	0.71	0.92	1.17	1.22	9.81
未分配	0.69	0.61	0.64	0.59	0.55	0.57	0.56	0.69	0.66	－0.29
全球	20.01	17.48	17.44	14.98	13.95	13.67	14.64	16.05	15.77	－1.69
全球所有部门净债权按主要货币的分布										
货币/年份	2007	2009	2011	2013	2015	2017	2019	2020	2021	2007 年至 2021 年年均变化
美元	－0.76	－0.07	－0.19	－0.30	－0.27	－0.10	－0.24	－0.33	－0.11	－13.10
欧元	1.29	0.96	1.11	1.03	0.72	0.57	0.66	0.88	0.82	－3.15
日元	0.22	0.20	0.26	0.21	0.10	0.11	0.06	0.12	0.05	－9.91
英镑	－0.03	－0.04	0.00	－0.03	－0.09	－0.07	－0.02	－0.02	－0.01	－10.35
瑞士法郎	0.08	0.09	0.04	0.11	0.08	0.06	0.07	0.04	0.05	－3.70
其他货币	－0.07	－0.16	－0.14	－0.09	－0.21	－0.15	－0.28	－0.33	－0.38	12.77
未分配	0.23	0.33	0.30	0.50	0.41	0.36	0.52	0.60	0.61	7.26
全球	0.96	1.31	1.38	1.44	0.74	0.79	0.79	0.96	1.05	0.62

数据来源：按货币分类的地区统计摘要，国际清算银行网站：www.bis.org。

表 11 –4 显示，全球所有部门的债权和负债均下降，年均增速分别为 –1.56% 和 –1.69%。然而，其他货币和未分配所有部门的债权增加，复合年增长率分别为 8.80% 和 2.45%，表明世界前五位货币的主导地位有所下降，与表 11 –4 所示的世界前五位货币在货币国际化中的下降趋势一致。

利用表 11 –4 中的数据进行计算的结果表明，主要货币的所有部门债权的份额与主要货币日均成交量的货币份额的意义相似。换言之，每种货币的所有部门债权的份额都可以被视为货币国际化的“替代指标”，因为更多的货币债权意味着更多的与该货币相关的国际交易和风险管理。

11.4 主要经济体银行跨境资产、负债和净资产分布与银行国际化

11.4.1 跨境资产、负债和净资产的国家分布

表 11 –5 给出了国际清算银行发布的 2007—2021 年各国银行的跨境资产、负债和净资产情况。表 11 –5 显示，2020 年全球跨境资产总额刚刚恢复到 2007 年金融危机前的水平。在全球八个主要经济体中，只有欧元区和瑞士的跨境资产和负债均出现下降，以及只有中国的跨境资产和负债均以两位数的增速增长。

表 11 –5 各国跨境资产、负债和净资产情况（2007—2021 年）

单位：万亿美元、%

按所有国划分的跨境资产											
国家或地区＼年份	2007	2008	2010	2011	2013	2015	2016	2019	2020	2021	2007—2021 年年均复合变化率
美国	3.10	3.62	3.80	4.13	2.95	2.87	2.93	3.42	4.12	4.18	2.16
欧元区	16.61	15.07	12.70	11.38	10.75	9.19	8.95	9.93	11.76	11.02	–2.89
日本	2.67	2.89	3.41	3.66	4.09	4.14	4.44	4.93	5.44	5.42	5.18
英国	3.40	3.24	3.86	4.02	3.15	2.63	2.44	3.09	3.86	3.81	0.82
澳大利亚	0.24	0.29	0.37	0.48	0.48	0.57	0.57	0.66	0.77	0.63	7.10
加拿大	0.69	0.68	0.84	0.90	0.95	0.99	1.02	1.55	1.89	1.98	7.81

续表

年份 国家或地区	2007	2008	2010	2011	2013	2015	2016	2019	2020	2021	2007—2021年年均复合变化率
按所有国划分的跨境资产											
瑞士	3.70	2.50	2.12	2.13	2.25	1.92	1.78	2.06	2.05	2.06	-4.11
中国						1.45	1.73	2.26	2.47	2.64	10.47
其他	2.50	2.35	2.66	3.10	3.86	3.36	3.22	3.16	3.36	3.35	2.12
全球	32.91	30.64	29.76	29.80	28.48	27.12	27.08	31.05	35.71	35.07	0.46
按所有国划分的跨境负债											
年份 国家或地区	2007	2008	2010	2011	2013	2015	2016	2019	2020	2021	2007—2021年年均复合变化率
美国	3.94	4.43	4.43	4.72	3.68	3.51	3.43	3.85	4.65	4.91	1.59
欧元区	14.66	13.16	11.66	10.47	9.67	8.20	8.09	8.96	10.45	9.99	-2.71
日本	1.13	1.41	1.60	1.86	2.14	1.97	2.08	2.16	2.38	2.30	5.21
英国	3.31	3.05	3.48	3.74	2.84	2.58	2.46	3.07	3.97	3.90	1.18
澳大利亚	0.47	0.47	0.68	0.79	0.81	0.85	0.83	0.86	0.92	0.84	4.25
加拿大	0.54	0.52	0.63	0.71	0.72	0.80	0.84	1.15	1.53	1.54	7.79
瑞士	3.52	2.65	2.20	2.18	2.05	1.83	1.74	1.89	1.93	1.96	-4.11
中国						1.40	1.57	2.08	2.27	2.47	9.91
其他	1.50	1.14	1.49	1.91	3.52	3.54	3.45	3.46	3.56	3.74	6.74
全球	29.07	26.83	26.17	26.38	25.43	24.69	24.48	27.48	31.68	31.65	0.61
按所有国划分的跨境净资产											
年份 国家或地区	2007	2008	2010	2011	2013	2015	2016	2019	2020	2021	2007—2021年年均复合变化率
美国	-0.84	-0.81	-0.63	-0.59	-0.73	-0.64	-0.51	-0.43	-0.52	-0.73	-0.99
欧元区	1.95	1.91	1.04	0.90	1.07	1.00	0.86	0.97	1.30	1.03	-4.45
日本	1.54	1.48	1.82	1.80	1.95	2.16	2.36	2.77	3.05	3.12	5.17
英国	0.09	0.19	0.38	0.28	0.31	0.05	-0.02	0.01	-0.12	-0.09	-0.18
澳大利亚	-0.23	-0.19	-0.32	-0.31	-0.32	-0.28	-0.26	-0.20	-0.16	-0.22	-0.48
加拿大	0.14	0.16	0.21	0.19	0.22	0.19	0.18	0.40	0.36	0.43	8.43
瑞士	0.17	-0.14	-0.08	-0.05	0.19	0.09	0.04	0.18	0.12	0.10	-3.66
中国						0.05	0.16	0.18	0.20	0.17	22.33
其他	1.00	1.21	1.17	1.19	0.34	-0.19	-0.23	-0.30	-0.21	-0.39	-6.59
全球	3.84	3.81	3.59	3.42	3.05	2.43	2.60	3.58	4.04	3.43	-0.81

数据来源：国际清算银行网站：www. bis. org。

从表 11 - 5 中可以看出，日本跨境净资产占全球跨境净资产的比重从 2007 年的 40.14% 上升到 2016 年的最高水平 91.08%，并小幅下降至 2021 年的 90.9%。日本跨境净资产在全球范围内的高占比，表明了日本银行业在全球范围内支撑日元的实力。

11.4.2 主要经济体的银行国际化

使用国际货币基金组织（IMF）2021 年 12 月发布的主要经济体的跨境资产与其相应的 GDP 占比（跨境资产/GDP），我们可以定义该国的银行国际化。表 11 - 6 给出的相关数据显示，尽管瑞士 253.15% 的银行国际化率仍是 2021 年最高的，但 2007—2020 年瑞士银行国际化在全球内跌幅最大，表明 2008 年世界金融危机对瑞士银行业和瑞士法郎的影响最为严重。欧元区银行国际化从 2007 年的第 2 位跌至 2021 年的第 5 位。日本银行国际化从 2007 年的 58.3% 上升至 2021 年的 109.71%，超过了加拿大，排名从第 4 位上升至第 3 位；英国银行国际化从 2007 年的第 3 位上升至 2021 年的第 2 位。2007 年至 2021 年加拿大银行国际化取得了 52.55% 的最高累计增幅，排名从第 5 位上升至第 4 位。

表 11 - 6　主要经济体银行国际化情况（2007—2021 年）　单位：%

年份 / 主要经济体	2007	2008	2010	2011	2013	2015	2016	2019	2020	2021	2007—2021 年年均复合变化率
美国	21.50	24.60	25.30	26.60	17.60	15.70	15.60	15.90	19.70	18.18	-3.32
欧元区	129.10	106.50	100.40	83.50	81.50	78.80	74.80	74.30	91.00	75.99	-53.11
日本	58.30	56.60	59.30	58.80	78.50	93.00	88.70	95.70	107.70	109.71	51.41
英国	110.00	109.60	155.30	151.20	113.10	89.70	90.40	109.00	142.20	119.52	9.52
澳大利亚	25.00	27.10	29.30	31.60	31.90	45.80	45.10	47.20	56.50	38.40	13.40
加拿大	46.80	44.10	51.70	50.10	51.20	63.90	66.70	89.00	115.10	99.35	52.55
瑞士	748.30	439.30	352.40	294.50	314.80	273.00	255.30	281.90	274.90	253.15	-495.15
中国						13.10	15.40	15.80	16.80	15.10	2.00
其他	14.80	12.20	12.80	13.00	15.20	14.60	14.00	12.00	13.70	11.60	-3.20
全球	56.50	47.90	44.90	40.50	36.90	36.20	35.60	35.60	42.20	36.38	-20.12

数据来源：使用表 11 - 5 中的数据和国际货币基金组织（www.imf.org）2022 年 4 月更新的相应 GDP 数据计算；中国银行国际化的变化是从 2015 年到 2021 年。

令人意外的是，2007—2021 年，美国银行业的国际化程度一直低于全球除了中国外的其他六大主要经济体的国际化程度。

11.5　中日跨境资产和负债相关比较和启示

虽然我国经贸规模数年前就超过了日本，且我国外汇储备也同样显著超过了日本，但是我国国际投资头寸和净头寸离日本仍有较大差距。由于中日两国有较大的可比性，而且日元国际化对人民币国际化有诸多的参考和借鉴意义，本节我们简要介绍我国跨境资产和银行跨境资产与日本的差距。

11.5.1　中日银行国际化

表 11 –5 显示，尽管 2015—2021 年中国银行跨境资产的复合年增长率高达 10.47%，但中国银行 2021 年 2.64 万亿美元的跨境资产和 0.17 万亿美元的净资产仅为同期日本银行跨境资产 5.42 万亿美元和净资产 3.12 万亿美元的 48.7% 和 5.4%。2021 年中国银行国际化率仅为 15.10%，比如表 11 –6 所示的同期日本银行国际化 109.71% 低 94.61%。中国银行 2020 年跨境净资产 0.20 万亿美元与日本 3.05 万亿美元的跨境净资产差距高达 2.85 万亿美元，远大于 2020 年中国净国际投资头寸（IIP）2.15 万亿美元与日本净国际投资头寸 3.36 万亿美元之间 1.21 万亿美元的差距。所有这些数据都表明，尽管中国 GDP 较大，但中资银行国际化与日本银行国际化之间存在显著差距，因此中资银行国际化的加速将有助于加快人民币国际化的进程。

11.5.2　中日两国在美国、英国和中国香港的资产比较

国际清算银行数据显示，截至 2021 年第一季度末，日本在美资产负债总额分别为 4946.1 亿美元和 2212.7 亿美元，远高于相应的中国在美资产负债 3468 亿美元和 1134.6 亿美元。截至 2021 年第一季度末，日本在英国的资产负债总额分别为 3632.6 亿美元和 1393.1 亿美元，远高于同期中国在英国的资产负债 836.7 亿美元和 1176.4 亿美元。中国资产和日本资产在美国和英国的

显著差距与第4章讨论的美国和英国的人民币和日元外汇交易占比排名的差距相符。

来自国际清算银行的类似数据显示，截至2021年第一季度末，日本在中国香港的资产和负债总额分别为1945.3亿美元和1186.2亿美元，远低于相应的中国内地在中国香港的资产和负债4118.4亿美元和3803.7亿美元。日本资产和中国资产在中国香港的差距与第4章讨论的人民币和日元在中国香港的外汇交易占比排名差距相符（自2020年4月以来，人民币已取代日元和港元成为中国香港的第二大外汇交易货币）。

因此，每个经济体在另一个国家或地区中的总资产是支撑其货币在该国家或地区外汇市场上的潜在力量。由于中国在美国和英国的总资产追赶日本需要很多年的时间，人民币在美国和英国的外汇市场追赶日元也需要相当长的时间。

11.6 近年来全球主要银行国际化水平比较

全球贸易国际化是全球金融国际化的主要基础，是由主要国际银行推动的。具体来说，主要国际金融中心和主要国际货币也主要是由主要国际银行推动的。上文介绍了近11年来主要国家和地区跨境资产和银行业跨境资产，本节将简单介绍近年来全球主要银行的国际化程度比较和排名。本节的主要结果引用贲圣林等（2020）的研究结论。

11.6.1 主要国际银行境外资产规模和占比排名

银行的国际化程度最主要是由其境外资产规模及占其总资产比重来衡量的。贲圣林等（2020）的结果显示，2019年全球境外资产规模排名前10位的银行分别为汇丰银行、西班牙国际银行、日本三菱日联银行、美国花旗银行、中国银行、德意志银行、荷兰国际银行、日本瑞穗银行、美国摩根大通银行以及英国巴克莱银行，其中有5家欧洲银行占前10位；而以境外资产占总资产比例来衡量，阿赫利联合银行、桑坦德银行、北欧银行、汇丰控股、荷兰国际银行、渣打银行、瑞士信贷、阿拉伯银行、联合信贷集团和花旗银行（前七大皆为欧洲银行），这些银行境外资产占比平均达到69.59%，中国银行占比27.58%，排名第20位。这些结果显示，欧洲银行业的国际化程度不仅显著高于国内银行，而且显著高于美国银行和日本银行，与表11-6的结果相符。

11.6.2　主要国际银行境外营收和盈利规模及占比排名

银行境外营业收入或盈利及占比是其国际化更好的度量。贲圣林（2020）认为，2019年全球境外营收排名前10位的银行分别为桑坦德银行、花旗银行、汇丰银行、三菱日联银行、法国巴黎银行、摩根大通、瑞银、中国银行、工商银行和瑞穗银行，同样有4家欧洲银行占前10位；而以境外营收占比来衡量，全球排名前10位的银行分别为渣打银行、桑坦德银行、瑞银、汇丰银行、北欧银行、三菱日联银行、阿拉伯银行、荷兰国际银行、法国巴黎银行和瑞士信贷，其中8家为欧洲银行，这些银行境外营收占比平均达到74.28%。值得关注的是，中国银行相应境外营收占比位列第30位。这些结果显示，以营收规模和占比衡量，欧洲银行业的国际化程度比以境外资产规模和占比更高。结果还表明，中资银行在提高国际化水平、支持人民币国际化等方面还有很多工作要做。

11.6.3　主要国际银行国际化指标排名

除上文介绍的境外资产规模和相应的占比、境外营收和占比及境外盈利和占比外，银行境外存款规模、贷款规模和营业网点等占比也是银行国际化程度的重要显现［有兴趣的读者可参考贲圣林（2020）相关结果］。贲圣林（2020）提出了基于银行境外资产占比、境外客户存款占比、境外客户贷款占比、境外营收占比、境外利润占比、机构所在国家数量、境外分支机构占比和境外员工占比共八个子指标的银行国际化指标，对银行国际化程度进行了更全面的度量。贲圣林（2020）研究显示，2019年全球国际化程度排名前12位的银行中有9家银行来自欧洲，其余3家分别是排名第4位的美国花旗银行、排名第8位的日本三菱日联银行和排名第12位的加拿大丰业银行；排名第13名至第20名的8家银行中，法国和加拿大各有2家，美国、英国、荷兰、日本各有1家；国内排名最高的中国银行，排名第23位。其次为工商银行和建设银行，排名分别为第30位和第37位（请参考附录相关详细排名和国际化指标）。以上数据显示了我国银行业国际水平不仅与欧美银行有显著差距，而且离加拿大和新加坡银行也有显著的差距。

11.6.4 2016—2019年主要国际银行国际化指数变化

比较贲圣林于2020年和2018年公布的银行国际化指数（BII），我们可以看到2016—2019年主要国际银行国际化程度的变化（比较结果见本章附录表）。本章附表显示，尽管渣打银行的银行国际化指数从2016年的67.46下降至2019年的62.71，但2019年该行的银行国际化指数仍位居国际主要银行第一。2019年所有其他12大欧洲银行中，只有德意志银行和瑞银集团的银行国际化指数有所下降，表明2016—2019年欧洲大多数主要银行的银行国际化程度整体呈现提升态势。除摩根大通和美国银行外，大多数美国主要银行的的银行国际化指数均有所改善。2016—2019年，日本两大银行三菱日联银行和瑞穗银行的银行国际化程度显著改善。四家中资银行中国银行、工商银行、交通银行平均银行国际化程度提升约1%，而建设银行银行国际化程度时从8.25%小幅下降到7.92%。

11.7 中国银行国际化情况

表11－5显示，2015—2021年中国跨境资产的复合年增长率为10.47%，高于同期中国货物贸易7.35%和GDP 7.82%的复合年增长率，更远高于同期中国银行业资产2.39%的复合年增长率。跨境资产的复合年增长率略高于相应的银行业总资产增长率，意味着同期中国银行业国际化程度略有提高。

表11－6显示，中国银行国际化从2015年的13.1%上升到2021年的

15.1%，2015年至2021年累计增长2.0%。以境外资产/总资产衡量的银行国际化更具可比性。对于特定银行，我们可以使用表11－5中的跨境总资产和中国银行业的总资产来得出中国银行的国际化程度。测算结果显示，2015—2020年中国银行国际化增速从4.9%上升至5.2%，同期累计增长0.3%。

11.8　近年来我国主要银行国际化的进展

上文介绍了我国银行业"走出去"的整体情况，本节简单介绍近年来我国主要银行"走出去"的情况。表11－7给出了2013—2020年我国主要银行境外总资产、境外贷款余额、境外税前利润和境外税前利润与境外资产的比例。

11.8.1　主要银行境外资产情况

表11－7显示，中国银行是我国银行业境外资产最多的银行，是我国银行业"走出去"的领头银行，与表11－1给出的结果一致，即中国银行在境外人民币清算功能最多的银行。中国银行境外资产占我国银行业境外资产的比重保持在一半左右的比例，但是比例却持续下降；工商银行近年来境外资产增幅平均超过了中国银行，2016年工行占我国银行业境外资产比重首次超过了五分之一；2019年建设银行和农业银行境外资产分别排名第3位和第4位；交通银行境外资产在五大行中排名最后。

表11－7　我国主要银行境外总资产、境外贷款余额、境外税前利润和境外税前利润与境外资产的比例（2013—2020年）　单位：亿美元、%

银行/年份	2013	2014	2015	2016	2017	2018	2019	2020	2021
境外总资产									
工商银行	2623.3	3136.9	3773.8	4511.8	5175.9	5384.8	5692.6	5834.7	6355.9
建设银行	1200.4	1528.9	1770.3	2402.2	2641.6	2469.0	2469.7	2080.1	2183.5
农业银行	580.8	853.7	1097.9	1093.1	1222.7	1329.7	1701.6	1749.9	1795.4
中国银行	6308.0	6831.8	6991.8	7307.3	8333.3	9043.5	9001.6	3030.3	3554.1

续表

银行/年份	2013	2014	2015	2016	2017	2018	2019	2020	2021
境外总资产									
交通银行	852.7	1009.2	1079.9	1233.8	1476.3	1557.9	1668.6	1616.0	1698.4
中信银行	280.6	326.0	369.7	411.5	471.1	493.3	485.2	513.8	589.6
招商银行	163.3	207.4	219.0	255.5	305.8	349.8	342.6	319.3	326.5
广发银行	36.7	36.3	35.1	29.6	29.0	32.3	40.0	33.1	62.4
合计	12045.8	13930.2	15337.5	17244.8	19655.7	20660.3	21401.7	15177.1	16565.7
银行业总资产	248248.6	281640.0	306987.5	334803.5	386281.4	380880.8	415702.7	463550.6	534412.2
占银行业比重	4.9	4.9	5.0	5.2	5.1	5.4	5.1	3.3	3.1
境外贷款余额									
工商银行	1081.2	1309.8	1440.6	1758.7	2163.6	2075.9	2216.2	2163.2	2216.3
建设银行	882.6	921.6	1055.3	1294.1	1532.7	1292.9	1295.7	1057.8	1144.3
农业银行	508.0	648.3	687.8	635.1	589.6	567.4	601.9	599.4	660.6
中国银行	3068.1	3036.6	2957.7	3085.9	3512.9	3652.8	3915.9	3887.7	4219.0
交通银行	458.0	452.7	502.6	554.1	645.7	518.2	561.2	718.2	707.0
中信银行	152.8	190.6	214.6	244.2	254.3	260.8	241.7	270.5	315.2
招商银行	83.7	113.6	89.0	142.9	167.6	179.7	199.7	187.0	145.9
广发银行	25.2	19.7	22.7	18.0	20.6	18.3	19.7	21.6	33.0
合计	6259.6	6692.9	6970.3	7733.0	8887.0	8566.0	9052.1	8905.3	9441.3
境外税前利润									
工商银行	22.3	30.2	31.7	32.5	39.2	41.2	49.3	39.4	69.8
建设银行	6.4	10.4	8.2	9.8	18.6	15.0	8.1	-0.8	-1.9
农业银行	3.6	5.2	6.0	2.8	5.0	6.6	14.6	12.2	20.4
中国银行	66.6	86.6	87.8	122.3	101.9	99.5	104.1	10.7	18.9
交通银行	6.3	8.5	9.3	8.8	10.6	11.5	12.8	12.3	12.0
中信银行	3.4	4.6	3.4	4.0	5.7	4.8	4.7	2.4	4.6
招商银行	1.5	3.4	2.8	2.2	3.2	4.4	3.8	2.4	2.4
广发银行	0.3	0.4	0.4	0.2	-0.1	0.4	0.3	0.0	0.2
合计	110.4	149.3	149.6	182.6	184.1	183.4	197.7	78.5	126.5

续表

银行/年份	2013	2014	2015	2016	2017	2018	2019	2020	2021
境外税前利润/境外资产									
工商银行	0.85	0.96	0.84	0.72	0.76	0.76	0.87	0.68	1.10
建设银行	0.53	0.68	0.46	0.41	0.70	0.61	0.33	-0.04	-0.09
农业银行	0.62	0.61	0.55	0.26	0.41	0.50	0.86	0.70	1.14
中国银行	1.06	1.27	1.26	1.67	1.22	1.10	1.16	0.35	0.53
交通银行	0.74	0.84	0.86	0.71	0.72	0.74	0.77	0.76	0.71
中信银行	1.21	1.41	0.92	0.97	1.21	0.97	0.98	0.47	0.78
招商银行	0.92	1.64	1.28	0.86	1.05	1.26	1.12	0.75	0.75
广发银行	0.82	1.10	1.14	0.68	-0.34	1.24	0.76	-0.01	0.30
合计	0.92	1.07	0.98	1.06	0.94	0.89	0.92	0.52	0.76

数据来源：根据各家银行年报整理得出；由于浦发银行和光大银行数据未按境内外区分，因此表11-4未包括该两行的数据。

11.8.2 我国主要银行境外资产占全国银行业资产比重

表11-7显示，2013—2019年，我国银行业境外资产占我国银行业总资产比重从4.9%持续提高到5.1%，显示2013年以来我国银行业“走出去”的步伐稳健；2020—2021年，受全球新冠肺炎疫情影响，我国银行业境外资产占我国银行业总资产比重依次降到了3.3%和3.1%。

11.8.3 我国主要银行境外盈利情况

表11-7显示，2013—2019年，我国银行业境外税前利润与境外资产比例（资产回报率ROA）持续维持在1%附近，2020年降到了0.5%的水平，2021年略微回升至0.8%左右，不仅低于这些银行在国内的资产回报率，而且也低于主要国际银行的资产回报率，显示我国主要银行境外经营仍处于初期阶段，经营效率有待显著提高。

11.8.4 我国银行业“走出去”情况简介

利用表 11－7 给出的 2013—2021 年工商银行、建设银行、农业银行、交通银行、中信银行和招商银行境外总资产金额，我们可以计算出年平均复合增长率分别为 11.7%、7.8%、15.2%、9.0%、6.8% 和 10.1%，虽然中国银行年均复合增长率显示为负，但整体依然显示出我国主要银行境外资产发展的可喜势头。

11.9 中国银行境外布局和境外业务的发展简介

中国银行是我国银行业“走出去”的“领头羊”，其境外资产和利润等在整个中资银行中排名遥遥领先，而且在国际银行业都有一定的地位。本节将简单介绍中国银行境外经营情况及国际排名等。

11.9.1 中国银行近十年来的境外布局和发展

截至 2000 年末，中国银行海外机构由 1978 年的 20 家发展到 559 家，分布在中国港、澳地区和世界五大洲的 22 个国家，资产总额达到 1551 亿美元，占中国银行资产总额的 42%。截至 2019 年底，海外机构总数为 557 家，分布在全球 61 个国家与地区；资产总额 0.9 万亿美元，折合人民币 6.28 万亿元，占中国银行资产总额的 27.58%；实现利润折合人民币 1317 亿元，占中国银行当年利润的 23.99%（赉圣林和俞洁芳，2020）。

11.9.2 中国银行近年来境外经营情况

中国银行海外机构（包括港澳台）税前利润在全集团利润额中的占比曾一度达到 37.72%（2006 年）和 42.25%（2007 年）；但在 2008 年国际金融危机的重创下，海外利润贡献度迅速跌落至 8.09%。此后数年，进入逐渐回升的态势。2013 年以来，中国银行海外资产和利润增长开始明显提速。2012 年末，海外资产约 3.1 万亿元；到了 2016 年末，这一数值已超过 5 万亿元。与此同时，该行的海外税前利润也逐年扩大，2013—2016 年从 66.5 亿美元持续增长到了122.0亿美元，占全集团盈利比重从19.37%提高到了36.3%，而2016—2017年境外税前利润却下降到了102.4亿美元，占比下降到了29.5%（表11-4及中国银行年报）。2018—2019年，境外税前利润分别为99.5亿美元和104.1亿美元，占比则分别提高到了27.3%和29.3%。2020—2021年，受蔓延全球的新冠肺炎疫情影响，境外税前利润分别显著下降到了10.7亿美元和18.9亿美元，占比分别仅为3.0%和4.4%。

11.9.3　中国银行境外资产和利润等国家排名

根据贲圣林等（2018）的研究结果，2016年中国银行境外资产、存款和贷款分别排名全球第5位、第6位和第7位，而这些指标占全行比重分别排名第23、第24和第27位；境外营业收入和利润分别排名全球第9位和第2位，而该两项指标占全行比重排名却仅为第30位和第20位。这些数据显示，尽管按照银行业资产和利润等指标规模，中国银行可进入全球前十大行之列，然而以这些指标占全行比重来衡量，中国银行全部排名在第20位或者更后。贲圣林等（2020）以不同银行境外资产、存款、贷款、营收、利润、境外网点、机构所在国家数量和境外员工占比等八个子指标加权之比例来衡量银行的总体国际化程度。结果显示，2019年中国银行排名第23位（请参见本章附表），显示我国国际化程度最高的指标，即银行国际化程度，还排在第20位之后。

11.9.4　我国其他主要银行国际化排名

贲圣林等（2020）的结果显示，以银行国际化参数来衡量，除中国银行外，2019年工行、建行、交行和农行分别排名第30、第37、第40和第41位；中信银行、民生银行、上海浦发银行、光大银行、招商银行和兴业银行分别排名第43、第47和第49位。虽然我国其他主要银行国际化排名较低，但是近年来国际化排名上升的速度较其他外资银行要快。以上显示，近年来我国银行国际化的步伐较快，但是我国银行业整体国际化水平离我国经贸的国际地位和人民币国际化的国际水平仍有显著的差距。

11.10 我国银行业“走出去”存在的主要问题

贲圣林和俞洁芳（2016）对中资银行近年来“走出去”的成绩和问题进行了很好的总结和评述。主要成绩我们在上文已经进行了概述，这里不再重复。本节将简单介绍我国银行业“走出去”面临的问题，从而使得我们对中资银行继续“走出去”的步伐有合理的判断。

11.10.1 我国银行业国际化水平与发达国家仍有着巨大的差距

贲圣林等（2020）研究显示，2019 年我国五大行合并的 BII 指数仅为 13.71，股份制银行合并的 BII 指数为 3.43；而同期 20 家主要外资银行（请参见本章附录）平均 BII 指数为 43.52，为五大行平均水平的 3.17 倍和股份制商业银行的合并水平的 12.69 倍，显示我国银行业国际化水平与主要外资银行相比，仍然有着巨大的差距。

11.10.2 风险事件应对能力急需提高

贲圣林和俞洁芳（2016）罗列并分析了 2000 年以来我国银行业“走出去”的风险事件（请参见贲圣林和俞洁芳 2016，第 5.2 节和表 5－4）。这些风险事件涉及市场风险的案例，包括民生银行并购美国联合银行的失败一案，以及国家开发银行购入巴克莱银行 3.1% 股份在一年内亏损 50% 的一案；其他市场风险还有操作风险，相应的案例有中国银行纽约分行骗贷案例被罚 1000 万美元等。关于这些案例的详细介绍和分析，请参见贲圣林和俞洁芳（2016）。短短十多年内中资银行“走出去”风险事件频发，造成的损失巨大，实为可惜（贲圣林和俞洁芳，2016）。

11.10.3 境外合法合规意识和能力有待加强

除上文介绍的我国银行境外风险案例涉及的市场风险和操作风险外，我国银行境外涉及的法律风险和合规风险也不容忽视。

除以上风险和问题外，我国银行业境外经营还面临着其他的问题和风险。据统计，2008 年国际金融危机后，美国监管当局对多家美资金融机构进行了处罚，累计处罚金额超过 1000 亿美元。此外，美国监管当局还对多家外国金融机构进行了处罚，累计处罚金额超过 400 亿美元，我国几家银行也在处罚之列。随着我国企业和银行“走出去”和深度和广度的提高，我国境外资产总额和净资产总额将会显著增加，境外市场风险管理、信用风险管理、国别风险管理和合规管理将成为越来越重要的问题。这些风险的管理水平的提高，除了需要我国银行业加强对外派高管和其他工作人员的专业技能培训外，还要加强当地法律法规等方面的培训。

11.11　我国银行业国际化展望

人民币已经成为 SDR（国际货币基金组织的特别提款权）货币，未来几年人民币的需求将会继续增加，对人民币国际化也提出了更高的要求。按人民币、英镑、日元在特别提款权中所占的份额计算，人民币国际储备的比例将超过英镑和日元。中资主要银行的国际化现状尚不能满足这样的需求，中国银行业需要相应加快国际化进程。

2016 年 10 月 1 日生效的人民币在 IMF SDR 篮子中的份额为 10.92%，比日元的份额 8.33% 高 2.59%，但 2016—2021 年底人民币在国际储备中的份额分别为 1.08%、1.23%、1.89%、1.94%、2.29% 和 2.80%，分别仅占同期日元相应份额的 27.28%、25.18%、36.47%、33.01%、37.97%、50.71%，持续提高的比重显示人民币国际化与日元国际化的距离在缩小。另外，2019 年人民币在全球外汇市场的份额为 2.16%，仅略高于日元相应份额 8.40% 的四分之一；2022 年 4 月人民币在全球外汇市场的份额提高到了 3.51%，与同期日元在全球外汇市场的份额 8.35% 的比重提高到了 42.0%，同样表明人民币国际化与日元国际化的差距在缩小。人民币国际化要赶上日元国际化水平，中国就需要在银行国际化、跨境资产、国际投资头寸等多方面赶上日本的规模。

11.12 小结

一个国家或地区的跨境资产反映了该国家或地区作为国际金融中心或外汇交易中心的地位，一个国家的跨境资产总额反映了国际市场上对该国家货币的支持。本章介绍了部分国家和地区的跨境资产，以及主要经济体的跨境资产数据。这些数据帮助我们更好地了解货币国际化的潜在驱动因素。本章结果显示，2020 年全球跨境投资水平经过 12 年的恢复才回到了 2007 年国际金融危机前的水平，表明危机对全球化进程和国际金融市场的严重影响。

近年来，随着中国境内的跨境资产的稳步增长，资产总额从 2007 年的 0.19 万亿美元增加到 2021 年的 1.06 万亿美元，在八大经济体中相应排名从第八上升到第五。这些结果反映了我国同期营商环境的稳步改善。2007 年后中国持有的跨境资产增长较大多数其他国家更快，在 2021 年达到 2.64 万亿美元，位居第五，预示着人民币 2021 年国际化的位置应能排在第五或第六。然而，2021 年中国持有的境外资产 2.64 万亿美元，仍低于日本同期 5.42 万亿美元的水平，意味着人民币在国际化进程中追赶日元仍有较大空间。

尽管近年来中资主要银行的国际化进程稳步推进，但中国的银行国际化水平仍偏低，2016 年至 2019 年国内国际化水平最高的中国银行的国际化指数排名徘徊在第 20 位以后，整个中国银行业总体支撑人民币国际化的潜力需要大幅度提高。值得关注的是，2016—2021 年，中国金融服务出口金额年均复合增长率 10.2%，几乎与同期我国货物贸易和服务贸易出口年均复合增长率 10.1% 持平，而同期我国保险和养老金服务出口金额年均复合增长率仅为 3.8%。整个金融业服务人民币国际化的潜能有待显著提高。

参考文献

[1] 贲圣林，俞洁芳．中资银行国际化报告［M］. 北京：中国金融出版社，2016.

[2] 贲圣林，俞洁芳，顾月等．百舸争流：驰骋国际市场的中外资银行［M］. 杭州：浙江大学出版社，2018.

[3] 贲圣林，俞洁芳，顾月等. 去全球化会破坏银行的国际扩张吗？——中国银行国际化报告［M］. 杭州：浙江大学出版社，2020.

附表　全球银行2016年和2019年银行国际化指数（BII）排名

BII指数排名	银行名称	国家	2019年指数	2016年指数	2016—2019年指数变化
1	渣打银行	英国	62.71	67.46	-4.75
2	汇丰控股	英国	59.16	55.37	3.79
3	桑坦德银行	西班牙	57.92	56.36	1.56
4	花旗集团	美国	54.92	51.77	3.15
5	ING银行	荷兰	53.23	49.97	3.26
6	瑞士信贷	瑞士	51.83	51.38	0.45
7	德意志银行	德国	46.28	54.47	-8.19
8	三菱日联银行	日本	45.1	36.69	8.41
9	瑞银银行	瑞士	43.43	54.71	-11.28
10	裕信集团	意大利	42.04	39.92	2.12
11	法国巴黎银行	法国	41.66	40.18	1.48
12	丰业银行	加拿大	39.45	39.01	0.44
13	法国兴业银行	法国	39.19	42.93	-3.74
14	巴克莱银行	英国	36.73		
15	瑞穗FG	日本	35.2	27.79	7.41
16	加拿大皇家银行	加拿大	34.6		
17	荷兰合作银行集团	荷兰	33.41		
18	高盛	美国	32.33	31.59	0.74
19	道明加拿大信托	加拿大	30.58		
20	法国农业信贷集团	法国	30.53	31.07	-0.54
21	道富银行	美国	30.48		
22	澳新银行集团	澳大利亚	28.66		
23	中国银行	中国	27.68	26.62	1.06
24	纽约梅隆银行	美国	27.44	20.63	6.81
25	三井住友银行	日本	26.61		
26	摩根士丹利	美国	25.07	23	2.07
27	BPCE集团	法国	21.73		

续表

BII 指数排名	银行名称	国家	2019 年指数	2016 年指数	2016—2019 年指数变化
28	摩根大通	美国	21.15	25.95	-4.8
29	联合圣保罗银行	意大利	19.74		
30	工商银行	中国	17.79	15.96	1.83
31	Credit Mutuel	法国	14.12		
32	美国银行	美国	13.84	15.08	-1.24
33	澳大利亚联邦银行	澳大利亚	12.13	14.25	-2.12
34	西太平洋银行	澳大利亚	12.08		
35	富国银行	美国	10.8		
36	Banco Bilbao Vizcaya Argentaria	阿根廷	10.44		
37	交通银行	中国	8.83	8.12	0.71
38	苏格兰皇家银行	英国	8.55	8.51	0.04
39	储蓄银行	俄罗斯	8.39		
40	中国建设银行	中国	7.92	8.25	-0.33
41	中国农业银行	中国	6.33		
42	第一资本金融公司	美国	5.51		
43	中信银行	中国	4.28		
44	民生银行	中国	4.23		
45	上海浦东发展银行	中国	4.21		
46	光大银行	中国	2.89		
47	招商银行	中国	2.89		
48	农林中金银行	日本	2.71		
49	兴业银行	中国	2.12		

数据来源：贲圣林等（2020）。

第 12 章　人民币国际化现状

有步骤地推动人民币国际化已经成为我国经济、贸易和金融等领域发展的必由之路，也是实施“一带一路”倡议和构建人类命运共同体的基础。只有稳步推动人民币国际化，才可能减少国际上其他主要储备货币发行国对我国货币政策的影响和束缚，进而才可能在国际金融领域逐步获得与我国经贸规模相应的影响力，我国经济和货币政策才能获得更大的主动性，“一带一路”倡议才能更好地推进实施。前面的章节介绍了离岸人民币中心及其发展情况后，本章将运用境内外市场数据，来估算近年来世界主要货币的国际地位，从而可以系统地判断 2016 年以来人民币相较于其他主要货币国际化进程的变化。

12.1　人民币国际化的简单回顾

人民币在 2004 年以前从未在我国以外的国家和地区应用或流通过，因此，任何的境外应用都需要探讨和开拓。香港金融管理局早在 2001 年 11 月就向中国人民银行提出了在港开展个人人民币业务的想法，相关实质性的讨论也于 2002 年 2 月就开始了。2003 年 3 月暴发的重症急性呼吸综合征（SARS）在一定程度上延缓了相关讨论。2003 年 6 月，香港金融管理局与中国人民银行就人民币在港应用达成了共识，同年 11 月国务院批准了人民币个人业务在港的开展。经过了三个月左右的准备，在港银行于 2004 年 2 月 25 日开始提供个人人民币存款、外汇兑换、储蓄卡和信用卡等业务（Chan，2014）。

20 世纪 90 年代以来，我国与世界经济的融合程度不断提高，进出口贸易占国内生产总值的比例从 30% 左右的水平上升到了 2006 年前后超过 63.5% 的高位；受国际金融危机的影响，2009 年我国贸易依存度回落到了 43.1%，2010 年虽回升到了 49.0%，但 2010—2016 年又持续下降到了 32.8% 的水平，为 1998 年以来最低；2017 年略增到了 34.2%。我国外汇管理体制改革也逐步向前推进，并于 1996 年 12 月 1 日起正式接受国际货币基金组织协定中第 8 条第 2 款、第 3 款和第 4 款等义务规定，实现人民币经常项目下的可自由兑换。1997 年亚洲金融危机爆发之后，国际经济学界对国际资本流动可能带来的风险进行了深刻反思，认为当新兴市场遭受投机性冲击时，资本管制会暂时起到"防火墙"的作用，我国也对人民币自由兑换采取了更为慎重的态度。国际金融危机爆发以来，特别是美国退出几轮量化宽松政策后，跨境资本流动对很多发展中国家的经济和金融产生了严重的冲击。

12.2 人民币在离岸市场使用的基本情况

改革开放以来，香港地区一直是我国与世界连接的纽带，是境外直接投资最主要的来源地，同时也是内地最主要的贸易伙伴之一。根据商务部外商投资统计，截至 2016 年，我国外商直接投资总额中仍然有 65% 来自香港地区。由于中国香港的特殊地位，特别是 2004 年 1 月 1 日开始实施《内地与香港关于建立更紧密经贸关系的安排》（CEPA）以来，香港自然成为最活跃的离岸人民币市场。香港作为东亚地区主要的金融中心之一，凭借其与内地的紧密联系，在今后人民币国际化的进程中将会继续发挥重要作用。

12.2.1 相关政策的推进和演变

2003 年底，经国务院批准，中国人民银行同意为香港个人人民币业务提供结算安排。人民币业务于 2004 年 1 月 18 日在中国香港正式推出，香港商铺及自动柜员机开始接受内地银行发行的扣账卡及信用卡。自 2004 年 2 月 25 日开始，香港银行可为客户提供人民币存款、兑换及汇款服务。自 2004 年 4 月 30 日开始，香港银行可发行人民币扣账卡及信用卡，供香港居民在内地使用。

2005 年 11 月 1 日，中国人民银行发布公告，宣布为扩大香港银行办理人民币业务提供平盘及清算安排的范围，同时为完善现有人民币业务，进一步拓展香港人民币业务，采取五项措施：（1）中国人民银行深圳市中心支行接受香港人民币业务清算行的存款；（2）放宽人民币与港元兑换业务提供平盘服务的有关要求：个人人民币现钞兑换的限额由每人每次不超过等值6000元人民币提高至每人每次不超过等值20000元人民币，为其持有的人民币现钞提供兑换服务的香港指定商户的范围扩大至包括在港提供交通、通信、医疗及教育服务等行业的商户，指定商户可将其在参加行存款账户的人民币存款单兑换成港元；（3）具有个人人民币业务经营资格的内地银行接受经由香港居民个人人民币汇款的最高限额，由每人每天50000元人民币提高至每人每天80000元人民币；（4）清算行为香港居民个人签发的人民币支票提供清算服务，香港居民个人可用人民币支票在每个账户每天80000元人民币的限额内支付在广东省的消费性支出，该人民币支票不得转让；（5）取消香港银行发行人民币卡每张最高授信10万元人民币的限额。2010年7月19日中国人民银行与香港人民币业务清算行中国银行（香港）有限公司在香港签署了新修订的《香港银行人民币业务的清算协议》。当日中国人民银行还与香港金融管理局就扩大人民币贸易结算的安排，签订了补充合作备忘录，修订后的协议放宽了对人民币兑换、机构开户等不涉及跨境资金流动的限制，从而刺激离岸人民币市场的需求，促进市场供需自我循环，为香港离岸人民币市场的启动打下了必要的基础。到2014年11月，香港金融管理局正式取消香港本地居民每人每日20000元人民币的兑换限制。

12.2.2　汇款

随着客户减少现金携带而改为使用汇款服务将资金汇至内地，汇款业务开始稳步增长。2010年香港金融管理局发布的信息显示，香港居民可将人民币汇到内地银行开设的同名账户，每天每户上限为80000元人民币；自2009年7月起，企业可以利用人民币支票在不同银行开设的账户之间进行资金调拨以汇集人民币资金做贸易结算之用。而汇款则只限于境外企业与内地试点企业进行双向汇款，参与行可以在中国香港进行资金调拨服务，但只限于同一企业在不同银行开设的账户之间调拨；2011 年，香港居民可将人民币汇到内地银行开设的同名账户，每天每户上限为 80000 元人民币。对于支票方式的款项由香港参加行人民币支票账户持有人签发的人民币支票可以在香港及内地使用；到 2014 年 11 月，个人和企业相互之间可以通过银行自由进行人民币资金的支付和转账。

随着跨境人民币贸易结算等业务的迅速增长，中国香港与港外银行收付款额度也随之快速增长。根据香港金融管理局公布的数据，香港银行业境外人民币业务收付金额从 2010 年的 196 亿元和 109 亿元及差额 87 亿元增长到了 2013 年的 1645 亿元和 1660 亿元及差额 -15 亿元；2014 年进一步增长到了 1933 亿元和 1145 亿元及差额 481 亿元，显示出中国香港作为全球最大的人民币中心在全球人民币资金流的辐射作用持续增大；然而由于“8·11 人民币汇率改革”，以上数据在 2015 年下降到了 1057 亿元和 1321 亿元，差额 -274 亿元；2016 年进一步下降到了 916 亿元和 690 亿元，差额 226 亿元；随着人民币汇率的趋于稳定，2017 年回升到了 1328 亿元和 878 亿元，差额进一步扩大到了 450 亿元。

12.2.3 信用卡境外消费额的快速增长

银联卡境外消费在一定程度上也反映了人民币在国际上的运用情况。2012—2014 年，境内银联卡在境外交易额从 3634 亿元增长到了 5203 亿元，2012—2014 年年增长率分别为 25.5% 和 14.1%；另外 2013—2014 年银联在境外发行的银联卡在境外交易额从 50.8 亿元增长到了 64.2 亿元，增幅 26.4%；2015 年，我国居民境外刷卡支出 1330 亿美元（国家外汇管理局 2016 年 3 月 31 日公布），相当于 8282 亿元人民币（以 2015 年人民币对美元平均汇率 6.2269 折算得出）；2016 年境内个人持银行卡境外刷卡金额比 2015 年略降到了 1091 亿美元。尽管 2017 年境内银行卡在境外刷卡笔数从 2016 年的 1.44 亿笔略降到了 1.24 亿笔，但刷卡金额却略增到了 1146 亿美元。2018 年到 2021 年，受中美贸易摩擦和全球疫情的影响，居民境外旅游受到不同程度的影响，境外消费自然也受到一定程度的影响而下降。

12.2.4　香港人民币即时结算系统日均交易增长迅猛后略有回调

香港人民币结算系统于2006年3月在香港地区推出，以提升银行同业交易的结算效率。2007年6月，金管局对该系统进行升级，成为全面的人民币即时支付结算系统（RTGS）。人民币RTGS系统由中国银行（香港）有限公司担任清算行，香港银行同业结算有限公司则负责系统运作事务。自2007年6月起，人民币RTGS系统连同港元、美元及欧元RTGS系统以及债务工具中央结算系统（CMU系统）从原有的专用操作平台转至环球银行金融电讯协会系统的开放式平台。近年来，香港人民币即时支付结算系统每日平均交易额持续上升，成为境外人民币市场活跃度的一个重要指标。2010年香港人民币RTGS日均成交金额50亿元人民币，2012—2013年，香港人民币RTGS日均成交金额从2137亿元增长到了3954亿元人民币，增幅为85%；2014年和2015年，分别增长到了7341亿元和9470亿元人民币；2016年日均成交金额略降到了8636亿元，2017年又回升到了9036亿元，2018年则又增长到了10101亿元，2019年和2020年分别再次提升至11339亿元和11915亿元（香港金融管理局历年年报），显示了中国香港近年来人民币市场的活跃度。

12.3　人民币在境外交易的情况介绍

12.3.1　境外人民币支付情况

2010年境外人民币市场启动后不久，《华尔街日报》就做了预测："可能只需要几年的时间，中国进出口额中有20%到30%就会以人民币而不是美元进行结算"；"不久以后，人民币交易量会与日元交易量匹敌，成为继美元和欧元之后交易第三活跃的货币"（《人民币离岸交易大幅度增长》，《华尔街日报》网站，2010年12月14日）。第3章介绍的人民币跨境贸易结算及占比数据显示，2015年人民币跨境贸易结算达到了26.8%，2016年和2017年则分别下降到21.1%和15.7%，2018年和2019年分别回升到了16.8%和19.1%；

2015 年 8 月，人民币首次超过日元成为全球第四大跨境支付货币；2016 年到 2019 年人民币保持在第 6 位到第 5 位的水平；2022 年 3 月，人民币跨境支付排名全球第 5 位，占比 2.20%，离同期排名第 4 位的日本占比 2.80% 差距不大，但与同期排名第 3 位的英镑占比 6.47% 仍有较大差距［根据环球银行金融电讯协会（SWIFT）公布的相关数据］。

12.3.2 境外人民币证券产品

2011 年 4 月 29 日，中国香港首只以人民币计价的证券产品——汇贤房地产信托基金在香港交易所挂牌交易。作为香港首只以人民币计价的证券产品，汇贤被香港业界认为是人民币业务的“试金石”，可以促进香港人民币证券业务的发展。

2012 年 10 月 29 日，香港首只人民币交易股本证券——合和公路基建有限公司配售的人民币交易股份在香港交易所上市买卖，这是首只在境外上市的人民币交易股本证券，并为香港交易所首只双柜台股本证券。香港交易所行政总裁李小加表示，首只在境外上市的人民币交易股本证券在香港交易所登场，也是香港交易所首只双柜台股本证券，两者都是发展人民币产品的重要里程碑，更可加强香港作为领先的人民币离岸中心的地位。李小加表示，人民币交易股本证券将是人民币交易的债券、交易所买卖基金、房地产投资信托基金及可交收人民币货币期货以外，又一重要产品类别。李小加预计，随着人民币越趋国际化，投资者对人民币产品的兴趣将与日俱增，相信更多以人民币计价的证券产品今后会在香港推出交易。

中国香港南方东英资产管理公司与英国交易所交易型开放式指数基金（ETF）提供者索斯 2014 年 1 月 9 日宣布，由二者共同推出的交易型开放式指数基金（ETF）当天在伦敦证交所正式挂牌交易。这只名为“南方 Source 富时中国 A50 UCITS ETF”的 ETF 基金是欧洲交易市场上的首只人民币合格境外机构投资者（RQFII）ETF 基金，为欧洲投资者进入中国 A 股市场提供了新渠道。2015 年 3 月 25 日，欧洲第一只人民币 RQFII 货币市场交易所基金（ETF）正式在伦敦交易所挂牌交易，该只基金由建银国际资产管理有限公司（建银资产管理）担当基金管理人角色。

12.3.3 “欧洲美元”市场的简单介绍

离岸市场人民币业务的发展时间还较短，然而它与存在半个世纪而且已经相当成熟的欧洲美元市场有着很大的相似性。比较这两个市场对今后离岸人民币市场的发展有重要的借鉴意义。

由于美国资本项目和税务方面相关的限制，欧洲美元从 20 世纪 60 年代初期开始迅速增长。欧洲美元市场不受美国联邦储备银行利率监管和美国税务等方面的限制，以伦敦为中心的欧洲美元市场不仅可以提供比美国国内更低的贷款利率，而且可以为境外美元储蓄提供比美国国内更高的储蓄利率。虽然到 20 世纪 80 年代和 90 年代，美国资本项目管制和税务条款进一步放宽，但欧洲美元市场依然得到了相当程度的发展。伦敦银行间美元利率迄今为止已经成为国际上和美国国内企业贷款的基准利率。截至 2008 年底，离岸市场美元债券总额达到 8. 396 万亿美元，达到同期境内外美元债券总金额 27. 43 万亿美元的 30. 6%（渣打银行特别报道，Special Report，2010）。

2017 年末，美元国际债券规模达到了 10. 78 万亿美元，比同期全球美元储备金额 6. 28 万亿美元高出七成多。欧洲美元市场的成功有诸多因素，但是最主要的原因之一是美国政府从来没有对境外美元在美国结算有过任何阻挠。换句话说，离岸欧洲美元市场上的机构可以自由地与美国境内机构清算相关交易。在能够自由与在岸市场清算各种头寸的基础上，离岸银行就可以根据自身需要建立外汇的买卖头寸，对美元境内外外汇市场的协调发展发挥了重要作用（渣打银行特别报道，Special Report，2010）。

12.4 人民币与其他货币的直接交易

货币与其他货币直接交易的程度越高，交易成本就越低，其国际化程度就越高。从 2006 年 1 月 4 日起，中国人民银行授权中国外汇交易中心于每个工作日上午 9 时 15 分对外公布当日人民币对美元、欧元、日元和港元汇率中间价，作为当日银行间即期外汇市场（含 OTC 方式和撮合方式）以及银行柜台交易汇率的中间价。人民币除与美元、欧元、日元、英镑这四大国际储备货币及港元交易外，从 2010 年起分别开始与马来西亚林吉特、俄罗斯卢布、澳大利亚元、加拿大元和欧元等货币开展直接交易。以下我们简要介绍一下人民币与这些货币的直接外汇交易。

12.4.1 人民币与马来西亚林吉特交易的起步

虽然近年来马来西亚经济规模仅为印度尼西亚的 1/3 多，却是我国在东盟最主要的贸易伙伴之一。2013 年我国与马来西亚贸易首次超过 1000 亿美元。因此，马来西亚林吉特是与人民币最早交易的货币之一，成为第六种在国内挂牌交易的货币。自 2010 年 8 月 19 日起，国家外汇管理局公布人民币对林吉特汇率中间价，为交易和结算提供支持。人民币对林吉特汇率中间价采取间接标价法，即 100 元人民币折合多少林吉特。2014—2017 年，人民币对林吉特在国内外汇市场交易总金额从 12 亿元持续增长到了 38 亿元人民币；2018 年成交金额略降至 35 亿元，在所有货币交易量中的占比仅为 0.01%；2019 年成交金额下降至 26.4 亿元，2020 年和 2021 年的成交金额进一步下降至 5.04 亿元和 3.78 亿元，2022 年第一季度仅为 8000 万元（根据中国外汇交易中心的相关数据得出）。

12.4.2 人民币与俄罗斯卢布交易的起步

自 2010 年 11 月 22 日起，国家外汇管理局公布人民币对卢布汇率中间价。人民币对卢布汇率中间价采取间接标价法，即 100 元人民币折合多少卢布。同年 11 月 24 日，时任国务院总理温家宝和俄罗斯总统普京宣布，双方决定用本国货币实现双边贸易结算。这是继境内外汇市场启动人民币对美元、港元、日元、欧元、英镑和马来西亚林吉特交易之后，第七种在境内挂牌交易的货币。卢布是我国与其他主要发展中国家第一个直接交易的货币。数据显示，2014—2017 年，俄罗斯卢布对人民币在境内外汇市场成交金额从 255 亿元人民币下降到了 98 亿元，排名从第 9 位下降到了第 12 位（见表 12-1）；2018 年成交金额增至 148.3 亿元，排名回落到第 13 位；2019 年和 2020 年成交金额分别下降到134.1亿元和143.7亿元，排名略升至第11位；2021年成交金额进一步降至98亿元，与2017年持平，排名重回第13位。在中俄两国合作紧密的背景下，俄罗斯卢布对人民币在境内外汇市场仍有较大的发展空间。

12.4.3　人民币与澳大利亚元和加拿大元交易

2013—2019年，加拿大经济从世界排名第8位略降到了第9位，同期澳大利亚排名从第12位下降到了第14位；表4－1显示2013—2019年加拿大元和澳大利亚元在国际外汇市场交易额分别排名第6位和第5位。这些数据表明，加拿大元和澳大利亚元在国际外汇市场和外汇储备中的地位显著高于其在世界经济中的排名，显示了这两种货币在国际金融市场中的重要作用。自2011年11月28日起，国家外汇管理局公布人民币对澳大利亚元、加拿大元汇率中间价，人民币与澳大利亚元和加拿大元交易正式启动。数据显示，2014—2018年，加拿大元对人民币在境内外汇市场成交金额从14亿元增长到581亿元人民币（增长了40.5倍），成为同期增幅最大的外币，排名从第10位提高到了第6位，2019年成交金额为290.3亿元，排名下降到了第8位；2020年成交金额为337亿元，排名进一步下降到了第9位；2021年成交金额为734.9亿元，排名上升至第7位；2022年前4个月成交金额为90.6亿元，排名进一步上升到了第6位。2014—2018年，澳大利亚元对人民币在境内外汇市场成交金额却从1486亿元下降到了879亿元人民币，累计降幅高达40.85%，排名保持在第5位；2019年成交金额为659亿元，排名下降至第7位；2020—2021年成交金额上升至769.8亿元，排名同步升至第6位。人民币与加拿大元和澳大利亚元的直接交易会加强我国与这两国经贸和投资等领域的合作，对提升人民币国际化有重要的意义。

12.4.4　人民币与日元直接交易

2012年5月29日，经中国人民银行授权，中国外汇交易中心宣布完善银行间外汇市场人民币对日元的交易方式，发展人民币对日元直接交易。中日两国皆为世界主要经济体和贸易体，在经贸、金融、外汇等领域的合作不仅对两国贸易成本降低、国际竞争力提高，并对两国货币国际化程度提高等诸多方面有非常积极的意义，而且对亚太地区乃至全球经济稳定与发展都将发挥积极的作用。数据显示，2014—2018 年，日元对人民币在境内外汇市场成交金额呈逐年下降趋势，从 4511 亿元下降到了 2784 亿元人民币，降幅为 38.28%，排名从 2014 年仅次于美元的第 2 位下降到了低于美元和欧元的第 3 位；2019 年，日元对人民币成交金额为 3550 亿元，排名保持不变；2020—2021 年成交金额降至 2735.8 亿元，但排名第 3 位未变。

12.4.5 人民币与英镑的直接交易

2014 年 6 月 18 日，经中国人民银行授权，中国外汇交易中心宣布在银行间外汇市场开展人民币对英镑直接交易。在遵循市场原则的基础上开展人民币对英镑的直接交易，这是中英两国共同推动双边经贸关系进一步向前发展的重要举措。开展人民币对英镑直接交易，有利于形成人民币对英镑直接汇率，降低经济主体汇兑成本，促进人民币与英镑在双边贸易和投资中的使用，有利于加强两国金融合作，支持中英之间不断发展的经济金融关系。尽管英镑与人民币直接交易启动，但是 2014—2016 年，英镑对人民币在境内外汇市场成交金额却从 1377 亿元下降到了 490 亿元人民币，降幅高达 64.42%；2017—2018 年成交金额从 523.4 亿元略降到了 516.3 亿元，排名从 2014 年的第 6 位下降到了 2018 年的第 8 位；2019 年成交金额回升到了 776.8 亿元，排名回升至第 6 位；2020 年成交额为 587 亿元，排名回落到了第 7 位；2021 年就成交金额略降到了 552.6 亿元，排名降到了与 2018 年相同的第 8 位。

12.4.6 人民币与欧元的直接交易

2014 年 9 月，经中国人民银行授权，中国外汇交易中心宣布在银行间外汇市场开展人民币对欧元的直接交易。在遵循市场原则的基础上开展人民币对欧元直接交易，是中欧共同推动双边经贸关系进一步向前发展的重要举措。

欧元区是我国重要的贸易伙伴，开展人民币对欧元直接交易，有利于形成人民币对欧元直接汇率，降低经济主体汇兑成本，促进人民币与欧元在双边贸易和投资中的使用，有利于加强中欧金融合作，支持中欧之间不断发展的经济金融关系。2014 年，欧元对人民币在国内外汇市场成交金额达到 3155 亿元人民币，占境内外汇市场成交金额的 1.24%，排名仅次于美元和日元；2015—2018 年欧元对人民币外汇交易金额分别增长到 4257 亿元、4598 亿元、5805 亿元和 7547 亿元人民币，超过了日元，在境内人民币外汇市场仅次于美元，2019 年和 2020 年成交金额分别达到 13638 亿元和 14194 亿元，排名保持在仅次于美元的第 2 位；2021 年的成交金额较 2020 年增长 24.2%，达到人民币 17630 亿元。表 4 - 1 显示 2001 年至 2019 年欧元在全球外汇市场的成交额占比约为 17%，但 2019 年以来，欧元兑人民币在国内人民币即期外汇市场的占比仅为 2.5% 左右，显示欧元在境内人民币外汇市场有着巨大的增长空间。

12.4.7 人民币与新加坡元交易

新加坡是全球第三大、亚洲最大的外汇交易中心，东盟主要的贸易和金融中心，而且新加坡也是除中国香港外离岸最大的人民币中心。人民币与新加坡元直接兑换将有利于新加坡人民币中心的发展以及我国与东盟的经贸和金融合作。2014 年 10 月 27 日，在江苏省苏州市举行的中国—新加坡双边合作联合委员会第十一次会议上，张高丽副总理宣布将于 10 月 28 日在银行间外汇市场开展人民币对新加坡元直接交易。在遵循市场原则的基础上开展人民币对新加坡元直接交易，是中新两国共同推动双边经贸关系进一步向前发展的重要举措。

相对于其他外币，新加坡元对人民币在国内外汇市场上直接交易启动较晚，但是 2014 年新加坡元对人民币在国内人民币外汇市场成交金额高达 838 亿元人民币，排名第 7 位；2015 年新加坡元对人民币在境内外汇市场成交金额猛增了 353.6% 到 3801 亿元，超过了同年日元和港元与人民币外汇成交金额，成为当年境内外汇市场美元和欧元后第三大外币，而 2016—2018 年成交金额出现了明显的回落，从 1088 亿元人民币下降到 554 亿元人民币，排名下降到第 7 位；2019

年，成交金额上升至1332亿元人民币，排名上升至第5位。2020年成交金额下降至840亿元，排名保持在第5位。2021年较2020年同比下降34.2%至553亿元，排名下降至第8位。随着中国与东盟国家国际贸易的增加，以及如图9-1所示的2020年6月至2021年12月人民币存款稳步增长，人民币外汇交易额应当相应增加。我们将在本章稍后讨论此问题。

12.4.8 人民币对新西兰元交易

中国外汇交易中心于2015年1月12日起推出人民币对新西兰元即期竞价交易。人民币对新西兰元即期竞价交易采用集中清算制度，由上海清算所集中进行资金清算。人民币对新西兰元的直接交易由做市商连续提供买、卖双向报价，为市场提供流动性，竞价流动性限额为500万新西兰元。新西兰元在境内外汇市场直接交易启动更晚，但是2014年新西兰元对人民币在境内人民币外汇市场成交金额高达281亿元人民币，高于同年俄罗斯卢布在境内外汇市场成交金额255亿元，在境内人民币外汇市场排名第8位；2014—2018年，新西兰元对人民币在境内人民币外汇市场成交金额经历了下降再回升的过程，2018年成交金额为196亿元人民币，降幅为30.25%，排名下降到第11位；2019年，成交金额为140亿元人民币，排名保持在第10位；2020年成交额为214亿元，排名保持在第10位。2021年成交金额为341亿元，排名连续三年保持在第10位。中新两国关系密切，可以预期未来几年人民币与新西兰元贸易额会稳步增长。

12.4.9 人民币与瑞士法郎直接交易

2015年11月9日，经中国人民银行授权，中国外汇交易中心宣布在银行间外汇市场开展人民币对瑞士法郎直接交易。在遵循市场原则的基础上开展人民币对瑞士法郎直接交易。2015年和2016年瑞士法郎对人民币在境内人民币外汇市场成交金额分别为149亿元和180亿元，排名第10位；2017年略降到了160亿元，排名保持在第10位；2018年增长至296亿元人民币，排名略升至第9位；2019年成交金额则萎缩至73亿元，排名进一步下降到第13名；

2020 年成交额为 135 亿元，排名上升至第 12 位。值得注意的是，2020 年上半年至 2021 年同期，成交金额增长 15.13 倍至 138 亿元，略高于 2020 年全年成交额。瑞士是与中国科技相关度最高的主要欧洲科技发达国家，两国经贸合作的潜能使瑞士法郎在国内外汇市场增长潜力显著。

12.4.10　人民币与南非兰特直接交易

南非多年来是我国在非洲最大的贸易伙伴，也是金砖五国唯一的非洲国家。表 9－9 至表 9－12 显示，南非兰特不仅是金砖国家货币国际化程度最高的货币，而且其国际化程度甚至超过很多发达经济体的货币。2016 年 6 月 17 日，经中国人民银行授权，中国外汇交易中心宣布在银行间外汇市场开展人民币对南非兰特的直接交易。2017 年南非兰特对人民币外汇成交金额为 9.8 亿元人民币，排名第 17 位；2018 年成交金额降至 6 亿元人民币，排名第 20 位；2019 年成交金额继续下降至 1 亿元人民币，排名降至第 23 位；2020 年上半年成交金额萎缩到 0.94 亿元，排名略升至第 20 位。

12.4.11　人民币与韩元直接交易

2014 年 12 月 1 日，韩中两国银行间韩元对人民币直接交易在韩国正式启动，这是韩国离岸人民币市场发展中具有标志性意义的事件。韩国新韩银行、友利银行、企业银行、产业银行、渣打银行、花旗银行及中国的交通银行、中国工商银行，及汇丰银行等银行的韩国分行被指定为银行间外汇市场韩元对人民币直接交易的做市商。2016 年 6 月 24 日，经中国人民银行授权，中国外汇交易中心宣布在银行间外汇市场开展人民币对韩元直接交易。2016—2017 年，境内韩元对人民币外汇成交金额从 313 亿元提高到了 394 亿元，排名第 8 位；2018 年韩元兑人民币外汇成交金额下降至 218 亿元，排名下降至第 10 位；2019 年成交金额进一步下降到 115 亿元人民币，排名继续下降至 12 位；2020 年成交金额又萎缩到 62 亿元，排名下降到第 13 位；2021 年成交金额回升至 77 亿元，排名保持在第 13 位。

12.4.12 人民币与沙特里亚尔和阿联酋迪拉姆直接交易

经人民银行授权，2016 年 9 月 26 日，中国外汇交易中心开始在银行间市场开展人民币对沙特里亚尔和人民币对阿联酋迪拉姆直接交易。沙特阿拉伯是中东最大的经济体，2015 年沙特阿拉伯在世界经济排名第 20 位，而且多年来是我国在西亚增长最快的贸易伙伴。阿联酋经济规模虽然较小，但仍然是我国在西亚仅次于沙特阿拉伯的贸易伙伴，而且阿联酋近年来是世界上金融开放和改革步伐最快的国家。人民币对沙特里亚尔和阿联酋迪拉姆的直接交易将降低两对货币间的交易成本，对推动我国与西亚国家的合作和“一带一路”倡议具有重要意义。2016—2017 年，境内沙特里亚尔和阿联酋迪拉姆对人民币外汇成交金额分别从 0.47 亿元和 0.57 亿元增长为 7.69 亿元和 1.02 亿元；2018 年更是大幅增长至 74.41 亿元和 85.89 亿元人民币；2019 年，成交金额上升至 26.42 亿元和 10.88 亿元人民币，排名为第 14 位和第 16 位；2020 年上半年成交金额分别为 8.02 亿元和 6.31 亿元，排名分别在第 15 位和第 16 位。

除了以上与人民币直接交易的货币外，截至 2021 年，境内外汇市场人民币还可直接与匈牙利福林、波兰兹罗提、丹麦克朗、瑞典克朗、挪威克朗、土耳其里拉、墨西哥比索和泰铢等货币直接交易。然而这些货币在国内外汇市场成交量较低，需要一定的时间来培育和开发相关市场。

12.5 2014 年以来境内人民币外汇交易概览

表 12-1 给出了 2014 年以来境内人民币即期外汇交易的基本情况。2014—2021 年，美元对人民币保持了境内第一大外汇交易的地位，交易量对全市场的占比截至 2020 年上半年，达到了 95.93%，较 2014 年增长了 1.77 个百分点；欧元对人民币作为第二大外汇交易品种，截至 2021 年，交易量占比仅 2.73%；值得注意的是，2021 年交易量占比较 2014 年增长的，除了欧元和美元以外，还有加拿大元和泰铢，其中加拿大元同期增长了 0.11 个百分点，加拿大元对人民币为境内第七大外汇交易品种，泰铢同期增长了 0.02 个百分点。

表 12－1 国内人民币外汇交易情况（2014—2021 年） 单位：亿元人民币、%

货币/年份	2014	占比	2015	占比	2016	占比	2017	占比	2018	占比	2019	占比	2020	占比	2021	占比	2014 年到 2021 年占比变化
美元	239942	94. 2	290645	94. 9	382615	96. 8	417442	96. 7	491907	96. 8	525157	95. 8	553205	96. 2	618900	95. 9	1. 77
欧元	3155	1. 2	4257	1. 4	4598	1. 2	5805	1. 3	7547	1. 5	13638	2. 5	14195	2. 5	17630	2. 7	1. 49
日元	4511	1. 8	3370	1. 1	3275	0. 8	3009	0. 7	2784	0. 5	3550	0. 6	2734	0. 5	2736	0. 4	－1. 35
港元	2931	1. 2	1750	0. 6	1493	0. 4	2304	0. 5	1920	0. 4	1920	0. 4	1457	0. 3	1519	0. 2	－0. 91
澳大利亚元	1486	0. 6	1005	0. 3	793	0. 2	1019	0. 2	879	0. 2	659	0. 1	589	0. 1	770	0. 1	－0. 46
加拿大元	14	0. 0	128	0. 0	252	0. 1	543	0. 1	581	0. 1	290	0. 1	337	0. 1	735	0. 1	0. 11
英镑	1377	0. 5	780	0. 3	490	0. 1	523	0. 1	516	0. 1	777	0. 1	587	0. 1	866	0. 1	－0. 41
韩元					313	0. 1	394	0. 1	218	0. 0	115	0. 0	62	0. 0	77	0. 0	－0. 07
新西兰元	281	0. 1	169	0. 1	138	0. 0	218	0. 1	196	0. 0	140	0. 0	214	0. 0	341	0. 1	－0. 06
瑞士法郎			149	0. 0	180	0. 0	160	0. 0	296	0. 1	73	0. 0	135	0. 0	366	0. 1	0. 01
新加坡元	838	0. 3	3801	1. 2	1088	0. 3	129	0. 0	554	0. 1	1332	0. 2	840	0. 1	553	0. 1	－0. 24
卢布	255	0. 1	225	0. 1	118	0. 0	98	0. 0	148	0. 0	134	0. 0	144	0. 0	98	0. 0	－0. 08
瑞典克朗							47	0. 0	100	0. 0	37	0. 0	28	0. 0	47	0. 0	－0. 004
马来西亚林吉特	12	0. 0	15	0. 0	34	0. 0	38	0. 0	35	0. 0	26	0. 0	5	0. 0	4	0. 0	－0. 00412
泰铢									181	0. 0	282	0. 1	359	0. 1	336	0. 1	0. 02
丹麦克朗							28	0. 0	47	0. 0	15	0. 0	55	0. 0	66	0. 0	0. 004
挪威克朗							12	0. 0	21	0. 0	9	0. 0	11	0. 0	28	0. 0	0. 002
南非兰特					9	0. 0	10	0. 0	6	0. 0	1	0. 0	2	0. 0	1	0. 0	－0. 002
其他							10	0. 0	179	0. 0	41	0. 0	81	0. 0	62	0. 0	0. 007
总计	254802	100. 0	306294	100. 0	395399	100. 0	431790	100. 0	508115	100. 0	548195	100. 0	575038	100. 0	645134	100. 0	

数据来源：2014 年第四季度到 2021 年第四季度中国货币政策执行报告；瑞士法郎、韩元、南非兰特、瑞典克朗、丹麦克朗、挪威克朗和泰铢七种货币 2014 年的数据缺乏，这些货币占比变化分别是其 2015 年、2016 年、2017 年和 2018 年到 2021 年的占比变化。

12.6 离岸市场人民币计价基金和其他人民币计价产品

12.6.1 离岸市场人民币计价基金的发展

随着人民币跨境贸易结算的迅速推进，境外离岸人民币基金也在2010年下半年逐渐获得越来越多的关注。2010年8月31日，海通香港推出了境外首只人民币计价基金——海通环球人民币收益基金。该基金上限为50亿元人民币，截至2017年2月28日，该基金的总资产价值约为5.26亿元人民币。除海通环球基金外，已经发行的离岸人民币计价基金包括恒生银行发行的恒生人民币债券基金（公募债券基金）（2010年2月规模约为3亿元），工银亚洲发行的工银亚洲环球人民币定息基金（公募债券基金）和建银国际发行的建银国际人民币收益基金（公募债券基金）。除这些公募债券基金外，国信香港、施罗德和瑞银等拟计划发行离岸人民币计价的私募股权基金和其他私募基金。资产规模约40亿美元的Pharo Management计划成立首只人民币计价的对冲基金。

除此之外，汇丰全球资产管理公司（HSBC Global Asset Management）、联博有限公司（Alliance Bernstein）、Amundi、巴克莱（Barclays）、法国巴黎银行（BNP Paribas）、宏利（Manulife）以及德盛安联资产管理公司（Allianz Global Investors）相继推出了各自的人民币债券基金。

2012年2月15日，全球首只人民币黄金ETF（交易所交易基金）在港挂牌交易，为中国香港的离岸人民币资金提供了一条新出路。该基金由恒生银行推出，回报以人民币计价，目的是为在港人民币提供新的投资选择，使在港人民币留在香港，不用流回内地。

除香港人民币计价基金外，台湾人民币计价基金也迅速发展。中国台湾首只人民币计价基金——复华伞形人民币基金2013年4月初获主管机关审核通过，募集资金总额从200亿元人民币上升为280亿元人民币。

对冲基金经理格里芬（Kenneth C. Griffin）麾下的Citadel LLC成为首家根据试点计划完成人民币募资的外国公司。据上海市政府2014年5月21日发布的声明，总部位于芝加哥的 Citadel 现在可以将所募人民币换汇成美元进行投资。2013 年 9 月，中国外汇监管机构授予 Citadel 和另外五家境外对冲基金合格境内有限合伙人（Qualified Domestic Limited Partner Program，QDLP）资格，每家募资额度为 5000 万美元。该试点计划允许中国高净值群体通过境外对冲基金投资海外市场。

2015 年 5 月 22 日证监会新闻发言人邓舸宣布，中国证监会与香港证监会就开展内地与香港基金互认工作正式签署《中国证券监督管理委员会与香港证券及期货事务监察委员会关于内地与香港基金互认安排的监管合作备忘录》，同时发布《香港互认基金管理暂行规定》，自 2015 年 7 月 1 日起施行。证监会称，基金互认有利于吸引境外资金进入内地资本市场，将拓宽跨境投资渠道，提升两地市场竞争力，为两地监管机构共同建立基金监管标准奠定基础，也为两地投资者提供更加多元化的投资产品。

12.6.2 人民币计价功能在大宗商品方面取得突破

2012 年 11 月 29 日，香港交易所收购伦敦金属交易所（LME）获得英国金融服务管理局（FSA）批准，2014 年 12 月推出了以人民币计价的首批伦敦铝、伦敦锌及伦敦铜三个期货小型合约。2015 年 7 月 28 日，伦敦金属交易所宣布接受人民币作为抵押品，这是中国在进军伦敦大宗商品市场上的里程碑事件，为该交易所今后推出人民币计价产品打下了基础，未来期待有更多人民币计价产品在该交易所推出。

2018 年 3 月 26 日，人民币计价的原油期货在上海期货交易所子公司上海国际能源交易中心挂牌交易。原油期货在开放路径、税收管理、外汇管理、保税交割及跨境监管合作等方面积累的经验可逐步拓展到铁矿石、有色金属等其他成熟的商品期货品种，进而推动我国人民币计价商品期货市场全面开放。

12.7 人民币资本项目开放的进展

人民币国际化的表述最早可以追溯至 2003 年党的十六届三中全会，会议提出要在有效防范风险的前提下，有选择、分步骤地放宽对跨境资本交易活动的限制，逐步实现资本项目可兑换，加快推进与港澳地区货物贸易的人民币结算试点。党的十八大报告将“逐步实现人民币资本项目可兑换”作为今后金融改革的目标之一；党的十八届三中全会又明确指出要“加快实现人民币资本项目可兑换”。十多年来，我国在资本项目开放和可兑换方面取得了一系列重要进展，本节将主要介绍在资本项目开放方面的进展。

12.7.1 资本项目有序开放

“十一五”期间，人民币资本项目开放取得了显著进展。第一，拓宽对外金融投资渠道。2006 年 4 月，实行合格境内机构投资者（QDII）制度，有序拓宽境内机构和个人对外金融投资渠道。

第二，有序扩大境内证券市场开放。在 2002 年引入合格境外机构投资者（QFII）制度的基础上，自 2007 年以来，先后数次提高 QFII 总额度和单家 QFII 投资额度，鼓励境外中长期投资者在境内进行证券投资（易纲，2011）。根据国家外汇管理局网站公布的数据，截至 2020 年 7 月 31 日，国家共批准 152 家 QDII 机构，获批额度共计 1039.83 亿美元；截至 2020 年 5 月 28 日，共批准 295 家 QFII 机构，获批额度共计 1162.59 亿美元。为了拓宽流入中国香港的人民币的投资渠道，2011 年 12 月 16 日，证监会、人民银行和国家外汇管理局联合发布了《基金管理公司、证券公司人民币合格境外机构投资者境内证券投资试点办法》，为人民币合格境外机构投资者（RQFII）的试点打下了基础。截至 2020 年 5 月 28 日，总共批准 RQFII 机构总数为 230 家，累计批准资金总额 7229.92 亿元人民币，折合 1047.9 亿美元，相当于 QFII 总授权额度的九成多。2019 年 9 月 18 日起，国家外汇管理局正式取消 QFII/RQFII 额度限制，具体包括：取消 QFII 和 RQFII 投资总额度；取消单家境外机构投资者额度备案和审批；取消 RQFII 试点国家和地区限制，标志着人民币国际化的进一步深入。

第三，深化境内外资本市场融合，实施中国内地与中国香港地区和伦敦股票市场交易互联互通机制。2014 年 11 月 17 日，上海交易所与香港联交所股票交易互联互通机制（以下简称沪港通）正式启动。这是资本市场对外开放的一项重大制度创新，开启了跨境证券投资的一种新模式。通过特定的技术和跨境结算安排，中国内地与中国香港投资者可以直接买卖对方交易所上市的股票。2016 年 12 月 5 日，深港通正式开通，并与沪港通一道取消了双向总额度控制。2018 年 4 月，将沪港通、深港通每日额度扩大 4 倍，分别至 520 亿元和 420 亿元。2018 年 8 月 31 日，证监会就沪伦通存托凭证业务监管规则公开征求意见，明确了沪伦通中国存托凭证（CDR）发行审核制度、CDR 跨境转换制度安排等。《监管规定》就沪伦通东、西向业务涉及发行上市、跨境转换、持续监管要求、监管执法、投资者保护等事项作出重要的原则性规定。2018 年 10 月 12 日，该监管规定正式发布，和征求意见稿相比，最终的落地稿对境内上市公司在境外发行存托凭证（GDR）后的限制兑回期、境外基础证券发行人在境内发行存托凭证（CDR）后实施配股等进行了完善。2019 年 6 月 17 日，沪伦通正式启动交易，沪伦通的启动不仅将推动境内券商开展跨境证券业务，还将促进资本市场的双向开放，提升国际化水平。

第四，银行间债券市场实现全面开放，吸引境外机构参与境内金融交易。自 2010 年起，境外央行或货币当局、港澳地区人民币清算行、境外跨境贸易人民币结算参加行等“三类机构”，经批准可在核准（后改为备案）额度内投资银行间债券市场，开启了境内债券市场对外开放的步伐。2016 年 5 月，向境外投资者全面开放银行间债券市场，不设行政许可和单家机构限额或总限额。境外机构投资者资金汇出/入无须核准，投资银行间债券市场不设锁定期、汇出比例和额度限制，仅保留备案和外汇登记要求，大大便利了境外机构投资者投资银行间债券市场。2017 年 7 月正式开通的“债券通”业务进一步促进了内地与香港资本市场的深化融合，也有助于为境外投资者提供更加便利的投资渠道，稳步推进我国金融市场对外开放进程。截至 2021 年 12 月末，境外机构持有人民币债券规模站上了新的万亿关口，境外机构持有银行间市场债券 4 万亿元，约占银行间债券市场总托管量的 3.5%。

12.7.2　资本项下人民币跨境结算和直接投资业务

2007 年，中国人民银行会同国家发展改革委等部门决定允许符合条件的境内金融机构赴香港发行人民币债券。2010 年，人民银行开展了人民币对外直接投资、对外放款、对外担保等跨境资本项目业务试点。2011 年 1 月 13 日，人民银行公布了《境外直接投资人民币结算试点管理办法》。根据该办法，跨境贸易人民币结算试点地区的银行和企业可开展境外直接投资人民币结算试点。这意味着 2010 年 10 月底在新疆先行试点的境外直接投资人民币结算得以推广。

2010 年，各试点地区共办理人民币跨境投融资交易 386 笔，金额 701.7 亿元；2011—2016 年，银行累计办理对外直接投资人民币结算业务分别为 201.5 亿元、292 亿元、856.1 亿元、1865.6 亿元、7362 亿元和 10619 亿元；同期外商直接投资人民币结算业务额分别为 907.2 亿元、2510 亿元、4481.3 亿元、8620.2 亿元、15871 亿元和 13988 亿元，显示出人民币直接投资结算业务持续增长的同时，除 2016 年外，外商直接投资人民币结算业务量也同步增长；2017 年，资本项目下人民币收付金额合计达到了 4.83 万亿元；2018 年资本项目人民币跨境收付金额合计 10.74 万亿元，比 2017 年合计金额增长了 122.4%，显示 2017 年以来人民币资本项目下业务重新恢复增长，而且增幅显著。2019 年资本项目下人民币跨境首付金额为 13.6 万亿元，同比增长 26.7%。

12.7.3 按国际货币基金组织分类项目开放情况

截至 2011 年初，按照国际货币基金组织划分的 7 大类共 40 项资本项目交易中，我国实施严格管制的主要是跨境金融衍生工具交易等，其他项目已实现一定程度的可兑换，人民币资本项目可兑换程度明显提高。而随着国内银行间债券市场的不断开放，对于债券市场投资标的的外汇风险对冲工具正在全面放开，境外投资者可以灵活地运用外汇衍生品工具进行风险规避，这在极大程度上推进了资本项目下的开放（易纲，2011）。

当然，我国资本项目完全可兑换需要具备诸多条件，包括宏观经济是否具有稳定的基础，国内的金融体系是否完备，企业和金融机构的风险管理意识和管理能力是否具备，国际收支格局是否稳定，国内宏观调控的路径和手段是否基本成熟，跨境资金流动是否能够被有效监控等。

12.7.4　强制结售汇制度退出历史舞台

1996 年 12 月，我国宣布实现经常项目可兑换，对经常项目对外支付和转移不予限制，但企业出口等外汇收入原则上仍应卖给指定银行。2002 年，账户限额为企业上年度经常项目外汇收入的 20%。2004 年，提高到 30% 或 50%。2005 年，进一步提高到 50% 或 80%。2006 年，改变之前仅按收入核定限额的方法，按照企业上年度经常项目外汇收入的 80% 与经常项目外汇支出的 50% 之和核定限额，企业可保留的外汇限额进一步提高。2007 年，取消账户限额管理，允许企业根据经营需要自主保留外汇。2008 年，修订后的《外汇管理条例》明确企业和个人可以按规定保留外汇或者将外汇卖给银行。2009 年以来，为进一步促进贸易投资便利化，提高政策透明度，外汇管理部门大力开展法规清理，涉及强制结售汇的规范性文件被宣布废止、失效或修订。目前，强制结售汇政策法规均已失去效力，实践中不再执行。

12.7.5　资本项目开放与货币国际化

国际货币基金组织（IMF），特别是美国政府多次强调资本的自由流动是人民币成为 IMF 特别提款权一篮子货币的必要条件。尽管这种说法有其道理，但实际上也有些强词夺理，因为它与其他货币成为一篮子货币时的要求大相径庭。日本资本项目完全放开是在 1998 年 12 月《金融系统改革方案》开始实施以后，而早在 1975 年日元就占据国际可识别外汇储备资产的 0.5%；1977—1978 年日元占当时国际可识别储备资产的份额分别提高到了 2.5% 和 3.3%；1980 年进而超过了 4%。实际上，早在 1974 年 7 月到 1980 年 12 月，日元就成为 IMF 特别提款权一篮子货币之一而且权重高达 7.5%。换言之，日元成为 IMF 特别提款权一篮子货币的时间比其资本项目完全开放早了 24 年。虽然时过境迁，但是国际货币基金组织在这个问题上不应使用双重标准。

12.7.6　我国资本项目开放的时间表

多年来，境内外广泛关注人民币资本项目开放的进程和时间表，而主管部门从未有过相关表态。人民网 2012 年 2 月 27 日发表了《央行首次公开资本项目开放路径称条件基本成熟》的文章。该文引用了《经济参考报》介绍中国人民银行调查统计司盛松成领衔的课题组撰写的一份报告，明确指出中国加快资本账户开放的条件基本成熟，并将整个过程分为短期、中期、长期三个阶段。短期安排（1～3 年），放宽有真实交易背景的直接投资管制，鼓励企业“走出去”。直接投资本身较为稳定，受经济波动的影响较小；中期安排（3～5 年），放宽有真实贸易背景的商业信贷管制，助推人民币国际化；长期安排（5～10 年），加强金融市场建设，先开放流入后开放流出，依次审慎开放不动产、股票及债券交易，逐步以价格型管理替代数量型管制。这是央行首次以官方报告的形式，描绘出中国资本市场开放的较为明确的路径图，并给出相对具体的时间表。

2015 年 11 月初公布的《中共中央关于制定国民经济和社会发展第十三个五年规划的建议》中明确提出扩大金融业双向开放，有序推动人民币资本项目可兑换，推动人民币加入特别提款权（SDR），成为可兑换、可自由使用的货币。2016 年 10 月 1 日，人民币正式加入特别提款权（SDR）。与此同时，自 2014 年起，沪港通、深港通、债券通陆续启动，标志着我们国家股票市场和债券市场在走向开放的道路上迈开了坚实的脚步，也是我国资本项目有序开放的一个缩影。

12.8 货币互换协议在人民币国际化过程中的作用

在人民币资本项目尚未完全开放的情况下，中国与其他国家或地区签订双边本币互换协议，有利于推广人民币跨境贸易结算和人民币投资，便于双边贸易和投资发展，维护金融稳定，是人民币国际化重要的一步。

12.8.1 人民币与外币货币互换协议概览

2008 年以来，中国人民银行已与中国香港、马来西亚、韩国、新加坡、澳大利亚、巴西、英国、欧元区、瑞士、俄罗斯和加拿大等 40 个国家和地区的央行及货币当局签署了货币互换协议，总金额超过了3万亿元人民币。表12－2给出了这些互换协议签署的时间、人民币金额和截至2022年的协议存续状态。

表12－2 人民银行与其他国家和地区货币当局签署的人民币货币互换一览

（截至2022年第一季度） 单位：亿元人民币、%

签订日期	国家/地区	协议金额	协议存续状态	签订日期	国家/地区	协议金额	协议存续状态
2/16/2022	阿尔巴尼亚	20	续签	11/23/2020	中国香港	5000	续签
1/21/2022	印度尼西亚	2500	续签	11/23/2020	俄罗斯	1500	续签
11/12/2021	英国	3500	续签	10/19/2020	冰岛	35	续签
10/25/2021	日本	2000	续签	10/11/2020	韩国	4000	续签
9/13/2021	南非	300	续签	8/22/2020	新西兰	250	续签
8/20/2021	智利	500	续签	8/6/2020	阿根廷	700	续签
7/13/2021	巴基斯坦	300	续签	7/31/2020	蒙古	150	续签
7/12/2021	马来西亚	1800	续签	7/31/2020	智利	500	续签
7/6/2021	澳大利亚	2000	续签	7/31/2020	巴基斯坦	300	续签
6/9/2021	尼日利亚	150	续签	7/21/2020	瑞士	1500	续签
6/4/2021	土耳其	350	—	5/20/2020	老挝	60	—
3/19/2021	斯里兰卡	100	续签	2/10/2020	埃及	180	续签
1/6/2021	加拿大	2000	续签	12/5/2019	中国澳门	300	—
1/6/2021	泰国	700	续签	10/25/2019	欧元区	3500	续签
1/6/2021	卡塔尔	350	续签	5/13/2019	新加坡	3000	续签
全部地区		37545	100.00				
亚太地区		20910	55.69				
欧洲		10055	26.78				
美洲		3700	9.85				
非洲		630	1.68				
发达经济体		26835	71.47				
发展中国家和地区		10710	28.53				

数据来源：根据中国人民银行网站公布的数据整理得出。

12.8.2 人民币货币互换协议的区域分布特点

表 12－2 显示，与我国签订人民币互换协议的主要国家和地区集中在亚太地区，该区域签署金额占总协议金额的 55.69%，欧洲和美洲则分别占比 26.78% 和 9.85%，这与所在地区离岸人民币中心的活跃程度和对人民币的接受度密切相关。另外，与我国签订人民币货币互换协议的发达经济体占比略超 2/3，而与发展中国家总占比不到 1/3，与我国近年来双边贸易的分布状况存在一定差异。

12.8.3 人民币在货币互换协议中的运用情况

表 12－2 给出的大多数货币互换协议中的资金在协议签订初期并没有被使用。以韩国为例，早在 2009 年 4 月 20 日，韩国就与中国人民银行签订了面额为 1800 亿元人民币的互换协议，2011 年 10 月 26 日两国又将之前的互换协议金额扩大了 1 倍到 3600 亿元人民币。在很长一段时间里，韩国央行从未启用过货币互换资金。2013 年 1 月，韩国央行首次动用了货币互换协议中的人民币，向韩国外换银行贷款 6200 万元人民币。2014 年 5 月 30 日，中国人民银行使用中韩本币互换协议下 4 亿韩元（约合 240 万元人民币）资金支持企业贸易融资。这是中国人民银行首次在双边本币互换协议下动用对方货币。

根据人民银行历年货币政策执行报告中的数据，2016 年末和 2017 年末，与我国签订货币互换协议的货币当局分别动用人民币余额 221.49 亿元和 221.50 亿元，同期人行分别动用外币 11.18 亿美元和 16.14 亿美元；2018 年末，与我国签订货币互换协议的货币当局动用人民币余额 327.86 亿元，人行动用外币余额为 4.71 亿美元；2019 年境外货币当局动用人民币余额为 329.22 亿元，中国人民银行动用外币余额为 3.23 亿美元。近年来人民币货币互换协议动用金额出现了可喜的增长态势，但是动用金额占总签约金额比例仍仅略超一个百分点，对推动人民币境外使用仍有待发挥更大的作用。如果动用金额占总签约金额达到一成到一半的水平，人民币货币互换对推动人民币国际化将会发挥应有的作用。

12.8.4 人民币货币互换协议签订与离岸人民币中心的关系

从表12－2给出的不同国家和地区与我国签订人民币互换协议的时间和金额与表9－3给出的不同境外人民币中心的境外人民币支付比重中可以看出，与我国签署人民币货币互换协议规模大且时间较早的国家或地区相应的人民币支付比例就高，而离岸人民币中心如中国香港、新加坡、英国伦敦和韩国，其货币互换的金额均超过了3000亿元人民币。

12.9 2010年以来境内人民币外汇市场概况

第4章利用国际清算银行公布的数据提出的度量货币国际化程度的方法并对2007—2019年主要货币的国际化程度进行了计算和比较。本节利用同样的方法和更新的数据，计算出2010年以来境内人民币日均成交金额，从而反映境内人民币外汇市场的情况。

12.9.1 境内人民币外汇市场近年来交易情况

表12－3给出了2010年至2022年上半年国内人民币外汇市场各类产品交易金融数据。

表12－3 国内人民币外汇交易额分布（2010年至2022年上半年）

单位：亿美元

市场	人民币即期		人民币远期交易		人民币外汇掉期	人民币货币掉期	人民币外汇期权		人民币外汇总交易额	人民币外汇半年日均交易额
时间	银行间	银行对客户	银行间	银行对客户	银行间		银行间	银行对客户		
2010H1	15466	10375	55		6306				32202	273
2010H2	14986	12571	273		6693				34522	278
2011H1	17508	13024	1159		7926	58	3	2	39680	333
2011H2	18030	15252	987		9784	86	7	6	44152	353

续表

市场	人民币即期		人民币远期交易		人民币外汇掉期	人民币货币掉期	人民币外汇期权		人民币外汇总交易额	人民币外汇半年日均交易额
时间	银行间	银行对客户	银行间	银行对客户	银行间		银行间	银行对客户		
2012H1	17300	14606	645	1731	11400	128	14	59	45884	396
2012H2	16300	15944	221	1910	13800	203	23	226	48627	386
2013H1	19090	16844	72	2891	15173	283	39	312	54704	488
2013H2	21911	18113	251	2830	18834	517	178	202	62836	503
2014H1	20700	17409	259	3163	20400	980	132	233	63276	532
2014H2	20500	19250	270	2504	24500	1288	1355	396	70062	561
2015H1	20629	15676	173	2511	31000	1702	1208	650	73549	618
2015H2	27994	18302	199	2067	52514	817	1680	509	104082	846
2016H1	25318	14595	442	1084	44268	628	1837	842	89013	748
2016H2	33951	14490	1088	1171	55782	617	5634	1237	113969	919
2017H1	29025	14924	404	1291	55601	2030	1593	1214	104863	881
2017H2	34955	15990	630	1935	78566	694	2119	1094	135982	1124
2018H1	32530	16545	384	2894	75506	583	2461	1097	132001	1109
2018H2	43802	17769	491	1650	89117	965	3650	1265	158710	1280
2019H1	40024	16403	428	1503	89021	803	3184	1336	152702	1283
2019H2	39350	17785	332	1544	74778	726	2628	1352	138495	1135
2020H1	34306	16769	513	1704	73000	1829	2270	1334	131725	1107
2020H2	49476	18880	530	2896	90000	1031	3396	1412	167621	1352
2021H1	49538	19934	523	4095	93000	911	4248	1762	174011	1462
2021H2	50490	22262	566	4126	110000	852	4686	1684	194665	1570
2022H1	38167	21738	676	5263	98751	444	4238	2294	171572	1442

数据来源：2011—2014 年数据根据中国人民银行货币政策执行报告和中国货币网（chinamoney. com. cn）数据计算得出，2010 年的数据根据 2011 年同比数据计算得出；2015—2020 年数据根据国家外汇管理局公布的月度外汇交易数据计算得出；由于 2015 年以来国家外汇管理局外汇数据中仅有外汇掉期和货币掉期总数，2015 年以来货币掉期数据来自中国人民银行货币政策执行报告，而货币掉期数据从国家外汇管理局公布的外汇掉期和货币掉期总数中减去外汇掉期而得。

表4－1给出了国际清算银行每三年公布的全球外汇市场数据，是每三年4月的日均成交金额，伦敦、纽约、新加坡、中国香港和东京五大国际外汇中心的半年度数据与国际清算银行的公布方式相类似，公布每年4月和10月的日均成交金额。虽然国家外汇管理局从2015年以来持续公布境内外汇市场的月度成交金额，但是境内4月和10月公众假日较多，以每年4月和10月总成交金额和相应的工作日数计算出的日均成交金额与国际市场相应的日均成交金额难以直接进行比较，而境内半年度的日均成交金额却有更好的稳定性和可比性。因此，我们以表12－3中上半年和下半年日均数据与国际数据中的4月和10月数据相对应更为合适。

表12－3显示，2010年上半年至2016年上半年，境内外汇市场有了可喜的发展，日均成交金额从272.9亿美元（增长了1.74倍）到748亿美元，年均复合增长率高达18.3%，比同期全球外汇市场年均复合增长率41%高出三倍多；2016年上半年至2019年上半年，境内外汇市场日均成交金额从748亿美元增长到1285亿美元，年均复合增长率为19.8%，比同期境外人民币日均成交金额年均复合增长率9.2%高出10个百分点，也比同期全球前七大货币在全球九大外汇中心总外汇日均成交金额年均复合增长率8.5%高出11.3个百分点，显示境内人民币外汇市场截至2019年上半年前持续高速增长的良好态势；然而2020年上半年境内外汇市场同比和环比分别下降了13.74%和4.89%，表明贸易摩擦和疫情双重因素对国内外汇市场影响显著，2020年下半年至2022年上半年交易量再度回升，年化增长15.7%，2021年下半年日均成交额创历史新高1570亿美元，2022年上半年略有回落至1442亿美元。

12.9.2　2010年以来国内人民币外汇市场交易额的产品分布

利用表12－3给出的国内人民币外汇交易的数据，我们可以计算出2010年以来国内人民币外汇即期、远期、掉期和期权交易额占总交易额的比重，表12－4给出了相应的结果。从表12－4中可以看出，2010年以来，人民币外汇即期交易占比持续下降，2015年上半年开始即期交易金额占比首次低于50%，并在2017年下半年首次低于40%，这与国际市场即期交易的占比非常接近；外汇掉期交易占比持续提高；外汇期权交易在经历了市场发展初期的增长后，2017 年开始占比有所下降，维持在 3% 以下，于 2018 年下半年方才回到 3% 以上的水平，虽然在 2022 年上半年该比例上升至 3.8%，但与国际市场同类占比相比，仍有一定差距；而人民币外汇远期市场在 2012—2014 年期间出现了明显的放大，这与同期银行间外汇市场收付实现制管控存在一定关联。

表 12－4　国内各人民币外汇产品成交占比（2010—2021 年）　　单位：%

时间/类型	外汇即期交易	外汇远期交易	外汇掉期交易	货币掉期	外汇期权
2010H1	80.2	0.2	19.6		
2010H2	79.8	0.8	19.4		
2011H1	76.9	2.9	20.0	0.1	0.0
2011H2	75.4	2.2	22.2	0.2	0.0
2012H1	69.5	5.2	24.8	0.3	0.2
2012H2	66.3	4.4	28.4	0.4	0.5
2013H1	65.7	5.4	27.7	0.5	0.6
2013H2	63.7	4.9	30.0	0.8	0.6
2014H1	60.2	5.4	32.2	1.5	0.6
2014H2	56.7	4.0	35.0	1.8	2.5
2015H1	49.4	3.6	42.1	2.3	2.5
2015H2	44.5	2.2	50.5	0.8	2.1
2016H1	44.8	1.7	49.7	0.7	3.0
2016H2	42.5	2.0	48.9	0.5	6.0
2017H1	41.9	1.6	53.0	1.9	2.7
2017H2	37.5	1.9	57.8	0.5	2.4
2018H1	37.2	2.5	57.2	0.4	2.7
2018H2	38.8	1.3	56.2	0.6	3.1
2019H1	37.0	1.3	58.3	0.5	3.0
2019H2	41.3	1.4	54.0	0.5	2.9
2020H1	38.8	1.7	55.4	1.4	2.7
2020H2	40.8	2.0	53.7	0.6	2.9
2021H1	39.9	2.7	53.4	0.5	3.5
2021H2	37.4	2.4	56.5	0.4	3.3
2022H1	34.9	3.5	57.6	0.3	3.8

数据来源：根据表 12－3 的数据计算得出。

12.10　2020—2021年世界主要货币国际化排名

12.10.1　2016—2019年人民币成交量排名与其他排名不一致

表4－1给出的国际清算银行2019年9月公布的2019年4月全球主要货币外汇日均成交金额数据显示，虽然2013年4月到2019年4月人民币外汇日均成交金额全球占比从2.23%提高到了4.32%，同期人民币外汇交易日均成交金额年均复合增长率15.6%，比该表前七大货币同期年均复合增长率最高的加元5.2%高出两倍多，然而2013年到2016年人民币日均成交金额占比排名从第9位提高到了2016年的第8位，而2016年到2019年保持了全球第8的地位却没有变化。表3－2相应的数据显示，人民币跨境清算全球占比2013年4月的排名仅为第13位，而表12－1显示同期人民币外汇交易占比排名却高达第9位，两者排名相差4位；2016年4月人民币跨境结算占比国际排名第6位，而同期人民币交易占比排名第8位，两者相差2位；2019年4月人民币跨境支付占比排名第5位，而同期人民币交易占比排名第8位，两者相差3位。国际货币组织COFER（官方外汇储备的货币构成）数据显示，人民币外汇储备在全球的占比从2016年的1.1%（排名第7位）上升至2019年第二季度的2.0%（排名第5位），2021年第一季度增长至2.4%。这些数据显示，与2016年相比，2019年人民币跨境支付和在全球的官方外汇储备中均出现大幅增长，但令人惊讶的是，人民币外汇交易额排名从2016年到2019年却没有变化。这些数据说明2019年人民币国际第8位的排名显然有问题。

12.10.2　国际清算银行数据明显低于国内人民币外汇日均成交金额

国际清算银行最新数据显示，2019年4月国内人民币外汇交易日均成交金额仅为1012.3亿美元，比同期2019年4月境内人民币日均成交金额1346.5亿美元低334.2亿美元，相当于压低了国内2019年4月人民币外汇日均成交金额的24.8%，表明国际清算银行明显大幅度压低人民币外汇交易以使人民币国际化排名难以提高。

12.10.3 国际清算银行外汇成交量与当地金融管理局数据的对比

根据澳大利亚储备银行（www. rba. gov. au）公布的数据，澳元兑所有外币在澳大利亚的日均成交额为588.2亿美元，与BIS 2019年12月公布的数据完全一致；但加拿大央行（www. bankofcanada. ca）公布的2019年4月加元兑所有外币日均成交额为553亿美元，较国际清算银行于2019年12月公布的同年4月加元兑其他所有货币日均成交额低57.4亿美元。因此，不难看出国际清算银行将2019年4月中国的人民币日成交额降低了273亿美元，而同期在加拿大增加了57.4亿美元，导致两种货币的全球化排名出现重大错误。

12.10.4 国际清算银行和英国数据的显著差异及严重问题

表12－5给出了2019年9月国际清算银行（BIS）公布的2019年4月主要货币在英国的外汇日均成交金额和2019年7月英格兰银行旗下的伦敦外汇联合常务委员会（FXJSC）公布的2019年4月18种主要货币在英国的外汇日均成交金额及比较。表12－5显示，BIS公布的18种货币除人民币外，其他17种货币同期在英国的外汇日均成交金额皆比FXJSC高出5%到38%不等，唯独人民币外汇日均成交金额比FXJSC低29%，仔细观察表12－6的数据，我们发现BIS数据比FXJSC数据高出程度最高的前八大货币是加元和澳元，分别高出了38%和35%；大幅度压低人民币的同时大幅度提高加元和澳元的做法，明显是为了达到让该两货币外汇成交金额超过人民币汇成交金额的目的。

表12－5 国际清算银行（BIS）和伦敦外汇联合常务委员会（FXJSC）公布的主要货币外汇日均成交金额及比较（2019年4月） 单位：亿美元

货币	美元	欧元	日元	英镑	澳大利亚元	加元	瑞士法郎	人民币	瑞典克朗
BIS数据	32015.3	12869.3	5523.2	5926.8	2328.0	1620.5	1743.7	566.7	828.3
FXJSC数据	25579.1	10603.2	4086.9	4772.9	1714.8	1171.8	1429.0	800.2	685.9
BIS/FXJSC	1.25	1.21	1.35	1.24	1.36	1.38	1.22	0.71	1.21

续表

货币	挪威法郎	新西兰元	韩元	新加坡元	南非盾	墨西哥比索	俄罗斯卢布	巴西雷亚尔	波兰兹罗提
BIS 数据	702.7	706.6	531.7	467.3	445.4	539.4	298.7	341.1	234.5
FXJSC 数据	600.2	514.4	428.7	371.5	343.0	314.4	285.8	257.2	200.1
BIS/FXJSC	1.17	1.37	1.24	1.26	1.30	1.72	1.05	1.33	1.17

数据来源：BIS 网站和 FXJSC 网站。

12.10.5　2019 年人民币全球排名及合理性

表 12 －5 显示，国际清算银行的数据中仅人民币的日均成交量受到压制，其他所有货币的成交量均有所增加。2019 年 4 月，英国 FXJSC 公布的人民币 800.2 亿美元的成交额应是在英国的实际成交额，既没有压制也没有增加。那么 2019 年 4 月人民币日均成交总额为 3357 亿美元，比瑞士法郎和加拿大对应的日均成交额 3270 亿美元和 3321 亿美元分别高出 87 亿美元和 36 亿美元美元，使人民币成为 2019 年世界第六大货币。这也与人民币在全球支付和全球外汇储备中的第 5 位的排名更加吻合，结论更加合理。

12.11　2019 年以来世界主要货币全球排名

12.11.1　非公布年份全球外汇市场日均成交金额估算

由于国际清算银行每 3 年才公布一次全球外汇市场的日均成交金额数据，因此，每两个 3 年间的两年相应的外汇日均成交金额难以准确地估算出来。鉴于此，通常有两种方法对其进行模拟计算：一种方法是对每两个 3 年间两个年份之间的数据进行线性差值；另一种方法是计算出两个 3 年间的年均复合增长率，并假设该年均复合增长率即为前一个公布数据基础上后两年的年均增长率，通过起始年份的数据与复合增长率一起计算出当中年份的数据。本书第四版及之前的版本就是运用第二种方法，也就是用复合增长率法进行拟合计算的。

张光平和马钧（2015）用两个公布年份日均成交金额、上半年外汇衍生产品存量金额和非公布年份上半年外汇衍生产品存量金额信息，估算出两个公布年份间非公布年份上半年日均成交金额。张光平和马钧（2015）的结果显示，2008 年上半年和 2009 年上半年全球外汇市场日均成交金额分别为 4.428 万亿美元和 3.530 万亿美元，分别比用年均复合增长率法估算出的结果 3.527 万亿美元和 3.743 万亿美元高出 0.901 万亿美元和 -0.213 万亿美元，前者比后者分别高出 25.5% 和 -5.7%。2008 年上半年，国际金融危机尚未爆发，当时的日均成交金额应该比 2007 年更高，而国际金融危机爆发后的 2009 年上半年日均成交金额应该比按年均复合增长率方法更低。运用了国际外汇市场衍生产品上半年的存量金额数据之后，新方法的结果比我们之前的简单方法更为准确，而且与市场变化的直观逻辑更为一致。这些更为准确的全球市场估算结果使我们对不同年份人民币国际化进展的判断也更为准确。由于该方法技术性较强，具体的细节在附录中展开（附录给出了近年来的相关更新结果），这里不做赘述。下文我们将使用该方法估算人民币外汇市场 2011 年、2012 年、2014 年、2015 年、2017 年和 2018 年的结果。同理，我们也可以估算出美元、欧元、日元、英镑、瑞士法郎和加拿大元上述年份上半年外汇日均成交金额，附表 12 -1 和附表 12 -2给出了相应的更新结果，为我们评估这些年人民币国际化的程度提供更加精确的必要信息。

12.11.2　近年来主要国际货币全球外汇交易占比及排名

根据 12 -3 给出的近年来境内人民币外汇市场成交金额数据、第 4 章给出的近年来境外人民币外汇市场日均成交金额数据和附表 12 -1 和附表 12 -2 给出的非公布年份美元、欧元、日元、英镑、瑞法和加元日均成交金额估算结果，我们可计算出近年来人民币外汇交易的市场份额，表 12 -6 给出了相应的结果。

表 12－6　主要货币外汇市场日均成交额占比和人民币排名（2007—2019 年）

单位：%、位

货币/年份	2007	2010	2013	2014	2015	2016	2017	2018	2019
美元	85.60	84.86	87.04	80.70	76.30	87.58	87.28	92.35	88.30
欧元	37.04	39.05	33.41	32.90	32.30	31.39	31.67	34.21	32.28
日元	17.25	18.99	23.05	17.90	17.40	21.62	18.11	17.42	16.81
英镑	14.87	12.88	11.82	12.40	12.30	12.80	12.71	12.99	12.79
澳大利亚元	6.62	7.59	8.64	8.10	7.50	6.88	6.84	6.81	6.77
加拿大元	4.29	5.28	4.56	3.70	3.80	5.14	5.08	4.85	5.03
瑞士法郎	6.82	6.31	5.16	5.20	4.90	4.80	5.09	4.96	4.96
人民币	0.45	0.86	2.23	2.80	3.40	3.99	4.10	4.21	4.32
瑞典克朗	2.70	2.19	1.76	1.90	2.10	2.22	2.16	2.09	2.03
墨西哥比索	1.31	1.26	2.53	2.40	2.30	1.92	1.85	1.79	1.72
新西兰元	1.90	1.59	1.96	2.00	2.00	2.05	2.06	2.07	2.07
新加坡元	1.17	1.42	1.40	1.50	1.70	1.81	1.81	1.81	1.81
港元	2.70	2.37	1.45	1.50	1.60	1.73	2.33	2.93	3.53
挪威克朗	2.10	1.32	1.44	1.50	1.60	1.67	1.71	1.76	1.80
韩元	1.16	1.52	1.20	1.30	1.50	1.65	1.77	1.88	2.00
土耳其新里拉	0.18	0.74	1.32	1.30	1.40	1.44	1.32	1.20	1.08
印度卢比	0.71	0.95	0.99	1.00	1.10	1.14	1.34	1.53	1.72
俄罗斯卢布	0.75	0.90	1.60	1.40	1.30	1.15	1.13	1.11	1.09
巴西雷亚尔	0.39	0.69	1.10	1.10	1.00	1.00	1.02	1.05	1.07
南非兰特	0.91	0.72	1.11	1.10	1.00	0.97	1.01	1.05	1.09
人民币*	0.45	0.86	2.23	2.80	3.40	3.99	4.36	4.72	5.09
人民币（国内）	0.39	0.69	0.91	1.01	1.20	1.48	1.63	1.79	1.95
人民币*排名	20.00	17.00	9.00	8.00	8.00	8.00	8.00	8.00	6.00
人民币（国内）排名	22.00	21.00	20.00	20.00	17.00	16.00	15.00	12.00	12.00
境外人民币*/国内交易比例	0.15	0.25	1.45	1.77	1.83	1.70	1.67	1.64	1.61

数据来源：国际清算银行 2016 年和 2019 年主要货币全球市场占比为国际清算银行 2019 年 12 月更新的 2016 年 4 月和 2019 年 4 月的数据和之前每三年 4 月的外汇日均成交金额占比；2011 年、2012 年、2014 年、2015 年、2017 年和 2018 年美元、欧元、日元、英镑、瑞士法郎和加拿大元占比来自附表 12－2；相应年份其他货币的数据按照 2010 年和 2013 年、2013 年和 2016 年及 2016 年和 2019 年两年占比的线性插值法计算得出；2017—2019 年国内人民币日均成交金额全球占比以国际化外汇管理局公布的当年 4 月人民币外汇市场总成交金额和附表 12－1 估算出的当年 4 月全球外汇市场日均成交金额计算出得出。

从表 12-6 的结果可以看出，2019 年人民币成交量占比上升至 5.09%，超过加元和瑞士法郎的相应占比 5.03% 和 4.98%，成为世界第六大交易货币，这与 2022 年国际清算银行公布的 2022 年人民币首次超过澳大利亚元成为全球第五大国际货币的结论一致，证明了本章前文对国际清算银行数据质疑的合理性。

12.12 2020 年至 2022 年主要国际货币全球外汇交易占比及排名

12.12.1 前八大货币在主要外汇市场半年度变化

上文数据显示了 2007—2019 年世界主要货币全球化排名的变化。但是，由于国际清算银行每三年公布一次数据，下一组全球外汇数据要到 2022 年下半年才能发布，因此，2020 年和 2021 年世界主要货币的全球化变化的详细数据要等到 2022 年底。

2020 年上半年世界外汇日均成交量和世界主要货币日均成交量可使用如附录 12-1 所示的全球外汇衍生品市场数据进行估算。附录 12-1 的结果可用于对美元、欧元、日元、英镑、瑞士法郎和加元的占比进行排名，但缺少澳元和人民币的相应数据。因此，我们在判断 2021 年上半年全球主要货币全球化排名的变化时会遇到困难。但是，全球主要外汇市场前八种货币的半年平均每日外汇交易量为我们提供了对判断 2019 年后主要货币全球化趋势极为有用的信息。

继伦敦和东京 2008 年开始公布包括人民币在内的每年 4 月和 10 月外汇市场数据后，2016 年 4 月新加坡金管局和纽联储也开始公布包括人民币在内的 4 月和 10 月外汇市场日均成交数据，香港财资市场公会（www.tma.org.hk）从 2017 年 10 月开始公布香港市场包括人民币在内的每年 4 月和 10 月外汇市场日均成交数据，加上澳大利亚和加拿大相应的半年度数据和表 12-3 给出的国内外汇市场数据，2016 年到 2019 年这 8 个全球外汇市场占全球外汇市场日均成交金额比重从83.93%略降到了83.83%，为我们较为准确地分析和判断2020年和2021年人民币国际化的进展提供了较为可靠的依据。表12－7给出了2019年4月以来全球八大外汇中心主要货币每半年外汇日均成交金额数据。

表12－7 全球前八大国际货币在8个主要外汇市场半年日均成交金额及相关变化率比较（2019年4月到2021年4月）

单位：亿美元、%

货币/时间	2019年4月	2020年4月	2021年4月	2019年到2020年变化	2020年到2021年变化	2019年到2020年变化
美元	51103	45866	54736	－10.2	19.3	7.1
欧元	16745	14918	17823	－10.9	19.5	6.4
日元	10816	10627	11148	－1.8	4.9	3.1
英镑	6964	5963	7934	－14.4	33.1	13.9
澳大利亚元	3664	3528	4045	－3.7	14.7	10.4
加拿大元	2900	2849	3693	－1.8	29.6	27.3
瑞士法郎	2862	3063	3857	7	25.9	34.8
人民币	3777	3013	3996	－20.2	32.6	5.8
合计	98831	89827	107232	－9.1	19.4	8.5

数据来源：伦敦外汇联合常务委员会（FXJSC）（www.bankofengland.com.uk）、纽约联邦储备银行（www.forex.com）、新加坡金融管理局（www.mas.gov.sg）、香港财资市场公会（www.tma.org.hk）、东京外汇市场委员会（www.fxcomtky.com）、澳大利亚外汇委员会（afxc.rba.gov.au）、加拿大外汇委员会（www.cfec.ca）和中国国家外汇管理局（www.safe.org.cn）。2020年至2021年4月瑞士法郎的日均成交量是使用2019年4月瑞士主要货币的成交量数据以及2016年4月至2019年4月的累计年增长率估算的。

12.12.2 前四大货币在九大外汇市场的变化

表12－7显示，2019—2021年，世界前四大货币保持垄断地位，变化不大。2019年至2020年美元日均成交量累计增长7.1%，仅比前八种货币的累计变化低1.4%，表明尽管受新冠肺炎疫情和6万亿美元的美国国债发行影响，美元的全球化地位并未减弱。2019—2021年，欧元、日元和英镑日均成交量累计增速分别为6.4%、3.1%和13.9%，相较于八种货币对应的累计增长率8.5%，欧元和日元的国际化程度小幅走弱，而英镑的国际化程度小幅走强。

12.12.3 人民币在世界九大外汇市场的排名

表 12 – 7 显示，2019 年 4 月人民币日均成交额为 3777 亿美元，比同期澳元对应的日均成交额 3664 亿美元高出 113 亿美元，比同期加元和瑞士法郎对应的日均成交额分别高出 877 亿美元和 916 亿美元。这些结果证实了人民币在 2019 年 4 月的排名应为第 6 位。2020 年由于人民币的日均成交量下降 20.2%，跌幅大于表 12 – 7 中的任何其他货币，这导致人民币的排名在 2020 年下降至第 7 位。

表 12 – 7 还显示，2020 年 4 月至 2021 年，人民币日均成交量增长 32.6%，是表 12 – 7 中所有八种货币中年增长率最高的，但 2019 年 4 月至 2021 年的累计增长率仅为 5.4%，低于澳大利亚元、加拿大元和瑞士法郎的相应汇率 10.4%、27.3% 和 34.8%。因此，有理由估计人民币在 2021 年的排名与 2019 年持平，位列第 6 位。

12.13 小结

借助世界八大外汇中心每半年公布的成交量数据，我们可以发现，在 2022 年下一个世界清算银行的世界外汇数据发布之前，2020 年至 2021 年世界前 8 位货币的全球排名变化是相对可靠的。我们的结果显示新冠肺炎疫情对全球外汇市场产生了重大影响，进而对世界主要货币的全球排名亦产生了重大影响。

2017 年以来香港外汇市场半年度数据的公布和境外其他主要外汇市场相应数据使得我们对近年来人民币国际化进程的把握有了更可靠的市场依据，也为我们更好地预测今后人民币的走势提供了必要的支撑。本章数据显示，2016—2019 年人民币国际化程度从全球排名第 8 位提高到了第 6 位，成绩显著。特别是在近年来人民币对美元贬值导致人民币跨境支付、境外人民币储蓄、人民币国际债发行等指标徘徊不前的情况下，境内外人民币外汇市场仍然保持了可观的增长，人民币国际化的成绩更为难得。人民币在全球外汇市场活跃度明显提高说明国际外汇市场对人民币的接纳度仍在不断提高，近年来境外人民币国际化环境明显改善。充分利用好良好的国际环境，加上国内全面深化改革的内因，人民币国际化有望重回2015年之前的稳健推进态势，并有效推动“一带一路”倡议的实施。

但是，受中美贸易摩擦和新冠肺炎疫情的明显影响，2019年下半年至2020年上半年国内外汇市场成交量显著下降，人民币交易量降幅为全球主要货币中最高，达到20.2%，表明由于国内科技自主度不够导致贸易自主度受限，进而导致人民币贬值环境下人民币跨境结算和相关衍生产品交易下降，最终导致国内人民币外汇市场不增反降。这些结果显示，只有努力提高我国科技自主能力，才能提高贸易自主度和人民币结算比重等，进而才能有效、持续地推动人民币国际化。

人民币国际化是一个相对较长的进程，外国的经验虽然可供参考和借鉴，但是结合我国现状稳步推动人民币国际化仍然需要我们在很多领域探索前行。人民币国际化必须循序渐进，有计划、有步骤、有秩序地推进，换句话说，推动人民币国际化应该有路线图和时间表。推动人民币国际化主要应该以国内中长期战略发展和国民生活水平稳步持续提高为目标和出发点，以持续加速科技自主能力提升为主要着力点，但是也应该与亚洲地区经济、贸易和金融市场发展和稳定相联系，同时还应该着眼于国际货币和金融体系改革与世界和平发展相联系。我们应该在我国科技、经贸和世界经贸今后发展的科学判断基础上，探索出人民币国际化的路线图、时间表及相应实施细节，并根据国内外经济、贸易和市场变化做适度必要的调整。相信人民币国际化程度在今后几年将会随着我国科技自主度的提高取得更加显著的成果，逐渐接近以至达到与我国经贸国际地位相匹配，从而为“一带一路”建设等提供必要的国际化本币支撑。

附录 张光平和马钧（2015）更新

由于货币的外汇交易总量是货币所有国际化应用的集中表现，而且货币外汇交易数据有定期统一的国际数据，货币在国际外汇市场交易占比是其国际化程度的最好量度（张光平，2014）。然而遗憾的是，不同货币在全球外汇市场上的成交金额数据仅由国际清算银行公布，而该机构国际外汇成交数据每三年才公布一次。这样对于三年间两个年度，即非公布年份的国际外汇市场日均成交数据我们只能利用简单的线性插值方法或者两个公布年份间年均复合增长率来估算（张光平，2014）。这些方法虽然简单易行，但是却没有充分利用非公布年份的国际外汇衍生产品市场存量数据信息，因此估算的结果有进一步提高的空间。

本文的目的是在国际清算银行每三年公布的国际外汇日均成交数据的基础上，利用非公布年份上半年外汇衍生产品存量数据，估算出非公布年份全球市场外汇衍生产品日均成交金额，进而估算出非公布年份全球外汇市场日均成交金额及主要国际货币外汇日均成交金额。有了这些非公布年份全球外汇市场和主要国际货币外汇的日均成交金额，我们就可以计算出这些年份不同货币在全球外汇交易占比的更为精确的估算结果，进而对不同年份人民币国际化程度进展有更好的判断和把握。

1. 公布年份国际外汇衍生产品市场换手率

虽然国际清算银行每三年才公布一次当年 4 月全球外汇市场日均成交金额数据，但是该机构却每半年公布全球外汇衍生产品市场留存金额数据。多年来，国际外汇衍生产品交易为全球外汇市场的主要内容，而且外汇衍生产品留存金额相当于交易所公布的场内衍生产品的持仓量。国际清算银行公布的每三年 4 月的全球外汇衍生产品市场日均成交金额可以被看作相应年度上半年的外汇衍生产品日均成交金额，这样我们可以容易地计算出这些公布年份上半年全球外汇衍生产品总成交金额（每半年平均 125 个工作日，这样上半年的外汇市场衍生产品成交额可以 4 月日均成交金额的 125 倍来估算）。这些年份上半年的成交金额除以相应上半年的总外汇衍生产品留存金额即可获得这些年份上半年的全球外汇衍生产品市场换手率。附图 12 - 1 给出了 1998 年上半年到 2019 年上半年全球外汇衍生产品市场八个公布年份上半年的换手率。

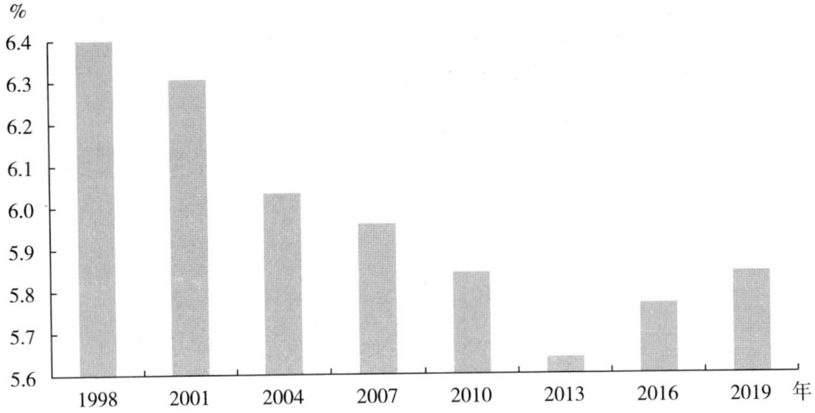

附图 12－1　全球外汇衍生产品市场上半年换手率

（成交金额与上半年留存额比例）（1998—2019 年）

［数据来源：根据国际清算银行 www. big. org1998 年到 2019 年的调查汇总数据（Triennial Central Bank Survey Global foreign exchange market turnover）和该银行公布的每半年全球外汇衍生产品存额数据计算得出］

附图 12－1 显示，虽然 2007 年到 2010 年这段时间内爆发了多年少见的国际全球金融危机，但是每隔三年的八大货币上半年全球外汇市场衍生产品换手率却保持相对稳步的变化，并未出现明显异动。这些相对平稳的换手率为我们估算非公布年份上半年外汇衍生产品市场换手率提供了较好的依据。

2. 非公布年份全球外汇衍生产品市场日均成交金额估算

由于公布年份国际外汇衍生产品市场换手率持续稳步下降，我们可以利用这些公布年份上半年的外汇衍生产品市场换手率和线性差值法计算出其中两个非公布年份（如 2013 年和 2016 年两个公布年份间的 2014 年和 2015 年；2016 年和 2019 年两个公布年份间的 2017 年和 2018 年）上半年的外汇衍生产品市场换手率，进而利用这些非公布年份上半年的换手率和相应的上半年全球外汇衍生产品留存金额推算出这些非公布年份上半年外汇衍生产品日均成交金额，附表 12－1 给出了相应的结果。

附表 12－1　全球外汇市场衍生产品和外汇日均成交金额估算结果（1998—2019 年）　单位：万亿美元

年份	上半年底存量额	公布年份上半年底换手率	上半年底换手率	上半年外汇衍生产品日均成交金额	公布年份4月即期占总外汇交易比例	4月即期占总外汇交易比例	上半年即期日均成交金额	4月总外汇日均成交金额	年均增长率方法估算出的4月总外汇日均成交金额	新估算方法估算结果与年增长率估算方法差异
1998	18.7	6.40	6.40	0.96	37.2%	37.2%	0.57	1.527	1.527	0.0%
1999	14.9		6.37	0.76		35.2%	0.41	1.172	1.424	-17.7%
2000	15.5		6.34	0.79		33.2%	0.39	1.176	1.328	-11.5%
2001	16.9	6.31	6.31	0.85	31.2%	31.2%	0.39	1.239	1.239	0.0%
2002	18.1		6.21	0.90		31.6%	0.42	1.314	1.437	-8.6%
2003	22.1		6.12	1.08		32.1%	0.51	1.593	1.667	-4.4%
2004	27.0	6.03	6.03	1.30	32.6%	32.6%	0.63	1.934	1.934	0.0%
2005	31.1		6.01	1.49		31.8%	0.70	2.192	2.317	-5.4%
2006	38.1		5.98	1.83		31.0%	0.82	2.646	2.775	-4.6%
2007	48.6	5.96	5.96	2.32	30.2%	30.2%	1.01	3.324	3.324	0.0%
2008	63.0		5.92	2.98		32.6%	1.45	4.428	3.527	25.5%
2009	48.7		5.88	2.29		35.1%	1.24	3.530	3.743	-5.7%

续表

年份	上半年底存量额	公布年份上半年底换手率	上半年底换手率	上半年外汇衍生产品日均成交金额	公布年份4月即期占总外汇交易比例	4月即期占总外汇交易比例	上半年即期日均成交金额	4月总外汇日均成交金额	年均增长率方法估算出的4月总外汇日均成交金额	新估算方法估算结果与年增长率估算方法差异
2010	53.2	5.84	5.84	2.48	37.5%	37.5%	1.49	3.972	3.972	0.0%
2011	64.7		5.77	2.99		37.7%	1.81	4.800	4.385	9.5%
2012	66.7		5.71	3.04		38.0%	1.87	4.910	4.841	1.4%
2013	73.1	5.64	5.64	3.30	38.3%	38.3%	2.05	5.344	5.344	0.0%
2014	75.0		5.68	3.41		38.6%	1.95	5.362	5.251	2.1%
2015	73.6		5.72	3.37		38.8%	1.78	5.146	5.159	-0.2%
2016	74.0	5.77	5.77	3.41	32.6%	32.6%	1.65	5.068	5.068	0.0%
2017	88.4		5.79	4.10		30.7%	1.91	6.007	5.533	8.6%
2018	95.8		5.82	4.46		28.1%	2.00	6.459	6.041	6.9%
2019	98.6	5.84	5.84	4.61	30.1%	30.1%	1.99	6.595	6.595	0.0%

数据来源：全球上半年外汇市场衍生产品留存数据来自国际清算银行网站，www.bis.org；上半年换手率根据国际清算银行每三年公布的4月全球外汇衍生产品日均成交金额和相应的半年的全球外汇市场衍生产品留存数据计算得出（假设4月日均成交金额为上半年日均成交金额）；非公布年份上半年换手率是利用两个公布年份换手率线性差值计算得出；公布年份外汇即期日均成交金额占总外汇日均成交金额比重根据国际清算银行每三年公布的4月全球外汇不同产品日均成交金额数据计算得出；外汇即期日均成交金额FXSpot根据外汇即期交易占总外汇交易比重a和外汇衍生产品日均成交金额FXD的计算公式FXSpot = a × FXD/（1 - a）计算得出。

3. 非公布年份国际外汇市场日均成交金额估算

有了非公布年份全球外汇衍生产品市场日均成交金额估算结果而没有相应的全球外汇市场即期日均成交金额，我们还是难以获得相应的全球外汇市场总日均成交金额。然而利用国际清算银行1998年以来公布的每三年4月全球外汇市场即期日均成交金额和衍生产品日均成交金额，我们可以计算出1998年4月到2016年每隔三年4月全球外汇市场即期日均成交金额占总外汇日均成交金额比例，同样利用两个临近的公布年份即期日均成交金额占总外汇日均成交金额比例和线性差值法，我们可以获得其中两个非公布年份外汇即期日均成交额占总外汇日均成交金额比例。有了非公布年份外汇即期日均成交金额占总外汇日均成交金额比例a和相应年份外汇衍生产品的日均成交金额FXD，我们就可计算出这些年份外汇即期日均成交金额FXSpot。

因为a = FXSpot/（FXSpot + FXD），所以FXSpot = a × ［FXD/（1 − a）］，进而获得这些年份上半年总外汇市场日均成交金额（FXSpot + FXD），即这些非公布年份4月全球外汇市场日均成交金额，估算结果如附表12－1所示。

附表12－1显示，利用国际清算银行公布的国际外汇市场日均成交金额与半年的存量数据方法估算出的非公布年份国际外汇市场日均成交金额与之前利用每三年年均增长法估算出的结果有较大差异。具体来说，附表12－1显示，传统的年均增长率法估算出的非公布年份日均成交金额没有利用非公布年份外汇市场衍生产品留存信息而仅假设两个公布年间交易增长保持相同的年均增长率，因此估算结果较为平滑，而新的方法却有较大幅度的波动。虽然新方法估算结果波动较大，然而其结果却离实际应该更加接近：附表12－1显示，2008年上半年金融危机仍未爆发，利用上半年国际外汇市场衍生产品留存数据估算出的国际外汇市场日均成交金额4.428万亿美元，比以年均增长率法估算的结果3.527万亿美元高出9011亿美元，前者高出后者25.5%；利用同样的方法我们可以估算出2009年上半年国际外汇市场日均成交金额3.530万亿美元，比以年均增长率法估算出3.743万亿美元低2130亿美元，前者低于后者5.7%。

如上所示，利用全球外汇衍生产品数据的新方法估算出的结果比以年均增长率方法估算的结果与金融危机爆发前后的市场活跃度变化更为一致。所以，利用公布年份数据和每上半年全球外汇衍生产品留存数据估算的非公布年份外汇市场日均成交结果比传统的年均增长率估算出的非公布年份年均外汇日均成交结果更能反映非公布年份市场变化，因此更为准确可靠。

4. 主要国际货币非公布年份全球外汇市场日均成交金额估算

有了附表 12－1 给出的非公布年份全球外汇市场日均成交金额更为准确的估算值，我们即可计算出这些非公布年份人民币外汇日均成交金额的全球占比，对人民币国际化在非公布年份国际化的进展有更为准确的把握。但是，如果没有主要国际货币，或者说没有外汇日均成交金额排在人民币前面的其他货币在非公布年份日均成交金额占比的估算结果，我们也难以得知在非公布年份人民币国际化成交更为准确的排名。可喜的是，利用附表 12－1 同样的数据源和上文同样的方法，我们同样可以估算出美元、欧元、日元、英镑、瑞士法郎、加拿大元等主要货币在非公布年份外汇日均成交金额及相应的国际占比，附表 12－2 给出了相应的估算结果。

附表 12－2 非公布年份全球主要国际货币外汇市场日均成交金额估算（2007—2019 年）

单位：万亿美元

年份	上半年底存量额	公布年份上半年底换手率	上半年底换手率	上半年外汇衍生产品日均成交金额	公布年份4月即期占总外汇交易比例	4月即期占总外汇交易比例	上半年即期日均成交金额	4月总外汇日均成交金额	全球外汇市场占比
美元									
2007	33.76	7.468	7.468	2.017	35.16%	29.70%	0.845	2.862	86.09%
2010	45.13	6.066	6.066	2.185	35.20%	35.20%	1.187	3.371	84.90%
2011	54.04		5.957	2.575		35.58%	1.423	3.998	91.16%
2012	57.38		5.848	2.684		35.97%	1.508	4.192	86.60%
2013	64.48	5.740	5.740	2.961	36.35%	36.35%	1.691	4.652	87.03%
2014	65.13		5.798	2.934		34.60%	1.553	4.487	80.68%
2015	64.10		5.856	2.832		32.85%	1.386	4.217	76.26%
2016	64.90	5.915	5.915	3.071	31.11%	31.11%	1.387	4.458	87.61%
2017	77.04		5.921	3.649		30.39%	1.594	5.243	87.28%

续表

年份	上半年底存量额	公布年份上半年底换手率	上半年底换手率	上半年外汇衍生产品日均成交金额	公布年份4月即期占总外汇交易比例	4月即期占总外汇交易比例	上半年即期日均成交金额	4月总外汇日均成交金额	全球外汇市场占比
2018	88.45		5.928	4.194		29.68%	1.770	5.965	92.35%
2019	87.14	5.934	5.934	4.137	28.97%	28.97%	1.687	5.824	88.30%
欧元									
2007	18.28	5.315	5.315	0.777	44.45%	36.90%	0.454	1.231	37.04%
2010	20.11	5.378	5.378	0.863	44.40%	44.40%	0.689	1.553	39.10%
2011	24.97		5.407	1.080		43.68%	0.838	1.918	43.74%
2012	23.80		5.436	1.035		42.96%	0.779	1.814	37.48%
2013	24.37	5.291	5.291	1.032	42.24%	42.24%	0.754	1.786	33.41%
2014	26.45		5.386	1.113		39.05%	0.714	1.827	32.85%
2015	27.34		5.480	1.145		35.87%	0.640	1.785	32.27%
2016	24.02	5.575	5.575	1.071	32.68%	32.68%	0.520	1.591	31.28%
2017	27.83		5.862	1.305		31.42%	0.598	1.903	31.67%
2018	31.37		6.148	1.543		30.17%	0.666	2.209	34.21%
2019	29.40	6.435	6.435	1.514	28.91%	28.91%	0.616	2.129	32.28%
日元									
2007	10.60	3.854	3.854	0.327	39.75%	40.40%	0.231	0.558	16.78%
2010	11.82	4.822	4.822	0.455	39.70%	39.70%	0.300	0.754	19.00%
2011	13.07		4.913	0.514		43.04%	0.388	0.902	20.57%
2012	13.67		5.005	0.547		46.39%	0.473	1.021	21.08%
2013	15.18	5.096	5.096	0.619	49.73%	49.73%	0.612	1.231	23.03%
2014	13.18		5.370	0.547		45.17%	0.451	0.998	17.94%
2015	13.50		5.643	0.570		40.61%	0.390	0.960	17.35%
2016	14.82	5.916	5.916	0.701	36.05%	36.05%	0.395	1.097	21.56%
2017	14.90		5.942	0.708		34.87%	0.379	1.088	18.11%
2018	15.63		5.968	0.746		33.68%	0.379	1.125	17.42%
2019	15.61	5.993	5.993	0.748	32.50%	32.50%	0.360	1.108	16.81%
英镑									
2007	7.77	5.406	5.406	0.336	41.55%	32.50%	0.161	0.497	14.95%

续表

年份	上半年底存量额	公布年份上半年底换手率	上半年底换手率	上半年外汇衍生产品日均成交金额	公布年份4月即期占总外汇交易比例	4月即期占总外汇交易比例	上半年即期日均成交金额	4月总外汇日均成交金额	全球外汇市场占比
2010	6.62	5.659	5.659	0.299	46.10%	46.10%	0.236	0.535	13.48%
2011	7.01		5.771	0.324		42.71%	0.241	0.565	12.88%
2012	7.59		5.882	0.357		39.32%	0.231	0.589	12.16%
2013	8.43	5.994	5.994	0.404	35.92%	35.92%	0.227	0.631	11.81%
2014	9.18		5.856	0.449		34.82%	0.240	0.688	12.37%
2015	9.03		5.719	0.449		33.71%	0.228	0.678	12.26%
2016	9.80	5.582	5.582	0.438	32.61%	32.61%	0.212	0.650	12.77%
2017	11.07		5.932	0.525		31.21%	0.238	0.764	12.71%
2018	11.72		6.282	0.589		29.81%	0.250	0.839	12.99%
2019	11.38	6.631	6.631	0.604	28.42%	28.42%	0.240	0.844	12.79%
瑞士法郎									
2007	3.06	5.342	5.342	0.131	36.35%	42.20%	0.095	0.226	6.80%
2010	3.86	5.249	5.249	0.191	36.40%	36.40%	0.091	0.282	7.10%
2011	4.88		5.405	0.211		38.42%	0.131	0.342	7.81%
2012	4.05		5.560	0.180		40.43%	0.122	0.303	6.25%
2013	4.18	5.716	5.716	0.191	42.45%	42.45%	0.084	0.275	5.14%
2014	3.94		6.108	0.185		36.15%	0.105	0.290	5.22%
2015	3.93		6.501	0.189		29.86%	0.081	0.270	4.88%
2016	3.37	6.894	6.894	0.186	23.56%	23.56%	0.057	0.243	4.78%
2017	4.12		7.014	0.231		24.44%	0.075	0.306	5.09%
2018	4.20		7.134	0.239		25.32%	0.081	0.321	4.96%
2019	4.16	7.254	7.254	0.241	26.20%	26.20%	0.086	0.327	4.96%
加拿大元									
2007	2.24	5.487	5.487	0.098	37.04%	29.70%	0.042	0.141	4.23%
2010	2.24	7.431	7.431	0.162	37.00%	37.00%	0.078	0.240	6.03%
2011	3.07		6.867	0.168		34.88%	0.090	0.259	5.90%
2012	3.00		6.303	0.151		32.75%	0.074	0.225	4.65%
2013	3.28	5.740	5.740	0.151	30.63%	30.63%	0.093	0.244	4.57%

续表

年份	上半年底存量额	公布年份上半年底换手率	上半年底换手率	上半年外汇衍生产品日均成交金额	公布年份4月即期占总外汇交易比例	4月即期占总外汇交易比例	上半年即期日均成交金额	4月总外汇日均成交金额	全球外汇市场占比
2014	3.25		5.831	0.135		33.80%	0.069	0.203	3.66%
2015	3.58		5.922	0.132		36.98%	0.078	0.210	3.79%
2016	3.24	6.013	6.013	0.156	40.16%	40.16%	0.105	0.261	5.12%
2017	4.07		5.718	0.186		39.00%	0.119	0.305	5.08%
2018	4.48		5.424	0.195		37.84%	0.118	0.313	4.85%
2019	5.12	5.129	5.129	0.210	36.68%	36.68%	0.122	0.332	5.03%

注：数据来源和估算方法皆同附表12-1。

附表12-2显示，2014年美元外汇日均成交金额全球占比80.68%，比2013年占比87.03%下降了6.35%，2015年比2014年进一步下降了4.42%到76.26%，然而2016年美元占比却显著回升到了87.61%，不仅超过了2007年金融危机前的86.09%，而且也超过了2013年的87.03%；2014—2016年欧元外汇日均成交金额全球占保持了2010—2013年持续下降的势头，但是下降的幅度比2010—2013年明显减缓，显示出2011年以来欧元成交金额占比持续下降的趋势；2014—2015年日元外汇日均成交金额全球占比比2013年连续下降，但2016年却回升到了21.56%，比2013占比略低1.47%，同时比2010年日元占比19.0%高出2.56%，显示出金融危机后日元在全球外汇市场的地位持续提高；2014—2016年英镑外汇日均成交金额全球占比没有多少变化，2016年比2013年占比略有提高，但是金融危机后英镑地位持续下降的趋势没有多大变化；2013—2016年瑞士法郎日均成交金额世界占比持续保持了2010—2013年持续下降的趋势；2013—2016年加拿大元日均成交金额世界占比持续明显回升，但是2015年占比5.12%离2010年6.03%的占比仍有差距。这些结果显示，2013—2019年，美元和英镑日均成交金额全球占比明显回升的同时，日元、欧元和瑞士法郎相应的占比却总体明显下降，加拿大元略有回升。

5. 非公布年份人民币外汇市场日均成交金额全球占比估算

有了非公布年份全球外汇市场日均成交金额的准确估算，我们即可根据人民币日均成交金额更好地估算出非公布年份人民币外汇交易的全球占比。附表 12－3 给出了 2010—2019 年国内人民币外汇市场季度日均成交金额和 4 月日均成交金额及相应的全球占比。由于附表 12－1 给出的 2011 年和 2012 年利用公布年份和半年全球外汇衍生产品市场留存数据估算的全球外汇日均成交比例用年均复合增长率估算的高，附表 12－3 给出的该两年国内人民币外汇日均成交金额全球占比比利用传统方法估算的国际外汇市场日均成交金额计算出的占比分别低 0. 06% 和 0. 01%；同样，由于附表 12－1 给出的 2014 年和 2015 年全球外汇日均成交金额比例用传统的年均复合增长率估算的结果分别高出 5. 8% 和 6. 9%，附表 12－3 给出的该两年国内人民币外汇日均成交金额全球占比 0. 91% 和 1. 11%，比利用传统方法估算的国际外汇市场日均成交金额计算出的占比 0. 96% 和 1. 19% 分别低 0. 05% 和 0. 08%。由于不同货币的估算日均成交金额占比直接影响其国际化程度的排名，因此新的估算方法给出的结果可以使我们对不同年份人民币国际化的进展有更为准确的把握。

附表 12－3　国内人民币外汇市场季度日均成交金额和 4 月日均成交金额及相应的全球占比（2010—2019 年）　　单位：亿美元

季度/市场	现货	远期	外汇掉期和货币掉期	期权	总额	季度日均	4 月总日均成交金额	4 月总日均成交金额全球占比
2010Q1	12503. 0	30. 4	2849. 8	0. 0	15383. 2	240. 4		
2010Q2	13338. 4	24. 4	3455. 7	0. 0	16818. 5	275. 7	263. 9	0. 66%
2010Q3	13584. 7	17. 5	3199. 9	0. 0	16802. 1	271. 0		
2010Q4	13972. 3	255. 0	3493. 0	0. 0	17720. 3	281. 3		
2011Q1	14305. 0	595. 0	3402. 7	0. 0	18302. 7	286. 0		
2011Q2	16227. 0	564. 0	4580. 8	5. 5	21377. 4	350. 4	329	0. 69%
2011Q3	17550. 0	608. 0	5278. 5	7. 2	23443. 6	378. 1		
2011Q4	15732. 0	379. 0	4591. 0	6. 1	20708. 1	328. 7		
2012Q1	15809. 0	1385. 0	5502. 1	32. 8	22728. 9	355. 1		
2012Q2	16097. 0	991. 0	6025. 9	40. 7	23154. 6	379. 6	371. 4	0. 76%

续表

季度/市场	现货	远期	外汇掉期和货币掉期	期权	总额	季度日均	4月总日均成交金额	4月总日均成交金额全球占比
2012Q3	16550.0	947.0	6690.6	114.4	24302.0	392.0		
2012Q4	15694.0	1184.0	7312.4	134.2	24324.6	386.1		
2013Q1	17534.0	1411.0	7379.1	160.0	26484.1	413.8		
2013Q2	18399.5	1552.3	8076.9	191.5	28220.2	462.6	446.4	0.84%
2013Q3	19622.9	1377.1	9228.8	111.9	30340.7	489.4		
2013Q4	20400.6	1704.5	10122.2	268.2	32495.4	515.8		
2014Q1	19799.0	2169.2	10457.4	169.4	32595.0	509.3		
2014Q2	18310.0	1252.9	10922.6	195.6	30681.1	503.0	505.1	0.91%
2014Q3	19121.0	1509.9	12952.6	535.5	34119.0	550.3		
2014Q4	20629.0	1263.8	12835.4	1215.2	35943.4	570.5		
2015Q1	19339.7	1376.7	13742.0	941.8	35400.3	553.1		
2015Q2	16965.9	1306.4	18960.4	915.9	38148.6	625.4	616.6	1.12%
2015Q3	25769.5	1682.0	24668.7	971.2	53091.5	856.3		
2015Q4	20526.6	584.4	28662.0	1217.8	50990.8	809.4		
2016Q1	19206.1	753.7	21107.5	1295.0	42362.3	672.4		
2016Q2	20707.3	771.3	23790.2	1383.5	46652.3	764.8	719.8	1.42%
2016Q3	22072.7	978.8	25909.7	2989.4	51639.6	832.9		
2016Q4	26368.4	1279.4	30489.1	3881.7	62018.7	992.3		
2017Q1	20369.1	980.4	26247.0	1526.7	49123.3	786.0		
2017Q2	23579.8	714.1	30165.0	1280.7	55739.6	891.8	787.1	1.42%
2017Q3	25588.0	1086.3	36172.1	1498.2	64344.5	1029.5		
2017Q4	25357.0	1478.1	43087.7	1715.0	71637.7	1146.2		
2018Q1	22971.8	1531.0	35117.4	1632.6	61252.8	980.0		
2018Q2	26103.6	1747.3	40971.7	1925.5	70748.2	1132.0	1052.1	1.74%
2018Q3	29436.9	1417.8	39669.1	2222.7	72746.4	1163.9		
2018Q4	32134.6	722.7	50413.1	2693.0	85963.4	1375.4		
2019Q1	27740.3	907.0	45784.4	2349.9	76781.7	1228.5		

续表

季度/市场	现货	远期	外汇掉期和货币掉期	期权	总额	季度日均	4月总日均成交金额	4月总日均成交金额全球占比
2019Q2	28686. 1	1024. 3	44039. 5	2170. 4	75920. 2	1214. 7	1346. 5	2. 04%
2019Q3	29158. 9	1001. 9	39807. 5	2041. 1	72009. 5	1152. 2		
2019Q4	27975. 9	873. 2	35697. 1	1938. 8	66485. 1	1063. 8		
2020Q1	25482. 4	1237. 5	33297. 8	1638. 3	61656. 0	986. 5		
2020Q2	25592. 1	979. 2	41531. 3	1966. 2	70068. 9	1121. 1	1096. 3	1. 87%

数据来源：2015 年到 2020 年 4 月数据为根据国家外汇管理公布的月度数据计算出的日均数据；2015 年前由于央行和外汇局没有公布国内日均外汇交易数据，我们只能利用人行季度《货币政策执行报告》公布的季度数据估算出 2010 年 4 月到 2014 年 4 月的外汇日均成交金额：每年第一季度日均成交金额相当于该年 2 月的日均成交金额，第二季度日均成交金额相当于 5 月的日均成交金额，4 月日均成交金额可以用 2 月的日均成交金额和 5 月的日均成交金额线性插值计算得出；2015 年 4 月和 2016 年 4 月国内人民币外汇日均成交金额更具国家外汇管理局不得的该两年 4 月国内人民币外汇成交金额计算得出；每年 4 月日均成交金额全球占比根据附表 12 －3 给出的日均成交额除以附表 12 －1 给出的相应年份全球4 月日均成交金额得出；2020 年 4 月全球占比表 12 －6 中 2020 年 4 月全球八大外汇市场日均成交金额 5904. 2 亿除以估算出的 2020 年 4 月全球外汇市场日均成交金额 5860. 5 亿美元而得（2019 年 4 月该八大外汇市场日均成交金额全球占比 85. 63%，即假设 2020 年 4 月八大外汇市场日均成交金额全球占比保持 2019 年的水平不变，估算出的 2020 年 4 月全球外汇日均成交金额 5860. 5 亿美元）。

附表 12 －3 显示，2010—2016 年国内人民币外汇日均成交金额占全球外汇市场日均成交金额比重从 0. 66% 持续上升到了 1. 42%，6 年提高了 0. 76%，增长相对缓慢，相应的国际排名从 2010 年的第 21 位提高到了 2016 年的第 15 位（仅考虑国内人民外汇市场成交金额），离中国经济和贸易排名前三的地位仍有巨大差距。表 9 －1 显示，2010—2016 年，人民币整体排名从全球第 21 位持续提高到了第 8 位，比仅考虑国内人民币外汇市场的排名第 16 位要高出很多；2016—2017 年，国内人民币外汇日均成交金额略有增长，但全球占比却没有多少变化，2017—2019 年，持续提高到了 2. 04%，国内人民币排名从第 15 位提高到了第 12 位。这些结果表明，2010—2016 年人民币国际化程度显著提升的主要贡献来自境外人民币市场，国内人民币外汇市场加速发展从而推动境内外人民币市场协调发展，这已经成为人民币国际化的一个重要任务。

附表 12－3 也显示，2016 年 4 月，国内人民币外汇日均成交金额世界占比从 2015 年 4 月的 1.12% 提高到了 1.42%，一年的增幅 0.30% 超过了 2010—2014 年的累计占比增幅 0.25%，也超过了 2013—2014 年的增幅 0.07%，而且 2016—2019 年，人民币外汇日均成交金额全球占比又累计增长了 0.62%，表明 2014 年以来国内人民币外汇市场而加速增长的可喜态势。

但是，2020 年 4 月国内人民币外汇市场日均成交金额同比下降了 18.6%，降幅比同期境外五大外汇市场（中国香港、伦敦、新加坡、纽约和东京五大外汇市场公布的数据有人民币准确数据，澳大利亚和加拿大外汇市场人民币交易仍不够活跃，日均成交金额低于前五大境外市场；该两国货币当局公布的半年度外汇数据中未有人民币明细数据）总日均成交金额降幅 18.7% 略低 0.1 个百分点，但却比同期全球前七大外汇市场（上文前七大）日均成交金额降幅 9.5% 高出 9.1 个百分点，显示出受中美贸易摩擦和新冠肺炎疫情双重影响，国内外人民币外汇市场活跃度显著下降的问题。

表 10－6 的数据显示，2010 年境外人民币市场启动到 2014 年的 4 年内，境外人民币市场热火朝天地发展，境外人民币外汇市场日均成交金额年均复合增长率高达 70.2%，而以附表 12－3 的数据计算出的同期国内市场年均复合增长率仅为 17.6%，仅为同期境外市场增速的四分之一，境外人民币市场是境内外人民币市场增长的主要源头，自然成为当时人民币国际化程度显著提升的主要动力源；2014—2019 年境外市场增速减缓，年均增幅回落到了 12.2%，同期国内市场年均复合增长率 15.1% 略超境外市场，显示出国内市场追赶境外的可喜态势；但 2019—2020 年，国内人民币外汇市场降幅 18.6% 却比全球七大外汇市场总日均成交金额降幅 9.5% 高出近一倍；2021 年 4 月国内人民币外汇市场日均成交交易比上年同期又增长了 32.9% 到 1390.5 亿美元，增速显著超过主要境外人民币中心增速；而 2022 年 4 月国内人民币外汇日均成交金额却比上年同期下降了 12.8% 到 1212 亿美元，显示出国内人民币外汇市场也有较大的波动性。因此，加速提高我国科技自主能力，进而提高贸易自主能力和金融自主能力是降低境内外人民币外汇市场受制于人的必要条件，也是人民币国际化进程的必要条件。

第 13 章　科技国际化与货币国际化的相互支持以及货币国际化的最佳度量

科技创新能力是经贸发展的动力，而经贸却是货币国际化的基础。因此，任何货币发行体的科技创新能力或科技国际化水平与货币国际化之间应该有着较强的相关关系。本章利用表 7 -6 给出的各主要国际货币发行体科技国际化数据和第 4 章给出的主要国际货币国际化数据探讨两者间的关系。针对科技国际化和货币国际化特定年份间相关性测度结果中存在的不合理问题，我们试图优化上述结果，找到货币国际化的最佳度量方法。

13.1　主要货币发行体科技国际化

13.1.1　主要货币发行体科技国际化程度

表 7 -6 提供了世界五大专利局和其他国家及地区的科技国际化水平数据，但由于五大专利局的报告中缺少以上货币发行体的同族专利具体数据，我们仍然无从得知欧元区、英国以及其他主要国际货币发行体的科技国际化程度。然而，由于同族专利与总专利申请数之间存在直接的正向关系，我们可以用世界知识产权组织公布的欧元区、英国和瑞士专利申请数据占欧洲专利局全体成员国的比重和表 7 -6 给出的欧洲科技国际化结果来估算欧元区、英国和瑞士的科技国际化程度；同样，利用加拿大和澳大利亚专利申请数占所有国家专利申请比重和表 7 -6 给出的其他国家和地区科技国际化结果估算

出该两国科技国际化水平。表 13 - 1 给出了全球前八大国际货币发行体的科技国际化水平的结果。

表 13 - 1　主要货币发行体科技国际化和货币国际化比较

（2000—2019 年）

单位：%

货币发行体科技国际化									
年份/货币发行体	美国	欧元区	日本	英国	澳大利亚	加拿大	瑞士	中国	其他
2000	39.68	11.69	25.95	4.58	1.01	5.04	1.15	0.92	10.00
2001	39.28	11.82	25.74	4.31	0.99	4.44	1.23	0.87	11.31
2002	38.82	12.30	24.87	4.18	1.12	4.52	1.36	0.69	12.14
2003	39.05	11.74	25.93	3.72	0.96	3.45	1.38	0.51	13.26
2004	39.77	11.20	24.95	3.30	1.03	3.34	1.40	0.88	14.12
2005	42.16	11.44	24.34	3.14	0.69	3.47	1.53	0.51	12.71
2006	42.79	10.92	25.13	2.85	0.71	3.72	1.26	0.53	12.09
2007	44.05	11.63	24.45	2.80	0.67	3.59	1.31	0.72	10.77
2008	46.11	11.42	22.73	2.19	0.56	3.17	1.40	0.96	11.46
2009	44.92	11.47	22.24	2.25	0.68	3.15	1.97	0.73	12.58
2010	44.33	10.91	24.07	2.10	0.86	2.49	1.98	1.21	12.05
2011	43.95	10.77	22.72	1.90	0.63	2.23	2.02	0.97	14.82
2012	44.00	11.09	22.90	1.85	0.51	2.32	2.44	1.17	13.72
2013	46.12	10.87	22.00	2.16	0.41	2.30	2.33	0.88	12.95
2014	44.18	11.14	22.66	2.26	0.35	1.96	2.12	0.67	14.65
2015	43.74	10.20	22.76	2.19	0.27	1.42	1.84	1.11	16.46
2016	41.97	11.25	21.65	2.09	0.31	1.70	2.40	1.08	17.54
2017*	40.48	11.09	21.84	2.17	0.30	1.57	2.19	3.26	17.09
2018*	39.64	11.25	22.63	2.23	0.29	1.65	2.19	3.03	17.09
2019*	39.83	11.31	22.21	2.07	0.28	1.58	1.96	3.66	17.10
年均	42.24	11.28	23.59	2.72	0.63	2.86	1.77	1.22	13.70
货币国际化（日均成交金额全球占比）									
年份/货币发行体	美国	欧元区	日本	英国	澳大利亚	加拿大	瑞士	中国	其他
2001	44.93	18.96	11.77	6.52	2.16	2.24	2.99	0.00	10.42
2004	44.00	18.70	10.42	8.25	3.01	2.10	3.01	0.05	10.45
2007	42.80	18.52	8.62	7.43	3.31	2.14	3.41	0.23	13.53

续表

货币国际化（日均成交金额全球占比）									
年份/货币发行体	美国	欧元区	日本	英国	澳大利亚	加拿大	瑞士	中国	其他
2010	42.43	19.52	9.49	6.44	3.79	2.64	3.15	0.43	12.10
2013	43.52	16.70	11.52	5.91	4.32	2.28	2.58	1.12	12.05
2016	43.79	15.70	10.81	6.40	3.44	2.57	2.40	1.99	12.90
2019	44.15	16.14	8.40	6.40	3.38	2.52	2.48	2.16	14.37
年均	43.66	17.75	10.15	6.76	3.35	2.36	2.86	0.85	12.26
货币发行体科技国际化 - 货币国际化									
年份/货币发行体	美国	欧元区	日本	英国	澳大利亚	加拿大	瑞士	中国	其他
2001	-5.65	-7.14	13.98	-2.21	-1.17	2.20	-1.76	0.86	0.89
2004	-4.95	-6.96	15.51	-4.53	-2.05	1.35	-1.63	0.46	2.80
2007	1.25	-6.89	15.83	-4.63	-2.63	1.45	-2.10	0.49	-2.77
2010	1.90	-8.62	14.58	-4.34	-2.93	-0.15	-1.17	0.78	-0.05
2013	2.60	-5.84	10.47	-3.75	-3.91	0.02	-0.25	-0.24	0.90
2016	-1.82	-4.44	10.84	-4.31	-3.13	-0.87	0.00	-0.92	4.65
2019	-4.32	-4.83	13.80	-4.32	-3.10	-0.93	-0.52	1.50	2.73
年均	-1.57	-6.39	13.57	-4.01	-2.71	0.44	-1.06	0.42	1.31
货币发行体科技国际化/货币国际化									
年份/货币发行体	美国	欧元区	日本	英国	澳大利亚	加拿大	瑞士	中国	其他
2001	0.87	0.62	2.19	0.66	0.46	1.98	0.41	225.26	1.09
2004	0.90	0.60	2.40	0.40	0.34	1.59	0.47	18.33	1.35
2007	1.03	0.63	2.84	0.38	0.20	1.68	0.38	3.19	0.80
2010	1.04	0.56	2.54	0.33	0.23	0.94	0.63	2.81	1.00
2013	1.06	0.65	1.91	0.37	0.09	1.01	0.90	0.79	1.07
2016	0.96	0.72	2.00	0.33	0.09	0.66	1.00	0.54	1.36
2019	0.90	0.70	2.64	0.32	0.08	0.63	0.79	1.69	1.19
年均	0.97	0.64	2.36	0.40	0.21	1.21	0.65	36.09	1.12

数据来源：美元、日元、人民币相应的科技国际化数据自表7-6；欧元区、英国、瑞士的科技国际化水平根据表7-6中欧洲科技国际化结果和欧元区、英国和瑞士三地专利申请数占欧洲总数比例估算得出；澳大利亚和加拿大的科技国际化结果利用表7-6给出的五局外其他国家和地区科技国际化结果和该两国专利申请数占五局外其他国家和地区专利申请数比估算得出；由于2001年和2004年人民币全球外汇市场日均成交金额过低，导致中国科技国际化与货币国际化比例过高，表13-1中中国科技国际化与货币国际化年均比例36.09过高，因此该年均比例没有很大的可比性。

13.1.2 主要货币发行体科技国际化程度比较

表13－1显示，2000—2019年，美国科技国际化不仅在全球前八大国际货币发行体中冠绝榜首，而且2008年到2016年美国科技国际化程度超过了其余七大国际货币发行体的总科技国际化；2017年到2019年，美国科技国际化水平年均仅低于其他货币发行体总科技国家2.66%，表明美国科技国际化水平在全球的相对垄断地位，对美元国际化有着重要的支撑作用，但近年来美国科技国际垄断地位有所下降；2000—2019年日元科技国际化排名仅次于美国，而且日本年均科技国际化25.59%超过同期欧元起年均科技国际化11.28%的1倍多，表明日本科技对日元国际化有着足够的支撑力，但日元国际化仍远低于欧元，显示出日元未能充分反映日本科技国际化的辐射力；英国同期科技国际化水平年均为2.72%，略低于同期加拿大年均科技化水平2.86%，与英镑作为全球第四大货币的排名基本相符；尽管澳大利亚元国际化位列第5，但澳大利亚科技国际化程度年均仅0.63，在八大货币发行体中最低，表明澳大利亚元的国际化程度没有得到该国科技的足够的支撑力，或者澳元国际化水平相对于澳大利亚科技排名过高。

13.1.3 主要货币发行体科技国际化程度与货币国际化程度比较

表13－1显示，美国科技国际化平均仅略低于美元国际化水平，表明美国科技对美元有着重要的支撑作用。日元科技国际化水平大幅度高于日元国际化水平，前者是后者的2倍以上，表明日元国际化相对于日本科技国际化过低，也就是说，日元在国际外汇市场上的表现未充分反映出日本科技的水平。欧元区的科技国际化水平比欧元国际化程度比更低，前者甚至年均略低于后者年均的三分之二，不足以支撑欧元作为世界第二大货币的地位；然而，欧元的平均比例达0.64，比英国0.40的平均比例高了超过20%，表明英国科技对英镑国际化的支持力度还不及欧元。瑞士科技国际化水平与瑞士法郎国际化年均比例0.65与欧元0.64相近，表明瑞士科技国际化水平对瑞士法郎国际化的支持度，与欧元区科技国际化对欧元国际化的支持度相近。

值得关注的是，澳大利亚科技国际化与其货币国际化年均比例 0.21 是全球前八大主要货币中最低的，表明澳大利亚科技对澳大利亚元国际化的支持力度最弱。全球前八大主要货币中，只有美国、日本、加拿大、中国和其他国家和地区有足够的科技国际化以支撑其货币的国际化水平（中国科技国际化与人民币国际化年均比例 36.09 过高，而 2007—2019 年的年均比例也高达 1.80，有更好的可比性），而欧元、英镑、瑞士法郎和澳大利亚元的国际化程度皆远低于其科技国际化程度。

13.2　主要货币发行体科技国际化与货币国际化之间的相关性分析

利用表 13 - 1 给出的数据，我们可以计算出 2000—2019 年八大货币国际化水平与其货币发行体科技国际化之间的相关性，表 13 - 2 给出了相关性结果。

表 13 - 2　主要货币国际化和货币发行体科技国际化相关性分布（2000—2019 年）

单位：%

年份	2001	2004	2007	2010	2013	2016	2019
2000	90.15	88.33	85.98	86.98	90.30	89.80	86.57
2001	90.28	88.46	86.44	87.31	90.58	90.13	87.04
2002	91.01	89.22	87.48	88.28	91.35	90.91	88.03
2003	89.82	87.96	86.42	87.10	90.38	89.98	87.07
2004	90.47	88.66	87.45	87.96	91.27	91.02	88.37
2005	92.23	90.54	89.12	89.72	92.85	92.59	89.99
2006	91.57	89.82	88.20	88.88	92.21	91.93	89.18
2007	92.84	91.17	89.39	90.18	93.30	92.97	90.26
2008	94.18	92.65	91.25	91.86	94.83	94.66	92.34
2009	94.21	92.68	91.54	92.03	94.93	94.79	92.59
2010	92.70	91.02	89.59	90.19	93.45	93.23	90.70
2011	92.91	91.31	90.60	90.88	93.97	93.94	91.85

续表

年份	2001	2004	2007	2010	2013	2016	2019
2012	93.17	91.53	90.58	90.98	94.04	93.94	91.74
2013	94.26	92.79	91.77	92.13	95.09	95.04	92.95
2014	93.34	91.80	91.05	91.31	94.28	94.23	92.15
2015	92.12	90.57	90.18	90.21	93.38	93.50	91.56
2016	92.32	90.76	90.76	90.72	93.55	93.68	91.98
2017*	91.42	89.74	89.62	89.65	92.71	92.92	91.12
2018*	90.70	88.93	88.73	88.82	91.93	92.06	90.11
2019*	90.89	89.14	88.99	89.08	92.17	92.37	90.50
年均	92.03	90.35	89.26	89.71	92.83	92.68	90.31

数据来源：横轴年份对应的是2000—2019年每三年全球前八大货币国际化水平数据，纵轴对应的是2000—2019年八大国际货币发行体的科技国际化水平。

表13－2显示，主要货币发行体科技国际化与货币国际化之间有着年均超过90%的相关性，表明两者之间相互支持或依赖的程度很高，不仅货币发行体科技国际化水平是支撑其货币国际化的重要力量源泉，货币国际化对货币发行体的科技国际化也有相应的支持作用。

13.3 主要货币发行体科技国际化与货币国际化之间的相关性问题

13.3.1 科技国际化和货币国际化相关性不合理的问题

表13－2的结果正确，具有高相关性，但从这些相似的数据中难以直观看出不同年份货币国际化与科技国际化之间的关系，图13－1给出了两者间的直观关系。

图13－1显示，2010年科技与货币国际化相关性年均89.71%，略高于2007年相应的年均相关性89.26%；而且仅2010年和2007年在2008年国际金融危机前后两年的年均相关性低于90%。2008年国际金融危机前后两个有全球外汇日均成交金额的年份两个相关性最低，表明全球金融危机前后金融

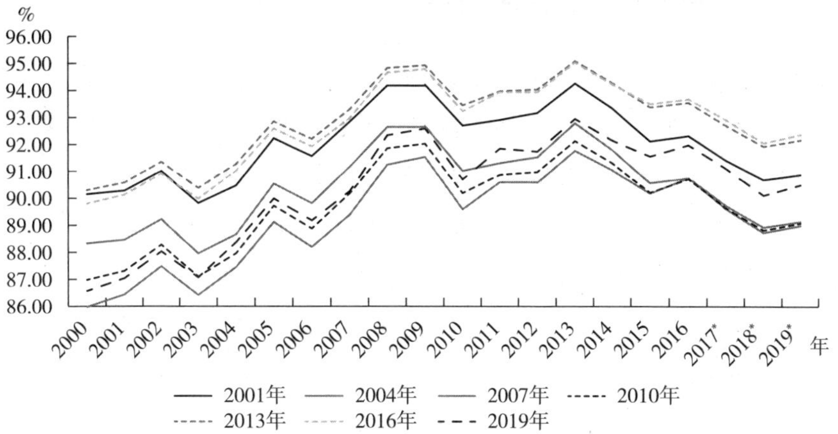

图 13－1　主要货币国际化和货币发行体科技国际化相关性分布（2000—2019 年）

（数据来源：同表 13－2）

对科技的支持度平均最低，显示出 2008 年国际金融危机的负面影响力，有其合理性（2007 年美国次贷危机已经有了明显的信号）。但 2010 年是美国应对 2008 年金融危机实施的量化宽松政策的第一个完整年，而且当年结束的量化宽松政策一的效果仍不够明显，以至于 2010 年 4 月美国又启动了第二轮量化宽松政策。量化宽松政策的加码表明当时美国金融对科技的支持不应该优于金融危机前的 2007 年；而且，表 13－2 显示，2010 年到 2015 年美国退出量化宽松后的第一年，2010 年货币国际化与科技国际化的相关性持续高于 2007 年货币国际化与科技国际化的相关性。这些结果有明显的不合理性，因为 2007 年科技国际化与货币国际化相关性应该高于 2010 年。

另外，2010 年美国量化宽松实施的第二年，美元指数日均 82.2，而且 2010 年美元国际化指数 42.43%，或表 4－1 给出的美元占全球外汇交易比重，为 1998 年以来最低。这表明 2010 年货币对科技的支持力度应该低于金融危机前的 2007 年，而图 13－1 却显示 2010 年科技与货币相关性总体高于 2007 年相应的相关性，进一步证明图 13－1 或表 13－2 的相关结果有问题。

13.3.2 相关性不合理的原因探寻

国际清算银行的数据显示，外汇衍生产品日均成交金额在外汇日均成交金额中的份额由 2001 年的 68.85% 稳步提升至 2007 年的 69.77%，这一份额在 2010 年大幅下降至 62.53%，又在 2013 年进一步降至 61.72%，表明全球金融危机后外汇衍生产品交易大幅减少。然而，2016 年和 2019 年，份额又各自回升至 67.49% 和 69.87%，重新回到了危机前的水平。

外汇衍生产品日均成交份额在 2013 年达到 61.72% 的最低点，表 13－2 中最高的年均相关性为 93.40%，指出了图 13－1 中不合理相关性的原因。表 4－1 中外汇衍生产品成交金额之所以出现问题，是因为外汇衍生产品名义金额被当作了实际转手交易的金额。

例如，10 亿外汇期权的期权费用通常是其名义金额的几个百分点，10 亿外汇掉期名义金额的实际转手交易金额也是其名义金额的几个百分点。2020 年上半年到 2021 年下半年全球外汇衍生产品市值与名义金额半年平均比例为 2.71%，这一数值就说明了外汇衍生产品名义金额反映全球外汇交易的问题。这样看来，大约三分之二的外汇日均成交金额不是实际转手交易金额，从而夸大了外汇衍生产品日均成交金额。因此，由于虚高的外汇衍生产品成交金额，科技国际化和货币国际化的相关系数不合理问题就出现了。

13.4 科技国际化与外汇衍生产品折扣成交金额下的货币国际化之间的关系重估

13.4.1 外汇实际成交金额下的货币国际化

表 4－1 给出的数据显示，基于传统外汇日均成交金额或名义金额，通过使用“实际”或折扣外汇衍生产品成交金额，有望解决 2007 年和 2010 年科技国际化和货币国际化之间的相关性问题。表 4－4 与表 4－5 中国际清算银行外汇衍生产品成交金额是外汇衍生产品名义金额的成交金额，因此并不反

映实际转手交易的金额。我们将外汇衍生产品5%的名义成交金额的份额“当作”实际外汇交易金额，并将这些外汇衍生产品成交金额加上外汇即期交易金额视作全球前八大货币的日均成交金额。本节通过运用国际清算银行发布的主要货币的外汇成交的日均金额，可以计算出外汇日均实际成交金额，相应的货币国际化度量结果如表13－3所示。

表13－3　主要货币发行体科技国际化和货币国际化比较［将外汇衍生产品名义日均成交金额的5%当作成交金额（2001—2019年）］　单位：%

年份/货币	美元	欧元	日元	英镑	澳大利亚元	加拿大元	瑞士法郎	人民币	其他
2001	42.61	21.17	12.85	5.59	1.84	2.06	3.42	0	10.47
2004	42.81	21.34	10.43	6.94	2.63	1.92	3.22	0.07	10.64
2007	39.84	20.55	10.01	7.46	2.73	1.95	4.24	0.41	12.83
2010	40.17	22.72	10	7.06	3.74	2.62	3.09	0.29	10.32
2013	41.59	18.22	14.54	5.58	4.73	2.28	2.12	0.86	10.06
2016	42.18	15.71	11.79	6.39	4.2	3.08	1.83	2.04	12.77
2019	42.7	15.58	8.96	6.09	4.14	2.98	2.2	2.4	14.94
平均	41.7	19.33	11.23	6.44	3.43	2.41	2.87	0.87	11.72
货币发行体科技国际化－货币国际化									
年份/货币	美元	欧元	日元	英镑	澳大利亚元	加拿大元	瑞士法郎	人民币	其他
2001	0.07	－9.83	15.1	－1.32	－1.48	－0.46	－2.2	0.94	－0.81
2004	－0.02	－10.63	16.39	－3.76	－2.23	－0.6	－1.87	0.88	1.84
2007	7.36	－9.15	16.21	－4.71	－2.46	－0.55	－2.95	0.36	－4.11
2010	7.4	－11.74	15.83	－4.94	－3.47	－1.85	－1.1	1.01	－1.15
2013	7.53	－7.49	8.89	－3.46	－4.58	－1.41	0.17	0.07	0.28
2016	3.45	－4.12	9.73	－4.23	－4.04	－2.19	0.65	－0.75	1.51
2019	3.68	－2.61	5.79	－3.71	－3.98	－2.05	0.04	3.21	－0.37
平均	4.21	－7.94	12.56	－3.73	－3.18	－1.3	－1.04	0.82	－0.4
货币发行体科技国际化/货币国际化									
年份/货币	美元	欧元	日元	英镑	澳大利亚元	加拿大元	瑞士法郎	人民币	其他
2001	1	0.54	2.18	0.76	0.19	0.78	0.36	193.05	0.92
2004	1	0.5	2.57	0.46	0.15	0.69	0.42	13.95	1.17
2007	1.18	0.55	2.62	0.37	0.1	0.72	0.3	1.86	0.68

续表

货币发行体科技国际化/货币国际化									
年份/货币	美元	欧元	日元	英镑	澳大利亚元	加拿大元	瑞士法郎	人民币	其他
2010	1.18	0.48	2.58	0.3	0.07	0.29	0.65	4.45	0.89
2013	1.18	0.59	1.61	0.38	0.03	0.38	1.08	1.08	1.03
2016	1.08	0.74	1.82	0.34	0.04	0.29	1.36	0.63	1.12
2019	1.09	0.83	1.65	0.39	0.04	0.31	1.02	2.34	0.98
平均	1.1	0.6	2.15	0.43	0.09	0.49	0.74	31.05	0.97

数据来源：货币发行体的科技国际化数据同表 13－1；计算货币国际化时将外汇衍生产品 5% 的名义成交金额的份额算作实际外汇衍生产品成交金额与实际外汇即期产品成交金额。

比较表 13－3 和表 13－1 给出的货币国际化的结果，我们发现，美元和英镑的国际化年均下降了 1.96% 和 0.32%，而欧元和日元的国际化年均下降了 1.58% 和 1.08%。前四大货币国际化平均水平的变化表明美元和英镑虚高的外汇衍生产品交易部分已经被去除，欧元和日元的国际化由于相对较少的外汇衍生产品交易，也回到了合理水平。

13.4.2 外汇实际成交金额下的货币国际化

利用表 13－1 给出的科技国际化结果和表 13－3 给出的前八大国际货币国际化数据，我们可以计算出 2001—2019 年前八大货币国际化水平与货币发行体科技国际化之间的关系，表 13－4 和图 13－2 给出了相应的结果。

表 13－4 主要货币国际化和货币发行体科技化

相关性分布（2000—2019 年）

单位：%

年份	2001	2004	2007	2010	2013	2016	2019
2000	90.13	87.31	86.29	85.42	92.79	90.91	87.09
2001	90.35	87.54	86.77	85.64	92.92	91.23	87.63
2002	91.14	88.42	87.83	86.61	93.51	91.99	88.64
2003	90.00	87.15	86.77	85.21	92.51	91.07	87.77
2004	90.44	87.75	87.50	85.70	92.94	92.02	89.10
2005	92.03	89.56	89.06	87.54	94.38	93.45	90.57
2006	91.30	88.73	88.08	86.66	93.87	92.83	89.77

续表

年份	2001	2004	2007	2010	2013	2016	2019
2007	92.55	90.14	89.28	88.16	94.95	93.80	90.73
2008	93.64	91.55	90.82	89.52	95.86	95.30	92.77
2009	93.72	91.64	91.13	89.61	95.81	95.41	93.06
2010	92.31	89.93	89.31	87.80	94.75	93.96	91.22
2011	92.48	90.28	90.15	88.11	94.67	94.58	92.47
2012	92.79	90.54	90.24	88.39	94.93	94.57	92.28
2013	93.63	91.64	91.21	89.47	95.71	95.56	93.40
2014	92.95	90.80	90.68	88.67	95.01	94.85	92.72
2015	91.64	89.48	89.64	87.19	93.82	94.12	92.24
2016	92.06	89.95	90.38	87.80	93.85	94.26	92.68
2017*	91.20	88.95	89.30	86.72	93.14	93.53	91.84
2018*	90.64	88.22	88.58	86.02	92.62	92.76	90.87
2019*	90.79	88.44	88.77	86.24	92.76	93.03	91.25
年均	91.79	89.40	89.09	87.32	94.04	93.46	90.90

数据来源：货币发行体的科技国际化数据同表 13－1；货币国际化数据同表 13－3；其余数据同表 13－1。

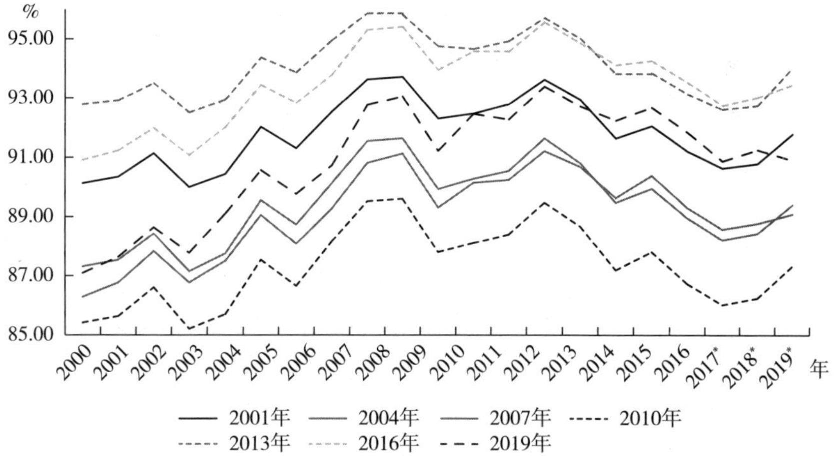

图 13－2　主要货币国际化和货币发行体科技国际化相关性分布（2000—2019 年）

（数据来源：同表 13－4）

表13－4显示，2010年货币国际化与科技国际化的年均相关性87.32%，比表13－2相应的年均相关性89.71%下降了2.39%，与2001—2019年其他年份平均水平相比，降幅最大，而且年均相关性也是最低的，显示金融危机后2010年货币对科技支持程度达到最低；2007年货币国际化与科技国际化的年均相关性仅高于2010年，表明2007年美国次债危机已经对科技的支持出现了弱化。如此一来，不仅2010年平均相关性比2007年平均相关性高的矛盾或不一致问题就解决了。

2010年是美国量化宽松政策实施的第一个完整年，当年货币国际化的相关性最低，显示2008年国际金融危机后财政对科技的支持力度最低。比较表13－4与表13－2的结果显示，2013—2019年，美元对科技的支持力度持续提高，说明2013年是美国推出量化宽松政策前一年，美国金融体系开始复苏。表13－4中的结果表明用实际或折扣外汇衍生产品成交金额更为合理。

13.5 货币国际化的最佳度量

图13－4给出了基于将外汇衍生产品名义金额5%算作外汇交易实际金额假设下计算出的不同货币外汇日均成交金额（外汇实际成交金额）。图13－2的结果显著优于图13－1，也就是说，表4－1给出的基于外汇衍生产品名义日均成交金额不能作为货币国际化的最佳度量，主要原因是将外汇衍生产品名义金额不等同于实际转手交易的金额。表13－4显著优于表13－1的结果表明，我们将外汇衍生产品名义成交金额“打折”的方法是正确的，但是新的问题出现了：对外汇衍生产品进行95%的“折扣”，或以外汇衍生产品5%的名义金额是否就是最好的结果？答案显然是否定的。本节通过外汇衍生产品名义成交金额不同折扣相应的货币国际化和科技国际化间相关性的差别，试图找到货币国际化的最佳度量方法。

13.5.1 货币国际化最佳度量的标准

科技和货币相互支撑和互相支持是直观的逻辑，而且我们在本章也找到了确切的证据。根据外汇衍生产品不同“折扣”率计算出的外汇日均成交金额得出的货币国际化结果不同，对应的货币国际化和科技国际化之间的相关性也不同。然而判断哪种打折方式最佳的标准应该是2008年国际金融危机前后和2014年美国退出量化宽松政策前后两者相关性平均值合理的同时，所有年份相应的相关性平均值最高。

利用上文同样的方法对不同年份的外汇衍生产品以不同的“折扣”率计算出不同的货币国际化度量组合，进而计算出科技国际化和货币国际化之间相关性，表13-5给出了相应的结果。

表13-5　货币国际化不同度量结果与科技国际化之间的平均相关性比较（2001—2019年）　　单位：%

折扣率	2001年	2004年	2007年	2010年	2013年	2016年	2019年	平均
2.0	91.725	89.28	89.025	87.0698	94.084	93.529	90.965	90.81127
5.0	91.79	89.40	89.09	87.32	94.04	93.46	90.91	90.85908
10.0	91.86	89.57	89.17	87.68	93.96	93.36	90.83	90.91834
20.0	91.95	89.80	89.24	88.22	93.79	93.21	90.70	90.98838
30.0	92.00	89.95	89.28	88.61	93.63	93.09	90.61	91.02256
40.0	92.02	90.06	89.29	88.89	93.48	92.99	90.53	91.03829
50.0	92.03	90.15	89.29	89.11	93.34	92.92	90.48	91.04403
53.0	92.03	90.17	89.29	89.17	93.30	92.90	90.46	91.04452
54.0	92.03	90.17	89.29	89.19	93.29	92.89	90.46	91.04459
54.5	92.03	90.18	89.29	89.19	93.28	92.89	90.45	91.04461
55.0	92.03	90.18	89.29	89.20	93.27	92.88	90.45	91.04462
55.5	92.03	90.18	89.29	89.21	93.27	92.88	90.45	91.04461
56.0	92.03	90.19	89.29	89.22	93.26	92.88	90.45	91.04460
57.0	92.03	90.19	89.29	89.24	93.25	92.87	90.44	91.04455
60.0	92.03	90.21	89.29	89.28	93.21	92.85	90.43	91.04417
65.0	92.04	90.23	89.28	89.36	93.16	92.83	90.41	91.04296
70.0	92.04	90.26	89.28	89.42	93.10	92.80	90.39	91.04115
80.0	92.03	90.29	89.27	89.54	93.00	92.76	90.36	91.03636
90.0	92.03	90.33	89.26	89.63	92.91	92.72	90.33	91.03060
100.0	92.03	90.35	89.26	89.71	92.83	92.68	90.31	91.02446

数据来源：根据2007—2019年国际清算银行给出的八大国际货币的外汇衍生产品成交金额和外汇衍生产品不同的“折扣”率计算得出。

表 13 -5 显示，将 65% 及以上比例的外汇衍生产品名义成交金额当作外汇实际成交金额时，2010 年科技国际化和货币国际化相关性超过了 2007 年，表明过于依赖外汇衍生产品名义成交金额会导致不合理问题仍然存在；虽然将 65% 或以下比例的外汇衍生产品当作外汇交易金额，2010 年科技国际化与货币国际化平均相关性低于 2007 年，但仅仅在 55% 的外汇衍生产品金额当作外汇交易金额，所有年份平均相关性 91.04462% 最大。这些结果表明，将 55.0% 的外汇衍生产品名义成交金额当作实际成交金额时，科技国际化和货币国际化间的平均相关性达到了峰值 91.04462%，科技国际化与货币国际化间的相关性最高。

13.5.2 货币国际化不同权重比较

表 13 -5 中，将 55% 的外汇衍生产品名义成交金额当作实际成交金额时达到了货币国际化最佳度量，由此可以得到 8 个主要货币的货币国际化，结果具体见表 13 -6。表 13 -6 显示，由于美元外汇衍生产品成交金额和美元国际化的下降，美国科技国际化和美元国际化的年均差额从表 13 -1 给出的 -1.57% 收窄到了表 13 -6 的 -1.09%，表明美国科技国际化与美元国际化程度更为一致；另外，日本、英国和其他国家和地区的科技国际化与货币国际化相应的差额也有不同程度的收窄，表明剔除外汇衍生产品部分成交金额后货币国际化的度量更为合理。

表 13 -6 主要货币发行体和货币国际化比较（2001—2019 年） 单位：%

货币国际化（日均成交金额全球占比）									
年份/货币发行体	美国	欧元区	日本	英国	澳大利亚	加拿大	瑞士	中国	其他
2001	44.38	19.48	12.02	6.30	2.08	2.20	3.09	0.00	10.43
2004	43.71	19.35	10.42	7.93	2.92	2.06	3.07	0.05	10.50
2007	42.11	18.99	8.95	7.44	3.17	2.10	3.60	0.27	13.37
2010	41.83	20.38	9.63	6.60	3.78	2.63	3.14	0.39	11.62
2013	43.00	17.12	12.34	5.82	4.43	2.28	2.46	1.05	11.51
2016	43.40	15.70	11.05	6.40	3.63	2.69	2.26	2.00	12.86
2019	43.81	16.01	8.53	6.32	3.56	2.63	2.42	2.22	14.50
平均	41.7	19.33	11.23	6.44	3.43	2.41	2.87	0.87	11.72

续表

货币发行体科技国际化 - 货币国际化									
年份/货币发行体	美国	欧元区	日本	英国	澳大利亚	加拿大	瑞士	中国	其他
2001	-5.10	-7.66	13.72	-1.99	-1.09	2.24	-1.86	0.86	0.88
2004	-4.66	-7.61	15.51	-4.21	-1.96	1.39	-1.68	0.46	2.76
2007	1.94	-7.36	15.51	-4.63	-2.50	1.49	-2.29	0.45	-2.60
2010	2.51	-9.47	14.44	-4.50	-2.92	-0.15	-1.16	0.82	0.43
2013	3.12	-6.25	9.65	-3.66	-4.02	0.02	-0.13	-0.17	1.44
2016	-1.42	-4.45	10.60	-4.31	-3.32	-1.00	0.14	-0.93	4.68
2019	-3.98	-4.70	13.67	-4.25	-3.28	-1.04	-0.46	1.44	2.60
年均	-1.09	-6.79	13.30	-3.94	-2.73	0.42	-1.06	0.42	1.45
货币发行体科技国际化/货币国际化									
年份/货币发行体	美国	欧元区	日本	英国	澳大利亚	加拿大	瑞士	中国	其他
2001	0.89	0.61	2.14	0.68	0.48	2.02	0.40	212.46	1.08
2004	0.91	0.58	2.39	0.42	0.35	1.62	0.46	16.65	1.35
2007	1.05	0.61	2.73	0.38	0.21	1.71	0.36	2.67	0.81
2010	1.06	0.54	2.50	0.32	0.23	0.94	0.63	3.08	1.04
2013	1.07	0.64	1.78	0.37	0.09	1.01	0.95	0.84	1.12
2016	0.97	0.72	1.96	0.33	0.09	0.63	1.06	0.54	1.36
2019	0.91	0.71	2.60	0.33	0.08	0.60	0.81	1.65	1.18
年均	0.98	0.63	2.30	0.40	0.22	1.22	0.67	1.75	1.13

数据来源：科技国际化数据同表 13-1；货币国际化是将 30.6% 的外汇衍生产品名义成交金额当作外汇衍生产品实际成交金额与外汇即期产品实际成交金额计算得出。

13.6　外汇衍生产品交易在货币国际化最佳度量下的功能

由于外汇衍生产品交易涉及的名义金额中绝大多数仅有不到5%的现金转手，因此最佳的货币国际化点应该发生在比5%略低才对。然而，表13-6给出的最佳货币国际化点55%的结果不仅令人费解，而且甚至有些不可思议。仔细分析相关结果，我们会从外汇衍生产品交易的功能中找到答案。外汇衍生产品交易的不仅是换手的现金，而且更重要的是为交易者提供了必要的汇率“避风港”，降低了企业投资或跨境研发投资的风险，进而促进了科技的国际化发展。因此，货币国际化最佳点55%明显超过5.0%的结果实际上反映出了货币的投资功能的同时，也体现了外汇衍生产品交易的避险功能。如果将5%相应的总体平均相关性90.85908%看作货币的投资功能，那么由5%上升到55%的相应的功能则反映出了货币的避险功能对科技的支持。

由于全球外汇衍生产品主要在银行间交易，其种类和期限大多各不相同，因此统计日均名义成交金额高达数万亿美元的外汇衍生产品的实际换手或交易金额确实有较大的难度。然而我们假设外汇衍生产品中平均有3个百分点为实际交易金额，或者说外汇衍生产品交易有3个百分点为现金功能，而55 - 3 = 52个百分点为外汇衍生产品的避险功能对货币国际化的贡献，后者为前者十倍多，显示出外汇衍生产品的避险功能显著超过了其现金功能。因此，本节通过对货币国际化最佳度量的分析结果也加深了我们对外汇衍生产品交易功能的理解程度。

13.7 八大国际货币国际化与其发行体科技国际化高估和低估的评判结果

13.7.1 三大主要国际货币国际化被低估

货币的国际化程度与其发行体科技国际化水平有着非常高的相关性，表明两者间相互支持力度可观。表13 - 1显示，美国科技国际化水平与美元的国际化水平年均差额 - 1.57%，为前五大货币最低；表13 - 6显示，美国科技国际化与美元国际化年均差额降低到了 - 1.09%，保持前五大货币最低的水平，表明美国科技对美元有着重要的支撑作用；表13 - 6显示，2001—2019年日本科技国际化是日元国际化水平的2.30倍，为八大国际货币最高，表明日元国际化相对于日本科技国际化最低。

表13 - 6显示，美国科技国际化与美元国际化平均比例从表13 - 1中的0.97略增到了0.98，表明美元国际化相对于美国科技或计划略被高估。日本

科技国际化与日元国际化平均比例从表 13－1 的 2.36 降到了表 13－6 的 2.30，表明日元国际化程度相对于日本科技国际化水平被严重低估；而欧元区科技国际化与欧元国际化比例从表 13－1 中的年均 0.64 略降到了表 13－6 的年均 0.63 表明，欧元国际化相对于欧元区科技国际化显著高估；英镑和澳大利亚元被高估的幅度比欧元更高。

13.7.2　五大主要国际货币国际化被高估

表 13－1 显示，欧元区、英国、澳大利亚和瑞士国际化与其货币国际化的平均比例分别为 64%、40%、21% 和 65%，或欧元区、英国、澳大利亚和瑞士的科技国际化分别比该四种货币国际化水平低 36%、60%、79% 和 35%。换句话说，欧元区、英国、澳大利亚和瑞士的科技国际化远不足以支撑其货币的国际化水平，该四大货币国际化程度主要是日本科技国际化支撑下的虚高结果。

13.7.3　人民币国际化被低估

表 13－1 和表 13－6 显示，2000—2004 年，人民币外汇成交金额极低，从而导致中国科技国际化与人民币国际化平均比例非常高，因此该比例与后来的正常年份不可比。尽管近两年平均比例仍较高，2007—2019 年，中国科技国际化与人民币国际化平均比例已经从表 13－1 给出的 1.80 略降到了 1.75，表明 2007—2019 年，人民币国际化相对于中国科技国际化水平被低估，且人民币被低估的程度仅次于日元。

韩国科技国际化水平与韩元国际化水平的数据计算结果显示，韩元相对于韩国科技国际化水平被低估，且低估程度介于日元和人民币低估程度之间，表明相较于被高估的三大欧洲货币，三大东亚货币被显著低估。

13.8　主要货币发行体的相互支持

考虑主要货币发行体之间互相持有长期证券，表 13－1 和表 13－6 中主要货币发行体科技国际化和货币国际化之间的相关性会更容易理解。换句话说，互相持有长期证券反映出货币之间的相互支持。具体来看，比起美国持有其他货币发行体的长期证券，其他货币发行体持有美国长期证券代表了其对美元的支撑，而美国持有其他货币发行体的长期证券也代表了美国对这些货币的支撑，同时显示出其他货币相对于美元的独立性。表 13－7 给出了 2012 年底到 2021 年 6 月底的其他主要货币发行体持有美国长期证券和美国持有其他货币发行体的分布，以及美国持有的七大国际货币发行体资产的相应规模。

表 13－7　其他主要货币发行体持有美国长期证券和美国持有其他货币发行体的分布（2012—2021 年）　　单位：万亿美元、%

国外居民持有的美国长期证券总额									
年份 国家或地区	2012	2013	2014	2016	2019	2020	2021 年 6 月	平均	总平均
欧元区	2.58	3.2	3.67	3.92	5	5.76	6.32	4.69	23.47
日本	1.8	1.82	1.87	1.9	2.31	2.61	2.69	2.31	11.56
中国	1.65	1.8	1.8	1.44	1.52	1.53	1.57	1.74	8.71
英国	1.03	1.22	1.4	1.42	1.84	2.19	2.4	1.77	8.86
加拿大	0.73	0.91	1.01	0.98	1.38	1.61	1.84	1.3	6.51
澳大利亚	0.17	0.22	0.23	0.24	0.34	0.39	0.45	0.31	1.58
瑞士	0.54	0.58	0.64	0.73	0.81	0.99	1.12	0.83	4.17
韩国	0.23	0.3	0.32	0.39	0.4	0.49	0.56	0.41	2.07
英加澳	1.93	2.35	2.64	2.64	3.56	4.19	4.69	3.38	16.95
亚洲	5.11	5.37	5.71	5.6	6.97	7.73	8.11	6.86	34.37
欧洲	4.89	5.81	6.55	6.94	8.71	10.16	11.24	8.35	41.85
总计	13.22	14.72	16.08	16.46	20.5	23.37	25.4	19.96	100
美国居民持有的其他国家长期证券总额									
年份 国家或地区	2012	2013	2014	2016	2019	2020	2021 年 6 月	平均	总平均
欧元区	1.57	1.99	2.08	2.19	2.91	3.12	3.47	2.67	22.61
日本	0.49	0.67	0.67	0.79	1.09	1.2	1.2	0.94	7.98
中国	0.13	0.1	0.13	0.1	0.22	0.29	0.31	0.2	1.67
英国	1.05	1.26	1.22	1.15	1.43	1.36	1.47	1.38	11.67
加拿大	0.77	0.78	0.79	0.75	0.98	1.08	1.22	0.98	8.32

续表

美国居民持有的其他国家长期证券总额									
国家或地区 \ 年份	2012	2013	2014	2016	2019	2020	2021年6月	平均	总平均
澳大利亚	0.29	0.28	0.27	0.27	0.32	0.35	0.37	0.33	2.81
瑞士	0.35	0.45	0.43	0.42	0.6	0.63	0.68	0.55	4.63
韩国	0.17	0.18	0.18	0.18	0.23	0.3	0.31	0.24	2.02
英加澳	2.12	2.33	2.28	2.18	2.73	2.79	3.07	2.69	22.79
亚洲	1.38	1.57	1.71	1.81	2.55	2.94	3.1	2.32	19.62
欧洲	3.45	4.26	4.26	4.31	5.58	5.87	6.46	5.26	44.55
总计	7.66	8.84	9.19	9.49	12.58	13.86	15.11	11.8	100
国外居民持有的美国长期证券总额-美国居民持有的其他国家长期证券总额									
国家或地区 \ 年份	2012	2013	2014	2016	2019	2020	2021年6月	平均	总平均
欧元区	1.01	1.2	1.59	1.73	2.09	2.63	2.85	2.02	24.73
日本	1.3	1.14	1.2	1.11	1.22	1.41	1.49	1.37	16.74
中国	1.52	1.69	1.67	1.34	1.3	1.24	1.26	1.54	18.9
英国	-0.03	-0.04	0.18	0.27	0.42	0.82	0.93	0.39	4.8
加拿大	-0.04	0.13	0.22	0.22	0.4	0.53	0.61	0.32	3.9
澳大利亚	-0.12	-0.07	-0.03	-0.03	0.02	0.05	0.08	-0.02	-0.2
瑞士	0.19	0.14	0.21	0.3	0.21	0.36	0.44	0.29	3.5
韩国	0.05	0.12	0.15	0.21	0.17	0.19	0.24	0.17	2.13
英加澳	-0.19	0.02	0.36	0.46	0.83	1.4	1.62	0.69	8.5
亚洲	3.72	3.8	4	3.79	4.42	4.79	5.02	4.54	55.71
欧洲	1.43	1.56	2.29	2.63	3.12	4.29	4.78	3.09	37.94
总计	5.55	5.88	6.89	6.97	7.92	9.51	10.29	8.16	100

美国居民持有的其他国家长期证券总额/国外居民持有的美国长期证券总额								
国家或地区 \ 年份	2012	2013	2014	2016	2019	2020	2021年6月	平均
欧元区	163.9	160.4	176.3	179.1	171.8	184.3	182.2	172.7
日本	365.4	269.9	277.2	241.4	211.3	217.9	223.9	263.8
中国	1250.6	1717.3	1430.4	1390.9	683.7	532.8	509.4	1167.6
英国	97.5	96.7	114.4	123.5	129.4	160.2	162.9	120.3
加拿大	94.2	116.8	127.9	130	140.2	149.2	150.1	126.4
澳大利亚	58.4	76.7	87	87.9	106	113.4	122	88.2

续表

美国居民持有的其他国家长期证券总额/国外居民持有的美国长期证券总额								
国家或地区 \ 年份	2012	2013	2014	2016	2019	2020	2021 年 6 月	平均
瑞士	155.4	130.2	147.7	172.1	136.1	157.9	164.5	149.9
韩国	130.8	164.2	183.3	221.7	171.8	162.9	178	172.5
英加澳	90.9	101	115.8	121.3	130.5	150.1	152.8	118.3
亚洲	369.4	342	334.3	309.9	273	262.7	262.1	315.2
欧洲	141.5	136.6	153.8	161.2	155.9	173.2	174.1	153.7
总计	172.5	166.5	175	173.4	163	168.6	168.1	169.8
国外居民持有的美国长期证券总额/美国居民持有的其他国家长期证券总额								
国家或地区 \ 年份	2012	2013	2014	2016	2019	2020	2021 年 6 月	平均
欧元区	61	62.3	56.7	55.8	58.2	54.3	54.9	58.1
日本	27.4	37	36.1	41.4	47.3	45.9	44.7	39.2
中国	8	5.8	7	7.2	14.6	18.8	19.6	10.2
英国	102.6	103.4	87.4	81	77.3	62.4	61.4	85.7
加拿大	106.1	85.6	78.2	76.9	71.3	67	66.6	80.9
澳大利亚	171.2	130.4	115	113.8	94.3	88.2	82	118.8
瑞士	64.4	76.8	67.7	58.1	73.5	63.3	60.8	67.3
韩国	76.4	60.9	54.6	45.1	58.2	61.4	56.2	59.4
英加澳	110	99	86.3	82.5	76.6	66.6	65.4	86.8
亚洲	27.1	29.2	29.9	32.3	36.6	38.1	38.1	32.2
欧洲	70.7	73.2	65	62	64.1	57.8	57.5	65.5
总计	58	60.1	57.1	57.7	61.4	59.3	59.5	58.9

数据来源：根据美国财政部网站（www.treasury.gov）计算得出；2021 年的数据使用的是 2021 年 6 月底的数据；英加澳指的是英国、加拿大和澳洲的总和。

13.8.1 主要国际货币的相互支持和度量

表 13－7 显示，尽管欧元区和日本在 2011 年 4 月到 2020 年对美国长期证券的持有量连续超过中国，但在 2011—2015 年，美国退出量化宽松政策的一年后，中国成为美国长期债券最大的净持有国，美元净资产持有份额从 28.68% 轻微下降至 23.56%，表明中国在美国量化宽松政策实施初期对美元有强大的支撑作用。

欧元区对美国长期证券的净持有量在 2016 年首次超过中国，由此成为美国长期证券最大的净持有者。2020 年 4 月，日本又超过了中国成为第二大净持有者，由此中国对美国长期证券的净持有量排在第三位；前三大美国长期证券的净持有量占据了超过总体净持有量的 60%。美国 2014 年退出量化宽松政策后，英国对美国长期证券的净持有量持续显著上升，但是总量依然低于日本和中国的一半；瑞士的净持有量大幅下降，在近几年还低于了加拿大。

表 13 -7 显示，2011—2019 年，尽管日本持有的美元资产持续增长，但份额从 15. 68% 下降到了 11. 36%。同时，美国持有日元资产也在持续增长。美国持有的日本长期证券的份额自 2015 年起显著增加，表明日元和美元同期的相互支持。2011—2019 年，欧元区和日本持有长期证券的累计增长率分别为 27. 1% 和 -27. 4%，表明欧元对美元的支持力度远高于日元对美元的支持力度。美国持有的以上两个地区的长期证券的增加率分别为 19. 9% 和 29. 7%，表明美国对日元的支持力度远高于对欧元的支持力度。2011—2019 年，虽然美元、欧元和日元三大国际货币相互支持，美元对欧元和日元的支持力度显然是不同的。

13. 8. 2　其他主要国际货币相互支持的不平等

表 13 -7 显示，2013 年，英国、加拿大和澳大利亚持有的美元净资产都为负值。2011—2013 年，以上三个国家累计持有的美元净资产分别为 -494 亿、-60 亿和 -1916 亿美元。换句话说，美国 2014 年退出量化宽松政策后，是这三个国家长期证券的净持有者。数据显示，美国在量化宽松政策实施初期得到了来自中国、欧元区和日本的大力支持，但同时，它也大力支持“五眼”货币；2014—2020 年，尽管英国和加拿大对美元的净持有量为正，但比起欧元区、中国和日本，净份额依然少得可怜。与此同时，澳大利亚持有的美元净资产依然只有 -2697 亿美元，表明美国长久以来对澳大利亚元的特殊支持，各大货币之间也明显存在不平等关系。此外，2011—2015 年，瑞士持有的美国长期证券资产由 8. 03% 持续下降至 -6. 04%，尽管份额在 2016 年变回了正值，2020 年 4 月底，瑞士持有的美国长期证券资产净份额为 2. 42%，比 2011 年的三分之一还要低。

13.8.3 美国对中国长期证券的持有量显示出极大的不平等

表13－2显示，2011—2015年，尽管中国一直都是美国长期证券最大的净持有国，美国持有中国长期证券同期一直保持在1%的低水平。美国对中国证券的持有量比表13－7中所有的国家和地区都少，少于美国对澳大利亚资产的持有量的一半，而且还比同期美国持有的欧元资产的十二分之一都少；此外，2011—2015年，美国持有的中国债券份额不仅没有增长，而且从1.36%下降至1.21%，2016年时还进一步降到1.05%；即使在2016—2020年，这一份额略增至2.0%，比起中国持有的美国长期证券，两者之间仍然具有巨大差距，表明中国大力支持美元，但美国却几乎没有给予同等的支持。数据显示中国是美元主要的支持国，但美国却对中国的股权和债券，或者人民币，只起到了最微弱的支持作用。不平等的问题很突出，引起了我们的思考和担忧。

表13－8 国外居民持有的美国长期证券总额和美国居民持有的其他国家长期证券总额（2012—2021年） 单位：万亿美元、%

国外居民持有的美国长期证券总额								
国家或地区 \ 年份	2012	2013	2016	2019	2020	2021年4月	平均	总平均
欧元区	2.58	3.2	3.92	5	5.75	6.14	4.43	23.53
日本	1.8	1.82	1.9	2.31	2.6	2.72	2.19	11.63
中国	1.65	1.8	1.44	1.52	1.53	1.57	1.58	8.41
英国	1.03	1.22	1.42	1.84	2.19	2.36	1.68	8.91
加拿大	0.73	0.91	0.98	1.38	1.61	1.76	1.23	6.52
澳大利亚	0.17	0.22	0.24	0.34	0.39	0.44	0.3	1.59
瑞士	0.54	0.58	0.73	0.81	0.99	1.08	0.79	4.19
韩国	0.23	0.3	0.39	0.4	0.49	0.54	0.39	2.07
英加澳	1.93	2.35	2.64	3.56	4.19	4.56	3.2	17.01
亚洲	5.11	5.37	5.6	6.97	7.69	8.01	6.46	34.29
欧洲	4.89	5.81	6.94	8.71	10.16	10.95	7.91	41.99
总计	13.22	14.72	16.46	20.5	23.33	24.77	18.83	100

续表

美国居民持有的其他国家长期证券总额								
国家或地区＼年份	2012	2013	2016	2019	2020	2021 年 4 月	平均	总平均
欧元区	1.57	1.99	2.19	2.91	3.13	3.45	2.54	22.67
日本	0.49	0.67	0.79	1.09	1.2	1.2	0.91	8.09
中国	0.13	0.1	0.1	0.22	0.29	0.3	0.19	1.71
英国	1.05	1.26	1.15	1.43	1.37	1.46	1.29	11.47
加拿大	0.77	0.78	0.75	0.98	1.08	1.18	0.93	8.25
澳大利亚	0.29	0.28	0.27	0.32	0.35	0.36	0.31	2.79
瑞士	0.35	0.45	0.42	0.6	0.63	0.64	0.51	4.59
韩国	0.17	0.18	0.18	0.23	0.3	0.31	0.23	2.04
英加澳	2.12	2.33	2.18	2.73	2.79	3	2.52	22.52
亚洲	1.38	1.57	1.81	2.55	2.94	3.07	2.22	19.8
欧洲	3.45	4.26	4.31	5.58	5.65	6.37	4.94	44.02
总计	7.66	8.84	9.49	12.58	13.87	14.83	11.21	100
国外居民持有的美国长期证券总额 - 美国居民持有的其他国家长期证券总额								
国家或地区＼年份	2012	2013	2016	2019	2020	2021 年 4 月	平均	总平均
欧元区	1.01	1.2	1.73	2.09	2.62	2.69	1.89	24.8
日本	1.3	1.14	1.11	1.22	1.4	1.52	1.28	16.84
中国	1.52	1.69	1.34	1.3	1.24	1.27	1.39	18.28
英国	-0.03	-0.04	0.27	0.42	0.82	0.9	0.39	5.13
加拿大	-0.04	0.13	0.22	0.4	0.53	0.58	0.3	3.97
澳大利亚	-0.12	-0.07	-0.03	0.02	0.05	0.07	-0.01	-0.18
瑞士	0.19	0.14	0.3	0.21	0.36	0.44	0.28	3.61
韩国	0.05	0.12	0.21	0.17	0.19	0.23	0.16	2.11
英加澳	-0.19	0.02	0.46	0.83	1.4	1.55	0.68	8.92
亚洲	3.72	3.8	3.79	4.42	4.75	4.95	4.24	55.61
欧洲	1.43	1.56	2.63	3.12	4.51	4.58	2.97	39.01
总计	5.55	5.88	6.97	7.92	9.47	9.94	7.62	100

国外居民持有的美国长期证券总额/美国居民持有的其他国家长期证券总额							
国家或地区＼年份	2012	2013	2016	2019	2020	2021 年 4 月	平均
欧元区	163.94	160.43	179.15	171.78	183.84	177.78	172.82
日本	365.4	269.92	241.44	211.28	216.92	227.03	255.33

续表

国外居民持有的美国长期证券总额/美国居民持有的其他国家长期证券总额							
国家或地区 \ 年份	2012	2013	2016	2019	2020	2021 年 4 月	平均
中国	1250. 57	1717. 29	1390. 93	683. 74	532. 88	526. 21	1016. 94
英国	97. 5	96. 72	123. 45	129. 35	160. 07	162. 05	128. 19
加拿大	94. 22	116. 83	129. 97	140. 17	149. 24	148. 64	129. 85
澳大利亚	58. 43	76. 71	87. 91	106. 03	113. 42	120. 37	93. 81
瑞士	155. 39	130. 15	172. 12	136. 06	157. 84	168. 38	153. 32
韩国	130. 84	164. 21	221. 7	171. 85	162. 91	172. 18	170. 61
英加澳	90. 91	101. 03	121. 26	130. 5	150. 1	151. 73	124. 26
亚洲	369. 41	342. 02	309. 85	273. 01	261. 59	261. 29	302. 86
欧洲	141. 46	136. 63	161. 18	155. 95	179. 88	171. 92	157. 84
总计	172. 49	166. 52	173. 42	162. 96	168. 27	167. 06	168. 45

数据来源：美国财政部网站（http：//home. treasury. gov/data）；英加澳指英国、加拿大和澳大利亚的总和。

13. 8. 4　美国长期证券的主要持有者和美国对其他国家长期证券的主要持有情况

表 13 – 8 显示，欧元区是美国长期证券最大的持有者，而且欧元区的平均份额 23. 53% 超过了日本平均份额 11. 63% 的 2 倍；2017 年以来，英国超过中国，成为美国长期证券的第三大持有国。美国持有的欧元区长期证券最多，份额达 22. 67%，英国长期债券排第 2 位，份额达 11. 47%，接下来是加拿大、日本、瑞士和澳大利亚的长期债券，份额分别为 8. 25%、8. 09%、4. 59% 和 2. 79%。值得关注的是，美国持有中国长期债券的平均份额最小，仅 1. 71%，甚至低于韩国的 2. 04%，表明中国和美国在长期证券上存在极大的互持不对等。

13. 8. 5　美国长期证券的主要净持有者

对美国长期证券的净持有，也就是其他国家对美国长期证券的净持有减去美国对其他国家长期证券的净持有，让我们对美国和其他主要货币发行体之间的互相支持有了更深的理解。表 13 －7 显示，欧元区凭借 24. 80% 的平均份额是美国长期证券的最大持有者；2012—2019 年，中国一直是美国长期证券的第二大持有者，直到 2020 年被日本取代。值得关注的是，澳大利亚是主要货币发行体中唯一一个净持有负的高达 135 亿美元的美国长期证券，表明澳大利亚元，作为在表 13 －2 和表 13 －6 中被显著高估的主要国际货币，在其货币国际化方面得到了美国最多的支持。

13. 8. 6　美国长期证券与其他国家长期证券被持有量之比

表 13 －7 显示，美国长期证券与其他国家长期证券被持有量之比提供了很多有用信息，可以把它们视作通过持有美国长期证券以支持美元的贡献比。表 13 －7 显示，中国对美元的贡献最大，其平均比例已超过 1000%；日本凭借 255. 33% 的平均比例，排在第 2 位；欧元区和瑞士则位列第三、第四，平均比例分别为 172. 82% 和 153. 32%；加拿大，英国和澳大利亚在全球前八大货币发行体中排名最低，平均比例只有 129. 85%，128. 19% 和 93. 81%。以上结果在一定程度上解释了美国是如何对主要国际货币的高估和低估起到助推作用。

13. 9　小结

本章的结果显示，全球前八大国际货币国际化与其货币发行体科技国际化之间有着很高的相关性，表明两者相互支持的程度很高。2010 年科技国际化与货币国际化的相关性居然比 2007 年要高，让我们意识到直接把外汇衍生产品名义成交金额视作外汇成交金额是不合理的。只有给外汇衍生产品名义成交金额打个明显的折扣，货币国际化的最佳度量才得以确定，相应的结果也会比直接使用外汇衍生产品名义成交金额更加合理。本节通过对货币国际化最佳度量的分析结果加深了我们对外汇衍生产品交易功能的理解程度，外汇衍生产品的避险功能显著超过了其现金功能。

本章基于科技国际化度量结果探讨了科技国际化与货币国际化之间相互

支撑的关系，相关结果对科技国际化结果依赖度高。由于本章科技国际化度量结果基于同族专利数据，而同族专利数据本身对一个国家或地区的国际化专利的代表性不够全面的同时，同族专利在优先权后后续申请需要时间，大致同族专利数据5年左右的滞后使我们不得不用之前年份数据的年均变化来预估后来的数据。这必然带来科技国际化结果的差异。因此，本章的结果只能看作探讨科技国际化和货币国际化的试探，货币国际化的最佳度量结果也是基于科技国际化度量结果的产物。今后科技国际化新的度量方法和相应的结果应该会有货币国际化更好的结果。

第 14 章　科技国际化与货币国际化的相互影响

第 13 章的结果显示，货币发行体科技国际化水平和货币国际化之间具有高度相关性，表明两者之间相互的支持力度很大。然而，我们难以从这些结果中看出两者之间相互影响的准确程度，本章将集中研究两者的相互影响。

14.1　科技国际化对货币国际化影响的滞后性

科技对经济和外汇交易的影响难免会有相互延迟，而科技对货币的影响通过经贸在全球市场的作用而产生，因此科技对货币的影响也需要时间。由于科技研发投资到专利申请成功需要较长的时间，往往一项有价值的专利需要数年才能完成检测并通过申请，科技对货币价值和货币国际化的影响有一定的滞后性。上述直觉应该毫无疑问，但我们仍不能准确地知道科技国际化具体需要多少时间才能对货币国际化产生影响。本节的目的是利用科技国际化和货币国际化的结果，找出科技国际化影响货币国际化的合适时长或需要的滞后时段。

14.1.1　举例说明科技国际化对货币国际化的影响

虽然我们知道科技国际化化对货币国际化的影响存在时间上的滞后，但我们仍然不知道确切的滞后是两年、三年还是五年，只有实证结果才能得出可靠的结论。根据表 13 - 1 给出的科技国际化和货币国际化结果，我们可以看出科技国际化对货币国际化的影响。例如，以 2004 年、2007 年和 2010 年的科技国际化为自变量，以2010年的货币国际化为因变量，得出的简单回归结果如表14-1所示。

表14-1 2001年、2004年和2007年科技国际化作为自变量影响2013年货币国际化的回归结果

4.201676	-3.92685	0.264269	3.483802
1.975143	4.841852	3.368915	2.392459
0.944182	4.356302	#N/A	#N/A
22.55371	4	#N/A	#N/A
1284.03	75.90947	#N/A	#N/A

数据来源：利用表13-1给出的科技国际化和货币国际化简单回归结果。

表14-1显示，2001年和2007年科技国际化对2013年货币国际化的影响为正，回归系数分别为0.264269和4.201676，皆为正值；2007年科技国际化对2013年货币国际化的影响为负，对应的回归系数为-3.92685。总回归有效性或确定系数为94.42%，足以表明2001年至2007年科技国际化对2010年货币国际化的影响。

14.1.2 科技国际化对货币国际化影响的滞后性

2000—2019年连续20年科技国际化结果，对应连续20年的科技国际化度量，相应有连续两年科技国际化影响货币国际化的70个简单回归（该20年内仅2000年、2001年、2004年、2007年、2013年、2016年和2019年有对应的货币国际化结果），例如2000—2001年科技国际化分别影响2001年、2004年、2007年、2010年、2013年、2016年和2019年的货币国际化，共7个简单回归；2001—2002年科技国际化分别影响2004年、2007年、2010年、2013年、2016年和2019年的货币国际化，共6个简单回归；2002—2003年科技国际化分别影响2004年、2007年、2010年、2013年、2016年和2019年的货币国际化，共6个简单回归；2003—2004年科技国际化分别影响2004年、2007年、2010年、2013年、2016年和2019年的货币国际化，共6个简单回归；2004—2005年科技国际化分别影响2007年、2010年、2013年、

2016 年和 2019 年的货币国际化，共 5 个简单回归，以此类推。以上共有 70 个简单线性回归，这些回归的平均回归有效性为 90. 57% 。

同样，连续三年科技国际化影响货币国际化产生 63 个简单回归，如 2000—2002 年科技国际化分别影响 2004 年、2007 年、2010 年、2013 年、2016 年和 2019 年的货币国际化，共 6 个简单线性回归；2001—2003 年科技国际化分别影响 2004 年、2007 年、2010 年、2013 年、2016 年和 2019 年的货币国际化，共 6 个回归；2002—2004 年科技国际化分别影响 2004 年、2007 年、2010 年、2013 年、2016 年和 2019 年的货币国际化，共 6 个回归；2003—2005 年科技国际化分别影响 2007 年、2010 年、2013 年、2016 年和 2019 年的货币国际化，共 5 个回归；2005—2007 年科技国际化分别影响 2007 年、2010 年、2013 年、2016 年和 2019 年的货币国际化，共 5 个回归等。以上 63 个连续 3 年科技国际化对货币国际化的回归的平均有效性为 95. 03% 。

科技国际化连续 4 年、5 年、6 年、7 年和 8 年影响货币国际化分别有 57、51、45、40 和 35 个简单线性回归。附表 14 - 1 给出了连续 6 次科技国际化影响货币国际化的 45 个回归列的结果表。

14. 1. 3　科技国际化对货币国际化影响的最佳时滞

上文介绍了连续两年和三年科技国际化对货币国际化影响的评价回归有效性，我们可以类似地计算出连续 4 年、5 年、6 年和 7 年科技国际化对货币国际化影响的回归结果，表 14 - 2 总结了连续 2 ~ 6 年科技国际化的平均回归有效性。

表 14 - 2　科技国际化对不同年份货币国际化影响的平均回归有效性

科技国际化连续年数	自由度	回归个数	平均回归有效性
2	6	70	90. 67%
3	5	63	95. 05%
4	4	57	96. 98%
5	3	51	98. 40%
6	2	45	99. 15%

数据来源：根据表 13 - 1 中的示例和表 14 - 1 的结果总计计算得出。

表14－2显示，平均回归有效性随科技国际化连续年数的增加而增加，表明科技国际化对货币国际化的影响随科技国际化连续年数的增加而增加。连续2年科技国际化的平均回归有效性仅为90.67%，连续3年科技国际化的平均回归有效性高达95.05%，提高了4.38%；而连续4年、5年和6年的平均回归有效性分别仅提高了1.93%、1.41%和0.75%。这些结果表明随着科技国际化数据的连续年数增加，科技国际化对货币国际化影响的提高，但提高的幅度持续下降。

表14－2也显示，虽然连续5年和6年科技国际化对货币国际化影响的平均有效性超过98%，但相应的回归自由度却仅有3和2，因此回归结果可靠性不够。因此，连续年数为4年的平均回归有效性96.98%，接近97%，实际上已经足够高了，而且相应的回归自由度也不能过低。

14.2 货币国际化对科技国际化影响的滞后性

同样，货币国际化对科技国际化的影响也应该有一定的滞后性，因为研发投资和投资产生有用的专利需要时间，专利产生使用知识产权的费用也需要时间。然而，我们同样不知道具体会滞后多长时间。类似的实证研究可以为我们提供时滞的估计值。

14.2.1 举例说明货币国际化对科技国际化的影响

同样，我们可以利用货币国际化作为自变量和科技国际化作为因变量来进行简单回归，以判断货币国际化对科技国际化的影响。表14－3给出了以2007年、2010年、2013年和2016年的货币国际化为自变量，2016年的科技国际化为因变量的回归结果。

表14－3显示，2013年和2016年货币国际化对2019年科技国际化具有正向影响，回归系数分别为0.859306和4.210168，而2010年和2019年货币国际化对2019年科技国际化具有负向影响，回归系数分别为－0.85737和－3.25718。总回归有效性为97.5188%，说明2010—2019年货币国际化对2019年科技国际化有实际的影响力。

表 14－3　2010 年、2013 年、2016 年和 2019 年货币国际化作为自变量和 2019 年科技国际化为因变量的回归结果

－3. 25718	4. 210168	0. 859306	－0. 85737	－0. 79472
2. 752469	4. 416889	2. 705067	1. 091331	1. 754765
0. 975188	3. 369421	#N/A	#N/A	#N/A
29. 47714	3	#N/A	#N/A	#N/A
1338. 615	34. 05899	#N/A	#N/A	#N/A

数据来源：用表 13－1 的数据线性回归结果得出。

14. 2. 2　货币国际化对科技国际化影响的滞后性

根据表 14－3 给出的例子，我们可以计算出连续 2 年到 6 年货币国际化为自变量，科技国际化为因变量的回归结果，附录 14－2 给出了以连续 4 年货币国际化为自变量，科技国际化为因变量的回归结果，表 14－4 对这些回归结果进行了总结。

表 14－4　连续 2 年到 6 年货币国际化对科技国际化影响的回归结果（2001—2019 年）

货币国际化连续年数	自由度	数据对应的年数	回归个数	平均回归有效性
2	6	4	51	91. 75%
3	5	7	35	96. 22%
4	4	10	22	89. 10%
5	3	13	12	90. 53%
6	2	16	5	99. 60%

数据来源：根据表 13－1 的数据和附录 14－1 总结出回归结果。

表 14－4 表明，当货币国际化连续年数从 2 年增长到了 3 年，货币国际化对科技国际化平均回归有效性增加；当货币国际化连续年数增长到 4 年和 5 年，货币国际化对科技国际化影响的平均有效性却下降到了 90% 的低位；而当货币比国际化连续年数增加到了 6 年时，虽然回归平均有效性显著增加到了 99. 6%，但相应的回归自由度却下降到了 2 的低位。

14.3 科技国际化与货币国际化相互影响的最佳年份

表 14－2 和表 14－4 的结果显示，连续年数或数据越多，回归越有效，因此，连续年数越多，意味着科技国际化和货币国际化相互影响的有效性越大。科技国际化对货币国际化的影响有效性或相应的回归有效性随着科技国际化连续年数的增加而提高，但回归自由度随着科技国际化连续年数的增加而下降。

货币国际化对科技国际化的影响也是同理：货币国际化的连续数据越多，回归有效性越高，但自由度越低。因为在 2000—2019 年，货币国际化每三年的数据仅有 7 组连续数据，连续 5 年到 7 年货币国际化的自由度只有 3 到 1，回归自由度过低，因此结果不可靠。因此，当我们发现货币国际化对科技国际化有特定影响时，我们可以使用连续 4 年货币国际化来折中高回归有效性和低自由度，反之亦然。

14.4 假设检验下的最佳连续自变量

表 14－2 和表 14－4 中的结果有助于我们判断重复自变量的最佳数量来预测或影响因变量，但它们存在局限性，无法平衡较高的回归有效性和较低的回归自由度，我们无法确定自变量的最佳重复年数。我们使用统计假设检验来找到本节中自变量的最佳连续年数。

14.4.1 假设检验示例

假设检验在统计学中用于检验关于总体参数的假设。我们使用这种方法来检验任何回归系数为零的假设。表 14－1 中的回归测试结果见表 14－5。表 14－5 显示，科技 2010 的一个系数以 5.25%（<10%）的概率通过了原假设检验。

表 14-5　系数、标准误差、t 值和 t 大于 t 绝对值的概率（α=10%）

参数	估计系数	标准误差	t 值	t>|t| 的概率
科技 2004	2.43	2.551	0.952	38.47%
科技 2007	-6.835	4.336	-1.576	17.56%
科技 2010	5.176	2.045	2.531	5.25%

数据来源：针对标准多元回归系数的 t 检验。

同理，表 14-3 回归的检验结果见表 14-6。表 14-6 显示，科技 2010 的一个系数以 5.25% <10% 的概率通过原假设。表 14-6 显示，回归的四个系数都通过了零假设检验，概率均低于 10%。

表 14-6　系数、标准误差、t 值和 t 大于 t 绝对值的概率（α=10%）

参数	估计系数	标准误差	t 值	t>|t| 的概率
科技 2007	-2.337	0.3718	-6.285	0.33%
科技 2010	7.7852	0.892	8.728	0.10%
科技 2013	-7.3539	1.2981	-5.665	0.48%
科技 2016	2.6598	0.5091	5.225	0.64%

数据来源：针对标准多元回归系数的 t 检验。

14.4.2　总结测试结果

采用与 14.4.1 节中两个例子相同的方法，以连续 3 年科技国际化度量为自变量，对应的货币国际化为因变量，得到的 15 个标准多元回归的检验结果相似，一并汇总于表 14-7 中。同理，以连续 4 年科技国际化度量为自变量的 10 个标准多元回归的检验结果也汇总于表 14-7，以连续 5 年科技国际化度量为自变量的 6 个标准多元回归的检验结果和以连续 6 年科技国际化度量为自变量的 3 个标准多元回归同样汇总于表 14-7。

表 14-7　用 3 年到 6 年的连续年数总结假设检验的结果

类别	自变量的连续年数	全部系数均通过检验的模型个数及其比例	通过检验的总系数个数及其比例
科技引领货币	3	0/15 = 0.0%	20/45 = 44.4%
	4	5/10 = 50.0%	27/40 = 67.5%
	5	0/6 = 0.0%	17/30 = 56.7%
	6	0/3 = 0.0%	6/18 = 33.3%

续表

类别	自变量的连续年数	全部系数均通过检验的模型个数及其比例	通过检验的总系数个数及其比例
货币引领科技	3	0/15 = 0.0%	12/45 = 26.7%
	4	0/10 = 0.0%	12/40 = 30.0%
	5	1/6 = 16.7%	12/30 = 40.0%
	6	0/3 = 0.0%	3/18 = 16.7%
总比例	3	0.00%	71.11%
	4	50.00%	97.50%
	5	16.67%	96.67%
	6	0.00%	50.00%

数据来源：对连续 3 年到 6 年的相关标准多元回归进行的汇总系数检验。

采用与 14.4.1 节和 14.4.2 节相同的方法，以货币国际化度量为自变量、科技国际化度量为因变量的标准多元回归检验，我们可以得到类似的检验结果，结果见表 14 – 7。

表 14 – 7 显示，在连续 4 年的自变量的条件下，不仅全部系数都通过检验的模型个数的总比例 50.0%，达到了标准多元回归的最大值，而且在这一条件下，通过检验的总系数个数的总比例 97.5%，达到了标准多元回归的最大值。因此，自变量的最佳连续年数为 4。

14.5 货币国际化与科技国际化的相互影响

14.5.1 货币国际化对科技国际化影响的实证结果

上文利用科技国际化和货币国际化连续数据作为自变量得出的结果和利用 t 检验得出的结果显示，连续 4 年的科技自变量和货币自变量的相互回归结果最有效。因此，以连续 4 次货币国际化为自变量，科技国际化为因变量，我们可以计算出货币国际化对科技国际化的影响，结果见表 14 – 8。

表 14－8　货币国际化对科技国际化影响的回归结果（2001—2019 年）

以 2001 年、2004 年、2007 年和 2010 年货币国际化为自变量对以 2010 年科技国际化为因变量				
－2. 92114	－4. 80703	3. 906526	4. 331117	3. 425665
1. 21279	3. 064614	3. 533614	1. 23197	1. 351275
0. 989176	2. 486556	#N/A	#N/A	#N/A
68. 53902	3	#N/A	#N/A	#N/A
1695. 096	18. 54888	#N/A	#N/A	#N/A
以 2001 年、2004 年、2007 年和 2013 年货币国际化为自变量对以 2013 年科技国际化为因变量				
－3. 23816	－3. 15231	2. 902441	4. 118006	2. 492405
1. 280605	3. 235977	3. 731201	1. 300858	1. 426834
0. 988496	2. 625595	#N/A	#N/A	#N/A
64. 44341	3	#N/A	#N/A	#N/A
1777. 028	20. 68125	#N/A	#N/A	#N/A
以 2001 年、2004 年、2007 年和 2013 年货币国际化为自变量对以 2016 年科技国际化为因变量				
－2. 6669	－3. 30048	2. 450825	4. 081651	2. 638474
0. 961823	2. 430442	2. 80239	0. 977034	1. 071651
0. 992332	1. 972004	#N/A	#N/A	#N/A
97. 06267	3	#N/A	#N/A	#N/A
1509. 828	11. 66639	#N/A	#N/A	#N/A
以 2001 年、2004 年、2007 年和 2013 年货币国际化为自变量对以 2019 年科技国际化为因变量				
－2. 42701	－4. 09196	2. 859229	4. 130517	3. 504562
1. 093672	2. 763615	3. 18655	1. 110969	1. 218556
0. 989011	2. 242332	#N/A	#N/A	#N/A
67. 50081	3	#N/A	#N/A	#N/A
1357. 59	15. 08415	#N/A	#N/A	#N/A
以 2004 年、2007 年、2010 年和 2013 年货币国际化为自变量对以 2013 年科技国际化为因变量				
2. 403469	－2. 42774	－2. 43096	3. 337051	0. 164405
1. 088398	1. 618284	4. 551802	4. 983284	2. 258226
0. 980982	3. 375877	#N/A	#N/A	#N/A
38. 6854	3	#N/A	#N/A	#N/A
1763. 519	34. 18963	#N/A	#N/A	#N/A

续表

以 2004 年、2007 年、2010 年和 2013 年货币国际化为自变量对以 2016 年科技国际化为因变量				
2. 078552	-1. 87117	-3. 4481	3. 994833	0. 705442
1. 147002	1. 705419	4. 79689	5. 251606	2. 379819
0. 975044	3. 557648	#N/A	#N/A	#N/A
29. 30277	3	#N/A	#N/A	#N/A
1483. 524	37. 97058	#N/A	#N/A	#N/A
以 2004 年、2007 年、2010 年和 2013 年货币国际化为自变量对以 2019 年科技国际化为因变量				
2. 028729	-1. 6236	-4. 45354	4. 695569	1. 64049
1. 248554	1. 856412	5. 221593	5. 716568	2. 590521
0. 967223	3. 872632	#N/A	#N/A	#N/A
22. 13205	3	#N/A	#N/A	#N/A
1327. 682	44. 99184	#N/A	#N/A	#N/A
以 2007 年、2010 年、2013 年和 2016 年货币国际化为自变量对以 2016 年科技国际化为因变量				
-1. 38244	4. 036233	-2. 95374	1. 27011	-0. 51728
1. 561528	1. 571494	2. 141746	2. 287758	1. 641921
0. 976397	3. 459869	#N/A	#N/A	#N/A
31. 02541	3	#N/A	#N/A	#N/A
1485. 583	35. 91208	#N/A	#N/A	#N/A
以 2007 年、2010 年、2013 年和 2016 年货币国际化为自变量对以 2019 年科技国际化为因变量				
-1. 1004	3. 852052	-2. 4377	0. 588234	0. 182791
1. 827096	1. 838756	2. 50599	2. 676834	1. 921161
0. 964182	4. 048286	#N/A	#N/A	#N/A
20. 18945	3	#N/A	#N/A	#N/A
1323. 508	49. 16585	#N/A	#N/A	#N/A
以 2010 年、2013 年、2016 年和 2019 年货币国际化为自变量对以 2019 年科技国际化为因变量				
-3. 25718	4. 210168	0. 859306	-0. 85737	-0. 79472
2. 752469	4. 416889	2. 705067	1. 091331	1. 754765
0. 975188	3. 369421	#N/A	#N/A	#N/A
29. 47714	3	#N/A	#N/A	#N/A
1338. 615	34. 05899	#N/A	#N/A	#N/A
平均回归有效性		97. 98%		

数据来源：同表 14-3。

表 14－8 显示，货币国际化影响科技国际化的回归有效性均在 96% 以上，10 个回归的平均有效性高达 97.98%，显示出货币国际化对科技国际化有较大影响力。

14.5.2　科技国际化对货币国际化影响的实证结果

我们可以使用同样的方法获得科技国际化对货币国际化影响的结果。由于科技国际化有年度连续数据，而货币国际化仅有每三年的国际化数据。因此，我们只有选择与表 14－18 相同的每三年科技国际化数据作为自变量，才可以获得科技国际化对货币国际化影响相似的结果。例如，表 14－8 中的第一个回归是以 2001 年、2004 年、2007 年和 2010 年 4 个连续货币国际化为自变量，2010 年科技国际化为因变量的标准多元回归。为了研究科技国际化对货币国际化的影响，我们同样必须以 2001 年、2004 年、2007 年和 2010 年 4 个连续的科技国际化度量为自变量，2010 年的货币国际化为因变量。按照此方法，我们可以获得与表 14－18 相对应的结果，表 14－9 给出了相应的结果。

表 14－9　科技国际化对货币国际化影响的回归结果（2001—2019 年）

以 2001 年、2004 年、2007 年和 2010 年科技国际化为自变量对以 2010 年货币国际化为因变量				
-14.6884	17.16732	15.05535	-17.0488	8.377553
12.77376	10.31469	19.59781	16.4004	4.741999
0.940372	5.234892	#N/A	#N/A	#N/A
11.82801	3	#N/A	#N/A	#N/A
1296.544	82.21229	#N/A	#N/A	#N/A
以 2001 年、2004 年、2007 年和 2013 年科技国际化为自变量对以 2013 年货币国际化为因变量				
-11.3257	13.77497	12.04009	-13.9318	7.064837
9.944503	8.03009	15.25709	12.76788	3.691694
0.96455	4.075416	#N/A	#N/A	#N/A
20.40637	3	#N/A	#N/A	#N/A
1355.719	49.82705	#N/A	#N/A	#N/A

续表

以 2001 年、2004 年、2007 年和 2013 年科技国际化为自变量对以 2016 年国际国际化为因变量				
-7.77259	11.36257	6.167364	-9.25867	6.039396
9.880102	7.978086	15.15828	12.68519	3.667787
0.964907	4.049024	#N/A	#N/A	#N/A
20.62192	3	#N/A	#N/A	#N/A
1352.352	49.18378	#N/A	#N/A	#N/A
以 2001 年、2004 年、2007 年和 2013 年科技国际化为自变量对以 2019 年货币国际化为因变量				
-8.53897	12.82244	6.252141	-10.1229	6.668776
10.92272	8.819991	16.75789	14.02383	4.054838
0.958064	4.476306	#N/A	#N/A	#N/A
17.13419	3	#N/A	#N/A	#N/A
1373.292	60.11193	#N/A	#N/A	#N/A
以 2004 年、2007 年、2010 年和 2013 年科技国际化为自变量对以 2013 年货币国际化为因变量				
5.230455	-6.19082	0.853543	0.922324	2.716238
4.509027	5.227304	5.334999	4.98088	2.161957
0.965814	4.002093	#N/A	#N/A	#N/A
21.18869	3	#N/A	#N/A	#N/A
1357.496	48.05026	#N/A	#N/A	#N/A
以 2004 年、2007 年、2010 年和 2013 年科技国际化为自变量对以 2016 年货币国际化为因变量				
5.276328	-6.21205	1.079458	0.644083	2.811707
3.902124	4.523723	4.616922	4.310466	1.870963
0.974324	3.463422	#N/A	#N/A	#N/A
28.46013	3	#N/A	#N/A	#N/A
1365.55	35.98588	#N/A	#N/A	#N/A
以 2004 年、2007 年、2010 年和 2013 年科技国际化为自变量对以 2019 年货币国际化为因变量				
5.782078	-6.84637	1.56698	0.226998	3.137316
4.325322	5.014335	5.117642	4.77795	2.073875
0.969154	3.839041	#N/A	#N/A	#N/A
23.56438	3	#N/A	#N/A	#N/A
1389.19	44.21472	#N/A	#N/A	#N/A

续表

以 2007 年、2010 年、2013 年和 2016 年科技国际化为自变量对以 2016 年货币国际化为因变量				
2.301742	3.746368	-6.88329	1.737893	2.685679
2.301851	1.5332	2.699265	1.814405	1.441691
0.980599	3.010588	#N/A	#N/A	#N/A
37.90821	3	#N/A	#N/A	#N/A
1374.345	27.19092	#N/A	#N/A	#N/A
以 2007 年、2010 年、2013 年和 2016 年科技国际化为自变量对以 2019 年国际国际化为因变量				
2.559814	4.496027	-7.99807	1.831738	2.893037
2.537342	1.690054	2.975413	2.000028	1.589183
0.976951	3.318586	#N/A	#N/A	#N/A
31.78889	3	#N/A	#N/A	#N/A
1400.365	33.03903	#N/A	#N/A	#N/A
以 2010 年、2013 年、2016 年和 2019 年科技国际化为自变量对以 2019 年货币国际化为因变量				
0.074326	2.412066	4.263737	-5.8642	3.145272
1.646762	3.52682	2.190601	2.156471	1.860907
0.970526	3.752687	#N/A	#N/A	#N/A
24.69627	3	#N/A	#N/A	#N/A
1391.156	42.24797	#N/A	#N/A	#N/A
平均回归有效性		96.65%		

数据来源：同表 14-5。

表 14-9 显示，货币国际化对科技国际化的前 4 个回归的有效性在 94% 到 98% 之间，其他 6 个回归的有效性都在 96% 以上，10 个回归的平均有效性为 96.65%，表明货币国际化对科技国际化也有较大的影响。

14.5.3 货币国际化与科技国际化的相互影响

表 14-8 中，货币国际化对科技国际化回归平均有效性 97.98%，略高于表 14-9 相应的科技国际化对货币国际化回归平均有效性 96.65%，表明货币国际化对科技国际化的影响略超过后者对前者的影响程度。然而两者回归平均有效性较小的差异仍难以得出两者相互影响的结论。

14.6 最佳货币国际化度量与科技国际化的相互影响

根据上述科技国际化与货币国际化相互影响的结果，再利用表4－1给出的传统货币国际化结果（外汇衍生品交易名义成交金额的货币国际化）和科技国际化结果，可以分析科技国际化与货币国际化相互影响的实证结果。这些结果为我们理解科技国际化和货币国际化的相互影响程度提供了具体支持。但是，如第13章所示，过去十年外汇衍生产品交易名义日均成交金额已经占了表4－1中给出的传统外汇交易日均成交金额的70%左右，因此外汇日均成交金额中的很大一部分不是实际“换手”的外汇成交金额。货币国际化的传统度量造成了一个问题，即外汇衍生产品交易名义日均成交金额夸大了实际外汇交易成交金额。本节采用与14.4节相同的方法，分析科技国际化与表13－6中最佳货币国际化之间的相互影响程度。

14.6.1 最佳货币国际化对科技国际化影响的实证结果

使用表13－6中的最佳货币国际化结果和表13－1中的科技国际化结果，并使用与14.4节相同的方法，我们可以计算出最佳货币国际化对科技国际化的影响，表14－10给出了相应的结果。

表14－10 最佳货币国际化对科技国际化影响的回归结果（2001—2019年）

以2001年、2004年、2007年和2010年货币国际化为自变量对以2010年科技国际化为因变量				
-2.70344	-2.7464	0.704089	5.372337	2.57664
1.833003	3.372376	3.560913	1.648309	1.566105
0.9833	3.088568	#N/A	#N/A	#N/A
44.16036	3	#N/A	#N/A	#N/A
1685.027	28.61775	#N/A	#N/A	#N/A
以2001年、2004年、2007年和2013年货币国际化为自变量对以2013年科技国际化为因变量				
-3.21812	-0.98258	-0.38155	5.30559	1.943209
1.828496	3.364084	3.552157	1.644257	1.562254
0.984159	3.080974	#N/A	#N/A	#N/A
46.59601	3	#N/A	#N/A	#N/A
1769.232	28.4772	#N/A	#N/A	#N/A

续表

以 2001 年、2004 年、2007 年和 2013 年货币国际化为自变量对以 2016 年科技国际化为因变量				
-2.52492	-1.82167	0.025138	4.96141	2.100202
1.422645	2.617396	2.763725	1.279299	1.215498
0.98867	2.397124	#N/A	#N/A	#N/A
65.44563	3	#N/A	#N/A	#N/A
1504.256	17.23862	#N/A	#N/A	#N/A
以 2001 年、2004 年、2007 年和 2013 年货币国际化为自变量对以 2019 年科技国际化为因变量				
-2.23548	-2.47239	0.253194	5.015791	2.844722
1.586677	2.919183	3.082384	1.426803	1.355645
0.984379	2.673514	#N/A	#N/A	#N/A
47.26121	3	#N/A	#N/A	#N/A
1351.231	21.44303	#N/A	#N/A	#N/A
以 2004 年、2007 年、2010 年和 2013 年货币国际化为自变量对以 2013 年科技国际化为因变量				
2.777908	-1.57273	-3.26687	2.986471	-0.50532
1.033171	1.894902	3.450771	3.260783	1.738284
0.979231	3.527859	#N/A	#N/A	#N/A
35.36079	3	#N/A	#N/A	#N/A
1760.371	37.33736	#N/A	#N/A	#N/A
以 2004 年、2007 年、2010 年和 2013 年货币国际化为自变量对以 2016 年科技国际化为因变量				
2.376328	-0.89629	-4.30534	3.634595	-0.11633
1.039896	1.907236	3.473233	3.282008	1.749599
0.97514	3.550822	#N/A	#N/A	#N/A
29.41842	3	#N/A	#N/A	#N/A
1483.67	37.82502	#N/A	#N/A	#N/A
以 2004 年、2007 年、2010 年和 2013 年货币国际化为自变量对以 2019 年科技国际化为因变量				
2.400754	-0.58834	-4.98582	3.90558	0.604434
1.103246	2.023424	3.68482	3.481946	1.856184
0.968985	3.767137	#N/A	#N/A	#N/A
23.43158	3	#N/A	#N/A	#N/A
1330.1	42.57396	#N/A	#N/A	#N/A
以 2007 年、2010 年、2013 年和 2016 年货币国际化为自变量对以 2016 年科技国际化为因变量				
-1.28587	4.401825	-2.20988	0.048104	-0.48521
2.374299	2.502619	2.97908	2.987493	1.931391
0.968096	4.02252	#N/A	#N/A	#N/A
22.75792	3	#N/A	#N/A	#N/A
1472.953	48.54199	#N/A	#N/A	#N/A

续表

以 2007 年、2010 年、2013 年和 2016 年货币国际化为自变量对以 2019 年科技国际化为因变量				
-0.68852	3.893988	-1.39814	-0.91562	0.149985
2.619101	2.760651	3.286238	3.295519	2.130527
0.956969	4.437262	#N/A	#N/A	#N/A
16.6792	3	#N/A	#N/A	#N/A
1313.606	59.06787	#N/A	#N/A	#N/A
以 2010 年、2013 年、2016 年和 2019 年货币国际化为自变量对以 2019 年科技国际化为因变量				
-4.3403	5.771835	0.099715	-0.56914	-0.93129
2.484061	4.206561	2.899429	1.196154	1.631946
0.978124	3.163808	#N/A	#N/A	#N/A
33.53368	3	#N/A	#N/A	#N/A
1342.645	30.02904	#N/A	#N/A	#N/A
平均回归有效性		97.67%		

数据来源：使用表 13-1 中的科技国际化数据和表 13-6 中最佳货币国际化数据进行回归而得。

表 14-10 显示，最佳货币国际化对科技国际化影响的 10 个回归平均有效性 97.67%，比表 14-8 给出的回归平均有效性 97.98% 略降了 0.31%，但有效性仍然较高，表明最佳货币国际化对科技国际化仍有着高度的影响力，但影响力却相对传统货币国际化略微减弱。

14.6.2 科技国际化对最佳货币国际化影响的实证结果

按照同样的方法，我们可以计算出科技国际化对最佳货币国际化的影响，表 14-11 给出了相应的结果。

表 14-11 科技国际化对最佳货币国际化影响的回归结果（2001—2019 年）

以 2001 年、2004 年、2007 年和 2010 年科技国际化为自变量对以 2010 年货币国际化为因变量				
-15.8163	17.95349	16.58058	-18.2245	8.728534
13.49715	10.89882	20.70765	17.32918	5.010543
0.932305	5.531349	#N/A	#N/A	#N/A
10.32915	3	#N/A	#N/A	#N/A
1264.116	91.78747	#N/A	#N/A	#N/A
以 2001 年、2004 年、2007 年和 2013 年科技国际化为自变量对以 2013 年货币国际化为因变量				
-12.1838	14.10384	13.61821	-14.9456	7.196345
9.818644	7.92846	15.06399	12.60629	3.644972
0.964829	4.023838	#N/A	#N/A	#N/A
20.57465	3	#N/A	#N/A	#N/A
1332.518	48.57381	#N/A	#N/A	#N/A

续表

以2001年、2004年、2007年和2013年科技国际化为自变量对以2016年国际国际化为因变量				
-8.16516	11.54434	6.813469	-9.68623	6.135902
9.659431	7.799897	14.81973	12.40187	3.585867
0.965768	3.958589	#N/A	#N/A	#N/A
21.15927	3	#N/A	#N/A	#N/A
1326.299	47.01129	#N/A	#N/A	#N/A
以2001年、2004年、2007年和2013年科技国际化为自变量对以2019年货币国际化为因变量				
-8.70726	12.85497	6.618778	-10.3511	6.733511
10.60981	8.567318	16.27782	13.62208	3.938676
0.959644	4.348069	#N/A	#N/A	#N/A
17.83441	3	#N/A	#N/A	#N/A
1348.689	56.71712	#N/A	#N/A	#N/A
以2004年、2007年、2010年和2013年科技国际化为自变量对以2013年货币国际化为因变量				
4.996008	-6.04254	0.821529	1.054162	2.646685
4.675717	5.420547	5.532223	5.165013	2.24188
0.962589	4.150043	#N/A	#N/A	#N/A
19.29738	3	#N/A	#N/A	#N/A
1329.424	51.66857	#N/A	#N/A	#N/A
以2004年、2007年、2010年和2013年科技国际化为自变量对以2016年货币国际化为因变量				
5.035976	-6.03467	1.24229	0.533652	2.849958
3.934809	4.561615	4.655595	4.346572	1.886635
0.973355	3.492433	#N/A	#N/A	#N/A
27.39833	3	#N/A	#N/A	#N/A
1336.719	36.59126	#N/A	#N/A	#N/A
以2004年、2007年、2010年和2013年科技国际化为自变量对以2019年货币国际化为因变量				
5.517969	-6.57074	1.71736	0.049127	3.19644
4.297465	4.982041	5.084683	4.747179	2.060519
0.968943	3.814317	#N/A	#N/A	#N/A
23.3995	3	#N/A	#N/A	#N/A
1361.759	43.64704	#N/A	#N/A	#N/A
以2007年、2010年、2013年和2016年科技国际化为自变量对以2016年货币国际化为因变量				
2.238258	3.626893	-6.76413	1.794027	2.707688
2.344397	1.561538	2.749157	1.847942	1.468338
0.979462	3.066234	#N/A	#N/A	#N/A
35.76727	3	#N/A	#N/A	#N/A
1345.105	28.20536	#N/A	#N/A	#N/A

续表

以 2007 年、2010 年、2013 年和 2016 年科技国际化为自变量对以 2019 年国际国际化为因变量				
2.43098	4.437968	-7.80231	1.809762	2.929036
2.556488	1.702807	2.997866	2.01512	1.601175
0.976135	3.343627	#N/A	#N/A	#N/A
30.67722	3	#N/A	#N/A	#N/A
1371.866	33.53953	#N/A	#N/A	#N/A
以 2010 年、2013 年、2016 年和 2019 年科技国际化为自变量对以 2019 年货币国际化为因变量				
0.072732	2.285879	4.207985	-5.69375	3.178498
1.652237	3.538546	2.197884	2.16364	1.867094
0.969739	3.765163	#N/A	#N/A	#N/A
24.03415	3	#N/A	#N/A	#N/A
1362.876	42.52936	#N/A	#N/A	#N/A
平均回归有效性		96.53%		

数据来源：使用表 13-1 中的科技国际化数据和表 13-6 中最佳货币国际化数据进行回归得出。

表 14-11 显示，科技国际化对最佳货币国际化影响的 10 个回归平均有效性 96.53%，比表 14-9 给出的平均回归有效性 96.65% 略降了 0.12%，但有效性仍然较高。这表明最佳货币国际化对科技国际化仍有着高度的影响力，但影响力却相对传统货币国际化略微减弱。

14.6.3 最佳货币国际化与科技国际化的相互影响

相对于如上最佳货币国际化对科技国际化影响回归平均有效性比传统货币国际化对科技国际化影响回归平均有效性下降了 1.31%，而科技国际化对最佳货币国际化回归平均有效性相对于传统货币国际化回归平均有效性仅下降了 0.12%。这些结果表明，最佳货币国际化对科技国际化影响力相对于传统货币国际化明显减弱。最佳货币国际化对科技国际化影响回归平均有效性（97.67%），与后者对前者的影响回归平均有效性 96.53% 的差距，从传统货币国际化和科技国际化相互影响的 1.33%（由 97.98% ~96.65% 得出）收窄到了 1.12%（由 97.67% ~96.53% 得出）。两者间仅略高于 1 个百分点的回归平均有效性差距仍不足以判断两者相互影响的力度。

14.7　美国科技国际化与美元国际化的独特关系

表13－1显示，2005—2019年美国科技国际化不仅冠绝榜首，而且持续超过欧元、日元和英镑这后三大货币发行体科技国际化总和。更重要的是，2009—2019年，美国科技国际化与欧元区、日本和英国科技国际化总和的典型年差仍高达11.46%，表明美国科技在全球的相对垄断地位，美国科技国际化水平对美元有着巨大的支撑力。因此，在介绍和分析全球科技国际化与货币国际化关系后，本节专门探讨美国科技国际化和美元国际化之间的密切关系。

比较表13－1中美国科技国际化和美元国际化程度数据，我们发现弱美元时（2007—2014年），美国科技国际化趋高，而强美元时（2015—2019年）美元国际化趋低；弱美元或美元国际化程度低时，美元资金流向全球导致美国知识产权使用费顺差却增高，伴随显著的美国科技国际化；而强美元或美元国际化程度高时，美元资金回流美国导致美国知识产权使用费顺差却下降。因此，美元国际化与美国科技国际化之间存在负相关关系。

对于多年处于全球相对垄断地位的美国科技国际化水平，相对较小的增降实际上并不能反映美国科技实力的变化，而美国科技实力或知识产权是服务于美国总体的货币政策和全球投资的大方略。弱美元时（2003—2008年国际金融危机前和2009年美元推出量化宽松政策时期）正是美元资金流向全球投资之时，投资常常需要相关的科技配套或知识产权服务，因此知识产权使用费出口和顺差随着美元资金的外流而增加；而强美元时却是资金回流美国之时，资金回流美国同时导致美国知识产权使用需求下降，进而导致美国知识产权使用费顺差下降。这在很大程度上解释了美国科技全球垄断地位与美元全球相对垄断地位的相互支撑作用。我们在最后一章会更细致地分析不同年份美国知识产权使用费顺差中美国科技和美元的不同贡献份额，从而使我们对美国科技和美元相互协调的功能有更深刻的认识。

14.8 海外美资企业在美国科技国际化和美元国际化中的特殊作用

比较和分析国际货币时，我们主要考虑如表1－1中所示的货币发行体的经济和贸易规模等，很少考虑这些发行体的企业在境外的经贸活动。表1－1给出的基本都是跨境数据，大部分货币发行体的海外活动并未包括在内。这些跨境因素可以在很大程度上反映大多数货币的支持背景，但是对美国这个全球最大的经济体和科技最发达的国家，它们并不能充分反映支持背景。如不考虑美资企业在美国之外全球的贸易活动就难以深入理解美元国际地位的维护和美国科技创新能力之间的关系。换言之，解释美元国际化和美国科技国际化之间的关系不能忽视美资企业在全球的巨大作用。

表8－1显示，美资企业的商品出口和服务出口与美国科技创新能力和美国科技国际化的相关性高于相应的与美国跨境商品出口和服务出口的相关性，表明美国科技对美资境外子公司出口的支持大于对美国跨境出口的支持。

14.8.1 美资企业境外巨额服务贸易顺差

表8－1和表8－2显示，美资企业在美国境外服务贸易销售金额和购买净额年均复合增长率皆显著高于美国跨境服务贸易出口和进口年均复合增长率。美资境外子公司销售额增速较高，导致美资企业在美国境外的服务贸易“顺差”增速超过了美国跨境服务贸易顺差。美资企业在美国境外的服务贸易顺差超过同年美国跨境服务贸易顺差（服务贸易销售金额与购买金额差额）。美国跨境服务贸易顺差在2001年第一次达到33亿美元，或5.3%；前者在2009年超过后者2.547倍，说明2008年国际金融危机后不久，美资境外子公司在全球范围内收益颇丰。然而，2008年全球金融危机爆发时，美资企业在美国境外的服务贸易活动显著减速，将其在美国境外服务贸易等相关收益回流美国，为美元“保驾护航”。自2009年以来，美资企业在美国境外服务贸易“顺差”增速大幅度减缓，2019年其净销售额占美国国内服务净出口的比

重降至 138.2%，为 2002 年以来的最低水平。

表 8 - 2 显示，美资境外子公司服务贸易总额从 2.09 万亿美元增长到了 2.72 万亿美元，稳步高于日本商品贸易和服务贸易总额，从 1.81 万亿美元增长到了 1.93 万亿美元，表明美资境外子公司对美元重要的支持作用。

14.8.2　美资企业境外投资

当美元相对较弱时（2002—2008 年），美资企业将美元资金带向全球进行投资或投机，这些投资活动通常需要美国科技和其他服务，导致美国知识产权服务使用费净出口显著增加。当美国量化宽松时（2009—2014 年美国量化宽松政策实施期），美资企业又将其在境外获得的高额利润回流美国为美元保驾护航，使美元维持了相对的稳定（美国量化宽松政策于 2009 年启动并在 2014 年退出）。美资企业成功发挥了美元稳定器的作用，对维护美元相对的国际垄断地位作出了巨大的贡献。

14.8.3　美资企业境外研发投资规模

美资企业境外大量的服务贸易顺差和其他利润的一部分用于境外研发投资，以与境外合作进一步提高其科技水平。根据美国商务部下属美国经济分析局（BEA）网站公布的数据，2007—2019 年，美资企业在美国以外全球研发投资总额从 453.8 亿美元持续提高到了 714.3 亿美元，年均复合增长率高达 3.85%，比同期美国名义国内产值 -0.63% 高出 4.48%，显示美国在海外研发持续扩张的态势。2019 年美资企业境外研发投资总额 714.3 亿美元，接近同年全球第五大研发投资国的韩国，后者同年的研发投资总额 764.1 亿美元。

2019 年美资企业境外研发投资总额 714.3 亿美元，超过同年进入全球 2500 家研发投资最多的、分别排名第六的法国（68 家）和第七的瑞士（58 家）两国 126 家企业总研发投资 713.9 亿美元（2019/2018 年欧盟委员会的工业研发投资报告）。上述数据显示，美资企业境外研发投资总额与主要国家主要公司的研发投资总额相当。

14.9 全球研发投入最多的企业全球范围内收购兼并活动及启示

根据2019年欧盟委员会工业研发投资报告，可以得到近年来全球研发投入最多的2500家企业在全球范围内收购兼并数据，及其在不同国家和地区间的分布等相关内容，表14－12给出了相关结果。

表14－12 全球研发投入最多的2500家企业收购兼并占比和收购兼并案例分布（2007—2016年）

单位：%、项

从/到（占比）	中国	日本	印度	欧盟	美国	亚洲其他国家和地区	全球其他国家和地区	总计
中国	615	1	0	59	24	16	53	768
日本	43	711	54	156	117	71	122	1274
印度	0	1	39	15	13	2	11	81
欧盟	59	16	56	1769	642	43	691	3276
美国	75	19	52	865	2990	47	649	4697
亚洲其他国家和地区	4	5	2	18	14	184	152	379
全球其他国家和地区	26	10	21	378	287	22	632	1376
总计	823	763	222	3259	4087	385	2310	11852

从/到（占比）	中国	日本	印度	欧盟	美国	亚洲其他国家和地区	全球其他国家和地区	总计
中国	80.1	0.1	0	7.7	3.1	2.1	6.9	100
日本	3.4	55.8	4.2	12.2	9.2	5.6	9.6	100
印度	0	1.2	48.1	18.5	16	2.5	13.6	100
欧盟	1.8	0.5	1.7	54	19.6	1.3	21.1	100
美国	1.6	0.4	1.1	18.4	63.6	1	13.8	100
亚洲其他国家和地区	1.1	1.3	0.5	4.7	3.7	48.5	40.1	100
全球其他国家和地区	1.9	0.7	1.5	27.5	20.9	1.6	46	100
总计	823	763	222	3259	4087	385	2310	11848

数据来源：The 2019 EU Industrial R&D Investment Scoreboard，www. ijr. jrc. europa. Eu；表中结果是以Zephyr公司收购兼并（Mergers and Acquisitions）数据库中11852个收购兼并案例数据与欧盟委员会研发投资最多的2500家企业对应进行整理得出的结果。

14.9.1　主要国家和地区内部收购兼并辖内占比比较

表14－12显示，2007—2016年，美国有最多的全球对美国和美国对全球的收购兼并活动，分别为4087起和4697起；除了美国国内的收购兼并2990起，其占比63.6%外，欧盟和日本分别是美国收购兼并的最大和第二大对象，分别为642起和117起，占比分别为19.6%和9.2%，表明美国、欧盟和日本分别是并购最多的三个地区，以美国为首。

中国境内收购兼并615起，占中国768起收购兼并总数的80.1%，是表14－12中占比最高的，说明我国研发投资主要依赖国内外合作，科技水平有待加强。

14.9.2　主要国家和地区辖外收购兼并占比分布比较

表14－12显示，中国研发投入最多的企业收购兼并辖外占比最低仅为19.9%，其中从中国到欧盟的收购兼并活动占比最高仅为7.7%，其次为从中国到全球其他国家和地区的占比6.9%，从中国到美国的收购和兼并占比3.1%，排名第3位；从美国到美国外收购兼并占美国总收购兼并比重36.4%，其中从美国到欧盟收购兼并865项，超过了同期中国全部的收购兼并768项，占比18.4%，其次是从美国到全球其他国家和地区的收购兼并649项，占比13.8%，美国到欧盟和美国到全球其他国家和地区总收购兼并1514项，仅次于欧盟总收购兼并3275项，显示出美国在全球研发最多的企业收购兼并的重要地位，或者说美国通过收购和兼并将技术传输到全球的能力；欧盟辖外收购兼并总占比46.0%，其中与美国和全球其他国家和地区的占比分别高达19.6%和21.1%，欧盟与该两国家和地区总收购兼并1333项，显示出欧盟辖外收购兼并活跃度仅次于美国。日本、中国和全球其他国家和地区辖外收购兼并数相对与美欧较小。

14.9.3　主要国家和地区辖外内部收购兼并比较的技术启示

表14－12显示，虽然从美国到欧盟收购兼并占美国比重18.4%，低于后者

到前者的占比 19.6%，但由于美国总的收购兼并总数高于欧盟，美国到欧盟的收购兼并数 865 项比后者到前者的总数 642 项多 223 项，显示出美国技术流入欧盟并被接纳的结果；从美国和欧盟到全球其他国家和地区的收购兼并总数分别为 649 项和 691 项，后者略多于前者 42 项；从美国和欧盟到中国、日本、印度和亚洲其他国家和地区的收购兼并总数分别为 193 项和 174 项，前者略高于后者 19 项。这些数据显示，美国仍然是全球技术的最大输出国，欧盟其次。

14.9.4 中国辖外内部收购兼并的国际比较及启示

表 14－12 显示，中国到欧盟的收购兼并数最多为 59 项，与欧盟到中国的收购兼并数相同，显示出中国与欧盟技术合作度较高，而且合作相对对等；中国到全球其他国家和地区及亚洲其他国家和地区的收购兼并数分别为 53 项和 16 项，分别略高于从该两地区到中国的收购兼并数 26 项和 4 项，显示出中国技术向该两地区输出的信号；中国到美国和日本的收购兼并数 24 项和 1 项，分别明显低于美国和日本到中国的收购兼并项 75 项和 43 项，显示出美国和日本技术向中国的输出程度。

14.9.5 收购兼并借力协力推动研发

收购兼并是企业利用其技术和其他优势加大创新的重要渠道，跨境收购是企业在全球范围内优化配置技术和其他资源以加速创新发展的重要方法。在全球科技创新日新月异的当今，各个领域已经有了不同程度的技术专利积累，从头创新不仅时间上来不及，而且也难以接近全球技术前沿。这样通过跨境收购兼并以加速追赶和保持已有优势成为今后全球科技创新的必由之路。表 14－12 的数据显示，我国科研投入多的企业辖内外收购兼并数量排名在美国、欧盟、日本之后，辖外收购兼并数还排在亚洲其他国家和地区及全球其他国家和地区之后，显示出我国在全球范围内科技合作力度有待显著提高。充分利用当前和今后国家进一步对外开放政策，加大国际科研合作以提高我国研发能力并积极输出如 5G 等先进技术以加速技术应用，将成为我国科技创新的另外一个方向。

14.10　小结

本章利用第19章和第22章科技国际化结果和第21章货币国际化结果，找到了全球前八大国际货币发行主体的货币国际化与科技国际化之间相互影响的实证结果。结果显示，尽管货币国际化与科技国际化之间有着很高的相关性，也即两者相互影响的程度很高，但科技国际化对货币国际化的影响要显著高于后者对前者的影响，为科技影响经贸、经贸影响货币提供了依据。与此同时，较高的货币国际化对应的是较高的国际融资能力，较高的国际融资能力又是科技研发投资的基础，因此货币国际化有对科技国际化产生积极的影响。

美国是全球科技创新的领导者，美国科技国际化程度不仅冠居全球，而且美国科技国际化程度超过欧元区、日本和英国三国货币发行体科技国际化总和，表明美国全球科研的垄断地位及其对美元在全球外汇市场垄断地位的有效支撑；日元的国际地位显著低于日本科技国际化全球排名第二的地位；欧元区、英国、澳大利亚和加拿大的科技国际化水平皆不同程度地低于欧元、英镑、澳元和加元等国际货币的国际地位，特别是澳大利亚科技国际化水平与澳元的国际化水平严重不匹配。

通过统计假设分析，我们首先确定可选的连续年数，然后找到科技国际化和货币国际化的相互影响。对应2001年至2019年，传统度量下，科技国际化和货币国际化度量参数，科技国际化对货币国际化平均影响程度相当于三分之二的同时，货币对科技国际化影响相当于三分之一。货币国际化最佳度量下，科技国际化对货币国际化的平均影响降至55.97%，而最佳货币国际化对科技国际化的影响提升至44.03%。这些结果对于我们理解全球科技国际化和货币国际化提供了直接的实证依据。

尽管近年来中国研发投入巨大，在科技创新方面取得了长足的进步，但是，离美日欧三大科技中心的科技国际化水平仍有可观的差距。2019年人民币国际化水平分别仅相当于美元、欧元和日元国际化水平的4.9%、13.4%和25.7%，表明人民币与全球前三大货币仍有很大差距。

第 15 章　货币自主度、货币国际化、科技自主度和科技国际化之间的关系

科技是经贸的基础，科技自主能力决定经济进步。此外，经贸是货币的基础，经贸的自主能力决定货币的自主能力。根据全球主要货币发行主体贸易结算数据，本章将结合第 3 章讨论分析的科技自主能力，首先分析货币自主能力，探讨货币自主能力与科技自主能力的关系，再对货币自主能力、科技自主能力及货币国际化之间的关系进行实证研究。这一研究有助于我们更好地理解科技国际化与货币国际化之间的关系。

15.1　货币自主的相关因素探寻

15.1.1　利率

利率既是影响和决定所有资产价格的最主要因素，也是整个金融市场以至整个经贸的血液，还是整个金融市场以至整个经贸的风险源头，因而，可以说是影响货币自主度的最主要因素。各个货币当局都有权在其经济领域提高和降低利率，但出于对跨境资本流动和外汇汇率等的担忧，不同的货币当局升降利率的自主度或自由度各不相同。以美元为例，美元利率的升降几乎完全视美国经济情况而定，很少顾及经常项目、外汇储备或资本流动的变化。2007—2021 年，特别是 2008 年国际金融危机前后以及 2014 年退出量化宽松政策前后，美联储利率政策的变化将美元自主度表现得淋漓尽致。而其他货币当局，甚至包括欧元区、日本、英国、瑞士等国家利率的变化往往需要根据美元利率而调整，

中国人民银行利率政策则不得不考虑人民币汇率稳定和跨境资金流动等因素。货币自主度越低，利率政策受限制的因素也越多，自由度就越低。

15.1.2　货币发行

货币发行权是国家主权概念的重要范畴之一，但是受限于货币自主度低，一些货币当局的货币发行通常受经常项目等因素的变化影响，而且国际经济的制约因素往往超过本国经济因素。研究表明，2002—2004 年，我国贸易顺差占央行货币发行量变化（M_1 变化）的平均份额约为 20.4%，2005—2007 年却跃升至 75.5%；受国际金融危机影响，2008 年这一份额又跃升至 152.3%；2009—2012 年，平均份额恢复到 77.4%，略高于 2005—2007 年危机前的平均水平（75.5%）（张光平、谭梓杨，2021）。尽管 2013—2021 年该份额稳步下降至 50% 以下，但仍显著高于世界上大多数主要经济体。这些数据显示，人民币发行量主要由货物贸易出口决定，而货物贸易出口主要受这些年来在华外资企业的影响。由于货币发行受外来资金影响，超额存款准备金率这一制度，实际上是被动地将超发的货币重新吸回货币当局，这一比率较高，则是货币自主度不高的表现。

15.1.3　黄金储备

黄金储备在各货币当局外汇储备中的份额也在一定程度上反映了它们的货币自主度。虽然黄金的货币功能明显削弱，但是美国和欧元区黄金储备保持基本不变，这一态势表明黄金的货币功能仍未消除。黄金储备在外汇储备中的份额越低，说明外币储备在外汇储备中的比例越高，也即货币当局对外币的依赖越高。

15.1.4　货币定价能力

除利率和经济增长率外，确定货币价格的最主要因素是经常项目差额的变化，而经常项目差额的变化主要由货物贸易和服务贸易而定。因此，当一个经济体出口贸易主要由外资企业来决定时，其货币的定价权实际上就旁落到了外资手里。没有自主定价权的货币，实际意味着该经济体货币只是自主度高的货币的附属货币或衍生货币，而衍生货币不可能成为真正的国际货币。

15.1.5 境外上市

境外上市实际上不仅是企业对境外资本市场或科技依赖的反映，也是对上市国货币的依赖。境外上市实际上是将上市企业所在国的红利送给上市地投资者，使上市地投资者增加了金融财富，进而增加了上市地消费和投资，最终支持了上市地本币。因此，任何一个国家或地区，境外上市企业越多，表明该国或地区货币对目标上市国货币的依赖越高。美国是拥有最多境外企业上市的国家，与美元是世界资本市场上自主能力最强的货币地位相对应。

15.2 货币自主的相关概念

决定货币自主能力或自主度的因素涉及货币发行、流通、定价和储备等各个环节。货币自主能力越强，货币发行、流通和定价等重要决策，主要受本国经贸因素制约，受其他货币影响的程度越低；而货币自主能力越低，由于受经常项目平衡和外汇储备变化等因素的制约，货币发行等决策受制于其他国币影响程度越高。换句话说，货币自主度越高，货币政策就越灵活，而货币自主能力越低，货币发行受制于其他自主程度高的货币政策的影响程度就越高。因此，自主度低的货币由于受制于人，实际上是自主度高的货币的附属品或衍生品，根本不具备成为国际货币的基本条件。

张光平、谭梓杨（2021）也表明，2002—2008 年，我国货物贸易顺差与我国货币发行额（M_1）的增量比例从 22.8% 提高到了 151.2%；受金融危机的影响，2009 年我国货物贸易顺差与我国货币发行量增量比例降到了 24.3%；2009—2012 年又持续提高到了 77.5%；2013 年略降到了 56.2%；2014 年又猛增到了 218.2% 的历史高位，占 2009—2014 年总发行量的 74.5%；2015—2020 年略降到了 72.3%；2021 年下降到了 26.3% 的历史低位；2022 年上半年回升到了 76.0%。20 年来货物贸易顺差占我国货币发行量增量比例持续较高，说明我国货币发行对外资企业贸易的依赖度高。

人民币兑美元汇率主要受我国以货物贸易项目为主的经常项目差额的影响，而货物贸易和服务贸易差额同样主要受外资企业贸易的影响，因此人民币汇率定价的主动权也旁落在外。这样一来，由于货币自主能力较低，本来属于国家主权范畴的人民币发行权和定价权，都在一定程度上旁落在外。

15.3　货币自主能力的定义和度量

与第 14 章介绍和简析的科技自主能力相对应，货币自主能力是指在全球外汇交易中该货币发行体辖内贸易和资本项目使用本币交易占本外币交易合计的比重。该比重越高，表明相应货币发行体对其他货币依赖程度越低，与此同时，自主能力越高；反之，表明该货币发行体对外币依赖程度越高的同时，自主能力越低。

15.3.1　忽略资本市场日均成交金额的合理性

世界交易所联合会数据显示，2010 年 4 月、2013 年 4 月、2016 年 4 月和 2019 年 4 月，全球股票市场日均成交金额分别为 278 亿美元、224 亿美元、289 亿美元和 342 亿美元，仅占表 4 - 1 中全球外汇市场日均成交金额的 1.40%、0.84%、1.14% 和 1.04%。此外，全球股票市场绝大多数交易是辖内的交易，而不是国际的交易。因此，与全球外汇市场日均成交金额相比，全球股票市场日均成交金额几乎可以忽略不计。全球债券市场日均成交金额与全球股票市场日均成交金额规模相近，而且全球债券市场绝大多数交易是辖内的交易，因此对货币自主能力的影响不大。

15.3.2　人民币和美元的货币自主度计算

表 4 - 1 显示，2019 年人民币在全球外汇市场日均成交金额为 2850.3 亿美元，全球占比 4.32%；当年我国日均货物贸易和服务贸易总额为 204.91 亿美元；表 3 - 13 显示当年人民币结算的我国贸易比重仅为 19.1%，因此，我

国贸易有 204.91 ×（1 -0.191）=165.77 亿美元依赖外币进行结算。由于在 2013 年、2016 年和 2019 年，全球外汇日均成交金额是全球贸易额的 28.49 倍、30.05 倍和 33.58 倍，而且不同币种有各自的相似比，我们无法直接将前者与后者进行比较。简单起见，我们用全球比率 33.58 来换算 2019 年中国贸易日均成交金额 165.77 亿美元，或将日均 165.77 亿美元的贸易金额乘以 33.58 而转换成 5567.3 亿美元的外汇日均成交金额，或者根据 2019 年贸易结算对应的外汇交易依赖度，可以计算得到，2019 年人民币自主度为 2850.3/（2850.3 +5567.3）=33.86%。利用同样的方法，我们可以计算出 2001 年、2004 年、2007 年、2010 年和 2016 年人民币自主度分别为 0.32%、2.31%、8.04%、12.15%、22.21% 和 34.09%。

同样，我们可以利用上述定义和佐藤（1998）给出的相应年份美国出口和进口美元结算比重，得出 2001 年至 2019 年的美元自主度。1980 年、1988 年、1992—1996 年，美国出口美元结算比重分别为 97%、96% 和 98%，1980—1996 年累计变化仅为 1%；1980 年、1988 年、1992—1996 年美国进口美元结算分别为 85%、85% 和 88.8%，1980—1996 年累计变化仅为 3.8%。因此，美国出口和进口美元结算比重在 1996 年以前都保持在稳定水平。因此，我们假设 1980—1996 年，美国出口和进口美元结算比重保持着 1%/16 =0.06% 和 3.8%/16 = 0.24% 的年均增长率。于是我们估计 2001—2019 年的美国出口和进口美元结算比重分别为 1996 年的 98.0% 和 88.8%，且遵从相应的年均增长率。因此，我们可以按照上述的步骤求出 2001 年、2004 年、2007 年、2010 年、2013 年、2016 年和 2019 年的美元自主度，结果如表 15 -1 所示。

15.3.3 获取全球其他主要货币自主能力的计算假设

日本商品和服务的进出口数据显示，1988—1996 年日本出口和进口贸易中，日元结算比重的年均变化分别为 0.32% 和 1.64% [通过佐藤（1998）的表 3 计算得出]。假设 1996—2019 年的年均变化保持不变，我们可以得到日本出口和进口日元结算比重，然后在表 15 -1 中找到日元自主度。同样，从世界银行的世界发展指标中，我们可以得到英国商品和服务的进出口数据，进而得到相应的英镑自主度计算所需数据。并且，可以计算得出 1980—1996 年，英国出口和进口以英镑结算比重的年均变化分别为 -0.88% 和 0.86% [通过佐藤（1998）的表3 计算得出]。假设 1996—2019 年的年均变化保持不变，我们可以确定英国出口和进口英镑结算比重，然后在表 15-1 中找到英镑自主度。

由于佐藤（1998）没有欧元的进出口结算数据，我们使用德国、法国和意大利进出口结算比重的算术平均代表相应的欧元结算比重。1980—1996 年以欧元结算的出口和进口年均变化为 -0.33% 和 0.90%。按照上述计算日元和英镑自主度的步骤，我们可以得到表 15-1 中的欧元自主度。表 15-1 中的欧元自主度与其他国家不好直接比较，因为 WTO 公布的欧元区进出口数据包含欧元区成员国间贸易，所以由此高估了欧元进出口结算值，数据上看，欧元进出口值明显高于其他货币发行体。我们使用欧盟内部出口和进口比率，以排除欧元内部出口和进口结算数据中的虚高部分，进而估计欧元区可比的出口和进口数据，并将表 15-1 中对应的欧元自主度记作欧元 2。

由于在佐藤（1998）中没有将瑞士、澳大利亚和加拿大的进出口的可比结算比重与瑞士法郎、澳大利亚元和加拿大元联系起来，因此，与英国和美国相比，我们必须使用这三个国家知识产权使用费的进出口数据。表 6-7 显示，2008—2019 年，瑞士出口知识产权使用费与英国出口知识产权使用费的平均比例为 94.80%，同期瑞士进口知识产权使用费与英国进口知识产权使用费的平均比例为 98.57%，两者的平均比例都接近 100%，说明两国科技国际化程度相近。因此，我们假设 2001—2019 年瑞士出口和进口瑞士法郎结算比例为英国出口英镑结算比例的 94.80%，又是英国进口英镑结算比例的 98.57%。表 15-1给出了 2001—2019 年的瑞士法郎自主度。

2008—2019 年，澳大利亚进出口知识产权使用费与美国进出口知识产权使用费的平均比例分别为 1.13% 和 9.48%，我们假设澳大利亚出口和进口澳元结算结果由相应的美国比例乘以进出口平均比例 1.13% 和 9.48%。按照上述步骤，我们可以得到澳大利亚元 2001—2019 年的自主度，结果见表 15-1。2001—2019 年的加拿大元自主度可以用类似的方法计算得出，结果见表 15-1。

表 15－1 主要国际货币自主度分布（2001—2019 年） 单位：%

货币/年份	2001	2004	2007	2010	2013	2016	2019
美元	99.21	99.28	99.39	99.46	99.47	99.48	99.56
欧元	79.14	76.89	77.66	80.29	76.43	75.2	74.42
日元	88.62	87.55	87.4	88.49	90.38	90.36	88.64
英镑	88.58	90.22	90.2	90.4	88.46	89	89.17
澳大利亚元	89.04	88.19	88.2	87.65	87.24	85.56	84.37
加拿大元	66.09	66.08	68.89	74.44	68.94	72.19	71.64
瑞士法郎	91.47	91.17	92.3	90.1	85.28	84.38	85.74
人民币	0.32	2.31	8.04	12.15	22.21	34.09	33.86
欧元 2	87.94	84.95	91.28	91.91	89.59	89.47	88.88
其他	44.72	28.9	52.53	47.74	42.51	44.51	54.97

数据来源：汇总结果由 15.3.3 节中的各种假设得出。

15.3.4 主要国际货币自主度分布

表 15－1 显示，美元在八大货币中自主度最高，2001—2019 年，美元自主度超过了 99%。欧元、日元和英镑这三种二线货币的自主度比美元自主度低大约 10%，接近 90% 的水平；澳大利亚元、瑞士法郎的自主度略低于欧元、日元和英镑这三种二线货币；加拿大元和人民币的自主度分别位列第 7 和第 8。

值得关注的是，人民币自主度从 2001 年的 0.32% 提高到 2019 年的 33.86%，增长了 100 多倍，同期人民币自主度占美元自主度的比例却从 2001 年的 0.3% 增长到 2019 年的 34.0%，表明人民币自主度和相对自主度皆有了可喜的提高，然而仍有巨大的提升空间。

15.4 相对于最佳货币国际化量度的货币自主度

表 15－1 给出的货币自主度是基于传统外汇名义成交金额，得到相应的货币国际化数据。第 13 章的结果表明，以外汇名义成交金额衡量相应的货币国际化，这一方法存在局限性。具体来说，由于外汇衍生产品名义金额中大

部分并非真实现金交易，因此相应的货币国际化度量结果不够准确。本节利用第13章衡量货币国际化的最佳度量指标——主要国际货币日均成交金额——计算出各个主要国际货币的自主度，结果如表15－2所示。

表15－2　对应最佳货币国际化度量的主要国际货币自主度分布（2001—2019年）

单位：%

货币/年份	2001	2004	2007	2010	2013	2016	2019
美元	98.84	98.96	95.09	99.24	99.25	99.25	99.35
欧元	72.91	70.57	70.98	75.35	70.57	67.88	66.43
日元	84.60	83.06	83.15	84.86	87.89	86.97	84.46
英镑	83.79	86.07	86.34	87.41	84.50	84.92	84.81
澳大利亚元	79.64	83.44	83.11	83.55	83.50	81.31	79.57
加拿大元	56.87	57.05	59.78	67.61	61.58	65.48	64.37
瑞士法郎	88.45	87.98	89.68	86.67	79.93	77.99	80.07
人民币	0.24	1.78	6.69	8.33	16.21	22.14	26.47
欧元2	89.29	87.96	88.04	89.50	86.43	85.55	84.46
其他	29.75	17.92	35.76	32.31	27.82	44.51	39.05
与表15－1的差异							
货币/年份	2001	2004	2007	2010	2013	2016	2019
美元	－0.36	－0.32	－4.30	－0.22	－0.21	－0.23	－0.21
欧元	－6.23	－6.32	－6.68	－4.94	－5.86	－7.32	－7.99
日元	－4.02	－4.49	－4.25	－3.63	－2.48	－3.39	－4.18
英镑	－4.79	－4.15	－3.86	－2.99	－3.96	－4.07	－4.36
澳大利亚元	－9.41	－4.75	－5.10	－4.10	－3.73	－4.24	－4.80
加拿大元	－9.21	－9.02	－9.10	－6.83	－7.36	－6.71	－7.27
瑞士法郎	－3.03	－3.19	－2.62	－3.42	－5.35	－6.39	－5.68
人民币	－0.08	－0.53	－1.36	－3.82	－6.00	－11.95	－7.40
欧元2	1.35	3.01	－3.24	－2.41	－3.17	－3.92	－4.42
其他	－14.97	－10.98	－16.77	－15.43	－14.69	0.00	－15.91

数据来源：使用表13－5中的货币国际化数据和表15－1中相同的方法。

由于排除了外汇衍生产品成交金额，表15－2给出的货币自主度都低于表15－1。表15－2显示，2001—2019年美元自主度保持在超过90%的水平，变化不大，年均下降了近0.84%，但仍显著高于其他货币。这表明美元自主度仍然遥遥领先其他货币。表15－2显示，最佳货币国际化度量下，欧元、日元、英镑、澳大利亚元、加拿大元、瑞士法郎和人民币的自主度比表15－1给出的结果年均分别下降了6.48%、3.78%、4.03%、5.16%、7.93%、4.24%和4.45%，皆显著高于美元自主度年均降幅0.84%。

值得关注的是，人民币自主度与美元自主度由2001年的0.24%增长到了2019年的26.47%，增长了100多倍，表明近20年来人民币自主度显著提高，但仍然有巨大的提升空间。

15.5 货币自主度与科技自主度的关系

有了上文对主要货币自主度的估算结果，以及表7－1给出的各主要货币发行体相应的科技自主度数据，我们可以容易地计算出主要货币自主度与其发行体科技自主度之间的关系。表15－3给出了相应结果。

表15－3 主要货币发行体货币自主度与科技自主度之间的相关性分布（2007—2019年）

单位：%

表15－1中科技自主度的相应结果								
年份	2001	2004	2007	2010	2013	2016	2019	平均
2000	81.12	81.88	82.52	82.40	81.90	83.60	85.35	82.68
2001	81.29	81.97	82.66	82.69	81.53	82.98	84.76	82.55
2002	80.55	80.80	81.37	81.34	80.44	81.30	82.88	81.24
2003	82.20	82.57	83.01	82.97	82.98	84.22	85.55	83.36
2004	81.82	82.35	82.63	82.50	83.45	85.02	86.21	83.43
2005	80.64	81.70	81.87	81.35	83.60	86.06	87.26	83.21
2006	80.02	81.14	81.35	81.07	83.43	86.23	87.34	82.94
2007	76.51	77.70	77.80	77.78	80.40	83.42	84.41	79.72
2008	76.26	77.33	77.54	77.28	79.92	82.92	84.03	79.33
2009	78.86	79.96	80.08	79.62	82.37	85.11	86.20	81.74
2010	76.29	77.33	77.28	76.31	80.39	83.17	84.13	79.27
2011	74.65	75.57	75.52	75.09	78.93	81.82	82.60	77.74
2012	73.94	74.85	74.89	74.44	77.66	80.43	81.39	76.80

续表

表 15－1 中科技自主度的相应结果								
年份	2001	2004	2007	2010	2013	2016	2019	平均
2013	74.23	75.21	75.17	75.02	78.29	81.17	81.93	77.29
2014	75.24	76.21	76.18	76.16	79.34	82.22	82.90	78.32
2015	72.88	74.00	73.93	73.60	77.70	81.04	81.66	76.40
2016	75.96	76.99	76.99	76.41	79.62	82.37	83.26	78.80
2017	69.30	70.51	70.44	69.75	73.78	77.06	77.97	72.69
2018	70.87	71.93	71.96	71.57	74.83	77.91	78.82	73.98
2019	68.91	70.03	70.19	69.74	72.84	76.12	77.26	72.16
平均	76.58	77.50	77.67	77.35	79.67	82.21	83.29	79.18

表 15－2 中科技自主度的相应结果								
年份	2001	2004	2007	2010	2013	2016	2019	平均
2000	85.46	83.68	83.34	84.12	82.06	83.26	85.64	83.94
2001	85.27	83.36	83.24	84.11	81.32	82.43	84.66	83.48
2002	84.84	82.33	82.00	82.83	80.37	80.64	82.60	82.23
2003	86.59	84.24	83.81	84.61	83.24	83.76	85.54	84.54
2004	86.53	84.38	83.72	84.45	84.12	84.80	86.57	84.94
2005	85.69	84.30	83.60	83.73	84.80	86.20	88.33	85.24
2006	84.98	83.66	82.88	83.42	84.72	86.56	88.62	84.98
2007	81.62	80.21	79.26	80.22	81.85	83.90	85.79	81.83
2008	81.73	80.07	79.23	79.78	81.41	83.33	85.50	81.58
2009	84.14	82.74	81.88	82.15	83.84	85.44	87.56	83.96
2010	82.25	80.85	79.73	79.32	82.46	83.67	85.94	82.03
2011	80.49	78.73	77.51	77.93	80.96	82.42	84.33	80.34
2012	79.82	77.81	76.89	77.09	79.37	80.76	82.79	79.22
2013	79.70	77.85	76.91	77.52	79.94	81.58	83.25	79.53
2014	80.47	78.66	77.74	78.53	80.92	82.64	84.15	80.45
2015	78.45	76.84	75.96	76.20	79.64	81.65	83.36	78.87
2016	81.36	79.64	79.10	78.79	81.08	82.52	84.39	80.98
2017	75.41	73.68	72.94	72.53	75.73	77.48	79.64	75.34
2018	76.64	74.63	74.06	74.01	76.40	78.16	80.12	76.29
2019	75.08	73.02	72.36	72.37	74.51	76.45	78.82	74.66
平均	81.83	80.03	79.31	79.68	80.94	82.38	84.38	81.22

数据来源：根据表 7－1 给出的科技自主度和表 15－1 和表 15－2 给出的货币自主度数据计算得出。

表 15 - 3 显示，2000—2019 年，传统外汇名义成交金额对应的货币自主度与科技自主度的平均相关性为 79. 18%，而同期相应的最佳货币国际化的货币自主度与科技自主度的平均相关性为 81. 22%，明显高于前者，表明最佳货币国际化对应的货币自主度与科技自主度之间更紧密的相互支持关系。

15. 6 货币自主度与科技自主度相互影响的程度

货币自主度和科技自主度之间的高度相关呈现出两者间相互支持的态势，但我们并不清楚两者之间相互影响的程度。本节利用与第 14 章相同的方法，分析两者相互影响程度的差别。

15. 6. 1 科技自主度对货币自主度的影响

由于我们有 2001—2019 年科技自主度的连续年度数据，而仅有同期每隔三年的货币自主度数据，因此科技自主度与货币自主度的年度影响无法呈现出按年度一一对应的结果，而只能获得与第 14 章相应的对称性的相互影响结果，表 15 - 4 给出了科技自主度影响货币自主度的回归结果。

表 15 - 4 科技自主度对货币自主度影响的回归结果，货币自主度数据来自表 15 - 1 给出的对应传统货币国际化的结果（2001—2019 年）

以 2001 年、2004 年、2007 年和 2010 年科技自主度为自变量对以 2010 年货币自主度为因变量				
- 137. 957	2. 635539	332. 788	- 80. 3671	29. 17463
281. 1778	239. 048	397. 1783	254. 4203	20. 15887
0. 723814	22. 48577	#N/A	#N/A	#N/A
1. 965563	3	#N/A	#N/A	#N/A
3975. 231	1516. 829	#N/A	#N/A	#N/A
以 2001 年、2004 年、2007 年和 2013 年科技自主度为自变量对以 2013 年货币自主度为因变量				
- 78. 8547	- 19. 2525	304. 5059	- 104. 358	36. 29363
243. 6982	207. 1841	344. 2365	220. 5074	17. 4718
0. 727644	19. 48853	#N/A	#N/A	#N/A
2. 003744	3	#N/A	#N/A	#N/A
3044. 11	1139. 408	#N/A	#N/A	#N/A

续表

以2001年、2004年、2007年和2013年科技自主度为自变量对以2016年国际自主度为因变量				
-75.1803	-0.15687	257.875	-97.3922	44.91654
189.3478	160.9772	267.4637	171.3291	13.57518
0.760615	15.14213	#N/A	#N/A	#N/A
2.383022	3	#N/A	#N/A	#N/A
2185.556	687.8524	#N/A	#N/A	#N/A
以2001年、2004年、2007年和2013年科技自主度为自变量对以2019年货币自主度为因变量				
-64.7738	-6.59937	237.3911	-79.1878	43.77267
182.873	155.4725	258.3176	165.4704	13.11097
0.776486	14.62434	#N/A	#N/A	#N/A
2.605499	3	#N/A	#N/A	#N/A
2228.965	641.6138	#N/A	#N/A	#N/A
以2004年、2007年、2010年和2013年科技自主度为自变量对以2013年货币自主度为因变量				
-116.893	41.26664	29.51016	154.0585	33.70903
308.2815	234.9276	285.358	154.3188	18.22313
0.720695	19.73557	#N/A	#N/A	#N/A
1.935236	3	#N/A	#N/A	#N/A
3015.04	1168.478	#N/A	#N/A	#N/A
以2004年、2007年、2010年和2013年科技自主度为自变量对以2016年货币自主度为因变量				
-85.5555	26.94465	29.89261	118.3302	42.86257
243.9923	185.9357	225.8493	122.1371	14.42287
0.74527	15.6199	#N/A	#N/A	#N/A
2.194292	3	#N/A	#N/A	#N/A
2141.465	731.9438	#N/A	#N/A	#N/A
以2004年、2007年、2010年和2013年科技自主度为自变量对以2019年货币自主度为因变量				
-102.789	32.34892	39.65717	122.7161	41.59705
229.4499	174.8536	212.3883	114.8575	13.56324
0.774508	14.68893	#N/A	#N/A	#N/A
2.576054	3	#N/A	#N/A	#N/A
2223.285	647.2937	#N/A	#N/A	#N/A
以2007年、2010年、2013年和2016年科技自主度为自变量对以2016年货币自主度为因变量				
5.613108	-107.809	70.03726	106.1359	49.51786
258.6992	361.7964	218.3668	247.5066	15.01308
0.665623	17.89602	#N/A	#N/A	#N/A
1.492976	3	#N/A	#N/A	#N/A
1912.606	960.8022	#N/A	#N/A	#N/A

续表

以2007年、2010年、2013年和2016年科技自主度为自变量对以2019年货币自主度为因变量				
13.11099	-132.364	75.02853	120.0529	48.38668
249.3722	348.7526	210.494	238.5833	14.47181
0.688993	17.25081	#N/A	#N/A	#N/A
1.661518	3	#N/A	#N/A	#N/A
1977.808	892.7712	#N/A	#N/A	#N/A
以2010年、2013年、2016年和2019年科技自主度为自变量对以2019年货币自主度为因变量				
-364.42	215.9778	104.0621	58.05804	84.46363
163.9562	186.9832	173.2278	133.0665	17.39954
0.872577	11.04201	#N/A	#N/A	#N/A
5.135909	3	#N/A	#N/A	#N/A
2504.801	365.7777	#N/A	#N/A	#N/A
平均回归有效性		74.56%		
后三平均回归有效性		74.70%		
前七平均回归有效性		74.24%		

数据来源：以表15－1中的货币自主度为自变量，表7－1中的科技自主度为因变量的标准多元回归得出。

尽管表15－4给出的10个回归平均有效性74.56%，显著低于表14－10给出相应的科技国际化对货币国际化影响的平均有效性97.67%，科技自主度对货币自主度仍有可观的影响。值得关注的是，表15－4中前7个回归的平均有效性皆超过70%，平均回归有效性74.24%，与十个回归平均有效性74.56%相近，而2007年、2010年和2013年科技自主度对2016年和2019年的货币自主度回归的有效性分别下降到了66.56%和68.90%，而2010年、2013年和2016年科技自主度对2019年货币自主度的回归有效性显著提高到了87.26%。这些结果可能由于2009—2014年美国量化宽松政策对科技创新的影响的同时，美国退出量化宽松政策后，以美国纳斯达克为代表的全球科技股市市值高速增长导致科技自主对货币自主影响力显著超过之前相应的影响力。根据世界交易所联盟公布的全球各个交易所数据计算得出，2016—2019年纳斯达克市值年均复合增长率高达18.7%，超过2003—2013年相应的年均复合增长率7.9% 1倍多。科技股市值的高速增长创造出的新的市值不仅会为科技创新融资和研发提供更好的支持的同时，也会有效降低社会杠杆率，对货币政策有着直接的影响。当然，以上结论只是推测，仍需进一步研究才能得出更好的结果。

15.6.2 货币自主度对科技自主度的影响

与表 15－4 对应，表 15－5 给出了以货币自主度为自变量和科技自主度为因变量而得出的前者对后者影响的相应结果。

表 15－5 货币自主度对科技自主度影响的回归结果，货币自主度数据来自表 15－2（2001—2019 年）

以 2001 年、2004 年、2007 年和 2010 年货币自主度为自变量对以 2010 年科技自主度为因变量				
－0.00807	0.022993	0.06049	－0.06762	－0.18786
0.041373	0.069979	0.059339	0.08436	0.552116
0.681517	0.201518	#N/A	#N/A	#N/A
1.604914	3	#N/A	#N/A	#N/A
0.260698	0.121828	#N/A	#N/A	#N/A
以 2001 年、2004 年、2007 年和 2013 年货币自主度为自变量对以 2013 年科技自主度为因变量				
0.006256	0.015628	0.064753	－0.07716	－0.33
0.046627	0.078865	0.066874	0.095072	0.622228
0.648093	0.227108	#N/A	#N/A	#N/A
1.381247	3	#N/A	#N/A	#N/A
0.284968	0.154734	#N/A	#N/A	#N/A
以 2001 年、2004 年、2007 年和 2013 年货币自主度为自变量对以 2016 年科技自主度为因变量				
0.000111	0.010645	0.064037	－0.06658	－0.2026
0.044442	0.07517	0.063741	0.090618	0.593077
0.665785	0.216468	#N/A	#N/A	#N/A
1.494064	3	#N/A	#N/A	#N/A
0.280038	0.140575	#N/A	#N/A	#N/A
以 2001 年、2004 年、2007 年和 2013 年货币自主度为自变量对以 2019 年科技自主度为因变量				
0.00244	0.013792	0.05936	－0.06821	－0.12862
0.042586	0.072031	0.061079	0.086834	0.568308
0.584074	0.207427	#N/A	#N/A	#N/A
1.053204	3	#N/A	#N/A	#N/A
0.181261	0.129078	#N/A	#N/A	#N/A

续表

以 2004 年、2007 年、2010 年和 2013 年货币自主度为自变量对以 2013 年科技自主度为因变量				
0. 023572	-0. 00181	-0. 02615	0. 014011	-0. 31166
0. 031181	0. 047944	0. 066119	0. 041671	0. 633083
0. 639498	0. 229865	#N/A	#N/A	#N/A
1. 330431	3	#N/A	#N/A	#N/A
0. 281188	0. 158513	#N/A	#N/A	#N/A
以 2004 年、2007 年、2010 年和 2013 年货币自主度为自变量对以 2016 年科技自主度为因变量				
0. 017772	-0. 00614	-0. 02481	0. 021049	-0. 14759
0. 030201	0. 046437	0. 064041	0. 040361	0. 613181
0. 64646	0. 222638	#N/A	#N/A	#N/A
1. 3714	3	#N/A	#N/A	#N/A
0. 27191	0. 148704	#N/A	#N/A	#N/A
以 2004 年、2007 年、2010 年和 2013 年货币自主度为自变量对以 2019 年科技自主度为因变量				
0. 014949	-0. 00306	-0. 02177	0. 016324	-0. 0225
0. 029666	0. 045614	0. 062906	0. 039646	0. 602319
0. 537661	0. 218695	#N/A	#N/A	#N/A
0. 872186	3	#N/A	#N/A	#N/A
0. 166858	0. 143482	#N/A	#N/A	#N/A
以 2007 年、2010 年、2013 年和 2016 年货币自主度为自变量对以 2016 年科技自主度为因变量				
0. 127369	-0. 11481	-0. 03039	0. 042872	-1. 70795
0. 067554	0. 075171	0. 034041	0. 040343	0. 831138
0. 823523	0. 157299	#N/A	#N/A	#N/A
3. 499839	3	#N/A	#N/A	#N/A
0. 346385	0. 074229	#N/A	#N/A	#N/A
以 2007 年、2010 年、2013 年和 2016 年货币自主度为自变量对以 2019 年科技自主度为因变量				
0. 130739	-0. 12205	-0. 02691	0. 041898	-1. 5837
0. 060185	0. 066971	0. 030328	0. 035942	0. 740477
0. 81015	0. 14014	#N/A	#N/A	#N/A
3. 200485	3	#N/A	#N/A	#N/A
0. 251422	0. 058918	#N/A	#N/A	#N/A

续表

以2010年、2013年、2016年和2019年货币自主度为自变量对以2019年科技自主度为因变量				
0.075456	0.0039	-0.05216	-0.00651	-1.27753
0.062504	0.085829	0.052845	0.017948	0.708748
0.814345	0.138583	#N/A	#N/A	#N/A
3.289756	3	#N/A	#N/A	#N/A
0.252724	0.057616	#N/A	#N/A	#N/A
平均回归有效性		68.51%		
后三平均回归有效性		62.90%		
前七平均回归有效性		81.60%		

数据来源：同表15-4。

表15-5中的10个货币自主度对科技自主度影响的平均回归有效性68.51%，比表15-4相应的10个回归的平均有效性74.56%略低，表明2001—2019年货币自主度对科技自主度的总体影响明显低于后者对前者的影响。值得关注的是，表15-5中后三个回归的平均有效性62.90%却比表15-4中后三个回归的平均有效性74.24%低11.34%，表明2016—2019年科技自主度对货币自主度的影响超过后者对前者的影响，与上文判断的美国退出量化宽松政策后科技股市值大幅增长有关。科技股市值持续多年高速增长是投资者对科技红利潜能认知的结果。随着科技对全球经贸以至社会生活应用的深度和广度的不断增大，相信今后多年这种认知还会延续。

15.7 最佳货币自主度和科技自主度的相互影响

上文分别研究了科技自主度和传统货币国际化对应的货币自主度之间相互影响。本节研究科技自主度和最佳货币国际化对应的货币自主度之间相互影响。

15.7.1 科技自主度对最佳货币自主度的影响

利用上文同样的方法，表15-6给出了科技自主度影响最佳货币国际化对应的货币自主度的回归结果。

表15－6 科技自主度影响最佳货币国际化对应的货币自主度的回归结果（2001—2019年）

以2001年、2004年、2007年和2010年科技自主度为自变量对以2010年货币国际化为因变量				
－26.7534	－10.5738	133.5013	20.63415	23.9925
283.1043	240.6858	399.8997	256.1635	20.297
0.722542	22.63983	#N/A	#N/A	#N/A
1.95311	3	#N/A	#N/A	#N/A
4004.359	1537.686	#N/A	#N/A	#N/A
以2001年、2004年、2007年和2013年科技自主度为自变量对以2013年货币国际化为因变量				
36.58688	－27.0995	96.82887	－3.89521	30.0291
262.0673	222.8008	370.1837	237.1284	18.78876
0.711204	20.9575	#N/A	#N/A	#N/A
1.846988	3	#N/A	#N/A	#N/A
3244.912	1317.65	#N/A	#N/A	#N/A
以2001年、2004年、2007年和2013年科技自主度为自变量对以2016年国际国际化为因变量				
25.05346	10.5491	39.82897	15.7064	34.50808
233.3222	198.3628	329.5798	211.1188	16.7279
0.724348	18.65876	#N/A	#N/A	#N/A
1.97082	3	#N/A	#N/A	#N/A
2744.559	1044.448	#N/A	#N/A	#N/A
以2001年、2004年、2007年和2013年科技自主度为自变量对以2019年货币国际化为因变量				
62.10073	－8.2613	－16.6486	50.38057	36.00984
203.2077	172.7604	287.0415	183.87	14.56886
0.762892	16.2505	#N/A	#N/A	#N/A
2.413112	3	#N/A	#N/A	#N/A
2549.008	792.2367	#N/A	#N/A	#N/A
以2004年、2007年、2010年和2013年科技自主度为自变量对以2013年货币国际化为因变量				
－209.072	127.8622	109.1816	83.73559	26.81772
304.3182	231.9074	281.6894	152.3349	17.98886
0.750441	19.48185	#N/A	#N/A	#N/A
2.255305	3	#N/A	#N/A	#N/A
3423.936	1138.627	#N/A	#N/A	#N/A

续表

以2004年、2007年、2010年和2013年科技自主度为自变量对以2016年货币国际化为因变量				
-202.525	100.2993	147.792	54.43129	31.54771
267.2717	203.6759	247.3977	133.7903	15.79897
0.768204	17.11021	#N/A	#N/A	#N/A
2.4856	3	#N/A	#N/A	#N/A
2910.729	878.2775	#N/A	#N/A	#N/A
以2004年、2007年、2010年和2013年科技自主度为自变量对以2019年货币国际化为因变量				
-224.235	123.1064	152.5507	45.72954	32.9869
222.0095	169.1835	205.5011	111.133	13.12342
0.818632	14.21261	#N/A	#N/A	#N/A
3.385242	3	#N/A	#N/A	#N/A
2735.25	605.9945	#N/A	#N/A	#N/A
以2007年、2010年、2013年和2016年科技自主度为自变量对以2016年货币国际化为因变量				
101.5875	-301.005	92.82018	200.8793	33.08328
247.2089	345.7271	208.6679	236.5135	14.34627
0.768449	17.10116	#N/A	#N/A	#N/A
2.489025	3	#N/A	#N/A	#N/A
2911.658	877.3488	#N/A	#N/A	#N/A
以2007年、2010年、2013年和2016年科技自主度为自变量对以2019年国际国际化为因变量				
102.3081	-322.089	112.1458	200.2374	34.01559
202.742	283.5391	171.1336	193.9704	11.76572
0.823387	14.02507	#N/A	#N/A	#N/A
3.496569	3	#N/A	#N/A	#N/A
2751.137	590.1078	#N/A	#N/A	#N/A
以2010年、2013年、2016年和2019年科技自主度为自变量对以2019年货币国际化为因变量				
-309.886	255.3049	-24.3186	115.2655	66.78125
163.5955	186.5718	172.8467	132.7738	17.36125
0.891008	11.01771	#N/A	#N/A	#N/A
6.131222	3	#N/A	#N/A	#N/A
2977.075	364.1699	#N/A	#N/A	#N/A
平均回归有效性		77.41%		
后三平均回归有效性		82.76%		
前七平均回归有效性		75.12		

数据来源：利用表15-2的货币自主度和表7-1中科技自主度数据计算得出。

表 15 - 6 显示，科技自主度影响货币自主度的十个回归有效性平均为 77.41%，比表 15 - 4 中的平均有效性 74.56% 高出 2.85%，表明科技自主度对以最佳货币对应的货币自主度影响更大；另外，表 15 - 6 中后三个回归的平均有效性 82.76%，比前七个回归平均有效性 75.12% 高出 7.64%，而且比表 15 - 4 中后三个回归平均有效性 74.24% 高出 8.52%，显示出传统货币国际化度量中外汇衍生产品（见表 15 - 4 相应的结果），科技自主度对货币自主度的影响力更为显著的同时，2014 年美国退出量化宽松政策后以美国纳斯达克股市为代表的科技股市值大幅增长对货币自主度有明显的影响。

15.7.2 货币自主度对科技自主度的影响

与表 15 - 5 对应，表 15 - 7 给出了以货币自主度为自变量和科技自主度为因变量而得出的前者对后者影响的相应结果。

表 15 - 7 货币自主度对科技自主度影响的回归结果，货币自主度数据来自表 15 - 2（2001—2019 年）

以 2001 年、2004 年、2007 年和 2010 年货币国际化为自变量对以 2010 年科技国际化为因变量				
-0.01467	-0.03507	0.015337	0.036562	0.346685
0.02201	0.044075	0.050494	0.032305	0.355505
0.792702	0.16258	#N/A	#N/A	#N/A
2.867976	3	#N/A	#N/A	#N/A
0.303229	0.079297	#N/A	#N/A	#N/A
以 2001 年、2004 年、2007 年和 2013 年货币国际化为自变量对以 2013 年科技国际化为因变量				
-0.00724	-0.03322	8.58E-05	0.043468	0.274163
0.02615	0.052366	0.059993	0.038383	0.422382
0.745423	0.193165	#N/A	#N/A	#N/A
2.196064	3	#N/A	#N/A	#N/A
0.327764	0.111938	#N/A	#N/A	#N/A
以 2001 年、2004 年、2007 年和 2013 年货币国际化为自变量对以 2016 年科技国际化为因变量				
-0.01147	-0.01711	-0.00916	0.041599	0.22437
0.025471	0.051005	0.058433	0.037385	0.411401
0.747528	0.188143	#N/A	#N/A	#N/A
2.220621	3	#N/A	#N/A	#N/A
0.31442	0.106193	#N/A	#N/A	#N/A

续表

以2001年、2004年、2007年和2013年货币国际化为自变量对以2019年科技国际化为因变量				
-0.00978	-0.01918	-0.00974	0.04121	0.339774
0.024412	0.048885	0.056005	0.035831	0.394302
0.68567	0.180323	#N/A	#N/A	#N/A
1.636029	3	#N/A	#N/A	#N/A
0.212791	0.097549	#N/A	#N/A	#N/A
以2004年、2007年、2010年和2013年货币国际化为自变量对以2013年科技国际化为因变量				
0.011617	-0.00152	-0.01156	0.008933	-0.11103
0.033067	0.030758	0.083274	0.093332	0.845942
0.650948	0.226185	#N/A	#N/A	#N/A
1.398677	3	#N/A	#N/A	#N/A
0.286223	0.153479	#N/A	#N/A	#N/A
以2004年、2007年、2010年和2013年货币国际化为自变量对以2016年科技国际化为因变量				
0.014297	-0.00696	0.009041	-0.00748	-0.2117
0.031633	0.029425	0.079663	0.089285	0.809262
0.666064	0.216378	#N/A	#N/A	#N/A
1.495942	3	#N/A	#N/A	#N/A
0.280156	0.140458	#N/A	#N/A	#N/A
以2004年、2007年、2010年和2013年货币国际化为自变量对以2019年科技国际化为因变量				
0.009634	-0.00394	-0.00099	0.001592	0.003843
0.031152	0.028977	0.078452	0.087928	0.796957
0.561066	0.213087	#N/A	#N/A	#N/A
0.958685	3	#N/A	#N/A	#N/A
0.174121	0.136219	#N/A	#N/A	#N/A
以2007年、2010年、2013年和2016年货币国际化为自变量对以2016年科技国际化为因变量				
0.03552	-0.02473	-0.01402	0.01409	-0.33847
0.044242	0.049788	0.028155	0.027523	0.349554
0.72448	0.196543	#N/A	#N/A	#N/A
1.972122	3	#N/A	#N/A	#N/A
0.304726	0.115887	#N/A	#N/A	#N/A
以2007年、2010年、2013年和2016年货币国际化为自变量对以2019年科技国际化为因变量				
0.036847	-0.02834	-0.01134	0.012134	-0.20712
0.042994	0.048383	0.02736	0.026746	0.339689
0.647358	0.190996	#N/A	#N/A	#N/A
1.376804	3	#N/A	#N/A	#N/A
0.200901	0.109439	#N/A	#N/A	#N/A

续表

以 2010 年、2013 年、2016 年和 2019 年货币国际化为自变量对以 2019 年科技国际化为因变量				
0.038071	-0.01475	-0.01155	-0.00113	-0.32342
0.038883	0.053888	0.03717	0.014916	0.333376
0.71442	0.171879	#N/A	#N/A	#N/A
1.876233	3	#N/A	#N/A	#N/A
0.221713	0.088627	#N/A	#N/A	#N/A
平均回归有效性		69.36%		
后三平均回归有效性		69.28%		
前七平均回归有效性		69.54%		

数据来源：同表 15－6。

表 15－7 显示，十个货币自主度影响科技自主度的平均回归有效性 69.36% 比表 15－6 中十个对应的回归平均有效性 77.41% 低 8.05%，而且表 15－7 中后三个回归的平均有效性 69.28% 比表 15－6 中相应的后三个回归平均有效性 82.76% 低 13.48%，显示对应将外汇衍生产品部分交易金额“剔除”后的最佳货币自主度，科技自主度对货币自主度的影响更大的同时，2014 年美国退出量化宽松政策后美国科技股市值高速增长使得科技自主度对货币自主度的影响更为显著。

15.8 科技自主度与科技国际化的相互影响

在第 14 章研究了科技国际化与货币国际化的相互影响程度，上文研究了货币自主度与科技自主度的相互关系的基础上，本节利用科技自主度与科技国际化度量结果探讨科技自主度和科技国际化之间的相互影响程度。

15.8.1 连续年度数据计算出的科技自主度和科技国际化相互影响

第 14 章以 2001—2019 年连续 5 年科技自主度为自变量，相应的科技国际化为因变量，进行 15 个标准多元回归。结果表明，这 15 次回归的平均回归有效性为 98.38%；以 2001—2019 年连续 5 年科技国际化为自变量，相应的科技自主度为因变量，相应的 15 个标准多元回归的平均回归有效性为

98.66%；以2001—2019年连续6年科技自主度为自变量，对应的科技国际化为因变量，相应的14次标准多元回归平均回归有效性为98.55%；以2001—2019年连续6年科技国际化数据为自变量，相应的科技自主度为因变量，进行14个标准多元回归，平均回归有效性为98.64%。因此，用连续5年和6年的科技国际化和科技自主度数据，科技国际化对科技自主度的影响都更大。

15.8.2　科技自主度和科技国际化相互影响

为了将这些结果与涉及货币的结果相对比，我们以15.6节和15.7节相同的方法，计算出科技国际化和货币国际化的相互影响结果，以使这些结果容易直接与设计货币国际化和货币自主度的结果进行比较。表15-8给出了相应的结果。

表15-8　科技国际化对科技自主度影响的回归结果（2001—2019年）

以2001年、2004年、2007年和2010年科技国际化为自变量对以2010年科技自主度为因变量				
-26.7534	-10.5738	133.5013	20.63415	23.9925
283.1043	240.6858	399.8997	256.1635	20.297
0.722542	22.63983	#N/A	#N/A	#N/A
1.95311	3	#N/A	#N/A	#N/A
4004.359	1537.686	#N/A	#N/A	#N/A
以2001年、2004年、2007年和2013年科技国际化为自变量对以2013年科技自主度为因变量				
36.58688	-27.0995	96.82887	-3.89521	30.0291
262.0673	222.8008	370.1837	237.1284	18.78876
0.711204	20.9575	#N/A	#N/A	#N/A
1.846988	3	#N/A	#N/A	#N/A
3244.912	1317.65	#N/A	#N/A	#N/A
以2001年、2004年、2007年和2013年科技国际化为自变量对以2016年科技自主度为因变量				
25.05346	10.5491	39.82897	15.7064	34.50808
233.3222	198.3628	329.5798	211.1188	16.7279
0.724348	18.65876	#N/A	#N/A	#N/A
1.97082	3	#N/A	#N/A	#N/A
2744.559	1044.448	#N/A	#N/A	#N/A

续表

以 2001 年、2004 年、2007 年和 2013 年科技国际化为自变量对以 2019 年科技自主度为因变量				
62.10073	-8.2613	-16.6486	50.38057	36.00984
203.2077	172.7604	287.0415	183.87	14.56886
0.762892	16.2505	#N/A	#N/A	#N/A
2.413112	3	#N/A	#N/A	#N/A
2549.008	792.2367	#N/A	#N/A	#N/A
以 2004 年、2007 年、2010 年和 2013 年科技国际化为自变量对以 2013 年科技自主度为因变量				
-209.072	127.8622	109.1816	83.73559	26.81772
304.3182	231.9074	281.6894	152.3349	17.98886
0.750441	19.48185	#N/A	#N/A	#N/A
2.255305	3	#N/A	#N/A	#N/A
3423.936	1138.627	#N/A	#N/A	#N/A
以 2004 年、2007 年、2010 年和 2013 年科技国际化为自变量对以 2016 年科技自主度为因变量				
-202.525	100.2993	147.792	54.43129	31.54771
267.2717	203.6759	247.3977	133.7903	15.79897
0.768204	17.11021	#N/A	#N/A	#N/A
2.4856	3	#N/A	#N/A	#N/A
2910.729	878.2775	#N/A	#N/A	#N/A
以 2004 年、2007 年、2010 年和 2013 年科技国际化为自变量对以 2019 年科技自主度为因变量				
-224.235	123.1064	152.5507	45.72954	32.9869
222.0095	169.1835	205.5011	111.133	13.12342
0.818632	14.21261	#N/A	#N/A	#N/A
3.385242	3	#N/A	#N/A	#N/A
2735.25	605.9945	#N/A	#N/A	#N/A
以 2007 年、2010 年、2013 年和 2016 年科技国际化为自变量对以 2016 年科技自主度为因变量				
101.5875	-301.005	92.82018	200.8793	33.08328
247.2089	345.7271	208.6679	236.5135	14.34627
0.768449	17.10116	#N/A	#N/A	#N/A
2.489025	3	#N/A	#N/A	#N/A
2911.658	877.3488	#N/A	#N/A	#N/A

续表

以2007年、2010年、2013年和2016年科技国际化为自变量对以2019年科技自主度化为因变量				
102.3081	-322.089	112.1458	200.2374	34.01559
202.742	283.5391	171.1336	193.9704	11.76572
0.823387	14.02507	#N/A	#N/A	#N/A
3.496569	3	#N/A	#N/A	#N/A
2751.137	590.1078	#N/A	#N/A	#N/A
以2010年、2013年、2016年和2019年科技国际化为自变量对以2019年科技自主度为因变量				
-309.886	255.3049	-24.3186	115.2655	66.78125
163.5955	186.5718	172.8467	132.7738	17.36125
0.891008	11.01771	#N/A	#N/A	#N/A
6.131222	3	#N/A	#N/A	#N/A
2977.075	364.1699	#N/A	#N/A	#N/A
平均回归有效性		77.41%		
后三平均回归有效性		82.76%		
前七平均回归有效性		75.12%		

数据来源：利用表13-1的科技国际化和表7-1中科技自主度数据计算得出。

表15-8显示，2001—2019年，科技国际化影响科技自主度的十个回归平均有效性77.41%，而且后三个回归平均有效性82.76%，比前七个回归的平均有效性75.12%高出7.64%。这些结果表明科技国际化对科技自主度有更大影响力的同时，2014年美国退出量化宽松政策后科技国际化对科技自主度的影响力进一步增大。

15.8.3　科技自主度对科技国际化的影响

利用表15-8同样的数据和方法，我们可以获得与表15-8相应的科技自主度影响科技国际化的结果，表15-9给出了相应的结果。

表15-9　科技自主度对科技国际化影响的回归结果（2001—2019年）

以2001年、2004年、2007年和2010年科技自主度为自变量对以2010年科技国际化为因变量				
0.329884	-0.27135	-0.48434	0.436729	0.171742
0.566469	0.457418	0.86909	0.727297	0.21029
0.577341	0.232148	#N/A	#N/A	#N/A
1.024481	3	#N/A	#N/A	#N/A
0.220848	0.161678	#N/A	#N/A	#N/A

续表

以2001年、2004年、2007年和2013年科技自主度为自变量对以2013年科技国际化为因变量				
0.386167	-0.3093	-0.637	0.571627	0.133311
0.576097	0.465192	0.883861	0.739658	0.213864
0.619695	0.236094	#N/A	#N/A	#N/A
1.222104	3	#N/A	#N/A	#N/A
0.272481	0.167221	#N/A	#N/A	#N/A
以2001年、2004年、2007年和2013年科技自主度为自变量对以2016年科技国际化为因变量				
0.429178	-0.36217	-0.65073	0.595204	0.140818
0.598931	0.483631	0.918894	0.768975	0.222341
0.570296	0.245451	#N/A	#N/A	#N/A
0.995388	3	#N/A	#N/A	#N/A
0.239874	0.180739	#N/A	#N/A	#N/A
以2001年、2004年、2007年和2013年科技自主度为自变量对以2019年科技国际化为因变量				
0.474095	-0.38075	-0.73203	0.64713	0.174921
0.470916	0.38026	0.72249	0.604615	0.174818
0.639962	0.192989	#N/A	#N/A	#N/A
1.333112	3	#N/A	#N/A	#N/A
0.198606	0.111734	#N/A	#N/A	#N/A
以2004年、2007年、2010年和2013年科技自主度为自变量对以2013年科技国际化为因变量				
0.459634	-0.51809	-0.41427	0.517725	0.185248
0.120087	0.139216	0.142084	0.132653	0.057578
0.92249	0.106586	#N/A	#N/A	#N/A
8.926112	3	#N/A	#N/A	#N/A
0.40562	0.034081	#N/A	#N/A	#N/A
以2004年、2007年、2010年和2013年科技自主度为自变量对以2016年科技国际化为因变量				
0.458234	-0.49143	-0.45229	0.530534	0.198717
0.147496	0.170991	0.174514	0.162931	0.07072
0.877762	0.130913	#N/A	#N/A	#N/A
5.385577	3	#N/A	#N/A	#N/A
0.369198	0.051415	#N/A	#N/A	#N/A
以2004年、2007年、2010年和2013年科技自主度为自变量对以2019年科技国际化为因变量				
0.378345	-0.40353	-0.36582	0.4281	0.260358
0.132726	0.153869	0.157039	0.146615	0.063639
0.865845	0.117804	#N/A	#N/A	#N/A
4.840563	3	#N/A	#N/A	#N/A
0.268706	0.041634	#N/A	#N/A	#N/A

续表

以 2007 年、2010 年、2013 年和 2016 年科技自主度为自变量对以 2016 年科技国际化为因变量				
0. 070157	-0. 02219	-0. 0888	0. 055919	0. 303595
0. 209255	0. 139379	0. 245383	0. 164943	0. 13106
0. 465757	0. 273685	#N/A	#N/A	#N/A
0. 653855	3	#N/A	#N/A	#N/A
0. 195904	0. 22471	#N/A	#N/A	#N/A
以 2007 年、2010 年、2013 年和 2016 年科技自主度为自变量对以 2019 年科技国际化为因变量				
0. 060056	-0. 01079	-0. 08044	0. 044327	0. 344592
0. 173108	0. 115303	0. 202996	0. 136451	0. 108421
0. 504472	0. 226408	#N/A	#N/A	#N/A
0. 763536	3	#N/A	#N/A	#N/A
0. 156558	0. 153782	#N/A	#N/A	#N/A
以 2010 年、2013 年、2016 年和 2019 年科技自主度为自变量对以 2019 年科技国际化为因变量				
-0. 09918	0. 1823	-0. 08547	0. 013465	0. 387087
0. 083304	0. 178411	0. 110815	0. 109089	0. 094137
0. 651628	0. 189836	#N/A	#N/A	#N/A
1. 402873	3	#N/A	#N/A	#N/A
0. 202226	0. 108114	#N/A	#N/A	#N/A
平均回归有效性		66. 95%		
后三平均回归有效性		72. 48%		
前七平均回归有效性		54. 06%		

数据来源：同表 15 -8。

表 15 -9 显示，2001—2019 年，科技国自主度影响科技国际化的十个回归平均有效性 66. 95%，表 15 -8 相应的十个回归平均有效性低 10. 46%，显示科技国际化对科技自主度的影响高于后者对前者的影响。值得关注的是，表 15 -9 中后三个回归的平均有效性 72. 48% 比表 15 -8 相应的后三个回归的平均有效性 82. 76% 低 10. 28% 的同时，表 15 -9 中前七个回归的平均有效性 54. 06%，比表 15 -8 相应的前七个回归的平均有效性 75. 12% 低 21. 06%。这些结果表明 2013 年后科技国际化对科技自主度的影响力更大。

以上结果与 2013 年下半年美国开始讨论，2014 年正式推出量化宽松政策有关。上文给出了 2016—2019 年美国纳斯达克股市以 2013 年前十年一倍以上的年均增速高速增长，显示纳斯达克这个全球科技股龙头以全球市场为基础发展，美国科技在全球范围内广泛应用和推广，为美国科技全球化带来了前所未有的机遇，进而导致科技国际化对科技自主度的影响力进一步增强的结果。

15.9 货币国际化和货币自主度之间的相互影响

上文分析了货币自主度与科技自主度之间相互影响的结果，本节简单分析货币国际化和货币自主度间的相互影响。

15.9.1 货币国际化对货币自主度的影响

利用表4－1给出的2001—2019年全球前八大国际货币的货币国际化数据（以外汇衍生产品名义成交金额计算相应的外汇日均成交金额度量的货币国际化）和表15－1给出相应的货币自主度数据，我们可以类似地通过相互回归计算出货币自主度和货币国际化间的相互影响结果。按照与上文相同的方法，我们可以得出货币国际化与货币自主度的十个回归结果（结果格式与表15－4到表15－9相同，这里不详细列出）。结果显示，2001—2019年，传统货币国际化（以包括外汇衍生产品在内的名义金额度量的货币化）对传统货币自主度（见表15－1）影响的十个回归平均有效性仅为35.37%，是第14章和本章上文给出的相关结果中最低的；同样，2001—2019年，最佳货币国际化（以提出外汇衍生产品部分名义金额度量的货币化）对货币自主度（见表15－2）影响的十个回归平均有效性仅为45.10%，比相应的传统货币国际化对货币自主度影响的平均有效性35.37%高出近10个百分点，显示剔除部分外汇衍生产品名义金额的最佳货币国际化和相应的货币自主度比传统货币国际化和相应货币自主度的优势。

15.9.2 货币自主度对货币国际化的影响

利用同样的数据和方法，我们可以类似地通过相互回归计算出货币自主度和货币国际化的影响结果。结果显示，2001—2019年，传统货币自主度（见表15－1给出的结果）对传统货币国际化（见表4－1给出的包括外汇衍生产品名义金额在内的货币国际化度量）的十个回归平均有效性仅为36.35%，比上文给出的同期货币国际化对货币自主度平均有效性35.37%略高；与此同时，相应的货币自主度（见表15－2给出的对应最佳货币国际化）对货币国际化影响的十个回归平均有效性却高达77.79%，比上文对应的货币国际化对货币自主度（对应传统货币定义）的平均有效性35.37%高出一倍多，接近80%的最佳货币自主度对货币国际化的平均有效性与第14章科技国际化与货币国际化、表15－4到表15－9给出的科技国际化与科技自主度及科技自主度与货币自主度间相互影响的平均有效性接近。这些结果明显表明最佳货币国际化和对应的最佳货币自主度比传统的货币国际化和货币自主度的优势，再次证明包括外汇衍生产品名义交易额度量货币国际化的局限性。

15.9.3　货币自主度与最佳货币国际化的相互影响

上文给出的货币国际化和货币自主度间平均回归有效性是代表两者间相互影响的程度。我们沿用第14章同样的方法，将A影响B的平均有效性占两者相互影响平均有效性比重作为A影响B的百分数，两者相互影响相加正好为100%。因此，利用上文的结果，我们可以计算出传统货币国际化对货币自主度（见表15－1）的影响为35.37%、（35.37%＋36.35%）＝49.31%，而货币自主度对货币国际化的影响则为50.69%，两者相差不大，难以得出相互影响的准确答案。

同样，最佳货币国际化对最佳货币自主度（见表15－2对应的结果）的影响度为45.1%/（45.1%＋77.79%）＝36.70%，而后者对前者的影响度为63.26%，后者显著影响前者的结果明显。

15.10　科技和货币两对国际化和自主度间相互影响小结

第14章给出科技国际化与货币国际化之间相互影响程度，15.6节给出货币自主度与科技自主度之间相互影响程度，15.7节给出货币自主度与货币国际化之间相互影响程度，15.8节给出技术自主度和科技国际化之间相互影响程度，

15.9 节给出了货币国际化和货币自主度之间的相互影响结果。科技自主度和货币自主度两个自主度与科技国际化和货币国际化四者之间的相互关系较为复杂。本节的目的是总结科技自主度、科技国际化、货币自主度和货币国际化四个对称概念的相互关系。此外，货币国际化和货币自主度均有两个相关概念：传统货币国际化和最佳国际化与不同国际化下的传统货币自主度和最佳货币自主度有关。利用上文 15.9 节两个概念间相互影响的百分比度量方法，我们可以将四个概念间相互影响结果一一对应起来。图 15－1 给出了科技自主度、科技国际化、货币自主度和货币国际化间相互影响程度的总结果。

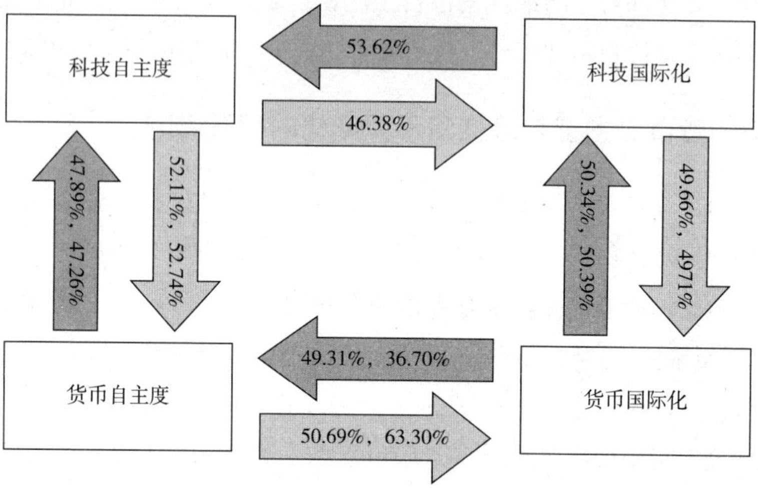

图 15－1　科技自主度、科技国际化、货币自主度和货币国际化间相互影响程度的总结果（2001—2019 年）

（数据来源：来自表 14－8、表 14－9、表 15－4、表 15－5，以及 15.7 节和 15.8 节的结果。每个箭头后面的第一个数字代表外汇名义日均成交金额下传统货币国际化的结果，每个箭头后面的第二个数字代表剔除部分外汇衍生产品日均成交金额下最佳货币国际化的结果）

图 15－1 显示，科技国际化与货币国际化两者间相互影响程度相近，难以判断两者相互影响的大小；科技自主度对货币自主度的影响略大于后者对前者的影响程度；科技国际化对科技自主度的影响明显超过后者对前者的影响，显示主要货币发行体科技通过全球市场而发挥更大的作用。

15.11　小结

与第 14 章的科技自主度相呼应，我们定义并度量了货币自主度。通过对主要国际货币的货币自主度的定义和度量，采用第 14 章相同的方法，我们发现货币自主度和科技自主度的相互影响；发现货币自主度和货币国际化的相互影响。这些实证结果为我们理解科技自主度、科技国际化与货币自主度和货币国际化之间的关系提供新的依据。当然本书分析科技与货币间关系的方法和结果只是该领域初期的试验。我们在这些方法的基础上已经进行了很多新的探讨，相关结果会在今后的版本中进一步公布。

参考文献

Kiyotaka Sato，研究员，ICSEAD 工作论文系列卷 98 - 16：日元在国际市场上的使用情况：以日本与东亚贸易为例，1998 年 8 月。

第16章　主要货币国际化的未来趋势和市场发展

本书最后一章简要介绍中国利率市场化后，我们重点探讨未来二三十年内主要货币发行体科技自主度的变化对全球主要货币国际化的影响和预判。

16.1　场内外市场协调稳步发展

国际市场几十年来的发展经验表明，场内外市场（场内市场指交易所市场，场外市场主要指银行间的柜台市场）的协调发展是整个市场发展的重要特征。由于要满足客户的独特商业需求，场外市场个性化强，标准化程度较低，透明度也相对较低，但是产品创新的灵活性却强；而场内市场由于产品皆为标准化产品，而且也有交易所作为中央对手方，有效地降低了交易的信用风险，同时其流动性强，透明程度也很高，自然成为场外市场交易头寸的对冲场所。因此，可以说没有场外市场的大量需求，场内市场就难以活跃起来；同时如果没有场内市场提供对冲工具，场外市场的风险将难以有效规避，因此也难以发展起来。总而言之，这两种市场互相促进，协调发展，缺一不可。当然，国际市场由于在国际金融危机之前存在杠杆过高和投机过度导致衍生产品交易增长过快并对国际金融危机起到了一定的推波助澜作用。

没有利率和股指期权等场内市场品种，很多金融产品将会缺乏定价的可靠依据，相关市场风险也难以进行有效对冲和管理，因为在此类产品中隐含的信息，比如隐含波动率等非常有用。利率市场化的推进将改变我国整个金融体系的市场化程度，相应的利率风险也将上升，这将为利率期权的推出创造好的政策环境，同时也将为场外利率风险管理工具的活跃创造更好的环境。相信我国场内外期货和期权等产品也会逐渐稳步推出和发展，场内外市场将进一步完善和健全，两个市场之间的互相协调和互相促进的格局将会最终形成，将对国民经济的持续稳步发展发挥出更好的作用。

16.2　利率市场化的有序推动及其对我国的影响

利率是资本的机会成本，是影响经济整体和金融市场每个角落最重要的市场因素，利率市场化也是提高经济整体和金融市场每个部分市场化程度的必要举措。利率是各类外汇产品定价的基础，因此利率市场化是人民币市场定价的必要条件之一，既是活跃境内外人民币产品市场的主要动力，也是推动金融机构创新的动力源泉。如果从 1996 年 6 月 1 日人民银行取消同业拆借利率上限作为我国利率市场化起步的标志，那么到现在人民币利率市场化已经有二十多个年头了，超过了美国 16 年、日本和韩国各 17 年完成利率市场化的时间。如果以 2012 年 6 月存贷款利率上下限调整为我国利率市场化的起步时间，我国利率市场化的时间已经过去了 20 年，利率市场化已经接近尾声。

16.2.1　利率风险在全球金融市场风险中的重要性

利率不仅是固定收益类金融产品的主要定价因素，也是其他各类金融产品定价的重要因素。利率在整个国际金融体系中举足轻重的地位可以从全球利率期货和期权在全球场内交易的衍生产品比重中看到：1995—2019 年的 25 年间，全球场内交易的期货成交总额中的利率期货成交金额年占比平均高达 90.8%；相应的利率期权与全球场内期权成交金额的占比平均为 82.8%（1995—2014 年的数据根据国际清算银行公布的数据计算得出，2015—2019 年外汇和利率期货以及期权数据根据国际清算银行网站公布的全球外汇和利率市场日均成交金额和全球交易所联盟协会网站给出的全球股指期货和期权及股票期货和期权数据计算得出），这些数据表明利率风险是国际市场上金融风险的重中之重。如果这个最重要的市场因素中市场化程度不够高，不仅直接导致固定收益类产品的市场交易不够活跃，而且其他诸如外汇类金融市场的交易也难以活跃起来。换句话说，只有提高利率的市场化水平，利率风险才会逐步释放，固定收益、外汇、资产并购等各类金融市场活跃度才会随之提高，这些市场产品的定价功能也才会随之增强。

16.2.2 中国利率市场化的重大举措

中国人民银行 2012 年 6 月 7 日决定，自 2012 年 6 月 8 日起，将金融机构存款利率浮动区间的上限调整为基准利率的 1.1 倍；同时将金融机构贷款利率浮动区间的下限调整为基准利率的 0.8 倍。允许金融机构存贷款利率在一定范围内上下调整，实际上就是利率市场化的正式启动。2013 年 7 月 19 日，经国务院批准，《中国人民银行关于进一步推进利率市场化改革的通知》发布。人民银行决定，自 2013 年 7 月 20 日取消金融机构贷款利率 0.7 倍的下限，由金融机构根据商业原则自主确定贷款利率水平，取消农村信用社贷款利率 2.3 倍的上限，由农村信用社根据商业原则自主确定对客户的贷款利率，全面放开了金融机构贷款利率管制。这是我国利率市场化的又一重大举措，对我国金融机构经营模式转变、产品创新、市场活跃和风险管控将产生重大影响。

中国人民银行决定，自 2015 年 10 月 24 日起，下调金融机构人民币贷款和存款基准利率，以进一步降低社会融资成本。其中，金融机构一年期贷款基准利率下调 0.25 个百分点至 4.35%；一年期存款基准利率下调 0.25 个百分点至 1.5%。同时，对商业银行和农村合作金融机构等不再设置存款利率浮动上限，并抓紧完善利率的市场化形成和调控机制，加强央行对利率体系的调控和监督指导，提高货币政策传导效率（“中国人民银行决定下调存贷款基准利率并降低存款准备金率”，人民银行网站，2015 年 10 月 23 日）。

2019 年 8 月 17 日，为深化利率市场化改革，提高利率传导效率，推动降低实体经济融资成本，人民银行决定改革完善贷款市场报价利率（LPR）的形成机制（人民银行网站），央行公告不久，国内诸多媒体以国内利率市场化接近收官进行了报道，表明国内利率市场接近尾声。从存贷款利率上下限来看，我国利率市场化确实接近尾声，但是利率市场化的机制完善尚有很长的路要走。

16.2.3　利率市场化是金融创新的最大动力源泉

利率风险是整个金融市场中最主要的市场风险，管理利率风险对整个金融市场创新和发展产生巨大的影响。笔者 20 世纪 90 年代初开始在纽约金融界工作时，正逢国际金融创新的高潮，各类金融衍生产品，特别是千奇百怪的“奇异”衍生产品层出不穷。当时笔者边工作边学习研究，为 20 世纪 90 年代初流行于银行间市场的近百种奇异期权编制和推导了结构和定价公式，经过了几年的努力，终于在 1997 年出版了《奇异期权——第二代期权指南》（张光平，1997），二十年来在国际金融市场和学术界上被运用于产品结构研究。几年前国内一批年轻金融专业人士用了几年的时间将笔者 20 年前在海外出版的700 多页的英文专著 Exotic Options（2nd Edition）翻译成了中文［请参见张光平（2014），马晓娟等译］，并于 2014 年由机械工业出版社出版，译者邀笔者为中文版作序。作序之时回想当年在国际金融界工作初期国际市场金融产品的层出不穷，才联想到了 20 世纪 80 年代中期正是美国利率市场化和日本利率市场化接近尾声之时，国际利率风险得到了充分的释放，利率风险导致的债券、汇率、股票等资产风险规避的需求才是金融产品层出不穷的根本动力。美国利率市场化是 20 世纪 80 年代中期到 90 年代中期十多年国际金融创新达到高潮的主要原因和动力源泉。随着人民币利率市场化进入收官阶段，人民币债券、外汇、股票、期货、期权等市场的活跃性将显著提高，人民币产品创新的高潮也将到来。

16.2.4　利率风险管理的必要性

国内利率风险管理市场保持快速增长，2014—2018 年利率互换的年复合增长率为 174.1%，而 2010—2014 年的 CAGR 为 28.1%。然而 2018—2020

年，CAGR 为 -4.6%，则意味着近期利率风险管理放缓。债券期货成交金额与我国 GDP 比例由 2015 年的 8.7% 上升至 2019 年的 15.0%，又在 2020 年进一步上升至 26.0%。尽管债券期货交易量增势明显，债券期货成交金额与 GDP 比例远低于 2019 年国际市场上 1500% 左右的水平。这一比例差距表明未来几年中国的利率风险管理空间很大，金融机构的利率风险意识仍有待显著增强。

16.3 境内人民币外汇市场开放的最新举措

继 2015 年 7 月《中国人民银行关于境外央行、国际金融组织、主权财富基金运用人民币投资银行间市场有关事宜的通知》发布后不久，人民银行又公布首批境外央行类机构进入境内外汇市场、延长外汇交易时间和进一步引入合格境外主体进入境内外汇市场等，对进一步活跃境内外汇市场有着重要的推动作用。

16.3.1 境外央行类机构进入境内外汇市场

人民银行于 2015 年 11 月 25 日完成了首批境外央行类机构在中国外汇交易中心备案，正式进入中国银行间外汇市场。境外央行类机构进入境内外汇市场有利于稳步推动中国外汇市场对外开放。这些境外央行类机构包括香港金融管理局、澳大利亚储备银行、匈牙利国家银行、国际复兴开发银行、国际开发协会、世界银行信托基金和新加坡政府投资公司，涵盖了境外央行（货币当局）和其他官方储备管理机构、国际金融组织、主权财富基金三种机构类别。这些境外央行类机构各自选择了直接成为中国银行间外汇市场境外会员、由中国银行间外汇市场会员代理和由中国人民银行代理中的一种或多种交易方式，并选择外汇掉期、货币掉期和期权中的一个或多个品种进行人民币外汇交易（“首批境外央行类机构进入中国银行间外汇市场”，人民银行网站，2015 年 11 月 25 日）。这些机构进入境内外汇市场不仅有利于活跃境内外汇现货市场，而且对外汇衍生产品市场也将有重要的推动作用。

2016 年 1 月 12 日，第二批境外央行类机构在中国外汇交易中心完成备案，正式进入中国银行间外汇市场。这些境外央行类机构包括印度储备银行、韩国银行、新加坡金管局、印度尼西亚银行、泰国银行、国际清算银行和国际金融公司。截至 2019 年 8 月底，共有 41 家境外央行类机构完成备案，正式进入中国银行间外汇市场（数据来源：中国外汇交易中心）。

16.3.2　延长外汇交易时间和进一步引入合格境外主体

除批准境外央行类机构参与境内外汇市场外，人民银行在 2015 年 12 月又采取了延长外汇交易时间和进一步引入合格境外主体的举措，进一步活跃境内外汇市场，促进形成境内外一致的人民币汇率，进而推动人民币国际化进程。

“随着人民币汇率市场化、可兑换和国际化进程的加快，加快国内外汇市场发展、特别是推动市场对外开放的需求日益上升。此次延长外汇交易时间和进一步引入合格境外主体，主要着眼于丰富境内外汇市场的参与主体、拓宽境内外市场主体的交易渠道，促进形成境内外一致的人民币汇率，这是深化外汇市场发展的改革举措”（“中国人民银行有关负责人就延长外汇交易时间和进一步引入合格境外主体有关问题答记者问”，人民银行网站，2015 年 12 月 23 日）。

16.4　全球主要货币经济母体产值全球占比变化

判断今后二十多年全球主要货币经济母体经济规模全球占比变化是较为困难的问题，但是该预判却是判断主要货币国际化水平变迁的重要依据。根据国际货币基金组织 2022 年 4 月公布的全球主要经济体 1980—2021 年的国内产值更新数据和 2022—2026 年的预测数据，我们可以对今后三十年主要货币发行体经济规模进行较为合理的预测。

16.4.1 新冠肺炎疫情对美中两大经济体明显的不同影响

根据国际货币基金组织2022年4月公布的国内产值数据，我们可以计算出2019—2021年美国名义国内产值下降了2.24%，同期中国名义国内产值上升了3.64%；2019—2021年美国名义国内产值的年均复合年增长率为3.73%，同期中国名义国内产值的年均复合增长率为10.34%。以上变化率清楚显示疫情对两大经济体的显著不同影响。由于疫情对两大经济体的不同影响，中国国内产值与美国国内产值的比例由2019年的66.9%上升到了2021年的75.9%。

16.4.2 美国名义国内生产总值各时期年均复合年增长率

预测未来的基础是历史数据，表16－1给出了1980—2026年主要货币发行体以美元计价的名义国内生产总值（GDP）年均复合增长率及后一时段与前一个时段年均增长率的比率。由于疫情导致大多数经济体的经济增长显著下降，因此2010—2020年的年均复合增长率可能无法准确代表十年趋势。因此，用2010—2021年的年均复合增长率来代表相应的十年趋势更为合理。后十年年均复合增长率与前十年年均复合增长率的比例显示，美国年均复合增长率与前十年年均复合增长率的比例在1980—2010年的三个十年里从72.9%下降到了69.6%，然而，即使2019—2020年美国国内产值因为疫情显著下滑，2010—2020年该比例又回升至87.6%。上述结果表明，美国为了应对2008年国际金融危机和疫情冲击而实施四次连续量化宽松政策之后，美国国内产值并未继续过去30年的加速下行趋势，与2000—2010年相比，其在2010—2020年呈现出明显的回升趋势，显示美国国内产值和美元具有很强的韧性。然而，2020年和2021年为抗击新冠肺炎疫情而发行超过6万亿美元规模的新债务，已经超过了2009—2012年为抗击2008年国际金融危机而增加的债务总额，不可能不对美国未来经济发展产生任何影响。尽管如此，我们估计2020—2050年，美国名义国内产值增长率仍将是国际货币基金组织估计2015—2020年3.39%的年均增长率与表16－1中1980—2010年72.94%和69.55%的年均复合增长率，也就是2.42%的乘积。表16－2给出了相关的预测结果。

表 16 – 1　前八大国际货币经济母体国内产值年均复合增长率及相关比率（1980—2021 年）

单位：%

经济体/增长率	1980—1990 年 A	1990—2000 年 B	2000—2010 年 C	2010—2020 年 D	2022—2027 年 E	B/A	C/B	D/C
美国	7. 63	5. 57	3. 91	3. 34	6. 13	72. 92	70. 31	85. 23
欧元区	7. 12	1. 40	6. 90	0. 28	5. 24	19. 63	493. 84	4. 00
日本	10. 98	4. 51	1. 49	– 1. 31	3. 11	41. 07	33. 00	– 88. 38
英国	7. 05	3. 36	4. 10	0. 87	8. 19	47. 67	122. 12	21. 28
澳大利亚	7. 12	2. 13	12. 11	0. 83	7. 43	29. 87	569. 75	6. 83
加拿大	8. 00	2. 25	8. 07	0. 16	8. 53	28. 11	358. 47	2. 03
瑞士	8. 05	0. 50	7. 97	2. 23	5. 30	6. 25	1583. 68	28. 00
中国	2. 73	11. 76	17. 47	9. 44	10. 57	431. 04	148. 60	54. 00

数据来源：2022 年 4 月国际货币基金组织按现价计算的国内生产总值；美国国内产值年均增长率是美国 2010—2020 年的年均复合增长率与表 16 – 1 中的平均比率 B/A 和 C/B 的乘积；其他六大货币发行体的年均增长率按同样的方法得到美国的年均增长率；表 16 – 1 中国年均增长率是 2010—2020 年年均复合增长率 9. 33% 与表 16 – 1 中最低年均复合增长率 D/C53. 39% 的乘积。

16. 4. 3　其他主要经济体名义国内生产总值年复合增长率

表 16 – 1 显示的欧元区、日本、英国、澳大利亚、加拿大和瑞士的复合年增长率（CAGR）表明，这三个主要货币发行国在 1980—2020 年呈明显下降趋势，作为 1990—1980 年的复合年增长率 1980—1990 年均显著低于 100%。2010—2020 年年均复合增长率与 2000—2010 年年均复合增长率大大低于之前的相应比率。

16. 4. 4　中国名义国内生产总值年复合增长率

表 16 – 1 显示，1980—2021 年，以美元计算的中国名义国内生产总值的十年复合增长率分别从 2. 73% 上升到 11. 76%、17. 47% 和 9. 44%。每个十年期的复合增长率比前上个十年期的变化从 431. 04% 下降到 148. 60% 和 54. 00%，表明中国经济从开放初期的低速发展到加入世贸组织前十年的中速后，随着 2001 年加入世贸组织，中国迎来了第一个十年高速发展。中国的复

合年增长率在加入 WTO 后的第二个十年回归到 10% 以下的中高速增长，并在未来几十年将回归到中速高质量经济增长。表 16－1 中 2010 年至 2020 年的年均复合增长率为 9.44%，为上个十年期复合年增长率的 54.00%。表 16－2 给出了 2025 年至 2050 年中国名义 GDP 的相应预测结果。

16.4.5 2030 年至 2050 年名义 GDP 主要货币发行人的全球份额

使用国际货币基金组织 2022 年 4 月发布的 2021—2027 年主要经济体名义 GDP 预测数据和如表 16－1 所示的相应复合增长率，我们可以估算出 2025—2050 年全球 8 个主要货币发行国名义 GDP 的全球份额。结果见表 16－2。

表 16－2　世界主要货币发行国名义 GDP 的全球份额（2021—2050 年）

单位：%

经济体/年份	2021	2022	2025	2030	2035	2040	2045	2050
美国	24.23	24.06	23.03	22.92	23.21	23.5	23.79	23.79
欧元区	15.58	15.59	14.84	13.66	12.6	11.35	10.48	10.48
日本	5.75	5.67	5.47	4.83	4.23	3.71	3.25	3.25
英国	3.34	3.35	3.31	3.39	3.51	3.63	3.76	3.76
澳大利亚	1.73	1.7	1.66	1.68	1.7	1.73	1.76	1.76
加拿大	2.01	2.04	2.02	1.88	1.72	1.57	1.43	1.43
瑞士	0.88	0.88	0.85	0.79	0.73	0.67	0.61	0.61
中国	17.79	18.05	19.38	22.07	25.29	28.97	33.2	33.2

数据来源：2022 年 4 月国际货币基金组织按现价计算的国内生产总值；美国 GDP 年均增长率是美国 2010 年至 2020 年复合增长率乘以表 16－1 中的平均比率 B/A 和 C/B 的乘积；其他六种货币发行经济体的年均增长率按同样的方法得到；表 16－1 采用中国年均增长率作为 2010 年至 2020 年复合年增长率 9.44% 和最低复合年增长率 D/C 54.00% 的乘积。

16.5 主要货币发行体未来科技自主度预判

16.5.1 美国科技自主度预判

科技是影响世界范围内经贸的主要动力，也是第 14 章中影响货币评估和国际化的主要因素。因此，要对主要国际货币国际化今后走势有较为准确的预判必须首先对其科技自主度进行较为准确的预判。

表6－12的相关数据显示，1992年到1994年，美国科技自主度从81.15%提高到了82.03%的历史最高点，之后持续下降到了2002年的70.25%，年均降幅1.47%；2002—2007年稳步增长到77.44%，年均增幅1.44%；2007—2016年又下降到了72.91%，年均降幅0.60%；2016—2021年保持在73.00%左右，年均降幅0.04%。这些结果表明，美国科技自主度不存在明显的周期或模式，但总体而言，缓慢下降趋势明显。我们假设美国科技自主度将下降0.02%或年均下降水平的一半。相关结果见表16－3。

16.5.2　日本科技自主度预判

表7－1的相关数据显示，日本科技自主度从1977年的17.50%提高到了2003年的52.75%，2003年是日本实现知识产权使用费净盈余的第一年。1977—2003年，日本科技自主度的年均增幅为1.36%，2015年又持续提高到了68.17%的历史高位，年均增幅达1.28%，表明日本科技自主度在1977年到2015年的38年内呈几乎直线式上升的态势；然而2015年到2021年却下降到了61.99%，年均降幅1.70%。值得关注的是，2018—2021年，日本科技自主度显著下降，累计下降了5.46%。由于日本科技自主度在2015年之前持续增长了30多年，2015年之后只下降了6年，很难预测之后的30年里日本科技自主度的变化趋势。日元自主度在未来30年以2010—2021年0.30%的年均增长率以实现增长会比较合适。相关结果见表16－3。

16.5.3　欧元区科技自主度预判

表6－12显示，只有德国、法国和芬兰对19个欧元区成员国的知识产权使用费有净盈余，这三个国家的总盈余不到日本2005—2014年盈余的一半，比日本2015—2021年的盈余略高。所有其他欧元成员国都是知识产权使用费

用的净进口国。因此，欧元区的科技自主度已经基本低于40%。

考虑到2005—2013年和2013—2021年欧元区科技自主度变化的两个周期基本在37%~40%的范围内，我们假设在接下来的三个十年中，欧元区科技自主度增幅将略高于前两个周期的上限40%。

16.5.4 瑞士和英国科技自主度预判

瑞士和英国是第四大和第五大知识产权使用费净出口国，2016—2021年这两个国家知识产权使用费净出口总额与德国相当。这两个国家知识产权使用费进出口基本持平，瑞士略高于英国。瑞士知识产权使用费顺差年均108亿美元，显示出瑞士科技总体水平略超英国。表6－12数据显示，2008—2021年瑞士科技自主度和英国科技自主度年均变化幅度分别为－0.13%和－0.05%。考虑到英国脱欧等因素，假设英国科技自主度年均增幅为－0.04%，略高于2008—2021年英国科技自主度年均增幅较为合理。表16－3给出了瑞士和英国今后科技自主度变化的预测结果。

16.5.5 加拿大和澳大利亚科技自主度预判

加拿大和澳大利亚虽然多年来在全球前二十大经济中保持在前15位之列，而且该两国货币也长期以来跻身全球前七大货币之列，但该两国科技自主度却与主要发达经济体有着较大的差距。表6－12相关数据显示，2008—2021年，加拿大和澳大利亚科技自主度年均分别仅为30.41%和20.24%，为前七大国际货币发行体最低。由于该两国2008—2021年该两国科技自主度年均变化幅度为0.21%和0.35%，因此假设该两国未来30年科技自主度年均变化幅度分别为0.10%和0.17%较为合理。表16－3给出了相应的预测结果。

16.5.6 我国科技自主度预判

根据国家外汇管理局（SAFE：www.safe.gov.cn）公布的数据，2002—2016年我国科技自主度年均仅为4.23%，几乎没有多少变化；由2016年的

4.64%大幅提升至2021年的20.04%，显示近年来我国科技自主能力持续提升的可喜态势。但是，2016—2021年五年的时间过短，难以以其作为今后多年我国科技自主度持续提高的依据。图7-5显示，2021年我国20.04%的科技自主度与1978年日本19.31%科技自主度相当。因此，我们可以合理假设未来30年我国科技自主度将按照日本模式实现增长。1978年后的30年日本科技自主度稳步增长，年均增幅1.30%，假设2020—2050年我国科技自主度将以1.30%左右的年均增幅增长应该较为合理。日本在20世纪70年代后期之前完成的科技积累为日本后来科技自主度30年的持续稳步发展奠定了必要的基础，中国要实现科技自主度持续提升的目标还要加倍努力。

16.6 全球主要货币经济母体科技自主度变化预判结果

根据上文介绍的各个主要货币发行体科技自主度及今后变化趋势，我们可以估算出主要货币发行体科技自主度变化，表16-3给出了相应的结果。表16-3显示，美国科技自主度将从2021年的72.71%下降到2050年的72.57%，累计降幅只有0.14%。2050年欧元区科技自主度将从39.78%提高到41.29%，累计增幅1.50%；2050年日本科技自主度将从60.72%提高到69.42%，3个10年间累计增幅8.70%。

英国科技自主度将从2020年的56.97%下降到2050年的53.78%，累计降幅3.30%；澳大利亚科技自主度将从2020年的19.93%下降到2050年的16.03%，累计降幅3.90%。从2021年开始，澳大利亚科技自主度仍将是八大主要货币发行体中最低的，未来几年澳大利亚元的全球地位将因澳大利亚的低科技自主度而面临挑战。

值得关注的是，虽然加拿大科技自主度从2020年开始稳步上升，但其排名将在2030年左右降到十年以来的第二低，加拿大元的国际地位也将在大约十年后面临挑战。

表 16－3　全球前八大国际货币经济母体国科技自主度变化（2021—2050 年）

单位：%

经济体/年份	2021	2022	2025	2030	2035	2040	2045	2050
美国	72. 71	72. 69	72. 63	72. 53	72. 43	72. 33	72. 23	72. 13
欧元区	39. 70	39. 89	40. 04	40. 29	40. 54	40. 79	41. 04	41. 29
日本	61. 99	62. 29	63. 19	64. 69	66. 19	67. 69	69. 19	70. 69
英国	56. 91	56. 87	56. 75	56. 55	56. 35	56. 15	55. 95	55. 75
澳大利亚	24. 41	24. 58	25. 09	25. 94	26. 79	27. 64	28. 49	29. 34
加拿大	34. 34	34. 44	34. 74	35. 24	35. 74	36. 24	36. 74	37. 24
瑞士	52. 14	52. 01	51. 62	50. 97	50. 32	49. 67	49. 02	48. 37
中国（1）	20. 04	21. 29	25. 04	31. 29	37. 54	43. 79	50. 04	56. 29
中国（2）	20. 04	21. 54	26. 04	33. 54	41. 04	48. 54	56. 04	63. 54
中国（3）	20. 04	21. 79	27. 04	35. 79	44. 54	53. 29	62. 04	70. 79
中国（4）	20. 04	22. 04	28. 04	38. 04	48. 04	58. 04	68. 04	78. 04
中国（5）	20. 04	22. 29	29. 04	40. 29	51. 54	62. 79	74. 04	85. 29
中国（6）	20. 04	22. 54	30. 04	42. 54	55. 04	67. 54	80. 04	92. 54

数据来源：同表 7－1。中国（1）、中国（2）、中国（3）、中国（4）、中国（5）和中国（6）分别对应假设 2021—2050 年中国科技自主度年均增长 1. 25%、1. 50%、1. 75%、2. 00%、2. 25% 和 2. 50% 相应的估算结果。

表 16－3 显示，即使中国 2021—2050 年科技自主度年均增长 1. 25%，略低于日本 1978—2008 年 1. 30% 的年均增幅，其科技自主度仍将达到 56. 29%，略高于 2050 年相应的英国科技自主度。如果中国 2021—2050 年科技自主度年均增长 1. 50%，略高于相应的日本 30 年年均增长 1. 30%，那么中国科技自主度将达到 63. 54%。三十年是一个相对较长的时间，几乎是人类传统寿命的一半，以历史趋势预测未来是我们目前唯一可以依靠的方法。然而，全球环境变化，特别是全球贸易摩擦，可能导致长期预测出现问题。

16. 7　货币国际化预测的新方法

16. 7. 1　传统货币国际化预测的局限性

正如第 8 章和第 14 章所示，科学技术是影响以至决定贸易、外汇交易和货币定价权的重要因素。表 7－1 的数据表明，尽管欧元区的科技自主度是日本、英国和瑞士的一半左右，但欧元的国际化地位已显著高于日元、英镑和瑞士法郎。这些事实清楚地表明，科技自主度并不是影响货币国际化的唯一因素。欧元持续保持全球第二大国际货币地位的主因无外乎欧元区的经贸规模远超日本和英国。因此，考虑科技自主度这个重要因素的同时，货币发行体经贸规模也是决定货币国际化的重要因素。

16.7.2　货币国际化预测的新方法简介

第 15 章的结果表明，贸易是全球外汇市场的主力军，因此是全球外汇市场和货币国际化的决定性力量。第 7 章和第 8 章的结果显示，科技自主度是出口结算货币选择的决定性因素，因此科技自主度实际上代表了贸易出口，而进口的主要力量则是国家或地区购买力的主要反映。进口与出口密不可分，因此我们以不同货币发行体科技自主度与国内产值全球占比的乘积来衡量货币总使用量和进出口贸易自主度。货币在全球外汇市场上的总使用量本身就是货币国际化的体现。该指标应该是预测货币国际化更好的方法。表 16－4 给出了采用这种方法的主要货币国际化程度与表 4－1 中传统结果的比较。

表 16－4　主要国际货币发行体科技自主度与产值全球占比乘积与外汇市场日均成交占比比较（2013—2021 年）　　单位：%

数据类型	国内产值占比与自主度乘积					乘积占八币总成绩比重					
货币/年份	2013	2016	2019	2020	2021	2013	2016	2019	2020	2021	年均
美元	0.166	0.179	0.180	0.180	0.176	53.0	55.3	53.0	52.2	51.2	52.9
欧元	0.064	0.058	0.059	0.061	0.062	20.5	18.0	17.4	17.7	18.0	18.3
日元	0.043	0.043	0.038	0.036	0.036	13.8	13.4	11.2	10.5	10.4	11.9
英镑	0.02	0.022	0.019	0.018	0.019	6.4	6.8	5.7	5.3	5.5	5.9
澳大利亚元	0.004	0.003	0.003	0.003	0.004	1.1	1.0	1.0	0.9	1.2	1.0
加拿大元	0.006	0.006	0.006	0.006	0.007	1.9	1.7	1.9	1.8	2.0	1.9
瑞士法郎	0.005	0.006	0.006	0.006	0.005	1.8	1.8	1.9	1.8	1.3	1.7
人民币	0.005	0.007	0.027	0.033	0.036	1.6	2.1	7.8	9.7	10.4	6.3
八币合计	0.313	0.324	0.338	0.343	0.344	100	100	100	100	100	100

续表

货币	外汇日均成交额全球占比					日均成交金额占比占八币总比重					
美元	43.52	43.79	44.15			49.48	50.27	51.56			50.38
欧元	16.70	15.70	16.14			18.99	18.02	18.85			18.00
日元	11.52	10.81	8.40			13.10	12.41	9.81			11.84
英镑	5.91	6.40	6.40			6.72	7.35	7.47			7.07
澳大利亚元	4.32	3.44	3.38			4.91	3.95	3.95			4.23
加拿大元	2.28	2.57	2.52			2.59	2.95	2.94			2.93
瑞士法郎	2.58	2.40	2.48			2.93	2.76	2.90			3.13
人民币	1.12	1.99	2.16			1.27	2.29	2.52			2.42
八币合计	87.95	87.1	85.63			100	100	100			100
货币						乘积比重与日均交易占比比重比例					
美元						107.1	110.0	102.8			106.6
欧元						108.0	99.9	92.3			100.0
日元						105.3	108.0	114.2			109.2
英镑						95.2	92.5	76.3			88.0
澳大利亚元						22.4	25.3	25.3			24.3
加拿大元						73.4	57.6	64.6			65.2
瑞士法郎						61.4	65.2	65.5			64.1
人民币						126.0	91.7	309.5			175.7
八币合计						100	100	100			100
八币乘积与外汇日均成交金额相关性	99.72%	99.87%	98.87%								

数据来源：科技自主度来自表8－1，国内产值全球占比来自世界货币基金组织（IMF）；世界主要货币日均成交金额全球占比来自表4－1。

表16－4显示，美元、欧元和日元三大货币相应的货币发行母体产值全球占比与科技自主度乘积与外汇日均成交金额比例非常接近，前者比后者分别仅高出5.9%、2.1%和3.1%，欧元和日元的乘积与外汇日均成交金额比例

略高于100%，表明欧元区和日本有足够的科技自主度和购买力以支撑欧元和日元。由于美元的垄断力量，欧元区和日本的额外进口能力被美元结算原油等进口商品所抵消。英镑、澳大利亚元、加拿大元、瑞士法郎四币乘积与外汇日均成交份额的比例低于100%，表明这些货币经济母体的科技自主度和进口能力不足以支撑其货币的国际地位。

我们应该关注拥有最低乘积与日均交易比例的澳大利亚，其年均比例24.1%不到25%，表明澳大利亚元对其科技自主度和进口的支撑最弱，而澳大利亚元在全球外汇市场上的高调很大程度上得益于美国的支持。加拿大元和英镑的国际地位也在较小程度上是美国支持的结果。表13－7给出的美国与澳大利亚、英国和加拿大的长期证券净头寸相互持有情况可见一斑。

16.7.3　人民币乘积与人民币外汇日均成交金额比例不一致的解释

表16－4显示，2013年、2016年、2019年和2020年，中国产值全球占比与科技自主度乘积与外汇日均成交金额比例分别为126.0%、91.7%、309.5%和175.7%，年均高达175.7%，显著高于其他七币相应的比例。人民币比例显著超过100%可以理解为以国内产值作为购买力来估算自主进口对中国不合适，或者说人民币的全球地位被显著低估了，这是由于张光平（2021）分析的外资企业占我国进口比重较高所致，外资在我国的进口不是我国的自主进口，自然对人民币国际化没有多大的作用。另外，表16－4给出的2016年到2019年，我国产值全球占比与科技自主度乘积与外汇日均成交金额比例从91.7%增长了两倍多到309.5%，显示该3年我国科技自主度显著提高的结果，也为第12章分析2019年人民币国际化水平实际上比2016年提高了两位到第6位提供了另外的依据。

表16－4还显示，2019—2020年，我国产值全球占比与科技自主度乘积与外汇日均成交金额的比例从310.9%略降至268.3%（此处数据和上面的表16－4的数据似乎不符，请核对），与2020年人民币国际地位由2019年的排名第6位略降至第7位的结果相符。

因此，科技自主度与国内产值全球占比的乘积是衡量货币国际化的良好替代品。我们将用这一方法来预测未来三十年世界主要货币世界地位的变化。

16.8 未来全球主要货币国际化水平变迁预判

16.8.1 未来货币国际化预测问题及解决方法

大多数研究论文或教科书都会使用历史数据来预测各个领域或主题的未来进展。世界外汇市场货币的历史日均成交金额也因此被用于预测货币国际化的未来变化，不过世界主要货币国际化未来发展的预测存在明显问题。第一个问题是历史起点，或者说历史可以追溯到多远，不同的历史时间段选择会产生不同的历史平均增长率。第二个无法避免的相关问题是未来有多远。第三个问题是不同货币的成熟阶段不同，这与货币发行体的进度有关。因此，选择相同的历史数据，不同的历史平均增长率可能不会在相同的未来特定时间里保持相同水平。因此，历史时间段选择和今后在多大程度上保持选定的历史时段内增速在今后多长时间段保持等因素，均存在不同程度的主观因素，这些因素皆会影响预测结果，预测结果不确定性和误差难以避免。

但是，全球主要货币发行体国内产值的全球占比更容易预测，大多数主要货币发行体的科技自主度也可以更可靠地估算，因为大多数此类经济体已经达到相对成熟的状态，其科技自主度也达到了相对稳定的阶段。因此，使用如表 16 -4 所示的方法可以更可靠地预测主要货币国际化的未来变化。

16.8.2 国际化排名世界前八位货币的预测结果

表 16 -4 给出了全球国内产值占比与全球货币科技自主度乘积的平均相关性，其 2013—2019 年外汇日均成交金额占比平均超过 99%。平均相关性高表明世界各国的国内产值占比与货币发行体科技自主度的乘积可以很好地替代其在全球外汇市场的日均成交金额。使用这种新方法，我们可以预测 2022—2050 年世界主要八种货币的国际化地位。表 16 -5 给出了相应的结果。

表 16 - 5　世界前八种货币国际化地位（2021—2050 年）　单位：%

货币/年份	2021	2022	2025	2030	2035	2040	2045	2050
美元	42.89	42.41	40.73	39.16	37.43	35.38	32.87	31.29
欧元	14.39	14.36	13.79	12.37	10.88	9.23	7.88	7.57
日元	10.15	10.02	9.87	8.62	7.32	6.15	5.07	4.94
英镑	6.13	6.11	6.03	5.94	5.76	5.52	5.20	4.91
澳大利亚元	3.83	3.72	3.59	3.39	3.14	2.88	2.59	2.37
加拿大元	2.92	2.95	2.98	2.71	2.38	2.06	1.75	1.69
瑞士法郎	3.44	3.41	3.35	3.05	2.66	2.29	1.94	1.87
人民币（1）	3.42	3.67	4.65	6.40	8.31	10.39	12.51	13.42
人民币（2）	3.46	3.76	4.88	6.90	9.14	11.57	14.06	15.2
人民币（3）	3.51	3.84	5.11	7.41	9.96	12.75	15.61	16.97
人民币（4）	3.55	3.93	5.34	7.92	10.79	13.92	17.16	18.75
人民币（5）	3.59	4.02	5.57	8.42	11.61	15.10	18.72	20.53
人民币（6）	3.63	4.10	5.80	8.93	12.43	16.28	20.27	22.31

数据来源：按表 16 - 2 方法计算，数据见表 16 - 1 和表 16 - 2。2021 年八种主要货币的股票日均成交金额来自表 12 - 7；人民币六种不同情景与表 16 - 3 相同，假设 2022—2050 年我国科技自主度分别每年提高 1.25%、1.50%、1.75%、2.00%、2.25% 和 2.50%。

16.8.3　未来三十年美元的预测

表 16 - 5 显示，尽管美元外汇成交金额全球占比稳步下降，未来 30 年里美元将继续主导全球外汇市场，并在 2050 年比人民币全球占比高出 10%，即使如表 16 - 2 所示，2030 年前后中国经济可能重回世界经济头把交椅，以及如表 16 - 3 所示，2050 年中国科技自主度可能会达到与美国科技自主度的相近水平。即使中国在未来三十年持续提高 1.75% 的科技自主度，人民币 16.97% 全球占比仅略高于 2050 年相应美元 31.29% 全球占比的一半。我们之后将在本章用更多历史证据讨论相关的原因。

16.8.4　人民币成为全球第五国际货币的时间预判

表 16 - 5 显示，在中国科技自主度年均增幅保持 1.50% 的情况下，人民币占外汇日均成交金额占比将在 2022 年超过澳大利亚元，在一两年内成为全球排名第五大国际货币。

16.8.5 人民币成为全球第四和第三国际货币的时间预判

表 16－5 显示，在 2021—2030 年科技自主度年均增幅 1.25% 的前提下，2030 年人民币外汇市场成交金额全球占比 6.4% 有望首次超过英镑 5.94% 的水平，在 2030 年或更早成为全球排名第四大国际货币。表 16－5 还显示，在 2020—2035 年科技自主度年均增幅 1.25% 的前提下，2035 年人民币在全球外汇市场成交金额全球占比 8.31% 可能超过日元 7.32% 的水平，人民币有望在 2035 年之前成为第三大国际货币。

16.8.6 人民币成为全球第二大国际货币的时间预判

表 16－5 显示，在 2021—2040 年科技自主度年均增幅 1.25% 的前提下，2040 年人民币外汇市场成交金额全球占比 10.39% 有望超过欧元 9.23% 的水平，2040 年之前人民币或将取代欧元成为全球第二大国际货币。

16.9 主要国际货币国际地位变迁的历史回顾

表 16－5 显示，中国在 2030 年前后重回世界经济头把交椅之后约 20 年，人民币仍将和 2030 年时一样是全球第三大国际货币。2040 年之前人民币要取代欧元成为全球第二大货币需要 5 年多的时间。2050 年中国重回世界经济头把交椅之后 20 年，人民币与 2050 年的美元之间仍有超过 10% 的差距。这些预测看起来有些难以理解，但只要我们回顾一百多年来全球主要国际货币地位相对于经济的变迁历史，我们即可得到可靠的答案。

"储备货币来了又去。在过去 2500 年里全球有十几种储备货币，现在都已退出了历史舞台。英镑在 20 世纪上半叶失去了储备地位，美元将在 21 世纪上半叶失去储备地位……失去储备地位将导致美国一系列经济和政治危机。"（Persaud，2004）历史上诸多储备货币的历史对当今国际金融应该会有启示，但由于缺乏数据和资料，19 世纪前绝大多数国际货币相关介绍和研究或说法皆难以佐证，超出了本书的范围。

16.9.1 英镑国际地位的变迁

由于英国引领全球工业革命和英国海上霸权使英国成为世界最大的贸易国的同时，也使英镑成为 19 世纪当之无愧的全球主要货币。数据显示，1860 年英国吸收全球 30% 的出口，到了 1890 年该比例下降到了 20%（Imla，1958），不过英国却是全球最大的加工品和服务的出口国，也是全球食品和原材料的消费国；大量的进出口和再出口自然使伦敦成为全球商品交易和远期/期货交易所的发起地和集中地，成为主要商品现货和远期价格的发现地，这些价格自然也是以英镑计价的。1860—1914 年，大约有 60% 的世界贸易以英镑清算（Williams，1968），大量贸易使英国成为全球最大的信贷国，伦敦也成为全球长期投资和融资中心，进而成为全球最大的金融中心。另外，大英帝国早在 18 世纪初就开始在整个帝国鼓励使用英镑以简化和标准化各类交易。英镑在全球的垄断地位到了第一次世界大战开始前有所下降（Eichengreen，2005）；尽管英镑的国际地位从第一次世界大战前就开始总体下降，但过了近半个世纪到了 19 世纪 50 年代末，英镑全球第一国际货币的地位才被美元取代。

16.9.2 英镑溢出效应及其启示

随着法国和德国等西欧国家的崛起，英国在全球贸易和货币的垄断地位逐步下降。历史数据显示（以 1990 年 International Geary – Khamis dollars 计价的产值），1871 年德国统一后的第二年，即 1873 年德国产值 799.81 亿就首次超过了法国，到 1899 年德国产值超过法国 31.9%，而 1899 年德国马克储备占比为 15%，比法郎占比 16% 略低（Eichengreen，2005，下同）；1908 年德国产值首次超过英国 1.4%，1913 年德国产值分别超过英国和法国 5.7% 和 64.3%，而同期马克储备占比却保持了其 1899 年的占比 15% 未变，分别比同年英镑和法郎占比 48% 和 31% 低 33% 和 18%。这些结果显示，货币母体经贸规模并不是货币国际地位的唯一确定因素，货币的国际地位会滞后经济地位几年以至几十年。

16.9.3 美元升值

美元取代英镑成为全球垄断货币是历史上最近一次，也是唯一一次有史料记载的货币更替。尽管如此，美元取代英镑初期的数据仍不够详细准确。实际上，美国早在1872年工业生产就达到了1063.6亿（1900年国际Geary－Khamis dollars），首次超过了英国的1058.0亿，但是截至1913年的40多年内，美元还未进入全球前三大货币之列，其主要原因是期间美国还没有设立现代中央银行。1914年美联储的设立提高了纽约市场的流动性和纽约的国际金融中心地位，为美元在全球的推广和普及创造了必要条件。研究表明，一战导致美国首次成了境外净债权国（Eichengreen，2000）；19世纪30年代，美国才取代马克成为远落后于法郎的全球第三大货币。根据Triffin（1964）相关估算结果计算，1928年美元储备6亿美元，占比19.0%，同年英镑和法郎分别占比56.7%和24.3%，1928年美国产值分别为英国和法国的3.26倍和4.37倍。

1933年由于金本位体系的崩溃，美元储备总额猛降到了0.6亿美元，占比猛降到了2.8%，分别低于同年英镑和法郎占比66.2%和28.4%，同年美国产值分别为英国和法国的2.46倍和3.39倍。这些结果表明，1872年美国取代英国成为全球第一大经济后的六十多年，美元储备占比仍与排名第二的法郎有着巨大的差距。

第二次世界大战后美国在全球军事、经贸、金融和科技等领域的领先地位显著超越了其他任何国家，但是美元的国际地位仍未自然与其军事和经贸地位一致。数据显示，1949年英镑占全球储备比重仍然超过一半，而到了1957年该比例才降到了36%，美元完全取代英镑成为全球头号储备货币到了19世纪50年代末才完成（Eichengreen，2005），而1959年，在美国取代英国成为全球最大经济体的90年后，美国经济为英国4.67倍时美元才取代英镑成为全球最大的国际货币。

半个多世纪以来，美元一直保持国际货币的主导地位，美国的军事、经济、贸易、科技等因素都促成了美元的主导地位。但是19世纪90年代前，德国、日本和法国等主要发达国家考虑到自身经贸发展和金融市场稳定没有积极推动其货币国际化的政策也是美元保持其支配地位的重要原因（Eichengreen，2005）。2008 年全球金融危机之后的几年里，美国政府债务与国内产值的比例显著增加，并在 2020 年和 2021 年增速更快。随着美国债务比的快速增长，Eichengreen 的疑虑和担忧会变得更加强烈。

16.9.4　赢者通吃还是几币分享

1914 年前和 19 世纪下半叶以来英镑和美元在全球储备货币的垄断地位使得很多学者得出主要储备货币“赢者通吃”和“肥水不流外人田”，且一旦获得这种垄断地位难以撼动的结论。“在任何历史时刻，总有一种货币占领全球储备的支配地位，而不是两个或更多。”（Persaud，2004）但 Eichengreen（2005）却认为一种货币支配地位的说服力不够，几币共享全球储备地位的可能性更大，而且也被很多历史时期的数据所证明。实际上两种说法并不完全矛盾，在占支配地位的主要货币的地位明显下降时，分享就成为常态。

16.9.5　今后国际货币的趋势判断

Eichengreen（2005）考虑到欧元区经贸规模等因素，指出今后能与美元分享储备货币地位的只有欧元，而人民币分享全球储备功能的条件还不够成熟。Eichengreen 先生的文章是 2005 年发表的，2004 年中国国内产值仅为欧元区产值的 19.2%，而 2018 年中国国内产值首次超过了欧元区，而且 2020 年前者超过后者 14.0%。因此，人民币作为世界主要货币的潜力在过去 20 年里显著增强。

上文分析结果表明，美国在 1872 年产值首次超过英国后近 90 年，美元才取代英镑成为全球占支配地位的国际货币，即使减去 1914 年美联储设立前的 42 年，美国也用了近半个世纪才取代了英镑成为主要国际货币；另外，尽管德国在 1873 年和 1908 年产值分别超过了法国和英国，但 1913 年德国马克的国际储备地位仍离法郎和英镑有一定差距。

这些结果表明，世界主要货币的国际地位至少比其发行人的世界经济排名落后几十年。随着世界经济和贸易将更多地受到科技进步的驱动，全球货币使用惯性可能会缩短，因此未来也许不会遵循历史规律。但是，历史惯性是无法消除的。相关历史数据对我们判断今后主要货币的国际化变迁有很大启示。

16.10 主要货币圈

国际货币已被广泛使用和研究。然而，无论是专业领域还是学术领域，主要国际货币的货币圈都没有得到太多讨论。本节我们介绍和讨论全球三大货币圈。表 16 - 6 给出了 2001—2019 年全球前 20 大货币之间的相关性。

表 16 - 6 全球前三十大货币日均成交金额间的相关性（2001—2019 年）

单位：%

货币/货币	美元	欧元	日元	英镑	澳大利亚元	加拿大元	瑞士法郎	人民币	港元	新西兰元
美元		98.14	94.67	98.57	96.85	98.99	95.27	90.24	82.64	99.49
欧元	98.14		92.19	97.63	97.34	97.89	98.84	81.48	81.79	96.95
日元	94.67	92.19		90.13	97.57	92.95	87.83	82.02	60.47	94.25
英镑	98.57	97.63	90.13		93.79	97.49	96.52	87.82	85.39	98.6
澳大利亚元	96.85	97.34	97.57	93.79		94.95	94.78	78.98	70.02	95.71
加拿大元	98.99	97.89	92.95	97.49	94.95		94.57	90.39	83.15	97.87
瑞士法郎	95.27	98.84	87.83	96.52	94.78	94.57		74.97	81.24	94.83
人民币	90.24	81.48	82.02	87.82	78.98	90.39	74.97		81.94	90.32
港元	82.64	81.79	60.47	85.39	70.02	83.15	81.24	81.94		81.65
新西兰元	99.49	96.95	94.25	98.6	95.71	97.87	94.83	90.32	81.65	
瑞典克朗	95.69	95.41	86.02	97.88	89.33	95.88	95.85	85.49	84.83	96.85
韩元	95.28	92.28	82.69	95.29	85.71	96.74	88.49	94.73	92.17	94.08
新加坡元	97.93	94.06	90.63	96.23	90.85	98.73	89.81	95.89	84.97	97.46
挪威克朗	95.76	92.89	84.66	97.45	87.99	93.71	92.77	89.38	88.35	97.45
墨西哥比索	92.96	89.13	98.3	87.71	96.36	88.98	84.69	81.02	60.09	92.89
印度卢比	95.01	91.28	82.08	93.94	85.8	95.19	87.24	94.94	93.69	93.84
俄罗斯卢布	93.63	91.04	98.51	88.29	97.73	90.23	86.6	79.84	61.56	92.87
南非兰特	97.88	93.59	93.66	94.9	94.88	94.69	90.05	90.96	80.45	98.04
土耳其新里拉	92.7	87.11	97.43	86.75	92.15	92.34	80.2	89.33	61.2	92.01

续表

货币/货币	美元	欧元	日元	英镑	澳大利亚元	加拿大元	瑞士法郎	人民币	港元	新西兰元
巴西雷亚尔	96.81	92.04	95.72	91.59	94.68	95.5	86.04	92.41	75.19	95.71
新台币	91.77	86.84	77.27	91.49	80.29	92.36	82.21	96	93.81	90.56
丹麦克朗	93.11	87.45	95.56	90.51	91.64	89.57	84.64	86.19	63.37	95.37
波兰兹罗提	95.49	97.98	93.15	94.39	96.43	95.74	97.75	76.63	73.07	95.32
泰国泰铢	94.56	88.09	84.58	92.68	85.53	93.21	82.91	97.65	88.35	94.05
印度尼西亚卢比	87.79	82.84	71	87.47	75.8	87.63	78.37	92.87	95.68	86.28
匈牙利福林	96.5	98.43	92.02	93.95	97.73	95.92	95.76	79.44	79.58	94.01
捷克克朗	96.39	91.55	90.36	92.94	92.33	93.33	87.08	92.07	83.39	95.82
以色列谢克尔	94.47	88.22	84.05	93.62	83.86	94.6	83.66	98.7	88.04	94.59
智利比索	95.41	89.91	93.28	90.06	92.83	93.26	83.57	92.44	76.51	94.15
菲律宾比索	91.22	89.17	75.44	90.41	82.11	91.65	85.64	89.68	96.51	89.17

数据来源：根据国际清算银行2019年12月更新的2001年至2019年世界主要货币外汇日均成交金额数据计算得出。

16.10.1　美元货币圈

表16－6显示，2001—2019年，美元与英镑、加元和新西兰元的相关性分别为98.57%、98.99%和99.49%。这些相关性高于美元与其他所有货币之间的相关性。这些高相关性表明，这四种英语国家的货币属于以世界顶级货币美元为首的世界顶级货币圈。

16.10.2　欧元货币圈

表16－6还显示，欧元与瑞士法郎的相关性为98.84%，高于同期美元与英镑98.57%的相关性。2001—2019年欧元与瑞典克朗和挪威克朗的相关性分别为95.41%和92.89%。虽然这两个货币与欧元的相关性略低于与美元的相关性，但瑞典克朗和挪威克朗不属于前面介绍的美元货币圈。因此，我们可以认为欧元、瑞士法郎、瑞典克朗和挪威克朗构成了以全球第二大国际货币欧元为主导的世界第二主要货币圈。

16.10.3　日元货币圈

表16－6显示，虽然日元与美元、欧元、英镑的相关性分别为94.67%、

92.19%和90.13%，但这些相关性低于前面介绍的美元货币圈和主要欧元货币圈的相关性。因此，美元、欧元和英镑不属于日元货币圈。除澳元外，其他前十四大货币均不属于日元圈，因为它们要么属于美元圈，要么属于欧元圈，或者与日元的相关性显著低于90%或低于人民币与前十四大货币的相关性。值得关注的是，日元与主要东亚货币人民币、韩元、港元、台币、泰铢的相关性要么非常低，要么低于人民币与这些货币之间的相关性。这些相关性数据表明，日元作为世界主要货币，既不像美元货币圈一样与其文化邻国地区货币具有高相关性，也不像欧元货币圈一样与其地理邻国地区货币具有高相关性。尽管日元与墨西哥比索、俄罗斯卢布、土耳其里拉、巴西雷亚尔等货币的相关性很高，但这些货币之间似乎不属于日元货币圈，因为这些货币之间与日元之间既没有紧密的地理联系，也没有紧密的文化联系。因此，当前全球第三大国际货币日元没有明确的货币圈。

16.10.4 人民币货币圈

虽然人民币在表4-1中被国际清算银行列为第八大国际货币，但根据表16-6的结果，人民币已经有了自己的货币圈。表16-6显示，2001—2019年人民币与台币、新加坡元和韩元的相关性分别为96.00%、95.89%和94.73%，均高于这三种东亚货币与日元的对应相关性。因此，我们可以认为人民币和这三种亚洲“小龙币”形成了以人民币为首的人民币货币圈。除这三种东亚货币外，人民币与以色列谢克尔98.70%、泰铢97.65%和沙特阿拉伯里亚尔的相关性不仅高于这三种货币与日元的相关性，而且也高于这三种货币与美元和欧元的相关性。因此，我们可以将这三种货币当作人民币货币圈货币。人民币已经有了自己广泛的国际货币圈，为今后人民币国际化进一步提高创造了较好的基础。

16.10.5 广义的世界主要货币圈

表16-6显示，美元与澳元的相关性为86.85%，略低于澳元与欧元的相关性97.34%和澳元与日元的相关性97.57%。由于美元货币圈中的其他三种

货币英镑、加元和新西兰元都是盎格鲁撒克逊货币，因此将澳元纳入美元货币圈是很自然的，于是美元货币圈有五种盎格鲁撒克逊货币。欧元与丹麦克朗的相关性为87.45%，略低于丹麦克朗与美元的相关性93.11%和丹麦克朗与日元的相关性95.56%。由于欧元货币圈的其他三种货币瑞士法郎、瑞典克朗和挪威克朗都是欧洲货币，因此将丹麦克朗纳入欧元货币圈是很自然的，于是欧元货币圈除了英镑之外还有五种主要的欧洲货币。

同样，表16-6还显示，人民币与港元的相关性为81.94%，略低于港元与美元的相关性82.64%，高于港元与欧元的相关性81.79%和港元与日元的相关性60.47%。由于人民币货币圈中的其他三种货币韩元、新加坡元和台币都是“小龙”货币，而港元也是“小龙”货币，因此将港元纳入人民币货币圈是很自然的，于是人民币货币圈包括五“龙”货币。由于人民币与以色列谢克尔、泰国泰铢、沙特里亚尔的相关性高于这三种货币与美元、欧元、日元的相关性，因此这三种亚洲货币也可以被纳入人民币货币圈。

16.11　知识产权使用费净出口中货币国际化的贡献

知识产权使用费的出口和净出口普遍认为是科技自主度或科技国际化的成果。科技自主度越高，货币发行体知识产权使用费的净出口就越高。然而，任何货币发行体的知识产权使用费净出口都不是科技国际化的成果，货币有其自身的贡献，因为知识产权使用费的进口和净出口是以货币计价的。

16.11.1　全球知识产权使用费顺差分布

第6章介绍了世界上大多数国家和地区的知识产权使用费进出口情况。表6-12显示，全球200多个国家和地区中，2005—2020年的大部分时间里，仅美国、日本、德国、瑞士、英国、芬兰、法国、丹麦、以色列和瑞典的知识产权使用费为顺差，也就是说，全球只有这10个国家的科技自主度超过50%，而知识产权使用费为顺差的10个国家都是发达国家。其他的发达国家和地区以及所有发展中国家知识产权使用费皆为逆差，或科技自主度低于50%。

从表 6 - 12 可以看出，美国知识产权使用费顺差一直保持在最高水平，尽管其占世界知识产权使用费顺差总额的比重 2005—2020 年，从 70% 以上降至 50% 以上，降幅约 20%，但仍说明美国知识产权在全球范围内相对垄断的地位。德国和日本是知识产权使用费用顺差的第 2 位和第 3 位，2016 年以来这两个出口国知识产权使用费总顺差仅略低于美国。

瑞士和英国的知识产权使用费用总顺差约占德国和日本知识产权使用费用总顺差的一半左右，是世界第三梯队技术提供者。其他五个国家法国、芬兰、丹麦、瑞典和以色列构成了第四梯队技术提供者，其知识产权使用费用总顺差约为瑞士和英国知识产权使用费用总顺差的一半左右。

16. 11. 2　美国量化宽松政策对知识产权使用费顺差的影响

基于美国进出口知识产权使用费数据，在 2006—2008 年、2008—2014 年和 2014—2019 年 3 个连续六年间，美国知识产权使用费顺差年均复合增长率分别为 15. 68%、4. 11% 和 - 1. 77%。2008 年之前的 6 年里复合年增长率最高，表明 2008 年全球金融危机前美国知识产权使用费顺差增速最快。然而，金融危机后 2009—2014 年美国实施量化宽松政策期间美国知识产权使用费顺差增速却显著下降，而且 2014 年美国推出量化宽松政策后美国知识产权使用费进一步出现了负增长。这些结果明显表明，美国应对 2008 年国际金融危机的货币政策或美元国际化对美国知识产权使用费顺差有着明显的影响，或者说知识产权使用费顺差不仅反映知识产权本身，而且与货币政策或货币国际化有着密切的关系。2008 年之前美国知识产权使用费顺差大幅增长的原因在于，2002—2008 年美元相对疲软时，知识产权使用费出口与美国投资或美国资本同步。

16. 11. 3　世界主要技术供应国间的竞争

仔细研究表 6 - 12 的数据我们发现，2005—2008 年，其他九个知识产权净出口国的知识产权净出口总顺差年均复合增长率为 10. 69%，低于美国同期 14. 35% 的增速。2008—2014 年，其他九个知识产权净出口国总顺差年均复合增长率上升至 11.76%，远高于美国同期 4.11% 的增速。2014—2020 年，其他九个知识产权净出口国总顺差年均复合增长率下降至 3.68%，但仍高于美国同期 -1.77% 的增速。这些结果表明，2008 年全球金融危机对美国知识产权使用费顺差产生了重大影响的同时，也给了美国其他知识产权使用费顺差国顺差难得的显著增长的机会。同时也表明，2008 年国际金融危机之后，世界主要技术供应国之间的竞争更加激烈。

16.12　科技和货币对全球知识产权使用费顺差的贡献

知识产权进出口使用费包括货币发行体知识产权的所有用途。因此在分析科技自主度时，知识产权使用费数据比全球专利数据更全面。第 12 章中利用知识产权使用费数据定义了科技自主度和科技国际化。科技自主度和科技国际化是我们比较不同货币发行体科技水平很好的量化指标。科技自主度与知识产权使用费的盈亏高度相关，而科技自主度则反映了不同货币发行体的技术水平。尽管科技对经济、贸易和金融市场非常重要，但科技不是知识产权使用费顺差唯一的贡献方，货币也出了一份力。本节我们将分析科技和货币对知识产权使用费顺差的贡献。

16.12.1　科技和货币对知识产权使用费净出口的贡献简析

上述论证表明，货币发行体知识产权使用费顺差不仅是货币发行体科技的结果，也是货币政策或货币国际化的结果。14.5 节科技与货币国际化相互影响程度的研究结果表明，前者对后者（对应表 14-1 中的传统货币国际化）的平均影响度为 50.43%，而后者对前者的平均影响为 49.57%，对应最佳货币国际化度量前者对后者平均影响度为 50.13%，后者对前者平均影响度为 49.87%。

因此，我们凭借直觉认为表 6-12 中各个知识产权使用费顺差国的顺差中科技的贡献应该用顺差直接乘以科技贡献度 50.43% 或 50.87% 即可得到科技的贡献，而分别乘以 49.57% 或 49.13% 即可获得相应的货币贡献。不过，这种直觉实际上并不正确。14.8 节给出的科技国际化和货币国际化间50.13%和49.87%的相互影响程度是2001年至2019年八大主要国际货币与其科技自主度间总体平均相互影响度，货币国际化程度高的货币对其发行体知识产权使用费顺差的贡献应该更大，或者说货币国际化程度越高，货币国际化在知识产权使用费顺差中的贡献应该越高，具有不同国际化水平的货币对其发行体知识产权使用费顺差贡献度应该不同。

16.12.2 主要货币发行体知识产权使用费顺差中科技和货币贡献度分析

以表6－12给出的主要货币发行体知识产权使用费用顺差金额乘以表4－1给出的相应货币国际化的结果，我们可以计算出2007—2019年主要货币发行体顺差，表16－7给出了结果。表16－7显示，2007—2019年，美元、欧元（德国、法国和芬兰三国总和）、日元、英镑和瑞士法郎这五大货币对其相应的货币发行体知识产权使用费顺差贡献分别为276.7亿美元、301.9亿美元、381.5亿美元、373.3亿美元和394.8亿美元，分别占知识产权使用费总顺差的29.66%、27.50%、27.27%、27.48%和26.99%，五年平均27.52%，显著低于14.5节对应传统货币国际化度量货币的平均贡献度49.57%。因此，我们需要将表4－1给出的主要货币日均成交金额全球占比均提高49.57%/28.08＝1.7655倍，以匹配总货币贡献度49.57%。将表4－1中的货币全球化乘以1.7655%，可以得到相应的货币对知识产权使用费顺差的贡献，结果如表16－7所示。

表16－7 全球主要货币发行体知识产权使用费顺差中货币和科技对知识产权使用费顺差分布（2007年到2019年） 单位：亿美元、%

利用表4－1给出的货币国际化对应的结果									
年份/国家和地区	美国	日本	德国	瑞士	英国	法国	芬兰	欧元区	合计
2007	25.63	0.56	－0.44	0.36	0.7	0.82	－0.03	0.35	27.67
2010	27.09	0.75	0.23	0.53	0.62	0.7	0.2	1.13	30.19
2013	34.18	1.59	0.81	0.3	0.58	0.35	0.27	1.43	38.15

续表

利用表4-1给出的货币国际化对应的结果									
年份/国家和地区	美国	日本	德国	瑞士	英国	法国	芬兰	欧元区	合计
2016	31.09	2.04	2.74	0.23	0.47	0.36	0.3	3.41	37.33
2019	32.97	1.74	3.3	0.3	0.53	0.07	0.5	3.87	39.48
货币贡献合计	150.96	6.68	6.64	1.72	2.91	2.31	1.24	10.19	172.81
合计顺差	347.94	67.79	41.57	60.71	44.7	12.89	7.47	61.93	615.48
货币贡献占比	43.39	9.86	15.98	2.83	6.52	17.92	16.55	16.45	28.08
科技贡献合计	196.98	61.11	34.93	58.99	41.79	10.58	6.23	51.74	442.67
科技贡献占比	56.61	90.14	84.02	97.17	93.48	82.08	83.45	83.55	71.92
科技贡献占十国比重	44.5	13.81	7.89	13.33	9.44	2.39	1.41	11.69	97.52
利用表4-1给出的货币国际化均乘以1.7655对应的结果									
年份/国家和地区	美国	日本	德国	瑞士	英国	法国	芬兰	欧元区	合计
2007	45.25	1	-0.78	0.63	1.24	0.12	-0.06	0.61	48.85
2010	47.83	1.33	0.4	0.93	1.1	0.11	0.35	1.99	53.29
2013	60.34	2.8	1.43	0.54	1.03	0.12	0.48	2.53	67.35
2016	54.9	3.61	4.84	0.41	0.83	0.14	0.53	6.01	65.9
2019	58.2	3.07	5.83	0.52	0.94	0.12	0.88	6.84	69.69
货币贡献合计	266.51	11.8	11.73	3.04	5.14	0.61	2.18	17.99	305.09
合计顺差	347.94	67.79	41.57	60.71	44.7	32.4	7.47	61.93	615.48
货币贡献占比	76.6	17.4	28.21	5	11.51	1.89	29.23	29.04	49.57
科技贡献合计	81.42	56	29.84	57.68	39.56	31.78	5.28	43.94	321.6
科技贡献占比	23.4	82.6	71.79	95	88.49	98.11	70.77	70.96	50.43
科技贡献占十国比重	25.32	17.41	9.28	17.93	12.3	9.88	1.19	9.93	70.86
利用表13-5给出的相应最佳货币国际化对应的结果									
年份/国家和地区	美国	日本	德国	瑞士	英国	法国	芬兰	欧元区	合计
2007	35.31	0.88	-0.67	0.58	1.01	0.12	-0.05	0.53	38.44
2010	34.62	1.02	0.33	0.69	0.87	0.11	0.29	1.64	38.95
2013	44.03	2.41	1.12	0.35	0.74	0.12	0.37	1.98	49.63
2016	42.86	2.99	3.81	0.28	0.65	0.14	0.42	4.73	51.66
2019	47.33	2.58	4.64	0.4	0.74	0.12	0.7	5.43	56.6
货币贡献合计	204.14	9.89	9.22	2.3	4.01	0.61	1.73	14.32	235.28
合计顺差	347.94	67.79	41.57	60.71	44.7	32.4	7.47	61.93	615.48

续表

利用表 13－5 给出的相应最佳货币国际化对应的结果									
年份/国家和地区	美国	日本	德国	瑞士	英国	法国	芬兰	欧元区	合计
货币贡献占比	58.67	14.59	22.19	3.79	8.98	1.89	23.19	23.12	38.23
科技贡献合计	143.8	57.9	32.35	58.41	40.69	31.78	5.74	47.61	391.41
科技贡献占比	41.33	85.41	77.81	96.21	91.02	98.11	76.81	76.88	61.77
科技贡献占十国比重	36.74	14.79	8.26	14.92	10.4	8.12	1.47	12.16	86.24
利用表 4－1 给出的相应最佳货币国际化均乘以 1.3046 对应的结果									
年份/国家和地区	美国	日本	德国	瑞士	英国	法国	芬兰	欧元区	合计
2007	46.06	1.15	－0.88	0.76	1.32	0.16	－0.07	0.69	50.14
2010	45.16	1.34	0.43	0.9	1.14	0.15	0.38	2.14	50.82
2013	57.44	3.15	1.46	0.46	0.96	0.16	0.49	2.58	64.75
2016	55.92	3.9	4.97	0.37	0.85	0.18	0.54	6.18	67.39
2019	61.74	3.37	6.05	0.52	0.97	0.15	0.91	7.09	73.84
货币贡献合计	266.31	12.91	12.03	3	5.24	0.8	2.26	18.68	306.94
合计顺差	347.94	67.79	41.57	60.71	44.7	32.4	7.47	61.93	615.48
货币贡献占比	76.54	19.04	28.95	4.95	11.71	2.47	30.25	30.17	49.87
科技贡献合计	81.63	54.89	29.54	57.71	39.47	31.6	5.21	43.25	319.74
科技贡献占比	23.46	80.96	71.05	95.05	88.29	97.53	69.75	69.83	50.13
科技贡献占十国比重	25.38	17.07	9.18	17.94	12.27	9.82	1.62	13.45	70.45

数据来源：货币国际化结果见表 4－1 和表 13－5，知识产权使用费顺差数据见表 7－12。

表 16－7 显示，将表 4－1 给出的美元、欧元、日元、英镑和瑞士法郎的传统货币国际化乘以 1.6755，结果与 2007—2019 年前五大货币国际化对知识产权使用费的平均贡献度 49.57% 相符。相应的美元对美国知识产权使用费平均贡献从 43.39% 上升到了 76.60%，比 2007—2019 年美元平均国际化 43.34% 高出 23.29%，也比相应的八大货币总平均货币贡献度 49.57% 高出 27.03%。

欧元对德国、法国和芬兰知识产权使用费贡献度为 29.04%，比 2007—2019 年欧元平均贡献度 16.45% 高出 3.59%，但却比相应的八大货币总平均货币贡献度 49.53% 低 20.53%。同期日元和英镑对知识产权使用费贡献平均分别为 17.40% 和 11.51%，分别比 2007—2019 年这两个货币平均国际化水平高出 7.54% 和 5.99%，却分别比相应的八大货币总平均货币贡献度 49.57% 低 32.17% 和 38.06%。瑞士法郎平均贡献度仅为 5.00%，比相应的平均贡献度 2.83% 高 2.17%，比总平均货币贡献度 49.57% 低 44.57%。

这些结果明显显示，仅有美元这个全球垄断货币对美国知识产权使用费贡献度超过 8 币平均贡献度，而欧元、日元和英镑等货币对其发行体知识产权使用费贡献度仅略高于其货币国际化水平。美元外其他主要货币发行体知识产权使用费顺差主要靠其科技水平取得。

16.12.3　主要货币发行体货币和科技对知识产权使用费顺差贡献度再析

上文介绍的是对应于传统货币国际化度量货币和科技对主要货币发行体知识产权使用费顺差的贡献度。第 16 章的结果显示，与传统货币国际化相比，最佳货币国际化更为合理，因此，我们需要确定最佳货币国际化对应主要货币国际化货币和科技对知识产权使用费顺差贡献度，表 16 – 7 给出了相应结果。

表 16 – 7 显示，最佳货币国际化度量下美元、欧元、日元、英镑和瑞士法郎对知识产权使用费顺差的贡献度类似于传统货币国际化下相应的贡献度，前者 49.87% 的贡献度与后者 49.57% 相近。

16.13　小结

为了克服诸如选择历史数据周期来预测未来几十年货币国际化等主观问题，本章找到了一种替代方法来衡量相对长期的货币国际化。新方法用货币发行者的科技自主度和名义国内产值全球占比的乘积来代替货币的外汇交易成交金额。由于科技自主度代表出口能力，名义国内产值全球占比代表各个货币发行体的进口潜力，两者的乘积可以很好地反映每个货币发行体总体的贸易水平。实证结果表明，科技自主度和名义国内产值全球占比的乘积与主要货币的外汇交易成交金额高度相关。因为对于主要货币发行体来说，经济体和科技自主度都相对稳定，因此可以更好地预测科技自主度和名义国内产值全球占比。因此，使用这种新方法的预测结果比使用历史外汇成交金额的结果更可靠。

预测结果显示，尽管未来几十年中国经济和科技自主度会稳步增长，在中国国内产值重返世界经济头把交椅之后的较长时间里，且即使中国今后二十年里科技自主度的提高速度超过前二十年的日本，人民币国际地位仍将落后于美元。这是货币国际化历史惯性所致。英镑在 20 世纪 50 年代之前发挥了货币使用惯性的实证作用。赢者有时会通吃，但大部分时间其他货币依然能够分享一些成果。

作为本章的“副产品”，通过研究货币国际化和科技国际化的整体相互影响程度，我们得到了 2001—2019 年主要货币发行体货币和科技对知识产权使用费顺差贡献度。分析结果表明，美元对美国知识产权使用费顺差的贡献度大于美国科技本身，而包括欧元、日元、英镑、瑞士法郎在内的所有其他货币对知识产权使用费顺差的贡献度要小得多。换言之，美国以外的世界其他四大货币发行体的科技对其知识产权使用费顺差的贡献度更大，而其货币对知识产权使用费顺差的贡献度则相对有限。从货币对知识产权使用费用顺差贡献度的角度来看，赢者通吃仍然是事实。

参考文献

[1] Xu Jiangshan, Looking at China's interest rate marketization from foreign experience [N]. Futures Daily, 2011 - 03 - 10.

[2] Zhang Guangping (Peter G.), RMB Internationalization and Product Innovation (Ninth Edition) [M]. Beijing: China Finance Press, 2019.

[3] Chan, NormanT. L., 2014, "Opening Remarks at the Second Hong Kong - Australia RMB Tradeand Investment Dialogue", 22 May 2014, Hong Kong Monetary Authority.

[4] Federal Reserve Bank of New York, "The Foreign Exchange and Interest Rate Derivatives Markets: Turnover in the United States", April 2001 to April 2013.

[5] Barry Eichengreen, 2005, "Sterling's Past, Dollar's Future: Historical Perspectives on Reserve Currency Competition", National Bureau of Economic Research. 1050 Massachusetts

Avenue, Cambridge, MA 02138, May 2005, Working Paper 11336, http: //www. nber. org/papers/w11336.

[6] Barry Eichengreen, 2000, "From Benign Neglect to Malignant Preoccupation: U. S. Balance of Payments Policy in the 1960s", in George L. Perry and James Tobin eds, Economic Events, Ideas and Policies: The 1960s and after, Washington, D. C. : The Brookings Institution, pp. 185 – 242.

[7] Inlah, Albert, 1958, Economic Elements in the Pax Britannica, Cambridge, Mass. : Harvard University Press.

[8] Mussa, Michael (2004), "Exchange Rate Adjustments Needed to Reduce Global Payments Imbalances", in C. Fred Bergsten and John Williamson, Dollar Adjustment: How Far? Against What? Washington, D. C. : Institute for International Economics, eds, pp. 113 – 138.

[9] Perasud, Avinash, 2004, "When Currency Empires Fall", www. 321gold. com/editorials (11 October) .

[10] Triffin, Robert (1964), "The Evolution of the International Monetary System: Historical Reappraisal and Future Perspectives", Princeton Studies in International Finance No. 12, International Finance Section, Department of Economics, Princeton University.

[11] Williams, David, 1968, "The Evolution of the Sterling System", in C. R. Whitlesey and J. S. G Wilson, eds, Essays in Money and Banking, Oxford: Oxford University Press, pp. 266 – 297.

[12] Zhang, Peter G. , 1997, "Exotic Options – a guide to second generation options", World Scientific Publishing Co Pte Ltd.

[13] Zhang, Guangping (Peter G.), Ziyang Tan, "CNY Internationalization and Product Development", 10th Edition, China Financial Press, March 2021.